# CABALA, CABALISMO E CABALISTAS

**EQUIPE DE REALIZAÇÃO**

**TRADUÇÃO** J. Guinsburg, Fany Kon, Nancy Rozencham, Eliana Langer e Margarida Goldsztajn
**PREPARAÇÃO DE TEXTO** Marcio Honorio de Godoy
**REVISÃO DE PROVAS** Iracema A. de Oliveira
**CAPA E PROJETO GRÁFICO** Sergio Kon
**PRODUÇÃO** Ricardo W. Neves e Sergio Kon

COLEÇÃO DE ESTUDOS JUDAICOS

# CABALA, CABALISMO E CABALISTAS

MOSHE IDEL
YOM TOV ASSIS
LEONARDO SENKMAN
CYRIL ASLANOV
J. GUINSBURG

(organizadores)

Centro Internacional para o Ensino
Universitário da Civilização Judaica,
Universidade Hebraica de Jerusalém

PERSPECTIVA

Dados Internacionais de Catalogação na Publicação (CIP)
(Câmara Brasileira do Livro, SP, Brasil)

Cabala, cabalismo e cabalistas / (organizadores) Moshe Idel... [et. al]; [tradução J. Guinsburg, Fany Kon, Nancy Rozencham, Eliana Lamger e Margarida Goldsztajn]. – São Paulo: Perspectiva / CIEUCJ da Universidade Hebraica de Jerusalém, 2015. – (Coleção de Estudos Judaicos)

2ª reimpr. da 1. ed. de 2008

Vários autores.
Outros organizadores: Yom Tov Assis, Leonardo Senkman, Cyril Aslanov, J. Guinsburg.
ISBN 978-85-273-0815-1

1. Cabala - História 2. Misticismo judaico I. Idel, Moshe. II. Assis, Yom Tov. III. Senkman, Leonardo. IV. Aslanov, Cyril. V. Guinsburg, J. VI. Série.

08-04071 CDD-296.16

Índices para catálogo sistemático:

1. Cabala: Judaísmo 296.16

1ª edição – 2ª reimpressão

[PPD]



EDITORA PERSPECTIVA LTDA.

Av. Brigadeiro Luís Antônio, 3025
São Paulo SP Brasil
Telefax: (11) 3885 8388
www.editoraperspectiva.com.br

2019

# SUMÁRIO

# NOTA DO EDITOR BRASILEIRO

J. GUINSBURG

Com este título, a editora Perspectiva inicia, em conjunto com a Universidade Hebraica de Jerusalém e seu International Center for University Teaching of the Jewish Civilization, um programa de publicações de estudos e pesquisas sobre temas relevantes do judaísmo, de sua história e cultura, na nova e renovadora visão que o seu exame recebeu sob a ótica do Estado de Israel e de sua extraordinária contribuição neste campo. Não é preciso dizer que as correntes de pensamento e as concepções científicas e metodológicas das mais modernas e avançadas encontram-se, por isso mesmo, aí representadas e, certamente, trarão, para os leitores de língua portuguesa interessados nesta área da cultura e civilização humanas, subsídios, em forma de focalizações e informações, que não se encontram em circulação corriqueira nas bibliografias menos especializadas. A escolha da primeira coletânea, *Cabala, Cabalismo e Cabalistas*, não obedece a nenhuma opção preferencial por outras motivações senão as do interesse que vem se manifestando internacionalmente pela originalidade e rico acervo especulativo enfeixado na mística judaica, universo que a obra de Gershom Scholem e seus seguidores descerrou para a história das ideias. A escolha realizada, em comum acordo com os professores Yom Tov Assis e Leonardo Senkman, deteve-se num espectro bastante amplo de abordagem, e as traduções efetuadas para o português procuraram corresponder em nosso idioma à qualidade, precisão e legibilidade dos textos originais e das propostas de seus discursos. Esperando que este volume encete uma fecunda série de trabalhos reveladores do labor universitário e científico sobre o judaísmo, bem como um diálogo com os estudiosos dessas matérias em nosso país, propomos, desde logo, dar-lhe continuidade em outros campos do saber judaico e de seus prismas atuais.

Chamamos a atenção do nosso leitor para o fato de que nesta coletânea não estão unificadas as formas de transcrição de palavras hebraicas, respeitando os critérios adotados pelos autores dos trabalhos e os valores gráficos que cada um deles atribui a conceitos como: *sefirá, sefirot, schekhiná* e outros. De outra parte, convém observar que os nomes próprios, os títulos de obras citados na forma hebraica foram aportuguesados seguindo critérios fonéticos, na medida do possível, e não nos modos de transcrição em inglês ou francês, para evitar que o leitor destas menções seja levado pelas tendências do vernáculo a leituras deformadas. Assim, grupos consonantais, incidências tônicas e peculiaridades da grafia do original deixaram de ser tranpostos ou transliterados, como muitas vezes ocorre em edições em outras línguas.

# PREFÁCIO

YOM TOV ASSIS

Esse é o primeiro volume de uma série denominada *Coleção de Estudos Judaicos* dedicada a uma variedade de temas sobre judaísmo. Trata-se de um conjunto de obras que pretende levar ao universo da língua portuguesa pesquisas importantes publicadas em diferentes idiomas sobre tópicos considerados parte essencial da civilização judaica. O Centro Internacional para Ensino Universitário da Civilização Judaica da Universidade Hebraica comprometeu-se a promover estudos judaicos em universidades dos vários continentes. A série em geral e esse volume em particular constituem a parcela destes esforços para disseminar a cultura judaica no universo da língua portuguesa. Essa coleção é publicada conjuntamente pelo Centro Internacional e pela editora Perspectiva dirigida pelo professor Jacó Guinsburg.

Embora um bom número de livros e artigos já tenha sido, e esteja sendo publicado neste campo, no Brasil e em Portugal, alguns trabalhos importantes, que apareceram em hebraico e outros idiomas, continuam ainda indisponíveis no âmbito linguístico destes países. Nosso objetivo é enriquecer a biblioteca judaica em português e, consequentemente, os estudos de judaísmo nesse idioma. O Centro está igualmente interessado em tornar todo esse material traduzido acessível aos leitores nas comunidades judaicas e na sociedade em geral. A propagação de tais conhecimentos é nossa meta, uma tarefa que assumimos com um senso de missão, entusiasmo e dedicação.

Após consulta junto a especialistas e editores, os organizadores da série decidiram que o primeiro volume seria devotado à Cabala e ao misticismo judaico. Desde o século XII, a Cabala tornou-se uma das mais fortes, senão a mais forte, corrente da experiência religiosa judaica. Enquanto a filosofia medieval se desenvolveu no mundo judeu sob a égide do Islã em consequência do encontro entre o judaísmo e a cultura greco-arábica, o misticismo judaico da Idade Média surgiu nas comunidades situadas no âmbito da cristandade. As circunstâncias e os locais de seu nascimento são um tanto obscuros, mas o padrão e a extensão geográfica de seu desenvolvimento estão bem documentados. Muito provavelmente a partir do segmento da Diáspora conhecida pelo nome de Aschkenaz (lit. Alemanha) por situar-se nas regiões do centro e leste europeus, as primeiras ideias cabalísticas espalharam-se para o sul, em direção à Provença, onde se converteram em um sistema religioso, apresentando-se como parte integral da tradição, senão a própria tradição judaica. No solo ibérico e provençal, a Cabala deparou-se com o surto da filosofia no seio do judaísmo, o que a converteu, como consequência, em uma teologia mística, e levou ao processo de separação do especulativo e do prático no campo do misticismo judaico.



É na Provença que encontramos a primeira manifestação da tradição gnóstica em meados do século XII, e foi aí que se deu o choque entre a Cabala e a filosofia. Enquanto a Provença recebia o legado cultural e religioso de Sefarad (lit. Espanha), cujos eruditos, fossem eles visitantes ou fugitivos, tornaram acessíveis os textos judio-arábicos e árabes em tradução hebraica, a Provença deu à Sefarad suas primeiras linhas condutoras no processamento da Cabala. Sob a influência e inspiração provençais, emergiu ali, na primeira metade do século XIII, o círculo cabalístico de Gerona. Logo depois, na segunda metade do mesmo século, a Cabala tornou-se a corrente religiosa mais poderosa na Castela judaica, mais uma vez sob o impacto provençal. Uma nova e alternativa liderança religiosa, os cabalistas, desafiou a liderança tradicional, os *halakhistas*.

Obras cabalísticas, até então desconhecidas, começaram a espalhar-se em muitas partes do mundo. A Cabala foi obtendo forte repercussão no mundo judaico e conquistando grande adesão. Por volta do século XVI, este movimento alcançou seu clímax. Seu impacto na vida judaica não pode ser superestimado. Sua influência é conspícua em novos costumes, nas inovações litúrgicas, em mudanças curriculares e no campo das crenças e opiniões.

Em geral, os cabalistas em Sefarad e na Provença filiavam-se à corrente antimaimonidiana e antifilosófica nas polêmicas que dilaceraram fortemente ambas as coletividades judaicas desde o início do século XIII, culminando nas interdições expedidas em Barcelona, em 1305, sob a liderança de R. Schelomo ben Adret, uma das quais era contra o estudo das ciências e da filosofia antes dos 25 anos de idade.

Os trabalhos incluídos nesse volume não pretendem cobrir todas as possíveis faces do misticismo judaico na Idade Média e no decurso dos séculos XV e XVI, mas antes enfatizar certas tendências e aspectos que desempenharam um papel maior no desenvolvimento da Cabala. Um ensaio sobre a Cabala na Provença nos introduz à Cabala em Sefarad, tanto na Catalunha quanto em Castela. Em nossa coletânea uma preeminência óbvia é conferida ao *Zohar*, que se tornou o mais importante texto do misticismo judaico. A obra zohárica uniu duas tendências na Cabala, a esotérica e a aberta e pública, que disseminava livremente preceitos cabalísticos. A inclusão de vários artigos que abordam diferentes aspectos do *Zohar* pretende, na verdade, salientar um certo ponto; a exclusão de outros estudos que examinam outros tópicos da Cabala medieval, no entanto, de nenhuma maneira minimiza a importância e a relevância dos textos incluídos.

Ao lado de alguns artigos clássicos bem conhecidos, publicamos outros recentes que oferecem novas perspectivas, algumas das quais podem ser até bastante polêmicas. Deve-se dizer, porém, que todas elas refletem exclusivamente a opinião do autor.

Esperamos que o presente volume contribua com sua parcela para a promoção dos estudos judaicos entre estudiosos e intelectuais do universo de língua portuguesa e que suscite interesse na Cabala de maneira que mais artigos, neste tópico, possam ser, no futuro, oferecidos ao público.

Por fim, temos a acrescentar que a realização desta edição tornou-se possível graças ao apoio que lhe dispensaram o Fundo Mirelman e o Departamento de Comunidades do Exterior – Escritório Governamental do Primeiro-Ministro de Israel.

# CABALA, CABALISMO E CABALISTAS

# CABALA: UMA INTRODUÇÃO

MOSHE IDEL

trad. de J. Guinsburg

Em suas formas bíblicas e rabínicas, o judaísmo é uma religião democrática e exotérica. Entretanto, como muitas outras religiões, possui também as suas dimensões místicas e significativas tendências esotéricas, que são mais elitistas, especialmente desde a Idade Média. A mais renomada dessas literaturas místico-esotéricas é conhecida sob o nome de Cabala. Este é um termo hebreu, que tem vários significados. Dentre eles, o básico deriva da raiz *QBL* do verbo receber, e assim a palavra quer dizer recepção, enquanto em hebraico moderno designa um recibo. Na literatura rabínica, ela representa, em particular, a parte hagiográfica da *Bíblia* judaica, bem como uma tradição que diz respeito, sobretudo, a assuntos de natureza legal recebidos oralmente. Contudo, desde o século x há testemunhos da existência de uma forma mais específica de tradição judaica: esotérica ou secreta, que se ocupa de detalhes relacionados aos nomes divinos, uma forma que é descrita pelo termo Cabala. No entanto, é somente a partir do início do século XIII que esse entendimento esotérico se torna mais comum nas fontes escritas, e por fim se impõe como o principal significado do nome. O uso difundido do vocábulo Cabala como conhecimento ou doutrinas secretas consigna o surgimento de uma imensa literatura, mormente hebraica, que pretende refletir os nexos secretos do judaísmo. Numerosos autores foram denominados *Mekubalim*, isto é, cabalistas, e em seus livros eles recorrem ao termo Cabala, que se tornou um termo técnico para caracterizar seu saber.

Durante o século XIII, os escritos cabalísticos foram basicamente compostos apenas no sul da França, na Espanha e na Itália, mas seu pensamento irradiou-se de pronto para a África do Norte, Alemanha e a Palestina. Porém, somente após o fim do século XV, com a expulsão dos judeus da península ibérica, é que centros desenvolvidos de Cabala vieram a formar-se também na África do Norte, Polônia, Iraque e, em especial, na Terra de Israel. É em Safed, cidade da Galileia, que a literatura cabalística, tal como representada por diferentes sistemas de R. Moisés Cordovero, de um lado, e por R. Isaac Lúria e seus seguidores, de outro, que o segundo pico da criatividade cabalística se faz conspícuo desde meados do século XVI.

Ideias cabalísticas, que foram ligadas a aspirações messiânicas desde o começo da Cabala, sobretudo na de Abuláfia e em algumas partes do *Zohar*, produziram, na segunda metade do século XVII, certas expectativas messiânicas em algumas figuras da elite judaica, esperanças que se converteram num difundido movimento messiânico de massa em volta da pessoa de Sabatai Tzvi. Tirando conclusões antinomianas de fontes cabalísticas anteriores, Tzvi, seus profetas e teólogos Natan de Gaza e Abraão Miguel Cardozo, recorreram a uma variedade de formas cabalísticas de pensamento para promover suas crenças messiânicas, criando um momento de entusiasmo no começo do movimento sabataísta, seguido de um desapontamento decorrente fundamentalmente da conversão forçada de Tzvi ao Islã.

Embora a Cabala fosse concebida por todos os cabalistas judeus como um entendimento esotérico do judaísmo, que não deveria ser desvelado a um judeu comum e menos ainda a um gentio, desde o fim do século XV tornou-se visível uma literatura cabalística cristã a expandir-se gradualmente. Ela começou em Florença com as breves *Teses* do jovem conde Giovanni Pico della Mirandola, e depois se desenvolveu nos escritos mais sistemáticos de Johann Reuchlin e Cornelius Agrippa de Nettesheim, os quais se valeram de vários elementos dos textos cabalísticos, muitas vezes lidos em traduções latinas realizadas por alguns conversos ao cristianismo. Característico da Cabala cristã é a integração de componentes cabalísticos, na maior parte elementos de natureza teosófica, hermenêutica e mágica que foram separados de seu *background* ritualístico, em estruturas de pensamento encontradas em traduções do grego e em material helenístico preparado e impresso durante a Renascença, especialmente por Marsílio Ficino. Em geral, o ocultismo europeu, assim como diversas formas de teosofia e franco-maçonaria europeias foram substancialmente influenciados pelo pensamento cabalístico, como parece ser o caso no mormonismo inicial. O mais viável movimento de massa criado pela popularização da Cabala foi o tardio hassidismo polonês. O fenômeno místico do leste-europeu continuou sendo desde então a mais duradoura forma de penetração da Cabala na vida de muito judeus que não pertenciam às elites. Sob a influência combinada da Cabala e do hassidismo, conceitos como *dibuk*, *golem* ou *qelipá* tornaram-se parte das crenças de largos segmentos da população judaica, a partir do fim do século XVIII.

A vasta literatura que assume a sua pertinência à Cabala, composta em muitos países e continentes no decurso de mais de oito séculos, dificilmente se constitui em uma teoria unificada. Como toda literatura que floresceu no correr de tantos séculos, em circunstâncias tão diversas, numerosas e capitais divergências podem ser discernidas durante a leitura dos milhares de textos e manuscritos, e é difícil oferecer uma definição que cubra o conjunto desses *corpora*. A fim de proporcionar um quadro dos vários interesses religiosos que se fazem proeminentes na literatura cabalística e hassídica, tentarei distinguir entre três modelos principais, que refletem as preocupações religiosas mais relevantes dos diferentes cabalistas.

Minha hipótese de trabalho é que diferentes modelos especulativos enformam o pensamento, a práxis e a seguir também os escritos dos vários mestres cabalistas e hassídicos. Longe de representarem uma linha unificada ou monocromática de pensamento, que alegadamente mudou no transcurso da história, as diversas espécies cabalísticas de literatura, e em menor extensão as várias escolas hassídicas, concentraram seu foco ao menos em três modelos maiores: o mais importante, que proponho designar como teúrgico-teosófico, o outro e secundário, extático e, *last but not least*, o modelo mágico-talismânico. O jogo e as várias interações entre esses três modelos é que caracterizam muitos momentos importantes das preocupações e da criatividade cabalísticas.

Todos os três modelos de pensamento cabalístico interpretaram de novas maneiras os *corpora* judaicos anteriores: a *Bíblia* e as literaturas rabínicas. Entretanto, essas novas interpretações apenas raramente constituem novas imposições de construtos intelectuais medievos com base em material mais velho. Os cabalistas pretendiam que seus escritos constituíssem a antiga e oculta tradição judaica que continha a essência do judaísmo. Não obstante essa afirmação, as divergências conceituais entre as diversas escolas cabalísticas problematizam semelhante assunção. O impacto do material antigo e medieval derivado de fontes não judaicas – basicamente fontes de extração helenística, neoplatônica, hermética e neopitagórica – é significante e discernível em todos os tipos de Cabala, como é o caso da filosofia, gramática, literatura e ciência medieval judaicas. A maioria dessas fontes foi mediada, modificada e enriquecida por autores muçulmanos. Contudo, em acréscimo à contribuição desses tipos especulativos de material, cabalistas da Idade Média também desenvolveram alguns modos de pensamento encontrados em espécies mais antigas de literatura escrita, como a rabínica e as de caráter mágico, e também tiveram acesso a certas formas de temas mitológicos anteriores que apresentam paralelos em tempos antigos, e que só poderiam chegar até eles por via oral.

A preocupação acadêmica com um quadro mais unificado do desenvolvimento desse saber tem induzido a uma visão antes monocromática de sua fenomenologia, que impeliu os esquemas mágicos, e, em certa medida, também a literatura extática, para um canto, enfatizando, e em minha opinião superenfatizando, a centralidade do modelo teosófico da Cabala.



## Modelo Teúrgico-teosófico

O mais difundido dos modelos cabalísticos é o teúrgico-teosófico. Ele lida, de um lado, com os diferentes e complexos mapas do reino divino, domínio de especulação que os estudiosos descrevem como teosófico, e, de outro, com a maneira como os feitos religiosos humanos exerceram impacto sobre o referido reino, o que pode ser chamado de teurgia. O impacto do desempenho dos mandamentos, ou de transgressões, sobre os domínios supernos, é crucial para o entendimento das várias formas da Cabala teosófico-teúrgica.

Fundamental para esse modelo cabalístico é a difundida visão do reino do divino como constituído de uma série de dez poderes divinos, denominados *Sefirot*, termo que originalmente representava números místicos, e às vezes como desdobramentos de um poder superior, chamado de Infinitude, *Ein Sof* (o Infinito). Este é um sistema dinâmico, em que processos de interação entre tais poderes e eles próprios, e entre atividades religiosas humanas e alguns desses divinos poderes são a quintessência para os reinos quer divino quer humano.

Ein Sof

Keter

Biná | Hokhmá

G(u)evurá | G(u)edulá

Tiferet

Hod | Netzá

Iesod

Malkhut

Alguns dos cabalistas pretendiam que as dez *Sefirot* formavam a divina essência e, como consequência, que o reino divino é um sistema complexo, enquanto outros consideram que tais poderes são os instrumentos da divina criação: criação, revelação e providência, ou os vasos que medeiam a presença do divino nos domínios do extradivino. Um número menor de cabalistas pretende que essas *Sefirot* constituem a divina presença no mundo, ao passo que alguns outros supõem a presença dos mencionados poderes dentro da alma humana. Na maioria dos casos, o surgimento do sistema das dez *Sefirot*, a partir do reino superior, é descrito em termos de emanação, em hebraico *Atzilut*, ou de expansão, *hitpaschetut*, processos que criam certa forma de cadeia, *schalschelet*, entre o mais alto reino divino e os mundos mais baixos que são produzidos pelas *Sefirot*. De acordo com a Cabala luriânica, do século XVI, as configurações divinas possuem até naturezas antropomórficas mais pronunciadas, os assim chamados cinco *partzufim*, que constituem a principal estrutura do reino divino,

Há três vias principais para explicar essa afinidade dinâmica entre os reinos superior e inferior: o modelo isomórfico, o aumento e a reconstituição ritualística do fragmentado mundo divino [*tikun*]. O modelo isomórfico supõe uma similaridade estrutural entre o mais baixo e o mais alto e, como fica evidente em muitos textos, uma afinidade simpática entre um e outro, o que permite o impacto da estrutura inferior sobre a superior.

> Feliz é o homem que sabe como relacionar um membro [humano] com outro [membro divino] e uma forma com outra [forma], que se encontram na Sagrada e Pura Corrente, abençoado seja o Seu Nome, porque a *Torá* é Sua forma, abençoado seja Ele. Ele nos mandou estudar a *Torá* a fim de conhecermos a semelhança da Superna Forma, como alguns poucos cabalistas dizem: "Amaldiçoado seja quem quer que não mantenha essa *Torá*". Pode a *Torá* cair? Este [versículo deve ser entendido como] um aviso ao chantre para que mostre a forma escrita do rolo da *Torá* à comunidade para que eles vejam a semelhança da Forma Superna. Além disso, o estudo da *Torá* leva a pessoa a ver segredos supernos e a ver a Glória do Santíssimo Um, abençoado seja Ele, de fato.



Como veremos abaixo, a *Torá* é concebida, enquanto símbolo, como uma representação fiel da divina forma. Aqui, entretanto, a ênfase recai nos aspectos ativos desse isomorfismo. Conhecendo as correspondências entre as duas estruturas, o cabalista é capaz de ativar o reino superno executando as performances religiosas.

No livro do *Zohar* (vol. III, fol. 191b) há a descrição de uma figura feminina que, devido ao seu amor e à separação do amado, torna-se menor e mais escura, como um pequeno ponto, a letra *Iod*. Então os homens possantes, que são os seus hospedeiros, bradaram "como fortes leões" e o superno amante ouviu que sua amada está tomada, como ele, de amor. Ele saiu de seu palácio por causa desses gritos, junto com seu séquito, e encontrou sua amada, pequena, escura e feia, sem imagem. Ele a beijou e a abraçou, e ela começou a crescer, retomando seu tamanho e beleza. O cabalístico autor argumenta que esse crescimento é o efeito dos gritos do cortejo que a acompanha, enquanto os atos dos pecadores podem ocasionar a redução no tamanho e na beleza dela, tornando-a de novo um ponto que é invisível. O versículo bíblico, que serve de texto de prova para a descrição desses homens possantes que causam o aumento da manifestação feminina, é "os poderosos dotados de força, que executam Sua palavra" (*Salmos* 103:20). A bem dizer, o versículo do Salmo fala de anjos, ao passo que o *Zohar* interpreta a frase como se ela tratasse de cabalistas. Seus brados, que representam o poder de que são dotados, recriam a plena estatura da palavra, *Davar*, que é ostensivamente um símbolo para a manifestação feminina. O recurso à forma nominal *Osei*, aqueles que executam, é usado no *Zohar* e por alguns cabalistas próximos de seu pensamento, em um sentido teúrgico, isto é, como criando algo no reino divino. Portanto, os altos gritos não só acordam o amante para o amor e o sofrimento de sua amada, funcionando como um gatilho erótico, que é chamado em outros contextos de "águas feminis" [de fêmea], mas, também, engrandecem esta última, adicionando poder a seu corpo diminuído. Aqui a indução isomórfica de uma união superna não funciona: neste caso, o esquema zohárico se preocupa mais com o acréscimo de poder e menos com um processo de indução simpática, que cria a possibilidade de um encontro sexual. Não obstante, há uma afinidade conspícua entre o ato que aumenta o feminino, aos gritos, e o símbolo dela, a palavra. A própria descrição da *Schekhiná* diminuente e crescente retornou nos processos teosóficos luriânicos da divina configuração, no século XVI.

Um terceiro modelo teúrgico é central na Cabala luriânica, na qual as divinas centelhas espalhadas no mundo inferior regressam ao seu lugar de origem na divina configuração, por meio da realização do ritual judaico.

O modelo teúrgico-teosófico enforma muitas das discussões da Cabala espanhola e floresceu posteriormente de maneira ainda mais vigorosa em Safed, no século XVI. Esse modelo pressupõe que a linguagem reflete a estrutura interna do reino divino, o sistema sefirótico de poderes divinos. Ao mesmo tempo, a linguagem era concebida como um fator de influência sobre essa estrutura, por meio das atividades teúrgicas que visam a restaurar a harmonia no interior do reino divino. Ou em seu papel cognitivo-simbólico ou em sua função operacional-teúrgica, esse tipo de Cabala concebeu a linguagem como hipersemântica. Isso significa que não só o sentido comum da linguagem é mantido pelos cabalistas, porém que sua função básica como parte da empreitada cabalística se deve a um excedente de significado, que adiciona campos semânticos àqueles designados pela significação comum. Os dois aspectos, o simbólico, ou referencial, e o teúrgico, ou performativo, por diferentes que possam ser um do outro, não devem, entretanto, ser concebidos como totalmente independentes: o papel simbólico da linguagem, isto é, o conceito de que ela reflete a estrutura dos poderes divinos, é, amiúde, apenas uma face da moeda, cuja outra face é o uso do conhecimento simbólico, a fim de emendar processos que têm lugar dentro do reino divino. Permitam-me que eu analise sucintamente dois importantes símbolos. No anônimo *Sefer ha-Ihud*, do século XIII, lemos que

> Deus nos deu a inteira perfeita *Torá* desde a [palavra] *Bereschit* até as [palavras] *Le-Einei Kol Israel* [isto é, a primeira e a última palavra do *Pentateuco*]. Vede como todas as letras da *Torá*, por suas formas, letras combinadas e separadas, enfaixadas, curvadas e torcidas, supérfluas e elípticas, diminutas e grandes, e invertidas, a caligrafia das letras, as perícopes abertas e fechadas e as ordenadas, todas elas são a configuração de Deus, Abençoado seja Ele. É semelhante, embora incomparável, à coisa que alguém pinta usando [várias] espécies de cor, tal como a *Torá*, começando com a primeira perícope até a última, é a configuração de Deus, o Grande e o Formidável, abençoado seja Ele, uma vez que se estiver faltando uma letra do Rolo da *Torá*, ou uma for supérflua, ou uma perícope [fechada] foi escrita de maneira aberta ou uma perícope [aberta] foi [escrita] de maneira fechada, esse Rolo da *Torá* está desqualificado, visto que não tem em si próprio a configuração de Deus, abençoado seja Ele, o Grande e Formidável, por causa da mudança causada pela forma. E tu deves entendê-lo!... Deus obrigou cada um deles e todos eles a escrever um rolo da *Torá* para si mesmo, e o segredo escondido é [que ele] fez Deus, abençoado seja Ele.

O rolo da *Torá* é concebido como um símbolo gráfico da forma divina, e esta é a razão pela qual o cabalista supõe que não é apenas a mensagem semântica nela envolvida que é relevante do ponto de vista religioso, mas, também, a própria contemplação da maneira em que o texto foi escrito. Portanto, esse compreensivo símbolo constitui uma representação fiel do inteiro reino divino dentro da realidade inferior. A ênfase na precisão é muito importante: assume uma espécie de correspondência, que não é entre uma entidade concreta abaixo que representa uma entidade transcendente no alto, cuja experiência é inefável, porém a de um quadro fiel, uma espécie de ícone de Deus, que incorpora todos os detalhes da divina forma.

Voltemos nossa atenção para um outro tipo de símbolo largamente difundido, Jerusalém. Esta cidade foi concebida quer pelas fontes bíblicas, quer pelas rabínicas como o sítio unificador dos reinos mundano e divino, um lócus onfálico. Entretanto, ao contrário do acessível e concreto rolo da *Torá*, para os cabalistas medievais, cuja vasta maioria nunca chegou a ver a cidade, a palavra *Jerusalém* é agora o ponto de partida da transição no seu conjeturar para a realidade divina superior. Todavia, mesmo em casos em que a realidade simbolizadora era ainda existente, porém distante e não acessível em um futuro previsível, a situação não é em essência diferente. Jerusalém, por exemplo, continuava sendo uma cidade em funcionamento durante a maior parte da Idade Média, mas praticamente desconhecida, ao menos de um modo direto, por aqueles cabalistas espanhóis que a encaravam também como um símbolo. Assim, os vários conceitos da cidade eram, em muitos casos, o resultado de um construto à base das passagens bíblicas, e só raramente esteado em informações de peregrinos, e eu diria quase nunca produto de um encontro direto com a realidade geográfica e histórica da cidade. Como tal, Jerusalém enquanto símbolo, o construto funciona em dois níveis; como um *símbolo literário* presente, disponível, ele age devido à natureza especial do texto bíblico, que, no entendimento dos cabalistas, refletia a divina esfera de existência, e no nível ontológico, como um *symbolum in factis*, a temporalmente ausente e geograficamente remota cidade representa um espiritual e, assim, cognitivamente remoto poder divino. Estes dois canais simbólicos separados levavam, supunha-se, independentemente um do outro, à mesma entidade divina, na maioria dos casos a última *sefirá*, *Malkhut*.

Entretanto, a fim de se entender como duas entidades tão diferentes: um nome, ou seja, uma unidade linguística, e uma cidade designada por seu nome, podem ajudar alguém a alcançar o invisível poder divino, o cabalista assumiria que há uma profunda afinidade entre o nome e a entidade por ele designada, um fenômeno que pode ser descrito como imanência linguística. Em outras palavras, *Jerusalém* não é meramente um nome convencional para a cidade, porém sumaria, pela estrutura da palavra, e numa variedade de modos, a própria essência da cidade mundana e, ao mesmo tempo, aponta para a sua contrapartida superna, divina. A tríade de um nome, uma entidade geográfica e um atributo divino superessencial, o qual governa tanto o nome quanto a entidade geográfica, é, portanto, uma tríade antes comum que enforma muitos processos simbólicos na Cabala. Contudo, dado o fato de que o ponto de partida da vasta maioria dos símbolos cabalísticos são os textos bíblicos e seus emaranhados, cujas contrapartidas nos domínios histórico ou geográfico eram ou não mais existentes ou geograficamente muito remotos e, além do escopo da vida cabalística medieval mais comum na Europa, o simbolismo cabalístico deveria ser definido como predominantemente inspirado por textos autorizados e seus valores religiosos e que funcionam por meio das unidades linguísticas constituintes desses textos. De um modo geral, este simbolismo tem muito pouco a ver com as tentativas de simbolizar a realidade natural, mas é fundamentalmente um código para interpretar os textos canônicos, embora ignorando formas de *realia* divorciadas dos conteúdos das Sagradas Escrituras. A retórica acerca da natureza absorvente da *Torá* é encontrada na Cabala teosófica e fornece o nexo entre pretensões de simbolizar tudo *via* a característica absorvente da *Torá*. Não obstante, deveríamos distinguir cuidadosamente entre vindicações retóricas e a prática geral tal como executada em volumosos tratados do tipo do *Zohar*.

A preocupação com os escritos canônicos é – em minha opinião – a principal razão para o recorrente aparecimento do símbolo de *Jerusalém* na Cabala, mas a total ausência de valores simbólicos para cidades como Lunel, Posquières, Narbonne na França do Sul, ou Barcelona, Gerona, Burgos, Ávila e Toledo, que abrigaram os primeiros estágios do desenvolvimento da Cabala provençal e espanhola. Isto é verdade também no que diz respeito às cidades italianas e otomanas, que acolheram cabalistas expulsos. De outro lado, até mesmo cidades não-bíblicas em Israel, como a afastada Tiberíades, mencionada em legendas rabínicas, adquiriram significados simbólicos, mas este não é o caso da realidade urbana imediata dos próprios cabalistas europeus ou norte-africanos. Em um *Comentário sobre Dez Sefirot*, podemos nos inteirar um pouco do modo como funcionavam os símbolos cabalísticos:

> Monte Sion é assim chamado porque a décima [*sefirá*] é denominada a Jerusalém celestial, que recebe uma emanação de *ha-Tzadiq Iesod Olam*, que é chamado *Tzion*. Pois, assim como na Jerusalém terrena, o Monte Sion é uma torre que defende a cidade, assim também é na Jerusalém celestial o Monte Sion, seu esposo, que a protege de seus acusadores, de tal modo que eles não entrem nela.

A visão da nona *sefirá*, *Iesod*, designada como *Tzion*, sugere que o elemento fálico no reino sefirótico é visto como óbvio e esse ponto não pode ser extraído nem da geografia real do Monte Sion em Jerusalém, nem das passagens bíblicas que tratam de Jerusalém e Sion. É parte da estrutura de muitas constelações teosófico-cabalísticas que enfatizam a polaridade entre os elementos masculino e feminino, bem como entre o sagrado e o demoníaco. Assim, a estrutura teosófica é imposta às frases bíblicas Monte Sion e Jerusalém, como simbolizando respectivamente os poderes masculino e feminino. Além disso, o quadro teosófico, que constrói a última *sefirá* como sendo ameaçada pelos poderes demoníacos que lutam para entrar no reino divino, é imposto tanto ao texto bíblico quanto a qualquer realidade geográfica. A sexualização e a demonização constituem parte dos modos teosóficos de organizar a constelação superna de poderes divinos, que subsequentemente são impostos aos textos bíblicos; a polaridade, de um lado, e a colaboração entre os dois polos, de outro, são relações paradigmáticas que caracterizam o mundo sefirótico, e tais relações são impostas ao texto bíblico.



## O Modelo Extático

O êxtase é uma constante da experiência humana. A ampla disseminação desse tipo de experiências em tantas culturas oferece evidência da centralidade desta forma de misticismo. As experiências extáticas tornam-se cada vez mais evidentes nos documentos escritos do misticismo judaico, desde meados do século XIII. Parece que um processo de adoção e acomodação no tocante às experiências paranormais é característico do pensamento judaico medieval e do início da época moderna, o qual fala com crescente seriedade das experiências paranormais como eventos legítimos. A consequente propagação das experiências mag(u)ídicas no fim do século XV e no XVI, registradas de maneira mais conspícua no diário do R. Iossef Karo, as vindicações de R. Isaac Lúria acerca de revelações paranormais e as discussões a respeito de casos de possessão no século XVI, podem dar testemunho do intento de legitimar suas discussões em público, mais do que do surgimento de novas formas de experiências. Entretanto, nenhum movimento acentuou tanto a importância das experiências pneumáticas, em suas formas mais intensas e extremas, quanto o hassidismo na Polônia o fez.

O modelo extático está muito mais preocupado com processos internos, que ocorrem entre os poderes da imaginação, o intelecto humano e o cósmico, denominado Intelecto Ativo. Esta espécie de Cabala gravita ao redor do ideal de *devequt*, cuja interpretação aponta para tipos moderados ou extremos de união com a Divindade. As outras partes vitais desse modelo são os dispositivos, ou as técnicas, para assegurar a consecução desse ideal. *Hitbodedut*, seja como solidão seja como concentração mental, *hischtavut* ou equanimidade, e técnicas linguísticas de combinar letras hebraicas e contemplar nomes divinos são seus constituintes integrais. Experiências paranormais, como revelações e profecias, são congênitas a esse tipo de modelo místico, e mais consoantes com ele em comparação à Cabala teúrgico-teosófica. A coerência entre esses conceitos e práticas é bastante óbvia: há um contínuo orgânico entre fortes técnicas místicas e extremas experiências místicas, que incluem também experiências de autotransformação. Assim, por exemplo, lemos no livro de R. Natan ben Saadia Harar, *Schaarei Tzedek*, um discípulo direto de Abuláfia, a descrição de Moisés como alguém que: "foi transformado em um [ser] universal depois de ser um ponto central, particular. E esta é a questão do homem inferior que ascende e se torna 'o homem que está no trono' (*Ezequiel* 1:26) pela virtude do poder do Nome".



Significativo para este modelo é a feição anômica das técnicas, o que quer dizer que, de acordo com as várias descrições de suas sendas, os ritos rabínicos não são essenciais para atingir a suprema experiência religiosa. Apesar do fato de que a busca de estados paranormais de consciência, segundo se imaginava, podia alcançá-los por meio dessas técnicas, seria muito difícil discernir tendências antinomianas em tais escritos. Destarte, por exemplo, informa-nos um discípulo de R. Natan, o famoso cabalista R. Isaac de Acre:

> Aquele que merece o segredo da comunhão [com o divino] merecerá o segredo da equanimidade, e se ele recebe esse segredo, então conhecerá também o segredo da *hitbodedut*, e uma vez que tenha conhecido o segredo da *hitbodedut*, receberá o Espírito divino, e daí a profecia, até ele profetizar e dizer coisas futuras.

A profecia é o propósito fundamental do inteiro projeto cabalístico de Abuláfia, que julgava ser ele próprio um profeta. A recorrência, ao menos em princípio, deste tópico é visível em um cabalista que também estava bem familiarizado com a Cabala teúrgico-teosófica. R. Isaac, como seu mestre R. Natan, não tem pretensões proféticas, mas sua visão sobre o que é a profecia é muito similar à de Abuláfia, como nos informa outra passagem sua:

> Eu, o jovem, eu sei e discirno, por certo conhecimento, de que não sou profeta nem filho de profeta, e não tenho o santo espírito e não faço uso da filha da voz, visto que não me foram concedidos [...]. Não obstante, invoco céu e terra para testemunhar – pois os céus são minhas testemunhas e o Garante está no alto – que um dia eu estava sentado e anotava um segredo cabalístico, quando de repente vi a forma de meu eu parada diante de mim e meu eu desapareceu de mim.

A suprema importância dos componentes linguísticos nessas técnicas é óbvia. Também conspícuas são as fortes propensões dessa espécie de misticismo e a profunda influência da filosofia, especialmente da aristotélica no caso de Abuláfia, e as tendências mais neoplatônicas no de seus seguidores.

Todos os conceitos acima mencionados, com exceção do de *hischtavut*, ou equanimidade, encontram-se nos escritos do fundador da Cabala extática, R. Abraão Abuláfia, e são cruciais quer para a cristalização quer para a disseminação desse modelo cabalístico. A existência de vários elementos do modelo extático é facilmente detectável na filosofia neoplatônica e na Cabala geronesa. Entretanto, numa forma muito mais cristalizada do que nesses dois tipos de literatura, e sob a influência do pensamento de Abraão Abuláfia, o modelo extático é visível no fim do século XIII e início do XIV nos escritos de alguns cabalistas, como R. Isaac ben Schemuel de Acre, R. Natan ben Saadia, autor de *Schaarei Tzedek*, *Ner Elohim* e *Sefer ha-Tzeruf*, e no século XVI nos de R. Iehudá Albotini, R. Moisés Cordovero e R. Haim Vital, para citar os mais importantes expoentes desse modelo. Muitos desses conceitos foram disseminados pelos escritos largamente difundidos dos discípulos de Cordovero, embora alguns fólios da Cabala de Abuláfia já estivessem impressos em 1556. Há boas razões para supor que certos manuscritos de Abuláfia eram bem conhecidos no século XVIII na Europa Oriental, tanto por *hassidim* quanto por *mitnagdim*.

Para a melhor compreensão da dinâmica do misticismo judaico cumpriria acentuar que este modelo, embora formulado de um modo sistemático por um cabalista hispânico, não foi aceito pelos cabalistas espanhóis na Península Ibérica, que até o criticaram acerbamente seja durante a vida de Abuláfia, seja após a expulsão dos judeus da Espanha. Ainda que Cordovero e seus discípulos estivessem positivamente predispostos em relação a esse tipo de misticismo, parece que tal modelo místico não era significativo para a Cabala luriânica, como podemos facilmente ver nos escritos de Lúria e nos de seus discípulos, com a notável exceção de R. Haim Vital, que aparentemente foi influenciado pela atitude positiva cordoveriana para com a Cabala extática.

A principal revelação, no concernente à missão messiânica de Sabatai Tzvi, foi descrita por ele mesmo como resultado de uma via que lembra a Cabala extática:

> No ano de 1648, o espírito de Deus pousou sobre ele quando estava certa noite caminhando durante duas horas fora da cidade, longe de lugar habitado, [encontrando-se] em [um estado de] desnudamento e concentração, até ouvir a voz de Deus falando com ele: "Tu és o redentor de Israel, Messias o filho de Davi, o Messias do Deus de Jacó, e tu estás destinado a redimir Israel, [e] trazê-los [de volta] dos quatro cantos do mundo para [reuni-los em] Jerusalém, e eu juro por minha Mão Direita e pelo braço de meu poder de que tu és o verdadeiro redentor, e nenhum outro é o redentor". Assim, desde aquele momento em que foi investido pelo santo espírito, e por uma grande iluminação, ele estava pronunciando as letras do nome divino e efetuando estranhos atos.

A influência de Abuláfia é discernível no hassidismo do século XVIII na Polônia. Em um comentário sobre o *Pentateuco*, *Or ha-Gamuz la-Tzadikim*, escrito no fim do referido século por R. Aarão Kohen de Apta, lemos o seguinte:

> A questão da profecia é [como segue]: impossível, de modo geral, profetizar subitamente, sem certa preparação e santidade, mas se uma pessoa que quer preparar-se para a profecia santifica-se e purifica-se e concentra-se mentalmente e separa-se completamente das delícias deste mundo, e serve os sábios, [inclusive] seu rabi, o profeta – e os discípulos que seguem o caminho da profecia são chamados os filhos dos profetas – e quando seu rabi, [que é] o profeta, entende que o seu discípulo já está preparado para [o estado] da profecia, então o seu rabi lhe dá o tópico das recitações dos sagrados nomes, que são chaves para o superno portal.

A ênfase na profecia e outras peças de evidência atestam em favor da autoconsciência dos mestres hassídicos, de que a mais alta forma de experiência religiosa é proeminentemente mística e algumas vezes extática. Quais podem ser, portanto, os liames entre essa autopercepção e, em minha opinião, também experiência efetiva, nos séculos XVIII e XIX, e as experiências, sistemas e modelos místicos, no judaísmo em gerações anteriores? Presumo que uma tentativa de restringir um fenômeno tardio a uma teoria mística específica no passado será redutora e simplista. Entretanto, embora supondo que temos de admitir a influência de uma variedade de experiências paranormais, não há nenhuma razão para não se tentar examinar uma possível fonte maior de algumas dessas experiências extraordinárias.

A recorrência de experiências reveladoras nos mitos fundadores dessas versões de misticismo judaico, não significa imitação automática do evento de revelação anterior em um desenvolvimento místico posterior. O misticismo muda e, com ele, também mudam as técnicas e o conteúdo das experiências.

A abordagem extática assume que o cabalista pode usar a linguagem e os textos canônicos com o fito de induzir uma experiência mística, mediante a manipulação de elementos de linguagem, junto com outros componentes das várias técnicas místicas. Tal abordagem está muito menos preocupada com estruturas divinas interiores, focalizada como está na reestruturação da psique humana a fim de prepará-la para o encontro com o divino. A teoria extática da linguagem é menos mimética e, assim, menos simbólica e teúrgica, do que o modo de ver adotado pela Cabala teosófica. Enquanto a abordagem teúrgico-teosófica da linguagem tem por certo a suprema importância da informação que é ou absorvida pela mente humana ou transmitida, numa forma energética, pela alma ao divino, em muitos casos a concepção extática da linguagem encoraja a obliteração do conhecimento como parte da abertura para o divino. A linguagem ajuda, de acordo com a Cabala extática, a limpar a consciência de uma pessoa, quebrando, como parte integrante de uma técnica mística, as palavras da Escritura Sagrada em unidades não-semânticas. Ao passo que a Cabala teosófica enfatiza os aspectos dados, estruturados da linguagem, tais como manifestados nos escritos canônicos, na Cabala extática a desconstrução dos textos canônicos, bem como da linguagem corriqueira, constitui importante ferramenta mística para reestruturar a psique humana.

## O Modelo Mágico-talismânico

Enquanto os dois modelos examinados acima se acham representados em diferentes literaturas cabalísticas, o terceiro modelo, o mágico-talismânico a ser estudado abaixo, encontra-se em uma variedade de escritos pertencentes àqueles modelos, e só raramente constituiu uma literatura por si. Esse modelo tem sido subestimado nos estudos sobre o tema, mas vale a pena prestar-lhe atenção especial.

Na verdade, a magia judaica é um velho saber tradicional, apresentando-se com uma variedade de formas no fim da Antiguidade. Algumas de suas partes sobreviveram em textos hebraicos e aramaicos, outras tiveram impacto sobre a magia helenística. Não há dúvida de que os primeiros cabalistas estavam familiarizados com textos de magia judaica e se apropriaram de alguns de seus elementos, enquanto alguns outros os criticaram. Desde o começo do século XIV, uma distinção entre os dois tipos de Cabala gradualmente veio à tona: o da Cabala Especulativa (*Qabalá Iunit*) e o da Cabala Prática (*Qabalá Maasit*). No século XV, ela se repete várias vezes e, no século XVI, torna-se uma maneira padrão para diferenciar entre os diversos de tipos de Cabala. Uma descrição plenamente desenvolvida da evolução dessa distinção ainda é prematura; no que segue, hei de examinar somente alguns aspectos principais da história e conteúdo dessa diferenciação. Como Gershom Scholem já havia sugerido, o aparecimento dessa distinção pode ter algo a ver com a que distingue filosofia especulativa e filosofia prática, nos termos formulados por Maimônides em seu tratado sobre lógica *Milot ha-Higaion*, cap. XIV. Assim, por exemplo, lemos num manuscrito composto no início do século XVI, por um imigrante espanhol no império otomano:

> A Cabala prática consiste em conjurações de anjos; esta é a razão pela qual está escrito nas Lamentações (1:13): Do alto ele mandou fogo para dentro de meus ossos etc., uma vez que Ele mudou os nomes dos anjos (*Midrasch Eikhá Rabati*, II), e esta ciência de conjurações encontra-se oculta em livros muito velhos e também é uma tradição (*Qabalá*) preenchida pela boca de homem. Este saber foi escondido [por causa] daquelas pessoas que são mestres da práxis [*anschei baalei maasé*] como aqueles sábios antigos [mencionados] nos livros de Raschbi

[R. Schimeon bar Iohai] e seus companheiros e também nas palavras de Qana filho de Qana e nas palavras do *Raaia Meheimna*. E a Cabala especulativa é o segredo das dez *Sefirot*.

O autor anônimo era participante da escola que considerava a Cabala como permeada de elementos mágicos e lidava com conjurações de anjos e demônios para uma variedade de desígnios, inclusive o escatológico. Tendo florescido mormente na Espanha, na geração precedente à expulsão, a escola produziu a primeira literatura cabalística de maior amplitude, interessada na dicotomia entre a Cabala prática e a especulativa, tema que volta repetidas vezes. Não resta dúvida de que a passagem acima denuncia uma tentativa de criar uma linhagem autorizada para a Cabala prática, seguindo as estratégias encontradas na Cabala especulativa: livros antigos e transmissão oral. Todavia, o fascinante é a ausência, no trecho supracitado, da senda da revelação, que é a principal maneira de obter informações mágicas, de acordo com os escritos pertencentes à primeira camada dessa literatura cabalística escrita em terra hispânica.

Parece que o grande interesse na Cabala mágica se tornou evidente por volta do fim do século XV, quer nos escritos de cabalistas espanhóis, quer nos italianos, embora no terreno da magia eles a tenham entendido diferentemente.

A extensão da influência mágica no misticismo judaico é uma questão que ainda está à espera de um tratamento pormenorizado. Entretanto, é indubitável a importância das diferentes formas de magia no âmbito das formas relevantes de misticismo judaico, a começar com a literatura das *Hekhalot*. No entanto, aqui não podemos embarcar em um exame geral desse ponto.

Na literatura judaica há diferentes modos de explicar como a magia atua. Algumas dessas explicações, e as relativamente mais antigas, baseiam-se na pressuposição implícita de que a língua hebraica possui traços especiais, capacitando a influência de mestres a utilizar a peculiar combinação de letras que formam os nomes divinos. Nenhuma cosmologia elaborada foi articulada a fim de dar sentido a esta asserção. A visão mágica da língua hebraica é crucial para a maior parte das formas de magia no judaísmo e permaneceu sensível em numerosos textos, particularmente na Cabala. De outro lado, na Idade Média, sob o impacto de concepções filosóficas reinantes entre os árabes, apareceu uma explanação adicional a qual se estriba na suposição de que, apegando-se à fonte espiritual que governa este mundo, sobretudo a alma universal, o místico, ou o filósofo, pode canalizar os acontecimentos no mundo sublunar. A operação é espiritual e ela se dá no mundo superno. Tal explicação da magia emprega fortemente elementos neoplatônicos e, do ponto de vista da disponibilidade desse tipo de magia para autores do século XVIII, podemos salientar certo número de fontes já impressas.

Na magia helenística antiga, assim como na medieval árabe e judaica, o ponto de vista dominante é que é possível atrair para baixo as forças espirituais dos corpos celestiais. Essas forças espirituais denominadas *pneumata* em grego, *Ruhaniyyat* em árabe e *Ruhaniot* em hebraico eram concebidas como passíveis de ser atraídas e capturadas aqui embaixo por meio de tipos especiais de objetos e rituais, cujas naturezas estão em consonância com as feições dos correspondentes corpos celestiais. Os capítulos principais na história desse tipo astro-mágico de pensamento no judaísmo encontram-se entre as descrições de idolatria, em Maimônides e em alguns outros autores, mais simpáticos a esta espécie de atividade, como R. Iehudá ha-Levi e Abraão ibn Ezra, bem como vários pensadores judeus de Castela, no século XIV, que combinavam magia com filosofia e, às vezes, também com Cabala.

Na Cabala do século XV, o uso da língua hebraica como uma técnica para puxar para baixo a força espiritual torna-se explícita, e encontramos também, durante este e os subsequentes séculos, assunções de que toda e qualquer *sefirá* possui força espiritual própria. Assim, a estrutura astrológica do modelo foi levada, por projeção, para a estrutura teosófica "mais alta", diminuindo desse modo as críticas potenciais que uma forte posição astrológica poderia provocar. Sem obliterar totalmente o significado astral do termo *ruhaniut*, alguns cabalistas atribuíam ao reino sefirótico uma estrutura adotada por eles a partir do pensamento astrológico: no alto, dever-se-ia fazer uma distinção entre os aspectos mais materiais e os aspectos espirituais da realidade. Além disso, é possível detectar algumas transladações de feições dos corpos astrais para os correspondentes poderes divinos, as *Sefirot*. Enquanto os astrólogos árabes diferenciavam entre *haikhalat* e *ruhaniyyat*, os cabalistas introduziram essa distinção no domínio intradivino: as *Sefirot* têm um aspecto externo, que é o de vasos denominados *kelim*, e outro da componente mais interna, a espiritualidade de cada *Sefirá*. Ainda que essa divisão tenha servido também para outros propósitos teológicos, como as tentativas de oferecer uma síntese entre as duas visões concorrentes em relação às *Sefirot*, concebidas previamente às vezes como a essência de Deus e outras vezes como os vasos do divino influxo, ou os instrumentos da divina atividade, termos usados por R. Iohanan Alemano e R. Moisés Cordovero os quais nesse contexto traem suas fontes. De especial importância para a nossa discussão é a emergência da expressão *ruhaniut ha-Sefirot*, a força espiritual das *Sefirot*. Essa frase ainda mantém o conceito de uma multiplicidade no mundo espiritual: cada *Sefirá* possui uma distinta força interna que reflete a qualidade específica do respectivo poder divino. Essa elevação do termo *ruhaniut* ao grau da pluralidade da divina essência, não elimina o emprego mágico do termo nos escritos daqueles cabalistas que adotaram tal projeção. Portanto, embora aceito por alguns cabalistas, o modelo mágico-talismânico foi modificado em dois pontos principais: o teológico, na realidade o plano teosófico suplantou o astrológico-celestial, enquanto as práticas mágicas eram substituídas, em alto grau, pelos ritos judaicos e, em particular, pelo uso ritualístico da língua hebraica: na prece e no estudo. Esta é uma mudança axial, que se deu de modo conspícuo nos escritos de I. Alemano, S. Alcabez e M. Cordovero. Ela é parte também de uma tentativa de oferecer uma explicação à eficácia dos mandamentos, em acréscimo ou à diferença das razões teúrgicas mais comuns, recorrentes na literatura cabalística. Adotando o ritual judaico em benefício de consecuções mágicas, ou interpretando tais ritos como magicamente efetivos, os aspectos mais problemáticos da magia – como operação executada por atos que não constituem parte da conduta regular – ficavam atenuados em larga medida. Cumprindo a vontade divina, as consecuções materiais e espirituais são atraídas para baixo, e não por uma tentativa de curto-circuitar a ordem da natureza, ou forçando a vontade divina.

Conquanto em muitos casos o termo *ruhaniut* preserve traços de suas fontes mágicas, em muitas outras ocasiões, seja na Cabala cordoveriana seja no hassidismo, o termo designa o ideal, o domínio espiritual, sem conservar quaisquer de seus significados mágico-astrais. Nesse nexo, ele penetrou no hebraico moderno, em *ruhaniut*, quer dizer espiritualidade, um fato que ajudou a negligenciar o sentido mágico dessa palavra em alguns dos textos clássicos da mística judaica.

Uma das versões mais explanadas da definição de Cabala, em termos relacionados com experiências da luz, encontra-se em um *responsum* escrito por um cabalista anônimo do século XIV. Ele responde à seguinte questão:

"Como é [possível] a intenção [mística] na prece, especialmente visto que é uma coisa oculta para nós, porque nós não sabemos como ela é: se dirigimos [nossas orações] às *Sefirot*, que são luzes [*meorot*], não há nenhuma similitude no alto". O problema levantado é que, dado o fato de que não há forma alguma no reino sefirótico, é difícil explicar como se pode endereçar a prece a diferentes potências divinas. A resposta consiste numa longa abordagem sobre a natureza das *Sefirot* e da língua hebraica; contudo, aduzirei aqui somente duas sentenças do início: "esses tópicos maravilhosos [...] não podem ser expressos pela boca, *a fortiori* para serem escritos em um livro, uma vez que esses maravilhosos tópicos constituem a essência da Cabala, tanto da Cabala prática quanto da especulativa". Nas discussões que seguem esta passagem o cabalista anônimo analisa alguns detalhes da técnica mística para visualizar os divinos nomes em cores que correspondem às diversas *Sefirot*. Portanto, de acordo com a descrição, a essência da Cabala envolve quer o cerne teosófico, a natureza das *Sefirot* e suas luminosas manifestações, aparentemente a Cabala teórica, quer o fator experimental, a visualização das cores, que é a componente essencial da intenção mística durante a prece. De maneira não dessemelhante das descrições provenientes da escola de Nakhmânides, em que a *Merkavá* e os mandamentos são mencionados em conjunto, em nosso texto a Cabala também é apresentada como uma síntese entre os elementos teosófico e teúrgico. A tentativa de compreender as duas formas da Cabala com base no poder de afetar a estrutura superna é concebida em termos de *teologia negativa*. Entretanto, não obstante essa teologia negativa, as cores atribuídas aos nomes divinos, de acordo com um padrão muito preciso, são entendidas como conexões entre a atividade ritualística e o domínio superno. Sob a influência deste *responsum*, R. Moisés Cordovero descreve a intenção mística ao fim, que é também o pico, de seu largamente influente compêndio de Cabala, *Sefer Pardes Rimonim*. No último pórtico, que lida com a intenção mística na prece, o cabalista de Safed indica que, através da visualização das cores, a oração mística tornar-se-á muito mais efetiva. A culminação do saber e da prática cabalísticas, tal como encarada em um dos mais influentes tratados em sua história, supõe que um elemento místico é fundamental, afora o conhecimento do mapa do mundo divino. Embora a definição acima aduzida represente um caso raro, a prática da visualização das cores como parte da prece não era de maneira alguma excepcional, sendo, no entanto, concebida como um tópico muito esotérico.

De todo modo, o ramo mágico da Cabala permaneceu como parte e parcela desse saber e seu impacto é evidente até mesmo em discussões em que algumas vezes viu-se negado por certos cabalistas. Ainda assim, cumpre mencionar a existência de importantes casos em que cabalistas rejeitam ou minimizam a importância dos aspectos mágicos de seu saber.

Permitam-me apresentar alguns exemplos dessa adoção do modelo mágico em fontes cabalísticas. Embora o seja muito pertinente para as nossas discussões ulteriores, o elemento mágico-astral é de fato crucial para os escritos do cabalista judeu italiano, do século XV, R. Iohanan Alemano. Meu principal interesse serão as concepções mágicas que reverberam nos textos do cabalista safediano do século XVI, R. Moisés Cordovero. Parece razoável supor que o aparecimento da magia astro-sefirótica em Safed não foi resultado da influência do cabalista italiano, mas de suas fontes, que emergiam da Espanha do século XIV. Se os livros de Alemano exerceram algum efeito sobre Cordovero em geral, tudo indica que isto se deu de maneira muito limitada. No entanto, eu gostaria de aduzir um exemplo instrutivo de magia hermética, tal como exposto numa obra clássica da Cabala de Safed, o *Pardes Rimonim*, de Cordovero:

> Não há dúvida de que as cores podem te introduzir nas operações das *sefirot* e atrair para baixo o que delas transborda. Assim, quando uma pessoa necessita atrair o transbordo de Mercê do atributo da Graça, que ele imagine o nome da *sefirá* com a cor apropriada ao que ele necessita, à sua frente. Se ele [se dirige à] Suprema *Hesed*, [que ele imagine] o extremo branco... Do mesmo modo, quando ele quer realizar certa operação e tiver necessidade do transbordo do [atributo do Julgamento], ele que se vista de roupas vermelhas e imagine a forma [das letras do] Tetragrama em vermelho, e assim por diante em todas as operações que causem a descida do transbordo [...]. Dessa maneira certamente [podemos explicar] o significado dos amuletos. Quando uma pessoa prepara um amuleto para a [*sefirá*] de *Hesed*, ele que imagine o [divino] nome em branco brilhante, pois então a operação deste nome será aumentada.

Esta passagem é altamente significativa, porque o sistema sefirótico é concebido com função instrumental para a realização da atividade mágica. Entretanto, em vez das forças espirituais comuns que são estipuladas sobre os planetas e manipuladas pelo uso de cores e roupas, no caso, o cabalista mágico dirige-se às *Sefirot*. As espiritualidades astrais foram projetadas para dentro do reino divino interno e apresentadas pelo uso de categorias mágicas. A técnica básica nesse tipo de mágica é a de puxar para baixo os poderes divinos, ou o transbordo das *Sefirot*, de acordo com as necessidades do mágico. Cordovero estava bem cônscio da afinidade de sua concepção com a da magia astral. Imediatamente após a passagem acima, escreveu:

> Todos esses tópicos são conhecidos e manifestos para aqueles que escrevem amuletos e nós não temos parte no labor deles. Mas vimos uma pessoa que projetou amuletos que se referem ao [atributo] do [rigoroso] Julgamento usando a cor vermelha, e aqueles que se referem à Graça em branco e aqueles que se referem à Mercê – em verde, e tudo [foi feito] de acordo com o que [foi revelado] pelos verdadeiros [angélicos] mentores, que lhe ensinaram o preparo dos amuletos. Tudo isso [foi feito] a fim de introduzi-lo no assunto das cores e das operações que derivam do alto.



O cabalista tinha ciência da similaridade entre o tipo de Cabala que estava propondo e as práticas mágicas pagãs. Além do mais, ele considera o conhecimento da preparação de amuletos ou talismãs como uma gnose revelada, que serve de introdução ao conhecimento da Cabala. Não obstante a reserva do cabalista com respeito à prática mágica, é óbvio que ele se achava em contato com uma pessoa que se entregava a tais práticas e Cordovero até considerava que o seu conhecimento provinha do alto. De todo modo, sua relutância em reconhecer abertamente a afinidade de sua Cabala com certo tipo de mágica é compreensível, um fato que não desfaz a profunda similaridade e a filiação histórica que sua Cabala tem com a magia. O princípio proposto por Cordovero, em conexão com o ritual religioso, é o mesmo que regula a atividade mágica. Como no caso da magia natural de Iohanan Alemano, Codovero não pretende quebrar a ordem natural recorrendo a forças demoníacas, que poderiam destruir a ordem natural. Ao invés, propõe um tipo de atividade que complementa a natural, adicionando uma dimensão da práxis baseada em leis já existentes, mas ocultas aos olhos do desinformado. A atividade cabalística era sobrenatural, não porque se intrometia no curso regular dos eventos, mas porque sua ordenação era de uma ordem superior.

Segundo outros textos, induzir o influxo superno a vir ao justo pela combinação de letras dos nomes divinos é semelhante à ação de provocar o descenso do transbordo das *Sefirot* empregando a técnica da cor, tal como descrito acima. Entretanto, enquanto os nomes podem ser concebidos como talismãs estáticos, nesta última citação o caso é palpavelmente diferente; trata-se aqui de um processo dinâmico que induz as forças espirituais do alto, e podemos supor que é um descenso dinâmico incitado pela combinação de letras. Em outras palavras, as implicações talismânicas das técnicas de Abuláfia foram encarecidas por alguns de seus discípulos anônimos, que introduziram vigorosamente concepção talismânica da linguagem. Dessa maneira, o corpo humano era concebido como o lócus em que o divino influxo é recebido e torna-se um vaso do influxo descendente. De bastante interesse é que a técnica mágico-mística pode induzir uma experiência do divino presente no corpo humano e atuando por seu intermédio.

Ocorreu certo deslocamento do ideal teúrgico para um modo de ver mais mágico, representado pelo ideal de atrair sobre alguém o divino efluxo. Como no caso da aculturação do tipo hermético de magia ao ritual judaico na passagem acima, analogamente ao último caso, o cabalista que se entrega à prática da concentração e da pronunciação das combinações de letras é apresentado como um tipo religioso justo – isto é, como um ideal. Embora não seja parte do ritual regular, a técnica acima é considerada, não obstante, uma prática lícita, na medida em que é atribuída a uma fonte antiga, de fato, às visões de algumas personalidades, e o praticante é descrito como um justo. Além disso, de acordo com outra passagem ainda do mesmo livro, o mais alto domínio de estudo, que transcende até o do *Zohar*, o mais importante texto da Cabala, é o conhecimento da "força espiritual das letras e sua existência e sua combinação uma com a outra", pois este conhecimento capacita o cabalista "a criar mundos". Tal afirmação é realmente digna de nota; as forças espirituais das letras parecem ser onipotentes, e esta gnose é – segundo Cordovero – um tópico muito raro. Para o nosso propósito é suficiente mencionar as óbvias implicações mágicas da manipulação das forças espirituais das letras.

Um importante desenvolvimento que se processa no pensamento de Cordovero, com profundas repercussões ulteriores, é a visão do justo humano, o *Tzadik*, cuja maneira de funcionar lembra a da nona *sefirá*, *Iesod*, transmitindo o influxo que recebe das partes superiores para as inferiores nos reinos sefiróticos. Agora o influxo é recebido do reino sefirótico, ao qual o justo está apegado, e é transmitido aos outros homens. Em seu livro *Schiur Qomá*, ficamos sabendo que,

> onde quer que estejam os *Tzadikim*, Deus está lá. [O texto de prova disso na Escritura diz que,] enquanto o povo de Israel se encontrava no deserto, o Templo estava com eles [...] portanto os *Tzadikim* santificam o lugar, pois Ele se apega aos seus *Tzadikim* por causa de sua concentração mental Nele [...] onde quer que os *Tzadikim* estejam, como o *mischkan*... Ele está lá [...].

Em outra parte, neste mesmo livro, o cabalista articula outros aspectos mágicos do justo:

> Tudo depende das forças espirituais, o influxo que flui por meio do *Tzadik* e de suas justas ações [...] o mundo foi abençoado pela força espiritual a fluir por causa do mérito [dos *Tzadikim* ] [...] e todos os mundos e coisas estão sujeitos ao *Tzadik* [...] e tudo depende do segredo da *Torá* que lhe é transmitido

Estas curtas sentenças contêm – *in nuce* – os mais importantes elementos do modelo mágico: o mundo depende de poderes superiores, a força espiritual, que é atraída para baixo pelo corpo mesmo dos *Tzadikim* e seus atos religiosos, bem como os segredos da *Torá*. É um universo mágico que é descrito por Cordovero: o *Tzadik* é não só capaz de mudar o mundo terreno; ele também é concebido como alguém que governa o mundo celestial. Pela força da alma divina que reside no homem, o justo impera sobre o mundo, visto que ele está apegado ao mundo da emanação. Essa expansão do divino influxo para baixo depende da conduta religiosa, que serve de instrumento para atrair "a luz do mundo da emanação" para todos os mundos, sendo esta razão por que todos eles lhe são obedientes e são compelidos por sua vontade.

Aqui, já temos o prenúncio dos mais importantes movimentos da magia para o misticismo: ao passo que nas fontes mágicas a ação de puxar para baixo as forças espirituais está profundamente relacionada a objetos, rituais, tempos propícios e menos à essência interna do operador, Cordovero enfatiza a natureza divina da alma humana; ele [o justo] se prende ao mundo divino pela virtude da alma superior, que o capacita a imperar sobre os universos extradivinos. O cabalista sefadiano utiliza, repetidas vezes, o termo *Tzadik* a fim de salientar o indivíduo extraordinário que é capaz de realizar o ritual de uma maneira que modificará o curso da natureza.

Cordovero esforça-se para distinguir entre esse gênero de influência sobre o mundo – que é para ele um tipo de magia natural, semelhante ao modo de ver de seus contemporâneos da Renascença na Itália – que difere drasticamente de uma forma mais radical de magia judaica: aquela que opera pela virtude dos nomes divinos, e que deve ser evitada tanto quanto possível. De fato, Cordovero também se mostra ansioso para proibir o uso do modelo mágico-astral, tal como era praticado pelos gentios, embora em alguns casos descreva dispositivos para preparar amuletos com o emprego de astromagia.

Permitam que eu aduza outro exemplo pertinente ao modelo mágico, desta vez referente ao domínio do ritual. De acordo com Cordovero, a bênção, *berakhá*, significa "atrair para baixo a *hamschakhá*, ou seja:

> [A] atração para baixo da força espiritual e do influxo do topo dos degraus [isto é, das *sefirot*] para a *Malkhut*, que é o reservatório em que o influxo é reunido [...], e de lá ele desce para as [entidades] mais baixas, embora seja nossa obrigação atrair somente até ela [*Malkhut*] [...] quando houver uma bênção após um mandamento ou um ato [...] este ato é um vaso e um balde, por meio dos quais as águas do influxo são atraídas.

O atrair para baixo consiste em dois estágios: o intradivino, do pico até a última *sefirá*, *Malkhut*, um estágio que pode ser designado como um ato teúrgico; e um segundo, o de atrair o influxo da última *sefirá* para a mais baixa das entidades, que pode ser chamada de mágica. O que é significativo de nosso ponto de vista é o fato de que um termo ritualístico e seu desempenho como ato ritual estão envolvidos no processo de atração da espiritualidade para baixo. O uso do termo *hamschakhá* reflete um aspecto mágico, que pode na verdade ser um retorno a uma camada mais antiga de pensamento. Trata-se de uma adoção judaica da ideia de atrair para baixo os influxos astrais mediante o emprego de um [termo] "tradicional", ou seja, um bem firmado termo cabalístico. De fato, Cordovero é herdeiro de uma tradição baseada numa longa série de cabalistas que ligam dois tópicos: o conceito e a prática da bênção, *berakhá*, e a ação de atrair para baixo [seu efeito], *hamschakhá*. Devido à centralidade dessa questão nas discussões seguintes, permitam-me descrever com brevidade as principais fases desses nexos na Cabala anterior a Cordovero.

A relação entre a *hamschakhá* e os mandamentos já se dá no início da Cabala no século XIII: segundo R. Isaac Sagi Nahor e seu discípulo,

R. Abraão ben Isaac, um chantre geronês, por meio das palavras da oração é possível puxar essências de uma *Sefirá* para outra, que está abaixo. Entretanto, essa atração para fora se verifica, ao menos conforme uma passagem, "quando ele elevar, ao fim de todas as bênçãos, seu pensamento à *Teschuvá* [...] ele atrairá até o Grande Nome". Portanto, a atração para fora segue a ascensão mental à fonte de poder ou influxo. De acordo com esse texto, o principal propósito do ascenso é unicamente o processo intradivino. Todavia, algures, na mesma escola, atribui-se a R. Isaac Sagi Nahor o relato de que, depois de puxado pela "bênção" para a sexta *sefirá*, o influxo será distribuído ao "mundo todo". Qual o significado dessa frase, está longe de ser claro; ela pode referir-se às seis *Sefirot* inferiores que recebem seu poder da *Sefirá* ou *Tiferet* e, se assim for, é de novo um sistema teosófico que enforma esse tipo de teurgia. Contudo, se a palavra mundo deve ser entendida literal e não simbolicamente, temos aqui uma sequela da teurgia e magia. Um giro num sentido mais mágico do termo *hamschakhá* é discernível em *Ginat Egoz*, de R. Iossef Gikatila. Este livro, pertencente aos escritos mais antigos de Gikatila, trai uma propensão mais filosófica e talvez esotericamente mágica quando emprega o referido termo. Na metade do século XVI, dois eminentes cabalistas abraçaram o largo uso do vocábulo *hamschakhá* por R. Schimeon Lavi e Cordovero, cuja Cabala se faz notar pelo copioso emprego do laço entre bênção e *hamschakhá*.

É possível formular os três modelos até onde se trata de seus objetivos: o extático preocupa-se mais com as mudanças que certa técnica mística, baseada principalmente na linguagem, pode induzir no homem; o talismânico enfatiza os efeitos que podem ter sobre o mundo externo atos linguísticos ritualísticos de alguém, enquanto o modelo teúrgico-filosófico preocupa-se em induzir a harmonia no reino divino. Por interessante que possa ser a descrição desses modelos, cumpre acentuar que só raras vezes eles foram expostos como abordagens completamente separadas. De fato, o modelo extático viu-se em alguns casos combinado com o talismânico, de modo que o operador talismânico foi descrito como tendo alcançado um contato com o reino divino antes de poder atrair para baixo o poder superno. Da mesma maneira, a operação teúrgica, que assegura a continuada pulsação de energia dentro do reino divino, sofreu amiúde uma combinação com as abordagens mágica ou talismânica, de forma que a atração da emanação das *Sefirot* mais altas para as mais baixas prosseguisse causando a descida dessa emanação no mundo extradivino.

Finalmente, o modelo talismânico, que nos preocupou mais acima, concebe o divino texto como um dos principais meios de atrair poderes supernos, divinos ou celestiais, sobre o mágico ou o místico, que se torna, em muitos casos, o portento de forças extraordinárias, que podem ser descritas como mágicas. Em geral, tal abordagem pode ser caracterizada como hipossemântica, ou seja, que a linguagem é concebida como magicamente efetiva, mesmo quando a pessoa ignora seus aspectos semânticos. Esta é uma atitude fortemente antropocêntrica, que pretende encarecer o bem-estar espiritual e material de um indivíduo e, com frequência, do inteiro grupo religioso, como um importante cerne da religião.

Os modelos teúrgico-teosófico e talismânico pressupõem que, além do aspecto semântico do texto sagrado e da língua hebraica em geral, há também um aspecto energético que é igualmente efetivo, seja afetando o mundo superno ou, respectivamente, atraindo-o para baixo. Na Cabala extática, de outra parte, embora esses dois aspectos estejam às vezes presentes, eles desempenham um papel relativamente marginal. Esta modalidade de Cabala reconhece os poderes mágicos da linguagem, porém considera que exercem influência apenas em um nível mais baixo, inferior da existência, quando comparada ao papel catártico que a linguagem exerce na purificação da alma, ou do intelecto, com o fito de prepará-los para a recepção dos eflúvios supernos.

Em geral, o modelo talismânico, tal como exemplificado pela magia linguística, é uma síntese entre a tendência particularista, característica do modelo teúrgico, que lida basicamente com o comportamento halákhico, e a tendência mais universalista das fontes herméticas. Focados como estão nas palavras hebraicas como ferramentas principais, os cabalistas extáticos assumem por vezes que não só as palavras como ainda as letras hebraicas, e especialmente o que pode ser chamado, segundo eles, de sons ou fonemas 'hebraicos' podem servir de meios talismânicos. Os três modelos exerceram um impacto no entendimento particular de muitas questões centrais como a natureza do Messias, a redenção em geral, a metempsicose ou os ciclos cósmicos, que foram reinterpretados de acordo com a lógica de cada um destes modelos.

## A Cabala e os Três Tipos de Magia Judaica

É possível distinguir entre três tipos principais de magia a operar na cultura judaica e a exercer um impacto nas literaturas cabalísticas. Já descrevemos acima o modelo astro-mágico ou talismânico. Outro modelo é o filosófico, ou seja, a teoria mágica que supõe que se apegando ao poder superno, uma faculdade espiritual humana, mormente a alma, é capaz de controlar os acontecimentos neste mundo governado pela referida entidade superna: a alma cósmica, o Intelecto Ativo ou Deus. Esse tipo de magia ingressou nas fontes judaicas desde os escritos de R. Abraão ibn Ezra e sob a influência das obras de Avicena, exercendo um impacto significativo sobre uma série de escritos filosóficos e cabalísticos judaicos redigidos sob a égide da filosofia. Apresentarei apenas um exemplo, colhido em um cabalista do começo do século XVII, R. Abraão Azulai, que em *Hesed le-Avraham* escreve o seguinte:



> Saiba que o apegamento à luz superna não pode ser atingida senão por causa da faculdade espiritual, isto é, desejo e amor. Por efeito destas qualidades, a alma vai superar o corpo e o homem se apegará ao seu Criador, e o mundo inteiro fica sob os seus pés e ele é elevado em tudo e opera no mundo como ele quer, porque é a fonte do superno influxo, que [vem] de sua causa para a causa do mundo [...] e tudo é submetido à sua vontade [...] e esta é uma coisa plausível e uma explicação correta dos milagres.

Não há nada de cabalístico nesse texto; na realidade ele reflete um *topos* medieval comum dos poderes mágicos do *perfecti* apegamento. É a transformação da capacidade espiritual humana numa entidade espiritual mais compreensiva, que governa o mundo, e essa elevação permite as mudanças em entidades no mundo mais baixo.

Entretanto, o tipo mais difundido e influente de magia no judaísmo em geral e na Cabala também é a magia linguística. Ao passo que a espécie talismânica e a filosófica de magia refletem nítido impacto muçulmano, o terceiro modelo de magia abebera-se principalmente em fontes judaicas. A assunção básica é que alguma qualidade especial é inerente à sequência específica de letras encontrada em uma dada unidade: nome divino, nomes angélicos ou demoníacos, *nomina barbara*, ou algumas partes da *Bíblia*, como Qeriat Schema ou o Salmo 91. Tais fórmulas podem ser escritas sobre amuletos, vasos ou recitados a partir de um livro canônico ou mágico. Às vezes um livro inteiro é visto como carregado de poderes mágicos. Assim, por exemplo, o livro de *Raziel, o Anjo*, na versão impressa em Amsterdã em 1701, e o dos *Tikunei Zohar* são mantidos em casa a fim de prevenir qualquer dano, especialmente o fogo. O *Livro de Raziel* representa uma interessantíssima amálgama de passagens de material cabalístico da antiguidade tardia, medieval e pré-moderna, com elementos mágicos, que foram imediatamente canonizados tão logo apareceram em forma impressa. A recitação de salmos tornou-se, desde a Idade Média, uma importante prática preventiva.

Entretanto, a principal forma de magia linguística antes e depois do surgimento da Cabala consistiu na escritura e no uso de amuletos. O número de amuletos existente e o papel desempenhado por seus escribas prestam testemunho sobre a importância atribuída a esse dispositivo mágico. O mais famoso deles foi sem dúvida R. Israel ben Eliezer, conhecido também como o Baal Schem Tov, ou seja, o mestre do bom nome, e pelo acrônimo de Bescht, o fundador do hassidismo do século XVIII.

> Quando R. Isaac de Drohobycz ouviu falar dos notáveis poderes dos amuletos do Baal Schem, ocorreu-lhe que isso era com toda certeza realizado por meio dos sagrados Nomes neles escritos. Assim decretou, "Por causa do uso impróprio do Nome de Deus, o poder dos amuletos deve extinguir-se". E de fato foi o que aconteceu. Os amuletos expedidos pelo Baal Schem eram agora ineficazes, tendo perdido sua potência especial [...]. Quando o Baal Schem percebeu por fim que seus amuletos não estavam mais proporcionando quaisquer benefícios, ele procurou a razão. Foi-lhe finalmente revelado que era por causa do pronunciamento do *Tzadik* R. Isaac. O Baal Schem, em vista disso, operou um notável feito por meio da combinação cabalística das palavras da oração *Ana Bakoah*. Como resultado do feito do Baal Schem [...] o Baal Schem confrontou R. Isaac. "Por que Vossa Honra tirou de mim o poder de meus amuletos – amuletos que eu dispenso para ajudar as pessoas?". Disse R. Isaac, "É proibido fazer uso pessoal dos Sagrados Nomes". "Mas não há juramentos nem quaisquer Nomes em meus amuletos, salvo o meu próprio: [nome], 'Israel, filho de Sara, Baal Schem Tov'", argumentou o Bescht. R. Isaac, relutando em acreditar nisso, disse que não era possível que o nome do Baal Schem possuísse sozinho poderes tão

temíveis. Com a abertura de vários amuletos, que foram trazidos para o exame de R. Isaac, ele se convenceu da verdade do que lhe fora dito. Então proferiu o seguinte: "Senhor do universo, se um homem ganha sua subsistência mediante o poder de seu próprio nome, o que Te importa? Restaura-lhe a potência dos amuletos que levam seu nome".

Nesta passagem, o status algo precário dos amuletos é evidente: eles são em princípio eficazes, mas ao custo de explorar os poderes inerentes nos divinos nomes. Para evitar essa situação ambígua, o Bescht recorreu aos poderes especiais de seu próprio nome, que escreve nos amuletos por ele distribuídos. Ele, ou a pessoa que inventou a referida tradição continua a tradição cabalística segundo a qual os nomes dos justos são similares aos divinos nomes. Com esta figura, vemos o ascenso da importância do homem santo, identificado com uma personagem histórica que não só é capaz de usar o seu nome a fim de ajudar os outros, mas também de instituir uma nova forma de misticismo judaico, o hassidismo. Assim, neste caso o mágico não era uma figura marginal, porém o fundador de um movimento de massa místico que preservou como lícitos tanto os seus atos mágicos quanto suas consecuções místicas. Os amuletos têm numerosas formas, quer do ponto de vista material, quer dos muitos tipos de textos que são empregados e às vezes representam a combinação de uma variedade de nomes divinos e versos.



## O Impacto da Cabala

Devido à disseminação da Cabala Cristã, e até pelo impacto dos estudos modernos sobre a Cabala, tal como representados especialmente pelos trabalhos seminais de Gershom G. Scholem, alguns elementos do pensamento cabalístico – embora muito menos suas práticas – foram integrados numa variedade de domínios intelectuais e literários. Bem conhecidas figuras do pensamento europeu foram atraídas à Cabala, como os assim chamados neoplatônicos de Cambridge, Leibniz, Swedenborg, Schelling ou Salomão Maimon. Este também é o caso na literatura moderna em que a Cabala influenciou escritores como Franz Kafka, Ivan Gol, Paul Celan, Jorge Luis Borges, Isaac Baschevis Singer, Umberto Eco e, na cena israelense, Schmuel I. Agnon, David Schaar e Uri Tzvi Greenberg, e em algumas formas de crítica literária e filosofia do texto como Maurice Blanchot, Harold Bloom, Jacques Derrida e mais uma vez Eco. No campo da filosofia judaica, são conspícuos os elementos cabalísticos nos sistemas especulativos de Franz Rosenzweig, R. Abraão Isaac Kook, R. Iossef Baer Soloveitchik, Abraão I. Heschel, e em menor extensão em Emanuel Lévinas. Temas místicos são evidentes nas pinturas de Chagall e Mordekhai Ardon.

Um renascimento do interesse na Cabala é mais visível na última década, que testemunhou um retorno do papel do cabalista em certos segmentos da sociedade israelense, e o recurso aos modos do pensamento cabalístico em algumas formas dos pensadores do New Age (Nova Era) nos Estados Unidos, como o rabi Zalman Schechter. Até mesmo cabalistas ortodoxos, basicamente ativos apenas em Israel, estão agora propensos a admitir uma disseminação em larga escala, anteriormente impensável, desse saber para audiências mais amplas, em função de uma nova política de publicação e ensinamento. Os movimentos conservador, reformista e reconstrucionista, antes antagônicos ou indiferentes em relação ao misticismo judaico, começam a integrar cada vez mais elementos cabalísticos e hassídicos em seu culto.

# O MESSIANISMO JUDEU E A IDEIA DE PROGRESSO:

## EXÍLIO E REDENÇÃO NA CABALA

GERSHOM SCHOLEM

trad. de J. Guinsburg

O século XIX e o judaísmo do século XIX legaram à mente moderna um complexo de ideias acerca do messianismo que levaram a distorções e contrafações das quais não é tarefa nada fácil nos livrarmos. Ensinaram-nos que a ideia messiânica é parte e parcela da ideia do progresso da raça humana no universo, que a redenção é realizada pelo progresso desajudado e contínuo do homem, o que conduz à libertação final de toda a bondade e nobreza oculta dentro dele. Este é, em essência, o conteúdo que o ideal messiânico adquiriu sob a dominância combinada do liberalismo político e religioso – o resultado de uma tentativa de adaptar as concepções messiânicas dos profetas e da tradição religiosa judaica aos ideais da Revolução Francesa.

Tradicionalmente, entretanto, o ideal messiânico no judaísmo não se mostrava tão animado; supunha-se que o advento do Messias faria estremecer os fundamentos do mundo. Ao ver dos profetas e agadistas[1], a redenção seguir-se-ia somente após um distúrbio revolucionário universal, bem como após desastres sem paralelo em que a história seria desalojada e destruída. A visão do século XIX é cega em relação a este aspecto catastrófico. Enxerga apenas progresso para a infinita perfeição. Investigando as raízes dessa nova concepção do ideal messiânico como infinito progresso e perfectibilidade do homem, encontramos, surpreendentemente, que ela brota da Cabala[2].

1 Referência aos redatores da *Agadá*. (N. da T.)

2 A Cabala é, sem dúvida, o misticismo hebraico, mas não deveria ser concebida como sendo um único sistema ou doutrina; é antes um movimento religioso que, no longo espaço de tempo de seu desenvolvimento, a partir do século XII, quando fez sua primeira aparição no sul da França, até os nossos dias, abarcou numerosos e diversos sistemas. A Cabala não apresenta uma unidade permanente de conteúdo, embora se possa falar de certa unidade dinâmica de função permanente, uma unidade mais de problemas colocados do que de respostas dadas. (N. da T.)

Quando estudamos o ideal messiânico, estudamos simultaneamente a natureza da Diáspora, o *Galut*. O judeu medieval pensava a respeito da redenção como um estado, que seria levado a efeito pela inversão de tudo o que produzira o *Galut*. O ideal messiânico dos Profetas da *Bíblia* e de outras fontes clássicas do judaísmo não proporcionava precedentes para esse modo de ver. Tanto os Profetas como os agadistas concebiam a redenção como um novo estado do mundo, sem nenhuma relação com tudo o que se passara antes, e não como o produto de um desenvolvimento purificador do estado precedente. Para eles, portanto, o mundo irredento e o mundo em processo de redenção estavam separados por um abismo. A história não era um *desenvolvimento* para qualquer meta. A história alcançaria o seu término, e o novo estado subsequente seria o resultado de uma manifestação totalmente nova do Divino. Nos Profetas esse estádio é chamado o "Dia do Senhor", que é totalmente diferente dos outros dias: só pode advir depois que a velha estrutura foi arrasada. Por conseguinte, com o advento do "Dia do Senhor" tudo o que o homem construiu no curso da história será destruído.



A tradição clássica judaica gosta de enfatizar o traço catastrófico na redenção. Se percorrermos o décimo capítulo do tratado Sanhedrin, em que os talmudistas discutem a questão da redenção por extenso, veremos que esta significava para eles um tempo de colossal desarraigamento, destruição, revolução, desastre, sem nenhum aspecto de desenvolvimento e progresso. "O Filho de David (o Messias) virá somente numa geração inteiramente culpada ou numa geração inteiramente inocente" – uma condição além do domínio de possibilidade humana. Ou "o Filho de David não virá até que o reino seja subvertido pela heresia". Essas esperanças de redenção mostram sempre uma forte propensão nacionalista. A libertação de Israel é a essência, mas ela se dará *pari passu* com a libertação do mundo todo.

É um aspecto bem conhecido que toda a larga área de expectativas messiânicas, que aparece na tradição agádica e nos *midraschim*, não era considerada digna de tratamento sistemático pelos grandes filósofos e teólogos judeus da Idade Média (com a única exceção, a de Saadia Gaon no século x). Assim, a imaginação popular e o impulso religioso puderam sonhar livremente seus próprios sonhos e pensar seus próprios pensamentos, sem defrontar-se com a oposição dos setores ilustrados da comunidade. Desenvolveu-se na Idade Média toda uma literatura popular, profetizando a apocalíptica guerra final que levaria a história a seu termo, e pintava vividamente a redenção como o acontecimento que coroava a saga nacional e comunal. Deste modo, a expectativa messiânica, vista com menosprezo pela aristocracia intelectual, fincou raízes entre as massas do povo, desviando suas mentes dos esforços para resolver os problemas do presente para o reino utópico do "Dia do Senhor".

Os primeiros cabalistas – do século XII até a expulsão dos judeus da Espanha em 1492 – tinham pouco a acrescentar ao mito popular da redenção, pois seus espíritos estavam voltados não para o Fim dos Dias, mas para os dias primais da criação. Alimentavam a esperança de uma redenção particular e mística para cada indivíduo, a ser alcançada escapando-se da turbulência, perplexidade, caos e tormentas do curso efetivo da história para os seus inícios.

Esses primeiros cabalistas atribuíam especial importância a questões como: Qual é a natureza da criação? E, de onde viemos? Pois acreditavam que conhecer a "escada do ascenso", ou mais precisamente, a escada do descenso, a ordem dos degraus que ligam todas as criaturas abaixo da fonte da criação, de Deus, "a raiz de todas as raízes", à nossa constrangida existência – conhecer o segredo de nossos inícios, portanto as imperfeições deste distorcido e sombrio mundo em que estamos encalhados com todas as tempestades e perturbações e aflições dentro dele – conhecer tudo isso nos ensinaria o caminho de volta para a "nossa morada interior". Assim como descemos, assim como cada criatura desce por sua senda particular, assim também ela está apta a ascender, e esse ascenso visa a um retorno à origem da criação e não ao seu termo. Aqui, então, temos uma visão da redenção em que os fundamentos do mundo não são movidos por grandes turbações messiânicas. Ao invés, o próprio mundo é rejeitado por ascenso pelos degraus da escada que se ergue até as mansões celestiais no regaço de Deus. O cabalista que estivesse preparado para seguir esse caminho da interioridade seria libertado e redimido devido ao fato de que ele próprio, nas profundezas de suas alma, buscaria uma vida de retorno a Deus, à fonte de onde fora cortado.

A obra-prima do cabalismo espanhol é o *Zohar*, que foi escrito no último quartel do século XIII na Castela, a parte central da Espanha. Nesse livro, a Cabala e o messianismo não se apresentam ainda ensamblados num todo orgânico. A respeito da redenção, encontramos declarações que dão expressão em nova forma e com o acréscimo de interessantes detalhes, mas sem mudanças essenciais, às profecias do fim [dos tempos] registradas na literatura apocalíptica popular referida ao tema acima.

O *Zohar* acompanha a *Agadá* talmúdica quando considera a redenção não como um produto de um progresso interno no mundo histórico, porém como um milagre sobrenatural a envolver a iluminação gradual do mundo pela luz do Messias. Começa com um vislumbre inicial e finda com a plena revelação: a luz do Messias.

> No Tempo em que o Santíssimo Um, abençoado seja Ele, há de pôr Israel de pé e os levar para fora do *Galut*, Ele lhes abrirá uma pequena e apertada janela de luz, e depois Ele lhes abrirá outra, que é maior, até que Ele lhes franqueará os portais do alto para as quatro direções do universo. Assim há de ser com tudo o que o Santíssimo Um, abençoado seja Ele, faz por Israel e pelo justo entre eles, assim há de ser e não em um só instante, pois nem a cura vem em um único instante a um homem doente, mas gradualmente, até que ele se fortaleça.



Os gentios (que são designados como Esaú ou Edom), entretanto, sofrerão o destino oposto. Eles receberam sua luz neste mundo em um único raio, mas este se afastará deles gradativamente até que Israel se fortaleça e os destrua. E quando o espírito da imundície for embora do mundo e a Luz Divina brilhar sobre Israel sem obstáculo nem impedimento, todas as coisas retornarão à sua ordem própria – ao estado de perfeição que prevalecia no Jardim do Éden antes de Adão pecar. Os mundos serão todos unidos um ao outro e nada irá separar o Criador da criatura. Tudo irá para cima por ascensões do espírito, e as criaturas serão purificadas até que contemplem a *Schekhiná* "olho no olho".

Na seção mais tardia do *Zohar*, esta profecia é complementada por outra que prediz a libertação de Israel de todas as limitações que o jugo da *Torá* lhe impôs no *Galut*. O autor expressa sua visão na imageria da árvore da vida e da árvore do conhecimento (da qual a morte depende). Desde que Adão pecou, o mundo tem sido governado, não pela árvore da vida (como propriamente deveria sê-lo), mas pela árvore do conhecimento. A árvore da vida é inteira e exclusivamente sagrada, sem nenhuma mistura do mal, nenhuma adulteração ou impureza ou morte ou limitação. A árvore do conhecimento, de outro lado, contém tanto o bem quanto o mal, a pureza e a impureza, a virtude e o vício e, portanto, sob o seu governo, há coisas proibidas e coisas permitidas, coisas próprias para o consumo e coisas impróprias, o limpo e o sujo. Em um mundo irredento a *Torá* é revelada em mandamentos positivos e negativos e em tudo que isto implica, mas no futuro redimido a imundície, a impropriedade e a morte serão abolidas. Em um mundo irredento a *Torá* deve ser interpretada de múltiplos modos – o literal, o alegórico e o místico; mas no futuro redimido ela será revelada na pura espiritualidade da árvore da vida, sem a "roupagem" que ela vestiu após o pecado de Adão. Ela há de ser totalmente interior, inteiramente sagrada.

Nessa concepção, a redenção converte-se numa revolução espiritual que desvelará o significado místico, a "verdadeira interpretação" da *Torá*. Assim, uma utopia mística toma o lugar da utopia nacional e secular dos escritores mais antigos. Mas o autor dessas últimas seções confere ênfase especial à oposição entre a *Torá* do *Galut* e a *Torá* da redenção sem indicar qualquer transição entre elas. Os dois estados do mundo ainda estavam separados por uma brecha que a história não poderia jamais transpor.

Os esforços dos cabalistas espanhóis foram marcados por um novo entendimento do judaísmo. Eles reexaminaram a vida judaica, a vida dos mandamentos, o mundo da *Halakhá*, não menos que o da *Agadá*, sondando os mistérios da *Torá*, das obras do homem neste mundo, de sua relação com Deus. Nesses assuntos suas convicções não guardavam nenhuma conexão vital com o tema da redenção. Nos calcanhares da expulsão da Espanha, a Cabala sofreu um pronunciado desvio que teve significativas consequências para a história judaica em geral, até mais do que para a própria Cabala. Assim como a Cabala do século XIII procurou interpretar o judaísmo de um modo que capacitasse o homem do século XIII ou XIV a ser um judeu de conformidade com as concepções religiosas daquele período, assim, também, após a expulsão da Espanha a Cabala procurou prover uma resposta às questões surgidas de um evento que desarraigara um dos principais ramos do judaísmo.

Mas a tentativa de reinterpretar a natureza do universo e do judaísmo à luz dessa experiência não foi empreendida nos anos imediatamente subsequentes à catástrofe de 1492. Os cabalistas, como seus correligionários judeus em geral, acreditavam que a redenção completa era iminente. Na expulsão da Espanha eles viam o começo dos "trabalhos do Messias" – os inícios daqueles desastres e terríveis aflições que encerrariam a história e anunciariam a redenção. Não havia necessidade de novos conceitos e princípios religiosos; o fim já havia chegado. A qualquer hora, a qualquer momento, os portais da redenção poderiam escancarar-se, e os corações dos homens deveriam ser agora despertados para o encontro com o futuro. Para o espaço de tempo de uma geração, durante os quarenta anos após a expulsão espanhola, deparamos com uma profunda excitação e tensão messiânicas, quase tão intensas como antes da erupção do movimento sabataísta. Princípios tradicionais permaneceram intactos; os ensinamentos da Cabala antiga foram mantidos sem qualquer mudança básica; a coisa importante agora era a propaganda, a disseminação da mensagem apocalíptica.



O mestre propagandista desse agudo messianismo na geração após a expulsão espanhola foi Abraão ben Eliezer ha-Levi, um rabi da Espanha que vivia em Jerusalém e era um dos grandes cabalistas de seu tempo. Com base em toda a literatura hebraica, do livro de *Daniel* até o *Zohar* e os escritos dos sábios medievais, ele provava que os trabalhos da redenção já haviam começado em 1492 e findariam em plena glória em 1531. Temos outros livros, não menos engenhosos, procedentes do mesmo período. A lição de um deles, *Kaf ha-Ktoret* (A Colher de Incenso), um comentário anônimo ao livro dos *Salmos* (existente apenas em manuscrito), corre assim:

> De acordo com as palavras dos sábios, a *Torá* tem setenta aspectos, e há setenta aspectos para cada um e todos os versículos; na verdade, portanto, os aspectos são infinitos. Em cada geração um desses aspectos é revelado, e assim na nossa geração o aspecto que a *Torá* nos revela concerne às questões da redenção. Cada um e todos os versículos podem ser entendidos e explicados com referência à redenção.

De acordo com esse autor, cada verso no Livro dos *Salmos* refere-se à iminente redenção, e ele declara que todos os poemas dos *Salmos* são cânticos de batalha na guerra apocalíptica final. Que um judeu devoto considerasse os *Salmos* hinos de combate, constitui a evidência da profundidade do novo sentimento que se apoderara dos judeus com a expulsão. Mas a implicação é que ainda as noções de *Galut* e redenção não requerem nova interpretação.

A redenção, entretanto, não veio, somente o desastre e o trabalho, e todas essas poderosas expectativas foram frustradas. E na medida em que a esperança viu-se desapontada no mundo externo, os efeitos espirituais da expulsão espanhola buscaram expressão em escopos anímicos mais fundos. O peso do evento gradualmente afundou, como que, dos estratos externos do homem para estratos mais profundos da alma – a estratos mais férteis a partir dos quais novas visões e novos símbolos são formados. A profecia do fim iminente desvaneceu-se e os homens começaram a elaborar de novo o tema. Somente então começou um movimento que envolvia a instauração de um novo clima em volta das ideias de *Galut* e redenção.

O que agora ocorreu pode ser definido como a fusão de duas forças díspares – o tema messiânico e a Cabala – em um todo unificado. Em outras palavras, o tema messiânico tornou-se um elemento produtivo nas especulações dos próprios místicos. Eles começaram a procurar explicações para a expulsão da Espanha. O que acontecera? O que trouxe a aflição e o sofrimento? Qual é a natureza deste triste mundo do *Galut*? Eles procuraram uma resposta a tais perguntas em termos de sua perspectiva basicamente mística, que encarava todo ser externo como signo e símbolo de um ser interno que fala por seu intermédio. E ligando as noções de *Galut* e redenção com a questão central da essência do universo, conseguiram elaborar um sistema que transformava o exílio do povo de Israel no exílio do mundo todo, e a redenção do povo a que eles pertenciam numa redenção cósmica, universal.

O resultado foi que a Cabala logrou firmar sua predominância sobre largas massas do povo judeu. Este é um fenômeno que sempre intrigou os estudiosos do assunto. Como foi que um movimento tão altamente místico, individual e aristocrático como a Cabala converteu-se numa força social e histórica, num poder dinâmico na história? Ao menos uma parte da explanação é que no século XVI a Cabala encontrou na expulsão mesma, um modo de responder à questão mais urgente com que se defrontavam os judeus desse período: a natureza do *Galut* e a da redenção.

Essa resposta foi formulada no espaço de tempo de uma única geração, de 1540 a 1580, por uma pequena, embora muito ativa, congregação de santos, devotos, rabinos e reformadores na pequena cidade palestinense de Safed. Uma vez que a questão do *Galut* e da redenção era em toda a parte igualmente aflitiva na mesma medida, e uma vez que as várias comunidades judaicas em todo o mundo eram mais ou menos homogêneas, tornou-se possível que a resposta definitiva dada em Safed fosse aceita como relevante em todas as partes do *Galut*.

Dos muitos sistemas formulados em Safed, a Cabala do Rabi Isaac Lúria Aschkenazi (1534-1572), mais tarde chamado o Ari (O Leão), foi o que veio a ser mais altamente respeitado e que alcançou um status autorizado, tanto entre os místicos quanto entre as massas do povo.

As concepções básicas do Ari eram pictóricas em seu caráter e atuavam sobre a imaginação e, embora sua formulação original fosse bastante simples, elas se prestavam a uma interpretação extremamente sutil e profunda. Esta Cabala via o *Galut* como um estado terrível e impiedoso permeando e amargando toda a vida judaica, mas o *Galut* também era a condição do universo como um todo e até da Deidade. Esta é uma ideia extremamente arrojada, e quando os cabalistas luriânicos chegavam a falar dela, tremiam de sua própria audácia, cercando-a de expressões tão deprecatórias como "poder-se-ia supor", "por assim dizer", "para atordoar o ouvido". Não obstante, a ideia foi desenvolvida por meio das três concepções centrais que plasmam o sistema luriânico – *limitação, destruição, reparação.*

Segundo o Ari e sua escola, o universo foi criado por uma ação realizada de um modo que os antigos em geral se mostravam ignorantes. Deus não se revelou abertamente Ele Próprio na criação, mas confinou-se e ocultou-se e, assim procedendo, capacitou o mundo a ser revelado. Então veio o segundo ato, a moldagem das "emanações" universais, a criação dos mundos, a revelação do Divino como divindade do gênero humano, como o Criador, o Deus de Israel.

A fase original do ocultamento carrega muitas implicações. Há a restrição e a limitação voluntárias, algo relacionado à qualidade da dureza e rigidez em Deus, pois toda concentração e limitação implicam no funcionamento da referida qualidade. Há a implacabilidade para com Ele Próprio, pois Ele exilou a si mesmo de uma infinidade ilimitada para uma infinidade mais concentrada. Há um profundo *Galut* interior, não o *Galut* de uma das criaturas, mas o Exílio de Deus Ele Próprio, que limitou a si mesmo e destarte deu lugar ao universo. Tal é o conceito luriânico da limitação ou concentração, *tzimtzum*, que suplantou a ideia mais simples da criação sustentada pelos cabalistas espanhóis.

Com respeito à questão de como o mundo viera à existência, os cabalistas espanhóis ofereceram a sua teoria das emanações. Da abundância de Seu ser, do tesouro armazenado no Seu Próprio interior, Deus "emanara" as *sefirot*, estas divinas luminárias, estes modos e estádios através dos quais Ele se manifesta externamente. Sua resplendente luz emana de estágio para estágio, e se difunde para esferas cada vez mais amplas e torna-se luz cada vez mais condensada. Pelo descenso das luzes de sua fonte infinita todos os mundos foram emanados e criados; nosso mundo é apenas a última e mais externa concha das camadas de Divina glória. O processo de criação é assim algo como uma revelação contínua.

No sistema do Ari, a noção de concentração supre uma maior complexidade. A fim de que uma outra coisa, além de Deus, venha à existência, Deus deve retirar-se necessariamente para dentro de si mesmo. Só depois Ele emite feixes de luz no vácuo da limitação e constrói o nosso mundo. Além disso, em cada estágio se faz necessário tanto a força de limitação quanto a da emanação. Sem a limitação tudo reverteria ao Divino, e sem a emanação nada viria à existência. Nada do que existe pode ser uniforme, tudo tem esse caráter básico de Janus – a força limitante e a força emanante, retirada e propagação. Somente a concorrência dos dois motivos díspares pode produzir existência.

O conceito de limitação parece paradoxal, mas tem vitalidade; ele expressa a noção de um Deus vivo – um Deus concebido como um organismo vivo. Mas consideremos a continuação desse processo.

Deus foi revelado em Suas potências e em Seus vários atributos (justiça, mercê etc. etc.) Por esses poderes, através dos quais se manifestou Sua vontade de efetuar a criação, Ele formou "vasos" destinados a servir à manifestação de Seu próprio ser. (É uma norma obrigatória que tudo o que deseja atuar ou manifestar-se requer vestes e vasos, pois sem eles reverteria ao infinito que não tem diferenciação nem estágios). A Divina luz entrou nesses vasos a fim de tomar formas apropriadas para a respectiva função na criação, mas os vasos não puderam conter a luz e por isso quebraram-se. Esta é a fase que os cabalistas denominam de "ruptura dos vasos". E qual foi a consequência da rachadura dos vasos? A luz dispersou-se. Grande parte retornou à sua fonte; mas algumas porções, ou "centelhas", caíram para "baixo" e espalharam-se, enquanto algumas foram para cima.

Essa "ruptura" introduz um aspecto dramático no processo de criação, e pode inclusive explicar o *Galut*. Depois que ela ocorreu nada é perfeito. A luz divina, que devia subsistir em formas específicas e em lugares indicados para tanto desde o começo, não se encontra mais em seu lugar próprio porque os vasos quebraram-se, e daí por diante todas as coisas foram para o embrulho. Não há nada que não tenha sido danificado pela quebra. Nada se acha no lugar que lhe fora indicado; tudo está abaixo ou acima, mas não onde deveria estar. Em outras palavras, todo ser se encontra no *Galut*.

E isso não é tudo. No abismo profundo das forças do mal, as forças das trevas e da impureza, que os cabalistas chamam de "cascas" ou "refugos", lá caíram, em consequência da ruptura dos vasos, forças da santidade, faíscas da Divina luz. Daí existir um *Galut* do próprio Divino, das "centelhas da *Schekhiná*": "Essas faíscas da santidade estão presas por grilhões de aço nas profundezas das cascas, e saudosamente aspiram elevar-se à sua fonte, mas não podem realizar seu anseio até que consigam ter apoio" – assim diz Rabi Haim Vital, um discípulo de Lúria.



Temos aqui uma pintura cósmica do *Galut*, não o do povo de Israel sozinho, mas o do *Galut* da *Schekhiná* no próprio princípio de seu ser. Tudo o que sobrevém no mundo é apenas uma expressão de seu *Galut* primal e fundamental. Toda existência, incluindo, "como que", Deus, subsiste no *Galut*. Tal é o estado da criação após a ruptura dos vasos.

Em seguida vem a *reparação*, o terceiro momento do grande processo: a ruptura é sanável. A racha primal precisa ser reparada, de modo que todas as coisas possam voltar ao seu devido lugar, à sua postura original. O homem e Deus são parceiros nesse empreendimento. Após a quebra original, Deus encetou o processo de reparação, mas Ele deixou sua conclusão ao homem. Se Adão não houvesse pecado, o mundo teria entrado no estado messiânico no primeiro Sábado após a criação, sem qualquer processo histórico. O pecado de Adão retornou o universo, que já havia sido quase emendado, ao seu rompido estado anterior. O que acontecera na quebra dos vasos aconteceu de novo. Os mundos caíram mais uma vez. Adão – que a princípio era um ser cósmico, espiritual, superno, uma alma que continha todas as almas – caiu de sua posição, em consequência do que a Divina luz em sua alma foi dispersa. Daí por diante até a luz da alma seria aprisionada em um calabouço com as centelhas da *Schekhiná* sob um e mesmo destino. Todo o ser estava de novo espalhado no *Galut*. Em toda a extensão da criação há imperfeição, ruptura, *Galut*.

O Exílio de Israel é somente a expressão – coativa, concreta, extremamente cruel – desta fase do mundo antes de sua reparação e redenção. O transe de Israel, então, não é um acidente histórico, porém inerente ao ser do mundo, e é dado a Israel o poder de reparar esta jaça universal. Emendando a si próprio, o povo judeu pode também emendar o mundo, em seus aspectos visíveis e invisíveis igualmente. Como pode isto ser feito? Através da *Torá* e dos mandamentos. Estes são os secretos remédios que, por sua ação espiritual, movem as coisas para a sua posição ordenada, livram a aprisionada Divina luz e a erguem ao seu nível próprio, liberam as centelhas da *Schekhiná* da dominação dos "refugos", completam a figura do Criador na plena medida de Sua estatura, agora deficiente em sua perfeição, "por assim dizer", por causa do *Galut* da *Schekhiná*. Pelo "discernimento" do bem e do mal, é fixada uma fronteira decisiva entre as áreas do sagrado e do impuro, que ficaram misturadas na ruptura original e depois novamente quando Adão pecou. O *Galut*, então, constitui uma missão de emenda e clarificação. Os filhos de Israel "levantam as centelhas" não só dos lugares pisados por seus pés no *Galut*, mas também, por seus atos, do próprio cosmos.

Todo homem emenda sua própria alma e, por este processo de transmigração, a de seu próximo. Esse é um item crucial na doutrina da "seleção" da bondade a partir de seu exílio nas esferas do mal. A crença na transmigração espalhou-se como uma crença popular somente sob os calcanhares do movimento emanado de Safed desde a metade do século XVI em diante. As causas são fáceis de compreender. No sistema dos novos cabalistas, a transmigração não é um apêndice, porém um elemento básico inextricável. A transmigração também simbolizava o estado do mundo degradado, a confusão das ordens da criação em consequência do pecado de Adão. Assim como os corpos estão no *Galut*, assim também existe um *Galut* interior para as almas. E o "*Galut* das almas" é transmigração. Isaías Horowitz, um dos grandes cabalistas dessa escola, escreve: "Na bênção 'Soa um grande *schofar* para a nossa libertação', rezamos pela reunião das almas espalhadas pelos quatro cantos da terra em sua transmigração [...] e também em 'Reúne nossos dispersos entre as nações'; estas [bênçãos] se aplicam à reunião do *Galut* das almas que foram dispersas". Todo ser vivo está sujeito à lei da transmigração de forma em forma. Não há ser, nem sequer o mais baixo, que possa não servir de prisão para as centelhas das "almas banidas" que procuram ser restauradas de seu *Galut*.

Nesse sistema, redenção é sinônimo de reparação e reintegração. Depois de havermos cumprido nosso dever e completada a emenda, e de todas as coisas ocuparem seus devidos lugares no esquema universal, então a redenção há de vir *por si própria*. Redenção significa meramente o estado perfeito, um mundo sem jaça e harmonioso em que tudo ocupa um lugar próprio. Em consequência o ideal messiânico, o ideal de redenção, recebe um aspecto totalmente novo. Todos nós trabalhamos, ou pelo menos se espera que trabalhemos, para a emenda do mundo e a "seleção" do bem e do mal. Isso proporciona uma ideologia para os mandamentos e a vida da *Halakhá* – uma ideologia que conecta o judaísmo tradicional às forças ocultas que operam no mundo em geral. Um homem que observa um mandamento não está apenas observando um mandamento: seu ato tem uma significação universal, ele está emendando algo.

Essa concepção de redenção não é mais catastrófica: quando o dever for cumprido, o filho de David, o Messias, virá por si mesmo, pois seu aparecimento no Fim dos Dias é unicamente um símbolo da conclusão de um processo, um testemunho de que este mundo foi de fato emendado. Assim, torna-se possível evitar os "trabalhos do Messias". A transição do estado de imperfeição ao estado de perfeição (que pode ainda ser muito difícil) ocorrerá, apesar de tudo, sem revolução e desastre e grande aflição.

Aqui, pela primeira vez, temos uma conexão orgânica entre o estado de redenção e o estado que o precedeu. A redenção surge agora não como o oposto de tudo o que veio antes, mas como a consequência lógica do processo histórico. Nós estamos envolvidos em uma aventura messiânica, e somos chamados a fazer a nossa parte.

O próprio Messias não trará a redenção; ele simboliza, antes, o advento da redenção, o remate da tarefa de reparação. Não é, portanto, surpresa que pouca importância seja dada à personalidade humana do Messias na literatura luriânica, pois esses cabalistas não tinham necessidade especial de um Messias pessoal. Mas, como todos os místicos, eles eram simultaneamente conservadores e radicais. Uma vez que a tradição falava de um Messias pessoal, eles o aceitavam enquanto revolucionavam o conteúdo da ideia tradicional.

Dispomos, então, de um completo rol de concepções na nova Cabala que mostra uma lógica interna. *Galut* e redenção não constituem manifestações históricas peculiares a Israel, porém manifestações de todo ser, até e inclusive o mistério da própria Divindade. O Messias torna-se aqui o inteiro povo de Israel mais do que um redentor individual: o povo de Israel como um todo se prepara para reparar a eiva primal. A redenção é uma consequência de antecedentes e não de revolução e, embora a redenção de Israel, no sentido nacional e secular, remanescesse um ideal muito real, ela foi ampliada e aprofundada pela conversão em símbolo da redenção do mundo todo, da restauração do universo ao estado que deveria ter atingindo quando o Criador planejou sua criação.

A nova Cabala teve uma função muito importante ao devolver ao judeu o seu senso de responsabilidade e sua dignidade. Ele podia agora olhar para o seu estado, quer no *Galut* ou na esperança messiânica, como o símbolo de um profundo mistério que chegava tão alto como Deus, e ele podia relacionar todas as experiências fundamentais de sua vida a todo o ser cósmico e à sua integração. Ele não via contradição entre o aspecto nacionalista e secular da redenção, e seu aspecto místico e universalista. Na convicção dos cabalistas, o primeiro servia para prenunciar e simbolizar o segundo. A angústia da experiência histórica do *Galut* não foi toldada por essa nova interpretação; ao contrário, pode-se dizer que foi enfatizada e aguçada. Mas agora era adicionada à convicção de que o segredo da angústia de Israel radicava nas fontes ocultas da subsistência vital de toda criação.

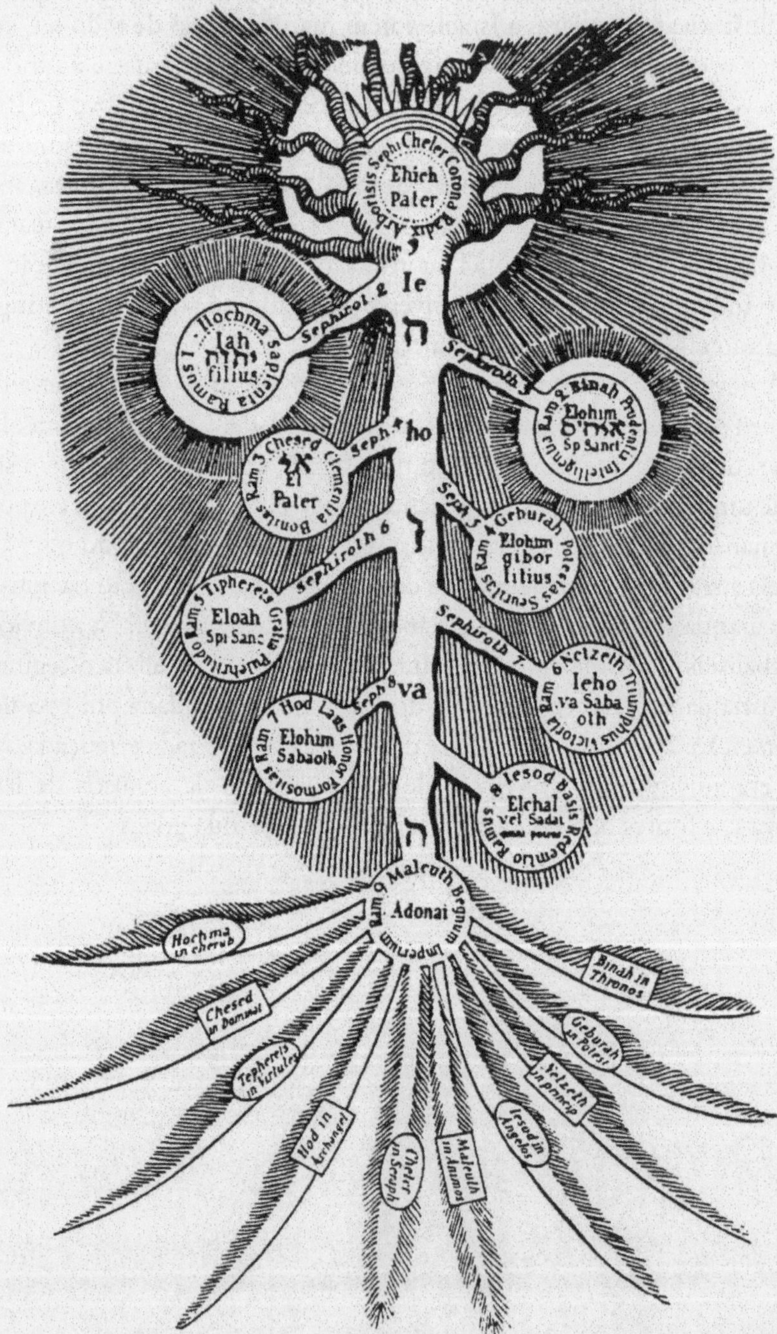


A Árvore Sefirótica. Fonte: Robert Fludd, *Philosofphia Sacra et Vere Christiana*, Frankfort, 1626. Republicado em Henri Serouya, *La Kabbale*, Paris, 1947.

# O CORPO DE ENGENDRAMENTO NA BÍBLIA HEBRAICA, NA TRADIÇÃO RABÍNICA E NA CABALA

CHARLES MOPSIK

trad. de J. Guinsburg

O propósito do presente artigo é o de demonstrar a unidade da percepção judaica, desde os tempos antigos até os mais recentes desenvolvimentos do que chamarei de "corpo de engendramento". Por que recorrer a essa algo estranha expressão? Trata-se de designar um fato cultural e religioso, com todas as suas diversas elaborações especulativas e narrativas, no tocante ao corpo humano como objeto de filiação e, portanto, inscrito substancialmente em uma relação com o sexo oposto. Na medida em que isto concerne à sua sobrevivência individual e coletiva, a relação dos seres humanos com sua linhagem é uma das questões mais complexas e cruciais para todas as sociedades e para cada indivíduo na sociedade. O lugar do corpo nessa perspectiva deve ser cuidadosamente entendido. É através do corpo individual que a vida de um povo – e o nível de humanidade por ele atingido – se perpetua. As sociedades modernas tendem cada vez mais a separar o corpo que reproduz, um liame numa imemorial aventura genealógica, do corpo que deseja, um objeto solitário, um consumidor de encontros brevemente gratificantes. Assim, o homem moderno tem dois corpos distintos, usando um ou o outro conforme lhe apraz. Essa cesura é talvez meramente a persistência de uma cisão aberta há dois milênios pela vitória ideológica, sobre uma parte do mundo habitado, da concepção cristã da relação carnal – e da filiação carnal – como separada da vida espiritual e desvalorizada em relação a ela.

A intenção deste artigo é remontar ao que se apresentava antes dessa cisão ocorrer – não só do ponto de vista cronológico, pelo exame de vários exemplos de uma literatura cujas raízes estão na Antiguidade Judaica e que se estendem, independentemente das representações cristãs, ao longo de toda a história, incluindo a Idade Média e os tempos modernos.

Algumas possíveis perspectivas se apresentam: poder-se-ia estudar a concepção do corpo humano derivada das práticas ligadas ao culto religioso e ao sacrifício. Estas incluem o ritual de purificação do "leproso", regras concernentes aos sacerdotes que executam sacrifícios (os Naziritas), a purificação de mulheres parturientes ou menstruadas e homens afligidos por erupções venéreas. Em suma, poder-se-ia consignar um grande número de práticas relativas ao uso do corpo e suas sagradas dimensões, expostas no *Levítico* e ampliadas e detalhadas na tradição rabínica (particularmente, nos tratados *Taharot* do *Talmud*)[1]. Esses poucos exemplos são suficientes para nos lembrar que na *Bíblia* o corpo não é entendido como um objeto neutro cujo status, simultaneamente fisiológico e social, é indiferente à sua relação com Deus ou com a comunidade religiosa. Esses textos bíblicos e seu desenvolvimento dentro da tradição oral judaica capacitam o próprio corpo para falar: o homem, um ser dotado de linguagem desde o nascimento – desde a concepção? – é um ser provido deste poder através de seu corpo. Todos os rituais que têm ligação direta com a realidade concreta do corpo – e há um grande número deles na religião judaica clássica, tanto quanto nas outras, as assim chamadas religiões pagãs – procuram fazer com que os conflitos e as tensões por eles somatizados alcancem a expressão da linguagem e destarte aliviem a angústia resultantes de tais conflitos e tensões. Mas não é a esse nível somente que a proximidade da religião de Israel com os cultos politeístas é visível. Nos textos religiosos hebraicos, na *Bíblia* e em escritos ulteriores igualmente, a divindade é apresentada como dotada de um corpo de forma humana. Por certo, muitos teólogos judeus (entre eles, ninguém menos do que Filo e Maimônides) procuraram reduzir o que chamavam de "antropomorfismo" ao nível de alegorias abstratas. Mas os esforços em prol da racionalização redutora não deveria impedir-nos de ler tanto o texto bíblico quanto os escritos classificados entre os judeus como esotéricos nos termos em que foram escritos – como a passagem em que Deus é apresentado sob a forma de um gigante de tamanho fantástico cuja escala corporal é vertiginosa. Os escritos que, segundo se

1 O *Talmud* (literalmente "estudo") é a suma redacional da tradição oral elaborada em círculos rabínicos, na Babilônia ou na Palestina, entre o primeiro e sexto séculos de nossa era. O tratado em questão é devotado aos vários problemas concernentes ao puro e ao impuro e às práticas de purificação.

pretende, proviriam do *Schi'ur Komá* (A Medida do Corpo)[2] atestam o grande poder da concepção da divindade que lhe atribui um corpo, ainda que este corpo, humano na configuração, seja gigantesco. Esse aspecto encerra muitos pontos que não serão levantados no presente estudo, mas que irei mencionar de passagem, mesmo se apenas para dar uma ideia da riqueza da problemática do corpo no quadro da tradição hebraica bíblica e pós-bíblica. E há outra razão também. Tem havido uma tendência demasiado marcante para fazer uma distinção radical entre monoteísmo e politeísmo, quer arcaico ou ainda praticado hoje. Dentro das ciências humanas existe uma divisão tão absoluta entre monoteísmo e politeísmo que aos teólogos foi concedido um virtual monopólio sobre as três religiões que brotam da *Bíblia*, de modo que às ciências humanas é dado dedicar-se exclusivamente à elucidação de religiões que não exercem nenhum magistério no Ocidente e não têm nenhum lugar no Estado. Ao menos lá onde o judaísmo se encontra envolvido, estamos em condições, graças à chamada literatura esotérica que ele produziu, a empreender uma crítica radical à assim designada cisão monoteísta, uma crítica que serve aos interesses do raciocínio religioso por meio do poder teológico das mais profundas aspirações do *homo religiosus*[3], talvez a mais alta forma do *homo sapiens*. Pois não é ele que assume a complexidade da vida orgânica em seu movimento rumo à humanização, quer dizer, em seu acesso à linguagem?

Um simples olhar sobre o texto do *Gênese* nos diz muito acerca do lugar que aí ocupa aquilo que denominamos o corpo de engendramento. Uma simples noção qualifica o vir-a-ser cosmogônico e a genealogia humana: em ambos os casos o texto emprega o termo *toldot*, que pode ser traduzido seja como "engendramentos", "procriações" ou "gerações". Assim, em *Gênese* 2:4: "Estes são as *toldot* dos céus e da terra quando eles foram criados". E em 5:1: "Este é o livro das *toldot* de Adão". Tal fato linguístico não é acidental. O processo de criação e o processo de procriação, embora diferentes, são designados pelo mesmo vocábulo, o qual sugere que o

2 Gershom Scholem dedicou um capítulo de seu livro, traduzido para o francês sob o título *La mystique juive, les thèmes fundamentaux* (Paris: Le Cerf, 1985), à história e ao conteúdo da literatura do *Schiur Komá*. Ele foi o primeiro pensador moderno a reconhecer a sua antiguidade.

3 O termo é tomado de Mircea Eliade. Ver especialmente *The Sacred and the Profane: the nature of religion*, New York: [s. n], 1968.

conceito de geração e filiação humana está por legítimo direito inscrito no divino movimento criativo, que a procriação apenas dá continuidade à cosmogênese, que ela é um estágio ulterior desta cosmogênese. O verbo *bará* significa "dar nascimento" também[4]. Além disso, uma das narrativas a respeito do aparecimento do homem é muito eloquente nesse aspecto. "Então Deus disse: 'Façamos o homem à nossa imagem, segundo a nossa semelhança [...]' E Deus criou o homem à Sua própria imagem, à imagem de Deus Ele o criou; macho e fêmea Ele os criou. E Deus os abençoou, e Deus disse-lhes, 'Sede frutíferos e multiplicai-vos, e enchei a terra e a dominai'"(*Gênese* 1:26-28). Ainda que séculos de discurso teológico tenham tentado esvaziar essas palavras de seu conteúdo, uma leitura imparcial mostra claramente o seguinte: primeiro, tal como no pensamento religioso do antigo Egito, o homem é feito segundo a forma divina; assim, na sabedoria de Merikare (cerca de 2000 a. C.) deparamos com a seguinte fórmula: "Os homens são imagens de Deus que emanam de seus membros"[5]. Segundo, as mesmas expressões que salientam a semelhança do homem com Deus (*tselem* e *demut*) são utilizadas para caracterizar a semelhança de uma criança com seu pai: "Quando Adão havia vivido cento e trinta anos, ele se tornou pai de um filho à sua própria semelhança, conforme a sua imagem, e ele o chamou de Set" (*Gênese* 5:3). A criação do homem e a procriação do homem são meramente dois momentos de um único movimento. Terceiro, o homem, como imagem de Deus, é uma combinação de macho e fêmea; isso também pode ser encontrado nas especulações teogônicas egípcias. As especulações heliopolitanas em particular, em que os deuses primordiais são quatro casais macho-fêmea[6]. Quarto, sendo a imagem de Deus e como Deus é ao mesmo tempo macho e fêmea, o gênero humano está encarregado [de realizá-la através] da procriação.

Não resta dúvida que é através de sua ação procriadora que o homem é feito à imagem de Deus, o criador ou genitor do céu e da terra. E não há dúvida que aí também reside uma feição distintiva do texto bíblico que não

4 O significado literal de *bará* é "levar além", "levar para fora". Em aramaico, língua que é muito próxima do hebraico, *bar*, *bera* vêm da mesma raiz que *bará* (criar), e significa criança, descendência, fruto.

5 A ideia é tanto a de semelhança como a de filiação: os homens são imagens da divindade porque são o fruto de seus membros. Do mesmo modo, uma criança assemelha-se ao pai porque dele deriva. Isto é tudo o que o texto do *Gênese* diz: se o homem foi criado à imagem de Deus, se ele é como Ele, é porque procede Dele como Seu rebento.

6 Ver, de C. Desroches Nobelcourt, *La femme au temps des pharaons*, Paris: Stock/Laurence Pernoud, 1987, p. 21s.

foi suficientemente enfatizada pelos exegetas: a primeira coisa que Deus disse a Adão (isto é, ao homem e à mulher) não é a proibição de comer o fruto da árvore do conhecimento do bem e do mal. Seguindo mui logicamente a menção da semelhança com Deus o Criador, o poder procriador do homem é evocado. Uma distribuição aleatória dos elementos narrativos não constitui certamente a razão disso. Imediatamente depois que o homem é descrito como tendo sido criado macho e fêmea à semelhança de Deus, lhe é dito que seja frutífero e se multiplique, que procrie. Há uma conexão direta entre a imagem de Deus em que o homem foi criado e a sua capacidade de engendrar outros homens. Indubitavelmente, Deus deu ao homem a sua própria imagem, a fim de que o homem pudesse procriar aquilo que é humano. Essa semelhança só pode ser o poder de engendrar corpos humanos. A sobrevivência do homem como humano, como ser falante, origina-se dessa imagem divina dual, macho e fêmea, que lhe imprime forma orgânica. De fato, no decurso de toda narrativa bíblica da criação, Deus expressa-se apenas duas vezes na segunda pessoa ao dirigir-se a suas criaturas: na criação do peixe (1:22) e na criação do homem, e nas duas isto se prende ao poder criativo de ambos. Essa relação direta entre comunicação divina direta e procriação afigura-se altamente significativa no que tange ao investimento do Criador no processo de procriação. Assim, a cosmogonia não se detém no primeiro capítulo do *Gênese*, ela é perpetuada pelo gênero humano que, em todo o decurso da narrativa bíblica, está provido do poder de engendrar, derivado do criativo poder de Deus. É nesse sentido que deve ser entendido o célebre versículo: "Portanto um homem deixa seu pai e sua mãe e liga-se à sua mulher, e eles se tornam uma só carne" (*Gênese* 2:24). Esta uma só carne não é outra coisa senão o filho que eles engendram. Aqui é o plural – o dual, para ser preciso – que gera o único e o singular. Se nos lembramos que é desse versículo que o Novo Testamento extrai o seu ensinamento para afirmar a indissolubilidade do casamento (cf. *Marcos* 10:2, 9; *Mateus* 19:4, 6; *Coríntios* 6;16; *Efésios* 5:31, 33), podemos medir a distância que separa essa noção da leitura tradicional judaica do referido versículo, tal como atestada por Raschi[7]. Uma só carne não significa a unidade estática do casal humano, porém a realização de seu poder procriador, a inserção de sua genitura.

7 Raschi é o nome, formado pelas iniciais de Rabi Salomão (Schlomo) ben Isaac, do primeiro exegeta judeu da Idade Média (décimo primeiro século), que fez com frequência algo mais do que repor a mais comum leitura rabínica.

Assim, ao reproduzir, o homem religioso imita a divina obra da organização original do cosmos e o seu ato procriador é quiçá considerado a redecretação ritual da cosmogonia. Destarte, os elementos primários, que mais tarde convergem na Cabala medieval para efetuar a sagrada cerimônia da união sexual dos corpos, na verdade uma espécie de culto sacrificial[8], já podem ser encontrados sob a superfície da história da criação. Entretanto, cumpre notar que o homem mesmo não é apresentado como o filho ou a progênie da divindade. É somente muito mais tarde que Deus é qualificado como "Pai", no *Deuteronômio* 32:6 e, especialmente, no profeta *Malaquias* 2:10 *passim*. Por mais atrasada que seja esta qualificação, ela nos proporciona uma importante peça de informação: em todos os casos em que a designação aparece (no Velho Testamento) – e são muitos – Deus como Pai é sinônimo de Deus como Criador[9]. Levando em conta essas conotações, é possível ver na narrativa cosmogônica do *Gênese* que o trabalho de criar o mundo é igualado ao engendramento paterno: "Pai" refere-se àquele que cria algo que é perpetuado (ver também *Gênese* 4:21, em que o termo pai se refere ao inventor de instrumentos musicais). Os significadores bíblicos que cercam uma atividade criativa são com frequência os mesmos que falam de engendramento e paternidade.

Em outra parte, o livro bíblico do *Gênese* pode, como um todo, ser considerado a narrativa de casamentos e procriações fundadores. Os episódios que pontuam o texto entre as listas genealógicas são meras narrativas que acompanham a matéria principal: a enumeração de engendramentos e matrimônios que os superintendem. Limitarei minhas investigações sobre as passagens bíblicas a essas poucas observações. Para resumi-las brevemente: Em nenhum ponto houve qualquer questão de uma filiação espiritual de modo a reduzir o seu valor. Ao contrário, é o engendramento do corpo humano que expõe o trabalho de criação e que é parte integral da atualização da cosmogonia. O processo de engendramento humano, relatado no *Gênese*, estende-se ao engendramento dos céus e da terra. A diferença entre o macho e a fêmea, que formam o casal humano, está inscrita na imagem divina e, portanto, em Deus mesmo, e isto não é para ser tomado como uma simples alegoria, mas como uma concepção realista da natureza da

**8** Sobre este último ponto, ver meu livro *La lettre sur la sainteté*: la relation entre l'homme et la femme dans la cabale, Paris: Verdier, 1986, p. 151.

**9** Este não é mais o caso no Novo Testamento, em que a divina paternidade é desvinculada da obra criadora e conota um registro diferente.

divindade e de Seu poder criativo. Historiadores da religião têm encarado a atitude dos hebreus antigos para com as relações sexuais e a procriação como "naturalista"[10]. Mas este juízo radica numa miopia acerca dos textos bíblicos que devem ser vistos como carregados de uma mensagem de monoteísmo. O que está caracteristicamente em jogo nesses textos é, acima de tudo, uma tentativa de dar ao engendramento humano – uma relação conjugal e genealógica – um lugar na fala. Em outras palavras, para livrar o instinto reprodutivo de sua dimensão "natural" a fim de humanizar o ato de procriação, permitindo assim o nascimento de sujeitos, cada um dos quais ocupa um lugar único e identificável na cadeia de gerações que é também a cadeia da semelhança a Deus, o seu primeiro elo.

Assim, o engendramento carnal, a sobrevivência do que é humano, que ocorre através da mulher no seu ato de dar nascimento, é valorizado por si mesmo, na medida em que torna a imagem divina explícita. Israel é primeiro e antes de tudo a promessa feita a Abraão de que ele terá descendentes, uma promessa que é cumprida por meio da união sexual e engendramento corporal. No *Livro de Rute*, por exemplo, encontramos a seguinte bênção proferida por Boaz na ocasião de seu casamento com Rute: "Possa o Senhor tornar a mulher, que está entrando em tua casa, como Raquel e como Lea, que juntas erigiram a casa de Israel" (4:11). A noção de provir de uma única semente, central para a promessa feita a Abraão, estruturou de forma profunda a mente do hebreu antigo por uma razão que não se deveria chamar de naturalista ou primitiva. A repetida exaltação de Israel espiritual (autêntica) acima de Israel carnal, efetuada por Paulo e ardentemente expressa em sua *Epístola aos Romanos*, possibilita a infinita extensão do desígnio de Israel e sua universalização. Entretanto, isto nos tem levado a perder de vista um fato crucial. Não é como filho "natural" de Abraão que o hebreu sente-se atado ao seu povo, mas como filho legítimo, o que significa dizer, o filho reconhecido de seu pai. O corpo do recém-nascido está inscrito na cadeia genealógica, porque a lei estabelece o princípio de sua legitimação, seu reconhecimento como elo na cadeia. É no quadro da fidelidade a essa lei que tal inscrição se torna possível. E qual é a lição dessa lei que, mais do que qualquer outra, leva esse acasalamento à linha das

**10** Ver, por exemplo, G. Parrinder, *Le sexe dans les religions du monde*, Paris: Le Centurion, 1986, p. 191. O capítulo dedicado aos conceitos hebraicos é um exemplo da onipotente influência do discurso teológico direto sobre um estudo que se propõe a ser histórico, científico e imparcial.

gerações? Precisamente, é este o caráter sagrado do casamento, do ato conjugal: de fato, a estrita fidelidade da mulher. Quando os profetas querem condenar os pecados de Israel, denunciar suas desnaturações, seus lapsos, eles mostram predileção pela metáfora da mulher infiel, da adúltera e da prostituta.

Tais metáforas são significativas em dois níveis: revelam a fidelidade da mulher como um símbolo do laço de Israel e seu Deus e, ao mesmo tempo, mostram que essa fidelidade assegura a verdade da filiação carnal, isto é, do laço como pais e mães que primeiro carregaram a semente consagrada. Assim, o corpo engendrado e engendrador torna-se o vetor da divina imagem. O corpo é o multiplicador dessa imagem, contanto que a mãe da criança seja a mulher do pai da criança, contanto que esta possa ser reconhecida como filho de um homem que era o marido de sua mãe. Para formulá-lo em outros termos, se o filho reconhecer que deve o seu nascimento ao desejo a que seus progenitores mutuamente se entregaram, um mútuo desejo despertado pela lei da fidelidade, ele está inscrito sem esforço na cadeia de engendramentos. Ele se torna um momento único no processo de criação que ele, por sua vez, estenderá ainda mais adiante. A ruptura paulina gira precisamente em torno desse ponto: Israel espiritual é instituído com o início da cristologia, que rompe a cadeia dos nascimentos: o pai de Cristo não é o esposo de Sua mãe[11]. Seu pai preside a origem de toda genealogia, mas Ele não é um de seus elos. Assim, o filho sai diretamente da grande Referência, sem mediação. A cadeia de engendramentos desde Adão é rompida. A consequência inevitável é que o corpo individual não é mais o espelho para o qual os corpos das gerações precedentes convergem e no qual são refletidos: é apenas a aparência ocasional porque Cristo Ele Próprio não engendra outros corpos. Ele não está inscrito nem no fim nem no começo de uma nova série genealógica, mas cinde o corpo de engendramento a fim de livrar seu espírito do tempo e do espaço. E doravante na doutrina de Paulo, essa brecha abre um abismo entre o que é conhecido como a relação carnal e o espírito que foi libertado da carne,



**11** Não constitui fato insignificante que uma equação comparável presida ao nascimento de Alexandre da Macedônia três séculos antes do de Cristo. Acreditou-se misticamente que ele era filho do deus Zeus-Amon; realmente, Olímpia, sua mãe, sustentava que Alexandre não fora gerado por seu marido, mas que era fruto do deus com quem mantinha uma relação amorosa (ver A. Weigal, *Alexandre le Grand*, Paris: Payot, 1976, p. 45-56, 97-98, 146, *passim*; P. Jouguet, *L'impérialisme macédonien et l'hellénisation de l'Orient*, Paris: Albin Michel, 1972, p. 17). Isto levaria a pensar que uma filiação direta com um deus (ou Deus), fora da rota genealógica, mediante a qual a mãe pretende que o pai de seu filho não é seu marido, desempenha um papel considerável na geração de certas figuras heroicas na história.

isto é, do que é reproduzido ao longo das linhas da família. A morte foi sobrepujada pela extensão horizontal da humanidade – gerações – mas daí por diante é substituída por uma extensão vertical – a ascensão. Parece-me que o que está essencialmente em ação na cristologia da Encarnação e na rejeição paulina da carne depende dessa ruptura na genealogia que até então era considerada a extensão da divina criatividade.

As elaborações gnósticas dos ensinamentos de Paulo atestam-no clara e eloquentemente. Tendo isso em mente, eu gostaria de discutir uma passagem do *Livro dos Segredos de João*, também conhecido como *Apócrifos de João*, uma obra que pertence ao Códice II entre os escritos encontrados em Nag Hammadi. Nela, o Deus-Criador do *Gênese* é considerado um arconte usurpador que, com a ajuda dos 365 poderes das trevas que ele próprio criou, leva Adão a "esquecer sua origem celeste e, de modo a assegurar uma disseminação mais ampla e, portanto, um enfraquecimento das partículas de luz, cria a mulher que compromete Adão e arrasta-o ao ciclo dos engendramentos"[12]. Eis um breve excerto da obra em questão: "Ora, até o presente dia o intercurso sexual continuou devido ao arconte chefe. E ele plantou o desejo sexual naquela que pertence a Adão. E ele produziu por meio do intercurso as cópias dos corpos e os inspirou com o seu espírito opositor"[13]. Para o autor gnóstico, o Deus-Criador, a criação, o corpo e o ato de engendramento, todos compartilham da mesma lógica: para distanciar o homem de sua origem celestial, para perpetuar o exílio da fagulha de luz no escuro universo da matéria. O desejo abertamente discernível que se encontra nesse pensamento é o desejo, para além da série de gerações, de contato com a prima entidade autêntica, o Espírito invisível, como o *Apócrifo de João* também diz, que não tem liame orgânico com o processo genealógico. A reprodução sexual, a reprodução da imagem corporal, é um produto – e o texto enfatiza isso – da lógica do travestimento. Não é sequer uma imitação ou um substituto para a imortalidade como é para Platão, em *O Banquete*[14]. É a lógica da própria morte: de acordo com um célebre

12 *Cahier Evangile*, sup. n. 58, "Nag Hammadi", com uma introdução de R. Kuntzman e J. M. Dubois, p. 40.

13 *Apocryphon of John* I. 24. 23-27 (trad. F. Wisse), em James Robinson (ed.) *The Nag Hammadi Library*, Leiden: E. J. Brill, 1978.

14 Ver 207c-210b. Entretanto a superioridade da imortalidade alcançada por meio da procriação é fortemente enfatizada por um texto zoroastriano. Ver *Datatastan-i dènìk*, em *La naissance du monde*, La naissance du monde dans l'Iran préislamique, trad. Marijan Molé, Paris: Seuil, 1959, p. 313-314.

*logion*[15], de um mestre gnóstico. Jesus responde à pergunta "Quando a morte irá desaparecer?", do seguinte modo: "Quando vós, mulheres, deixardes de parir filhos"[16]. Em outros termos, o homem é mortal até onde ele prolonga a criação e realiza o trabalho criativo de engendramento. O corpo de engendramento, tal como elaborado no Velho Testamento, é o substrato da causalidade mortal introduzida pelo arconte-Criador. O corpo como tal não é o que está em questão aqui. Ao contrário, é a concatenação criativa a que está vinculado que implica disseminação, dispersão, multiplicação, atos de passagem. O budismo possui muitas afinidades com esse modo de pensar. Parece ser mais difícil descobrir algo similar no movimento essênio.

No judaísmo rabínico, numerosas máximas atestam o desenvolvimento e até a supervalorização do ato de geração percebido como aquele que junta atores humanos para a ação criativa. Assim, Deus é associado ao labor procriador dos dois genitores (*Nida* 31a), a pura união conjugal atualiza a descida da divina presença entre dois parceiros (*Sota* 17a). Aquele que se abstém de procriar é visto como alguém que diminui a divina semelhança (*Yebamot* 63b). Assim, não é essencialmente como uma função de um imperativo natural, nem uma dimensão da vida orgânica normal que o ato sexual tem o seu lugar, mas, antes, é tencionado com o fim de perpetuar o relacionamento entre Criador e criatura estendendo a imagem de Deus em sucessivas gerações. Podemos citar numerosas máximas na literatura rabínica que acentuam o engendramento como o ato que capacita Deus a residir na terra. Neste respeito, seu papel teúrgico fundamental está na relação conjugal. Nenhum outro processo natural – nem a germinação das plantas, nem o ciclo das estações, nem os fenômenos meteorológicos ou astronômicos – dá ensejo ao Criador para tomar parte, uma vez mais, em Sua criação. A relação conjugal é, portanto, o elemento chave de uma interação entre o Criador e a criação. Ela atualiza o começo do mundo e demonstra que esse começo é um ato de Deus. Muito do que encontramos nas sete bênçãos nupciais, recitadas na cerimônia de casamento judaico tradicional, recorda o ato de criação. De maneira absolutamente significativa, a procriação tem sido comparada ao Templo, cuja principal função

**15** Dito ou expressão atribuídos a Cristo, não registrados nos Evangelhos, mas conservados por tradição oral. (N. da E.)

**16** Citado por Clemente de Alexandria, *Stromata* 3. 9; ver *Evangiles apocryphes*, trad. F. Quéré, Paris: Seuil, 1983, p. 61.

era trazer ao mundo a divina presença e Suas graças, qual um captor das forças divinas investidas no cosmos: "Rabi Abin diz: O Santíssimo, abençoado seja Ele, tem maior afeto pela fertilidade e crescimento do que pelo Templo" (*Talmud* de Jerusalém. *Ketovot* 5, 6). Nesse exemplo, os corpos engendrantes efetuam um singular ato de veneração: eles servem a Deus procriando homens que, por seu turno, hão de sustentar Sua presença no seio da criação terrena. Por essa razão também, o acasalamento requer o ritual da pureza dos parceiros, assim como o serviço do Templo requer a pureza dos sacerdotes oficiantes.

Levando em conta esses elementos, não é tão surpreendente verificar que durante a Idade Média, no movimento teosófico e místico denominado "Cabala", que tinha o intuito de passar adiante antigos ensinamentos esotéricos, este motivo, o do engendramento humano, é elevado ao nível de ato principal na *imatatio Dei*. Uma verdadeira teogonia é sobreposta à cosmogonia bíblica: o próprio começo tem um começo. A Cabala dedica-se a recontar os vários momentos do processo de emanação, isto é, o do curso pelo qual se torna pessoal um inefável Absoluto, convencionalmente conhecido como *Ein Sof* (o Infinito). Os cabalistas mostram marcada preferência por descrever o citado processo de personalização como ato sexual e procriação. O *Zohar* (O Livro do Esplendor), obra do século XIII, não é o único a desenvolver tais representações em grande extensão, mas desde o século XIII essa forma de hermenêutica dominou os vários escritos da Cabala. Assim, procriar é imitar – em outras palavras, reproduzir em nosso próprio nível de existência – as principais fases do processo teogônico, anterior até à criação do mundo. Destarte, o corpo humano como significador é compreendido como sendo o modelo estrutural do cosmos divino. Por exemplo, não é incomum na literatura castelhana que seja dado ao aspecto masculino de Deus uma designação como "Corpo Sagrado do Rei". Esse nome aparece numa passagem do *Zohar*, em conjunção com a Rainha – o aspecto feminino – a fim de engendrar as almas dos homens[17]. O ato carnal tornou-se o modelo de almas nascidas de uma divindade bissexual. Ou, enunciado de maneira mais estrita, o ato da carne mortal apenas estende e traduz uma relação da mesma ordem que ocorre em dimensões divinas. No século XIII, o cabalista anônimo que escreveu a *Carta sobre a Santidade*, um tratado místico acerca das relações sexuais,

17 Ver, por exemplo, *Zohar* 1.245b.

atribui dupla função ao relacionamento procriador. Primeiro, faz do homem que nele se empenha "o parceiro de Deus na obra da criação"[18], uma vez que a procriação possibilita o prolongamento do ato demiúrgico inicial. Segundo, introduzindo um conceito estritamente cabalístico, o ato conjugal é encarado como uma tradução para um nível humano da união das entidades divinas superiores (por exemplo, a das *sefirot* da Sabedoria e da Inteligência, chamadas de Pai e Mãe) que resulta em engendramento, ele próprio visto como um prolongamento no universo humano da emanação da *sefirá* Conhecimento, às vezes denominada Filho[19].

Antes de ir adiante na pesquisa do universo cabalístico, algumas informações preliminares são necessárias. Cumpre dizer umas poucas palavras sobre as *sefirot* (plural de *sefirá*), uma noção de importância central na teosofia cabalística: o vocábulo refere-se às dez emanações provenientes do *Ein Sof* (o Infinito), o inefável Infinito, que plasmam uma estrutura espiritual em forma de um corpo humano. O termo *sefirá* mesmo significa "número", mas os cabalistas o identificam amiúde com a palavra *safir*, a fim de acentuar a função de mediação ou filtro que tais emanações assumem em relação à superabundante "luz" do Infinito. O que os homens chamam Deus, inclusive o Deus pessoal cujas ações são relatadas na *Bíblia* e a quem a *Bíblia* atribui nomes e qualidades psicológicas, não é outra coisa senão essa estrutura emanadora. Cada *sefirá* tem um nome principal, convencional: da primeira denominada *Keter* (Coroa) até a última conhecida como *Malkhut* (Reino) ou *Atará* (Diadema). O léxico de suas várias denominações é bastante extenso. Para os nossos propósitos, mencionaremos apenas alguns tipos de nominações: a segunda *sefirá*, a Sabedoria, leva também o nome de "Pai" ou "Pai do Alto"; a terceira, a Inteligência, é conhecida igualmente como "Mãe". Estas duas *sefirot* formam um casal cuja relação é constante. Como é frequentemente expresso no *Zohar*, a *sefirá* Pai semeia na *sefirá* Mãe as sementes primordiais ou essências de toda a estrutura emanadora das *sefirot*, que já descrevi. A Mãe é a sede de um processo de diferenciação por cujo intermédio essas essências seminais adquirem certa quididade, na imagem de um embrião que cresce e se desenvolve no ventre materno a partir de minúsculas partículas seminais. A sexta *sefirá*, a Beleza, é o ponto em que todas as emanações seminais culminam e se condensam

**18** Mopsik, *La lettre sur la saintité*, p. 233-234 n. 8.
**19** Idem, p. 231.

no centro da estrutura. No corpo humano, ela corresponde à espinha dorsal e também leva os nomes de Conhecimento (o ponto em que as *sefirot* Pai e Mãe se ligam) e Filho, seu engendramento inicial. A última *sefirá*, a décima ou o Reino, reúne todas as emanações e é o espelho em que todas as luzes oriundas da estrutura emanadora são absorvidas. Ela é conhecida como Filha – o principal aspecto feminino, que está em contato direto com os mundos inferiores: o mundo dos anjos e o mundo material onde uma parte da história humana é desempenhada. Sem dúvida, é por essa razão que os cabalistas identificavam a décima *sefirá* com a *Schekhiná* na literatura rabínica mais antiga, a divina morada ou presença na terra. Reina harmonia nessa estrutura, cujo dinamismo fundamental é entendido em termos tanto de relação como de fisiologia sexual, quando a *sefirá* Beleza (*Tiferet*) ou Filho, o principal aspecto masculino, é acasalado com a *sefirá* Reino (*Malkhut*) ou Filha. Assim, essas *sefirot* formam dois polos sexuais cujas fases de união e desunião pontuam a dinâmica interna da estrutura emanativa e depois afetam o cosmos angélico e o mundo humano.

Limitei-me a um apanhado esquemático e parcial a fim de dar uma breve ideia da totalidade do sistema das *sefirot*. Cumpre saber também que os cabalistas pintam o processo pelo qual as essências *sefirot* emergem através da totalidade da estrutura emanativa, quer como um engendramento, quer como um movimento de manifestação progressiva: cada nova aparição de uma *sefirá* é um nascimento. Assim, pode-se legitimamente falar de teogonia: o arranjo das dez *sefirot* é a gênese da forma do corpo humano, o qual e no qual o Infinito torna-se divino. Pode-se outrossim falar de teofania: a totalidade das *sefirot*, e cada *sefirá*, em seu próprio nível, manifesta uma essência previamente oculta do divino devir. Além do mais, uma vez que todas as *sefirot* em conjunto constituem um único ser – o Um do monoteísmo judaico, do qual todas as dez *sefirot* são essencialmente indissociáveis – é necessário também falar de autogeração. À primeira vista, a vantagem dessa representação esotérica do Deus bíblico sobre as representações teológicas exotéricas reside na grande flexibilidade do sistema, na riqueza semântica desse Um, dada a extrema abstração e os grandes poderes do exotérico Um, que amiúde corre o risco de petrificar-se naquilo que Henri Corbin, em *Le Paradoxe du monotheisme*, chamou o ídolo metafísico do monoteísmo ortodoxo. Lembremos que, para os cabalistas, as articulações dinâmicas desse Um que se manifesta (o sistema das *sefirot*) são principalmente uniões de natureza sexual, cópulas e nascimentos. É fácil entender por que as relações conjugais no mundo humano têm sido objeto permanente de interesse e meditação para os cabalistas, especialmente porque os atos humanos são investidos de um poder teúrgico de intervenção no mundo das *sefirot*, onde elas exercem uma influência harmonizadora no centro do cosmos teofânico.

Eu gostaria de citar uma breve passagem da obra do cabalista do século XVI, Rabi Moisés Cordovero, que sumaria muito bem as ideias cabalistas:

> Não existe nenhum outro mandamento a querer como este que a relação entre o homem e a mulher se assemelhe de todos os modos ao acasalamento do alto [do céu]. Os outros mandamentos da *Torá* aludem à imagem e semelhança do alto a fim de unificar as *sefirot*. É, entretanto, uma alusão muito distante. Ao passo que o segredo do macho e da fêmea é na verdade o segredo das *sefirot* superiores, como é dito: "Façamos o homem [...]" (*Gênese*, 1:26). A união e o acasalamento do homem e da mulher é um signo do acasalamento do alto, como é dito no *Midrasch*: "Os dois não estão juntos sem a *Schekhiná*", quando o acasalamento está muito distante de toda indecência. Não é sem razão que o primeiro ensinamento pronunciado na *Torá* é: "Seja fecundo e multiplique-se" (*Tefilá le-Mosche*, p. 213a)[20].

Como signo e cifra de invisíveis e divinas realidades, o acasalamento é dessemelhante de qualquer outra coisa. Pode-se traçar um paralelo entre esse conceito e a filosofia hermética que se originou no Egito e foi promovida pelos adoradores do deus romano Asclépio[21]. Mas o acasalamento é ainda mais significativo. Harmoniza-se tão bem com o processo intradivino de unir aspectos masculinos e femininos, que serve de agente iniciador dessa união. E, em troca, essa ação torna o acasalamento o instrumento da *Schekhiná*, a divina presença. Aqui, de novo, é a natureza criativa do acasalamento físico que é adiantado.

Por que é feita tal extensão e passagem do criativo corpo humano de engendramento ao emanativo corpo divino de engendramento? Como

**20** Idem, p. 144-145.
**21** Ver A. D. Nock (ed.) *Corpus Hermeticum*, trad. A. J. Festugière, Paris: Les Belles Lettres, 1973, p. 320-323 (pars., 20 e 21). Cf. também o texto copta, em *The Hamadi Library*, p. 300-301.

está escrito, os textos que temos não falam explicitamente de uma *imitatio Dei* ao nível da união conjugal. Somos convidados, entretanto, a considerar o engendramento humano como algo que continua e estende o engendramento divino a um grau maior de disseminação, isto é, como teogonia mesma, por meio da qual a divindade se faz manifesta a si própria antes de ser revelada aos seres humanos. De fato, fontes cabalísticas nos conduzem à ideia de que, através do engendramento humano, a divindade efetua mais um passo no processo de sua manifestação. Depois da autogeração, a teofania do *self* para o *self*, a divindade torna-se manifesta para os outros ao emprestar a senda da sucessão das gerações. Assim, o gênero humano não imita um processo paralelo que ocorre em um mundo superior. Pelo engendramento, o gênero humano participa plenamente do movimento de realização teofânica, por cujo intermédio a teogonia primordial alcança a sua realização. Na verdade, para os cabalistas, a criação feita pelo homem responde a uma necessidade interna do divino. É um estádio crucial no movimento que gradualmente leva o divino à revelação e à expressão pessoal. Se o homem tem a sensação de imitar um processo superior (por mais frequentemente que os cabalistas se refiram a ele como tal), isto é de fato meramente uma ilusão. Acasalando-se e procriando o homem dá prosseguimento à linhagem teofânica; torna possível a essa linhagem progredir para a sua realização. Cada geração é, destarte, um estágio da hiero-história, da manifestação de Deus no tempo. Essa inserção do processo teogônico na temporalidade é o exato oposto de uma encarnação. Deus não realiza o Seu ser em um indivíduo em um único momento. A fim de caminhar para a Sua realização, a fim de ser personificado, Ele tem de entrar na textura do tempo tecida pelo fio dos engendramentos. Cada nova concepção, cada novo nascimento está inscrito como um estágio indispensável no caminho que conduz à divina manifestação, tanto escatológica como messiânica. O corpo de engendramento é, portanto, um corpo de passagem. Como o orifício de uma agulha, ele permite que o fio do vir-a-ser teofânico mova-se através do tempo e teça seu tecido. Um cabalista do século XIII, Rabi Iossef de Hamadan ilustra perfeitamente essa ideia quando escreve:

> Aquele que tem filhos estende por assim dizer a existência da cadeia da semelhança que é a Carruagem [a Divina]. De fato, esta última é denominada

"cadeia da semelhança" [...]. Aquele que não tem filhos diminui a cadeia da semelhança. Assim, todo homem que tem filho realiza a Carruagem do alto[22].

Esta "cadeia da semelhança" refere-se ao sistema das dez *sefirot*, em outras palavras, à estrutura teogônica primordial. Gerar é habilitar outro elo dessa "cadeia" a vir à luz. Consequentemente, abster-se de procriar importa em privar a referida cadeia de um grau de expressão, em diminuir a extensão dessa semelhança – a Carruagem ou a autogerada estrutura divina – no campo temporal em que ela deve entrar a fim de chegar gradualmente à sua plena realização[23].

Com estes elementos em mente, retomemos a questão colocada no início. Eu gostaria de salientar por que estou propenso a crer que o desenvolvimento da Cabala medieval, abundante e crescentemente elaborada e complexa, constitui uma evolução necessária no movimento de pensamento encetada pelo texto bíblico e pela tradição rabínica. Na medida em que são pensadores esotéricos empenhados em estudar o significado interior do texto da *Torá*, com pouco interesse por sua base ideológica ou supostamente ideológica, os cabalistas compreendiam profundamente o que a noção (que emerge da relação entre a criação do mundo descrita nas passagens de abertura do *Gênese* e o processo criativo de engendramento humano) implica como concepção da divindade. Se, como o texto bíblico afirma, o homem é criado à imagem e semelhança de Deus, é porque o próprio Deus-Criador – como o homem – está sujeito a um processo criativo pelo qual ele vem a ser e emerge do nada. Ora, se preferirdes, essa imagem de Deus que o homem oferece ao exame é aquela mesma que apareceu aos cabalistas como sendo a primeira manifestação Dele, uma revelação com base numa percepção tardia da verdade inicial da criação:



**22** Mopsik, *La lettre sur la saintité*, p. 102 e s.

**23** Essa expressão foi tomada de Henry Corbin. É digno de nota que nas linhas finais da *Ig(u)eret ha-Kodesch*, a Carta sobre a Santidade, as dez gerações a preceder o nascimento do Rei Davi de que se fala no *Livro de Rute* (4,8) são apresentadas como manifestando a plenitude do *Schiur Komá*, o divino corpo composto das dez *sefirot*. Assim, os hinos de antigas fontes judaicas consideram que o corpo místico neles celebrado se faz manifesto pelo corpo de engendramento, que se torna a fonte da revelação ao nível do mundo humano e sua história do corpo divino (Mopsik, *La Lettre sur la saintité*, p. 256 e 323). É óbvio que essa aptidão teofânica do corpo de engendramento lhe é conferida essencialmente por uma submissão a práticas rituais e éticas, que preservam sua santidade e o sagrado de que é portador. Sem tais proteções, o corpo de engendramento perderia seus poderes teofânicos e teogônicos; esquecendo assim o seu destino, cindir-se-ia em um corpo engendrante e um corpo desejante, obliterando destarte a unidade essencial do desejo de prazer e do desejo de procriar.

sua sede é no seio do Criador desde o princípio. Para dizê-lo de maneira mais simples, se Deus criou o homem à sua própria imagem, é porque essa imagem não foi criada ao mesmo tempo que o homem. Existia antes do homem e, por consequência, faríamos bem em determinar seu ponto de emergência. E, para assim fazer, precisamos apenas seguir a lógica da própria narrativa bíblica: o homem passa adiante sua imagem, que em primeira instância é a imagem de Deus, por meio do ato de engendramento. A implicação é que essa imagem, que foi passada adiante primordialmente, veio a realizar-se por meio de um processo idêntico ao que é revelado pelo engendramento humano. A criação dessa "imagem", uma criação que os cabalistas muitas vezes preferem chamar de "emanação" (*atsilut*), foi inteligivelmente decifrada a partir dos fatos providos pelo modo como se efetua a geração humana no curso do tempo. O tipo de interpretação do texto bíblico que tornou possível, e até necessária, tal abordagem, baseia-se acima de tudo num rigoroso cômputo de semantemas e na lógica de seu aparecimento no fio narrativo, bem como na independência de qualquer lógica artificialmente aplicada, seja de natureza filosófica ou teológica. Esse modo de leitura lembra o tratamento jurídico ideal de um texto de lei. O significado é descoberto no próprio texto, estritamente em seu quadro, escondido no recesso de cada uma de suas proposições. Nenhuma outra esfera de entendimento deve interferir, nenhum interesse intelectual deve subordinar o jogo intertextual de decifração. Dessa maneira, os cabalistas superaram o choque que sua concepção da divindade poderia suscitar na cultura medieval dos séculos XII e XIII; uma cultura em que havia ansiedade acerca da aceitação dos princípios de um monoteísmo implacável. Não obstante as aparências, a semelhança de certos conceitos da Cabala com os de sistemas religiosos antigos ou politeístas não resulta de uma ilimitada liberdade interpretativa ou, na verdade, liberdade em relação ao próprio texto bíblico. Ao contrário, os cabalistas permaneceram tão perto quanto possível desse texto e não impuseram leitura a seu respeito que procurasse acomodar verdades teológicas elaboradas séculos após a *Bíblia* ter sido escrita, e de cujas ideias fundamentais ela não compartisse. Por isso, puderam descobrir os estratos primitivos da narrativa. A abordagem deles não é a do historiador ou do arqueólogo. E é aqui que essa digressão sobre o método de interpretação cabalístico retorna ao seu objeto: como é sabido, Cabala significa tradição, recepção, transmissão. Não é um corpo de doutrina transmitido desde a Antiguidade por filósofos esotéricos judeus, assim como não é meramente um *corpus* produzido com cada concepção nova. O que é transmitido não é mais do que o poder de transmitir. O poder de aderir ao texto, o poder de engendrar: a tradição, como o corpo de engendramento, é o ponto de passagem através do qual o invisível deixa-se vislumbrar, através do qual o indizível deixa-se dizer, através do qual o fluxo manando do Infinito toma forma, elo por elo.

Uma questão remanesce. O vir-a-ser é aqui percebido como eminentemente positivo e construtivo. O poder de engendrar leva a vida a desdobrar-se. Entretanto, no gnosticismo o devir é visto explicitamente como sinônimo de alteração, corrupção, morte. Aquilo que evolve, move-se ou é disseminado está condenado a desaparecer, ao passo que o ser imutável, que não é produzido nem reproduzido, goza de eternidade e não tem nenhum conhecimento da sombra da morte. É preciso tratar dessas percepções antitéticas. É o engendramento obra da morte ou da vida? A resposta não é tão clara quanto a questão nos leva a crer. Declarar que o engendramento é o propagador da vida em nome de um vitalismo ingênuo não faz sentido em face da desconcertante força da visão gnóstica, para a qual o engendramento de um corpo é o engendramento de um túmulo (*soma-sema*), por cujo intermédio a alma é encadeada a uma massa de matéria obscura. A fim de tomar essa linha enorme de questionamento, temos de voltar nossa atenção para a concepção cabalista da alma humana em relação ao corpo. Devemos primeiro descrever brevemente a maneira pela qual os cabalistas, ou certos cabalistas, entenderam a alma. Para eles, a alma é uma entidade espiritual que deflui das *sefirot* ou divinas emanações. O *Zohar* fala das almas como engendradas pela união dos aspectos masculino e feminino, *Tiferet* e *Malkhut*, Rei e Rainha. Mas, nem todas as almas procedem da mesma região celestial. O grau de elevação de cada alma, a zona espiritual de onde ela é solta a fim de entrar no mundo, é determinada pela qualidade e pureza das relações sexuais de seus progenitores no momento da concepção. Certos tipos de almas, as dos prosélitos, são engendrados pelo acasalamento *post-mortem* do homem justo e da mulher justa, no coração do Éden, um ato de copulação que procria luzes pneumáticas destinadas aos novos conversos, cuja alma não é herança de seus pais como a dos israelitas por nascimento (*Zohar* 3:167b ff.). Nos escritos de Rabi Iossef de Hamadan é dito que as almas são reunidas no jardim celestial do Éden por famílias e grupos de famílias, numa ordem genealógica aproximadamente simétrica àquela que elas conheciam na terra. A doutrina, elaborada em Safed por Rabi Isaac Lúria no século XVI e baseada em fontes antigas, considera que a totalidade das almas humanas – passado, presente e futuro – se origina no corpo místico do primeiro homem, em que estavam distribuídas em cada um de seus órgãos. O pecado causou a dispersão dessas almas que, ao passarem à terra no curso das gerações, gradualmente reparam o dano que lhes fora feito. As almas mais baixas, situadas nos pés, na realidade nos calcanhares do primeiro homem, serão as últimas a serem implantadas em corpos terrenos antes da vinda do Messias (ver *Sefer ha-Guilgulim*, caps. 1 e 2). Esses lembretes servem apenas para demonstrar a existência de uma constante nas várias doutrinas dos cabalistas: mesmo antes de ter um destino terreno, a alma é vinculada à corporeidade, mesmo se ainda não há corpo algum com o qual deva compartilhar uma existência. E essa corporeidade, que existe antes do corpo, é uma corporeidade de engendramento também. O reino do espírito, se é que pode ser distinguido do domínio do corpo material, permanece habitado pela ordem corporal que lhe dá suas dimensões formais. O corpo individual está integrado de direito no coração dessa corporeidade mais ampla da qual é uma parte. Não constitui um acidente da luz, mas uma passagem necessária em sua propagação. Como tal, tem desempenhado o papel de texto natural em que está inscrito um conhecimento de realidades superiores.

A fim de dar ao leitor uma ideia de como os cabalistas entendiam o corpo enquanto lugar do conhecer – o sítio da *gnosis* –, citarei algumas linhas da obra principal de um célebre cabalista italiano do século XVIII, Rabi Moisés Haim Luzatto, que comentou várias frases de uma passagem do *Zohar* acerca do *Cântico dos Cânticos*:

> A segunda forma de conhecimento [que segue o aprendizado do sistema teogônico exposto no parágrafo precedente] consiste em "conhecer o nosso corpo etc.". Aqui começam as formas essenciais de conhecimento que seguem as formas de conhecimento relacionadas com a árvore [i. e., com a complexa estrutura das configurações emanativas e as *sefirot*]. A primeira consiste no conhecimento dos segredos do corpo de acordo com a totalidade de sua forma e de seus órgãos, de todos os elementos de seu funcionamento e de como ele tem raiz nas *sefirot*

superiores, das quais todas convergem para o nível que é o da semelhança de Adão [*demut*]. Daí por que ele foi a criação final [no Livro do *Gênese*], pois todas as coisas movem-se para esta meta. A verdade é que todas as coisas convergem para [o corpo] a fim de que ele possa ser o único agente de livre escolha. De fato, até a alma não pode ter vontade livre à parte do [corpo]. "O que é ele?" O que é o homem a quem toda a obra da criação é incumbente? [Propondo essa questão], pode-se facilmente compreender em que ele é o fim de toda a criação; é possível compreender todos os laços entre as *sefirot* e ele. Todas as partes da obra dependem desse conhecimento. "Como ele foi criado". Como este corpo emergiu. Aqui a gente compreende as sendas pelas quais as realidades materiais emergem, sendo o corpo a principal. "O que é ele depois disso". Como é que sua história evolve desde o início de seu ser até o fim...? "Como o corpo é perfeito". Com isso a gente compreende o segredo dessa semelhança, o que ela é conforme a intenção nela colocada. Eis o que é tratado em todo o *Idra Raba*, o *Idra Zuta* e os *Tikunim*[24]. Em outras palavras, a relação entre as *sefirot*, a lei de seu funcionamento, é a mesma que a lei do funcionamento do corpo em todas as suas partes. Daí vem o nosso entendimento do versículo: "Ainda em minha carne hei de ver Deus" [*Jó* 19: 26], a fim de vermos e compreendermos todos os feitos do homem e o todo de seus movimentos, cuja totalidade tem suas raízes profundas nas *sefirot*. (*Adir bar-Marom*, Jerusalém, 1968, p. 2a)



Entre os elementos dignos de lembrança encontram-se os seguintes: primeiro, somente quando introduzida no corpo é que a alma ganha liberdade. Segundo, o corpo humano ocupa um lugar especial no coração do universo material. Ele não é uma reunião ou construção aleatória dentre os elementos da matéria. Terceiro, o corpo humano é estruturado anatomicamente e funciona fisiologicamente de uma maneira perfeitamente homóloga ao sistema das *sefirot* e as leis que governam suas relações. Quarto, portanto, estudar e aprender como seu próprio corpo capacita o homem a ganhar conhecimento da divindade, cujo sistema de poderes e emanações é governado de conformidade com as mesmas características. A alma não está aprisionada numa escura e mortal morada. Passando para dentro de um corpo humano, ela alcança a dimensão do livre arbítrio que, paradoxalmente, a aproxima mais do modelo divino. Dentro de um corpo, a alma pode realizar livremente uma tarefa que a habilita a alcançar um nível

24 Vários escritos pertencentes à literatura do *Zohar*.

superior. Essa tarefa é ela mesma uma peça de trabalho necessária ao pleno desdobramento da divina emanação. A fim de chegar mais perto da concepção cabalista, quando a comparamos com o que os antigos gnósticos que, ao fim, nada mais fizeram do que radicalizar temáticas cristãs, particularmente as de Paulo e João[25], cumpre lembrar que, aos olhos dos fiéis herdeiros de antigas tradições rabínicas, a morte do corpo não é uma situação. Nesse contexto, o conceito de ressurreição é essencial. Para nós, eis o que isto implica: engendrar um corpo não é um túmulo, visto que este corpo tem um futuro para além de sua inelutável morte. Muitos cabalistas consideram o corpo ressurrecto um corpo eterno e imperecível. Sem dúvida, este último não é engendrado por outros corpos, por seus pais, mas, não obstante, ele resulta do corpo anterior, perecível; é uma transfiguração e reconstrução a partir do pó e dos ossos do corpo engendrado. Portanto, e em segundo grau, a procriação enceta um processo irreversível dentro da própria ordem da vida, uma vida que conhece uma escura passagem.

Um cabalista dos primeiros anos do século XVII, Rabi Isaías Horowitz, cuja importância não pode ser subestimada, descreve claramente sua visão fundamental do casal constituído pelo corpo e pela alma:

> Em um sentido, corpo e alma são ambos iguais, o que significa dizer que são ambos espirituais como era o primeiro homem antes da queda e como ele será no futuro [...] até a matéria terrena há de se tornar de novo espiritual e ambos hão de ter igual valor novamente, que é o fim desejado: [que o corpo e a alma sejam eternos]... (*Schenei Luhot ha-Berit*, v. 1, p. 20a, nota marginal)[26].

O pecado do primeiro casal apenas obscurece e vela a realidade essencial da natureza da matéria e, portanto, do corpo. Isso abriu uma brecha temporária dentro de uma única substância espiritual. No futuro escatológico, a espiritualidade da matéria será recapturada e o corpo e a alma hão de formar um só eterno ser. A visão de mundo implicada em tal concepção reflete um otimismo categórico de que os antigos gnósticos eram total-

**25** Esta é a tese geral do livro de Simone Pétrement, *Le Dieu séparé, aux origines de gnosticisme*, Paris: Le Cerf, 1984.

**26** Há na Cabala um amplo material para um estudo devotado exclusivamente ao tema do corpo de Moisés, que nela ocupa um lugar central. Rabi Salomão Halevi Alkabets, por exemplo, um pensador cabalista do século XVI, sustenta que o corpo do maior profeta de Israel já era um corpo ressurrecto, ver *Berit Halevi*, Jerusalém: [s.n], 1980, p. 42d.

mente incapazes. Ele é surpreendente em sua radicalidade e na inversão a que incita o leitor no tocante à classificação do corpo e da alma no âmbito das hierarquias comuns. Mas é esta radicalidade mesma, e ela sozinha, que é bastante provocadora e útil para enfrentar a igualmente poderosa concepção do gnosticismo cristão. Ela implica tudo isso em relação ao corpo de engendramento, um corpo dedicado à vida, à vida eterna. A mácula da morte não é seu último termo nem seu destino final. É uma passagem.

É útil assinalar aqui um fato importante. Por mais central que tenha sido o lugar atribuído ao corpo pelos pensadores cabalistas – para eles, o ponto para a aquisição da *gnosis* acerca dos mundos supercelestiais, a própria divina estrutura, um corpo capaz de ação teúrgica nesses reinos sagrados – este corpo nunca se tornou para eles um objeto de exaltação plástica ou contemplação estética. Em minhas aventuras pelos escritos da Cabala, jamais me deparei com qualquer evidência de adoração da forma corporal. Esta forma corporal permanece acima de tudo o portador das assinaturas da ordem divina; é o vetor do conhecimento, mas não é o objeto de fascínio visual. Isso explica a contenção demonstrada em meio à abundância de desenhos e outros diagramas produzidos pelos cabalistas a fim de ilustrar suas, por vezes, mui complexas especulações. Eles sempre evitam representações figurativas e preferem desenhos abstratos.



Assim como os cabalistas saíram em busca do princípio dos princípios na ordem do passado, do mesmo modo lançaram-se à procura do fim dos fins na ordem do futuro. Mas, em essência, tais elaborações constituem meramente um longo desvio que conduz de volta à narrativa bíblica do primeiro dia da Gênese. Com grande simplicidade, o *Gênese* apresenta o homem como tendo sido criado à imagem divina e, por conseguinte, fundamentalmente imortal como Deus, mesmo na forma corpórea. Para o grande crédito deles, os cabalistas sustentaram, tanto quanto possível e amiúde contra as leituras de teólogos em moda, o calmo atrevimento desse versículo do *Gênese*, que foi a fonte de fértil meditação para gerações de pensadores esotéricos. Portanto, eles nos habilitam, a nós como leitores modernos da *Bíblia* embebidos em eruditas, abstratas e redutoras constrições de doutrinas teológicas, a recapturar os últimos vislumbres de significado em um superexplicado, supercomentado texto, que cada uma das causas se apressou a tornar seu sem nenhuma consideração pelo que deixa de dizer, isto é, pelo que a totalidade do que é dito procura expressar sem estar disposto ou ser capaz de o fazer. A visão esotérica do texto bíblico difere profundamente da exotérica. Ela é atenta em extremo a tudo o que está à espera para ser revelado. Para o pensador esotérico, a Revelação é uma questão de esforço diário e não é um momento de fundação histórica.

Este artigo ficou limitado a generalidades. A fim de entender apenas como muitas múltiplas e detalhadas elaborações surgiram da meditação sobre o corpo e sua complexidade, é preciso mergulhar nas aproximadamente seis mil obras, livros impressos e manuscritos, que a tradição cabalista produziu no decurso de sete séculos. Para os cabalistas, entender o corpo como o *locus* predeterminado de seu avanço rumo ao conhecimento de Deus não foi uma simples fórmula. Eles exploraram precisa e incessantemente todas as sendas abertas a eles pelo corpo humano, com todos os seus órgãos e humores, suas funções e movimentos. A fim de avaliar em que extensão isto é verdade, precisamos apenas nos voltar para os diagramas que nos deixaram, os quais estabelecem a correspondência entre as várias partes do corpo e as *sefirot*. No entanto, não há como duvidar de que, se o corpo pôde ocupar uma posição tão única numa escola de pensamento desenvolvida no Ocidente, é porque, aos olhos dos cabalistas, a genealogia dos corpos torna manifesta uma cadeia invisível cujos primeiros elos constituem a própria ordem divina, a criativa atividade que vem à luz na atividade procriadora humana.

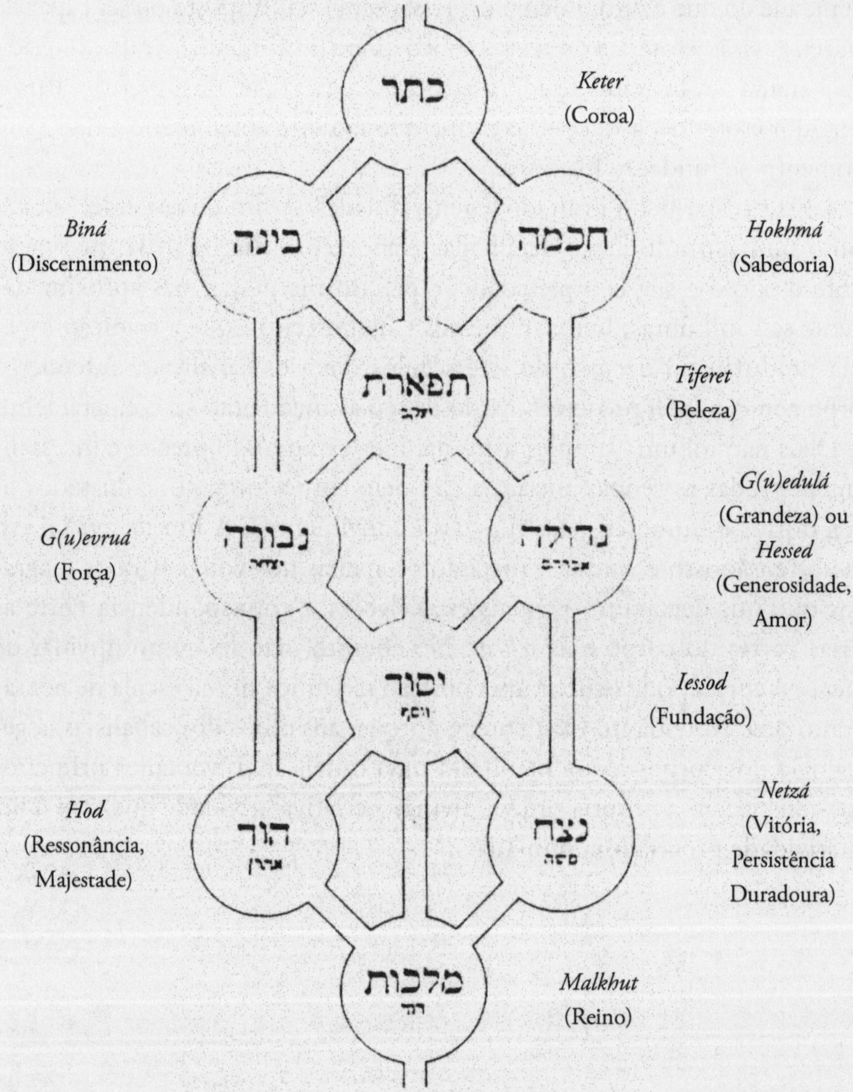


Um quadro clássico das dez *sefirot*, proveniente do *Ketem Paz* (c. 1570), do Rabi Simão Labi (Djerba, 1940). Cumpre notar que as extremidades superior e inferior não se fecham: a estrutura interna constitui uma totalidade aberta pelo *Ein Sof* (o Infinito). A luz do *Ein Sof* passa através dessas aberturas e converte-se em fluxo seminal, que assume a forma de um sistema genealógico realizado pelas principais figuras da narrativa bíblica. Os cabalistas mais provavelmente chamavam essas ilustrações de "árvore das *sefirot*" ou "árvore da emanação" – desde o século XIII, quer dizer – com referência ao desenvolvimento, nessa época, de uma família mais complexa de árvores.

1.*Keter* (Coroa); 2. *Hokhmá* (Sabedoria); 3. *Biná* (Discernimento) ou *Tevuná* (Inteligência); 4. *Da'at* (Conhecimento); 5. *G(u)edulá* (Grandeza) ou *Hessed* (Generosidade, Amor); 6. *G(u)evruá* (Rigor, Força) ou *Pahad* (Medo); 7. *Netzá* (Vitória. Persistência Duradoura); 8. *Hod* (Ressonância, Majestade); 9. *Iessod* (Fundação); 10. *Malkhut* (Reino).

Ilustração de Rabi Iossef Gikatila em seu livro *Scha'arei Orá* (Os Portais da Luz), Varsóvia 5643/1883, cap. 5. Nessa ilustração das dez *sefirot*, *Da'at* (Conhecimento) é representada como um eixo vertical, que liga o topo do conjunto do corpo sefirótico à imagem da coluna dorsal que move os influxos divinos como uma semente, da cabeça para baixo, através de todo o organismo, de acordo com a antiga representação fisiológica. A linha central do escrito reza: "*Da'at*, que é *Tiferet* (Beleza), que é IHVH bendito seja Ele, que é a linha média. À *Tiferet* pertencem os epítetos da mercê no nome de IHVH, bendito seja Ele, bendito seja Ele". Pode-se ver que *Da'at* une direita e esquerda, alto e baixo, masculino e feminino: é o grande unificador das *sefirot*.

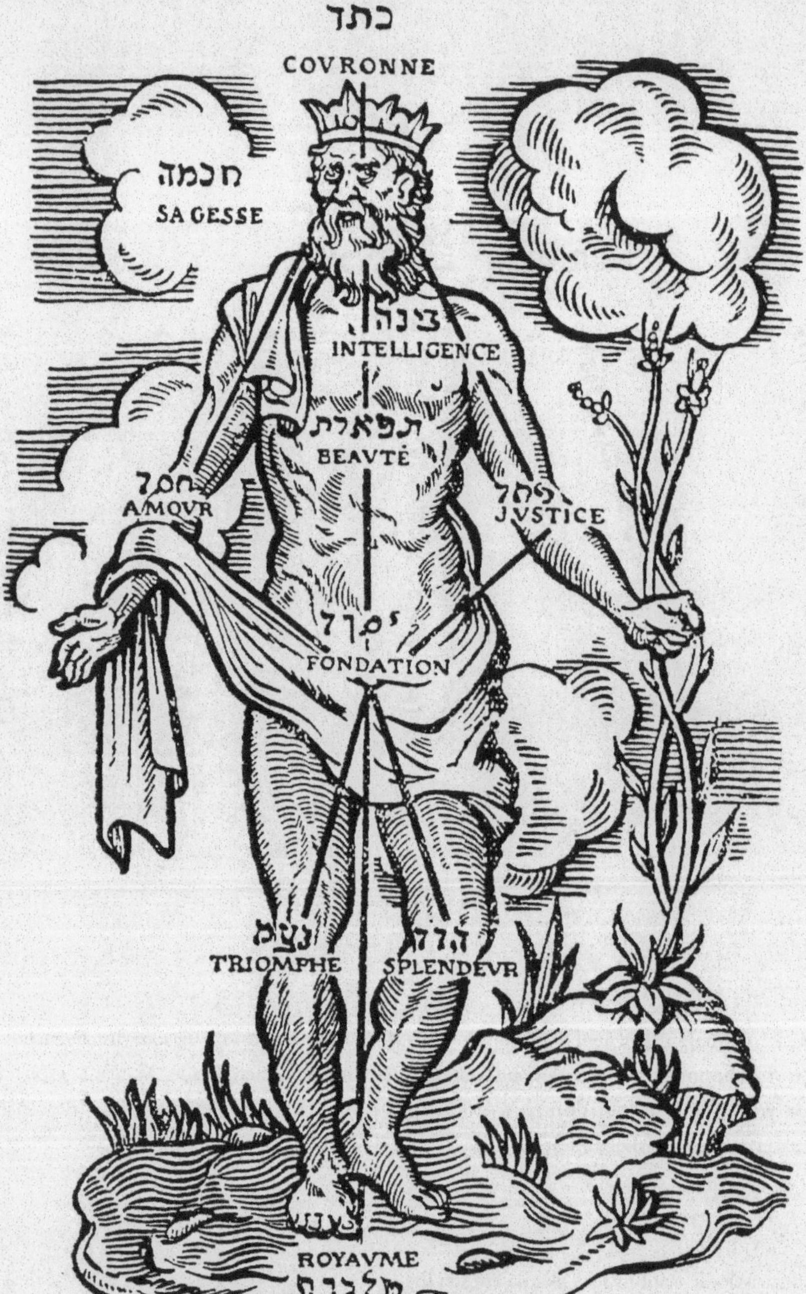


Esta figura foi extraída de uma obra moderna, publicada em 1947 por Henri Serouya, intitulada *La Kabbale*, Paris: Grasset. Traz a representação do Homem Primordial, do qual cada membro refere-se a uma *sefirá* específica. Este tipo de representação figurativa não se encontra nos manuscritos originais dos cabalistas, mas em uma série de textos do cabalismo cristão e, mais recentemente, em obras de divulgação destinada a ocultistas amadores.

# OS COMEÇOS DA CABALA NA PROVENÇA:

## O NOME DIVINO E O TEMPLO NO ENSINAMENTO DE R. ISAAC, O CEGO

HAVIVAH PEDAYAH
trad. de J. Guinsburg

A doutrina esotérica judaica das primeiras épocas foi penetrando e cristalizando-se simultaneamente no fenômeno sócio-histórico específico que é conhecido em geral com o nome de Cabala, em diferentes lugares e regiões da Europa: o norte da França, Aschkenaz e Provença, Catalunha e Castela[1]. Nem sempre podemos avaliar exatamente a relação entre o núcleo do material antigo de tradições transmitidas (mediante um eixo horizontal ou vertical) em um momento e em um lugar dados, e os contatos de determinados círculos com outros contemporâneos, também específicos, cujas tradições (eixo vertical) e contextos inter-religiosos e interculturais são diferentes (eixo horizontal)[2].

1 Idel propõe em vários estudos um enfoque que ele define como multilinear e que se mostra muito acertado. Ver, por exemplo, M. Idel, The Vicissitudes of Kabbalah in Catalonia, em Moshe Lazar e Stephen Haliczer (eds.), *The Jews of Spain in the Expulsion of* 1492, USA, p. 25-26; Idem, Rabi Moisés Ben Nakhman: Qabalá, *Halakhá* veminkhaguim rukhaniim, 30, 1995, p. 543-544; Idem, *R. Menakhem Recanati, o Cabalista*, Jerusalém/Tel Aviv: [s.n.], 1998, I, p. 13-18; ver também M. Verman, *The Books of Contemplation: Medieval Mystical Sources*, New York/Albany: [s.n.], 1992, p. 191-192.

2 Os eixos horizontais estão frequentemente ligados às mudanças de residência de uma determinada personalidade ou a seu translado de um lugar a outro com o fim de estudar a *Halakhá*, levando consigo, entre outras coisas, ensinamentos esotéricos. Em certas ocasiões, o processo está relacionado também com a transmissão ou a disponibilidade de um livro ou um manuscrito determinado. Os eixos horizontais são de caráter distinto: (1) A inclusão e relação da doutrina esotérica com outros ramos do saber judaico contemporâneo: gramática, filosofia, exegese bíblica; também contatos combinados e intercâmbios sutis que em certas ocasiões são difíceis de reconstruir, ao passo que, outras vezes, deixaram um rastro mais nítido entre o *midrasch* tardio e os começos da Cabala, ou entre os escritos de corte halákhico ou sobre costumes, e a Cabala. (2) Contato com um conhecimento antigo que chegou a outros círculos de estudo por diferentes condutos; em certas ocasiões esse contato se produz juntamente com uma negativa de receber seu conteúdo. A estas duas formas de transmissão de conhecimento se lhes agrega por vezes a comunicação inter-religiosa que nelas se mescla. Não nos ocuparemos aqui da análise metodológica fundamental da continuidade e da mudança na estruturação das ideias, assunto ao qual dediquei um capítulo inteiro em minha tese de

A especificidade e as características peculiares do material e a forma como a dita doutrina esotérica surgiu estão ligadas à perspectiva tradicional antiga de sua transmissão, uma etapa na qual ainda se falava em termos de "saber oculto" que era transmitido oralmente no interior de círculos de estudo restritos[3]. Em determinadas ocasiões, a cadeia de transmissão esteve ligada a certas famílias rabínicas, entre as quais se destacam a de R. Avraham ben David na Provença, a de R. Iehudá he-Hassid em Aschkenaz, talvez também a de R. Iossef ben Todros Abuláfia na Castela, bem como, segundo parece, outras famílias. Nos inícios da Cabala continuam sendo, pois, muito significativas as definições "geográficas" que assinalam o caráter *sui generis* de um tipo de conhecimento místico, como sucede com os círculos que se formaram em Aschkenaz, Provença ou Gerona[4]. Isto, em geral, passa a ter uma importância secundária em épocas posteriores. É preciso acrescentar, no entanto, que, embora as definições geográficas em termos das linhas de descrição gerais contribuam para definir o caráter específico de um grupo determinado, de fato, e em algumas ocasiões justamente por causa da perspectiva familiar fechada, constituíram-se no mesmo lugar dois circuitos paralelos e inclusive talvez mais[5].




Ainda que a penetração ocorra paralelamente em distintos centros, os inícios da Cabala como fenômeno autônomo do ponto de vista religioso, histórico e social na Provença, estão ainda por ser investigados. Isto se deve ao peso que se deu na investigação à diferença organizativa na expressão, símbolo e estrutura do saber místico entre os *hassidim* de Aschkenaz, que

doutorado (*Maschber beElohut vetiquno beqabalat R. Itzkhak Sagüi Nahor vetalmidav*, Universidade Hebraica de Jerusalém, 1989, p. 1-28.

3 O conceito extremista do conhecimento oculto que Nakhmânides tinha (ver M. Idel, We Have No KabbalisticTradition on This, em I. Twersky (ed.), *Rabbi Moses Nahmanides (Ramban): Explorations in his Religious and Literary Virtuosity*, Cambridge Mass.: [s.n.], 1983, p. 51-73) deixa claro que ele, pelo menos, estava relacionado com um círculo restrito de mestres.

4 Tal como Gershom Scholem fez em suas conferências e artigos sobre os começos da Cabala; a partir dele, torna-se impossível passar totalmente por cima da importância que teve a transmissão de um lugar para outro ou a presença de uma espécie de linhas mestras de transmissão do conhecimento no surgimento simultâneo geral.

5 Como a diferença que se dá na Catalunha entre o círculo de Nakhmânides, por um lado, e o de R. Ezra e R. Azriel, por outro (ver Idel, The Vicissitudes, p. 25-31). As diferenças entre os distintos círculos de tradições em Aschkenaz (J. Dan, *Torat hasod hassidut Aschkenaz*, Jerusalém: [s.n.], 1968; Idem, *Iunim besafrut hassidut Aschkenaz*, Ramat Gan, 1975, p. 89-133, sobre o *Sefer Hanavon*) ou entre as tradições de R. Avaraham ben David e as de R. Iaakov, o Nazareno, na Provença (M. Idel, Hatefilá beQabalat Provans, *Tarbiz*, 62, 1994, p. 265-286). Em ocasiões, a diferença se dá entre dois círculos rabínicos prestigiosos que atuam em um mesmo sítio, o que sublinha a firmeza da cadeia de transmissão do conhecimento oculto nesse lugar. Às vezes, é possível localizar um círculo anônimo graças a seus escritos, como sucede em Aschkenaz.

não utilizaram a doutrina das *sefirot*, a respeito dos primeiros cabalistas provençais que lhe deram expressão. Neste sentido[6], o testemunho que nos oferece R. Isaac, o Cego (falecido, parece, cerca de 1230), quando afirma que seus antepassados transmitiram a doutrina esotérica unicamente aos "recatados", constitui um dos testemunhos mais antigos que nos chegaram dos começos da Cabala e nos permite incluir em nossos conhecimentos sobre os primeiros cabalistas os nomes de R. Avraham ben Isaac Av Beit Din (presidente do tribunal rabínico) (morreu em 1179) e de R. Avraham ben David (morreu em 1198). Na sequência, centraremos nosso ensaio nos começos da Cabala na Provença.



## O *Beit Midrasch* como Realidade e como Abstração

No que diz respeito aos primeiros cabalistas da Provença, centrar-me-ei em um tema examinando um aspecto concreto, a fim de ilustrar para o leitor, por seu intermédio, o meu método de trabalho[7]; o tema escolhido é o *beit midrasch*[8] como fenômeno que aglutina em torno de si as questões de

6 Considerando o panorama geral e básico do surgimento das doutrinas esotéricas, aquele que se apresenta entre os *hassidim* de Aschkenaz é o mais antigo, fato que talvez se deva a que o dito surgimento faz parte do processo geral do registro por escrito dos ensinamentos, que em Aschkenaz ocorreu antes (mais sobre este tema, em H. Pedayah, *HaRamban: Torá vehi'talut*, Tel Aviv: [s.n.], cap. 1), segundo se depreende dos testemunhos, que em seu caso são mais antigos. O centro provençal só pode ser considerado como o primeiro a estabelecer uma diferença básica entre a doutrina esotérica em geral e a Cabala como manifestação da dita doutrina mediante a estrutura organizacional das dez *sefirot*.

7 Este estudo pretende dar prosseguimento a certas investigações de grande importância para entender a Cabala na Provença: o compreensivo estudo de I. Twersky, que descreve o ambiente espiritual religioso dos judeus da Provença; o de Gershom Scholem em suas conferências sobre a Cabala na Provença, que ainda hoje são fundamentais para se compreender a época e as obras que nela se compuseram; e o estudo metodológico fundamental de Moshe Idel sobre os inícios da Cabala e sua relação com a mística antiga; ver I. Twersky, *Studies in Jewish Law and Philosophy*, New York: [s.n.], 1982, p. 180-202; G. Scholem, HaQabalá beProvans, em R. Satz (ed.), *Hartsa' otav schel Prof. G. Scholem*, Jerusalém: [s.n.], 1976, p. 1-56; M. Idel, *Qabalá: hebetim hadaschim*, Jerusalém/Tel Aviv: [s.n.], 1993, p. 35-52.

8 Diferentes pesquisadores, ao descrever a comunidade da Provença, destacaram sua dedicação à *Torá* (B. Z. Benedikt, *Mercaz haTorá beProvans*, Jerusalém: [s.n.], 1985, p. 10-11; Twersky, *Studies in Jewish Law*, p. 185-186). É, igualmente, o que se depreende das palavras de R. Iehudá ibn Tibon: "Havia entre eles grandes sábios na *Torá* e no *Talmud* de tempos antigos, porém não se ocupavam de outros saberes, porque se consagravam por inteiro ao estudo da *Torá*"

que se ocupa a investigação atual. Meu propósito é tratar o tema a partir de três pontos de vista:

a. O ambiente religioso dos *batei midrasch* da Provença. Neste parágrafo assinalarei a existência de um entrançado de tradições exegéticas compreendidas todas elas no conceito único de *Torá* Oral. Trata-se de algumas correntes de tradições, sejam elas haláкhicas, agádicas ou relacionadas com a doutrina esotérica, que foram transmitidas oralmente com plena consciência de que existia uma base exegética comum a todas elas. Minha opinião é que, apesar das diferenças que há entre as tradições haláкhicas, agádicas e herméticas, todas elas estão compreendidas na consciência dos integrantes do centro provençal como uma espécie de entrançado ou plataforma exegética comum. O dito entrançado, para o qual convergem as diferentes tradições orais, e que não se pode adjudicar a um só texto determinado fora do contexto geral, é o que o investigador tem de reconstruir. O estudo do ambiente no *beit midrasch* compreende a descrição da forma de vida piedosa (*hassidut*) à qual o *beit midrasch* proporciona sustento. Este último se apresenta como centro nevrálgico que reúne ao redor de si distintos âmbitos de estudo e diferentes métodos exegéticos dos talmudistas, filósofos ou iniciados nos segredos esotéricos. Seu estudo abarca uma comparação entre o *beit midrasch* e o Templo.

b. Estudo das críticas de R. Avraham ben David às leis de Maimônides concernentes ao Templo como exemplo, em nível estrutural, da relação fundamental que existe entre a ponderação haláкhica e a esotérica, assim como, no que tange ao conteúdo, do conceito que R. Avraham ben David tinha do Templo e do exílio da *Schekhiná*.

c. Uma análise dos ensinamentos de R. Isaac, o Cego, que iniciou a Cabala como fenômeno à parte ao criar uma forma itinerante de transmissão do conhecimento esotérico, isolando-o destarte do ambiente do *beit midrasch* de que formava parte. Isto se baseia na suposição de que os círculos de apoio tradicionais do saber oculto estribavam-se numa estrutura aglutinada em torno de uma família e do *beit midrasch*.

(Introdução ao livro *Hovot Halevavot*, p. 57). Optei por concentrar-me no *beit midrasch* para mostrar sua maneira de organizar-se na vida real e para entender com mais profundidade sua imagem espiritual.

As novas questões que os começos da Cabala apresentam e que me proponho a elucidar no presente ensaio são: 1. os inícios da Cabala e sua relação com os processos de escritura ou oralidade no terreno do ocultismo judeu, do mesmo modo que com o estado da escritura halákhica; 2. o processo de surgimento da Cabala e sua relação tanto com as características básicas do *beit midrasch* na Provença quanto com as mudanças que ocorreram em seu interior ou com respeito a ele; 3. no que se refere ao aspecto temático, explicarei a intensa dedicação dos cabalistas ao tema do Templo e o alcance das comparações que o constroem em R. Isaac, o Cego (de quem falarei mais adiante), e seus discípulos. Com esta finalidade examinarei os contextos que transcendem os puros conteúdos cabalísticos. Esses contextos são o *beit midrasch*, bem como os testemunhos que nos chegaram dos costumes relacionados ao luto pelo Templo que se praticavam no recinto do *beit midrasch*. Esses costumes reforçam a memória da destruição do centro sagrado no *beit midrasch*, que constitui o centro existencial da época[9]. Nesse contexto colocarei a questão de em que medida os *batei midrasch* específicos da Provença foram criados seguindo um modelo sacerdotal. Tais testemunhos sobre a relação do *beit midrasch* com o Templo cobrem um campo mais amplo do que os relacionados com a Cabala propriamente dita e lançam uma luz sobre um entorno espiritual que apoiou intensamente a perduração do Templo na consciência cabalística.

Em suma, o objeto do presente ensaio é elucidar qual é o ambiente religioso-espiritual que se reflete na criação escrita dos primeiros cabalistas. Para lançar luz sobre essa atmosfera é preciso examinar as doutrinas cabalísticas em sua relação com a *Halakhá*, o *Midrasch*, o *Midrasch* tardio, a oração, as tradições e, em certo sentido, também a filosofia[10], todos eles tomados como um único corpo massivo de reflexão. Tal sistema se mostra amiúde útil no referente à Cabala como fenômeno religioso dentro do fenômeno religioso judaico geral, porém vem a ser imprescindível e necessário quando o que se pretende é investigar os inícios da Cabala, durante a etapa em que não se havia ainda constituído a escritura cabalística como

9 Seguindo as categorias fundamentais que E. Reiner propõe, Hurvan Miqdasch, mekom Mikdasch: Mascheu al scheilot schel zman umakom bimei habeinaim, *Cathedra*, 97, [S.l.:s.n], 2000, p. 47-64.

10 No referente aos primeiros cabalistas da Provença, trata-se, sobretudo, dos escritos hebraicos de filósofos hispânicos de tendência neoplatônica, R. Avraham bar Hiya e R. Avraham ibn Ezra, assim como dos livros de moral traduzidos por R. Schelomo ibn Gavirol e R. Bahia ibn Paquda.

gênero textual separado. Na referida etapa, junto com o surpreendente surgimento de um corpo de conhecimento esotérico antigo, a continuidade do dito corpo com o ambiente intelectual da época no terreno conjunto da criação judaica permanece, a um só tempo, a descoberto e velado. Neste trabalho pretendo estudar a questão de se a impressão que se recebe ao analisar a criação escrita da época, não está relacionada, entre outras coisas, com o ambiente que reinava nos *batei midrasch* da Provença.



## Provença

Temos testemunhos de que já em fins do século X, nos centros judaicos da Provença, existia uma atividade espiritual e consagrada ao estudo da *Torá* em um sentido geral e mais amplo do que o de seus meros inícios como centros halákhicos[11]; pode-se inclusive dedicar um estudo mais pormenorizado às características que as épocas de transição assumiram na atividade dos mencionados centros[12]. O maior centro provençal, Narbona, salientou-se especialmente pela continuidade da direção comunitária, entre os séculos XI e XIII, em mãos de uma família que exercia, ao mesmo tempo, a liderança espiritual e a econômica[13]. Nesse centro, de

**11** A alusão à "vida consagrada à *Torá*" deve ser tomada em sentido lato. Certas pesquisas recentes mostram que a atividade da Provença como centro halákhico independente é mais tardia. Para uma descrição atualizada do referido centro, ver Ta-Schma, Rabeinu Zerahiá Halevi "*Baal Hamaor*": *Haisch umifalo hasifrut*, Jerusalém: [s.n.], 1993, p. 32 e s.; compare-se com Benedikt, *Mercaz haTorá*, p. 31-32. Este último autor atribui uma data anterior à independência do mencionado centro, porque supõe a existência de uma etapa oral que teria precedido à escrita e, talvez também, porque inclui nele certos fenômenos amplos de consagração à *Torá* e não só de criação halákhica propriamente dita. Ver também, seguindo a linha de Ta-Schma, S. Tsfatman, *Bein Asquenaz leSefarad: Toledot hasipur haiehudi bimei habeinaim*, Jerusalém: [s.n.], 1993, p. 134-135, nota 150.

**12** Ver as diferentes pesquisas de Ta-Schma e, especialmente, entre as mais recentes, *Hasafrut haparschanit laTalmud beEiropa ubetsfon África: Ischim veschitot*, 2. ed., Jerusalém: [s.n.], 2000, I, p. 192-193.

**13** A. Grabois, *Nesiei Narbona*: lidemutá ulemautá schel hanhagá iehudit bedrom Tzarfat bimei habeinaim, *Michael*, 12, 1991, p. 65-66; Idem, Hahevrá haiehudit beTzarfat hadromit bameot ha-11 veha-12 al pi hakronica schel almoni miNarbona, *Divrei Hacongres haolami haschischi lemadaei haiahadut*, [S.l.:s.n.], 1976, II, p. 75-86. Quanto à posição que ocupava essa família na sociedade judaica, ver: A. Grossman, Ieruschat avot behanhagá harukhanit schel kehilot Israel bimei habeinaim hamuqdamim, *Zion*, 50, 1985, p. 189-191, 212-214, 216-220; ver especialmente a comparação com a sociedade cristã na nota 1; Idem, Ikhus mischpakhá umekomo bakhevrá haiehudit beAschkenaz haqedumá, em I. Etkes e J. Salmon (eds.), *Peraquim betoledot*

vida relativamente larga, é possível também distinguir épocas mais florescentes[14]. R. Scheschet ben Itzkhak apodou Narbona de "luminária do entendimento"[15]. O grande viajante R. Benjamin de Tudela diz que se trata de uma "cidade onde se estuda a *Torá* desde [o tempo] antigo, e a partir dela se difundiu a *Torá* para todos os países; nela há sábios notáveis [e príncipes]"[16].

Para entender os processos relacionados com a escritura da doutrina cabalística de Nakhmânides e com o surgimento da cabala como gênero à parte, eu assinalei em outra ocasião que é preciso considerar este último fenômeno como um indício que aparece sobre o plano de fundo do final, da maturação, cristalização e culminação da transição de uma interpretação midráschica do texto escritural para a das Escrituras tomadas em seu nexo literal. Esse aspecto, em si mesmo, eu o colocaria no contexto das mudanças ocorridas nos processos de pensamento ligados à transição do estádio oral ao do registro escrito[17].

O fenômeno mais destacado na época dos inícios da Cabala na Provença é a tensão – e, em muitos sentidos, a relação – existente entre a culminação das etapas do registro escrito no terreno haláкhico, por um lado, e, por outro, a incipiente aparição da escritura cabalística.

É um fato conhecido que os mestres talmúdicos denominam a *Halakhá* da "*Torá* Oral", enquanto os cabalistas dão este mesmo nome à Cabala[18]. Em primeiro lugar, não se deve ver nisso apenas uma tomada de posição puramente reflexiva ou simbólica, porém uma atitude que vem refletir certa realidade. Em outras palavras, pode-se examiná-lo não só considerando-o uma adição de simbolismos feita pelos cabalistas aos conceitos haláкhicos já existentes, como uma atitude cujas raízes mergulham numa realidade antiga. A dita realidade reflete uma situação na qual, de fato, estamos falando de dois tipos de conhecimento, que se transmitiram, ambos oralmente, dentro do mesmo contexto espiritual: o mundo do *beit*

*hakhevrá hahiehudit bimei habeinaim ubaet hakhadaschá – mukdaschim leProf. Yaakov Katz bimleat lo schivim vekhamesch schaná al idei talmidav vekhaverav*, Jerusalém: [s.n.], 1980, p. 10-23.

14 Grabois (*Nesiei Narbona*, p. 51-52) coloca a existência desses dois períodos principais no contexto das mudanças ocorridas no sistema feudal e na conformação da sociedade urbana cristã.

15 Idem, p. 48.

16 Benjamin de Tudela, *Libro de Viajes*, ed. trilingue (basco, castelhano, hebraico), [S. l.]: Governo de Navarra, 1994, p. 160.

17 Pedayah, *HaRamban*, cap. 1.

18 Ver, por exemplo, G. Scholem, *Pirkei Iesod vehavanat haQabalá usmaleia*, Jerusalém: [s.n.], 1976, p. 51-52.

*midrasch*[19]. Contudo, a *Torá* Oral, como criação halákhica e agádica, passou por etapas essenciais, prévias e fundamentais de transmissão para a forma escrita; os inícios da Cabala, por sua vez, refletem o desligamento de um corpo de conhecimento suplementar e posterior que surgiu passando através do marco rabínico. Sua transição para a forma escrita ocorre em um momento em que, na cultura judaica interna, faz muito que a escritura halákhica se cristalizou, estando consolidada e madura, ao passo que, na cultura geral do renascimento do século XII, está se produzindo uma transição geral para a cultura escrita[20].

Houve outros corpos de conhecimento da doutrina esotérica judaica que muito cedo foram levados à forma escrita, mas a sua inclusão no âmbito rabínico não vai além do campo das conjecturas[21]. Somente na Provença se nos oferece um testemunho claro da existência de um saber místico surgido do coração da liderança rabínica[22] e como ensinamento oral. O significado disso apresenta vários aspectos.

De um lado, há testemunhos que datam já da época dos Sábios, provando que, do círculo mais amplo dedicado ao estudo da Lei no *beit midrasch*, elegiam-se, entre os discípulos conhecidos, alguns que tinham a missão de transmitir certo ensinamento oral, qualificado como sendo de natureza das mais secretas, quer dizer, a doutrina esotérica. De outro, da carta de R. Isaac, o Cego, filho do R. Avraham ben David, depreende-se também expressamente uma descrição desse tipo[23]. Em minha opi-



19 Esta suposição vê-se fortalecida ao se rastrear sequências entre a *Agadá* e a Cabala na consciência rabínica.

20 B. Stock, *The Implications of Literacy:* written language and models of interpretation in the eleventh and twelfth centuries, New Jersey: [s.n.], 1983, p. 30-87.

21 *Sefer Ietzirá*, escritos sobre a *Halakhá* e sobre a *Merkavá* e o *Sefer Habahir*.

22 Neste ponto, é preciso matizar e moderar a tese de M. Halbertal (*Bein Torá le Hokhmá: Rabi Menakhem Hemeiri ubà alei haHalakhá hamaimonim beProvans*, Jerusalém: [s.n.], 2000, p. 19), que, acompanhando Idel (*Elituv*), fala de "uma cultura cabalística forjada por homens que não eram autoridades rabínicas e para os quais a ocupação intensiva com o estudo do *Talmud* e seus exegetas não constituía parte essencial de seu mundo"; cabe dizer outro tanto da descrição dos grandes halakhistas como Nakhmânides, R. Avraham ben David e R. Schelomo ben Aderet, a cujo respeito afirma que "eles sancionaram o florecimento e a criatividade" halákhicas. O assunto é mais complexo. Cumpre tomar, ao menos em consideração, que o conhecimento cabalístico surge, em primeiro lugar, justamente da continuidade de uma tradição oral que possuíam aqueles para quem o estudo do *Talmud* e da *Halakhá* era parte essencial de seu mundo e, segundo parece, de seus pais e de seus mestres. Só depois disso, e por acréscimo, podemos distinguir tanto a existência de doutrinas esotéricas não canônicas da época anterior, quanto de cabalistas não halakhistas, como um desenvolvimento posterior na história da Cabala.

23 Ele escreve assim: "Porque os meus antepassados eram dos nobres da terra e mestres da *Torá* e não saía nada de sua boca e atuavam com eles como pessoas que não são profundas conhece-

nião, é mister considerar a referida descrição como testemunha do final do período de transmissão oral no contexto do *beit midrasch* segundo as normas tradicionais, quando a mudança está a ponto de produzir-se. Este último elo, de outra parte, pode proporcionar-nos informação acerca da etapa prévia. A utilização do mesmo apelativo (*Torá* Oral) para designar o campo halákhico e a doutrina esotérica, pode refletir uma situação na qual os dois âmbitos de conhecimento compartilhem um solo em que as diferentes tradições exegéticas se entretecem dentro de uma trama cultural consciente que não constituiu só um intento de legitimar a doutrina esotérica como *Torá* Oral. Os primeiros cabalistas, ao contrário do que ocorre com os *hassidim* de Aschkenaz[24], não mantêm *a priori* semelhante pretensão no tocante aos pontos de contato que há entre a *Halakhá* e a Cabala dentro da trama da tradição da *Torá* Oral. Se o fazem é em forma especulativa, abstrata e, como se disséssemos, tomando distância. Talvez possamos encontrar alusões a um enfoque desse tipo ao relacionar certos testemunhos textuais isolados dos primeiros cabalistas da Provença, com a situação geral e o processo de mudança que se verificaram nos diferentes temas halákhicos ao longo de umas quantas gerações[25], assim como ao compará-los com fenômenos relevantes que se observam entre os *hassidim* de Aschkenaz.



Para os pesquisadores dos inícios da Cabala constitui um fato significativo a ausência ou, ao menos, a exiguidade do material escrito proveniente dos primeiros cabalistas da Provença. É preciso considerar a etapa dos primeiros brotos de escritura cabalística como um momento de tensão e, ao mesmo tempo, como consequência da cristalização dos tipos de escritura halákhica. Pode-se afirmar, com as devidas precauções, que, se em Sefarad se destacam os processos de corte e separação entre o *Midrasch* e a leitura literal

doras da sabedoria" (G. Scholem, Teudá hadaschá letoledot reschit haQabalá, *Sefer Bialik*, Tel Aviv: [s.n.], 1934, p. 143). Observe-se que aqui o termo "sabedoria" é empregado no sentido de Cabala. Embora R. Isaac, o Cego, descreva com estas palavras como seus maiores não se comportaram com respeito ao público em geral, parece-me que não é exagero acrescentar tratar-se de uma negação que vem mostrar-nos uma obrigação; quer dizer, que nos informa acerca de como se comportaram aqueles mestres com os contados discípulos que eles, sim, haviam sido eleitos para transmitir o conhecimento oculto.

24 Ver a análise de I. G. Marcus, *Piety and Society; The Jewish Pietists of Medieval Germany*, Leiden: [s.n.], 1981, p. 67-71.

25 Ver em outro contexto o enfoque metódico de D. Boyarin, *Intertextuality and the Reading of Midrash*, Bloomington/Indianápolis: [s.n.], 1990, p. 20, 117-118; Idem, HaMidrasch vehamaasé: Al hakhequer hahistori schel safrut Hazal, em S. Friedman (ed.), *Sefer hazikaron lerabi Schaul Libernan*, New York/Jerusalém: [s.n.], 1993, p. 105-107.

das Escrituras, processos cuja cristalização e culminação final colaboraram, inclusive diretamente, ou estiveram envolvidas nos inícios da aparição do nível esotérico das Escrituras como gênero separado[26], no sul da França, em compensação, o que se sobressai é o vínculo dos processos de corte e separação entre o *Midrasch* das Escrituras (o *Midrasch* tardio) e sua hermenêutica esotérica[27]. Do mesmo modo, cabe destacar no norte da França e em Aschkenaz a separação entre a interpretação hermética da *Torá* e a Lei. É muito possível que essa cisão se produziu dentro dos processos imanentes à criação halákhica. O que sustento é que a culminação da formação desse tipo de atividade criativa, como corpo escrito separado, teve também um efeito inibitório com respeito à mobilidade e à manifestação do ensinamento esotérico que havia restado, poderíamos dizer, "na parte de trás", como um corpo de conhecimento oral. A partir desse momento, ainda que se produzam contatos entre ambas as áreas de conhecimento ou ainda que penetrem uma dentro da outra, cada uma delas se manteve, no geral, em seu gênero literário específico; compete ao pesquisador efetuar a distinção de seus modos de vida mais cerrados e anteriores à sua inter-relação.

O mais destacável da formação do *Midrasch* tardio são os inícios da Cabala, seguindo as pegadas do primeiro. Não parece dar-se, neste caso, uma associação de fenômenos fundamentalmente distintos. Estamos diante de um ambiente intelectual e religioso comum, que compreende uma área de reflexão e uma vida religiosa; nele dão-se imagens que se movem, de um lado, entre sua existência mítica, metafórica e, cabe acrescentar com a devida precaução, também alegórica[28], e, de outro, sua existência como símbolos formados, definidos e compreendidos dentro de uma estrutura fixada no tocante à forma de apreender a divindade[29]. *Bereschit Rabati*, um dos

**26** Pedayah, *HaRamban*, cap. 1.

**27** No que diz respeito aos dois tipos de *Agadá*, ver também B. Septimus, "Open Rebuke and Concealed Love": Nahmanides and the Andalusian Tradition, em I. Twersky (ed.), *Rabbi Moses Nahmanides*, p. 22. No texto, refere-se ao fato de que Nakhmânides dá dois nomes diferentes às *agadot* dos Sábios: "Palavras da *Agadá*", quando a referência é ao *Midrasch* sem mais, e "Palavras de nossos Sábios", quando se refere ao *Midrasch* que contém elementos esotéricos.

**28** Observe-se a relação dos comentários sobre o Trono de Glória de R. Ascher de Lunel (nos fragmentos conservados de sua exegese do tratado *Berakhot*), com o encontro de conceitos do mundo dos Sábios, com conceitos neoplatônicos e, em outro extremo, com o conceito dos primeiros cabalistas, que se relaciona com a *sefirá Malkhut*, de um lado, e, de outro, com o método neoplatônico. Os conceitos dentro do sistema midráschico judaico interno são idênticos e é preciso elucidá-los mediante uma confrontação com outros sistemas; a diferença entre símbolo e alegoria ainda não é definitiva.

**29** Esta é a situação no referente a conceitos como Amalek, a serpente, o Templo, os sacerdotes, a Jerusalém celestial, Sion e Jerusalém. A passagem do mito à mística é substancial para se enten-

*midraschim* mais destacados que foram produzidos no *beit midrasch* de R. Moisés Hadarschan de Narbona, traz uma bela descrição da construção do Templo celestial por parte de Deus e do descenso da Jerusalém celestial para a terra[30], assim como textos relativos à queda dos anjos[31], cujos ecos encontraremos nos escritos dos cabalistas, como veremos na continuação.

Há testemunhos de uma utilização semelhante das ideias e dos símbolos no livro *Bamidbar Rabá* e nos escritos dos discípulos de R. Isaac, o Cego, de uma parte, e no *Sefer Bahir*, de outra, tal como se depreende das pesquisas de Hananel Mack sobre o *Bamidbar Rabá*; estas últimas incluem uma análise das características do referido *midrasch* e sua relação com os começos da Cabala[32]. R. Moisés Hadarschan residia em Narbona e era um dos grandes eruditos da mencionada cidade[33]. Em determinados momentos também residiram e exerceram sua atividade na Provença, R. Iossef Tov Elem e R. Menakhem bar Halbo, a quem R. Iossef Caro considerava seu mestre. R. Iehudá, o filho de R. Moisés Hadarschan, presidiu, ao que parece, uma academia rabínica em Narbona[34]. R. Menakhem bar Halbo aprendeu *Torá* com ele[35]. Os fragmentos e resíduos que nos chegaram da obra destes eruditos são, tal como mostrou Abraham Grossman, testemunhos do começo da exegese da *Torá* por meio da análise midráschica e literal. É preciso situar neste contexto também os restos do ensinamento hermético de R. Isaac, o Cego, que se conservaram nos comentários do exegeta sobre a obra esotérica de Nakhmânides[36]. Quer dizer, que aparecem relacionados com as Escrituras e sua exegese.

der as continuidades que se produzem entre *Midrasch* e Cabala na doutrina esotérica judaica e também, especialmente, na consciência rabínica.

30 *Bereschit Rabat*, p. 136-137.

31 Idem, p. 26-31.

32 Ver H. Mack, Midrasch Bamidbar Rabá vereschit haQabalá beProvans, em H. Pedayah (ed.), *Hamitus beiahadut*, Eschel Beer-Scheva 4, 1996, p. 78-94; Idem, *Midrasch Bamidbar Rabá* – Helek rischon: parschiot Bamidbar veNaso, mavo vedugmá lemahadurá, tese de doutoramento, Jerusalém: Universidade Hebraica de Jerusalém, 1991, p. 162-164 e *passim*.

33 Ver A. Epstein, *Mikadmoniot haiehudim*, Viena, 1886, p. 94, 139-143; *Bereschit Rabati*, p. 1-37; 54; Benedikt, *Mercaz haTorá*, p. 5-6, 9, 184 e índice; Mack, *Bemidbar Rabá*, *passim*, especialmente p. 222-229; H. Himmelfarb, R. Moses the Preacher and the Testaments of the Twelwe Patriarchs, *AJS Rewiew*, 9, [S.l.:s.n.], 1984, p. 55-78.

34 Benedikt, *Mercaz haTorá*, p. 5-6. Sobre R. Iossef Tov Elem e sobre R. Menakhem bar Halbo, ver Grossman, *Hakhmei Tzarfat harischonim: koroteihem, darkam behanagat hatzibur, ietziratam harukhanit*, 2. ed., Jerusalém: [s.n,], 1997, p. 47-81, 340-346, 521-522. 545-547.

35 Grossman, idem, p. 340 n. 301, p. 345.

36 Refiro-me ao tratado "Bi'ur al perusch haRamban", que se atribui nos manuscritos a R. Ioschua ibn Suaib e, nas obras impressas, a R. Meir ibn Sahula. Não sabemos qual era o tema deste tratado original de R. Isaac, o Cego. Pode ser que o que cita o autor do comentário proceda de uma lista de

## O *Beit Midrasch* e os Inícios da Cabala na Provença

Na hora de datar o surgimento das tradições herméticas judaicas e de considerar se como tais elas eram antigas ou renovadoras ou se foram ou não influenciadas pela gnose[37], os pesquisadores apresentaram algumas explicações básicas. O contexto em que se produziu essa manifestação também se esclareceu mediante diferentes elementos que fazem parte de processos claramente relacionados com o aparecer da filosofia[38][como fator no âmbito judaico medieval]. Cumpre levar em conta igualmente, como plano de fundo, a passagem da etapa oral à escrita, especialmente no tocante aos primórdios da doutrina esotérica, na medida em que este último corpo de conhecimento foi submetido ao referido processo de textualização escrita[39]. Considero que o surgimento da Cabala na Provença está ligado à intersecção de dois eixos de conhecimento básicos na doutrina esotérica: o oral, que emergiu da própria liderança rabínica de que fala R. Isaac, o Cego, e o escrito, ligado ao *Sefer Ietzirá* e à obra em torno das *Heikhalot* (Palácios Divinos) e à *Merkavá* ou Carruagem Divina; é possível que seja necessário incluir também nesse material algumas versões antigas dos textos relacionados ao *Sefer* Habahir[40]. Os processos de registro por




segredos, ou talvez de um tratado cujo tema ou relação textual não dependia do *Pentateuco*. Outra explicação plausível é que se tratava de um compêndio de tradições que um de seus alunos anotou para uso próprio. É possível que a sensação de estarem relacionados com comentários da *Torá* se deva ao fato de que nos tenham chegado em um escrito sobre a *Torá*, mas pode também ser que no princípio tenham aparecido como opúsculo sobre temas relacionados com as Escrituras. É difícil estabelecer isso com exatidão. Talvez o assunto esteja vinculado às tradições que falam da existência de um comentário à *Torá*, de R. Azriel, discípulo de R. Isaac, o Cego; ver M. Idel, Perusch lo iadua lesodot haRamban, *Da'at*, 2-3, 1978-1979, p. 126; D. Abrams, *R. Ascher ben David: kol ketavav ve'iun beqabalato*, Los Angeles: [s.n.], 1996, p. 303, n. 11.

37 Ver a ampla e profunda análise de Idel, *Qabalá*, p. 35-52, e, na mencionada obra, sua crítica às teorias de Scholem sobre a relação entre Cabala e gnose. O enfoque geral de Idel no tocante ao fenômeno dos começos da Cabala serve de ponto de partida do presente ensaio.

38 M. Idel, Maimonides and Kabbalah, em I. Twersky (ed.), *Studies in Maimonides*, Cambridge, Mass./Londres: [s.n.], 1990, p. 31-82; Idem, *Qabalah*, p. 261-264 e aí uma crítica à posição de Graetz.

39 Pedayah, *HaRamban* , cap. 1.

40 As notas de G. Scholem ao *Sefer Habahir* e o peso que ele adjudicou a esta obra para se entender a Cabala na Provença, destacam-se em todas as suas descrições dos começos da Cabala: G. Scholem, *Reschit haQabalá*, Jerusalém/Tel Aviv: [s.n.], 1948; Idem, *Reschit haQabalá veSefer Habair*; Idem, *Origins of the Kabbalah*, Filadélfia: [s.n.], 1987. Para uma apreciação crítica do enfoque historiográfico de Scholem e do lugar que o *Sefer Habair* ocupa nele, ver M. Verman, *The Book of Contemplation*, [S.l: s.n.], p. 166-178.

escrito em forma de tratado e sua consolidação como método (não apenas enquanto sinais mnemotécnicos ou frases curtas de conteúdo esotérico) começaram com os discípulos de R. Isaac, o Cego, já na etapa em que aprendiam da boca de seu mestre uma exegese consolidada do *Sefer Ietzirá*. A forma que a dita exegese adotou supunha um encontro dos dois canais mencionados; não obstante, ao que parece, o *Sefer Habahir* incorporou-se à Cabala de R. Isaac, o Cego, principalmente por obra de seus discípulos[41], em uma etapa em que a intensa fusão dos ramos orais e escritos já haviam principiado a dar frutos em forma de tratados exegéticos; esse livro constitui, pois, parte da transição essencial do estádio oral ao escrito e, talvez, também dos processos que levaram à escritura pseudepigráfica[42]. No que toca a isto, os primeiros cabalistas da Provença (ou, mais exatamente, pelo menos o círculo de R. Isaac, o Cego, relacionado com a família de R. Avraham ben David)[43], adotam uma posição diferente da dos *hassidim* de Aschkenaz; neles, pode-se assinalar uma continuidade mais clara, justamente com o terceiro elo dos escritos judaicos do esoterismo inicial (da época talmúdica e imediatamente posterior), ou seja, com os textos em torno das *Heikhalot*[44].

Ao modo contextualizado como surgiu a doutrina esotérica e à índole particular desse surgimento, conforme o lugar onde se desenvolveu, cumpriria acrescentar a imagem do *beit midrasch* mesmo, tal como aparece em cada sítio concreto[45]. Para elucidar essa questão, proponho-me a estabelecer uma distinção entre dois enfoques possíveis:



41 Em minha opinião, o comentário de R. Isaac, o Cego, ao *Sefer Ietzirá*, no entanto, não reflete a interiorização do *Sefer Habahir*, enquanto os segredos que se lhe atribuem no comentário à exegese dos elementos esotéricos de Nakhmânides, parecem já refletir um conhecimento desse tipo (embora sejam citados em diferentes níveis de transmissão e elaboração; o tema requer uma investigação mais profunda).

42 Ver uma análise do *Sefer Habahir* focalizada no entorno da Cabala em Castela no profundo trabalho de Verman, *The Book of Contemplation*, p. 165-192; uma análise dos processos que levaram à pseudepigrafia na literatura apocalíptica primitiva como plano de fundo para se entender a Cabala, em Pedayah, cap. 1.

43 Acerca das diferenças entre R. Iaakov Hanazir e R. Avraham ben David, ver M. Idel, Hakavaná batefilá bereschit haQabalá: bein Askenaz beProvans, em J. Safran e E. Safran (eds.), *Porat Yosef: 'Iunim mugaschim likhvod harav Dr. Hoboken*, New Jersey: [s.n.], 1992, p. 5-14.

44 Sobre os *hassidim* de Aschkenaz, ver P. Schäfer, The Ideal of Piety of the Ashkenazy Hasidim and Its Roots in Jewish Tradition, *Jewish History*, 4, 2, 1990, p. 14. Quanto à afirmação de que a doutrina da *Merkavá* não ocupa um lugar saliente entre os cabalistas da Provença, ver a introdução de Tishby (ed.) a R. Azriel, *Perusch haagadot*, Jerusalém: [s.n.], 1945, p. 24-25. As opiniões de Tishby em seu trabalho requerem, no entanto, uma revisão profunda.

45 O que desejo sublinhar é a trama que formam os seguintes fatores: o espaço e o lugar do *beit midrasch*, seu tamanho, as instituições e as estruturas com as quais está relacionado; sua

1. Considerar as mudanças que ocorreram tanto no desenho arquitetônico como no ambiente espiritual do *beit midrasch* no lugar de que se trate.

2. Diferenciar entre os ambientes do *beit midrasch* em diferentes cidades e países (para não falar da questão da existência ou da ausência mesmas de um *beit midrasch*). Podemos acrescentar que se, nas doutrinas esotéricas, fazemos distinção entre "matéria" e "forma", essas diferenças espirituais e religiosas, que estão ligadas entre outras coisas ao ambiente do *beit midrasch*, tiveram um peso decisivo na configuração do caráter peculiar da doutrina hermética, tal como ela surgiu em diferentes lugares[46].

Os começos da Cabala, isto é, o início de sua manifestação como corpo de conhecimento, marcam o final de sua vida em formas prévias que nos são quase desconhecidas. A referida manifestação, na Provença, principia no interior da *beit midrasch*. A situação que reinava neste último constitui também a circunstância que permite o início do enraizamento da filosofia [no âmbito judaico] da Provença e por isso convém aprofundar o seu estudo. No presente ensaio, ocupar-nos-emos do microclima da sociedade judaica provençal e não das diferenças que se apresentam em geral entre Sefarad, seja ela a muçulmana ou a cristã, e a Provença[47].

incorporação física à casa do rabino, à sinagoga, ao local de reunião do *beit din*; os princípios que regem o comer e o dormir e as condições em que tais atos se realizam; os métodos de estudo: nível e forma de estudo do ponto de vista da relação mestre/discípulo e dos discípulos entre si; a fixação por escrito dos textos; os livros no *beit midrasch*; a vinculação (ou não) do *beit midrasch* a uma determinada dinastia; distintos grupos de estudantes: escolhidos, jovens, anciões; trajes e sinais distintivos de pertinência a uma forma de vida ou a uma categoria específica; sua relação, ou ausência dela, com diferentes situações, costumes e formas de sustento, ensino ou juízo sobre o entorno não judaico. Numerosos estudos estão contribuindo para oferecer este panorama a partir de distintos ângulos. Mencionemos as importantes pesquisas de E. Urbach sobre os autores das *Tosafot*, de A. Grossman sobre os primitivos *hassidim* de Aschkenaz e os sábios da França da primeira época, assim como as de I. M. Ta-Schma sobre os sábios de Aschkenaz, França e Espanha, e as investigações de E. Kanarfogel sobre os métodos de estudo em Aschkenaz.

46 Em certas ocasiões, simultaneamente e, às vezes, em processos que podem ser assinalados como transvasamentos paulatinos do corpo plural de conhecimento de uma zona para outra, por meio de mestres e discípulos.

47 Uma referência à Provença em comparação com a Espanha, em Twersky, *Studies in Jewish Law*.

## O *Beit Midrasch* e o Templo: Destruição e Construção

A sinagoga como forjadora de costumes na sua condição de Templo "menor" foi objeto de diversos estudos[48]. Elchanan Reiner[49] oferece em sua obra algumas linhas diretoras para situar o debate dos Sábios ante os caraítas como representantes ambos, tanto no recinto da sinagoga quanto na vida quotidiana, de duas estratégias de memória distintas relacionadas com a destruição do Templo; a primeira, a dos caraítas, se expressa mediante práticas ascéticas e lutuosas, assim como em um anelo de revelação; a segunda, a dos Sábios, incorpora certos elementos do Templo dentro da configuração interna do ritual sinagogal[50], que imita a do Templo.

As questões propostas por Reiner não afetam apenas a sinagoga, mas também o *beit midrasch*. Dialeticamente, podemos descrever o *beit midrasch* como um centro arquitetônico edificado onde, na consciência daqueles que o frequentam, a realidade da *Schekhiná* se materializa por meio do estudo, e não tentando reproduzir uma experiência extática de concentração na lembrança da destruição do Templo. Se este último era um recinto em cujo interior se celebrava um culto e que se propunha a atuar como um foco onde a divindade morava em sua revelação e presença, o *beit midrasch*, na sua qualidade de recinto e instituição que organiza o estudo, vem, entre outras coisas, substituir o Templo em sua qualidade de instituição que organiza o culto. O estudo é o renascimento perene da palavra de Deus como conhecimento estruturado e, por isso, a vivência é uma vivência de sua reconstrução perene na consciência de quem estuda. Em outras palavras, o *beit midrasch* representa também a transição da revelação ao discurso midráschico. De inspiração divina, essa transição para o discurso midráschico como fenômeno religioso encontra expressão escrita na tran-



48 Sch. Safrai, *Biemei haBait u biemei haMischná*, 2 v., Jerusalém, 1996, p. 105-153; I. M. Ta-Schma, Miqdasch me'at, hasemel, vehamamaschut, em S. Elitzur, A. Schinan e G. Schaked (eds.), *Knesset Ezra: Safrut vekhaim bebeit haknesset – Osef ma'amarim mugaschim leEzra Fleischer*, Jerusalém: [s.n.], 1994, p. 351-364; Reiner, *Hurban Miqdasch*.

49 Reiner, op. cit. Agradeço a Elchanan Reiner que me enviou esta obra antes de sua publicação.

50 Além de tomar em consideração a posição de Reiner – a destas formas de atuação institucionalizadas em contraposição às não institucionalizadas –, proponho situar o tema no contexto geral das formas de presença da divindade eleitas pelos Sábios, que incluem do mesmo modo, neste quadro, a passagem da inspiração divina à hermenêutica midráschica e ao estudo no *beit midrasch*. Neste ponto transparece também uma tensão entre o processo de preparação mística intensiva e as formas de presença da divindade baseadas na construção espiritual dia a dia.

sição do estádio da criação literária profética para a homilética dos Sábios e, no aspecto físico, apoia-se no *beit midrasch* como centro arquitetônico no lugar do Templo.

Neste ensaio tratarei de alguns dos aspectos que a situação do *beit midrasch* apresentava na época dos primeiros cabalistas da Provença; descreverei o *beit midrasch* como espaço e foco arquitetônico, que serve de ponto de encontro entre o conhecimento oral e o escrito, onde se produz uma convergência de distintas tendências, e que segue as pegadas do modelo sacerdotal na forma de considerar o estudioso. Descreverei também a situação no *beit midrasch* sob a perspectiva dos iniciados no método hermético, que são parte dele, como forjador do marco exotérico em cujo âmago, e como parte da cobertura espiritual religiosa que ele proporciona, produz-se essa atividade esotérica espiritual que é a construção dia a dia do Templo espiritual na consciência do iniciado nos segredos herméticos. A intensidade que a reconstrução do Templo destruído adquire em um mundo em que o *beit midrasch* constitui o centro construído e construtor, proporciona conteúdo adicional aos testemunhos que nos chegaram sobre os costumes de alheamento dos assuntos mundanos e de luto pelo Templo que observavam parte desses cabalistas-*hassidim* e filósofos-*hassidim* os quais viviam imersos em sua doutrina entre as quatro paredes do *beit midrasch*[51].



Também nesse ponto, seguindo com ele o importante trabalho de Reiner, assinalarei que, em minha opinião, é preciso sublinhar a continuidade histórica existente nesse terreno entre os caraítas, com seus costumes lutuosos e anelos de revelação, e os hermeneutas esotéricos de tipo apocalíptico da primeira época[52]. Se levarmos em consideração que também os cabalistas, assim como os já mencionados seguidores da doutrina esotérica da primeira época, produzem, à sua maneira, sequências de continuidade com esses escritos apocalípticos, verifica-se que o diálogo entre ambas as formas de prática religiosa continua desenvolvendo-se por canais internos[53], e não é preciso considerá-lo somente como a expressão renovada de

51 Ver Y. Gartner, *Guilgulei minhag beolam haHalakhá*, Jerusalém, 1995, p. 32-49.

52 Sobre a relação entre o luto e a revelação nos escritos apocalípticos, ver Himmelfarb, *Ascent to Heaven in Jewish and Christian Apocalypses*, p. 107. Sobre a relação deste fenômeno primitivo com os que guardam luto por Sion, ver o meu trabalho: *Tiksei galut*.

53 Ver Gartner, *Guilgulei minhag*, p. 29-32; no que se refere ao nosso tema, é interessante a opinião de Gartner, segundo a qual "não foram as comunidades caraítas da Europa Ocidental as que influíram no caráter dos costumes relativos ao 9 de Av na época rabínica".

uns contatos culturais-religiosos e sociais entre os caraítas e os seguidores do judaísmo rabínico. Ambas as possibilidades existem sem que tenham por que excluir-se entre si.

O que confere sua peculiaridade e grandeza ao centro principal da Provença em Narbona é, na realidade, a existência de uma instituição, o *beit midrasch*, que serviu de ponto de reunião a estudiosos[54] não forçosamente relacionados com uma cadeia ininterrupta de mestres. Tudo isso com o apoio de uma família[55], os dirigentes da comunidade, sua riqueza e, segundo parece, também um grande número de discípulos se o compararmos proporcionalmente com a estimativa que se fez a respeito do número de estudantes nas academias rabínicas de Sefarad, do norte da França e de Aschkenaz[56].



> Dali há três jornadas até Narbona, que é a cidade onde se estuda a *Torá* desde [o tempo] antigo, e dali se difundiu a *Torá* por todos os países; nela há sábios, notáveis e príncipes, à cuja testa estão: R. Qalonimos, filho do grande príncipe R. Todros, da estirpe de David em linha direta; possui herdades e terras doadas pelo governador da cidade e ninguém pôde expropriá-las pela força, e a cuja testa estão: R. Avraham, chefe da academia rabínica, R. Makir, R. Iehudá e outros, ante os quais (estudam) muitos eruditos. Atualmente há na cidade trezentos judeus[57].

Nessa academia rabínica ensinou R. Moisés Hadarschan, cujas homilias e *agadot* encontraram forte eco nas doutrinas dos primeiros cabalistas; ali também esteve, embora com intervalos, R. Avraham Av Beit Din[58].

Também nos centros de Lunel e Posquières destacaram-se certas famílias de eruditos que ocuparam posições de liderança. No livro de viagens

**54** Grabois (*Hakhevrá haiehudit*, p. 83) o contrapõe inclusive a outros centros da França e de Aschkenaz, cuja grandeza provém da força do mestre que neles ensinava. Neste ponto ele segue Urbach, *Ba'alei hatosafot*. Também M. Breuer, que destaca o fato de que, normalmente, as academias rabínicas eram mencionadas com o nome dos eruditos que estavam à sua testa, assinalando o caso do sul da França como excepcional (M. Breuer, Heqer hatipologuia schel ieschivot hamaarav bimei habeinaim, *Peraqim betoledot hakhevrá*, [S.l: s.n.], p. 48-49).

**55** Ver Grossman, *Ieruschat avot*, p. 213-214.

**56** Breuer, Heqer hatipologuia..., op. cit.

**57** Benjamin de Tudela, *Libro de Viajes*, p. 160. Ver também Ta-Schma, *Rabeinu Zerakhiá Halevi*, [S.l.: s.n.], p. 38.

**58** Ver o que escreve Ta-Schma acerca dos lugares e datas de seus traslados, idem, p. 38-50, especialmente, p. 39; também Benedikt, *Mercaz haTorá*, [S.l.: s.n.], p. 36 e n. 19.

de R. Benjamin de Tudela os eruditos de Lunel são descritos em termos extremamente laudatórios:

> Dali há quatro léguas até Lunel. Existe ali uma comunidade israelita que, dia e noite se dedica ao estudo da *Torá*. Ali está o grão rabino Rabeinu Meschulam – bendita seja sua memória – e seus cinco filhos, grandes sábios e ricos: R. Iossef, R. Itzkhak, R. Iaakov, R. Aharon e R. Ascher o asceta, que está retirado dos assuntos mundanos, entregue ao (estudo do) Livro (da *Torá*) noite e dia e não come carne; é um grande sábio no *Talmud*. Estão (lá), igualmente, R. Moisés, seu cunhado; R. Schemuel, o Velho; R. Ulsarnu; R. Schelomó Hakohen e o médico R. Iehudá ben Tibon Hasefaradi, que sustenta e ensina a todos que vêm de países distantes para aprender a *Torá*; e ali encontram sustento e vestimenta, na comunidade, todos os dias de sua estada na *midraschá*. São varões sábios, inteligentes, santos, cumpridores dos preceitos; socorrem todos os seus irmãos, próximos ou afastados. Há em Lunel uma comunidade de uns trezentos judeus, mais ou menos (idem).





Encontramos também aqui uma direção comunitária que une a liderança econômica e a espiritual. A provisão espiritual e material procede das mesmas fontes. Os que ali estudam a *Torá* não são apenas os residentes do lugar, mas também pessoas vindas de muito longe. Aos forasteiros, na medida em que permanecem no espaço do *beit midrasch*, destinado a repartir alimento espiritual, se lhes dá também alimento material. Sabemos da concentração de liderança e excelência em mãos de uma família em que há eruditos talmúdicos e que é dona, além do mais, de uma grande fortuna[59]. O ambiente é de distanciamento dos assuntos mundanos e de consagração à *Torá*. Este *beit midrasch*, à cuja frente estão R. Meschulam e seus filhos[60], constitui um lugar de encontro para estudiosos vindos de longe e provenientes de diferentes horizontes intelectuais. Desta forma, o lugar se converte numa encruzilhada cultural, um espaço para onde convergem diferentes tendências do momento. É muito importante que R. Iehudá

**59** Há certa imprecisão na redação do parágrafo. A frase "sustenta e ensina a [todos] que vêm de países distantes", no original hebraico (*hem mefarnesim oto umelamedim oto*) parece referir-se a R. Meschulam e seus filhos. Em troca, a continuação da frase, "e ali encontram sustento e roupa, na comunidade, todos os dias de sua estada na *midraschá*", refere-se à comunidade.

**60** Ver a famosa descrição que R. Iehudá ibn Tibon faz de R. Meschulam, *Hovot halevavot*, p. 57. Cf. Twersky, *Iehudei Provans*, [s. l.: s. n.] p. 195-202; Halbertal, *Bein Torá lehokhmá*, p. 110-113.

ibn Tibon tenha estudado nesse *beit midrasch* e o fato mesmo de sua estada e aprendizagem nele. As traduções que foi preparando produzem, nesse centro provençal, o início de uma relação com a filosofia judaica criada na Espanha muçulmana[61].

A essa comunidade de Lunel pertencem também R. Iaakov Hanazir (o Nazareno) e seu irmão menor R. Ascher (bar Schaul) que escreveu o *Sefer Hamin'hagot*. Esta obra conserva tendências espirituais e conceitos característicos da etapa de conformação do surgimento da Cabala e, neste contexto, ela deixa também transluzir o ambiente geral que serviu de suporte à aparição desta última; é do mesmo modo instrumento de transmissão de tradições herméticas singulares, ainda que muito escassas. Os costumes de distanciamento do mundo, que aparecem no *Sefer Hamin'hagot* de R. Ascher, estão vinculados aos costumes lutuosos pela destruição de Jerusalém, o que é da máxima importância para captar a intensidade com que o Templo se apresenta na consciência dos eruditos da Provença, assim como no contexto mais amplo da forma de perceber o afastamento dos assuntos mundanos nessa zona e época[62]. Juntamente com isso, seu livro constitui também uma das fontes importantes de que dispomos para conhecer os costumes que estabelecem uma comparação entre a sinagoga e o Templo[63]. Também o irmão mais velho de R. Ascher, o cabalista R. Iaakov Hanazir, estava muito interessado no tema do Templo, tal como se depreende da tradição que afirma ter ele viajado para a Terra de Israel e fala do tipo de segredos que ali lhe foram transmitidos. Não se conhece a relação exata dos dois irmãos com o *beit midrasch* concreto de R. Meschulam.

Quanto à comunidade de Posquières, R. Benjamin de Tudela a descreve da seguinte forma:

> Dali há duas léguas até Posquières, que é uma grande urbe; nela há uns quarenta judeus. Há ali uma academia rabínica a cargo do grão rabino R. Avraham bar David – bendita seja sua memória, rabino de duas grandes ações, grande



**61** Ver Twersky, ibidem, p. 195-202; Halbertal, ibidem, p. 110-112.

**62** Como já dissemos, Benjamin de Tudela adjudica a R. Ascher bar Meschulam o epíteto de "apartado" (dos assuntos mundanos). Acerca de R. Ascher, ver Ta-Schma, *Rabeinu Zerakhiá Halevi*, [S. l.: s.n.], p. 162-166.

**63** No respeitante à sinagoga, o *Sefer haminhagot* se inicia com o seguinte costume: "e por isso é preciso acender a vela na sinagoga, porque assim se fazia no Templo" (p. 129). Ver Ta-Schma, *Miqdasch Me'at*, [S. l.: s.n.], p. 353.

> sábio no *Talmud* e na legislação. De longe [muitos] acorrem a ele para aprender a *Torá* achando repouso em sua casa, e ele lhes ensina. Aos que não têm dinheiro para gastar, ele mesmo custeia todas as suas necessidades: é um grande potentado. Ali estão o magnânimo R. Iossef bar Menakhem, R. Benbenist, R. Biniamin, R. Avraham e R. Itzkhak bar Meir – bendita seja sua memória[64].

Como podemos comprovar pelas palavras de R. Benjamin de Tudela, também aqui as academias talmúdicas atuaram como um imã para gente vinda de longe, o que vem a ser significativo para o cruzamento dos circuitos do saber nesse período. Também neste caso se reproduzem as pautas de comportamento características da época e da zona geográfica: a sabedoria, a *Torá*, a riqueza e a direção comunitária encontram-se em mãos de uma família que constitui o centro espiritual do estudo talmúdico e halákhico. A solvência material possibilita criar uma infraestrutura que, ao oferecer amparo, permite sustentar no sentido espiritual a quem deseja estudar a *Torá* e ponderar a necessidade de outros saberes "vindos de fora", concretizando-os por meio do encargo das traduções.



Podemos acrescentar que essa ponderação atua também na medida em que se estima haver um discípulo adequado ao qual transmitir a doutrina esotérica. A transmissão do saber esotérico, incluída no mundo do *beit midrasch*, significa que, dentro do contexto estruturado da transmissão do conhecimento aberto, circula igualmente o conhecimento oculto de forma estruturada e relacionado aos sistemas de supervisão religiosa e social; é de supor que as relações dialéticas que se formavam entre ambos os circuitos de conhecimento atuavam nos dois sentidos e vinham a ser essenciais para ambos. Ainda que da missiva de R. Isaac, o Cego, se depreenda como algo evidente que ele foi testemunha dos processos de estudo no *beit midrasch* de Posquières, ao menos na juventude ("e a mim não se acostumou assim", afirma), sabemos que em algum momento de sua vida adulta esteve em Gerona e que ensinou nessa cidade. Não podemos, porém, determinar quando nem se esteve ou não em outros momentos de sua vida, em diferentes lugares da Provença, mas ao menos no final de sua existência residiu de novo nessa região, embora o lugar exato em que recebeu a carta não fique claro. A questão que se apresenta é se houve alguma etapa na qual lhe chegaram discípulos, como aconteceu com os *batei midrasch* da Provença

64 *Libro de Viajes*, p. 160-161.

que atuaram como imãs, ou se toda a sua relação com eles deriva do fato de se terem conhecido em Gerona.

Quisera destacar, de outra parte, que há um edifício (um espaço real construído) e um modelo (uma série de pautas de comportamento vital) que concentraram em si a vida judaica dedicada ao estudo da *Torá*. R. Benjamin de Tudela, que chegou à Provença proveniente "do exterior" em sua qualidade de viajante, nos transmite uma impressão e um ambiente.

O *beit midrasch* proporciona um núcleo que é o *Talmud Torá*, e permite a criação de uma "aura", um espaço espiritual em torno do núcleo, que se nutre deste último e, por sua vez, o alimenta. A base do núcleo – o *Talmud Torá* e a Lei – servia para comprovar sua capacidade nutriz.

Considerar o *beit midrasch* como Templo foi característico das ideias dos cabalistas e explica, também, mui adequadamente, o caráter dos escritos protocabalísticos da época. Quer dizer, caracteriza aquela criação escrita que deixa transluzir correntes não delimitadas de distintas formas de conhecimento[65].

Podemos supor que nos dois *batei midrasch* importantes de Posquières e Lunel, ligados ambos a duas famílias e a formas de liderança centralizada que utilizava intensamente a solvência material para afiançar valores espirituais, produziam-se dois processos diferentes: em Posquières, em torno da família de R. Avraham ben David, um corpo de conhecimentos antigos manifesta-se e sofre um lento processo de mudança pelo qual, de conhecimento oculto, passa a ser um conhecimento mais aberto. Em Lunel, por seu lado, ao redor da família de R. Meschulam foi-se juntando e ensamblando um corpo de conhecimento relativamente "novo", forâneo, que aflorou na "aura" que rodeava a *Talmud Torá*. Trata-se de um corpo de conhecimento que, pela forma de definir-se a si mesmo, tinha que ser aberto[66]. Juntamente com ele,



**65** Sobre a relação entre espaço, de um lado, e estrutura da escritura e formas de ordenar o conhecimento, de outro, ver F. A. Yates, *The Art of Memory*, Harmondsworth: [s.n.], 1966, p. 17-113. No que diz respeito aos cabalistas e à obra protocabalística, depreende-se desses primeiros escritos de forma não estruturada nem equilibrada a situação do conhecimento. Isto não se deve forçosamente a um intuito consciente do autor, nem à sua abstenção deliberada de ater-se a formas de ordenação próprias do texto escrito, porém se apresenta como uma série de conhecimentos não catalogados, que revela a concentração de todos os objetivos do conhecimento em torno do estudo do *Talmud* e da *Halakhá*

**66** O estudo do *Talmud* no *beit midrasch*, dentro do sistema judaico geral, indica conhecimento aberto; mas o encontro deste último com a filosofia como sistema de conhecimento aberto acarreta em seu interior distintos graus de tensão; tanto com respeito à filosofia quanto ao público em geral, a filosofia se autodefine amiúde como esotérica e como sistema oculto de conhecimento. Ver a análise que faz Aba Mari em Halbertal, *Bein Torá lehokhmá*, [S. l.: s.n.], p. 154-159.

apesar das diferenças, havia um importante terreno comum: a tendência a ligar sistemas conceituais, léxicos e símbolos judaicos a sistemas neoplatônicos, especialmente aos já subjacentes aos escritos dos filósofos judeus. Houve um período de certa sobreposição em que, de um lado, a tradição filosófica penetrou na Provença e, de outro, a Cabala se manifestou a partir de processos internos imanentes ao desvelamento de um corpo de conhecimento antigo, e em função do impulso de tendências gerais para a mudança cultural e do contato com tradições esotéricas escritas vindas por diversos condutos. Esse processo é complexo, porque toda cidade [em que moram judeus] tem seu *beit midrasch* e não menos seus métodos próprios, e também porque parte das etapas de contato se dá na realidade quotidiana do *beit midrasch*. Neste marco, produz-se um encontro entre diferentes tipos de conhecimento oralmente transmitido[67] e de conhecimento escrito, rico em matizes, que inclui as primeiras traduções de filosofia neoplatônica, especialmente como forma de despertar o interesse pela doutrina moral[68]. Ou seja, nesta etapa[69], antes que se traduzisse *O Guia dos Perplexos* e a *Mischné Torá* fosse acessível, a tensão que a filosofia podia gerar não era acentuada[70]. Ao contrário, nesses momentos, a sede espiritual e a vontade de casar o sistema de conhecimento judaico interno aos sistemas de pensamento neoplatônicos formavam, ao que parece, parte integrante do ambiente geral nos *batei midrasch*[71], e estiveram



67 Ver Twersky (*Iehudei Provans*, p. 180) que insiste em que a transmissão oral do conteúdo do livro precedeu à sua tradução. A diferença com a transmissão da doutrina esotérica estriba-se em que não se trata de transmitir um conhecimento que foi ordenado em princípio em forma oral. O conceito de oralidade pode estar ligado à transmissão de uma tradição antiga, por um lado, assim como, por outro, a um conhecimento sumamente atualizado no domínio da cultura que ainda não foi fixado por escrito ou traduzido. De qualquer modo, o responsável e o receptor da tradução estão juntos sob o mesmo teto e a mensagem não está desligada de seu emissor.

68 Também é possível que o neoplatonismo (por meio dos tratados morais traduzidos) atuou como uma linha que fortaleceu as correntes espirituais que preconizavam o *afastamento* do mundo. Ver, ainda, as palavras de Moore em A. Kleinberg (ed.), *Gueulá vekoakh letoldot hanatzrut*, [S. l.: s.n.], p. 98. Cf. igualmente Ibn Zabarra, *Libro de los Entretenimientos*, ed. preparada por Marta Forteza-Rey, Madrid: [s.n.], 1983, cap. 8, p. 147-166.

69 As duas fases da polêmica em torno de Maimônides foram objetos de vários estudos. Ver Halbertal, *Bein Torá lehokhmá*, p. 113. No que diz respeito aos iniciados nos conhecimentos cabalísticos, a diferenciação entre neoplatonismo e aristotelismo é crítica nesse momento da mística judaica.

70 Não está claro se na segunda etapa da controvérsia, quando esta se tornou mais aguda, R. Isaac, o Cego, ainda estava vivo; de todo modo, se estava já era a última época de sua vida. Cabe afirmar que são os momentos em que chegou à sua culminação a primeira etapa da irrupção do esoterismo extremo.

71 R. Avraham ben David foi um dos que encarregaram R. Iehudá ibn Tibon da tradução de *Os Deveres do Coração* (ver a Introdução, p. 163). A seu pedido, ele verteu os nove capítulos do livro. R. Avraham ben David emprega conceitos neoplatônicos em vários lugares de seu livro *Ba'alei Hanefesch*.

intimamente ligados aos processos que levaram ao surgimento da Cabala, assim como a forma de encarar a filosofia; em último termo, a uma estrutura cultural. Creio ser importante sublinhar que, a despeito da grande diferença que há entre Cabala e filosofia, assim como entre interiorização do conhecimento cultural e o desvelamento de determinados ensinamentos, o terreno comum que tornou isso possível foi o *beit midrasch* com suas características e sua essência. As relações que o *beit midrasch* potenciou entre os circuitos de conhecimento aberto (o *Talmud*) e o oculto (a Cabala ou a filosofia) mostraram ser essenciais para cada um dos processos descritos.

De forma bastante dialética, cabe supor que, pelo menos no marco rabínico, concentrado em torno do *Talmud Torá* e da Lei, os sistemas de conhecimento aberto são os que constituem um aparelho de supervisão espiritual, religiosa e social em relação aos sistemas de conhecimento oculto; são do mesmo modo pedra de toque para calibrar não só o próprio fato da passagem à aliança esotérica, mas também a capacidade do discípulo e do estudioso para relacionar, esclarecer e compreender o segredo esotérico, assim como a disposição e concordância para prestar atenção a suas inovações e às relações entre os circuitos de conhecimento que entretecem.

## O Conceito de *Torá* Oral e o *Beit Midrasch*

Essa conexão [feita de elementos conjugados] na qual se move a atitude mental, que liga a consideração halákhica aos conteúdos da doutrina esotérica ou aos conteúdos das matérias profanas não constitui, pois, a essa altura do desenvolvimento da Lei e nessa região geográfica do sul da França, uma questão apenas de atitude; trata-se de um fenômeno perfeitamente localizado no tempo e no espaço – o mundo do *beit midrasch*. O *beit midrasch* de Lunel era um lugar onde podiam estudar juntas personalidades como R. Iehudá ibn Tibon e R. Ascher ben Meschulam de Lunel[72]; é

**72** Ver Idel, *Perusch lo iadua*, p. 152, em que propõe a hipótese de que R. Ascher comentou as *agadot* do tratado *Brakhot*, assim como idem, Scherid miperusch R. Ascher ben Meschulam meLunel leBrakhot, *Kovetz al-yad*, 11, [S. l.: s.n.], 1985, p. 79-88, onde mais tarde publicou o mencionado comentário. Essa atividade exegética de R. Ascher também põe em relevo o *beit midrasch* como foco de atividades e ponto de encontro de diferentes eixos de conhecimento.

de supor que em todos esses *batei midrasch* se produziu em maior ou menor grau alguma inter-relação de todos esses fenômenos, mas nosso tema são os começos da Cabala. Tal como se depreende da consideração conjunta dos testemunhos do livro *Huquei Torá*[73], das descrições de R. Benjamin de Tudela e da missiva de R. Isaac, o Cego, podemos conceber o seguinte: a família de R. Avraham ben David sustentava um *beit midrasch*; de um lado, os antepassados de R. Isaac, isto é, seu pai R. Avraham ben David, R. Avraham ben Itzkhak Av Beit-Din e o sogro de R. Avraham ben David, ensinavam a *Torá* e, de outro, havia certo número de pessoas que tinham sido iniciadas na doutrina esotérica quando [seus mestres] as consideraram adequadas para tanto. A diferenciação entre o público em geral e um punhado de eleitos foi levada a cabo também em outros setores e não só no contexto da doutrina esotérica. Do livro *Huquei Torá* depreende-se que também os que se consagraram ao estudo da *Torá* eram submetidos ao mesmo tipo de seleção[74]. Nem todos que iam estudar o *Talmud* se iniciavam igualmente nos ensinamentos secretos, embora seja de supor que a maioria destes últimos era escolhida entre os que estudavam em geral. É possível que os estudos das doutrinas herméticas se realizassem no próprio recinto do *beit midrasch* no qual se estudava também o *Talmud* e talvez não. O que nos importa aqui, é que os dois marcos de estudo estavam sob a supervisão daqueles que dirigiam a academia rabínica: os rabinos e seus ajudantes; e que, em muitas ocasiões, os discípulos mais seletos tomavam parte de ambos os marcos de estudo. Temos um testemunho de dois circuitos que foram parte do *beit midrasch*, ao menos no que diz respeito ao estudo da ética e da filosofia: R. Iehudá ibn Tibon escreve, em seu prefácio à tradução de *Os Deveres do Coração*, um texto curto e muito eloquente: "Porque lembra-te que tu e eu estudamos aquele capítulo diante dele" (diante de R. Meschulam)[75]. De suas palavras



73 Creio que podemos considerar que esta obra apresenta o modo de vida dos judeus do sul da França, tal como iremos explicar a seguir com mais detalhes.

74 Essa mesma seleção se depreende também de *Huquei Torá* (M. Guedeman, *HaTorá vehakhaim bimei habeinaim beTzarfat ubeAschkenaz*, Tel Aviv: [s.n.], 1968, p. 80): "Os sábios expuseram estas coisas ao público geral com o fim de atraí-los para a fé e para o temor [de Deus]. Porque o povo [está] empenhado em seus trabalhos, por isso lhes basta receber a fé. Porém os apartados [dos assuntos mundanos] podem casar-se com os dois: com o estudo e [com] os atos". É muito possível que o texto se refira a que somente aos 23 anos, após sete de reclusão no *beit midrasch* (segundo a teoria que afirma que o isolamento se iniciava aos dezesseis anos) podiam os apartados contrair matrimônio; é também possível que se trate de uma metáfora, já que, durante os anos de reclusão, estavam como que casados com a *Torá*.

75 R. Iehudá ibn Tibon lembra neste ponto a R. Ascher o estudo com o pai deste último, R. Meschulam. Esse é o contexto em que surge a ideia de traduzir o *Sefer Tikun Hanefesch*.

se deduz que o estudo em pares de discípulos perante um grande rabino e a situação que reinava no *beit midrasch*, constituem o âmbito adequado para estudar um texto relacionado com a ética ou a filosofia. Daí a impressão de que o modelo do *beit midrasch*, como lugar que reúne matérias de estudo, à semelhança de um feixe de conhecimentos concentrado em torno do estudo do *Talmud* e da Lei, foi o modelo local (provençal) e, segundo parece, também tradicional, e que não havia sido importado do exterior. É a aplicação do que se costumava fazer normalmente e constitui uma concentração de todas as formas de estudo: *midrasch*, ética, bem como saberes herméticos (do mesmo modo que, dentro da mesma dinâmica, também a incipiente recepção da filosofia), sob o teto do *beit midrasch*.



## O Livro *Huquei Torá*

Esta obra foi publicada pela primeira vez por M. Guedeman em 1880[76] e, pela segunda, por Ephraim Kanarfogel, que a complementou com um estudo[77]. Kanarfogel examinou os motivos que levaram distintos pesquisadores à conclusão de que o livro estava relacionado com a Provença e Aschkenaz, ou a descrevê-lo como uma manifestação de esperanças utópicas que não representa uma realidade existente[78]. Além disso, ele propôs uma nova e detalhada análise das questões didática que preocupam o autor do *Huquei Haim*, e coincidem com as que se apresentam também no *Sefer Hassidim*. O próprio Kanarfogel assinalou que a obra parece não ter vínculo com os judeus de Aschkenaz no respeitante às efetivas pautas vitais e ao método de aprendizagem destes últimos. A seguir proponho-me a mostrar, como já fiz em trabalhos anteriores, por que, a meu ver, é preciso relacionar o livro *Huquei Torá* com a vida religiosa e espiritual dos judeus

**76** M. Guedeman, *Hatorá vehakhaim*, p. 72-80; ele publicou o tratado adscrevendo-o ao norte da França.
**77** E. Kanarfogel, *Jewish Education and Society in the High Middle Ages*, Detroit, 1992, p. 101-115.
**78** O professor Ta-Schma chamou minha atenção para o fato de que a escritura de livros didáticos que descrevem uma realidade "fictícia" ou, melhor dizendo, de tendência utópica, dá-se também na cultura cristã, ainda que, segundo parece, em um período mais tardio. Está claro que também a "ficção" ou as descrições utópicas têm valor, uma vez que mostram a escala de valores que tenta servir de direção à realidade; não obstante, as ferramentas de análise são, nesse caso, diferentes.

da Provença[79]. Para tanto, tomo em consideração os seguintes fatores[80]: a. concorda com a descrição do R. Benjamin Tudela[81]; b. se faz referência à expressão "costumes dos de França"[82]; c. há nele uma ausência de concordância geral com o que se depreende do *Sefer Hassidim* no tocante ao estudo da *Torá* na vida real, tal como mostra o próprio Kanarfogel; d. o livro concorda tanto com o ambiente espiritual geral na Provença quanto com o judaico[83]; e. um argumento definitivo é, em minha opinião, a existência do costume de não guardar luto pelo primogênito "já que o primogênito é de Deus"[84], que R. Aharon Hakohen, autor de *Orkhot Haim*, menciona em nome de R. Ascher de Lunel. R. Aharon acrescenta outro argumento encontrado por ele nos livros dos autores próximos de sua própria época: "que eles são como se não fossem dos pais porque estão [com]sagrados a Deus"[85]. Em minha opinião, se a menção do costume de consagrar os primogênitos fosse expressão de um desejo utópico do autor, não seria lógico que tivesse exercido influência tão forte nos costumes relacionados com o luto. Lá, onde se praticavam costumes lutuosos tão excepcionais, parece ser, pois, o mesmo lugar em cuja vida as características que produziram o livro *Huquei Torá* foram também notórias. A concordância de ideias com Aschkenaz, como assinalou com razão Kanarfogel, pode refletir os costumes de extrema piedade, os quais eram – segundo parece – comuns aos seguidores da doutrina esotérica na Provença e em Aschkenaz, variando em cada região conforme sua idiossincrasia e caráter.



**79** Ver S. Assaf, Beeizo aretz nitkhaber Sefer Huquei Torá, *Hatzofé Lehokhmat Israel*, 8, [S.l.: s.n.], 1924, p. 119-121; e a reação de Dinur, *Bikoret*. Assaf (*Mesafrut hagueonim*, p. 4, n. 10) propôsse a aclarar este tema, dispondo-o sobre um plano de fundo do luto pela destruição de Sion, embora todas as explicações possam manter-se de forma independente; Idem, *Mekorot*, parte 1, p. 6-16. Scholem (*Reschit haQabalá*, p. 85-86) destacou a concordância entre as descrições que o livro faz sobre o tipo de vida que se levava, e as dos primeiros cabalistas da Provença; ver também Benedikt, *Merkaz haTorá*, p. 17.

**80** O próprio Kanarfogel reconheceu a existência desses argumentos e lhes acrescentou um comentário a todos, exceto ao último. Minha análise é construída com base na dele, porém minha avaliação é diferente.

**81** Dinur sublinhou muito esta circunstância (*Bikoret*) com razão.

**82** Como é sabido, um apodo adscrito ao nome é prova de origem estrangeira; por isso, é muito possível que os procedentes do sul da França (a "Província"), adjudicaram aos do norte, tal como é costume, o epíteto: "os de França". Já Dinur deu relevo a isto, op. cit.

**83** Tal como assinalou Scholem tanto em seu estudo sobre o cátaros como sobre os cabalistas (Scholem, *Reschit haQabalá*, p. 85-86).

**84** *Sefer Haminhagot*, parágrafo 23, p. 180.

**85** Ver *Orkhot Haim*, de R. Aharon Hacohen de Lunel (Leis acerca de quem está de luto, 70, parágrafo 1).

Que R. Aharon Hakohen de Lunel já explicasse o registro de R. Ascher de Lunel, autor do *Sefer Hamin'hagot*, a respeito do costume de não tomar luto pelos primogênitos, como algo que não lhe era familiar, enquanto para R. Ascher se tratava de uma prática como outra qualquer, talvez possa ser considerada prova de que o costume, existente em Lunel, de consagrar os primogênitos ao estudo da *Torá*, esteve vigente durante um tempo relativamente curto[86]. De todo modo, esse período concorda com a época dos primeiros cabalistas da Provença, que é o que aqui nos importa.

Contamos, pois, com motivos sólidos e suficientes para tomar em consideração minha proposta de examinar de novo a afirmação de que o livro *Huquei Torá* reflete, na verdade, a situação imperante no sul da França à época em que os primeiros cabalistas exerceram sua atividade[87]. Prosseguindo, tentarei mostrar as concordâncias que surgem dessa descrição, na medida em que esta última seja correta.



## O *Beit Midrasch* e o Templo segundo o *Sefer Huquei Torá*

*Huquei Torá* descreve uma realidade existencial em que o caráter principal do *beit midrasch* era tal que certo número de pessoas dedicadas ao estudo da *Torá* foi eleito, selecionado e qualificado como "separado" (da vida profana) ou "nazarenos" desde a infância, a fim de dedicar-se a um programa de estudos exigente e seguir algumas normas de conduta que os obrigava a não sair do *beit midrasch* e viver dia e noite imersos no estudo da *Torá*.

Segundo afirma o livro mencionado,

> "Separados" são os alunos consagrados aos estudos, que, no idioma da *Mischná*, eram chamados de "fariseus" [lit.: "separados" ou "apartados"] e no idioma da *Bíblia* "nazarenos", tal como está escrito: "purificá-los-ei e sereis santos" [lit.:

**86** R. Aharon Hacohen de Lunel exerceu sua atividade em fins do século XIII e começos do XIV (sobretudo em Narbona); R. Ascher de Lunel, autor de *Sefer Haminhagot*, de sua parte, terminou seu livro, ao que parece, entre 1210 e 1215.

**87** Scholem, *Reschit haQabalá*, p. 85-87, trata desse tema, dipondo-o sobre o plano de fundo das tendências na sociedade cristã e o fenômeno cátaro; ver também Idel, *Elitot*, n. 2.

"separá-los-ei e sereis separados"] e o afastamento [dos assuntos mundanos] leva à pureza, tal como está escrito: "purificai-vos e santificai-vos"[88].

Do livro se depreende que os jovens consagrados ao estudo da *Torá* eram eleitos no momento mesmo do nascimento; havia inclusive cerimônias especiais para solenizar a circunstância[89]. O próprio testemunho acerca das cerimônias parece confirmar também que o livro descreve uma realidade e não se trata unicamente de escritura utópica. De acordo com uma de suas versões, ao jovem se lhe impunha a obrigação de viver afastado do mundo a partir dos dezesseis anos; nessa idade, seu pai o levava ao *beit midrasch* onde permanecia recluso durante sete anos, em cujo decurso concluía um programa de estudos estabelecido[90]. A atmosfera geral em torno do *beit midrasch* lhe confere uma espécie de aura do Templo, já que a consagração dos jovens parece seguir as pegadas do modelo sacerdotal, ainda que seja tão-somente no campo da hermenêutica e constitua uma espécie de consagração ao sacerdócio:



> A primeira lei para os sacerdotes e os levitas é separar-se um de seus filhos e consagrá-lo ao estudo, inclusive quando [ainda] se encontra no ventre de sua mãe, porque assim foi ordenado no Monte Sinai, tal como está escrito: "e são entregados, eles são entregados", isto é, desde o ventre materno, e está escrito: "ensinaram a Jacó teus preceitos" e os Filhos de Israel do mesmo modo separaram [um] entre seus filhos porque assim o apartou Jacó[91].

As fontes que se mencionam como prova e que terminam por dar amparo também às narrações da *Torá* (e não apenas a seus preceitos), refletem a vontade de explicar por que as leis relativas à consagração de um filho ao estudo, recaem igualmente sobre o povo inteiro de Israel e não apenas sobre as famílias sacerdotais. Em semelhante mundo de valores, a separação significa isolamento do mundo durante sete anos (como mínimo) entre os muros do *beit midrasch*, uma espécie de enclaustramento dentro do espaço do saber. Cria-se uma diferença entre a "gente" ou "o povo" e os separados, e se fortalece o sistema de relações entre o *beit midrasch* e o Templo, porquanto

**88** *Sefer Huquei Torá* (Guedeman, *HaTorá vehakhaim*, p. 72-80).
**89** Segundo uma das versões do *Sefer Huquei Torá*, inclusive as cerimônias de circuncisão de um desses meninos era especial.
**90** *Sefer Huquei Torá* (Guedeman, *HaTorá vehakhaim*, p. 80).
**91** Idem, p. 73.

os que estudam a *Torá* são como sacerdotes e levitas, e a consagração dos primogênitos também recupera sua vigência. Os estudantes não se comparam apenas aos sacerdotes, mas também aos sacrifícios.

Apesar da obscuridade que envolve o livro, cabe perguntar se ele vem acrescentar algo de essencial para se entender o ambiente que prevalecia na Provença durante a época ora em foco e vice-versa, quer dizer, se o que sabemos da Provença daquele período lança alguma luz sobre a referida obra. Até agora falamos do *Sefer Huquei Torá* em si mesmo. Passaremos agora a indagar o que ele pode proporcionar ao nosso conhecimento sobre os primeiros cabalistas.

Como é bem sabido, Gershom Scholem insistiu muito na importância das conexões entre o *Sefer Huquei Torá* e a atmosfera essencial reinante, para entender os primeiros cabalistas. Pode-se afirmar que Scholem não diferenciou entre o ambiente que o livro mostra sobre a vida rabínica geral e a dos círculos cabalísticos em particular; considerou-o também muito próximo aos métodos espirituais da sociedade cristã[92]. Neste contexto, utilizou o conceito chave de "vida contemplativa", referindo-o tanto aos primeiros cabalistas, como ao sentido do *Sefer Huquei Torá*. Esta fórmula implica, por certo, apreciações exageradas que forçam a realidade apresentando uma situação religioso-social demasiado uniforme[93]. Moshe Idel criticou essa representação qualificando-a, pelo fato de corresponder à de uma elite social[94], no quadro de uma apresentação compreensiva que descreve a Cabala como ligada a uma elite alternativa, conceito que, segundo Idel, se refere aos cabalistas que não eram expertos na *Halakhá*. A descrição de Idel propõe um esquema abrangente que, em muitos casos, é, desde já, certo[95]; de minha parte, não obstante, apresentarei o tema centrando-o específica e pormenorizadamente nas etapas e na dialética do surgimento da Cabala na Provença, contextualizando-o em uma apresentação geral do mundo do *beit midrasch*.

**92** Gershom Scholem e Yitzhak Baer esforçaram-se, em diferentes ocasiões, em aclarar a imagem do *hassid* judeu pondo-a em relação com as formas da piedade cristã. De outro lado, Baer sustentou que o hassidismo tinha uma continuidade interna. Marcus (em sequência dialética com o enfoque de Baer) e Schäfer mantêm que existe uma continuidade entre o *hassid* aschquenazi e o *hassid* primitivo; ver também a crítica de Ta-Schma (Halakhá, Qabalá vefilosofia beSefarad hanotzrit, *Schenaton Hamischpat Haivri*, 18-19, 1991-1993) ao livro de Baer.

**93** Ver a este respeito a crítica de M. Idel, Kabbalah and Elites in Thirteenth-Century Spain, *Mediterranean Historical Review*, 9, 1, [S.l.: s.n.], 1994, p. 6-7.

**94** Também nega que o *Sefer Huquei Torá* tenha relação com a zona da Provença.

**95** A posição de Idel estriba-se em um esquema de elites alternativas e elites principais. Esta forma de conceber o papel das elites baseia-se, por vezes, em sua percepção do tipo de conhecimento esotérico; outras vezes, em diferenciações gerais sobre a Cabala sem relação com um entorno sócio-religioso concreto e, em certas ocasiões, de conformidade com o critério de sua relação com a *Halakhá*.

A meu ver, é acertada a tese segundo a qual existe uma relação entre o *Sefer Huquei Torá* e a situação em que se encontravam os primeiros cabalistas. Em seguimento tratarei de desenvolver de novo minha análise sobre este tema, fazendo finca-pé na natureza do mundo do *beit midrasch* em si mesmo, como produto que emerge de fatores internos imanentes à vida religiosa judaica; abordarei também suas relações com o mundo dos cabalistas de forma mais complexa do que a sugerida pela definição de "vida contemplativa" dada por Scholem, a qual gera por si mesma uma proximidade exagerada entre o *Sefer Huquei Torá* e a mística; mas também analisarei uma perspectiva distinta da formulação de Idel, que estabelece uma diferença entre a dedicação à mística, de um lado, e à Lei, de outro. Para isso, estudarei a etapa em que mística e *Halakhá* estavam misturadas, deslocando, porém, o ponto de mira da análise para o mundo da Lei, o *midrasch* e a homilia rabínica, tal como se reflete tanto no material escrito como no ambiente espiritual do *beit midrasch*.





O fato de que entre os primeiros cabalistas proeminentes ou outras personalidades ligadas à doutrina esotérica apareçam em alguma ocasião, mas rara[96], os epítetos de "nazareno" (R. Iaakov, o irmão de R. Ascher, autor do *Sefer Hamin'hagot*, "o estritamente piedoso" (epíteto que se adjudica tanto a R. Isaac, o Cego, quanto a R. Avraham ben David) ou "o separado" (R. Schalom, o filho de R. Meschulam de Lunel)[97], pode ser explicado da seguinte maneira: de um lado, é bem possível que muitas outras pessoas dedicadas ao estudo da *Torá* no *beit midrasch* receberam o mesmo epíteto, só que elas não nos são conhecidas porque se tratava de estudiosos judeus "comuns", dos quais conhecemos unicamente os cabalistas. De outro lado, estes "poucos" constituem a imensa maioria das personalidades que nos são conhecidas em nível histórico no domínio da Cabala, do *Talmud* e da filosofia na Provença da época (R. Abad, R. Avraham ben David, Risan, R. Iaakov ben Schaul de Lunel, R. Ascher ben Schaul de Lunel, R. Schalom

**96** O que Idel sustenta é que Scholem "construiu" um estrato social baseando-se em epítetos que foram adjudicados a personalidades individuais.

**97** Sobre a adjudicação de epítetos desse tipo no norte da França, ver Grossman, *Hakhmei Tzarfat*, p. 83-84, com respeito a R. Menakhem e seu filho; cf. também I. M. Ta-Schma, Al kama inianei Makhzor Vitry, *Alei Sefer*, 11, 1984, p. 83, n. 5. Um amplo estudo sobre as relações entre o isolamento dos assuntos mudanos em Aschkenaz e no norte da França encontra-se em E. Kanarfogel, *Peering Through the Lattices: Mystical, Magical, and Pietistic Dimensions in the Tosafist Period*, Detroit: [s.n.], 2000, p. 33-92.

e R. Ascher ben R. Schalom); a eles se aplicam os epítetos de nazarenos, separados ou estritamente piedosos...[98]. Isto é algo muito significativo.

A obra *Huquei Torá* pretende criar uma continuidade entre o conceito de isolamento ou separação dos assuntos mundanos e o significado desse mesmo conceito na Mischná. O conceito de "separação" que o livro propõe, apresenta-se ligado a uma finalidade. É uma "separação para"... e não uma "separação de"...[99]. Trata-se de um afastamento em que a pessoa tem por objetivo levar uma vida de *Torá*, uma separação para uma finalidade. Também o nazirato é assumido com o fito de estudar a *Torá*, sendo pela prática da abstinência convertida em fim em si mesmo[100].



## Hassidismo

Ocupar-me-ei agora do termo "estritamente piedoso" (*hassid*). As figuras ligadas aos começos da Cabala recebem o epíteto de "estritamente piedoso". Encontramos na Provença os epítetos de "estritamente piedoso", "separado", "nazareno" ou "profeta", aplicados a personalidades e a dirigentes comunitários, ao passo que em Aschkenaz se fala em geral de um grupo de *hassidim* (ainda que, em certas ocasiões, os mencionados epítetos aparecem aplicados a indivíduos), quer se trate de um grupo escolhido dentro de uma comunidade maior ou de toda uma comunidade. A utilização desses epítetos concorda com o fato de que o *Sefer Hassidim* é uma obra na qual há, ao mesmo tempo, rastros de personagens individuais e

**98** O epíteto de piedoso (*hassid*) é muito mais difundido do que o de nazareno e "separado", e aparece aplicado a um número muito maior de personalidades; por exemplo, R. Ascher de Lunel (*Sefer Haminhagot*, p. 169, 173), também chama assim a R. Iossef ibn Plat. Os epítetos de nazareno e "separado" se aplicam ambos, repetidamente, a personalidades de Lunel e, no respeitante às obras escritas, concordam com as que aparecem em *Huquei Torá*. Também o testemunho que prestam de que não é preciso guardar luto pelos primogênitos provém de Lunel.

**99** O amplo tratamento e a extraordinária quantidade de exermplos que Kanarfogel apresenta em seu último livro (*Mystical, Magical, and Pietistic Dimensions*, p. 32-92) fortalecem a impressão de que os conceitos de separação e abstenção estão vinculados.

**100** Em *Huquei Torá*, o conceito de "separados" aparece como adjetivo, da mesma forma que é aplicado a personagens conhecidas da Provença, enquanto em Aschkenaz o que aparece é o conceito de "separação" e não o adjetivo "separado". Agradeço esta observação ao prof. H. Soloveitchik.

comunitários[101], enquanto a criação escrita na Provença está normalmente ligada a personagens individuais concretas.

O epíteto de *hassid* ("estritamente piedoso") surge em diferentes períodos históricos. Se se pode descrever a história da religião tomando como critério os protótipos religiosos, cuja tipologia parece ir aumentando paulatinamente em diversas épocas, tais como os de profeta, sacerdote; ou profeta, sacerdote e erudito; ou profeta, sacerdote, erudito e santo, nesse caso não há dúvida de que um dos modelos destacados que se agregaram ao período dos Sábios e que constitui um protótipo, é o de *hassid*.

Os protótipos religiosos possuem textos e regras de comportamento especiais e esses textos, no transcurso histórico da vida religiosa, constituem um polo para o qual se dirige a consciência religiosa, ancorada, todavia, no segundo polo de seu tempo e lugar e dos princípios e necessidades da religião. Os que aspiram a levar uma vida piedosa, repetem o ensinamento hassídico contido nas seguintes palavras de R. Pinkhas ben Iair:

> E assim dizia R. Pinkhas ben Iair: A diligência leva à limpeza; a limpeza leva à pureza; a pureza leva à santidade; a santidade leva à humildade; a humildade leva ao temor do pecado; o temor do pecado leva à piedade; a piedade leva à inspiração divina; a inspiração divina leva à ressurreição dos mortos; a ressurreição dos mortos leva ao [profeta] Elias de bendita memória. A diligência leva à limpeza, tal como está escrito: "Quando tiver terminado a expiação", a limpeza leva à pureza, tal como está escrito: "e o sacerdote fará expiação por ela, que assim será purificada"; a pureza leva à santidade, tal como está escrito: "e se purificará e se santificará"; a santidade leva à humildade, tal como está escrito: "porque assim diz o Altíssimo que habita a eternidade, cujo Nome é sagrado. Comigo habita aquele que é de espírito contrito e humilde"; a humildade leva ao temor do pecado, tal como está escrito: "a humildade e[d]o temor de Deus"; o temor do pecado leva à piedade, tal como está escrito: "a misericórdia do Eterno é desde a

101 Isto concorda também com a comparação feita em Aschkenaz entre a coletividade, tomada em seu conjunto, e o Templo, descrita por H. Soloveitchik (*Halakhá, kalkalá vedimui atzmi: hamaschkanaut bimei habeinaim*, Jerusalém: [s.n.], 1985, p. 111-112), por um lado, e, pelo outro, com a intensidade da consciência individual como Templo que encontramos nos cabalistas relacionados com a Provença. I. G. Markus (Qidusch haSchem beAschkenaz vesipur Rabi Amnon miMaguntza, em Y.Gafni, A. Ravitzky [comps.], *Queduschat hakhaim vekhiruf hanefesch: qovetz ma'amarim lezikhro schel Amir Iequtiel*, Jerusalém: [s.n.], 1993, p. 139) apresentou um modelo de duas tipologias: o justo judeu e a morte dos santos. A diferença entre as comunidades provençal e aschkenazi estriba-se em que a primeira adota um modelo de *hassid* estudioso da *Torá* considerado individualmente, e a segunda , o de uma comunidade de *hassidim*.

eternidade até a eternidade para os que o temem"; a piedade leva à inspiração divina, tal como está escrito: "Tu falaste em visão a teus fiéis"; a inspiração divina leva à ressurreição dos mortos, tal como está escrito: "e porei o meu espírito em vós e vivereis"; a ressurreição dos mortos leva a Elias de boa memória, tal como está escrito: "compreenderás o temor do Eterno e acharás o conhecimento de Deus" (*Talmud* de Jerusalém, *Schekalim*, cap. 3, *halakhá* 3).

Há alguns eixos importantes nos valores que regem o comportamento do estritamente piedoso que já os Sábios consideraram básicos: são os que se acham ligados à vida religiosa, tal como ela se manifesta em atos, em uma observância exigente que vá além da letra da lei e em um comportamento que ressalta a importância dos preceitos[102]. Tanto os relacionados especialmente com o corpo, tal como se manifesta no estado de pureza ou impureza da pessoa ou no consumo de alimentos[103], quanto os relacionados com o eixo homem/Deus, tal como se realiza por meio da oração, sobretudo de uma oração especialmente fervorosa, que inclui a sensação de receber uma resposta no fato mesmo de pronunciá-la; daí também se depreende a relação entre hassidismo e inspiração divina, piedade e profecia[104].

No mundo dos Sábios, esse fenômeno pode ser analisado situando-o no contexto das tendências ideológicas e das mutações históricas da época[105]. Filósofos, moralistas, iniciados na doutrina esotérica e cabalistas, colocam o princípio da piedade hassídica no centro de seu mundo. Embora muitos deles se vinculem a essa conduta de estrita piedade, há que analisar cada grupo por si mesmo e entender qual é a tendência essencial desse tipo religioso determinado e aonde e em que vêm acrescentar-se os valores e as formas espirituais próprias da época.

Há um tipo de investigação que salienta o vínculo entre o hassidismo do século XII e as tendências gerais da sociedade cristã. Outras estabelecem uma continuidade histórica direta entre o piedoso primitivo e o hassidismo

**102** G. Ben-Ami Tzarfati, Hassidim veanschei maasé vehaneviim harischonim, *Tarbiz*, 26, 1956, p. 126-151.

**103** Ver Safrai, *Beiemei haBait*, p. 501-539; Schäfer, "The Ideal of Piety", em que se refere a este tema no contexto da relação entre os *hassidim* de Aschkenaz com os escritos relativos à *Merkavá*, apesar de não fazer referência aos Sábios.

**104** Como R. Hanina ben Dosa. Ver Ben-Ami Tzarfati, *Hassidim*; Safrai, op. cit., p. 513-515, 520-523; S. Naeh, Boré Niv Sefataim: Pereq bafenomenologuia schel tefilá al pi mischnat Brakhot, *Tarbiz*, 63, 1994, p. 185-218.

**105** I. Baer, *Israel ba'amim*, Jerusalém: [s.n.], 1955, p. 26-57; Safrai, op. cit., p. 517, 520-523.

medieval da tradição eretz-israelense dos primeiros piedosos[106]. Outros esclarecem e definem o hassidismo baseando-se em um estudo profundo das sequências de continuidade que se apresentam nos escritos e da consciência religiosa que refletem[107].

Não entrarei aqui na questão da existência ou inexistência de uma continuidade definida enquanto via de transmissão direta. Em troca, concentrar-me-ei no trabalho de explorar em que contexto os primeiros Sábios da Provença mencionam os ensinamentos hassídicos. A pergunta que se propõe é muito simples: estes poucos indivíduos, aos quais a sua geração conferiu o epíteto de "estritamente piedosos", em que contexto eles próprios utilizarão a noção de estritamente piedoso ou de piedade hassídica? Inclusive, ainda que não se possa chegar a demonstrar nada, intentar dar uma resposta supõe uma contribuição para entender melhor o assunto e de forma mais concreta. No prefácio do *Sefer Haeschkol*, R. Avraham Av Beit Din cita a lição de R. Pinkhas ben Iair. Ele o faz de conformidade com a versão do *Talmud* de Jerusalém, mas em um contexto que trata das leis a respeito do homem impurificado por uma descarga seminal segundo o *Talmud* da Babilônia e como introdução à sua obra[108]. A isso se refere R. Avraham ben David no último capítulo de seu livro *Ba'alei Hanefesch*, "Scha'ar Haqueduschá":





> Começarei explicando quais são essas duas [formas de] santidade que são citadas nesse versículo ["e vos santificareis e sereis santos"]. Neste caso, o que disseram na *beraita*: R. Pinkhas ben Iair diz que a pureza leva à santidade. Explicarei o que é pureza e o que é santidade, e [a partir disso] saberás o que são as duas [formas de] santidade [...], porque aquele que se separa dos contatos e demais impurezas semelhantes a estes, só ele receberá o nome de puro, tal como está escrito "e se banhará na água para ficar puro"; mas aquele que se separa das transgressões e proibições recebe o nome de puro e santo, puro como dissemos e santo tal como está escrito na seção [da *Torá* que trata] das uniões sexuais proibidas : "e vos santificarei e sereis santos". E não só isso, senão que as demais impurezas não incluem impureza do pensamento, porém as impurezas [produzidas pelas] transgressões

**106** Marcus, *Quidusch haSchem*, p. 130-131; Idem, *Piety and Society*; Baer, *Israel ba'amim*, p. 26-57; Schäfer, "The Ideal of Piety", p. 9-10

**107** H. Soloveitchik, Three Elements in Sefer Hasidim, *AJSR Review*, 1, 1976, p. 311-357, descreveu o *hassid* como alguém que anela entender e cumprir a vontade de Deus.

**108** *Talmud* de Jerusalém, *Schabat*, cap. 1, *Halakhá* 3; *Talmud* da Babilônia, *Avodá Zará* 20:B; *Sefer Haeschkol*, "Halakhot Ba'alei Keri", p. 1.

e [pelas] proibições; assim como é preciso separar-se do conteúdo das transgressões, da mesma maneira [a pessoa] tem que se desprender de seus pensamentos [quer dizer, é preciso] que não entretenha pensamentos sobre a transgressão em seu coração [...], e essa é a segunda santidade de que o versículo nos adverte: "e vos santificareis por vossos atos e sereis santos em vossos pensamentos". Pois veja se não, o que está escrito ao final das Escrituras, "porque Eu sou santo. Assim como Eu sou santo em meus atos e em meu pensamento, assim vós outros sereis santos". Assim aprendeste que o ser humano não recebe o nome de santo até que se santifique por meio de suas obras e de seus pensamentos[109].

Quando R. Avraham ben David conclui seu livro, ele escreve:

E tu homem, presta atenção a todas estas coisas e mira suas virtudes e escuta com teus ouvidos e abre teus olhos e vê a imagem de teu Criador, que está diante de ti em tua frente; e veja que Ele está no céu e tu na terra e guarda-te de toda coisa má. Aprende-se em uma *beraita*: "e guarda-te de toda coisa má", que não tenha o homem maus pensamentos durante o dia e se impurifique durante a noite e [a propósito] disso disse R. Pinkhas ben Iair [que] a piedade leva à diligência[110].

O contexto tradicional clássico da citação de R. Avraham Av Beit Din sobre os princípios da conduta hassídica, está ligado, acompanhando com isso os passos do *Talmud* da Babilônia, ao cuidado de não impurificar-se com uma polução seminal noturna, porém não aparece como citação independente, mas no contexto de uma discussão halákhica mais ampla desse assunto. A importância que R. Avraham Av Beit Din confere ao tema fica patente no fato de que o menciona na introdução do *Sefer Haeschkol*[111]; R. Avraham ben David, de sua parte, o amplia para fazê-lo compreender a santidade em atos e pensamentos na relação entre marido e mulher. Temos vários testemunhos destas leis incluídos, sobretudo, em outro grupo de livros que está relacionado justamente com o mundo do *beit midrasch* e sua comparação com o Templo. O *Huquei Torá*, parágrafo 3, diz:

**109** *Ba'alei hanefesch*, p. 112-113.
**110** Idem, p. 128.
**111** Ao que parece relacionando-o com a noite como tempo que precede o amanhecer e ao serviço ao Criador que se inicia com a lavagem ritual das mãos e a oração.

> E também ordenaram aos que estão à frente das academias rabínicas que não façam um *beit midrasch* em sua casa, mas unicamente nas casas dos apartados [dos assuntos do mundo], [e] não seja [o caso de] que se encontrem sempre entre suas mulheres. E que estejam ali todos os dias da semana. E, na noite de Schabat, [que] voltem a suas casas e se alegrem com suas mulheres e com as pessoas de sua casa. E à saída do Schabat, [que] retornem às casas dos apartados e que tenham vestimentas de troca, uma [para] que eles a vistam em suas casas e a outra para *fazer o serviço divino no beit midrasch*. E tudo isto não vai [levar] a que se destruam com o ato sexual e se impurifiquem com uma polução seminal, já que seu desejo é dizer palavras de *Torá* em [estado de] pureza[112].





Além de citar e mencionar a doutrina hassídica, R. Avraham Av Beit Din utiliza o conceito de "estritamente piedoso" (*hassid*) em outros contextos; todos eles se apoiam, não obstante, em menções anteriores e não podemos extrair nenhuma conclusão sobre algum fenômeno religioso concreto.

Como dissemos mais acima, o tema que estamos tratando é o de um modelo-tipo religioso que serve de referência à consciência religiosa; portanto, é preciso analisar a relação que se dá entre as expressões concretas e próprias da época, com respeito ao fenômeno da extrema piedade (*hassidut*), de um lado, e a doutrina hassídica, de outro.

Referir-nos-emos agora à relação existente entre piedade extrema e "inspiração divina" (*Ruakh Haqodesch*). Esse vínculo, que assinalamos na doutrina hassídica, põe-se em relevo nos livros de filosofia do período, como *Haemuná Haramá* de R. Avraham ibn Daud, e o *Kuzari* de R. Iehudá Halevi. Também aparece nos tratados de moral posteriores à época de que nos ocupamos, e cuja procedência é possível que seja provençal[113].

R. Avraham ben David não utiliza a expressão "inspiração divina" no nexo ligado à revelação mística, mas ao contrário. Sua forma de se referir à inspiração divina que se manifesta no *beit midrasch* nos proporciona informação sobre o contato entre duas esferas de conhecimento no *beit midrasch*, justamente porque vem a ser claro que sua atitude ante o tema não é mística, mas que está relacionada com o estudo e a compreensão do que nele se ensina. Em seguida, R. Avraham ben David afirma: "e o lugar no-lo atribuíram

**112** Guedeman, *HaTorá vehakhaim*, p. 128.
**113** Ver J. Wolf, Matai nitkhaber Sefer Orkhot Tzadiquim?, *Kiryat Sefer*, 64, 1992-1994, p. 321-322.

do Céu", quer dizer, no que se refere à Lei, R. Avraham ben David apresenta-se como quem escreve em um âmbito que continua gerando novos comentários, lá onde lhe proporcionam um lugar no qual enclausurar-se e não onde transmitir o que já existe. A expressão "inspiração divina" está ligada aqui justamente à noção de *novella* ou inovação no sentido halákhico e não pode vincular-se de fato à doutrina esotérica, que se relaciona ao conceito de tradição em um nexo conservador extremo[114]. Como a inspiração divina está ligada às *novellae* no terreno da Lei, ela também o está, consequentemente, à noção de *beit midrasch* e de congregação dos que estudam a *Torá* e têm posse a compartilhada do fruto das elucubrações que lá se levam a cabo.

Em minha opinião, o pano de fundo do conceito "inspiração divina"[115] (na medida em que não surja explicitamente do contexto das questões de que se trate), depreende-se em geral do vínculo contextual que o rodeia[116]. O que é mais, com respeito à análise da inspiração divina, cumpre diferenciar entre duas questões: como definir a "inspiração divina" e como chegar a ela. Pareceria haver um acordo mais amplo no tocante à forma de consegui-la do que no referente ao significado mesmo da expressão. O caminho, para um largo número de halakhistas da época, fossem eles iniciados nos ensinamentos esotéricos ou inclinados à filosofia, era a doutrina moral.

Não apenas figuras que definimos como cabalistas[117] ou iniciados nos segredos esotéricos[118] aspiravam a ser "estritamente piedosos" (*hassidim*), mas, também, personalidades em cujo foro íntimo o ideal da imersão na *Torá* apresentava-se mesclado a uma consagração da vida. É importante



**114** De todos os pontos de vista, dá a impressão de que, no tocante à concepção conservadora da Cabala como tradição esotérica, cumpre estabelecer um paralelismo entre R. Avraham ben David e Nakhmânides. Sobre a concepção conservadora da tradição esotérica de Nakhmânides, ver Idel, *We Have No Kabbalistic*.

**115** Ver A. J. Heschel, Al ruakh hakodesch bimei habeinaim (ad zmano schel haRambam), *Sefer haiovel likhvod Alexander Marx*, New York: [s.n.] c. 1950, p. 185-208, que continua sendo um estudo fundamental sobre o tema. Todavia, falta ainda uma investigação que classifique as formas que foi tomando o conceito e seus vínculos com diferentes sistemas, e as doutrinas da Idade Média como noção de importância teológica.

**116** Este conceito adquire, em todo sistema filosófico e religioso ou doutrina moral, um significado que está relacionado com o sistema em que se insere. Amiúde, o que todos esses significados têm em comum é o acento que se põe na importância de melhorar as qualidades morais, como forma de chegar a consegui-lo. Há exemplos destacados no *Sefer Haemuná Haramá* (segunda parte, princípio quinto). Compare-se com R. Iehudá Halevi, *Kuzari* (discurso 5, parte 12).

**117** Ver um testemunho interessante nos *Responsa* de R. Avraham Av Beit Din (p. 164, parte 211); cf. também Ta-Schma, *Rabeinu Zerakhiá HaLevi*, p. 57.

**118** Para uma ampla análise da concomitância entre ritual e oração e entre magia e mística, ver Kanarfogel, op. cit., p. 93-188.

entender essa ideia, que do ponto de vista religioso constitui a base da situação de fato, para se penetrar no ambiente da época[119].

Como indicamos mais acima, é preciso distinguir entre a definição de "inspiração divina" e como chegar a ela. Trata-se de duas questões distintas, embora complementares. R. Avraham ben David não diz "residiu sobre mim ou sobre os meus filhos a inspiração divina", "assim me foi revelado desde o Céu" ou "a inspiração divina se revelou em minha casa", porém: "já se manifestou a inspiração divina em nosso *beit midrasch* há uns tantos anos" (*Hassagot Lemischné Torá, Halakhot lulav*, capítulo 8, 5:5). Cabe perguntar qual é a natureza da relação entre a inspiração divina e o *beit midrasch* que se depreende dessas palavras.





Um *beit midrasch* baseado em atitudes de separação dos assuntos mundanos, piedade estrita e forma de estudo tal como descrevemos mais acima, um *beit midrasch* como estabelecimento que aglutina o estudo de um grupo, constitui um âmbito apropriado para que se manifeste a inspiração divina e a misericórdia divina resida na mente humana. A inspiração divina é discernimento e uma espécie de inspiração, que sustenta o processo da ponderação e o estudo intelectual; mas talvez caiba supor que a esperança de que a inspiração divina desça sobre a mente humana está ligada a todas as formas que proporcionam fundamento e base à essência do *beit midrasch*.

Para o *beit midrasch* confluíram duas esferas do saber: a do aberto e do oculto. A do aberto era dirigido às inovações em matéria legal, e a do oculto, à tradição esotérica. Segundo R. Avraham ben David, no entanto, é justamente a compreensão da inovação legal por parte do intelecto humano que constitui a expressão da inspiração divina.

Não podemos estender-nos sobre a questão de qual foi, para R. Avraham ben Davi, o aporte do conceito de inspiração divina na esfera do conhecimento oculto (doutrina esotérica) para a do conhecimento aberto (estudo da Lei), se é que houve tal aporte; mas podemos, ao menos, deter-nos no caso de R. Isaac, o Cego, cujos conceitos no campo do conhecimen-

119 Ver Baer, *Israel beamim*, p. 26-57, ibidem, ibidem, *Toledot haiehudim beSefarad hanotzrit*, Tel Aviv: [s.n.], 1965, p. 2-9. É possível que, ao tomar em consideração o conceito de *hassid* na época dos Sábios, seja preciso sublinhar nos começos da Cabala a diferença na relação sócio-religiosa entre as formas de vida concretas do hassidismo e do *beit midrasch*. Isto, como contraposição à descrição do *hassid* primitivo como aquele que "fica um pouco de lado e não é estritamente identificável com os Sábios" (Safrai, *Biemei haBait*, p. 536, e idem, p. 516-519, 527-529).

to aberto foram apreciáveis na formação do mundo de valores do oculto, que, por sua vez, também sofreu a influência constante de sistemas de conhecimento já existentes ou novos, legais ou filosóficos. É possível, portanto, que possamos também considerar a centralidade do conceito "inspiração divina" de certos cabalistas provençais[120] contra o pano de fundo de sua posição no mundo do piedoso estrito (*hassid*), como concordante com uma forma de conceber a moral e os princípios vitais, assim como contra o pano de fundo da posição que ocupa o âmbito da Lei, como expressão da misericórdia de um Deus que se manifesta no processo da especulação racional.

Outro eixo do hassidismo é o que está ligado à piedade e à oração. A seguinte descrição de R. Ascher ben David refere-se, ao que parece, a R. Isaac, o Cego: "Os esclarecidos de Israel que anelam por Deus, os devotos do Supremo que clamam e fazem vacilar os abismos ante toda angústia de seus semelhantes e desejam seu Criador e jejuam; aqueles cujas preces são aceitas e tantos milagres operaram por sua mão quer ao indivíduo como aos muitos"[121]. A descrição que R. Ascher faz de R. Isaac, o Cego, baseia-se na de R. Hanina ben Dosa, o piedoso, cuja prece era atendida quando estava em sua boca como se fora uma espécie de profecia. R. Ezra e R. Azriel, discípulos de R. Isaac, ao descreverem a oração que aspira à profecia, apoiam-se na descrição dos primeiros piedosos (*hassidim*), em um texto que tem claros fundamentos no ensinamento de seu mestre.

O último eixo relevante que cumpre examinar é o da ética. De um lado, quer em R. Avraham ben Av Beit Din, quer em R. Avraham ben David, encontramos uma base muito clara para a aplicação dos conceitos de isolamento santo e pureza nos contextos das leis concernentes à polução seminal e à relação sexual. Do *Sefer Huquei Torá* depreende-se também uma orientação similar, ainda que nele se lhe agregue o conceito de separação do mundo e confinamento no *beit midrasch*. O tema se acha, de outra parte, vinculado aos tratados morais: R. Avraham ben David pediu a R. Iehudá ibn Tibon que traduzisse para ele os nove capítulos restantes dos *Deveres*



**120** Ver H. Pedayah, Akhuzim bedibur, *Tarbiz*, 65, 1996, p. 570-573, em que se salienta que R. Ezra, R. Azriel e R. Ascher ben David, discípulos de R. Isaac, o Cego, possuíam a tradição de que a oração dos *hassidim* primitivos tinha por objetivo conseguir a inspiração divina em forma de revelação tanto no coração como na boca do rezador; ver também (idem, p. 585) as descrições de R. Ezra e de R. Azriel, os quais afirmam que a mente atrai a inspiração divina para a alma.

**121** Abrahams, *R. Asher ben David*, p. 120. Também os testemunhos sobre o que menciona R. Menakhem Recanati, falam do *hassid* em termos tradicionais; ver as palavras de R. Menakhem Recanati (pericópia *Ki Tetzé*, 51, p. 3).

*dos Corações*, depois que R. Iehudá traduziu para R. Meschulam o capítulo sobre a Unidade de Deus[122]. O nono capítulo do livro trata da abstinência dos assuntos mundanos. A dita abstinência inclui a submissão dos apetites, o isolamento e o ascetismo, que conduzem a uma consideração muito crítica do mundo[123]. Também foram traduzidas para os eruditos da Provença as obras *tikun Midot Henefesch e Mivkher Hapeninim*. O modelo que se atém a esta moral estrita de base sufi e neoplatônica recebe o nome de "estritamente piedoso". A dificuldade de isolar um dos componentes, quando se trata de hassidismo, está ligada – ao que parece – essencialmente ao caráter do *beit midrasch* como encruzilhada religiosa e espiritual.





Os ascetas e nazarenos, cuja imagem se perfila com tanta nitidez na descrição de R. Benjamin de Tudela, não viviam uma vida puramente "contemplativa"[124] no estrito sentido místico da palavra. Do livro *Huquei Torá* depreende-se claramente que o caminho da moral e, entre suas diferentes facetas, o do hassidismo, serviram de base à sua consagração ao estudo dos textos sagrados no sentido normativo. Na norma religiosa-social a que respondiam, o conteúdo do estudo está clara e enfaticamente definido. R. Benjamin de Tudela, que descreve o isolamento dos assuntos mundanos em que vivia R. Ascher e diz que ele está "entregue ao (estudo do) Livro (da *Torá*) noite e dia, se aflige e não come carne"[125], descreve-o também como "um grande sábio em *Talmud*". Cabe supor que R.Ascher conhecia também sistemas filosóficos e tradições esotéricas[126]. Neste universo, o da Lei e do *beit midrasch*, que permitiu igualmente o surgimento de um pensamento de caráter filosófico[127], irromperam os começos da doutrina esotérica na Provença. Podemos considerar que a vida posterior, distinta e relativamente nova da Cabala, constituiu parte integral até o seu desprendimento do

**122** Hovot halevavot, p. 163.

**123** Idem, p. 553.

**124** Segundo o termo utilizado por Scholem, *Reschit haQabalá*, p. 86.

**125** Ver igualmente Assaf, Mesafrut hagueonim: Teschuvot hagueonim vesridim me-sifrei haHalakhá mitokh kitvei iad schel há "genizá" umekorot akherim, Jerusalém, 1933, p. 4, n. 10.

**126** M. Idel, Queta 'iuni leRabi Ascher ben Meschulam miLunel, *Kiryat Sefer*, 4, 1975, p. 149-153; Idem, *Serid miperusch*, p. 79-88.

**127** Ver I. Twersky, *Rabad of Posquières*, Cambrige Mass, 1962. Do livro, no seu todo, depreende-se a existência de uma rica biblioteca sobre *Talmud*, *Midrasch*, livros de costumes, *Halakhá* e exegeses do *midrasch*. No que se refere ao aspecto filosófico, Twersky descreve como R. Avraham ben David não se opunha ao estudo de matérias profanas (idem, p. 258), assim como a abundância de escritos filosóficos judaicos que pôde cotejar (idem, p. 263). Ele assinala a exatidão com que R. Avraham empregou esses escritos (idem, p. 274) e sugere que Bar Hiya e R. Avraham ben David exerceram influência sobre a Cabala provençal (idem, p. 259).

conjunto espiritual e do debate religioso que caracterizaram os primeiros eruditos da Provença; ou, para dizê-lo de forma mais contundente, foi uma desvinculação do circuito de conhecimento interno daquele amplo círculo que o rodeava e a partir do qual se desenvolveu.

## O Templo na Consciência dos Primeiros Cabalistas

Os primeiros cabalistas, discípulos de R. Isaac, o Cego, desvelaram a doutrina esotérica que girava em torno do Templo no âmbito de um universo que contava com a ideia do Templo tanto em sua condição de estrutura como em sua essência; eles mesmos parecem imbuídos da autoconsciência de estar desempenhando uma espécie de papel sacerdotal. Embora seja difícil conjeturar se R. Ezra e R. Azriel estudaram com R. Isaac, o Cego, em Provença, o ensinamento que este último lhes transmitiu não se acha desligado do contexto em que ele próprio se formara. Todavia, aquele que observa de fora o que sucede em Gerona numa época em que se desencadeia a controvérsia em torno dos escritos de Maimônides, os percebe assim. A esses cabalistas, que ao mesmo tempo o edificam e santificam Deus, são descritos alusivamente por R. Meschulam de Piera, poeta cabalista que os considera como sacerdotes que iluminam o altar:

> Ezra e Azriel e os demais que amam /
> o discernimento e não mentiram
> São eles sacerdotes e iluminam meu altar /
> São estrelas de minha alma e não se escureceram;
> Entendem de livros e, ao expor [seus conhecimentos] em livros/
> cuidaram de contar o principal;
> Conhecem profundamente Deus seu Criador, mas /
> detiveram suas palavras por medo da heresia[128],

Sua atividade espiritual, sob a forma de cabalistas equiparados a sacerdotes exercendo um ministério equivalente à santificação do Nome de Deus e a

**128** Idel, *Queta 'iuni*, p. 149-153; Idem, *Serid meperusch*, p. 79-88.

uma expiação, parece provir de uma continuidade de antigas tradições esotéricas judaicas. Tal condição fortalece a centralidade das tradições sacerdotais nos ensinamentos esotéricos judaicos antigos[129] e em sua incorporação à Cabala[130]. Junto com isto, é preciso não esquecer que o interesse oferecido por esta imagem é ainda mais significativo, se tivermos em mente que nos referimos a uma época próxima daquela em que os judeus de Aschkenaz e do norte da França[131] haviam consagrado tais valores com sua própria morte. Outra forma de encarar a questão consiste em ver a Cabala como doutrina que revela uma adequação com a ideia que considera o *beit midrasch* como Templo e os estudiosos da *Torá* como sacerdotes e vítimas propiciatórias. Destarte, pode-se constatar, pelo menos, a existência de um circuito de conhecimento interno nutrido pela atmosfera do circuito de conhecimento exotérico.



## R. Avraham av Beit Din, R. Avraham Ben David e R. Isaac, o Cego

Como já dissemos, os primeiros a registrar conceitos cabalísticos por escrito foram R. Avraham Av Beit Din e R. Avraham ben David. R. Schem Tov ibn Gaon, discípulo de R. Schlomo ben Adret, recolheu numerosas tradições no começo de seu livro *Baadei Haaron*, em que diz:

> O piedoso rabino, o Cego, de bendita memória, o explicou [o *Sefer Ietzirá*] inteiro conforme o recebeu e R. Avraham ben David, de bendita memória, aludiu a ele um pouco na exegese ao *Talmud* quando viu [algum] lugar onde era necessário e não mais e lhe bastou, com o rabino, seu filho, que era conhecido por sua sabedoria

**129** I. Gruenwald, Meqoman schel masorot kohaniot baietzirá schel hamistiqa schel haMerkavá vesschel schiur komá, em J. Dan (ed.), *Divrei hakenes habeinleumi harischon letoledot haQabalá: Hamistiqa haeihudit haquedumá, Mekhqarei Ieruschalaim Bemakhschevet Israel*, 6, 1986, p. 65-120; Himmelfarb, *Ascent to Heaven*, p. 29-71; R. Eliot, Bein haheikhal haartzi leheikhalot haschamaim: hatefilá veschirat haqodesch besafrut haheikhalot veziqatan lemasorot haqueschurot laMiqdasch, *Tarbiz*, 64, 1995, p. 341-380.

**130** Ver também o papel central que desempenham no *Zohar*: Y. Liebes, Hamaschiakh schel ha-Zohar, em *Hara'aion hameschikhi beIsrael: Iom 'iun lereguel mleat schemonim schaná leGuershom Scholem*, 1982, p. 191-197.

**131** A investigação em torno da santificação do Nome de Deus é abundante e cobre todo o período; ver Grossman, *Quidusch haSchem*.

neste assunto que [ele a] recebeu de sua boca; e o R. Avraham, juiz principal do tribunal rabínico, de bendita memória, escreveu unicamente enunciados e eu vi publicadas palavras excelentes [para] despertar com elas em todo cabalista em qualquer lugar em que se encontre uma palavra deles na *Bíblia* e no *Talmud*[132].

Em continuação efetuarei uma breve revista de cada uma dessas figuras, pondo o acento nos aspectos básicos que sejam relevantes do ponto de vista de sua doutrina esotérica[133].



## R. Avraham av Beit Din

Tanto em suas *responsa* como no *Sefer Haeschkol*, R. Avraham Av Beit Din menciona R. Iehudá de Barcelona e suas obras, do que se depreende que entre ambas as personalidades havia uma estreita relação[134]. A maior parte do *Sefer Haeschkol* é constituída de um resumo do *Sefer Ha'itim*, e de citações de R. Iehudá de Barcelona; em certas passagens percebe-se com clareza que R. Avraham Av Beit Din acrescentou algumas frases que incluem apreciações e observações pessoais[135]. Por ser este o caso, torna-se difícil avaliar o caráter de sua doutrina. Contudo, parece-me que se pode afirmar que a relação entre ambos os livros compreende também uma aceitação e inclusão de ideias e ensinamentos herméticos característicos de R. Iehudá de Barcelona por parte do erudito provençal. É possível detectar igualmente relações com a doutrina da glória (*kavod*)[136], e com as tradições sobre a oração que aparecem no *Sefer Ietzirá*, tal como ocorre no caso da recitação

**132** *Badei Haaron*, p. 29.

**133** Descrições bem fundadas e importantes sobre o que fazer halákhico dessas personalidades encontram-se em Benedikt, *Mercaz haTorá*, passim; Twersky, *Rabad of Posquières.* Ta-Schma escreve sobre R. Avraham Av Beit Din, em *Rabeinu Zerakhia haLevi*, p. 38-50.

**134** S. Assaf definiu R. Iehudá de Barcelona como mestre de R. Avraham Av Beit Din (Assaf, *Sifran schel rischonim teschuvot veposquim veminhagot*, Jerusalém: [s.n.], 1935, p. 2-3.

**135** Ver a introdução de H. Albeck em sua edição de Isaac MiNarbona, *Sefer Haeschkol*, Jerusalém: [s.n.], 1935-1938, p. 31-33.

**136** No que diz respeito às prescrições relativas aos filactéricos, ele diz: "Mostrou-lhe Moisés uma espécie de formas [de filactérios] de majestade para informar-lhe que é um preceito amado pelo Santíssimo, bendito seja" (p. 223). Ver Scholem, *Reschit haQabalá*, p. 67. Sobre a Doutrina da Glória, ver Dan, *Torat Hasod*, p. 104-170. Mais sobre os filactérios neste contexto, em Pedayah, HaRamban: Ot umakhschavá, *Limudim*.

preceptiva do *Schemá*[137]. R. Avraham Av Beit Din, do mesmo modo que R. Iehudá de Barcelona, chama o *Sefer Ietzirá* de "Leis da Criação", segundo uma expressão que se apresenta na Guemará[138]. A utilização deste nome não pretende unicamente estabelecer uma identificação do *Sefer Ietzirá* com a frase da Guemará, mas também confere autoridade à obra ao atribuir-lhe a categoria de fundamento dos costumes pertinentes à oração. Com isso, por certo, verifica-se que R. Avraham Av Beit Din prossegue na trilha de seu mestre. Sabemos, de outro lado, que em sua família continuam estudando o *Sefer Ietzirá*, visto que seu neto, Isaac, o Cego, é o grande mestre que o ensina aos cabalistas; por isso importa também examinar a continuidade da relação dessa família e dos membros de sua *beit midrasch* com a obra. A dita continuidade inclui uma etapa inicial em que se produz uma integração natural das ideias do *Sefer Ietzirá* no terreno da *Halakhá*[139], o que é importante para entender as sequências existentes entre *Halakhá* e Cabala com o objetivo de avaliar o pensamento proto-cabalístico no sentido amplo da palavra.



O fato de o *Sefer Heschkol* refletir os ensinamentos de R. Iehudá de Barcelona nos permite, igualmente, sustentar que R. Avraham Av Beit Din, que serviu de intermediário para a recepção na Provença das decisões haláKhicas de R. Itzkhak Alfasi[140], desempenhou também esse papel na recepção da doutrina esotérica dessa mesma origem sefaradita que, por sua vez, é de caráter proto-cabalístico. Encontramos, ademais, no *Sefer Haeschkol* um fragmento que pode ser considerado um acréscimo do próprio R. Avraham Av Beit Din[141]. Se assim é, o fato nos adiciona informação acerca dos cos-

**137** No que concerne à recitação do *Schema Israel*, e ao alongamento da pronunciação do som "d" (da letra *dalet* na palavra *ekhad*, "um"), já na Guemará está escrito que o objetivo do dito alongamento é proclamar a soberania de Deus aos quatro ventos (o valor numérico da letra *dalet* é quatro) (*TB, Brakhot*. 13:B). A este respeito ele cita R. Hai Gaon, o qual sustenta que há seis ventos e inclui também entre as disposições intencionais (*kavanot*), que se deve aplicar ao proferir a oração, o movimento que se efetua com a cabeça e os olhos nessas direções enquanto se alonga a palavra *ekhad*: "Mas R. Hai escreveu: é preciso imprimir intenção no movimento de cabeça e volver o rosto em alusão aos seis ventos e [assim] receber [o jugo do] reino dos céus, e colocar as mãos sobre o rosto, explicaram os rabinos, que [o mestre faz para que] o seu discípulo não veja quando faz repousar (!) seus olhos [em direção] a todos os ventos" (*Sefer Haeschkol*, leis relativas à recitação do *Schema*, p. 14; cf. as notas de Albek a respeito). Ver o comentário ao *Sefer Ietzirá* de R. Iehudá de Barcelona, p. 204.

**138** *TB, Sanhedrin*, 67:b; 65:b, e nele os comentários do Raschi.

**139** *Makhzor Vitry*, parágrafos 138, 288, 328, 426. Normalmente, porém, não se usa para explicar o porquê do preceito na oração, senão quando se refere aos comentários aos poemas litúrgicos e à celebração dos Nomes.

**140** Ta-Schma, *Rabeinu Zerakhia Halevi*, p. 68-72.

**141** Passa a expor suas próprias palavras quando diz "e nós o consideramos". Para chegar a esta conclusão baseei-me nos princípios fixados por Albeck nas notas de sua introdução ao *Sefer Haeschkol*.

tumes específicos da Provença. No dito fragmento, R. Avraham afirma que as horas noturnas "são momentos de súplica, e cumpre preocupar-se com a destruição do Templo [...] e, por isso, a Casa de Israel tem que levantar-se durante a noite [e fazer] vigílias e multiplicar as súplicas pela destruição do Templo"[142].

Já Gershom Scholem percebeu que a origem do costume cabalístico de recitar uma série de preces noturnas "reparadoras" pelo estado de destruição em que se acha o Templo (*tiqun hatzot*) está no texto talmúdico que fala das três guardas que havia no Templo; Scholem, porém, sentia-se surpreendido que tivessem passado "quase mil anos até que este texto desse origem a um costume concreto", adotado por R. Hai Gaon[143]. Segundo Scholem, somente no caso do círculo dos cabalistas de Gerona há prova de que existia uma relação entre as orações noturnas e os costumes do luto[144]. O estudo desse ponto concreto acrescenta um possível elo claro entre os *gaonim* e os cabalistas geroneses: o ensinamento dos cabalistas provençais e a forma como R. Avraham Av Beit Din relacionou esse costume com a destruição do Templo[145]. Isto amplia o contexto necessário para entender os ensinamentos de significado cabalístico explícito transmitidos por R. Isaac, o Cego, a seus discípulos que afirmam, com um sentido cabalístico decla-



142 Cabe salientar a interessante dupla vertente, que se apresenta já na Guemará, entre as palavras atribuídas a Rav, cuja posição é tangencial às descrições da doutrina hermética e dos escritos apocalípticos, de um lado, e as palavras de R. Iokhanan que, de outro, fala de estudar as partes da *Torá* que tratam dos sacrifícios. Os discípulos de R. Isaac, o Cego, fundiram estas duas correntes hermenêuticas.

143 As palavras de Schrira Gaon, pai de R. Hai Gaon, são de especial importância: "que havia um costume dos piedosos, de levantar-se em plena noite e dizer cânticos e louvores". Esse testemunho pode corroborar de que há uma sequência de continuidade com os costumes dos pietistas dos primeiros tempos. Da relação entre o hassidismo antigo e os que guardam luto por Sion, ocupar-me-ei em um próximo trabalho. Ao que parece, cumpre diferenciar entre os cânticos noturnos e os costumes pietistas, de um lado, e os cânticos lutuosos próprios dos que guardam luto por Sion, de outro.

144 Para chegar a essa conclusão, Scholem baseou-se no anônimo *Sefer Haiaschar*, cujo autor teria escrito a sua obra no círculo dos cabalistas gerundenses, no ano de 1260. Não obstante a localização, o contexto mental e social exatos deste tratado colocam numerosas interrogações (em minha opinião, é preciso examinar também sua relação com o sufismo); Y. Tishbi (*Mischnat HaZohar*, 2, Jerusalém: [s.n.], 1975, p. 662, n. 50) apresenta um testemunho mais decisivo: as palavras de R. Iaakov ben Scheschet em seu livro *Scha'ar Haschamaim*, p. 164. Ver também S. Schokek, Zikato schel *Sefer Haiaschar* le kuug mequbalei Girona, *Mekhqarei Ieruschalaim Bemakhschevet Israel*, 6, 1987, p. 356-358; um trabalho recente sobre o tema do *tikun Hatzot* principalmente na Cabala do século XVI, consta em Idel, *Messianic Mystics*, New Haven/London: [s.n.], 1998, p. 308-320; mais dados sobre os começos da Cabala, em Pedayah, Minegued Ve'ivrim: HaMaschiakh Hamit'akev, em Z. Harvey, A. Schiloá e H. Saadon (eds.), *Proceedings of the Fifth International Congress of Misgav Iereuschalaim* (no prelo).

145 Scholem, *Pirquei Iesod*, p. 140-144; creio que as palavras de R. Avraham Av Beit Din constituem uma espécie de fio condutor e, sem dúvida, mostram um novo aspecto da consciência dos que guardam luto por Sion como mais um estrato, e pode ser que independente, dentro da consciência rabínica. Ver Gratner, *Guilgulei minhag*, p. 29-32; Reiner, *Hurban Miqdasch*.

rado, que aquele que proclama a unidade do Nome de Deus é como se tivesse construído o Templo; tudo isso constitui, ao que parece, uma única sequência religiosa. Podemos afirmar que R. Avraham Av Beit Din está vinculado pelo menos a dois ramos destacados da doutrina esotérica: o primeiro, por intermédio de seus parentes provençais, e o segundo por intermédio de R. Iehudá de Barcelona. Os costumes relacionados com a destruição o Templo talvez tenham a ver com seus antepassados na Provença. Há outro ensinamento atribuído a R. Avraham Av Beit Din em um tratado anônimo intitulado *Ma'amar al Hagueulá* (Tratado da Redenção).





Se o primeiro texto mostra a intensidade do ritual estabelecido em torno da destruição do Templo, este último transmite um interesse pelo tema da redenção, que se expressa mediante uma representação do Trono de Glória e utiliza uma linguagem própria do sistema astral. A continuidade com o *midrasch* das visões proporciona um contexto apocalíptico adicional ao tema dos setenta ministros angélicos que rodeiam o Trono de Glória, que foi central na Cabala geronesa. Tornam-se interessantes, nesse âmbito, as palavras de R. Avraham Av Beit Din: "assim [o] recebi de meus maiores". Quando R. Isaac, o Cego, se refere a "meus maiores", sabemos que eles efetivamente tiveram a ver com a doutrina esotérica; quando R. Avraham Av Beit Din o faz, alude a algo de que não se conservou rastro algum.

## R. Avraham Ben David: Segredo e *Halakhá*

Os fragmentos textuais atribuídos a R. Avraham ben David, que têm relação com o esotérico, estão disseminados em diferentes escritos ou em fragmentos manuscritos[146]. Não vou passar agora a expor o conteúdo da especulação de R. Avraham ben David sobre a doutrina esotérica, porém me referirei justamente a um aspecto em que se produz uma vinculação entre a dita doutrina e a totalidade de seu mundo espiritual. Para mostrar

**146** A maioria foi publicada por Scholem, *Reschit HaQabalá*, p. 73, 75, 79-81, 83. As anotações ao *Talmud* de R. Avraham Av Beit Din, cujo conteúdo é de caráter esotérico, são citadas nos escritos de seu neto R. Ascher ben David (Abrams, *R. Ascher ben David*, p. 141, anotações aos tratados *Brakhot* e *Ta'anit*). R. Iaakov bem Scheschet menciona uma tradição que ouviu de R. Isaac, o Cego, em nome de seu pai.

a relação entre esoterismo e *Halakhá* em seu sistema de pensamento, analisarei uma questão a título de exemplo. Minha intenção é completar, com um novo enfoque, o panorama que venho apresentando sobre o Templo.

Por um lado, é preciso ter em conta que os cabalistas atribuíram aparições do profeta Elias e fenômenos de inspiração divina a R. Avraham Av Beit Din, a R. Avraham ben David e a R. Isaac, o Cego[147]. Por outro lado, o próprio R. Avraham ben David o menciona explicitamente em suas elucubrações e inovações haláhkhicas e não, justamente, nos fragmentos curtos que transmitem ensinamentos herméticos. Tomarei isto como ponto de partida para me aprofundar no caráter do mundo do *beit midrasch* como lugar de convergência de todas as formas de aprendizagem, às quais servem de base à *Halakhá* e ao estudo do *Talmud* entre os muros do *beit midrasch*.

É interessante salientar que os conceitos de "segredo" e "inspiração divina" aparecem juntos com inovações halákhicas, não precisamente para apresentar uma dificuldade do texto, mas como declaração: como remissão a um marco compreensivo que cria a definição do significado de cada um desses conceitos em si mesmo. A primeira coisa que é preciso perguntar-se é em que sentido R. Avraham ben David utiliza o conceito de "segredo". Na introdução a suas *novellae* ao tratado *Eduiot*, R. Avraham ben David afirma:

> Antes de dizer qualquer coisa, anuncio a todo aquele que ler este livro que eu compus que não tenho comigo [ensinamentos] nem boca de rabino nem boca de mestre, mas [que me valho] da ajuda unicamente de Deus que ensina discernimento ao homem. E talvez haja neles algum equívoco [seja] equívoco da mão ou equívoco do coração, que saiba o leitor [que nesse caso] em mim recai a falta e não em meus mestres. E aquele que encontre nisso algo de bom e direito, saiba que é [bondade que vem] do segredo tal como está escrito: "o segredo de Deus [se revela] a quem o teme".

Para H. Soloveitchik, estas palavras definem substancialmente o perfil espiritual e a forma de escrever e atuar de R. Avraham ben David; o mencionado pesquisador aprofundou sua análise acerca de R. Avraham por meio de uma comparação com Raschi em seu vínculo com as tradições existentes, destacando inclusive a figura de R. Avraham ben David

147 Trata-se, em todo caso, de cabalistas com propensão para a literatura e a exegese, e não de testemunhos de partidários.

como inovador e criador cujas consecuções derivam da independência de sua posição e não de sua fidelidade à tradição[148].

As palavras de R. Avraham ben David apresentam uma dificuldade: de um lado, ele informa ao leitor que não recebeu suas inovações no terreno haláchico "da boca de rabino nem da boca de mestre" e, de outro, escreve: "E aquele que encontre nisso algo de bom e direito, saiba que é [bondade que vem] do segredo". Um exame do tratado mostra que ele não contém alusões cabalísticas. Hipoteticamente, caberia esperar que R. Avraham ben David aludisse a algum segredo importante do tratado *Eduiot*, já que ao final desse tratado mencionam-se as famosas afirmações de R. Eliezer e R. Ioschua sobre a primeira e a segunda santidade e, em sua refutação às palavras de Maimônides sobre o referido tema na *Mischné Torá*, R. Avraham faz, com respeito a elas, claras alusões ao segredo no sentido da tradição hermética propriamente dita e utiliza expressão idêntica: "o segredo de Deus [se revela] a quem o teme".

No princípio de sua refutação, R. Avraham afirma que as palavras de Maimônides são uma interpretação pessoal deste último. No final dessa mesma refutação, escreve[149]:

> Não só isso, como eu digo que inclusive R. Iossi, disse que a segunda santidade [será] santidade no futuro, não o disse senão do resto da Terra de Israel, porém de Jerusalém e do Templo ele não o disse, *porque Esdras sabia que o Templo e Jerusalém mudarão no futuro e se consagrarão com uma consagração distinta [e] eterna com a glória de Deus para a eternidade. Assim se me revelou dos segredos de Deus [que se revelam] àqueles que o temem*[150]. Por isso, aquele que agora entra ali não se faz réu de [pena de] morte prematura.

**148** O que ele pontua afirmando que R. Avraham ben David não contava com uma tradição exegética compreensiva, ou que talvez optasse por não dar-lhe expressão (H. Soloveitchik, op. cit., p. 13).

**149** Capítulo 6, *halakhá* 14. Em resumo, as opiniões de Maimônides, das quais R. Avraham ben David discorda, são as que tratam da diferença que o primeiro faz entre a santidade do Templo e a da Terra de Israel. A segunda santificação, que ocorreu nos dias de Esdras, ao ver de Maimônides santificou a terra e não o Templo. A cerimônia de inauguração e consagração do Templo, que Esdras levou a cabo, não teve significado verdadeiro com força para consagrar. A cerimônia poderia ter sido omitida e só se realizou como comemoração. A santidade do Templo continuava vigente devido à primeira consagração que Salomão realizou quando inaugurou o Templo e a *Schekhiná* nele residiu.

**150** Grifos da autora.

Não podemos estender-nos aqui a respeito dos termos de sua polêmica com Maimônides. Concentrar-nos-emos exclusivamente na posição do próprio R. Avraham ben David.

No tocante à primeira santidade, que foi abolida pelo exílio e que não consagrará no futuro, R. Avraham ben David não diferencia entre Jerusalém e o Templo, por um lado, e a Terra de Israel, por outro, enquanto, no caso da segunda santidade e da qual disseram que consagrou para o futuro, ele distingue entre Jerusalém e o Templo, de um lado, e a Terra de Israel, de outro. Paradoxalmente, esta mesma diferença categórica que Maimônides fez entre a Terra de Israel e o Templo, no que se refere à primeira santidade, e que tanto incomodou R. Avraham ben David, este último a restabelece ao inverso no que diz respeito à segunda santidade. Ele parece seguir esta linha de pensamento, não porque esteja interessado em fazer tal distinção entre a Terra de Israel e a cidade, de uma parte, e o Templo, de outro, mas devido ao interesse que tem em estabelecer uma diferença incisiva e inequívoca entre a situação durante o exílio e nos tempos da redenção, distinção que se depreende das relações e da diferença da santidade do lugar no passado, no presente e no futuro.

Sua posição é deveras esclarecedora quanto à forma em que considera tanto a história como o exílio e a redenção. A noção de que a santidade não fica abolida, permite uma continuidade na maneira de conceber o lugar santo, que, por sua vez, torna possível uma continuidade na concepção do tempo em relação às situações que podem ocorrer na época da redenção. Em troca, a postura afirmando que a santidade foi abolida aguça a ruptura da continuidade do lugar, consagrado como lugar santo, e obriga a efetuar transposições mais importantes no tempo para substanciar e restituir a santidade de novo.

Quando R. Avraham ben David afirma: "porque Esdras sabia que o Templo e Jerusalém mudarão no futuro e se consagrarão com uma consagração distinta, eterna com a glória de Deus para a eternidade", emprega uma frase muito carregada de axiomas de caráter distinto: "porque Esdras sabia" assinala um tipo de conhecimento substancial, e parece que, quanto a Esdras, este tipo de conhecimento substancial corre aqui paralelamente às tradições herméticas em que R. Avraham ben David estava iniciado, e cuja posse se define como "conhecimento". A concatenação de conceitos absolutos, como "mudar", "distinto", "eterno", utilizados em relação ao futuro, assinala um modo diferente de entender o conceito de redenção, em sua essência ontológica, do mundo tal como é no presente. Talvez a expressão "glória de Deus" seja uma alusão à *Schekhiná* conforme os cabalistas a entendem. O acento que R. Avraham ben David põe nesse conceito do futuro, tal como se depreende da segunda santidade, equivale de fato a polarizar as questões da redenção, o fim dos tempos e o terceiro Templo.

As palavras de R. Avraham aludem a uma ideia que ocupou uma posição central nos escritos do *midrasch* que tratam das visões: o descenso de Jerusalém e do Templo do além nos céus. Trata-se, pois, de uma mudança; de um acontecimento radicalmente distinto da realidade conhecida. A outra consagração eterna é a aparição do esplendor, a *Schekhiná*, na cidade e no Templo que descem do céu construídos pela mão de Deus de uma forma que não tem precedente e, do ponto de vista cabalístico, representam também a plenitude no mundo das *sefirot*. Não parece que esses conceitos tenham sido construídos em torno da ideia de um edifício puramente material que baixa do céu, mas é preciso entendê-lo como uma forma de expansão da glória no espaço, em contraposição ao tempo do exílio como época do desaparecimento da dimensão espacial do esplendor. O conceito de "distinto" é aqui fundamental para esclarecer a ausência total de continuidade entre exílio e redenção.



De um lado, pois, a espera dos tempos da redenção é, dialeticamente, a espera de um acontecimento revolucionário e categoricamente distinto. Porém, como o dito acontecimento se produz por misericórdia de Deus e por sua iniciativa, erige-se com isso uma barreira à intervenção ativa do homem na história. Diante disto, a continuidade da santidade do lugar, como Maimônides o entende, possibilita em maior medida a sequência histórica e também a continuidade entre a época do exílio e a da redenção.

A outra posição dialética surge entre os cabalistas do círculo de R. Isaac, o Cego, filho de R. Avraham ben David, para quem só o Templo em seu nexo material de edifício será construído por Deus e não se fará presente até o final dos tempos, ao passo que os cabalistas contribuem diariamente para a sua construção com sua atividade espiritual.

Está claro, pois, que para R. Avraham ben David, Jerusalém e o Templo celestiais serão construídos por Deus. Esses conceitos sobre o terceiro Templo são característicos dos escritos apocalípticos antigos[151].

151 Ver H. Pedayah, *Haschem vehaMiqdasch bemischnat R. Itzkhak Segui Naor*, Jerusalém: [s.n.], 2001, cap. 3.

Continuaram vivendo nas profundezas do *midrasch* visionário tardio e foram transmitidos também por R. Moisés Hadarschan de Narbona, que voltou a incluir, por meio de um canal aberto, tradições herméticas antigas que haviam sobrevivido no judaísmo "rabínico"[152]. Seus rastros se encontram na doutrina de R. Avraham ben David, de um lado, e, em outra direção, também em Raschi[153].

Do mesmo modo, no comentário de R. Avraham ben David ao tratado *Eduiot* aparece uma brevíssima alusão ao fim dos tempos, que parece estar sob a influência do *midrasch* que trata das visões. Seu teor é o seguinte: "É assim que nos dias do Messias, quando o Santo, bendito seja, os redimir, eles não entrarão imediatamente na Terra [de Israel], mas [Ele] os conduzirá pelo deserto das nações como [está assinalado] nas profecias de Ezequiel"[154]. Também as palavras de R. Avraham Av Beit Din sobre a redenção nos chegaram juntamente com um fragmento agregado do *Livro de Zerubabel*; é possível que tenham sido transmitidas assim originalmente.

A postura de R. Avraham ben David ante o tema da santidade da Terra, Jerusalém ou o Templo, não pode ser entendida, no entanto, sem que se compreenda o desterro da Presença Divina que também se encontra no plano de fundo da análise de Maimônides. Nessas poucas frases de R. Avraham ben David se nos desvela um conceito distinto acerca da história, da essência do tempo atual e da época da redenção. As palavras "consagração", "distinto" e "eterno" estabelecem uma diferença temporal, qualitativa e fundamental entre a época do exílio e a da redenção e somente no momento temporal destas é dado a conhecer sua natureza espacial. O lugar do Templo e de Jerusalém estará consagrado com um tipo de consagração que não se assemelha à que os seres humanos levam a cabo, mas será uma consagração eterna. O termo "eterno" (*olami*) está carregado de significação: por um lado, está incluído nele a oração: "e constrói-lhe um edifício eterno"; e, por outro, como já dissemos, "*olami*" no sentido de "eterno" sugere a conhecida asseveração apocalíptica de que o terceiro Templo não será destruído porque terá sido construído por Deus. "Distinto, eterno", de um lado, alude ao



**152** *Bereschit Rabati*, p. 126-127.

**153** Ver Raschi em *Rosch Haschaná* 30:A: "E se dizes: nós sustentamos que será construído no [dia] 15 que é festa e será construído na noite, está estabelecido no tratado *Schavuot* (15:B) que o Templo não será construído nem em festa nem durante a noite. Isto se refere à construção levada a cabo pelo homem, porém o futuro Templo será [construído] pela mão do Céu".

**154** Comentário de R. Avraham ben David ao tratado *Eduiot*, 2, 9-10.

terceiro Templo como edificado por Deus, segundo a tradição apocalíptica e, de outro, às tradições esotéricas que na exegese cabalística se referem ao Templo e a Jerusalém como símbolos do edifício divino, com um forte acento na destruição da cidade celestial nos tempos do exílio: de fato, como forma de interpretar o desterro da Presença Divina. Porém, R. Avraham ben David não contradiz a opinião de Maimônides segundo a qual "a Presença Divina não ficou abolida", afirmando, por sua vez, mais ou menos que a Divina Presença foi-se embora ou foi desterrada. Os segredos que o desterro da *Schekhiná* guarda, não só compreendem uma alusão ao *midrasch* que sustenta ter esta Presença desaparecido imediatamente após a destruição do Templo, junto com uma descrição do fim do exílio, que implica a volta da glória, que reside no exílio "porque também Ele mora com eles". As palavras de R. Ascher ben David, neto de R. Avraham ben David, corroboram a leitura que proponho[155].

Considerando o consenso entre os discípulos de R. Isaac, o Cego, quando sublinham o profundo significado do exílio como a época em que a Presença Divina repousa em um lugar (o exílio) e não em outro (o Templo), podemos dizer que a ideia de R. Avraham ben David, em sua objeção a Maimônides sobre a primeira e a segunda santidade, baseia-se também em outra exegese esotérica que fala do exílio da Presença Divina. Tal exegese debilita o princípio que sustenta a presença desta última no lugar onde se encontrava o Templo destruído.

Voltemos agora às palavras de R. Avraham ben David no tratado *Eduiot*. Prosseguindo com o nosso intento de entender os conceitos de "segredo" e "interpretação pessoal" no contexto das objeções a Maimônides, podemos dizer que há duas opções principais. A primeira consiste em considerar que o conceito de segredo alude a que a mente humana consegue, em momentos propícios, expressar a revelação de Deus na consciência do estudioso e, desta maneira, permitem empregar o termo "segredo de Deus". A segunda supõe que o modo de R. Avraham conceituar o segredo não corresponde necessariamente ao nosso. Neste caso, talvez possamos supor que o segredo é o meio mais amplo pelo qual se conectam a doutrina esotérica e a elocubração halákhica. Constituem o dito meio as tradições sobre os métodos exegéticos e os ensinamentos da *Torá* Oral. Como é bem conhecido, não se pode ter acesso ao *Talmud* sem contar com a

155 Abrams, *Qabalat Rabi Ascher*, p. 227-228.

tradição exegética. Podemos traduzir as palavras "não de boca de rabino" de R. Avraham ben David em sua introdução ao tratado *Eduiot*, dizendo que elas equivaleriam a uma "explicação pessoal" (o que, em minha opinião, tempera e põe sob outro prisma o que diz acerca de Maimônides). E, da mesma forma, poder-se-ia interpretar a continuação de suas palavras: "aquele que encontra nisso algo bom [...] é do segredo de Deus [que se revela] àqueles que o temem" como equivalentes a "o que seja bom", tem relação "com as tradições exegéticas que recebi ou que elaborei segundo essas tradições e como continuação delas", seja no terreno da *Halakhá* propriamente dita ou no da "*agadá*", no sentido da Cabala.

É possível que possamos situar essa declaração pessoal em um contexto mais amplo: o da fixação por escrito dos ensinamentos. Também aqui acompanhamos a análise dialética de Haim Soloveitchick, que sublinha o abismo existente entre o fenomenal conhecimento de R. Avraham ben David e o que de fato escreveu[156]; mostra igualmente que este fenômeno está relacionado com sua personalidade e, talvez, também com sua forma de entender a sorte do centro provençal em geral, não só na história da *Halakhá*, mas também na da Cabala[157]. Pode-se considerar que sua descrição no princípio do tratado *Eduiot*, não mostra apenas um modo de estudar, mas leva também, talvez, R. Avraham a formular por escrito um ensinamento ou abster-se de fazê-lo. Em outras palavras: precisamente porque não havia, a respeito desse tratado, tradições exegéticas reveladas, ele escreveu o seu comentário[158]. Na mesma linha, podemos dizer que este fenômeno tem a ver com o fato de

**156** Ver a explicação de Soloveitchik, p. 19-31, no tocante à forma pela qual R. Avraham ben David expõe suas objeções a Maimônides e ao que sua versão escrita omite.

**157** Ver a descrição que Soloveitchik faz (Haravad: History of Halakhah – Methodological Issues: A Rewiew Essay of I. Twersky's Rabad of Posquières, *Jewish History* 5, 1991, p. 75-124) da assimilação deste centro halákhico da Provença com os centros catalães.

**158** Idem, p. 14; prosseguindo na sua comparação entre R. Avraham ben David e Raschi, talvez possamos dizer que ocorre um paralelismo contrário no processo da fixação por escrito. No norte da França, Raschi escreveu o que já era conhecido de longa data na tradição aschkenazi; neste caso, um indivíduo (Raschi) transmite a obra de muitos, enquanto no sul da França o que o indivíduo (R. Avraham ben David) põe por escrito é sua própria obra. O fato de na Provença não se mencionar expressamente a obra dos demais não significa que ela não exista; é bem possível que se trasmitisse oralmente no *beit midrasch* e por isso finalmente ela se perdeu; ver a este respeito a n. 31. É de interesse destacar que, na opinião de Benedikt (*Mercaz haTorá*, p. 52, n. 145), R. Moisés ben Iossef, reitor da academia rabínica de Narbona e mestre de muitos sábios provençais, a quem o próprio R. Avraham ben David chama de seu mestre (ver I. Twersky, *Rabad of Posquières*, Cambridge Mass., 1962, p. 10-12), absteve-se de escrever para que a tradição provençal não caísse no esquecimento em momentos em que as decisões halákhicas de R. Itzkhak Alfasi estavam abrindo caminho na Provença por intermédio de R. Iehudá de Barcelona e de R. Avraham Av Beit Din.

que parte de seus escritos está relacionada com outro fenômeno prevalente entre os sábios da Provença: justamente sua vacilação na hora de colocar por escrito a tradição cabalística que possuíam, isto é, uma tradição ensamblada com elementos herméticos e haláкhicos. Dito de outra forma: não se punha por escrito, precisamente, o que se dava por entendimento implícito[159] e, talvez por isso também, a parte das noções atinentes ao saber cabalístico que foi colocada por escrito corresponda a críticas e polêmicas que representam uma parcela ínfima de uma doutrina e um conhecimento exegético completos que não se mostram; talvez por isso também tenham se perdido em sua maior parte[160]. Se analisarmos o caráter dos ensinamentos mais antigos da doutrina esotérica, é possível dizer que, afora algumas curtas anotações para ajudar a memória e servir de auxílio para rever certos tópicos (R. Avraham Av Beit Din), e uns quantos breves ensinamentos sobre a *Torá* (R. Avraham ben David), os primeiros cabalistas de que nos ocupamos fixaram por escrito justamente aquilo que era verdadeiramente novo[161]; o material antigo era aprendido oralmente.



Para concluir a análise da figura de R. Avraham ben David, acrescentarei que, a meu ver, o ambiente do *beit midrasch*, tal como tentei descrevê-lo, constitui o contexto principal em que é preciso inserir as famosas palavras que foram citadas em múltiplas ocasiões: "a inspiração divina já apareceu há vários anos em nosso *beit midrasch* e já estabelecemos que ele [o mirto cuja ponta está rompida] não é válido [para ser utilizado na festa

**159** As viagens de Raschi para a Alemanha e a volta para a França podem explicar o caráter da obra deste último e estabelecer uma relação entre a migração geográfica e a versão do ensinamento oral por escrito. Ver A. I. Agus, Raschi ubeit midrascho, em B. Roth (ed.), *Tequfat ha'ofel: haiehudim beEuropa hanotzrit*, Tel Aviv: [s.n.], 1973, p. 128-129; Soloveitchik, *Jewish History*, p. 13-16; Grossman, *Hakhamei Tzarfat*, p. 126-131; S. Schwarzfuchs, Reschit darko schel Raschi, em Z. A. Steinfeld (ed.), *Raschi: i'unim beietzirato*, Ramat Gan, 1993, p. 177-183. O fato de que na Provença não se deram esses movimentos, assim como a coesão interna e a continuidade do centro provençal, podem contribuir para explicar porque não se registram os ensinamentos por escrito como comentários, porém em outras formas de escritura; à dificuldade de nos acercarmos de um método de estudo do *Talmud* e da *Halakhá* que constitui parte de um mundo espiritual compreensivo, soma-se à dificuldade de reconstruir os começos da Cabala.

**160** Outra maneira de esclarecer o uso que R. Avraham ben David faz do conceito de "segredo" consiste em compará-lo com Nakhmânides: na única passagem do comentário deste último à Guemará na qual alude à ponderação haláкhica em que há elementos misteriosos, emprega, ele também, a palavra "segredo". Ver o comentário de Nakhmânides a *Schavuot* 29:1: "E a explicação do que há entre *Nedarim* e *Schavuot* [contém] segredo"; para um estudo mais detalhado, cf. em Pedayah, *HaRambam*, cap. 5; ver também Abrams, *Ketivat hasod*, p. 94-103.

**161** Refiro-me a diferentes relações entre as *sefirot* que têm a ver com as intenções às quais é preciso conservar em mente durante a reza.

de Sucot] como traz a *Mischná*, e tudo está claro em nossa compilação e [por isso] nos deram um lugar no Céu"[162].

Gostaria de efetuar, por fim, as seguintes especificações: a. uma vez mais, torna-se claro que R. Avraham ben David escreve no lugar em que ele cria e inova, o lugar que lhe atribuíram para nele confinar-se ou realizar sua obra e não onde limitar-se a transmitir o que existia; b. a inspiração divina revela-se no *beit midrasch*. R. Avraham ben David nos diz: "a inspiração divina se me apresentou a mim e a meu filho", ou "assim se me revelou o Céu" ou "revelou-se a inspiração divina em minha casa". O lugar apropriado para a revelação da inspiração divina, que favorece em si mesma o processo da ponderação e o estudo é o *beit midrasch* baseado em valores pietistas e caracterizado pela forma de estudo que descrevemos mais acima. Quando pensamos em uma inspiração divina que se revela no *beit midrasch*, temos que pensar igualmente na índole de um *beit midrasch* específico.



## R. Isaac, o Cego

Ao que tudo indica, não se conservou nenhuma amostra de doutrina cabalística escrita pela própria mão de R. Isaac, o Cego. No comentário a seu *Sefer Ietzirá* assinala-se: "E nosso mestre disse"[163]. No tratado *Bi'ur al Sodot haRamban* mencionam-se ensinamentos esotérico que lhe são adscritos. Há também, a ele atribuído, um breve tratado sobre o tema da Criação[164]. Isto é tudo no que diz respeito ao material relativo ao *Sefer Ietzirá* ou ao comentário às Escrituras. Assinalá-lo se reveste de grande importância, já que em muitas ocasiões se torna difícil receber, por meio de uma

**162** *Hasagot HaRabad leMischné Torá, halakhot lulav* 8:5; Katz, *Halakhá veQabalá*, p. 12-16.
**163** P. 12, linha 256: "E nosso mestre disse". No contexto do comentário a Raschi, pergunta-se S. Schwarzfuchs (Reschit darko schel Raschi, p. 182) se se trata de dois tipos distintos de escritura: *quntras* (cadernos dos discípulos) e *iessod* (caderno do mestre). No que diz respeito ao conceito de *iessod*, cumpre agregar que Raschi chama assim ao tratado do R. Moisés Hadarschan. No que tange ao fenômeno em si, cabe afirmar que o comentário ao *Sefer Ietzirá* é um caderno dos discípulos, visto que nele está escrito: "e nosso mestre disse".
**164** Para um estudo dos diferentes manuscritos do tratado e suas diversas versões, ver Abrams, *Rabi Ascher ben David*, p. 302-303, 310-316.

relação dos comentários[165] ao *Sefer Ietzirá*, uma impressão cabal da posição do comentarista no tocante a certos temas característicos com conteúdos específicos da religião judaica, como a *Torá* e os preceitos ou o exílio da *Schekhiná* (muito embora também no *Sefer Ietzirá* haja alusões a esse tema). Em certos textos de R. Iaakov ben Scheschet aparecem do mesmo modo alguns fragmentos muito curtos que foram atribuídos explicitamente a R. Isaac[166]. Chegaram também até nós um *responsum* seu acerca da bênção "o construtor de Jerusalém"[167], um ensinamento esotérico sobre os sacrifícios que ele transmitiu igualmente em seu tratado *Bi'ur al Perusch haRamban*[168] e alguns textos curtos que tratam, em sua maioria, das intenções que o rezador deve ter em mente em diferentes partes da reza[169]. Além disso, conservou-se sua famosa missiva a Nakhmânides e a R. Iona de Gerona, que G. Scholem descobriu e estudou[170] e que tem sido objeto de numerosas investigações[171].



Os primeiros rabis e gaons provençais que escreveram tratados haákhicos, R. Avraham Av Beit Din, autor do *Sefer Haeschkol*, e seu genro R. Avraham ben David, autor das críticas a Maimônides e pai de R. Isaac, o Cego, foram também os primeiros a fixar por escrito fragmentos da doutrina esotérica. As primeiras tradições escritas da doutrina esotérica apresentam a forma de curtos apontamentos para facilitar a rememoração e a revisão (R. Avraham Av Beit Din), assim como breves ensinamentos

**165** Epstein (*Miqadmoniot haiehudim*, p. 201) o enunciou de forma extrema.

**166** Ver, por exemplo, seu tratado *Haemuná vehabitakhon*, p. 357, 362, 364.

**167** S. Abramson, *Inianut besafrut hagueonim*, Jerusalém, 1974, p. 150-155

**168** *Bi'ur al perusch haRamban*, sobre Levítico, 23, 1-4.

**169** Scholem, *Reschit haQabalá*, p. 96-126; M. Idel, Al kavanat Schemoné Esré etzel R. Itzkhak Sagüi Nahor, em A. Goldreich e M. Oron (eds.), *Mas'uot. Mekhaqarim besafrut haQabalá ubemakhschevet Israel, muqdaschim lezikhro schel Prof. Efraim Gottlieb*, Jerusalém/Tel Aviv: [s.n.], 1994, p. 28-30.

**170** Scholem, *Teudá Hadaschá*, p. 143-144.

**171** Idem, ibidem; Idem, *Origins of the Kabbalah*, p. 393-404; J. Dan, *Jewish Mysticism and Jewish Ethics*, Seattle, 1986, p. 33-35; Idem, Hareqa haraaioni vehakhevrati lehitgabschut schel safrut hamusar hamasortit bemeá ha-13, em W. Z. Zadik Harvey e M. Idel (eds.), *Sefer haiovel leSchlomo Pines bemleat lo schmonim schaná*, 1, Jerusalém: [s.n.], 1988, p. 239-252; Verman, *The Book of Contemplation*, p. 170-171; M. Sendor, *The Emergence of Provençal Kabbalah: Rabbi Isaac the Blind's Commentary on Sefer Yezirah*, dissertação de Ph. D., [S.l.]: Universidade de Harvard, 1994, p. 148, 304; Abrams, *Rabi Asher ben David*, p. 23-25; M. Idel, R. Moisés ben Nakhman: Qabalá, Halakhá vemanhigut rukhanit, *Tarbiz*, 64, 1995, p. 541-548. No que diz respeito à leitura da missiva, concordo em geral com a análise de Idel (o qual sustenta que há um debilitamento no esoterismo de R. Isaac, o Cego, e que este último havia ensinado previamente em Gerona). Em minha opinião, em outro ponto da missiva é preciso pôr em dúvida parte da descrição (inclusive, embora Nakhmânides e R. Ioná tenham convidado R. Isaac, naquele momento concreto ele não veio. Propuseram também que R. Ascher fosse para lá, mas não conseguimos saber se a viagem efetiva foi efetuada ou não; de outro lado, tampouco é possível estabelecer de forma inequívoca que não tenha chegado a Gerona).

sobre a *Torá* (R. Avraham ben David). Os primeiros cabalistas de que nos ocupamos neste ensaio colocaram por escrito justamente o que se estava elaborando no momento[172]; o novo foi, pois, escrito, enquanto o material antigo era repassado oralmente; por isso, a maior parte do que se preservou já é fruto da transição e não reflete a etapa anterior em si mesma[173].

Quando se trata de uma experiência espiritual do tipo que descrevemos mais acima, cumpre avançar com precaução na hora de medir se R. Isaac, o Cego, era ou não experto na *Halakhá*, visto que sua imagem é bastante nebulosa. Ele não era dirigente de uma comunidade nem escreveu nenhum tratado de caráter legal; juntamente com eles, as análises sociais, por importantes que sejam, não excluem a necessidade de efetuar também uma caracterização interna de sua experiência religiosa como especialista na *Halakhá* (que não tem por que responder a um cargo social concreto); a dita vivência não é forçosamente igual à que implica uma posição de liderança ou a escritura de ponderações ou *novellae* no terreno halákhico[174]. Vale constatar que o material que nos chegou como fruto real da pena de R. Isaac, aquele no qual ele aparece como autor em primeira pessoa, são cartas: sua famosa missiva a Nakhmânides e a R. Iona de Gerona[175], e outra carta que pode ser incluída no gênero dos *responsa*[176]. O tema desta última é a enunciação da bênção "O que edifica Jerusalém" na prece *Schemoné-esré*, com a fórmula: "Deus de David e Construtor de Jerusalém", tal como aparece no *Talmud* Jerosalemita[177]. A meu ver, é preciso relacionar este fenômeno com o fato de que R. Isaac não parece ter escrito pessoalmente



172 Refiro-me aos diferentes vínculos com a estrutura composta por dez *sefirot* e sua relação com as intenções que é preciso colocar em certos momentos da prece, ou então nos vínculos entre conceitos neoplatônicos e imagens provenientes do mundo do *midrasch*, de uma parte, e símbolos cabalísticos, de outro.

173 Ver mais acima, onde qualifico o material proto-cabalístico de testemunho escrito, parcial evidentemente, acerca do "estado de consciência" da transição enquanto ela esta sendo levada a cabo; em sua maior porção, não chegou até nós.

174 Talvez convenha procurar definir alguns tipos de expertos em *Halakhá*. Podemos dizer que a "criação" halákhica para os reclusos no *beit midrasch* e dedicados aos estudos da Guemará, ao longo de um dia, é algo mais amplo do que o puro fato de fixá-la por escrito. É preciso esforçar-se ao menos para cunhar categorias ou situações intermediárias adicionais e mais complexas para a questão de se o cabalista é ou não especialista na *Halakhá*. Entre outras, por exemplo, a questão de saber se se trata de uma experiência religiosa como a de permanecer dia e noite estudando a *Torá* e *Halakhá*.

175 Scholem, *Teudá Hadaschá*, p. 143-144.

176 Abramson, *Inianut*, p. 151-152.

177 Ver TJ, *Brakhot*, 4:5; *Rosch Haschaná*, 4:6. Existem numerosos estudos sobre o tema. Ver uma nova e atualizada análise em U. Ehrlich, Lenuskhan haqadum schel birkat 'Boné Ieruschalaim' ve-'Birkat David', batefilá, *Peamim*, 78, 1999, p. 16-43.

nenhum tratado cabalístico. Quer dizer, que ele se valeu da escritura para os assuntos pragmáticos em que tradicionalmente se emprega esse meio de expressão: quando necessitava enviar uma mensagem.

## Deus de David e Construtor de Jerusalém





Segundo todos os testemunhos, R. Isaac, o Cego, tinha o costume de empregar a fórmula do *Talmud* de Jerusalém nesta benção da prece *Schemoné-esré*, o que concorda com sua doutrina cabalística. Trata-se neste caso de uma tradição que lhe foi transmitida, ou foi ele pessoalmente quem decidiu mudar sua formulação? A maioria dos pesquisadores julga que se trata de uma inovação dele. Ao que se adicionaram as especulações sobre se R. Isaac era ou não um experto na *Halakhá*[178].

O texto da missiva, assim como o testemunho de outros cabalistas[179], informa-nos que essa era a fórmula que R. Isaac, o Cego, adotava em suas rezas. Há nos ensinamentos desse rabino um profundo segredo cabalístico que vincula o tema de Jerusalém construída com o de David como reformador, porém neste *responsum* R. Isaac não faz nenhuma referência ao motivo intelectual da mudança, mas dedica-se exclusivamente a esclarecer a fórmula reformada e primitiva da oração. As provas que aduz nos

**178** Scholem (*Reschit haQabalá*, p. 102) assinala que não há livros seus sobre campos que não tenham relação com o esoterismo, seja em termos de *Halakhá*, exegese midráschica ou ética; em continuação, afirma que: "se era grande a escola, verifica-se claramente que não era por sua excelência nos ramos da *Torá*"; ver também Katz, *Halakhá veqabalá*, p. 17-20. Katz escreve entre outras coisas: "R. Isaac, o Cego, a personalidade cabalística mais destacada do grupo, mas que não é conhecido como sucessor de seu pai [no terreno da] *Halakhá* (Idem, p. 17). Em compensação, Idel (*Moisés bem Nakhman*, p. 571-573) faz uma distinção entre Nakhmânides como experto na *Halakhá* e R. Isaac, o Cego, que, segundo ele, não o era, se nos ativermos a categorias claras de liderança sócio-religiosa. É preciso examinar e desenvolver, com maior profundidade, os pressupostos fundamentais da investigação e não justamente da análise fenomenológica ou filosófica do que é um "experto na *Halakhá*". Além das definições no tocante ao uso, também é importante a consciência religiosa interna do perito na *Halakhá*. A importância deste tipo de consciência estriba-se na existência dialética de um fortalecimento interno diante de posturas ou enfoques contrapostos. A meu ver, podemos considerar que a tendência mais imediata de um cabalista experto na *Halakhá*, é utilizar o elemento esotérico para sustentar a tradição halákhica, que altera e renova a fórmula estabelecida, e não se limita a dar significado a um costume tradicional existente desde um tempo antigo.

**179** São especialmente importantes as palavras de R. Iaakov ben Schechet, que teve contato direto com R. Isaac, em seu livro *Haemuná vehabitakhon*; incluído em Ch. B. Chavel (ed.), *Kitvei Ramban*, 2, Jerusalém: [s.n.], 1964, p. 396.

permitem apreciar o alcance de sua erudição, bem como os contextos de sua escritura e a profunda relação que entretece os temas halákhicos e cabalísticos como integrantes inseparáveis da noção de *Torá* Oral[180].

R. Isaac, o Cego, era conhecido como extremamente cuidadoso e perito na oração e, portanto, podemos conjeturar que em seu *responsum* sobre a fórmula exata da prece, buscou precedentes para fortalecer a noção de continuidade viva das tradições do *Talmud* Jerosalemita. Em sua busca ele se baseou no que foi escrito acerca das rezas, nos livros de orações para as festividades, nos poemas litúrgicos e nos *midraschim*. Sabemos que um dos principais meios através dos quais se transmitiu a doutrina esotérica foi a oração. Cabe perguntar se R. Isaac descreve unicamente versões que examinou, a fim de sustentar e esclarecer a versão que seus maiores estavam de posse[181], se foi o autor da inovação, ou se os escritos em torno da oração foram, *a priori*, o gênero por meio de cujos comentários a doutrina esotérica foi legada juntamente com outros aspectos da herança espiritual de seus antepassados[182]. É difícil responder a essa pergunta: talvez estejamos aqui ante um testemunho antigo da relação entre o centro provençal e o da Terra Santa, uma vez que se trata da versão da bênção tal qual ela aparece no *Talmud* de Jerusalém[183]. É possível que possamos falar neste caso, como assinalaram os pesquisadores do judaísmo aschkenazi, de uma relação entre a tradição halákhica da Terra de Israel e o *Talmud* Jerosalemita, de um lado, e a tradição local. de outro; ainda que porventura se trate de um vestígio que se conservou mais no terreno da oração e do "segredo" e



**180** R. Isaac, o Cego, menciona R. Eliezer Kalir, o *Schemoná Esré* de Eliahu (*Tzaluta deEliahu*), *Halakhot Guedolot, Midrasch Tankhuma*, o comentário a Crônicas, e ao Raschbam (R. Schmuel Ben Meir), *Agadta deSchmuel*, um antigo livro de orações para as festividades, poemas lúrgicos para *minkhá* e tratados antigos que incluíam a utilização de Nomes, tudo isso além de referir-se ao *Talmud* de Jerusalém e o da Babilônia. Ver o *responsum* que Abramson publicou em *Inianut*, p. 152-155, e a análise e as observações que faz aí.

**181** R. Avraham Av Bet Din cita, no *Sefer Haeschkol*, p. 28, a versão do *Talmud* de Jerusalém para todas as orações da *Schemoné Esré*; de suas palavras não podemos deduzir qual é a fórmula por ele utilizada.

**182** Sei que neste contexto podemos formular uma questão adicional: Provinha de seus antepassados essa doutrina secreta, tal como está ligada à versão empregada na reza, ou foi transmitida por alguém procedente da Itália? R. Isaac, o Cego, em seu *responsum*, faz referência a um antigo livro de orações para as festividades, no qual a versão que contém o poema litúrgico: "dá luz e água Deus de David e constrói Jerusalém" se encontra, por exemplo, no livro de orações para as festividades da comunidade de Roma (como assinalou Abramson, p. 11); ver também Hacohen, *Hatalmud Haieruschalmi*.

**183** TJ, *Brakhot*, 4:5; *Rosch Haschaná*, 4:6. A posição descolante do TJ entre os eruditos da Provença fica manifesta em diferentes aspectos. Ver Benedikt, *Mercaz haTorá*, p. 11; cf. também Hacohen, op. cit.

talvez seja preciso procurar o vínculo específico na propagação de tradições provenientes da Itália[184].

Gostaria de sublinhar que isto não passa de uma suposição e que não se pode dar como "seguro" que Isaac, o Cego, "inovara" a formulação das orações. Inclusive se, neste ponto, tivesse introduzido efetivamente um "novo" enunciado, creio que seria preciso matizar a assertiva de que se trata da decisão de um cabalista que não era perito na *Halakhá*. O fato de que o tosafista R. Moisés, filho de R. Iom Tov de Londres, também rezasse empregando essa fórmula, como seu filho R. Eliahu afirma[185], empresta força a quem sustenta que se trata de um passo radical dado por um cabalista que não era perito na *Halakhá*; esta afirmação baseia-se na suposição de que o sistema halákhico rechaça novidades deste talante[186]. Em tal caso, a relação de R. Isaac, o Cego, com a oração se assemelha à de R. Iehudá Hehassid. Trata-se, em ambos, de uma relação conservadora com respeito à prece e cuidadosa com as palavras que a compõem, por um lado, mas que mantém uma liberdade de eleição no tocante à sua formulação[187].



## Esoterismo e Revelação

A passagem do esoterismo à revelação nos inícios da Cabala foi relativamente rápida e acentuada, e esteve relacionada também com um momento determinado em que se produziu um cruzamento de um eixo místico baseado acima de tudo na escritura (*Sefer Habahir*) com outro, de tradições transmitidas principalmente de forma oral[188]. Na carta que já mencio-

**184** A relação entre a Provença e Roma encontra expressão igualmente na chegada de R. Natan de Roma para estudar com R. Moisés Hadarschan. A conexão entre a Itália e a Provença também constitui parte da relação básica com o centro na Terra de Israel. Ver R. Bonfil, Bein Eretz-Israel lebein Babel: qavim lekhequer toledot hatarbut schel haiehudim beItalia hadromit ubeEuropa hanotzrit bimei habeinaim hamuqdamim, *Schalom*, 5, 1987, p. 19-29.

**185** *Tosafot* de R. Moisés, filho de R. Iom Tov de Londres, ao tratado *Pesakhim*, citado por E. Urbach, *Mekhqarim bemadaei haiahadut*, Jerusalém: [s.n.], 1998, p. 34-35; cf. aí as notas.

**186** Y. Katz, *Halakhá veQabalá*, Jerusalém, 1986, p. 18.

**187** Uma relação da qual fala I. M. Ta-Schma em sua resenha Avraham Grossman, *Hakhmei Aschkenaz harischonim*, *Kiryat Sefer*, 56, 1981, p. 348-349.

**188** Com isso não pretendo afirmar que se trate do primeiro encontro destes eixos (ao mesmo tempo semelhantes e distintos são os começos da exegese do *Sefer Ietzirá*), porém que é um encontro significativo para o surgimento da Cabala. Creio também que se trata da única secção que permi-

namos, R. Isaac, o Cego, escreveu: "e o escrito não tem dono[189], já que com muita frequência ele se perderá ou seus proprietários morrerão e os livros chegarão às mãos de ignorantes e frívolos e o Nome do Céu ficará profanado [por causa disso]". Até aqui tivemos notícia do procedimento esotérico mais básico e original: simplesmente, não escrito. A forma de transmissão, estudo e memorização são orais, o que constitui o método típico da cultura judaica na etapa da Mischná, antes de ser fixada por escrito e dada por concluída, e que continuou sendo a forma tradicional de que se serviu o judaísmo rabínico para transmitir as doutrinas até os começos da Cabala[190]. Em continuação, R. Isaac descreve o procedimento de transmissão dos segredos herméticos em que ele foi iniciado: "porque meus antepassadoss foram nobres e propagaram a *Torá* em público", o que nos informa também sobre a relação daqueles que conheciam e seguiam as tradições e os métodos de ensinamento do *Talmud* na vida diária, com os iniciados nas doutrinas esotéricas. Neste contexto, é igualmente importante diferenciar entre "muitos" e "uns tantos": "propagaram a *Torá* em público e não saiu palavra de sua boca". A fala, a transmissão oral, constitui, também aqui, um método reservado a uma minoria, a contado número de indivíduos, não sendo a maneira de dirigir-se ao público geral, "e se conduzem com eles como [com] pessoas que não são expertas em sabedoria e eu vi isso deles e aprendi". Esta curta frase nos proporciona muita informação sobre o modo como surgiu a doutrina nos primeiros momentos. De uma família: "porque meus antepassados"; de uma família rabínica que exercia liderança[191]: "foram nobres e propagaram a *Torá* em público"; o que nos mostra também a relação entre *Halakhá* e Cabala e o vínculo que se produziu, dentro da liderança rabínica, entre os que conheciam e seguiam as tradições e os métodos de ensino do *Talmud* na vida diária, e os iniciados nas doutrinas esotéricas. A importância do magistério dos ancestrais dessa família também se depreende das palavras de R. Ascher ben David, em seu prefácio ao comentário sobre os treze atributos de Deus[192].



te entender o receptor de que estamos falando. A existência de outras secções explicativas provém do contexto do *beit midrasch* e do contato com sistemas neoplatônicos. Ver também Pedayah, *HaRamban*, cap. 1.

**189** Sobre a forma como está escrito, ver Liebes, *Midotav*.

**190** Pedayah, *HaRamban*, cap. 1.

**191** Para a relação entre liderança espiritual, cadeias genealógicas e correntes de transmissão da *Torá* em Aschkenaz, cf. Grossman, *Ieruschat Avot*, p. 217.

**192** Abrams, *R. Ascher ben David*, p. 150.

A descrição de R. Isaac, o Cego, apresenta um acentuado paralelismo com a situação dos *hassidim* de Aschkenaz[193].

Isto coloca a questão da relação existente entre a irrupção do esoterismo e sua saída do entorno da família e o *beit midrasch*; estes dois últimos componentes constituem o círculo mais amplo, que justifica e possibilita a existência do esotérico sem recorrer à escritura que representa o círculo mais restrito. A liderança centralizada (econômica e espiritual, conhecimento aberto e conhecimento esotérico) em mãos de uma família rabínica, susteve os sistemas do saber esotérico e, ao mesmo tempo, ao combinar dentro de um âmbito comum de estudo da *Torá* com práticas próprias da piedade hassídica, permitiu estabelecer relações mútuas com outros sistemas de conhecimento que, considerava-se, vinham complementar esse mundo espiritual.





Daí adveio um terreno intermediário que, em segunda instância, apresenta-se como um período de transição extremo. As experiências próprias do *beit midrasch* e as pautas de conduta peculiares ao hassidismo, assim como o esforço para alcançar a espiritualidade, como forma de vida compreensiva que não se identifica exatamente com a Cabala, a filosofia ou o *midrasch*, permitiram uma enorme abertura[194]. Esta dialética entre conservadorismo e inovação, conhecimento aberto e esotérico, renúncia voluntária a uma criatividade pessoal e originalidade, produziu-se em maior ou menor medida nos *batei midrasch* renomados de Lunel e Posquières. Foi a dita dialética que permitiu formar uma tessitura de inter-relações entre dois ou mais sistemas de conhecimento (conhecimento judaico interno, conceitos midráschicos e próprios do ocultismo, conhecimento sistemático de matérias profanas), que forjaram entre todos uma estrutura espiritual heterogênea. Por outro lado, dá-se uma concordância entre a

**193** Ver Dan, *Torat hasod*, p. 9-20; Idem, HaQabalá haaschkenazit: 'Iun nosaf', em idem (ed.), *Divrei hakenes habeinleumi letoldot hamistiqa haiehudit: reschit hamistiqa beEuropa, Mekhqarei Ieruschalaim bemakhschevet Israel*, 6, 1987, p. 127-128; Abrams, Ketivat hasod beAschkenaz vehamaavar liSefarad, *Mahanayim*, 6, 1994, p. 94-103.

**194** Sobre o renascimento do século XII em geral, ver C. H. Haskins, *The Renaissance of the Twefth Century*, Cambridge Mass., 1927; Stock, *The Implications of Literacy*; R. L. Benson e G. Constable (comps.), *Renaissance and Renewal in the Twelfth Century*, Cambridge Mass., 1982. Cf. também M. D. Swartz, *Scholastic Magic: Ritual and Revelation in Early Jewish Mysticism*, New Jersey: [s.n.], 1996. Também na cultura geral, que se encontra em período de transição, eles salientam as relações interinstitucionais, tais como as que se evidenciam em estruturas e sistemas de organização do saber. Há igualmente descrições de sistemas teológicos em contato com instituições e um público relacionado com elas. Ver o artigo de Jean Leclerc em R. L. Benson e G. Constable (eds.), *Renaissance and Renewal in the Twelfth Century*, p. 68-87.

desintegração e o desmembramento dessa forma de vida e a transição para um tipo de conhecimento aberto e de conhecimento esotérico, convertidos em sistemas que atuam em processos "independentes" e separados um do outro[195]. É como se o *corpus* de conhecimento esotérico se houvesse desconectado da terra em que nasceu e quisesse viver uma vida independente no sistema de conhecimento geral no qual estava arraigado como parte profundamente ligada ao *beit midrasch*.

O material textual de caráter complexo refletia um universo espiritual criado a partir do encontro de mundos distintos no *beit midrasch*. Ambos os mundos espirituais, diferentes à primeira vista, nutriram-se e ramificaram-se em uma plataforma compartilhada de valores de rigorosa piedade e consagração dia e noite ao estudo da *Torá* e da *Halakhá*. É de supor que essa plataforma, quando se vive com intensidade, cria um ambiente natural de isolamento[196] que, por sua parte, permite alcançar um alto nível de abertura que responde à sede de conectar esse intenso mundo espiritual com sistemas que contribuam para explicar a realidade, a divindade e o ser humano.

Parece estar claro que há uma relação entre o ocaso desse tipo de *beit midrasch* e as diferentes formas de desligamento e tensão entre as duas esferas de conhecimento. De fato, o incipiente surgimento de comunidades iniciadas nos segredos esotéricos cujo foco comum, que serviu de enlace entre elas, é a doutrina hermética escrita. Trata-se de um desengajamento do modelo e da estrutura de transmissão do conhecimento por via oral, no qual o transmissor, o receptor e o conteúdo da transmissão estão fundamentalmente relacionados por se encontrarem juntos em um mesmo lugar. No que diz respeito à zona da Provença, e somente a ela[197], produziu-se



**195** Creio que, nessa etapa, a diferença entre alegoria e simbolismo era menos pronunciada do que na época da polêmica contra os escritos de Maimônides.

**196** Ver Soloveitchik, *Three Elements*, p. 350-354; Schäfer, *The Ideal of Piety*. Com efeito, também o hassidismo é um tipo de sociedade superior. Idel, em compensação, no seu estudo sobre os inícios da Cabala na Provença (Idel, *Elitot*) centrou-se em categorias ligadas ao critério em sua relação com a *Halakhá*.

**197** Tratava-se de uma comunidade dedicada ao estudo da *Torá* e à prática de seus valores, que proporcionou também à tradição filosófica proveniente da Espanha, com o que poderíamos chamar "ingenuidade", a estrutura tradicional do *beit midrasch* como o lugar que aninha em seu interior sistemas de conhecimento esotérico. Por isso mesmo, contamos com um bom critério para avaliar a relação que se estabelece entre focos arquitetônicos, que proporcionam expressão a um mundo no qual o conhecimento se articula em torno de uma coluna vertebral, fundamentada no estudo da Guemará e da *Halakhá*, de um lado, e, de outro, em focos textuais que se bifurcam por gêneros e se dirigem a comunidades textuais.

um novo processo; o que aguçou as estruturas, os tipos de exegese e os diferentes grupos sociais – cabalistas, filósofos e eruditos talmúdicos – cada qual por seu lado, em que parte destes últimos mantém um nexo com a Cabala ou a filosofia. Com o aguçar das delimitações sócio-religiosas, deu-se também um ocaso da abertura. Neste ponto, há um paralelismo entre a tensão que se produz com respeito à filosofia e à Cabala, e sua dissociação da vida do *beit midrasch*.

A marca estampada dessa situação pode ser apreciada no caráter e na natureza da criação escrita dos primeiros cabalistas da Provença, assim como em sua concentração em torno do tema do Templo[198].

Na própria missiva em que R. Isaac, o Cego, dá a impressão de se defender e desculpar-se, mostrando a forma de atuar de seus ancestrais ao longo de gerações, já se encontra uma descrição de como parte de seus discípulos se conduz. Como dissemos mais acima, os pesquisadores já apresentaram numerosas leituras dessa carta. De minha parte, tratei em outros lugares do contexto que pode contribuir, entre outras coisas, para compreender a situação sobre cujo plano de fundo é preciso situar a carta; agora tratarei de ir um pouco mais longe examinando de novo alguns pormenores de seu teor. É muito razoável supor que se fala aqui de dois grupos de discípulos. Os primeiros fixaram extensamente por escrito certas doutrinas cabalísticas, enquanto os segundos ensinaram no espaço público, ao ar livre. Aos primeiros, ele os chama de sábios, entendidos e piedosos, ao passo que dos segundos ele diz: "e por suas palavras sabe-se que seus corações se afastaram da excelência e caíram na heresia". Os primeiros cometeram graves erros por escrito e os segundos por terem falado perante todo mundo sem discrição. Dos primeiros não se diz onde estavam radicados e aparentemente tiveram uma relação direta com R. Isaac, seja

**198** Creio ser muito possível que a tendência dos expertos em *Halakhá* seguidores de Maimônides (ver Halbertal, *Bein Torá* , p. 181 e s.) a ordenar sua criação escrita na estrutura formal do *beit midrasch* (ver o *Sefer Habatim* de R. David Hakokhabi que Halbertal apresenta no livro mencionado, porém cabe observar também o título do livro de Hameiri: *Beit Habekhira* [literalmente A Casa da Eleição, isto é, O Templo]), assim como a explicação espiritualista que se aplica às cerimônias e ações que se realizam no Templo; é preciso esclarecê-las também conectando-as ao encontro da filosofia maimonidiana com o fundamento profundo da experiência provençal em torno da posição do Templo, como modelo do *beit midrasch* em sua condição de espaço e forma de organizar o conhecimento e como coração da organização do culto e não só como desenvolvimento de um labor exegético estreitamente ligado à criação maimonidiana. Isto, em minha opinião, já é fruto do encontro. Em outras palavras, também a filosofia maimonidiana recebeu algo do fundamento do mundo espiritual religioso nos *batei midrasch* provençais.

quando chegaram à Provença ou quando ele mesmo esteve em Gerona[199]; os segundos residiam em Burgos, na Castela.

Os primeiros são "sábios, entendidos e piedosos que alargaram sua língua e estenderam suas mãos para escrever coisas grandes e terríveis em livros e em suas missivas, e o escrito não tem dono"; dos segundos discípulos afirma-se "que eles falam de forma descoberta nos mercados e nas ruas como estouvados e confusos, e por suas palavras sabe-se que seus corações se afastaram da excelência e caíram na heresia". Os discípulos desses discípulos violaram, portanto, as regras que prescrevem falar a auditórios restritos de iniciados, e o fazem em lugares que são símbolos por excelência da via pública: "mercados e ruas". Com isto, vencemos três etapas: oral, escrita, oral. A escritura é assim intermediária entre a palavra que passa de boca em boca como sinal de conhecimento cerrado e limitado, e a palavra que se deixa ouvir no espaço público aberto como sinal de conhecimento transmitido ao público em geral. A afirmação de que entre os discípulos e os discípulos dos discípulos de R. Isaac, o Cego, se produzira um fenômeno que era percebido como negativo, vê-se reforçada por suas palavras: "e assim chegou a eles". O que significa esta frase? O que é que chegou a eles? Para entendê-lo é preciso voltar a uma frase anterior da missiva: "e os livros chegarão às mãos de ignorantes e frívolos e o Nome do Céu ficará profanado [por causa disso] e assim chegou a eles". "Chegou a eles" no sentido de "assim sucedeu com eles"[200]. Foi isso que ocorreu com eles, isto é, que seus livros chegaram às mãos de ignorantes e frívolos, o que se vê reforçado em um lugar ulterior da carta, no qual se afirma que "produziram um contratempo". A eles não se adjudica nenhum epíteto pejorativo, mas são considerados gentes do contratempo. Quanto ao dano que os discípulos dos discípulos provocaram, R. Isaac emprega palavras mais contundentes: "seus corações se afastaram da excelência e caíram em heresia".

O elo do qual fala com menos detalhe de todos é ele mesmo, embora não haja dúvida de que é ele quem serve de intermediário entre antepassados e discípulos. Quando declara "não fui assim acostumado", está considerando a forma de proceder de seus maiores, porém não dá pormenores de sua própria atuação. Se na verdade foi ele mesmo quem esteve em



**199** Idel recolhe as palavras de R. Isaac, o Cego: "e eu [estou] com eles", e tira delas a conclusão de que foi R. Isaac quem esteve em Gerona e não seus discípulos na Provença. Até que não se descubra nova informação, a meu ver é preciso aceitar esta leitura e tomar em consideração suas consequências.

**200** O original *hegui'a aleikhem* admite as duas versões. (N. do T.)

Gerona[201] e não foram seus discípulos que se dirigiram ao lugar onde ele residia, pode-se pensar que talvez sua forma de atuar como transmissor fizesse parte, ao menos em certa medida, do processo (estivesse ou não consciente disso), ainda antes que seus ensinamentos fossem colocados por escrito. O círculo mais amplo era o ambiente espiritual na Provença em geral e, em particular, no *beit midrasch*, que mantinha e assegurava a salvaguarda dos fundamentos secretos no estrato sócio-religioso possuidor de sistemas normativos cristalizados e claros. Talvez R. Isaac, o Cego, não levasse isso em conta quando foi a Gerona, e, inclusive, embora transmitisse a seus discípulos a doutrina esotérica de que estava de posse, conforme todos os princípios que seus antepassados consideravam válidos, ele o fez em outra região e em um lugar que não incluía as pautas de defesa que o tradicional, conhecido e construído mundo do *beit midrasch* proporcionava, mundo a cuja frente se encontrava quase sempre uma família rabínica dirigente. Há nisto também uma indicação mais geral da separação de Cabala e *Halakhá* em áreas de conhecimento que não se apresentam juntas e simultâneas. A estrutura anterior, que unificava as duas esferas de conhecimento sob o teto do *beit midrasch*, foi o que possibilitou sua bifurcação em um mesmo eixo. Estas circunstâncias mudaram, e a mudança fez com que os inícios da Cabala ficassem vinculados a um *corpus* escrito de conhecimento de caráter independente, cortado da relação direta entre transmissor e receptor ou naquilo que, ao menos, ambos os fatores não precisavam estar necessariamente relacionados. É possível também que o próprio R. Isaac, o Cego, não fixasse nada de seus ensinamentos por escrito e não calculasse, *a priori*, o alcance que iria ter o fato de ele permitir a seus discípulos fazê-lo. Em minha opinião, é bem possível que os textos de sua autoria que nos chegaram, se devam à pena de seus discípulos[202]. Sua principal acusação aos seus primeiros discípulos, os que seguiram fielmente seu caminho, é a de que escreveram extensamente sobre assuntos que ele qualifica de grandes e terríveis. Não é lógico a alguém que se queixa de seus alunos com esse



**201** Tal como sugere Idel, *R. Moisés ben Nakhman*, p. 541-548, e suas palavras são convincentes. Em geral digamos que, exceto certas personagens cujas viagens constituem parte de seu caráter e de seu destino (por motivos de crise ou indigência pessoal ou normativo-social), normalmente, no mundo da *Halakhá*, são os discípulos que viajam ao lugar em que se dá o ensino. No que se refere à doutrina esotérica, as narrações de viagens de mestres, em ocasiões legendárias ou às vezes reais, são mais abundantes.

**202** R. Isaac, o Cego, parece ser o primeiro – na linhagem com que tem parentesco – que permitiu fixar por escrito um tratado inteiro, e não só listas de palavras soltas, para ajudar a recordar e repassar.

argumento, faça, por sua vez, o mesmo; como observamos mais acima, no comentário ao *Sefer Ietzirá*, atribuído a ele, contamos com um testemunho que prova ter sido o livro copiado por seus discípulos.

Em uma missiva tão curta, dispomos pelo menos de quatro elos: os antepassados de R. Isaac, o Cego, o próprio R. Isaac, seus discípulos e os discípulos de seus discípulos, além de três zonas geográficas, no mínimo: Provença, Catalunha e Castela. De fato, este reduzido documento nos permite atribuir três formas distintas de estudo a cada uma dessas regiões: na Provença, a transmissão oral e o ensino a uns quantos iniciados; na Catalunha, um ensino que permite a fixação por escrito; na Castela, ensino oral em público.





## O Lugar da Provença nas Origens da Cabala

Ainda que a breve carta anuncie acontecimentos que se produziriam ao longo dos cinquenta anos subsequentes, revela-se como certeira e, portanto, surge uma pergunta essencial: se parte dos processos que se verificaram depois esteve relacionada, na verdade, unicamente com uma cadeia de causas e consequências, ou esteve ligada já desde o princípio e de forma essencial ao caráter básico do estudo e da criatividade social de cada uma dessas zonas geográficas. Quer dizer, poderá o caráter próprio do lugar ter exercido uma influência e contribuído, com seu espaço e o marco de seu mundo local, ao *corpus* de conhecimento, a seu conteúdo, a sua forma e ao fato mesmo de seu crescimento e disseminação? Será esta a outra das razões pelas quais a aceleração mais acentuada do surgimento da Cabala ocorreu, ao fim, justamente na Espanha? Em Castela? Talvez seja esse o contexto sócio-religoso mais essencial para o surgimento da escritura pseudoepigráfica[203],

**203** Ver o estudo de Verman, *The Book of Contemplation*, p. 24-30, 165 e s.; descrevi desta forma a relação entre transmissor e receptor na apocalíptica antiga, ver Pedayah, *HaRamban*, cap. 1. É também bem possível que o desenvolvimento da Cabala em Castela tenha que ser esclarecido mais sobre o plano de fundo do caráter especial dos *batei midrasch* e das academias rabínicas nessa zona, assim também como a questão da existência ou não destes últimos. Cf. Y. Baer, *Toldot Haiehudim*, p. 58-59, 112-114; ver também: B. Septimus, *Hispano-Jewish Culture in Transition: The Career and Controversies of Rama*, Cambridge Mass.: [s.n.], 1982, p. 7, 30 e s., 112 e s.; Y. Liebes, Keitzad nitkhaber haZohar, em *Hara'aion homeschikhi beIsrael: Iom 'iun lereguel mleat schmonim schaná le Gershom Scholem*, Jerusalém: [s.n.], 1982, p. 68-71.

escritura esta que se dirige já a uma comunidade de iniciados na doutrina esotérica, uma comunidade textual dentro da comunidade geral do *beit midrasch*. Se os que escreveram receberam de seus mestres que o mestre destes últimos era, por sua vez, R. Isaac, o Cego, dizem a verdade quando afirmam que os passos da tradição de que eram depositários voltam para a Provença; só que não consignam os verdadeiros nomes dos mestres. Mas é possível que seus mestres, e o fato de que a dita tradição procedia da Provença, fossem reais na mesma medida em que o foi sua própria vida em Castela, uma vez que isto concorda com os detalhes históricos que se depreendem da carta de R. Isaac, o Cego. Escondem seus próprios nomes e o de seus mestres, devido à crítica de que eram objeto por parte da sociedade e às desagradáveis consequências que podia acarretar-lhes, mas não o contexto geográfico pelo qual o conhecimento efetuou o seu périplo. Porém aqui não se trata unicamente de ocultar o transmissor, com o fito de chegar a qualquer receptor possível e desconhecido, mas da transição ao uso da escritura como espinha dorsal do conhecimento. Enquanto na Provença se escreve da mesma forma que se transmitia oralmente um ensinamento esotérico, na Catalunha é um homem fechado em sua casa que põe, por escrito, diferentes extratos de comentários sobre um tratado que está diante de seus olhos. Na Castela, em troca, escreve-se da mesma maneira como se fala em uma dissertação pública. Uma homilia no mercado significa uma transmissão de conhecimento cujo objetivo é, desde o primeiro momento, chegar aos iniciados e aumentar seu número por meio do conhecimento da mensagem. O transmissor do conhecimento esotérico requer um receptor "que sabe" ao qual vai transmitir, e um transmissor do conhecimento que ensina no espaço público, mas se interessa também pelo receptor desconhecido[204].



**204** Ver Stock, *The Implications of Literacy*, p. 88-240, em que trata do tema das "comunidades textuais"; ele descreve a passagem à fixação por escrito no que concerne à formação de dois tipos de grupos religiosos: a heresia e a reforma. Pinta ambos os grupos dizendo que utilizam os textos para justificar o que consideram normas não textuais. Ele utilizou essa noção no contexto da relação cindida entre transmissor e receptor, na transmissão do conhecimento que se faz possível com a existência da transmissão do conhecimento hermético por escrito, o que possibilita cortar a mensagem do transmissor. Além disso, suponho que existam pelo menos dois tipos de dinâmica: a. o texto que põe em contato pessoas "distantes"; b. o texto como espinha dorsal de uma comunidade camuflada, mas que mantém um contato vivo, isto é, que há um estrato oral e vital por trás da escritura. Seria preciso estudar qual é a definição do espaço, do contexto, neste caso.

# A MÍSTICA JUDAICA E O PENSAMENTO MUÇULMANO

MOSHE IDEL

trad. de Fany Kon

Muitas etapas cruciais do desenvolvimento da Cabala tiveram por quadro os países da cristandade. Isso é particularmente claro quando se considera o período de formação da Cabala no Languedoc, na Catalunha e em Castela. Essas regiões são, sem contestação, os berços do sistema do pensamento cabalístico e do modo de vida místico[1]. No entanto, a influência do cristianismo em geral e da mística cristã em particular é bem menor do que a influência notória das diferentes formas do Islã na mística judaica. Alguns dos estudiosos chegaram a demonstrar que certos elementos do pensamento e da teologia cristãs abriram passagem nos escritos dos cabalistas espanhóis, mas essas interferências não têm nada de determinante[2]. Em compensação, pode-se enumerar toda uma série de temas em relação aos quais uma influência muçulmana é verossímil, mesmo na época em que a Cabala se desenvolvia na Europa ocidental[3].

## A Cabala e o Sufismo[4]

Observamos, em primeiro lugar, que no século XIII a Espanha produziu uma tradução hebraica de duas obras do místico muçulmano Abu

1 Ver Gershom Scholem, *Origins of the Kabbalah*, tr. A. Arkush, ed. R. J. Zwi Werblowsky, Princepton: Princepton University Press, 1987.

2 Idem, p.270, 300, 312-313, 375, 389, 428 nota 149; p.440-441; 464; Yehuda Liebes, Lês influences chrétiennes sur le *Zohar*, *Jerusalem Studies in Jewish Thought, II* (1983), 43-47 (hebraico); Moshe Idel, La relacion au christianisme dans le *Sefer ha-Mesib, Tzion:* 46 (1981).

3 Desse ponto de vista, a Cabala tem em comum com a filosofia judaica ter sido, sobretudo, influenciada pelo pensamento muçulmano e, de maneira marginal, pela escolástica cristã.

4 Essa parte se apoia em um estudo publicado em hebraico nos *Mahanayym*, v. 1, 1992, p. 28-33.

Hamid Al-Ghazali. Os cabalistas podiam encontrar aí evocações da mística muçulmana. No decorrer da primeira metade do século XIII o Rabi Abraão ibn Hasdai, de Barcelona, traduziu, para o hebraico, o livro das *Balanças da Equidade*. Esse livro, do qual muitos manuscritos circulavam, continha uma descrição dos princípios da mística sufi. No curso da segunda metade do século XIII um outro tratado de Al-Ghazali intitulado *Desenhos das Luzes* foi vertido para o hebraico. Os cabalistas puderam encontrar nele uma longa e cativante evocação da mística da luz. Mas além desses tratados de caráter eminentemente místico, os cabalistas tiveram acesso às obras de cunho neoplatônico, que chegaram a eles pelo viés da cultura árabe. Esses textos contribuíram para a cristalização de uma teosofia cabalística, isto é, de uma doutrina a postular o caráter complexo da divindade. Os escritos dos primeiros cabalistas referem-se, por vezes, a passagens atribuídas a Aristóteles assim como ao *Tratado das Causas* e a outros tratados neoplatônicos. Essas fontes imprimiram, com sua marca, certas discussões teológicas[5]. Outras problemáticas tais como a metempsicose ou os anos cósmicos[6], resultam possivelmente da influência exercida por certas ideias que encontram suas fontes nos tratados árabes.



Enquanto a Cabala se desenvolvia na Europa ocidental, o esoterismo judaico se propagava também nas regiões dominadas pelo Islã. Lá ele se perpetuou durante um longo período. De fato, desde o século XIII, nos deparamos com provas consistentes que atestam a chegada da Cabala à África do Norte e à Terra Santa. Desde então, a mística judaica jamais cessou de se manter nessas comunidades. No transcurso da primeira metade do século XIII, o Marrocos viu florescer Rabi Judá ben Nissim ibn Malka, cabalista, astrônomo e astrólogo, que constituiu um elo interessante entre a Cabala, tal como ela é formulada no *Livro de Bahir*, e os cabalistas de

5 Ver *Origins of de Kabbalah*, p. 422-423, 427; Moshe Idel, Jewish Kabbalah and Platonism in the Middle Ages and Renaissance, em Lenn Goodman (ed.), *Neoplatonism and Jewish Thought*, Albany: State University of New York Press,1992, p.282-312.

6 Scholem, *Origins of the Kabbalah*, p. 462-463; Shlomo Pinès, Shi'ite Terms and Conception in Judah Halevi's Kuzari, *Jerusalem Studies in Arabic and Islam*, v. II, 1980, p. 243-247. A influência do pensamento ismaeliano sobre o judaísmo e em particular sobre a Cabala é um campo de pesquisa muito promissor. Ver também Moshe Idel, "Les *sefirot* qui sont au-dessus de *sefirot*, *Tarbiz* 51, 1982, p. 270-272 (hebraico). Ver também a sugestão de Haviva Pedaya em Pris dans la parole: essai d'interprétation du modele prophético-extatique chez les premiers kabbalistes, *Tarbiz* 65, 1996, p. 599-629 (hebraico) assim como o importante artigo de Paul B. Fenton, Les traces d'Al-Hallag, martyr mystique de l'Islam dans la tradition juive, *Annales Islamologiques*, 35, 2001, p. 101-127. É interessante notar que os traços fascinantes identificados por Fenton não reaparecem na literatura cabalística mas nos textos de orientação de preferência filosófica.

Gerona e as doutrinas da magia astral em voga entre os árabes[7]. Essa via foi igualmente seguida por outros autores espanhóis do século XIV, que extrapolaram essa problemática para múltiplos escritos.

No entanto, parece que foi somente no Mediterrâneo oriental que a Cabala conheceu um desenvolvimento particular e durável. Lembramos que desde o século XI a mística ascética muçulmana penetrou na cultura judaica por meio das influências notórias que ela exerceu sobre o *Livro dos Deveres do Coração* de Bahya Ibn Paqudah. Essa obra saturada de conotações místicas conheceu uma difusão considerável, em especial na sua versão hebraica. Porém, não teve continuador na própria Espanha. No começo do século XIII, todavia, discernimos um estrato suplementar da influência sufi sobre a mística judaica, primeiro no Egito, depois na Terra Santa. Muitas personalidades judaicas da *entourage* e até mesmo da família de Maimônides, se puseram a estudar intensamente os escritos sufis, a adotar seu modo de vida ascético e a compor tratados profundamente marcados pela influência do sufismo[8]. Embora algumas das obras cabalísticas espanholas compostas entre o início do século XIII e o século XV exprimam uma orientação claramente mística, a Cabala espanhola, que constituiu, no entanto, um fenômeno bastante cristalizado no horizonte ocidental e que havia igualmente deixado traços no Oriente, não imprimiu com sua marca os escritos dos sufis judeus também denominados *hassidim*[9]. Mesmo se esses textos não parecem influenciados pela Cabala espanhola eles merecem, não obstante, ser considerados como uma contribuição maior à mística judaica e como um indício do interesse que um outro fenômeno místico, a Cabala extática de Abraão Abuláfia, suscitou no Oriente[10].



**7** Sobre esse autor, veja as importantes pesquisas de George Vajda mencionadas infra, na nota 42 e em meu artigo La Kaballe a-t-elle debute em Afrique du Nord? Um document oublié de R. Nissim Ibn Malka, *Pe'amin* 43, 1990, p.4-15.

**8** Esta literatura foi objeto de numerosas pesquisas das quais citarei aqui apenas as mais importantes: Frank Rosenthal, A Judaeo-Arabic Work under Sufic Influence, *Hebrew Union College Annual* XV, 1940, p. 433-487; Paul Fenton, Judaeo-Arabic Fragment of Abraão he-Hasid, *Journal of Semitic Studies*, v. XXVI 1981, p. 47-72; idem, *The Treatise of the Pool, al-Maqala al-Hawdiyya by Obadyah Maimonides*, Londres, 1981; R. David B.Yehoshu'a Maimuni, *Al-Mursid ila l-itifarrad wa-l-murfid ila' l-itifarrad*, Joseph Yinnon (ed.), Jerusalém: [s.n.], 1987. Ver também abaixo n.16-17. O tema é tratado *in extenso* com bibliografia de apoio na obra citada abaixo, n. 9.

**9** Paul Fenton, *Deux traités mystiques:* le *Traité du Puits* d' Obadyah Maïmonide et le *Guide du Détachement de David Maïmonide*, Paris: [s.n.], 1987, p.13-111.

**10** Sobre a existência de eventuais elementos sufis no próprio Abuláfia, ver Moshe Idel, *L'Expérience mystique d'Aboulafia*, tr. Suzanne Tovel-Abitbol, Paris: Les Éditions du Cerf, 1989, p. 37, 57, 75, 146, 192, 208.; M. Idel, *Studies in Ecstatic Kabbalah*, Albany: State University of New York Press, 1988, p.106-107 et passim.

A Cabala extática ensina os meios de chegar a uma experiência mística que os cabalistas dessa escola chamam de profecia. Essa Cabala difere em muitos pontos capitais do tipo clássico da Cabala espanhola tal como se cristalizou notadamente no *Zohar*. Dois temas principais caracterizam esse tipo de Cabala: de um lado, a ideia segundo a qual a via mística visa aderir à divindade e a receber revelações; de outro, o ensinamento dos caminhos que permitem alcançar uma tal experiência. Diferentemente da teosofia que floresceu na Espanha, a Cabala extática quase não se interessou pelas *sefirot*. Mesmo a tentativa que consistiu em outorgar uma significação mística aos preceitos da Lei, ocupou apenas um papel bastante marginal nesse tipo de Cabala. Por diversas razões, a Cabala contemplativa foi desarraigada de seu berço original, a Catalunha, e conseguiu fincar raiz fora da Espanha, em Bizâncio e, a partir do fim do século XIII, na Terra Santa. Seu caráter místico exacerbado[11], e a importância que ela concedia às técnicas místicas, conferem à Cabala extática uma configuração espiritual particular, muito mais próxima do sufismo muçulmano do que o era a Cabala teosófica prevalecente na Espanha. A proximidade geográfica e as afinidades de conteúdo que uniam a Cabala extática à mística muçulmana – nós constatamos acima as interferências desta sobre aquela – permitiram toda uma série de encontros entre os dois movimentos. Mediante o qual o esoterismo judaico se enriqueceu de conotações místicas bem particulares. Começarei por passar em revista as relações históricas e passarei, em seguida, à questão das influências.

Abraão Abuláfia foi um dos primeiros cabalistas a preconizar a divulgação da doutrina e seu ensinamento a título coletivo ou individual. Os outros divulgadores eram judeus de Sigilmasa, na África do Norte, assim como judeus da Terra Santa. No decorrer da permanência prolongada que realizou na Sicília, famoso lugar de encontro intercultural do século XII, Abuláfia ensinou sua doutrina cabalística ao Rabi Salomon, filho de Moisés Ha-Kohen, "o Galileu vindo da Terra Santa"[12]. Quando o discípulo despediu-se de seu mestre, ele lhe pediu para escrever em sua intenção um tratado cabalístico. Foi assim que Abuláfia compôs, dedicado ao Rabi Salomon, uma obra sobre a bênção sacerdotal, o *Sefer Somer Ha-Mitvé*. Possivelmente o discípulo voltou ao Levante, pois um

**11** Sobre esse tema, ver Idel, *Studies in Ecstatic Kabbalah*, p. 1-31.
**12** Idem, p.101-162.

fragmento desse tratado foi descoberto na *Guenizá* do Cairo. Infelizmente não temos conhecimento se Rabi Salomon Ha-Kohen escreveu livros. Não podemos, pois, saber no que consistia a bagagem espiritual que ele trouxera da Galileia à Sicília, em uma época em que a Galileia já era marcada pela influência sufi. Ignora-se igualmente em qual medida a Cabala extática exerceu influência sobre ele e sobre aqueles que ele frequentava na Terra Santa, depois de seu retorno da Sicília, em 1287. Poder-se-ia discernir nesse autor os pródromos da síntese entre Cabala extática e elementos sufis que se manifestaram alguns anos mais tarde na Galileia?

No curso dos dois últimos decênios do século XIII a Galileia viu florescer dois outros cabalistas cujos escritos dão origem ao aparecimento de uma fusão entre Cabala extática e concepções sufis. Trata-se de Rabi Isaac, filho de Samuel de Acre, que estudou naquela cidade até sua partida em 1291 e do Rabi Natan, filho de Saádia Har'ar, cabalista da Alta Galileia a quem se deve o *Sefer Saarei Sedeq*[13]. Cabe também pensar que uma influência sufi tenha sido veiculada pelo cabalista anônimo que Rabi Isaac de Acre apresentou como um viajante vindo de Damasco[14]. Lembremos que essa cidade era então um importante centro sufi em que a tradição de Ibn 'Arabi permanece ainda viva. Além disso, descobriu-se recentemente em Safed, uma gruta contendo uma inscrição que leva a pensar que sufis se reuniam nesse lugar para se entregar a técnicas místicas. A inscrição está datada de 1284, isto significa ser ela totalmente contemporânea da floração dos cabalistas galileus que acabamos de mencionar[15].

Encontram-se também elementos sufis em um tratado escrito em árabe, no Levante, quase à mesma época. Essa obra é conhecida sob o título da tradução que dela foi feita em hebraico: *Peraqim be-Haslahá*. Ela é atribuída a Maimônides[16]. A tendência à alegoria espiritual, isto é, à interpretação que vê nos ritos religiosos e nos principais utensílios do Templo alusões a processos internos ao indivíduo, assim como às mais sublimes de suas realizações espirituais, não resulta somente da influência exercida pela alegoria filosófica. Ela pode também explicar-se como fruto de uma

13 Idem, p.102-110.
14 Idem, p.106.
15 Veja Yosi Stefansky, *Niqrot Surim*, 17, 1992, p.27-29. Agradeço o Sr. Elhanan Reiner, que chamou a minha atenção sobre esse testemunho e ao Sr. Stefansky, que me enviou a documentação.
16 *Peraqim be-Haslahah*, atribuída a Maimônides, ed. S. Z. Davidovitz e D. Z. Benet, Jerusalém: [s.n.], 1939.

influência da alegoria mística sufi. Essa tendência se manifesta igualmente no testamento atribuído a Maimônides. Parece, aliás, que a literatura pseudomaimonideana fortemente alegorizante foi produzida nos círculos da *entourage* da família de Maimônides[17].

Os membros da família de Maimônides tinham tendência a reconhecer explicitamente o laço entre seu pensamento místico e os ascetas sufis. Em contrapartida os cabalistas raramente reconheciam as relações que os uniam às fontes não judaicas.





Um testemunho evidente e bastante excepcional dessa familiaridade com as práticas místicas sufis encontra-se no *Sefer Saarei Sedeq*, composto na esteira de Abraão Abuláfia[18]. O autor desse tratado, Rabi Natan Har'ar distingue três tipos de ascese: a da massa, a da filosofia e a dos cabalistas. Eis o que ele escreve a propósito do primeiro tipo:

> Ouvi dizer que foi tomado emprestado pelos ascetas ismaelitas e consiste em despojar da forma de sua alma todas as formas naturais de todas as maneiras possíveis, até ao que eles dizem que, se sua alma concebe qualquer forma que seja em um dado momento, ela agirá de maneira a evitar e a impedir que a alma receba alguma forma espiritual distinta da que está em sua imaginação. E ela incita a conceber os objetos que se renovam entre eles e antes que eles venham à existência. E aquele dentre eles que não consiga sustentar essa revelação goza dessa outra revelação espiritual segundo sua essência. E eu coloquei questões sobre esse ponto, a saber, sobre a essência do Nome em árabe, dito *Alá*. Aprofundei meu exame e supus que depois de ter pronunciado as letras e purificado completamente suas almas de todas as formas naturais, as letras de *Alá* agissem sobre eles segundo sua natureza e em função de suas energias múltiplas. E eles caem em êxtase sem perceber por qual razão[19], pois a Cabala não lhes foi transmitida. Entre eles, a abolição de todas as formas naturais se denomina "velamento"[20].

**17** Ver Idel, *Studies*, p. 93-94.

**18** Sobre esse tratado, ver Gershom Scholem, *Saarei Sedeq*, traité kabbalistique de l'école d'Abraham Aboul'afia, attribué à Sem Tob (Ibn Gaon?), *Kiryat Sefer I*, 1924, p. 127-139 (hebraico). Há alguns anos Yosef Porush publicou esse tratado ao mesmo tempo que um outro livro ligado à Cabala extática, o *Sefer Sullam ha-'Aliyah* de Rabi Judá Albotini, Jerusalém: [s.n.], 1989; Moshe Idel (edit.), Natan ben Sa'adyah Har'ar, *Le Porte della Giustizia*, tr. Maurizio Mottolese, Milan: Adelfi, 2001.

**19** Sobre a importância do conhecimento da fonte suprema que influi o místico e o faz entrar em ação, ver o *Sefer ha-Yasar* de Rabi Abraão/ Abuláfia, ms. Munique 285, p. 26b.

**20** Ver Scholem, "S*aarei Sedeq*", p.132-144 (p.22 da ed. Porush).

O cabalista descreve dois aspectos principais da técnica sufi. Esses apresentam dois pontos comuns com sua própria prática de cabalista extático. De uma parte, reconhece-se o pronunciamento do Nome de *Alá*, o qual se integra em um processo visando adquirir uma experiência que é a revelação espiritual. De outra, a proferição (em árabe *dhikr*) faz parte do processo pelo qual a alma se purifica das formas naturais. Trata-se de um verdadeiro velamento, termo que encontramos alhures nos sufis[21]. As palavras do cabalista deixam transparecer nitidamente que ele tomou conhecimento dos costumes sufis. Embora ele ligue seu tipo particular de "desapego" apenas ao terceiro e último grau, não há nele nem crítica nem desprezo, mas a menção do fato de que sua experiência é incompleta na ausência da Cabala, isto é, de uma tradição que lhes revele a natureza da força que se lhes manifesta. O processo da purificação psíquica é uma parte importante da técnica mística dos cabalistas extáticos. É possível, de resto, que traços de uma influência sufi se deixem já discernir em Abraão Abuláfia[22]. Dois outros cabalistas, contemporâneos do autor do *Sefer Saarei Sedeq*, fazem aparecer, em seus escritos, concepções tomadas ao sufismo: Rabi Isaac de Acre, que utiliza amiúde relatos que lembram as historietas sufis[23], insiste na importância da apatia e do isolamento de um modo que trai um empréstimo de uma fonte sufi[24]. Quanto ao Rabi Natan, seu mestre em matéria de Cabala, ele é influenciado pela concepção sufi do "mundo da figura", isto é, do mundo das figuras que se interpõem entre o inteligível e o sensível. É aí que se encontram as ideias das coisas existentes, porém sob a forma de similitudes oferecidas à contemplação[25].

A influência conjugada dos escritos de Abraão Abuláfia, do *Sefer Saarei Sedeq* e dos escritos de Rabi Isaac de Acre deixou uma marca profunda na Cabala de Safed, que adotou a Cabala extática e sua marcada propensão ao misticismo. A importância crescente revestida pelas concepções e práticas místicas, tais como o isolamento, a apatia, a união mística



**21** Ver Gershom Scholem, *Les grand courants de la mystique Juive*, Paris: Payot, 1960, p. 393, nota 105 (tradução brasileira *As Grandes Correntes da Mística Judaica*, 3. ed. revista, São Paulo: Perspectiva, 1995, p.165, nota 105).

**22** Ver Idel, *L'Experience mystique*, p.55.

**23** Ver Idel, *Studies*, p. 113-116.

**24** Ver idem, p.112-119. Ver também Paul Fenton, La Hitbodedut chez les premiers Kabbalistes en Orient et chez les Soufis, em R. Goetschel (ed.) *Prière, mystique et judaïsme*, Paris: Presses Universitaries de France, 1987, p.133-157.

**25** Ver Idel, op. cit., p.73 –89.

com a divindade, a utilização dos relatos hagiográficos entre os cabalistas do círculo de Rabi Moisés Cordovero, testemunham contribuições da qual a mística extremista, pouco em voga junto aos cabalistas espanhóis de antes da expulsão, enriqueceu a Cabala vinda do Ocidente[26].

Quanto ao sabataísmo, pode-se supor que foi parcialmente influenciado pelo Islã[27]. De uma certa maneira é verossímil que a influência exercida pela tradição mística muçulmana prosseguiu no século XVIII no hassidismo. Se aí se encontram tão grande quantidade de lendas de caráter sufi e um interesse tão pronunciado pelas concepções acima mencionadas, não é apenas em virtude da influência que exerceu a Cabala de Safed mas, talvez, também sob o impacto de tradições orais levadas do Oriente Médio para a Europa Oriental[28].



As relações entre a mística judaica e a mística muçulmana aparecem também na poesia e na música místicas. Ninguém duvida que a escola poética que floresceu em Safed no século XV comporta elementos sufis[29]. Em nossos dias, os pesquisadores concordam até em reconhecer afinidades entre as melodias judaicas e as melodias muçulmanas dessa época[30].

Na conclusão dessa primeira parte, convém enxergar na mística muçulmana uma fonte de inspiração que exerceu uma influência notável sobre a mística judaica. Ela contribuiu em especial para a exacerbação das tendências místicas extremas e para a introdução de elementos que apresentam ligações com certas técnicas místicas. Ninguém duvida, em todo o caso, que a influência sufi sobre a Cabala predomina e muito sobre aquela que pôde exercer a mística cristã[31].

**26** Idem, p.125-140.

**27** Ver Paul Fenton, Shabbatay Sebi and his Muslim Contemporary Muhamad an-Niyazi, em D. Blumenthal (ed.), *Approaches to Judaism in Medieval Times*, Atlanta, 1988, v. III, p. 81-88; Yehudah Liebes, Comment Sabbataï Tzvi considérait-il as prope apostasie?, *Sefunot* (nouvelle série), v. II (17) 1983, p. 300-307 (hebraico).

**28** Ver Paul Fenton, La hiérarchie des saints dans la mystique juive et la mystique islamique, em Moshe Halamish (ed.), *Alei Sefer* (Mélanges de pensée juive offerts au grand-rabbin Alexandre Safran), Universidade de Bar-Ilan, 1990, p. 49-73.

**29** Ver Joseph Yahalom, Kabbalistic Poetry and its Turkish Background, *Dimmui*, v. 5-6, 1993, p. 88-96 (hebraico).

**30** Ver Edwin Seroussi, The Turkish Makam in the Musical Culture of the Ottoman Jews: Sources and Examples, *Israel Studies in Musicology*, v. V, 1990, p. 50-52; Paul Fenton, A Jewish Sufi on Music, *Yuval*, v. 4, 1982, p. 124-130.

**31** Ver Fenton, *Deux traités*, p. 108-111. Convém assinalar que além da influência neoplatônica, que é também parcialmente tributária das fontes árabes, a civilização muçulmana é a principal inspiradora da mística judaica. Essa influência é seguramente muito mais evidente e mais determinante que aquela cujos pesquisadores modernos creditaram à Gnose. Essa passa geralmente

# O Impacto do Hermetismo sobre a Mística Judaica

No decorrer da segunda metade do século XIII, assiste-se a um verdadeiro renascimento do hermetismo em certos círculos cabalísticos. Desde o século XII pensadores judeus haviam tomado conhecimento e mesmo integrado elementos herméticos provenientes de fontes árabes. Mas, no século XIII, esses elementos de origem árabe são, sobretudo, confirmados no meio cabalístico. Na minha opinião, esse renascimento do ocultismo deve ser considerado em um contexto global, o que permite à Cabala abrir-se a todas as espécies de influências[32] no contexto da renascença afonsina em Castela. Graças a essa renascença importantes motivos herméticos abriram caminho para si na cultura europeia, notadamente por intermédio de um texto latino conhecido sob o nome de *Picatrix*, do qual voltaremos a falar ainda abaixo[33]. No mesmo período, encontramos um indício evidente do impacto exercido por um outro tratado hermético, o *Livro da Lua (Sefer ha-Lebanah)*[34], citado por três cabalistas do fim do século XIII e do início do século XIV: Nahmânides (Rabi Moisés ben Nahman)[35] e sob a influência desse último,

por ser a principal fonte de inspiração da Cabala. Ver por exemplo Moshe Idel, Le problème de la recherche des sources de Bahir, em Joseph Dan (ed.), *Jerusalem Studies in Jewish Thought 6: Les débuts de la mystique juive en Europe*, Jerusalém: [s.n.], 1987 (hebraico), p. 55-77 e mais especialmente, p. 69-71.

**32** Moshe Idel, The Kabbala's "Window of Opportunities", 1270-1290, em E. Fleisher, G. Blidstein, C. Horowitz, B. Septimus (eds.), *Me'ah She'arim, Studies in Medieval Jewish Spiritual Life in Memory of Isadore Twesrky,* Jerusalém: Magnes Press, 2001, p. 171-208.

**33** Sobre esse livro, ver H. Ritter e M. Plessner, *"Picatrix", das Ziel des Weisen von Pseudo-Magriti,* Londres: Warburg Institute, 1962; Henry e Renée Kahane-Angelina Pietrangeli, Picatrix and the Talismans, *Romance Philology,* 19, 1965-66, p. 574-593; David Pingree, Some of the Sources of the *Ghayat al-Hakim, Journal of the Warburg and Courtauld Institutes,* XLIII, 1980, p. 1-15. Esse livro exerceu um impacto determinante sobre a magia na Renascença. Veja a esse propósito, Eugenio Garin, *Astrology in the Renaissance, The Zodiac of Life,* Londres: Arkana, 1990, p. 46-55; Frances A.Yates, *Giordano Bruno and the Hermetic Tradition,* Chicago/Londres: [s.n.], 1979, p. 49-57; M. Idel, The Magical and Neoplatonical Interpretations of Kabbalah in the Renaissance, em B. D. Cooperman (ed.), *Jewish Thought in the Sixteenth Century,* Harvard University Press, Cambridge Mas., 1983, p. 192-193.

**34** Ver Fabrizio Lelli, Le versione ebraiche di un texto ermetico: Jerusalém: Il *Sefer Ha-Levanah, Henoch,* XII, 1990, p.147-163; Dorit Cohen-Aloro, *Magic and Sorcery in the Zohar,* tese de doutorado, Universidade Hebraica de Jerusalém, 1989, p. 314 (hebraico).

**35** Ver seu comentário do versículo Êxodo 20:3, ed. Ch. Chavel, II, p. 392-393. Ver também, em termos mais gerais, Dov Schwartz, From Theurgic to Magic: The Evolution of the Magical-Talismanic Justification of Sacrifice in the Circle of Nahmanides and his Interpreters, *Aleph,* I, 2000, p.165-213.

Rabi Bahia ben Ascher. Imediatamente após haver citado uma passagem do *Livro da Lua*, Bahia cita duas outras passagens relacionadas com a magia astral. Essas passagens que traduziu do árabe, ele as encontrou em um escrito intitulado *Epístola para Galino*, corrupção provável de Balino, o qual não é outro senão Apolônio[36]. No século XIV, o *Livro da Lua* é de novo citado por Rabi Abraão de Esquira[37]. Mais tarde, na Renascença, um quarto cabalista, Rabi Yohanan Alemanno, conheceu outra versão desse livro[38]. Ademais, Nahmânides havia estudado o *Livro dos Talismãs*, apresentado como uma obra filosófica, mas que me parece ser também um livro hermético[39].

Além disso, uma das duas reinterpretações errôneas do pensamento de Maimônides efetuadas em termos nitidamente mágicos comporta uma referência à função de Hermes[40]. De uma maneira geral, o interesse pelo hermetismo é uma característica típica do clima que reinava na corte de Afonso, o Sábio. Assinalemos, aliás, que entre os tradutores que trabalhavam para esse rei alguns eram judeus[41]. Esses dados permitem considerar que os anos 1250-1260 foram marcados pelo impacto do ocultismo. É preciso levá-lo em conta se quisermos captar o desenvolvimento do judaísmo de maneira dinâmica.

Os escritos de Rabi Yehudá ben Nissim ibn Malka, que viveu no século XIII, provavelmente no Marrocos, apesar de serem bastante sucintos, fornecem, no entanto, uma prova conclusiva em favor do ressurgimento de uma interpretação do judaísmo que caracteriza sobretudo o século XII. De fato, esse autor ignora completamente Maimônides[42]. Por certo Ibn



36 Ver seu comentário dos versículos Deuteronômio 18:10-11, ed. Ch.Chavel, III, p. 361.

37 Ver seu *Yessod 'Olam*, ms, Moscou- Ginzburg 607, fol. 72b.

38 Ms. Paris BN 849, fol, 64ab.

39 Ver seu sermão *Torat ha-Sem Temimah, in Kitvei ha-Ramban*, ed. Ch.Chavel, I, p.147; Y. T. Langermann, Acceptance and Devaluation: Nahmanides' Attitude towards Science, *Journal for Jewish Thought and Scientific Discovery in Early Medieval Europe*, Detroit: Wayne University Press, 2001, p. 38-40.

40 Ver Idel, Astral Terms in Judaism: Twelfth to Fourteenth Centuries, D. Shulman e Guy G. Stroumsa (eds.), *Dream Cultures. Explorations in the Comparative History of Dreaming*, New York: Oxford University Press, 1999, p. 239-245.

41 Ver Jose S. Gil. *La escuela de traductores de Toledo y sus colaboradores judios*, Toledo, 1985, p.57-87; Norman Roth, Jewish Collaborators in Alfonso's Scientific Work, em Robert I. Burns (ed.), *Emperor of Culture.* Alfonso X the learned of Castile and His Thirteenth-Century Renaissance, Philadelphie: University of Pennsylvania Press, 1991, p. 59-71.

42 Ver Georges Vajda, *Juda ben Nissim ibn Malka, philosophe juif marocain*, Paris: Hesperis, 1954; idem, La doctrine astrologique de Juda ben Nissim ibn Malka, *Homenage a Millas Vallicrosa*, Barcelona, 1956, II, p. 483-500; R. Yehudá ibn Malka, *Kitab al-'Uns wa-Tafsir*, ed. George Vajda, Universidade de Bar-Ilan, 1974; George Vajda, Les observations critiques d'Isaac d'Acco (?) sur les ouvrages de Judá ben Nissim ibn Malka, *Revue des Études Juives*, v. 115, 1956, p. 25-71;

Malka não continua a linha inaugurada pelos autores hermetistas judeus do século XII. Da mesma maneira não reage à crítica maimonideana da magia astral. Em todo o caso, ele não as menciona em parte alguma. Suas fontes principais são, com mais probabilidade, textos árabes. Um documento passado desapercebido até então me permitiu situar Ibn Malka em meados do século XIII, ao contrário da opinião comumente adotada, que o apresenta como um homem do século XIV[43].

Eis o que se lê em seu *Comentário do Sefer Ietzirá:*

> Eu vi com meus próprios olhos um homem que vira em estado de vigília um poder sob a forma de um anjo. Ele conversou com o homem e lhe predisse o futuro[44]. Os sábios disseram: "Saiba que ele não vê ninguém mais a não ser a si próprio, pois ele se mira pela frente e por detrás, como alguém que se contempla em um espelho, que não vê ninguém mais do que a si próprio. E isso parece ser algo que está separado de teu corpo, como teu *alter ego*". Da mesma maneira, ele vê que esse poder vela sobre seu corpo e guia sua alma. E então sua alma canta e exulta, ela distingue e ela vê[45].





Esse texto é um exemplo interessante de encontro e de revelação de sua própria natureza perfeita. Essa teoria foi igualmente enunciada no *Picatrix*. Esse relato de uma conversa com um anjo, predizendo o futuro que narra o discípulo, o sábio vê aí, de fato, um encontro com a natureza perfeita do indivíduo. Por consequência, a passagem que acabamos de citar, assim como uma outra passagem do mesmo livro[46], apresenta um acontecimento que não é percebido em sua justa medida e traz um corretivo a essa percepção falseada pela intervenção de um sábio iniciado na teoria da natureza perfeita.

Por volta de 1260 existia então, na Espanha e na África do Norte, uma teoria tratando do encontro com uma entidade superior suscetível de

Pinès, "Shi'ite Terms", p.218, nota 289; ver também mais recentemente, Judá ben Nissim ibn Malka, em Paul Fenton (ed.), *Judaeo-Arabic Commentary on the Pirkey Rabbi Eli'ezer with a Hebrew Translation and a Supercommentary by Issac b. Samuel of Acco*, Jerusalém: [s.n.], 1991.

43 Ver acima nota 7.

44 Aquele que fala é um discípulo em vias de conversar com seu mestre, na ocorrência, o sábio, que interpreta em seguida o testemunho de seu aluno.

45 Ibn Malka, *Kitab al-'Uns wa-Tafsir*, p. 22-23. Ver *Vajda, Juda ben Nissim*, p.140, nota 1; Colette Sirat, *Les théories des visions surnaturelles*, Leiden: Brill, 1964, p. 77; Schwartz, *Astral Magic*, p.113, nota 45, 115, 137,138.

46 Ibn Malka, op. cit., p.26.

se comunicar com aquele a quem ela aparecia. Esse alter ego superior reveste, pois, um corpo antropomórfico mas não necessariamente material. Conforme o contexto da citação, é evidente que esse poder tutelar é um ser astral, encarregado da guarda do indivíduo desde o dia de seu nascimento. É, pois, um mentor celeste que acompanha o indivíduo e se revela a ele para lhe ensinar as coisas vindouras. Em outros termos, assiste-se aí a um afloramento explícito do conceito hermético de natureza perfeita que Gershom Scholem ligou a outras ocorrências da experiência da autorrevelação no contexto da Cabala do século XIII[47]. Quanto a mim, gostaria de sugerir aqui a possibilidade de uma conexão entre a opinião expressa no famoso *Picatrix* e a de Ibn Malka. O *Picatrix*, cujos títulos árabe e hebreu são respectivamente *Ghayyat al-Hakim* e *Takhlit ha-Hakham,* "O Alvo do sábio", era bem conhecido na Espanha em meados do século XII, pois foi na corte de Afonso, o Sábio que ele foi traduzido.



Mas Ibn Malka não se contentou em tomar de empréstimo um conceito proveniente do *corpus* hermético. Ele menciona, além disso, um certo livro de *Termus*, nome que Vajda sugeriu corrigir para *Hermes*[48]. Parece que além desses detalhes Ibn Malka reinterpreta o judaísmo em termos de magia astral de um modo que jamais foi igualado, nem antes nem depois dele. É assim, por exemplo, que ele afirma que a despeito do caráter puro e imutável da divindade, os sábios focalizaram os ritos dos quais apenas alguns eleitos conheciam o liame com a magia astral[49]. Em outros termos, as descrições bíblicas tingidas de antropomorfismo ou de antropopatia dissimulam, segundo Ibn Malka, não apenas a natureza espiritual da divindade, mas também o caráter de magia astral inerente aos ritos judaicos. Esses ritos, Ibn Malka sublinha a sua importância no judaísmo e reprova ao cristianismo e ao Islã por tê-los abandonado[50]. Em outra passagem ele sublinha, mais explicitamente ainda, a importância desses ritos quando escreve: "Saiba que nossos sábios ofereciam secretamente o incenso e sacrifícios aos mestres do talismã, embora atribuindo essa ação a alguma outra coisa. Tal é, com efeito, a via da sabedoria divina"[51]. Curiosamente, Ibn

47 Scholem, *On the Mystical shape of the Godhead*, New York: Schocken Books, 1991, p.255-257. Para mais detalhes sobre o conceito de "natureza perfeita", ver Henri Corbin, *L'homme et son ange,* Fayard, 1983, p. 41-70; Pinès, On the Term "Ruhaniyut", p. 520.

48 Ibn Malka, op. cit., p. 26.

49 Idem, p. 32.

50 Idem, ibidem.

51 Idem, p. 33.

Malka exprime reservas explícitas com respeito à magia verbal, inclusive a que se refere ao *Sefer Ietzirá*[52].

Nossa análise que vê em Ibn Malka um cabalista a manter forte afinidade com o hermetismo de origem árabe pode igualmente se aplicar a toda a história das sínteses entre Cabala e hermetismo. Sabe-se, com efeito, que segundo Frances A .Yates, é Pico della Mirandola que teria sido a origem da primeira tentativa de síntese entre as duas correntes. Segundo essa teoria, a síntese entre Cabala e hermetismo constituiria o começo do que Yates denomina a filosofia oculta da Renascença. Ela exprimiu sua teoria em vários de seus trabalhos. Eis um exemplo extraído de um estudo recente:

> Essa filosofia ou essa concepção do mundo conciliava o hermetismo tal como havia sido reposto em voga por Marsilio Ficino e uma versão cristã da Cabala devida a Pico della Mirandola. A combinação dessas duas correntes constitui isso que eu denomino de "filosofia oculta", termo que serviu de título ao famoso tratado que Henri Cornelius Agrippa consagrou a essas questões[53].

Eu tive ocasião de chamar a atenção para o fato repetidas vezes; Cabala e hermetismo viram-se em contato, em especial nos escritos de Yohanan Alemanno[54]. Na verdade, Alemanno é o ponto de chegada de uma linhagem de pensadores judeus iniciada por Ibn Malka, pioneiro da síntese entre Cabala e hermetismo, bem antes de Pico della Mirandola. Eu gostaria agora de tomar em consideração o caso de alguns cabalistas que apresentam certas afinidades com Ibn Malka.

Outro cabalista que está familiarizado com certos aspectos do hermetismo é: Rabi Natan ben Saádia Har'ar de Messina[55]. Quanto a Ibn Malka, possuímos apenas algumas informações sobre sua vida. E o pouco que se sabe está sujeito à suspeita. Não há certeza que ele fosse marroquino. Eu



52 Idem, p. 44, 48. A meu ver, Ibn Malka não é o autor do anônimo *Commentaire de la prière* que apresenta certas afinidades com ele. Ver M. Idel, *L'expérience mystique d'Abraham Aboulafia*, p. 103, nota 94. Cf. Saverio Campanini, em Giulio Busi, *Catalogue of the Kabbalistic Manuscripts in the Library of the Jewish Community of Mantua*, Florence: Cadmo, 2001, p. 219-227.

53 *The Occult Philosophy in the Elisabethan Age*, Londres: Routledge & Keagan Paul, 1979, p.1.

54 Moshe Idel, Astral Dreams in R. Yohanan Alemanno's Writings, *Academia*, I, 1999, p. 111-113; idem, Kabbalah and Hermeticism in Dame Frances A. Yates's Renaissance, em R. Caron; J. Godwin; W. J. Hanegraaf; J-L. Vieillard-Baron (eds.) *Ésoterisme, gnoses et imaginaire symbolique (Mélanges offerts à Antoine Faivre)*, Louvain: Peeters, Louvain, 2001, p. 71-90.

55 Ver acima nota 19.

já me expressei sobre esse ponto[56]. A origem marroquina desse cabalista é, no entanto, admitida em nossos dias pelos pesquisadores e, de minha parte, alinho-me nessa hipótese. Assim, em uma pseudoepígrafe cabalística do século XIII, que faz parte de um *corpus* conhecido sob o nome de Livro do *'Iyyun*, um cabalista anônimo, autor de um tratado falsamente atribuído a Hai Gaon afirma:

> Esse grande sábio, que Deus o salve, de quem recebi tudo isso, falou-me de um sábio de Marselha que veio à Montpellier e que relatou ter encontrado na Sicília um grande sábio marroquino versado e entendido na ciência da astronomia, a dos antigos e a dos modernos. Era o arquiatro (antigamente: médico chefe) do rei da Sicília e gozava da consideração do soberano, dos ministros e dos grandes, tal qual um anjo de Deus. E esse sábio dizia a seus discípulos: "tomai cuidado com a seita dos escrutinadores e dos especuladores". Bem mais, este sábio (siciliano) mostrou aos sábios de Montpellier uma passagem dos escritos do grande sábio marroquino:[57] "Infeliz daquele que se fia em sua sagacidade e em seu intelecto, daquele cuja cabeça é guiada pelos pés e que se desinteressa dos segredos dos profetas e dos mais sábios dentre os filhos de Israel, que se entrega à ciência filosófica[58], a qual não é senão ilusão e à ciência dos feiticeiros e dos adivinhos. Seus pés não são governados pela cabeça ou pelo cérebro. Infeliz daquele que especula sem receber o legado, de quem recebe o legado sem especular. Pois essas duas coisas devem ser aprendidas da boca do Mestre, tanto pelos olhos quanto pelo coração". Assim termina essa passagem[59].



Mesmo se esse texto não for completamente confiável do ponto de vista histórico, a maneira pela qual evoca o grande sábio marroquino concorda bastante com o que sabemos da abordagem especulativa de Ibn Malka. Se essa evocação tem muito a ver com Ibn Malka ou, pelo menos, com um outro sábio marroquino, que teria dado a conhecer as ideias de Ibn Malka ao público siciliano, poder-se-ia supor uma relação entre este *translatio scientiae* e os escritos do cabalista Rabi Natan ben Saádia Har'ar de Messina[60], que floresceu na Sicília nos anos de 1280, ou seja, perto de

**56** Ver Idel, The Beginning of the Kabbalah.
**57** A partir daqui e até o final do extrato, o original é em aramaico.
**58** *'ahizah be-'ayyn.*
**59** Ms. Jérusalem, Bibliothéque Nationale et Universitaire, 1959, fol. 207a.
**60** Ver Natan ben Saádia Har'ar, *Le Porte della Giustizia*, Milan: ed. Moshe Idel, Adelfi, 2001.

dois decênios depois do apogeu de Ibn Malka. No final do século XV, esse cabalista foi citado pelo Rabi Moisés de Kiev:

> O sábio e esclarecido Rabi Natan de bem-aventurada memória disse-me: "Saiba que a perfeição do segredo da profecia para o profeta é que ele deve ver subitamente[61] a forma de seu ser de pé diante dele. Ele então esquecerá seu ser e desaparecerá diante de seus olhos. E ele verá a forma de seu ser em face dele, falando-lhe e predizendo-lhe o futuro". É a este propósito que os sábios disseram: "Grande é o poder dos profetas que fazem aparecer a forma como Aquele que a formou"[62]. E o sábio (Abraão) ibn Ezra de bendita memória disse que aquele que ouve é um ser humano e aquele que fala é um ser humano[63].



Como Efraim Gotlieb nos chamou a atenção, seguindo a sugestão de Gershom Scholem[64], este Rabi Natan é o mestre de Rabi Isaac de Acre. Esse texto apresenta um certo número de similitudes com o que Rabi Judá ibn Malka escreveu sobre a revelação. Nos dois casos, a visão do anjo, que é também um poder tutelar, vem acompanhada da palavra e da revelação do futuro. Aqui, como lá, o acontecimento é apresentado como profético[65]. Para bem compreendermos o contexto no qual a Cabala extática fez sua aparição, importa ter presente no espírito que seu comentário do *Sefer Ietzirá*, de onde foi tirada essa passagem citada acima, apresenta afinidades com as tradições proféticas, de um lado[66], e com as tradições mágicas, de outro[67]. Como quer que seja, Rabi Natan tinha acesso a um livro atribuído a Enoque, ou a um livro em que esse personagem é lembrado e que é, muito provavelmente, um livro hermético. Uma tal atribuição não tem nada

**61** Idem, p. 231-245.
**62** *Gênese Rabá* 27:1; *Pesiqta de-Rav Kahana*, New York: ed. D. Mandelbaum, 1962, I, p. 65-66; Maimônides, *Guide dês Égarés*, I: 46; Michael Fishbane, Some Forms of Divine Appearence in Ancient Jewish Thought, em J. Neusner; E. F. Frerichs; N. Sarna (eds.), *From Ancient Israel to Modern Judaism, Intellect in Quest of Understanding* – Essays in Honor of Marvin Fox, Atlanta: [s.n.], 1990, II, p. 261-270; Elliot R. Wolfson, *Through a Speculum that Shines*, Princeton: Princeton University Press, 1994, p. 37-39; Yair Loberbaum, *Imago Dei:* Rabbinic Literature, Maimonides and Nahmanides, tese de doutorado, Jerusalém: Universidade Hebraica de Jerusalém, 1997, p. 30-32 (hebraico).
**63** *Sosan Sodot*, Koretz, 1784, fol. 69b; Scholem, *On the Mystical Shape*, p. 253.
**64** Respectivamente, *Studies in Kabbalah Literature*, ed. J.Hacker, Tel Aviv: Universidade de Tel Aviv, 1976, p. 247, nota 27; *On the Mystical Shape*, p.313, nota 11; Goldreich, Me'irat 'Einayyim, p.100.
**65** Ver também Ibn Malka, op. cit., p. 26.
**66** Idem, p. 24.
**67** Idem, p. 27.

de surpreendente. Em um comentário de Ibn Ezra sobre o *Gênese* 5:29, encontramos uma menção a livros de Enoque: "Ele compôs um grande número de livros sobre todas as espécies de ciências e eles são acessíveis ainda em nossos dias". Como já observamos, ele resulta do contexto que trata de obras de astronomia e astrologia atribuídas a Hermes, que alguns identificaram com Enoque[68]. Seja como for, eis o que escreve Rabi Natan:

> Deus, bendito seja, movido por Seu grande amor por Enoque, filho de Yared, revelou-lhe, antes de o encantar, o segredo das criaturas celestes e terrestres e Ele ensinou-lhe em pormenor o segredo de sua concatenação que é o segredo do sacrifício. E eis o que Ele lhe ordenou: "Tal e tal segredo, tu os revelarás aos homens, mas tal e tal segredo, somente tu serás o depositário e a ninguém mais deverá ser revelado. Os carneiros são para tuas vestimentas[69]".



Vários detalhes dessa evocação de Enoque têm relação a um segundo plano judaico. Assim, o recurso ao conceito da revelação dos segredos sobre as criaturas celestes e terrestres lembra expressões que se encontram na literatura das *Heikhalot*. Mas dois temas não são atribuídos a Enoque nos textos judaicos antigos: a revelação do segredo dos sacrifícios e a ideia de que este segredo estabelece uma ligação entre os mundos. De fato, estes temas se encontram em um livro atribuído a Enoque, em uma passagem fortemente marcada pelo hermetismo. Certos autores, em especial no século XIV, citam a passagem seguinte:

> Está escrito no *Livro das Leis dos Profetas* que ele foi um grande sábio e um homem. Graças a ele, as nações se puseram a adorar Deus. É ele o primeiro que revelou a ciência das estrelas. [Pois] decretou leis para todos os habitantes dos sete climas. A cada um, ditou leis que eram apropriadas à sua natureza. Ele lhes ordenou celebrar festas e oferecer sacrifícios em certas ocasiões, segundo a categoria ocupada por seus astros, segundo a estrela que governa o clima de cada um[70].

**68** Ver Shlomo Sela, *Astrologie and Biblical Exegesis in Abraham ibn Ezra's Thought*, Universidade de Bar Ilan, Ramat Gan, 1999, em especial p. 341-342 (hebraico)

**69** *Provérbios* 27:26. Ver também o *Talmud* da Babilônia, *Hagigah*, 13a. No judaísmo, este versículo chegou a designar implicitamente o esoterismo.

**70** Ou então "a religião de cada um". Sobre o gênero dos *Livros das Leis*, ver Pinès, "Shi'ite Terms", p. 236-239.

A semelhança entre a percepção de Enoque em Rabi Natan e a que aparece no *Livro das Leis dos Profetas* é impressionante. Nos dois casos trata-se dos sacrifícios e, nos dois casos, esses ritos são julgados como sendo regulados pelos corpos celestes. É, pois, permitido supor que essa interpretação hermética do rito sacrificial, que já encontramos em Ibn Malka, tenha inspirado os dois pensadores judeus, seja porque tenham se abeberado da mesma fonte, seja porque, de uma maneira ou de outra, Ibn Malka haja transmitido essa concepção a Rabi Natan. Muito embora a concepção que vê no sacrifício um meio de atrair as forças neste mundo se encontre, a partir dos meados do século XIII, em outros cabalistas é significativo que, ao contrário desses cabalistas, ele atribua essa ideia a Enoque. Somente a ele, esse fato revela que suas fontes não são aquelas de cabalistas[71].



Se admitirmos que Rabi Natan tomou sua concepção do sacrifício como mediação entre dois mundos de uma fonte hermética, que inspirou igualmente a passagem do *Livro das Leis dos Profetas* citado acima, pode-se supor que uma concepção similar se encontre também em um texto escrito por Abraão Abuláfia, que foi o mestre do Rabi Natan de Messina. Em seu *Comentário do Pentateuco* composto em 1289, Abuláfia escreve:

> Os sacrifícios, o exílio, a redenção e a herança da Terra Santa são temas conexos, derivando necessariamente um do outro. O nome mesmo do sacrifício (*corban*) trai o sentido profundo. Com efeito, ele aproxima (*mekareb*) os poderes divinos dos poderes humanos. Disso resultam (por sua vez) o exílio dos corpos e a redenção das almas. Quem quer que tenha sua alma salva pelo Senhor como foi o caso de Abraão, [poderá salvar?] o mundo inteiro[72]. Com maior razão se Deus lhe outorga um de Seus poderes, de acordo ao segredo de [a letra] *hei* (agá), letra do nome divino que Deus adicionou ao nome de Abraão[73].

O tema bíblico da adjunção da letra "hei" ao nome de Abraão é relacionado com o nome e os poderes de Deus. Nessa perspectiva, o sacrifício

71 Essa passagem é citada com ligeiras variações por dois autores espanhóis: R. Salomon Franco e R. Samuel ibn Zarza. Ver Vajda, *Judah ibn Malka,* p. 154, nota 1; Idel, Hermeticism and Judaism, p. 65; Schwartz, *Astral Magic,* p. 281-282; idem, *The Philosophy of a Fourteenth Century Jewish Neoplatonic Circle*, Jerusalém: Instituto Ben Zvi – Fundação Bialik, 1996, p. 194-195; 266 (hebraico); Sela, *Astrology and Biblical Exegesis,* p. 338-340.

72 Ver Schwartz, From Theurgy to Magic.

73 O texto parece lacunar. Ele poderia ter dito que se qualquer um é redimido, ele domina o mundo todo.

aparece como um meio de unir os dois mundos de um modo que não é apenas verbal. Se bem que as fontes teóricas de Abuláfia sejam geralmente maimonideanas ou aschquenazitas, parece que em seus escritos ulteriores ele adotou certas formas de ensinamento hermético[74].

Dessa maneira bastante inesperada, a concepção que vê em Enoque um concatenador de mundos, volta a ser encontrada no começo do século XIX no mestre hassídico da escola de Lubavitch, Rabi Aaron Halévy de Staroslece, que comenta a afirmação do *Zohar*, segundo a qual teria havido, outrora, um livro de Adão e um livro de Enoque. Segundo Rabi Aaron, o primeiro desses livros tratava das fontes das almas humanas, o segundo continha os detalhes sobre todas as criaturas e sobre seu relacionamento com Deus e com a contemplação[75].





Resulta, portanto, do estado atual da pesquisa sobre as fontes cabalísticas que a cultura árabe foi o vetor das diversas formas de pensamentos que tiveram um impacto significativo sobre a mística judaica, quer se tratasse das filosofias gregas ou helênicas, do sufismo ou do hermetismo. Hoje em dia, o *corpus* que parece ter sido o mais frequentemente citado pelos cabalistas é o da literatura hermética. Foi ele que exerceu manifestamente a influência a mais significativa sobre a configuração da mística judaica.

Enquanto os *corpus* filosóficos e sufis escritos em árabe forneceram à mística judaica seu aparelho epistemológico (descrição da natureza da ascese espiritual, da natureza da profecia, da fonte da alma e de seus modos cognitivos), os elementos herméticos e as técnicas místicas inspiraram antes a interpretação do sentido dos mandamentos, sobretudo no que concerne os ritos ligados à linguagem: prece, estudo da *Torá*. Nessa perspectiva, essas práticas eram concebidas como meios de fazer descer cá embaixo os poderes espirituais celestes.

74 *Mafteah ha-Hokhmah*, ed. Amnon Gross, Jerusalém: [s.n.], 2001, p. 71-72; Wolfson, *Abraham Abulafia*, p. 121-123.

75 *Sa'arei ha-Yihud we ha-'Emunah*, Jerusalém: [s.n.], fol. 118 a .

# *SCHEKHINÁ*, A VIRGEM MARIA E O *CÂNTICO DOS CÂNTICOS*:

## REFLEXÕES SOBRE UM SÍMBOLO CABALÍSTICO NO SEU CONTEXTO HISTÓRICO[1]

ARTHUR GREEN

trad. de J. Guinsburg

I.

Em um livro publicado há vários anos e intitulado *Keter: The Crown of God in Early Jewish Mysticism*[2] tentei dar uma modesta contribuição ao debate em curso sobre os símbolos cabalísticos e suas origens. Esbocei aí a evolução de um único símbolo, porém central, desde o seu lugar na *agadá* rabínica e no esoterismo judaico antigo até o seu papel fixo no sistema cabalístico de símbolos da alta Idade Média. Aqui, eu gostaria de repetir esse processo com respeito a outro elemento maior da Cabala, considerando, em termos amplos, o papel da mulher no âmbito da divindade, particularmente sob a rubrica gêmea de *schekhiná*, a Presença nela residente, e da *knesset israel*, a "Comunidade de Israel" hipostasiada. A inserção de um aspecto feminino no eu divino deve ser visto à luz da inteira tradição do imaginário judaico no tocante a Deus, remontando à *Bíblia* e aos rabis mais antigos. Entretanto, de um modo específico, pretendo mostrar que a inequívoca feminização da *schekhiná* na Cabala do século XIII constitui uma resposta e uma adaptação judaica em face da renovação do culto a Maria na Igreja do Ocidente, no século XII.

Qualquer formulação da questão de gênero e *eros* em relação a Deus deve ser considerada especialmente em conexão com a fonte primeira da tradição para toda discussão sobre o *eros* sagrado, o *Cântico dos Cânticos*, e

1 O autor deseja agradecer a Ann Matter e Michael Fishbane pelas várias sugestões e pelos desafios ao seu pensamento que, esperançosamente, estão refletidos neste artigo. Sinto-me grato também aos leitores anônimos da *AJS Review* por um bom número de sugestões úteis.

2 *Keter: The Crown of God in Early Jewish Mysticism* (doravante: *Keter*), Princeton: Princeton University Press, 1997.

os modos evolventes em que o referido texto foi lido na alta Idade Média, quer entre judeus, quer entre cristãos. Vital para o presente artigo é o entendimento de que a interpretação do *Cântico dos Cânticos* não é algum arcano exercício exegético, porém um dos principais meios pelos quais indivíduos e gerações, em ambas as tradições, falavam de seu relacionamento com o Deus amante. Apesar de toda a sua "domesticação" no manto da alegoria histórica e coletivista, a tremenda paixão contida nos versos desse livro permaneceu disponível para aqueles que procuravam expressar tão intenso amor no contexto da devoção religiosa no correr das épocas. O próprio *Cântico* – poderíamos dizer – tornou-se o "jardim trancado" de que fala o texto, abrindo-se àqueles cujos corações almejavam viver junto a seus regatos e ser inebriados pelas intensas fragrâncias do sagrado *eros* que se evolam de seus perfumados jardins. No fim de contas, o *Cântico dos Cânticos* consegue representar não só um texto, como uma rede extensa de metáforas erótico-religiosas. A influência do *Cântico* sobre as vidas religiosas dos judeus e cristãos medievais não se limita aos comentários específicos acerca da obra ou ao número de citações daí extraídas em um corpo particular de poemas, tratados ou sermões. Estende-se à metáfora inteira do sagrado cortejo e casamento tal como é usada para descrever a relação de Deus e a santa comunidade de Seus fieis, seja ela Israel ou a *ecclesia*. Uma vez que as narrativas religiosas centrais de ambas as tradições foram "lavadas" no banho erotizante da associação com o *Cântico dos Cânticos*, essas narrativas elas próprias tornam-se ampla "evidência" do eterno amor do Rei por Sua donzela eleita, seja ela quem for.





Comecemos por traçar algo dos desenvolvimentos paralelos no entendimento desse texto compartilhado pelas duas tradições. Embora muitos fatos apresentados nesta primeira seção sejam bem conhecidos pelos estudiosos de uma tradição ou da outra, sua justaposição é algo novo e essencial para o nosso propósito. O *Cântico dos Cânticos*, qualquer que seja a sua origem[3], foi um dos últimos livros cuja canonicidade constituiu

**3** Com essa curta frase quero dizer o seguinte: quer as suas origens tenham sido "seculares", uma série de poemas ricamente eróticos acerca do amor de homens e mulheres, quer o *Cântico* guarde uma lembrança desmaiada de celebrações cultuais do amor com o envolvimento de deidade ou deidades, em Israel ou na cultura precedente/circundante. A concepção anterior, articulada nos tempos modernos primeiro por J. G. von Herder em 1778, foi um acontecimento que se constituiu em um marco na história dos estudos sobre o *Cântico dos Cânticos*, assinalando o fim das leituras alegóricas, que passavam por interpretações literais, *pschat*, de significado "imediato". Essa visão "secular" do *Cântico* é mantida por vários estudiosos modernos da *Bíblia*, incluindo

matéria de dúvida, tendo as discussões continuado até tão tarde quanto os rabis do início do século II E. C.[4]. A tradição atribui sua acolhida ao Rabi Akiva que, segundo outra evidência, também era advogado do amor como sendo a metáfora religiosa central e a base do judaísmo ético[5]. Como registra a *Mischná*, Akiva insistia que "o mundo inteiro não vale tanto quanto o dia em que o *Cântico dos Cânticos* foi dado a Israel, pois todas as escrituras são santas, mas o *Cântico dos Cânticos* é o Santo dos Santos"[6]. Alhures Akiva é associado à concepção de que o *Cântico dos Cânticos* foi primeiro falado – um evento dialógico vivo que ocorreu entre Deus, os anjos e a comunidade de Israel – no Sinai[7]. Creio que não é ir muito longe dizer que Akiva e a escola akiviana em seu nome encaravam o *Cântico* como o





Robert Gordis, *The Song of Songs: A Study, Modern Translation, and Commentary*, New York: Jewish Theological Seminary of America, 1954, e Yair Zakovitch, *Schir ha-Schirim*, Tel Aviv: Am Oved, 1992. Outros se mostram mais abertos no reconhecimento de semitons cultuais e míticos no texto dos *Cânticos*. Ver *Song of Songs*, de Marvin Pope, na série Anchor Bible, Garden City NY: Doubleday, 1977 (cf. p. 145 e s. e, especialmente, p. 191) e T. J. Meek na *Interpreter's Bible*, v. 5, New York: Abingdon Press, 1956. Meek era um dos pesquisadores que encontraram e publicaram, nos inícios da década de 1920, textos sumerianos que trazem paralelos com a imageria do *Cântico dos Cânticos*. Embora o eminente sumeriologista Samuel Noah Kramer discorde de algumas das leituras específicas de Meek, ele também era um forte defensor da leitura cultual do *Cântico*. Ver, deste autor: The Sacred Marriage and Salomon's Song of Songs, em *The Sacred Marriage Rite:* aspects of faith, myth, and ritual in ancient sumer, Bloomington IN: Indiana University Press, 1969.

4 Sid Z. Leiman, *The Canonization of Hebrew Scripture:* The Talmudic and Midrashic Evidence, Transactions of the Connecticut Academy of Arts and Sciences, v. 47, (Hamden CT: Archon Books, fevereiro, 1976), tenta efetuar uma fina distinção entre canonicidade e inspiração. Ele pretende que a canonicidade (a significar status autorizado) de todos os livros bíblicos foi uma questão resolvida tão cedo talvez quanto o século II a. C., e que as discussões sobre quais os livros "sujam as mãos", continuando até um período tão tardio em Yavneh (= Jamnia), c. 90 E. C., eram sobre quais eram os livros "inspirados". Acho que essa distinção é forçada. A fim de fazer parte da Escritura, era necessário que a obra fosse considerada como inspirada pelo Espírito Santo. A autoridade de outras obras, inclusive halákhicas, parece coisa secundária na questão.

5 y. Nedarim 9:4. Ver Judah Goldin, Toward a Profile of the Tanna, Aqiba ben Joseph, em seus *Studies in Midrash and Related Literature*, Philadelphia: Jewish Publication Society, 1988, p. 299-324.

6 m. Yadayim 3:5.

7 Mekhilta de-Rabi Simeon Yohai, ed. Horwitz-Melamed, Jerusalém: *Mekize Nirdamim*, 1955). Ver S. Lieberman, *Mischnat Schir ha-Schirim*, publicada como Apêndice D a *Jewish Gnosticism, Merkabah Mysticism, and Talmudic Tradition*, de G. Scholem, New York: Jewish Theological Seminary of America, 1960, p. 118-126. Este ponto de vista, de que o *Cântico dos Cânticos* era "falado" anteriormente, não é uma negação do subscrito salomônico. O "evento" com Deus e Israel, um proclamando seu amor ao outro no Mar, no Sinai, ou na Tenda do Encontro, foi descrito em forma poética por Salomão – teriam provavelmente dito esses rabis. Daniel Boyarin em *The Song of Songs*, Lock or Key: The Holy Song as a Mashal, em seu *Intertextuality and the Reading of Midrash*, Bloomington: Indiana University Press, 1990, p. 105-116, tenta um deles ao querer ler a réplica *schir ha-schirim be-X ne'emerá* para significar "O *Cântico dos Cânticos* está falando de X", em vez de "foi falado em X". Contudo, o fraseado da questão precedente, (*hekhan ne'emerá*) não se presta facilmente a uma leitura assim. No que se refere ao emprego rabínico do *Cântico*, porém, estou em geral de acordo com Boyarin, como ficará claro abaixo, notas 35 e 96.

coração da revelação, a secreta dádiva de amor que Deus oferecera a Israel, juntamente com a mais pública *Torá* de história, lei e pacto[8].

Por certo que essa devoção ao *Cântico dos Cânticos* supõe sua leitura alegórica[9]. O *Cântico* é a mais sublime expressão do amor entre Deus e Israel, Sua amada foi eleita dentre as "donzelas" da raça humana. O Rei Salomão compôs essa obra como um hino ao amor divino, dando forma poética final ao diálogo de amor entre Israel e seu Deus, onde quer que esse diálogo tenha sido primeiro "proferido". Numa tradição rabínica em que a eleição de Israel constituía um valor chave, especialmente por se tratar de um período quando a continuidade dessa eleição era contestada pela Igreja dos primeiros tempos do cristianismo, não é de surpreender que esta tenha se tornado a singular e, na verdade, a única maneira permitida de ler-se o *Cântico dos Cânticos* entre os judeus, durante efetivamente alguns séculos. Essa vindicação de um amor único e incessante de Deus por Israel constituiu a resposta judaica à emergente doutrina cristã da substituição, a crença de que a eleição do "velho" Israel efetuada por Deus fora suplantada pelo advento de Cristo e pelo aparecimento do "novo" Israel na Igreja[10]. Diferentes interpretações de versos individuais abundam em toda a literatura midráschica, mostrando que o *Cântico* era um livro bem conhecido e altamente citável.

No conjunto do arco de possibilidades de interpretação da rubrica alegórica do "Canto de Amor entre Deus e Israel", várias abordagens completas foram construídas. Uma delas, uma leitura histórica passo a passo, caracterizava o *Targum*, neste caso uma extensa paráfrase aramaica do texto, traçando o curso da história judaica, desde a servidão egípcia até a redenção messiânica ainda por vir. Fragmentos dessa abordagem aparecem em toda a literatura midráschica, ao lado de caracterizações menos historicizantes do eterno amor de Deus por Israel, da fidelidade deste à *Torá*, das consolações relativas ao exílio, bem como de referências ao martírio e sofrimento de Israel devido ao seu amor a Deus. A narrativa histórica em curso é secundária para essa leitura, em que os israelitas são os filhos



8 Ver minha discussão prévia de *The Song of Songs* in Early Jewish Mysticism, em *Orim: A Jewish Journal at Yale* 2:2, 1987.

9 Entoar o *Cântico* em contexto profano era estritamente proibido. Tosefta Sanhedrin 12:10; b. Sanhedrin 12:10; b. Sanhedrin 101a. Retenho aqui o termo "alegoria" *pace* Boyarin.

10 Uma poderosa expressão da polêmica em curso encontra-se em Schir ha-Schirim Rabá 1:41 (ed. Dunsky, p. 36). Esta passagem é discutida por E. Urbach em *Tarbiz* 32, 1961, 159 e s.

designados e amados de Deus desde a Criação, aqueles "por amor aos quais o mundo foi criado". Pode ter havido também uma leitura esotérica do *Cântico* associada à tradição do *Schiur Qomá*, embora essa vindicação seja atualmente contestada[11]. Ainda que versos isolados do *Cântico* fossem ocasionalmente aplicados a indivíduos (para mostrar seu grande amor a Deus)[12] ou a situações fora do quadro da alegoria[13], tais casos constituíam em grande parte exceção.

A alegoria rabínica foi, ao mesmo tempo, contestada e adotada por Orígines (185-254), cujo Comentário e cujas Homilias sobre o *Cântico dos Cânticos* formam a base das mais antigas interpretações significativas cristãs desse texto. Para Orígines, o *Cântico* é o canto de amor entre Cristo e a *ecclesia*, a Igreja Cristã, que de maneira quase literal tomou o lugar da Comunidade de Israel[14]. Embora Orígines seja em grande parte um alexandrino no seu conhecimento das fontes clássicas e na sua leitura da fé cristã em face de um *background* helenístico, ele mudou-se por volta de 233 para Cesareia e passou as últimas duas décadas de sua vida na Terra Santa. Estudos a seu respeito têm mostrado que Orígines adquiriu grande familiaridade com o ensinamento rabínico neste último período, quer arguindo-o quer adaptando-o em parte ao contexto cristão[15]. Ainda

11 Foi esta a asserção inovadora de Saul Lieberman. Ver a sua "*Mischnat Schir ha-Schirim*" mencionada acima na nota 7. A vindicação de Lieberman tem sido contestada por Daniel Boyarin, Two Introductions to the Midrash on *The Song of Songs*, *Tarbiz* 56, 1987, p. 479-500, e outros. Cf. minha discussão dessa controvérsia em *Keter*, p. 78 e s, nota 3.

12 Assim, sobre a bem-sucedida entrada no *pardes* (o "pomar" da visão mística) do próprio Rabi Akiva e de seu retorno, o *Talmud* diz: "Puxa-me atrás de ti; vamos correr. O Rei trouxe-me para dentro de Suas câmaras" (*Cânt.* 1:4). Esta é uma rara aplicação direta do *Cântico*, no próprio plano do indivíduo, ao amor e à experiência visionária de Deus.

13 Ver Schir Rabá 8:6, por exemplo, em que "o amor é forte como a morte" é aplicado simplesmente ao amor do homem pela mulher, e 4:3 (fim), em que o versículo "que meu amado entre em seu jardim" é referido, em um contexto provavelmente não alegórico, à câmara nupcial. Em Schmot Rabá 24:3, é feito o uso de *Cântico* 1:4 para descrever a relação entre Moisés e seu rebanho.

14 Do comentário em dez livros que Orígines escreveu para o *Cântico dos Cânticos*, somente o prólogo e o comentário ao vs. 2:15 sobrevivem. Além disso, temos duas de suas homilias para os capítulos de abertura do *Cântico*. De seus escritos sobre o *Cântico dos Cânticos* subsistem primordialmente por meio das traduções latinas de Jerônimo e Rufino, embora alguns fragmentos gregos estejam preservados. Para mais detalhes, ver E. Ann Matter, *The Voice of My Beloved: The Song of Songs* in western medieval christianity (doravante: Matter, *Voice*), Philadelphia: University of Pennsylvania Press, 1990, p. 25 e s. Estão traduzidos para o inglês por R. P. Lawson na série *Ancient Christian Writings*, #26, Westminster: Newman, 1957.

15 Sobre o contato com a interpretação rabínica refletida em Orígines, ver E. Urbach, Rabbinic Exegesis and Origen's Commentary on *The Song of Songs* and Jewish-Christian Polemics e na tradução inglesa como The Homiletical Interpretation of the Sages and the Exposition of Origen on Canticles, and the Jewish-Christian Disputation, *Scripta Hierosolymitana* 22, 1971, 247-275.

que Orígines tenha sido depois condenado por heresia e postumamente excomungado (553 E. C.), a influência de seus escritos, em especial de sua leitura do *Cântico*, não sofreu diminuição[16].

Mas houve no lado cristão maior variedade na interpretação do *Cântico dos Cânticos* do que entre os judeus. O texto sempre foi altamente popular como objeto de exegese e homilia no contexto cristão; existem pelo menos setenta comentários latinos que datam dos séculos VII ao XIV. As leituras de certos versículos, que seriam mais tarde chamadas de tropológicas, por se referirem a um diálogo de Cristo com a alma individual mais do que com a *ecclesia* coletiva, já podem ser encontradas em Orígines e em outras partes na interpretação cristã pré-medieval[17]. Até nas frases de abertura de seu comentário, Orígines diz:





> Este pequeno livro é um epitalâmio, isto é, um cantar nupcial, que me parece que Salomão escreveu em forma dramática e cantou ao modo de um noivo à sua noiva, que é a palavra de Deus, ardendo de amor celestial. Na verdade, ele a ama profundamente, seja ela a alma feita à sua própria imagem, ou a Igreja[18].

Orígnes sabe como escrever de maneira pessoal e tocante sobre a sua experiência do Noivo aproximando-se dele [de sua alma] e depois afastando-se[19]. Este primeiro desenvolvimento de uma leitura pessoal individualmente focalizada do *Cântico* não é surpreendente, dado o contexto helenístico no qual Orígines viveu e escreveu. Embora ela seja anterior a Plotino, as mesmas forças que criariam a religião neoplatônica da alma a

**16** Bernard McGinn, *The Presence of God: A History of Western Christian Mysticism*, v. 1: *The Foundations of Mysticism* (doravante: McGinn, *History*, v. 1), New York: Crossroad, 1992, p. 140-150, 209 e s., *passim*, Matter, *Voice*, p. 36 e s.

**17** Matter, *Voice*, p. 20 e s.

**18** Prólogo ao Comentário sobre o *Cântico dos Cânticos* (ver n. 13 acima), p. 21. A "palavra de Deus" é Cristo, noivo da alma, bem como da *ecclesia*. É interessante que Orígines descreve o escrito de Salomão como a noiva, mais do que como o noivo. O Salomão mencionado no *Cântico*, inclusive a do sobrescrito, é visto pelos rabis como referido alternativamente ao Salomão histórico e a Deus, o Rei da Paz (baseado numa leitura superliteralista de *Schlomo* como "Sua paz"). Ver b. Schevuot 35b. O divino Salomão é assim o noivo do texto, mas o Salomão terreno fala do ponto de vista da noiva. O mesmo vale em relação a Moisés no Cântico do Mar, cuja linha de abertura "então Moisés cantou" (*Êxodo* 15:1) é repetidamente associada às palavras da noiva no *Cântico* e a outras expressões femininas. Ver Schmot Rabá 23:3, 4, 5, 10.

**19** Homilia sobre *Cântico* 1:7; trad. Lawson, p. 211-223; 229-238. Embora o *Cântico dos Cânticos* não estivesse ainda canonizado quando o Novo Testamento foi escrito, não sendo, portanto, citado como Escritura, a imagem de Cristo como noivo é bem atestada nos escritos do Novo Testamento. Ver especialmente *João* 3:29. Sobre o *eros* em Orígines, cf. também Matter, *Voice*, p. 32 e s.

anelar o retorno à sua fonte celestial já estavam plenamente presentes em sua época. Poder-se-ia dizer que nesta leitura do *Cântico*, Orígines está sendo inteiramente fiel ao legado de Filo em relação às alegorias da alma, ainda que o *Cântico dos Cânticos* não figure no cânone de Filo e, portanto, não seja objeto de sua alegorização[20].

Mas a tradição cristã, em seus primórdios, conhece ainda outro modo de interpretar esse texto. Refiro-me à interpretação mariana do *Cântico dos Cânticos*. Particularmente nos cenários litúrgicos para os quatro festivais de Maria, que se encontram no velho calendário cristão (Natividade, Purificação, Anunciação e Assunção da Virgem)[21], versículos do *Cântico dos Cânticos* são, com frequência, utilizados para pintar o amor entre Deus, para quem ela é tanto noiva quanto mãe, e a Virgem. Ela é o jardim das delícias em que Deus entra e onde colhe prazer, ela é também a "fonte selada" a partir da qual flui a nascente viva de Cristo[22].

O lugar que Maria ocupa no *Cântico dos Cânticos* é muito complexo e não isento de problemas. Sua virgindade é representada como o "jardim selado" e a "fonte selada" do *Cântico* 4:12. Mas como noiva e mãe amorosa (e amamentadora!), ela também tem que ser simbolizada como fértil, viçosa e ubérrima[23]. Este é um problema para a escritura teológica tanto quanto para a arte cristã no curso dos séculos. O lugar de Maria em relação à Divindade trinitária tampouco é simples. Nas primeiras leituras patrísticas do *Cântico dos Cânticos* seria de pensar que ela é a Noiva de Deus, o Pai, e




**20** Quanto ao grau da dívida de Orígenes para com Filo, ver D. Runia, *Philo in Early Christian Literature*, Assen: Van Gorcum, 1993 p. 157-183.

**21** As quatro de há muito estabelecidas festas (pré-século XII) da Virgem são: a Purificação da Virgem, 2 de fevereiro; a Anunciação da Virgem, 25 de março; a Assunção da Virgem, 15 de agosto; e a Natividade da Virgem, 8 de setembro. A legenda que está por trás da Festa da Natividade é contada no adendo ao *Sigillum Beatae Mariae*, de Honório Augustodinensis, trad. Amélia Cart, Toronto: Peregrina Publishing Company, 1991, p. 86 e s., a cujo respeito teremos mais a dizer abaixo.

**22** Matter, *Voice*, p. 151 e s.

**23** A Madona amamentando é bem conhecida na arte cristã da Idade Média. Para as pinturas, ver Caroline Bynum, *Holy Feast and Holy Fast:* the religious significance of food to medieval women, Berkeley: University of California Press, 1987, p. 13-25. O outro relato de Maria do Novo Testamento, Maria Madalena, também toma seu lugar em algumas leituras posteriores do *Cântico dos Cânticos*. O papa Gregório, o Grande, em sua 25ª. homilia sobre os Evangelhos, repete, com base em *João* 20:11-18, o relato segundo o qual Maria Madalena se deixou ficar para trás no túmulo vazio depois que os discípulos masculinos o haviam abandonado. Ela é então descrita como a apaixonada amada do *Cântico*, aquela que diz: "Eu o procurei, mas não o encontrei" (3:1). Aqui, Maria Madalena é uma amante ferida com quem o leitor judeu poderia sentir empatia: desapontada por ora, mas sabendo que seu amado retornará a ela. A respeito dessa passagem, cf. Grover A. Zinn Jr., Texts within Texts: *The Song of Songs* in the Exegesis of Gregory the Great and Hugh of St. Victor, em *Studia Patristica* 25, 1991, 209-215.

a mãe de Cristo[24]. Isto muda na alta Idade Média, quando começa a plena interpretação mariana do *Cântico*. Usando a antiga identificação de Maria com a *ecclesia*, que será discutida abaixo de uma forma mais completa, ela se torna a noiva de Cristo, bem como Sua mãe.

As variadas interpretações do *Cântico dos Cânticos* presentes na Igreja primitiva atestam um especial fascínio com este livro e sua mensagem. Para Orígines, a grande dádiva que Deus nos concedeu na Criação é *eros*; o poder do amor alimenta a jornada de retorno a Deus. Para o cristão maduro, aquele que superou as paixões terrenas por causa dessa ainda mais apaixonada jornada interior, o *Cântico dos Cânticos* contém a mais importante mensagem da *Bíblia*. Por certo, este é precisamente um fruto cristão e uma leitura platônica da vindicação original de Rabi Akiva, segundo a qual o *Cântico dos Cânticos* é o "Santo dos Santos". O *eros*, que é essencial para a religião neoplatônica, encontra sua morada bíblica na leitura cristianizada do *Cântico dos Cânticos*.



Esta concepção, que salienta o caráter central do *Cântico* para a mensagem da Escritura e da fé cristã, é levada adiante no século IV por Ambrósio, bispo de Milão (334-397) e no século VI pelo papa Gregório, o Grande. Ambrósio, ao ler o *Cântico dos Cânticos* como um texto *ecclesial* e, ao mesmo tempo, como um testamento do amor da alma individual a Deus, se lhe refere, mesmo quando sua exegese versa supostamente sobre outras partes da *Bíblia*. Seu tratado *Sobre Isaac* de fato mascara um breve comentário acerca do *Cântico dos Cânticos*[25]. Isaac e Rebeca, eles próprios, são vistos por Ambrósio em termos altamente eróticos:

> Isaac é bom e verdadeiro, pois é cheio de graça e uma fonte de alegria. A esta fonte dirigiu-se Rebeca, para encher de água o seu jarro. Pois a Escritura diz que "e ela desceu até a fonte, e encheu de água o seu cântaro e subiu" (*Gênese* 24:16)[26].

24 J. Beumer, Die marianische Deutung das Hohen Liedes in der Frueeskolastik, em *Zeitschrift fuer Katholische Theologie* 76, 1954, 411-439. Beumer diz que o processo de mudança começa tão cedo quanto o século VII, culminando em Ruperto e Honório. Mas a complexidade é algumas vezes elegantemente negociada. Em Honório, *Sigillum* ao *Cântico* 4:7 (tradução inglesa p. 66), Cristo, a figura masculina no diálogo, refere-se a Maria como "Minha esposa", mas acrescenta que está falando dessa maneira "porque Eu sou um só com o Pai, a quem tu, permanecendo fechada, pariste o Filho".

25 Ver a perceptiva leitura de *On Isaac*, de Ambrósio, realizada por McGinn em *History*, v. 1. p. 209 e s. e, especialmente, sua nota na página 210, relativa à transformação de gênero.

26 Sem dúvida, Isaac, ele próprio, não está presente no relato do *Gênesis*, que narra o encontro de Rebeca com o servo enviado por Abraão a fim de encontrar uma esposa para Isaac. A erótica representação efetuada por Ambrósio obriga-o a eliminar o intermediário.

E assim a Igreja, ou a alma, baixou até a fonte para encher o seu próprio vaso e puxar os ensinamentos da pura sabedoria, que os judeus tiram da fonte manante[27].

Uma vez que Rebeca trata aqui de encher o "cântaro de água" da "fonte" de Isaac, entendemos que o salto do *Gênese* ao *Cântico dos Cânticos* é de fato pequeno. Logo depois Ambrósio põe-se a comentar abertamente o próprio *Cântico dos Cânticos*. Uma passagem particularmente rica proporcionará uma ideia da direção que ele toma nessa obra:

> "O rei trouxe-me para a sua câmara interior" (*Cântico* 1:4). Abençoada é a alma que entra nas câmaras interiores. Pois, erguendo-se do corpo, ela se distancia de tudo, e procura e busca dentro dela mesma, se de algum modo pode perseguir o divino [...] e quando foi introduzida no lugar secreto da divindade, a alma diz: "Alegremo-nos e regozijemo-nos em ti. Amemos teus seios mais do que o vinho". Pois o justo rejubila-se, não com tesouros de ouro e prata, não com os procedimentos de sua propriedade, mas em Deus somente[28].



Citações do *Cântico dos Cânticos* também abundam em outras partes dos escritos de Ambrósio, especialmente em seu longo comentário sobre o *Salmo* 118 (119)[29].

Nessa tradição, que se estende de Orígines até Gregório, podemos encontrar uma devoção cristã à leitura alegórica do *Cântico*, que cronologicamente corre em paralelo com o desenvolvimento do *Midrasch Schir ha-Schirim* no mundo rabínico. A coletânea de textos designada pelo título (às vezes referido como *Midrasch Hazit* nas fontes anteriores) foi provavelmente editada por volta do século VII[30], embora contenha leituras de versículos individuais que remontam ao período tanaítico. Duas outras compilações midráshicas, *Schir ha-Schirim Zuta* e *Agadat Schir ha-Schirim* são de uma época algo mais tardia[31], embora também elas possam compreender

27 Sobre Isaac 1:2, em Ambrósio, bispo de Milão, *Seven Exegetical Works*, trad. Michael P. McHugh, Washington: Catholic University Press, 1972, p. 11.
28 Sobre *Isaac* 4:11-12 (p. 18).
29 McGinn, *History*, v. 1, p. 209 e s.
30 Moshe David Herr, escrevendo na *Encyclopedia Judaica* (ver Midrasch) data-o entre 500-640, o período tardio do *Midrasch* "clássico".
31 *Schir ha-Schirim Zuta* foi publicado pela primeira vez a partir do manuscrito da Gueniza do Cairo, por L. Gruenhut, Jerusalém: W. Gross. 1897. Foi reimpresso com uma nova introdução por Y.

materiais mais antigos, como é a via do *Midrasch*. É no último dos textos nomeados que nos deparamos com uma afirmação surpreendente, atribuída a Rabi Akiva: "Não tivesse sido dada a *Torá*, o mundo poderia ter sido conduzido pelo *Cântico dos Cânticos*"[32], um modo de ver com o qual esses escritores cristãos, aproximadamente contemporâneos, sentir-se-iam mais do que à vontade, ao menos em teoria[33]. No *corpus* rabínico também nos deparamos com o *Cântico dos Cânticos* tornando-se um texto favorito dos exegetas, mesmo quando os mestres estão a lidar com outros livros da *Bíblia* e com assuntos aparentemente muito distantes dos jardins e das fontes do amor. Tanto os ritos sacrificiais do já então ausente e pranteado Templo, como a vida rabínica de devoção à prece e aos mandamentos são em muitos lugares romanticamente adornados pela associação com os versículos do *Cântico*. Talvez mais ainda seja o ato do estudo e da própria exegese da *Torá*, que os rabinos descrevem como uma descida aos jardins do *eros*. Aos autores judeus que escreveram sobre o *Cântico* parece não haver maior expressão do poder atuante do texto do que o ato do comentário mesmo, com o exegeta saltando ludicamente entre os versículos e procurando os objetos de seu desejo homilético, de maneira muito similar ao modo como o amante do *Cântico* busca a sua amada em meio à luxuriante vegetação dos jardins antigos.





Na discussão rabínica dos *Cânticos* uma ausência notável é a de toda e qualquer preocupação teórica com a natureza da alegoria. Nos séculos, quando leitores cristãos como João Cassiano e Gregório estavam profundamente envolvidos nos pontos delicados dessa discussão, os rabis, ainda carentes dos refinamentos do pensamento introspectivo que chegara à Igreja através de

H. Wertheimer, Jerusalém: *Ktav Iad va-Sefer*, 1971. Wertheimer data-o de antes do *paietan* rabi Eleazar ha-Kalir, que o teria usado, pretende ele. As datas relativas ao próprio Kalir são objeto de certa controvérsia, mas uma dos séculos sétimo ou oitavo para esse *Midrasch* parece provável. *Agadat Schir ha-Schirim* foram publicadas por Salomão Schechter a partir de um manuscrito de Parma (De Rossi), Cambridge: Deighton, Bell and Co., 1896. Ele o data (p. 102) de meados do século x.

32 P. 5, linha 22-23. Minha leitura baseia-se numa emenda ao texto hebraico. O qual, como aparece, não faz nenhum sentido. A letra *bet*, que está antes da palavra "Torá", precisa ser movida para a palavra seguinte "*schir*". Esta linha, mesmo que não seja do próprio Akiva, brota diretamente de sua escola. É possível até que se tenha originado de uma glosa à afirmação de Akiva acima citada.

33 Isso significa dizer que nem a Igreja nem a Sinagoga teriam entendido "o mundo conduzido pelo *Cântico dos Cânticos* somente" como um chamado para abandonar o menor bocado das sempre crescentes estruturas legais dentro das quais ambas estavam operando. Rabi Akiva é também aquele, cumpre lembrar, que derivou "pilhas e pilhas de leis das pontas da coroa" que sobrelevam certas letras tal como escritas no rolo da *Torá*.

fontes helenísticas e especialmente filônicas, guardam certa ingenuidade acerca de como a alegoria vem a ser o significado "real" desse livro sagrado. Em geral, é a grande sabedoria de Salomão que recebe o crédito de ter produzido um texto tão profundo e polivalente, embora esse escrito seja também entendido como uma fina articulação do "evento" do *Cântico dos Cânticos* ao qual aludimos antes. Assim, o texto é visto como uma espécie de mistura de revelação divina e inteligência humana[34]. Seu uso como uma narrativa secundária, mediante a qual a primitiva narrativa judaica da *Torá* podia ser lida, intensificada e erotizada, foi articulado pelos rabis quando louvaram Salomão por haver criado os primeiros "cabos", por meio dos quais a *Torá* podia ser erguida[35].



Os empregos litúrgicos cristãos do *Cântico dos Cânticos* correm em paralelo ao próprio uso extensivo do *Cântico* na poesia *paitânica* hebraica ou tradição poética[36]. Já no século VII[37], poetas da Terra Santa voltar-se-iam, especialmente, a compor hinos sinagogais para a Páscoa e *Schavuot*, para o texto do *Cântico*, que é recitado na sinagoga no sétimo dia ou no *Schabat* intermediário da Páscoa[38]. Esse uso poético continua, quer na tradição sefardita quer na aschkenazita, muito embora em idiomas muito diferentes. Entre os *sefaradim*, o antigo *piut* cede lugar à poesia da Idade de Ouro na Espanha, baseada em modelos árabes, como é bem conhecido[39]. Essa *oeuvre* poética contém muitos poemas religiosos de amor, que naturalmente se referem a uma imageria tirada do *Cântico dos Cânticos*[40]. Nesses poemas,

**34** Este é o assunto central do discurso de abertura no *Midrasch Schir ha-Schirim*. Sobre a concordância cristã a essa abordagem do *Cântico* como uma criação conjunta divina/humana, ver Ann Astell, *The Song of Songs in the Middle Ages*, Ithaca: Cornell University Press, 1990, p. 25 e s.

**35** Schir ha-Schirim Rabá 1:8; ed. Dunsky, p. 5. Ver D. Boyarin, *The Song of Songs*, Lock or key: the Holy Song as a Mashal, op. cit..

**36** Sobre o *Piut*, ver A. Mirsky, *Ha-Piut[!]:The Development of Post-Biblical Poetry in Eretz Israel and the Diaspora* (hebraico), Jerusalém: Magnes Press, 1990.

**37** Acerca de Ianai, ver a edição de *The Liturgical Poems of Rabbi Yannai*, por Z. M. Rabinovitz, Jerusalém: Mossad Bialik, 1987. Lá subsistem dois longos poemas, quase inteiramente baseados no *Cântico dos Cânticos*, uma *schivata le-pesakh*, no v. 2, p. 265-272, e uma *querová le-pesakh*, v. 2, p. 272-289.

**38** Ver o tratado *Sofrim* 14:1; 14:16.

**39** A respeito da influência do antigo *piut* sobre a poesia hebraica espanhola e a continuidade de temas entre eles, ver A. Mirsky, *Ha-Piut*, p. 522-652 e, especialmente, p. 617 e s.

**40** Idem, p. 590. Mirsky, surpreendentemente, encontra pouco uso direto do *Cântico dos Cânticos* na poesia hebraica da Espanha. Os poetas "tomaram do *Cântico dos Cânticos* uns poucos conceitos e imagens, como o do gamo e da gazela, denominações dos belos amantes". De fato, em Ibn Gabirol, na sua poesia religiosa de amor, há muito menos do *Cântico* do que se poderia esperar. As imagens de amor traído, ferido e de abandono, predominantes, parecem levá-lo mais aos profetas e às Lamentações. Entre os exemplos mais nítidos da influência do *Cântico dos Cânticos* se cabe entendê-los em sentido amplo como uma forma de interpretação dos *Cânticos*, encontramos muitas referências ao anelo do poeta ou da alma por Deus, às vezes em cenários repletos de imagens do *Cântico dos Cânticos*. Poderia parecer, à primeira vista, que são talvez as mais antigas leituras tropológicas ("Deus e a alma") do *Cântico*, em hebraico. O problema com este modo de ver é que os poemas mesmos são alegóricos. A maior parte da poesia religiosa de amor escrita por Iehudá Halevi, Salomão ibn Gabirol e outros poetas da "Idade de Ouro" espanhola foi composta para o uso no serviço da sinagoga[41]. A "amada" nesses poemas, embora o poeta se identifique cabalmente com ela, é a Comunidade de Israel, a incarnação poética do povo judeu, tão familiar desde a literatura rabínica. Sua feminilidade é muito ressaltada em tais poemas, mas isso é também derivado, tanto do próprio *Cântico* como de sua interpretação rabínica. A alma do poeta, que anseia por um renovado relacionamento com Deus, a chamar em termos feminis o seu amado, é assim também a alma coletiva de Israel. O poeta vê a si próprio como um *schaliakh tzibur*, "emissário" ou representante da congregação. De fato, grande porção dos poemas constitui reflexões sobre o exílio, a situação histórica de Israel, bem como a situação espiritual do vate. Assim, embora se possa dizer que o amor sagrado é um tema central na poesia da Idade de Ouro, o amor pessoal do poeta por Deus e o de sua congregação/audiência, a comunidade de Israel, um e outro não devem ser distinguidos.

Entre os aschkenazitas, o *piut*, nos moldes da velha tradição de *Eretz Israel*, continuou a ser escrito nos séculos XII e XIII. Versos inteiros, provenientes do *Cântico*, foram por vezes usados nesse hinário como refrãos e incorporados em novos cenários poéticos[42]. Porém, a tradição poética aschkenazita, mais conservadora em muitos modos do que a sefardita, permaneceu





figuram os poemas #31 e 32, na edição Bialik-Ravnitzky da poesia de Gabirol, *Schaar ascher Nisgar* e *Schalom Lekha Dodi*, Tel Aviv: Dvir, 1925. O mesmo pode ser dito de Iehudá Halevi. Quanto a um uso extenso do *Cântico dos Cânticos*, ver sua *Iafáka ka-Tirtsá*, poema #144, em H. Brody (ed.), *Diwan des Abu-i-Hasan Jehuda Halevi*, Berlim: Mikize Nirdamim, 1930. Sem dúvida, elementos de linguagem ocasional e cenário reminiscentes do *Cântico* encontram-se aqui e ali nos escritos desses poetas hebreus espanhóis.

41 Cerca da metade da poesia religiosa de Gabirol, coligida no volume acima mencionado, é de caráter especificamente litúrgico. No caso de Iehudá Halevi, *Schirei Qodesch* (Jerusalém: D. Yarden, 1980), tudo o que é publicado como "verso sagrado" pertence ao quadro da liturgia. Essa diferença é atribuível, entretanto, a diferentes princípios de edição.

42 *Piutim* baseados no *Cântico dos Cânticos* predominam nos dias de abertura no *Schabat* intermediário de Pesakh. Ver *Makhzor le-Pesakh*, Y. Frankel (ed.), Jerusalém: Koren, 1993, p. 60-91, 94-105, 139-152, 245, 291-300, 304-330.

absolutamente fiel à interpretação coletivista do *Cantar dos Cantares*, que ela recebera de anteriores gerações de poetas e exegetas midráschicos.

O surgimento do *pschat*, ou seja, a exegese literal do "significado simples", no judaísmo do início da Idade Média, introduziu um elemento problemático quando aplicado ao *Cântico dos Cânticos*. Diferentemente de quaisquer outras partes da Escritura, aqui vigorava uma constrição rabínica explícita contra a leitura do texto de conformidade com o seu significado simples[43]. Por esse motivo, talvez, tanto o comentário atribuído a Saádia Gaon[44] (século x) quanto o de RASCHI[45] (século XI) oferecem versões da alegoria histórica[46] em seus comentários, ao contrário do que fazem em seus escritos sobre outros livros da *Bíblia*, nos quais, em um ou outro grau, eles se permitem deixar para trás a tradição rabínica e procurar o significado simples. Não obstante, outros exegetas assim procederam, alguns prefaciando seus comentários com uma *apologia* sobre essa possível transgressão. Sua alegação era em geral que um entendimento do *pschat* fazia-se necessário a fim de se compreender melhor as sutilezas da obra-prima alegórica do rei Salomão[47]. O *pschat* lida com o texto exatamente como este se apresenta no contexto da autoria salomônica. Assim, o poema poderia ser o epitalâmio do próprio Salomão à sua noiva ou um hino ao amor inocente de um pastor e uma pastora, tal como composto pelo romântico monarca. Alguns desses comentários hebraicos, particularmente o de RASCHI, eram lidos e estudados pelos escolásticos medievais. O conhecimento que os judeus tinham da língua original da Escritura era respeitado[48] pelos comentadores cristãos e, ao nível da gramática e da estrutura



43 Cf. nota 9, acima.

44 O comentário do pseudo-Saádia foi publicado pela primeira vez na coletânea *Schloschá Peruschim le-Schir ha-Schirim*, Constantinopla: Yabez, 1577?. O original árabe foi editado por Y. Kapah em *Hamesch Megilot*, Jerusalém: Ha-Agudá le-Hatsalat Ginzey Teman, 1962. Sobre o comentário, ver H. Malter, *Saadia Gaon: His Life and Works*, Filadélfia: Jewish Publication Society, 1921, p. 322 e s.

45 O comentário de RASCHI foi publicado pela primeira vez em *Perusch Hamesch Megilot*, Bolonha, 1477. Uma edição crítica, por J. Rosenthal, apareceu no Samuel K. Mirsky Jubilee Volume, S. Bernstein e G. Churgin (eds.) New York: Jubilee Commitee, 1958, p. 130-188.

46 Sobre a questão de RASCHI e a "alegoria", ver Sarah Kamin, Dugma in Rashi's Commentary on *The Song of Songs*, em seus ensaios reunidos em *Jews and Christians Interpret the Bible*, Jerusalém: Magnes Press, 1991, p. 13-30.

47 A completa "Annotated Bibliography of Medieval Jewish Commentaries on *The Song of Songs*", por Barry D. Walfish, encontra-se em *Ha-Mikra bi-Re'i Mefaraschav:* The Sarah Kamin Memorial Volume, Jerusalém: Magnes, 1994, p. 518-571. O trabalho de Walfish substitui o padrão anterior, porém muito datado, sobre o assunto, S. Salfeld, *Das Hohelied Salomo's bei den Juedischen Erklaerern des Mittelalters*, Berlim: J. Benzian, 1879.

48 Esta dificilmente é a palavra certa para os gostos de Alexandre Neckam (Nequam) (1157-1217), um teólogo e exegeta inglês que expressava terrível desdém pelos judeus "modernos", referindo-se a eles como "porcos" e desaprovava totalmente o seu modo de entender a Escritura e que, no en-

da sentença, havia muita coisa a aprender deles[49]. Isso, entretanto, iria exercer pouco efeito sobre as referências alegóricas do texto.

O outro, dentre os mais conhecidos desses clássicos comentários judaicos medievais, é o de Abraão Ibn Ezra[50], um intérprete amiúde ousado que oferece no seu escrito algo que parece ser uma promissora leitura em três níveis. O primeiro degrau, como se verifica, é filológico, uma explicação das palavras e empregos gramaticais inusitados, que aparecem no *Cântico*. O segundo é o comentário *pschat*, a história de "uma moça muito jovem, uma menina que ainda não tinha seios, estava guardando sua vinha quando viu um pastor que por ali passava e o desejo irrompeu no coração de ambos". O terceiro degrau na leitura de Ibn Ezra é o da alegoria histórica, traça a história judaica desde Abraão até o messias, embora numa forma um pouco menos fantástica do que a tradição que Targum o fez.



Abraão Ibn Ezra nos é bem conhecido como filósofo neoplatônico e como o mais importante, e textualmente perceptivo, comentador da *Bíblia*. Pode parecer estranho à primeira vista que ele não tenha feito uso do *Cântico* para propósitos de alegoria filosófica. Tal possibilidade de leitura não lhe era desconhecida. Mas, na introdução de seu comentário, ele denuncia, de um modo específico, tais tentativas: "Filósofos procuraram interpretar esse livro em termos metafísicos [*al sod ha-olam*] ou a via pela qual a alma elevada é unida ao corpo embaixo. Outros o interpretam retoricamente[51]. Oxalá o vento possa levar embora todas, pois todas elas são

tanto, os citava quando isto lhe era útil. Ver A. Saltman, Jewish Exegetical Material in Alexander Nequam's Commentary to *The Song of Songs*, em *The Bible in the Light of Its Interpreters:* The Sarah Kamin Memorial Volume, Jerusalém: Magnes Press, 1994, p. 421-421. É interessante notar que o comentário de Nequam (até agora não publicado) é grande parte mariológico. Para um tratamento anterior, ver R. J. Loewe e R. W. Hunt, Alexander Neckam's Knowledge of Hebrew, em *Medieval and Renaissance Studies* 4, Cambridge MA: Harvard University Press, 1958.

49 Ver a paráfrase latina anônima do comentário de RASCHI, *Expositio hystorica Canti Canticorum secundum Salomonem*, editado por S. Kamin e A. Saltman; Ramat Gan: Bar-Ilan University Press, 1989. Kamin também é autora do Raschi's Commentary on *The Song of Songs* and the Jewish-Christian Polemic, em *Jews and Christians Interpret the Bible*, Jerusalém: Magnes Press, 1991, p. 31-60. Cf. ainda Michael A. Signer, Thirteenth Century Christian Hebraism: The Expositio on Canticles in MS Vat. Lat. 1053, em D. Blumenthal (ed.), *Approaches to Judaism in Medieval Times*, Atlanta: Scholars' Press, 1988, p. 89-100.

50 O comentário de Ibn Ezra sobre o *Cântico* existe em duas recensões. A edição padrão que aparece em *Mikraot Gdolot*, foi publicada pela primeira vez em *Perusch al Hamesch Megilot* em Constantinopla, 1505. Uma segunda edição abreviada é a que foi publicada por H. J. Matthews, Londres, 1874. Os vários supercomentários a Ibn Ezra foram arrolados por N. Ben-Menahem em *Areschet* 3, 1961, p. 71-92.

51 O hebraico *al ha-matkonot* é obscuro. Sugiro referir-se a um modo de aprender a linguagem do amor, à poética da expressão erótica.

vanidade". Ibn Ezra mantém uma posição conservadora nesse caso, optando por um comentário homilético modificado mais do que pela alegoria filosófica, que desviaria necessariamente para além do texto. Talvez, tendo visto algumas das tentativas anteriores nesse gênero, o poeta/filósofo/exegeta não fosse otimista acerca das possibilidades de se ler o texto extremamente corporal e erótico do *Cântico* em torno do amor de um Deus crescentemente abstrato, incorpóreo e não antropomórfico.

Conquanto os anteriores comentários filosóficos hebraicos aos quais Ibn Ezra se refere estejam em sua maioria perdidos ou não tenham sido publicados[52], subsiste um exemplo de tais abordagens no extenso comentário judeu-arábico de Josef Ibn 'Aqkin (c. 1150-1220), traduzido para o hebraico e publicado pela primeira vez por Abraão Halkin[53]. O "terceiro nível (seguindo o *peschat* e "o método de nossos rabis") de Ibn Aqnin é um comentário aristotélico, em que o anelo da alma para ser unida ao Intelecto Ativo constitui o tema principal do Cântico de Salomão. Ele proporciona o melhor e mais completo exemplo que dispomos de uma *allegoresis* filosófica dentre os comentários judaicos ao *Cântico*. Temos aqui vertida a leitura coletivista realmente de um modo completo e plenamente situada no reino da filosofia religiosa aristotélica na época maimonidiana[54]. Embora proviesse originalmente de Barcelona, Ibn Aqnin viveu e trabalhou no contexto judeu-islâmico, provavelmente em Fez, tendo mantido pouco contato com a cultura judaica da Catalunha, de onde procedia e não tendo exercido nenhum efeito sobre ela. As influências que recebeu parecem ter sido as da literatura filosófica arábica e não as da Europa cristã. Ainda assim, é interessante verificar que Ibn Aqnin, um contemporâneo mais jovem de Maimônides, lê o *Cântico* como ele o faz nesse tempo particular. Na mesma tradição acha-se o comentário de Rabi Moisés Ibn Tibon, embora neste caso a integração do comentário rabínico e do filosófico vai a favor de uma leitura mais "branda", menos filosoficamente técnica, do texto[55]. O sucessor



**52** Ver a lista de Walfish mencionada na nota 47. Há realmente uns poucos comentários gramaticais e alguns filosóficos que precederam Ibn Ezra, inclusive de vários autores caraítas, por cujas obras Ibn Ezra sentiu com frequência um particular interesse. Ver Walfish, p. 528 e s.

**53** Hitgalut ha-Sodot ve-Hofa at ha-Meorot: Perusch Schir ha-Schirim. A. S. Halkin (ed.), Jerusalém: Mekize Nirdamim, 1964.

**54** Embora as influências primordiais de Ibn Aqnin sejam as dos pensadores islâmicos a quem conhece diretamente, não via Maimônides, ele menciona várias vezes o RAMBAM e uma vez (f. 102b) faz referência específica ao *Guia dos Perplexos*.

**55** O comentário de Ibn Tibon foi publicado pela primeira vez em Lick: Mekize Nirdamim, 1874. O fato de que nenhum desses comentários tenha sido impresso em época anterior aos tempos modernos testemunha a relativa impopularidade deles.

mais importante nesta linha, Rabi Levi ben Gerschom ou Gersônides, escreve no Languedoc, no começo do século XIV[56]. Todos esses textos são tentativas de interpretar o *Cântico dos Cânticos* como um poema de amor entre o individual e o divino, da nova maneira que se tornou popular entre os cristãos na Idade Média, como discutiremos agora. Mas eles o fazem em modos altamente intelectualizados; é a *mente* individual e o Intelecto Ativo que cortejam um ao outro no *Cântico*, e eles assim procedem em termos estritamente aristotélicos. De fato, esses comentários podem ser caracterizados como tentativas algo afetadas de adequar a ousada paixão do *Cântico dos Cânticos* às categorias formais da metafísica aristotélica, no qual o comentário parece uma desculpa para a apresentação de uma disquisição filosófica que efetue um verdadeiro acerto com o significado do texto escritural. Essas tentativas de comentadores hebreus empenhados em levar o *Cântico dos Cânticos* a uma leitura mais individual do que coletivista permanecem extraordinariamente dóceis e estéreis, sobretudo quando comparadas com a grande transformação na leitura do *Cântico* a ser permitida pela nova linguagem simbólica da Cabala.



## II.

Antes de abordarmos a Cabala precisamos, entretanto, dizer algumas palavras acerca do período em que ela nasceu ou, ao menos, em que entrou em sua fase pública. O século XII, na França em particular, tem sido descrito como uma época de grande transformação na história da Europa Ocidental Cristã. É um período de descoberta, de avanço tecnológico, de um renascimento do saber antigo e uma era de novas direções na esfera oni-abarcante da religião. É o século quer das Cruzadas quer dos romances de trovador, um tempo em que a noção de *busca* pessoal é idealizada tanto nas esferas do romance secular quanto na do sagrado. O herói/cavaleiro em busca de sua dama, assim como o monge à procura do amor de Deus, ou da graça da Virgem, ambos foram descritos por mais de um estudioso

**56** O comentário de Gersônides foi publicado pela primeira vez em *Perusch Hamesch Megilot*, Riva di Trento, 1560. Josef Ibn Kaspi (1279-1340) foi outro comentador aristotélico. Seu comentário apareceu primeiro como *Hatsotserot Kesef*, Constantinopla, 1577 (?) e de novo em *Asará Kelei Kasef*, ed. J. Last. Pressburg, 1903 (f, ed. Jerusalém, 1970).

da época como diferentes manifestações do mesmo espírito[57]. O senso da busca individual e, em especial, a procura do amor perfeito, tornam o século XII a era em que o *Cântico dos Cânticos* assume seu lugar como um documento central na herança espiritual do mundo ocidental.

Este é o século das homilias de Bernardo de Clairvaux (1090-1153) sobre o *Cântico*, um dos textos mais populares de todos os tempos no que tange ao misticismo cristão do Ocidente[58]. As oitenta e seis homilias de Bernardo cobriam a texto até *Cântico* 3:1. Após a sua morte, Gilberto de Hoyland (m. 1172) empenhou-se em completar a tarefa e, quando este também faleceu antes de conseguir escrever sobre o poema todo, João de Ford (m. 1214) finalizou o serviço com uma coleção de sermões que ela mesma preenche sete volumes na recente edição inglesa[59]. Pois a maioria desses cistercienses interpreta o *Cântico* em termos tropológicos, uma alegoria de Cristo e a alma individual ou a cristã. Mas o amigo de Bernardo, Guilherme de Saint Thierry, também interpretou o texto, mantendo-se mais na linha da velha leitura eclesiológica[60]. Entre os seus outros impor-

**57** J. LeClercq, *Monks and Love in Twelfth-Century France*, Oxford: Clarendon Press, 1979; J. C. Moore, *Love in Twelfth-Century France*, Philadelphia: University of Pennsylvania Press, 1972. Ver especialmente The Varieties of Love, p. 131-155. O melhor exemplo da completa mistura da linguagem sagrada e mundana em busca do ideal encontra-se em *The Quest for the Holy Grail*. Esse texto do século XIII (resumidamente discutido em Matter, *Voice*, p. 55 e s.) inclui referências ao *Cântico dos Cânticos*. Foi publicado em inglês em tradução de P. M. Matarasso (Londres: Pinguin Books, 1969). A complexa interação da retórica do amor sagrado e profano foi descrita por Peter Dronke, em *The Song of Songs* and Medieval Love-Lyric, *The Bible and Western Culture*, W. Lourdaux e D. Verhelst (eds.), Leuven: Leuven University Press, 1979, p. 236-262. Ver também J. I. Wimsatt, Chaucer and *The Canticle of Canticles*, em *Chaucer the Love Poet*, J. Mitchell e W. Provost (eds.), Athens GA: University of Georgia Press, 1973.

**58** O texto latino encontra-se em *Sancti Bernardi Opera*, Jean Leclercq et al. (eds.), Roma: Editione Cisterciensis, 1955-1977, v. 1-2. Uma edição inglesa em quatro volumes, traduzida por K. Walsh et al., Kalamazoo: Cistercian Publications, 1976-1980. Ver o extenso tratamento da obra por B. McGinn em *The Presence of God:* A history of western christian mysticism, v.2; *The Growth of Mysticism* (doravante: McGinn, *History*, v. 2), New York: Crossroad, 1996, p. 158-224. A popularidade da obra de Bernardo é atestada pela sobrevivência de mais de 900 manuscritos, como McGinn informa, p. 487, nota 21.

**59** As obras de Gilberto em latim estão publicadas na *Patrologia Latina* (= PL) 184: 11-298. Os sermões de Gilberto, reunidos em três volumes, foram traduzidos para o inglês por L. Braceland, juntamente com um quarto volume de outros escritos coletados (Kalamazoo: Cistercian Publications, 1977-1981). Os sermões de João de Ford, em sete volumes, foram traduzidos por W. Beckett (Kalamazoo: Cistercian Publications, 1977-1984). O original latino, editado por E. Mikkers e H. Costello como *Ioannis de Forda*: Super Extremam Partem Cantici Canticorum Sermones CXX, figura na série *Corpus Christianorum, Continuatio Mediaevalis* (= CCCM) (Turnhout: Brepols, 1970), p. 17-18. Para a discussão das obras de Gilberto e João, ver McGinn, *History*, v. 2, p. 298-309.

**60** Uma edição crítica e tradução francesa de J. M. Dechanet figuram nas *Sources chretiennes* 82, Paris: Cerf, 1962. A tradução inglesa é da Madre Columba Hart (Spencer, MA: Cistercian Publications, 1970).

tantes comentadores da época, encontram-se Ruperto de Deutz (c. 1075-1129), Honório Augustodinensis (1090-1156) e Alain de Lille (c. 1120-c. 1203), cujas obras todas incluem importantes interpretações mariológicas do *Cântico*[61]. Elas recolhem o que foi outrora apenas uma leitura litúrgica, apropriada para as celebrações de Maria, e a convertem na corrente maior na interpretação do *Cântico dos Cânticos*, em que o poema inteiro é entendido como expressão do amor entre Cristo e Maria. Não importa que Maria seja a mãe de Cristo, e mãe virginal. Aqui ela é muito mais Sua noiva amorosa, embora em um contexto que preserva e glorifica sua virgindade, a bem dizer.





O século XII também foi a época em que a tradição cabalística começou a emergir entre os judeus. Ainda que os primeiros cabalistas que conhecemos vivam no Languedoc na segunda metade do referido século e o movimento haja rapidamente cruzado os Pireneus, tendo encontrado o seu melhor abrigo na Catalunha e Castela da Espanha setentrional, as origens mais remotas da expressão literária cabalística são mais franco-germânicas do que sefarditas[62]. Isso é verdade em primeiro lugar com respeito ao *Sefer ha-Bahir* (em contraste com seu título, trata-se talvez do documento mais obscuro em toda história espiritual do judaísmo), obra que contém materiais possivelmente de proveniência oriental ou bizantina mais antiga, porém editados e postos em circulação, com certeza, no sul da França[63]. Os recentes estudos acadêmicos têm também muito a dizer

**61** O *Commentum in Cantica Canticorum*, de Ruperto, encontra-se em CCCM 26. A seu respeito, ver John Van Engen, *Rupert of Deutz*, Berkeley: University of California Press. Em relação a Honório, refiro-me aqui ao seu primeiro comentário sobre o *Cântico*, o *Sigillum Beatae Mariae*, a ser mencionado abaixo. O texto latino encontra-se em PL 172. Há uma tradução inglesa feita por A. Cart (Toronto: Peregrina Publishing Company, 1991). Seu último comentário, a bem mais conhecida *Expositio in Cantica Canticorum*, volta a dar mais atenção aos modos eclesiais e tropológicos. Outros intérpretes marianos incluem Filipe de Harveng (m. 1183; PL 203) e Guilherme de Newburgh (m. 1198), J. C. Gorman (ed.), Spicelegium Friburgense 6, Friburgo, 1960. Ver E. Ann Matter, *Eulogium sponsi de sponsa*: Canons, Monks, and *The Song of Songs*. *The Tomist* 49:4, 1985, p. 522, nota 5.

**62** G. Scholem, em *Origins of the Kabbalah*, Philadelphia: Jewish Publication Society, 1987, já aponta nessa direção. Ver p. 180-187 e índice, cf. v. German Hassidism. Passos ulteriores nessa identificação da área franco-alemã, como a fonte primária do simbolismo cabalístico, foram dados pelos estudos mais recentes. Cf. M. Idel, The Intention of Prayer in the Beginning of Kabbalah: Between Germany and Provence, em. B. e E. Safran (eds.), *Porat Yosef Studies Presented to Rabbi Doctor Joseph Safran*, Hoboken: Ktav, 1992, p. 5-14, bem como vários outros estudos de Joseph Dan, Idel e Elliot Wolfson. Ver também minha discussão anterior em *Keter*, capítulo 10.

**63** O texto hebraico do *Bahir* foi recentemente publicado numa edição de grande utilidade feita por Daniel Abrams (Los Angeles: Cherub Press, 1994), reproduzindo e transcrevendo o manuscrito de Munique, bem como reimprimindo a primeira edição impressa (Amsterdã, 1651) do *Bahir*. Essa

acerca do surgimento de símbolos proto-cabalísticos nos escritos transmitidos por Rabi Eleazar de Worms (m. c. 1230)[64]. A Cabala castelhana de meados do século XIII continha uma nova infusão de materiais aschkenazitas, e há algumas formulações haláhkhicas e litúrgicas no *Zohar* (Castela, c. 1290) que apontam igualmente para uma influência franco-germânica[65]. Moshe Idel sublinhou as origens antigas de certos aspectos do simbolismo cabalístico, uma posição sobre a qual não vou argumentar[66]. Mas algumas partes fundamentais da rede de associações simbólicas que estruturam a Cabala, sua organização numa bem definida hierarquia, assim como a audácia de publicar tais modos de pensar em forma escrita e divulgada, tudo isso parece pertencer principalmente à parcela final do século XII, centrada em torno da França meridional.

Um elemento chave nesse universo simbólico é o surgimento da mulher divina, uma figura no reino divino-simbólico que serve de consorte ao bendito Santíssimo, Deus de Israel. O caráter radical desse desenvolvimento não pode ser superestimado. A singularidade e unicidade de Deus, descritas em termos quase exclusivamente masculinos, são da própria essência da revolução monoteísta forjada pelos antigos profetas de Israel[67]. É o Deus que por definição não tem consorte celestial que elege

edição torna a de R. Margulies (Jerusalém: Rabbi Kook Institute, 1951) obsoleta. Para os estudos sobre o *Bahir* no início dos anos de 1990, ver a excelente bibliografia na edição de Abrams. Uma tradução inglesa de Aryeh Kaplan é apenas em parte confiável, tendendo a encobrir problemas reais no texto. Seleções do *Bahir* em uma tradução de melhor qualidade estão incluídas em J. Dan e R. Kiener, *The Early Kabbalah*, New York: Paulist Press (*Classics of Western Spirituality Series*), 1986.

64 O Comentário ao *Cântico dos Cânticos* sob o nome de Rabi Eleazer, publicado primeiro em Lublin, 1608, como *Iein ha-Reqá*, é de dúbia atribuição e, infelizmente, não de particular ajuda nesse contexto.

65 Ver I. Ta-Schma, *Ha-Nigle scheba Nistar*: The Halachic Residue in the *Zoharr*, Israel: Ha-Kibutz ha-Meuhad, 1995, p. 19-34.

66 M. Idel, *Kabbalah: New Perspectives*, New Haven e London: Yale University Press, 1988, p. 156 e s. e *passim*. (Tradução brasileira, *Cabala: Novas Perspectivas*, São Paulo: Perspectiva, 2000, p. 235 e s.) Sua posição não é totalmente idêntica à de Rafael Patai, em *The Hebrew Goddess*, que estabelece uma conexão direta entre o antigo culto de Inana/Ischtar na Babilônia e a *schekhiná* feminina do *Zohar* e da Cabala posterior. Esta tese carece simplesmente de qualquer evidência para um período de mais de mil anos.

67 Isso não é para negar certo traço maternal que percorre as descrições bíblicas dessa deidade *quase que exclusivamente* masculina. Recentes estudos bíblicos de inspiração feminista trataram extensamente desse tema. Ver Mayer Gruber, The Motherhood of God in Second Isaiah, em *Revue Biblique* 90, 1983, p. 351-359, reimpresso no livro do mesmo autor, *The Motherhood of God and Other Essays*, Atlanta: Scholars' Press, 1992. Ver também J. J. Schmidt, The Motherhood and Zion as Mother, em *Revue Biblique* 92, 1985: 557-569. Meus agradecimentos a George Savran por essas referências. Tampouco nego que no culto popular de Israel antigo é possível que tenha existido elemento de adoração à deusa. Isso é óbvio a partir da referência negativa em Jeremias à "Rainha do Céu", e possivelmente com base em evidência arqueológica. Mas nada disso denega

uma amada humana no povo de Israel, levando em conta o mito erótico Deus-Israel que desempenha um papel chave no judaísmo rabínico. Pois bem, a Cabala vem e mexe com esse *datum* dos mais essenciais da vida devocional judaica.

*Sefer ha-Bahir*, o documento fundante da Cabala sefirótica, deixa intencionalmente obscuros os limites entre a divina e a humana amada de Deus, como mostrei em meu estudo sobre *Keter*[68]. Não é inteiramente certo, em várias passagens fundamentais deste estranho pseudo-Midrasch, que o objeto perdido ou decaído da afeição de Deus seja uma divina hipóstase, a alma humana ou a comunidade coletiva de Israel[69]. O *Bahir*, escrito e editado no curso de um longo período de tempo, representa os mais antigos estágios da evolução da Cabala, remontando talvez a um século ou mais antes de sua publicação, c. 1150. A figura feminina está presente no texto do *Bahir*,



o empuxo central da insistência bíblica e do judaísmo rabínico de que a única parceira feminina ou amada de Deus é Seu povo Israel. É interessante que o *Zohar* (1:49a) classifique a *ascherá* bíblica entre os nomes da *schekhiná*, ligando a sua própria figura de deusa feminina à antiga e proibida deidade. Para o cabalista, o pecado essencial da *avodá zará* não é a adoração de divindades "forâneas", mas a separação das *sefirot* uma da outra, especialmente da feminina da de seu consorte. Este é o lance dessa passagem do *Zohar*. Ela é mencionada por Rafael Patai em *The Hebrew Goddess*, p. 318, nota 51, mas isto pouco faz para fortalecer o seu argumento em favor da continuidade histórica desde o culto da antiga deusa do Oriente Próximo até a Cabala.

**68** Capítulo 12, p. 134-150. Sobre esse ponto, divirjo de Peter Schaefer no artigo ao qual me reportarei na nota 88 abaixo.

**69** O termo *knesset israel* é usado de maneira interessante mais do que incomum no *Bahir*. No #46, *knesset israel* é a força que julga e pune Israel, baseado em "Eu te castigarei sete vezes por teus pecados" (*Lev.*, 26-28). Portanto, *knesset israel* diz "não imagine que vou procurar mercê para ti". Assim, a *knesset israel* e o efetivo povo de Israel são claramente distintos um do outro. *Israel*, sem *knesset*, é o termo usado para o real povo de Israel em #26, 94, 107 e em outros.
A palavra *schekhiná* aparece várias vezes no *Bahir*. No #50, ela é identificada com a primeira espécie, a menos áspera, de *tzedek*, baseada na associação com o versículo "o justo irá morar nela" (*Isaías*, 1:21). Visto que este versículo se refere claramente a Jerusalém, verificamos que o aglomerado associativo Jerusalém/Justiça/*schekhiná* já se encontra colocado no *Bahir*. No #85, a *schekhiná* aparece em associação com o mesmo versículo de Isaías, mas também ligada ao rei David, prenunciando mais uma vez uma associação corriqueira na Cabala posterior. A mais complexa referência à *schekhiná* encontra-se nos ##115-116. No #115, as duas *sefirot* mais baixas (= *netzá* e *hod*) são caracterizadas como *sof schekhinato schel ha-qadosch barukh hu*, "o fim da *schekhiná* do abençoado Santíssimo Um" ou, de novo, como justo "*sof ha-schekhiná*". No #116 somos informados que "a *schekhiná* está acima como a *schekhiná* está abaixo", um dito reminiscente dos velhos empregos midráschicos. Mas então, em resposta à pergunta, "O que É esta *schekhiná*?", é oferecida a seguinte definição: "Diga que é a luz emanada da primeira luz, que é *hokhmá*. Ela ademais cerca tudo (Todas as *sefirot*? Todos os mundos?), como é dito: 'A terra inteira está cheia de Sua glória' (*Isaías* 6:3)". Este importantíssimo texto reflete uma fase anterior no desenvolvimento do simbolismo cabalístico, em que o termo *schekhiná* ainda não está identificado com o aspecto feminino da Divindade. Ver a parábola que segue no *Bahir* #116. Cf. minha tradução e o tratamento desse texto em *Keter*, p. 145 e s. A "elevação" de *netzá* e *hod* do nono e décimo lugares para o sétimo e oitavo no sistema sefirótico é um assunto que espero tratar em outra parte.

mas ela é ou a sétima ou a oitava das dez *sefirot* e não é necessariamente identificada pelo termo *schekhiná*. Entretanto, quando chega a época do *Zohar*, no fim do século XIII, a leitura cabalística está muito bem definida. O *Cântico dos Cânticos*[70] é um epitalâmio composto pelo Rei Salomão, o místico hierofante, para celebrar a união do macho e da fêmea em Deus, o abençoado Sacrossanto Um e a *schekhiná*, um casamento ao qual Israel terreno está relacionado quer na qualidade de fruto[71] quer na de acompanhante nupcial[72], mas não como parceiro matrimonial.

Gershom Scholem vindicou uma data muito tardia para as descrições verdadeiramente femininas da *schekhiná*, distintas de seu uso anterior como uma simples designação de Deus em Seu modo de residir em si[73].





70 Os dois importantes dentre os mais antigos comentários cabalísticos ao *Cântico dos Cânticos*, subsistentes, são os de rabi Ezra de Gerona e rabi Isaac Ibn Sahula. O primeiro foi publicado em Altona, em 1764, sob o nome de Nakhmânides. (Uma edição de Berlim, supostamente impressa no mesmo ano, não contém esse texto, apesar da promessa do frontispício, em ambos exemplares examinados na Biblioteca Scholem em Jerusalém – uma realmente estranha curiosidade bibliográfica. Scholem escreveu uma nota sobre a rara edição Hrubyszow, 1820, desse texto em *Kiriat Sefer* 1, 167f. Essa mesma pobre versão está incluída na edição de C. Chavel dos *Kitvei RaMBaN*, Jerusalém: Rav Kook Institute, 1963. Uma tradução inglesa por Seth Brody (completada por A. G.), em parte baseada em leituras de manuscrito, está agora disponível (Kalamazoo, MI: Medieval Institute Publications, 1999). Eu publiquei o texto de Sahula, a partir de um único manuscrito sobrevivente no *Jerusalem Studies in Jewish Thought* 6:3-4 (1987). Infelizmente está perdido o comentário de Moisés de Burgos, um documento que ofereceria provavelmente importante introvisão na história inicial e no desenvolvimento desse símbolo.

71 A Cabala, em seus primeiros tempos, está muito interessada nas origens divinas da alma humana, quer no *locus* específico de origem, quer no processo mediante o qual as almas são incorporadas. Uma fonte famosa no *Bahir* descreve almas que saem voando da árvore cósmica; outras as veem a voejar sobre o rio divino. Rabi Isaac, o Cego, identifica a fonte última da alma como *biná*, a mãe/ventre do mundo sefirótico. Ela segue em sua jornada através do mundo sefirótico e assim chega à *malkhut*, de onde continua até entrar no corpo humano. Ver, de rabi Ezra, *Comentário às Agadot* Ms Vaticano 294, f. 48b. Aqui não há menção a uma cópula divina ou a um processo de parto, nem há ainda qualquer distinção entre as várias partes da alma. Do período de Gerona (meados do século XIII) em diante, as noções cabalísticas da alma ficam atadas às tradições platônica e aristotélica da divisão tripartite da alma; às vezes somente a *neschamá*, a porção superior da alma, é tida como proveniente do mundo das *sefirot*. Na Cabala da Castela, especialmente o *Zohar*, a concepção principal parece ser que as *neschamot* nascem da união de *tiferet* e *malkhut*, os princípios masculino e feminino na Divindade. Ver a discussão, por I. Tishby, em *Wisdom of the Zohar*, Oxford: Oxford University Press, Littman Library, 1989, p. 697 e s.

72 Ver *Zohar* 1:8a. Tanto Israel quanto os anjos são caracterizados como *schuschbinin*, servidores, no divino casamento. Estas passagens podem ter sido influenciadas por relatos mais antigos a respeito de anjos como *schuschbinin* nas bodas de Adão e Eva. Ver Pirke Rabi Eliezer 12 e Louis Ginzberg, *Legends of the Jews*, Philadelphia: Jewish Publication Society, 1925, v. 5, p. 90. Ver também *Zohar* 3:98 a-b, citado em meu *Keter*, p. 159 e s.

73 A *schekhiná* é, por certo, um substantivo feminino em hebraico e isso pode levar o leitor a certas impressões errôneas. Minha reverificação das fontes rabínicas confirma o ponto de vista de Scholem. Mesmo na passagem extremamente vigorosa em Ekhá Rabá, em que a *schekhiná* aparece imersa em amargo pranto e lamentação (textos que foram mais tarde reescritos pelo *Zohar* [*Zohar Hadasch* sobre as Lamentações. Esse texto também foi traduzido por Seth Brody e

Uma ou duas referências midráschicas distinguem entre Deus e a *schekhiná*[74], mas nada existe antes do século XI e, dificilmente antes do século XII, que pinte a *schekhiná* como uma hipóstase feminil. A pesquisa acadêmica mais recente pode contestar isso, sugerindo que uma figura *schekhinta* pode ter origens muito antigas, representando a divina presença em forma feminina[75]. *Mas nessas fontes mais velhas a schekhiná nunca é consorte do Deus masculino.* Para o judaísmo anterior à Cabala tais pensamentos permanecem um completo tabu. Não há nele qualquer identificação da *schekhiná*, a presença de Deus, com a *knesset israel*, a encarnação coletiva de Israel, nem tampouco qualquer tentativa de borrar a distinção entre eles. A *schekhiná* é um modo de representar Deus. A *Knesset Israel* é a comuni-





publicado junto com sua tradução do Comentário de Rabi Ezra ao *Cântico dos Cânticos*. Ver n. 69 acima.] para descrever belamente a Mãe *Schekhiná*), a única parábola dada no *midrasch* original compara a *schekhiná* (= Deus) pranteante a um *rei* terreno! Ver Ekhá Rabá, *petikhta* 25. Há outras passagens espalhadas em que a *schekhiná* parece estar apartada do próprio *self* de Deus (ver b. Suká 5a, por exemplo – "Ele espalhou sobre [Moisés] o fulgor de Sua *schekhiná*"), mas não há separação real e certamente nenhuma evidência de femininidade aqui, a não ser que se a retroprojete a partir das leituras cabalísticas posteriores. O mesmo é verdade em relação a Dvarim Rabá 11:3, às vezes citado nesse contexto, em que Moisés, diz-se ali, "fala com a *schekhiná* face a face". Uma conversação face a face pode, por certo, ocorrer entre Deus e o homem, como deixa claro o texto bíblico em questão (*Deuteronômio* 34:10), embora sejam também duas figuras masculinas. Entretanto, quando uma das duas é feminina, como virá a ser o caso na Cabala, o contato "face a face" é lido como intimidade sexual, levando à união mística.

74 O *Midrasch Mischle* (ed. S. Buber, f. 47a – nono ou décimo século?) representa a *schekhiná* a falar com o abençoado Santíssimo Um. Em *Bereschit Rabati*, uma compilação midráschica ainda mais tardia (ed. H. Albeck, p. 27 – Escola do rabi Mosche ha-Darschan, século XII, Provença), Deus ameaça retirar "a Si Mesmo e a sua *schekhiná*" do mundo em resposta ao pecado humano (*atzmo u-schekhinato*), uma locução que não se encontra em fontes anteriores. Mas esse fraseado pode refletir a influência da teologia de Saádia que insistiu na distinção entre Deus e Sua "glória criada". Uma fonte midráschica bem mais antiga, *Va-Yikra Rabá* 6:1, emprega a expressão *ruakh ha-kodesch* (o sagrado espírito) em um papel claramente intermediário, mas não a palavra *schekhiná*.

75 O termo *schekhinta*, até em sua forma plural (inexistente em fontes judaicas) é largamente utilizado nos textos religiosos mandeístas. Os mandeus do Iraque descendem, como seu nome indica, de antigos gnósticos, provavelmente da variedade pagã, e seus escritos, que datam do começo da Idade Média, têm sido usados amiúde como uma fonte de tradições gnósticas de outro modo perdidas. Suas fontes indicam o conhecimento de vários termos hebreus somado a uma significativa hostilidade para com os judeus. Os estudiosos debateram por longo tempo se isto constitui indício de uma origem no judaísmo ou uma proximidade a ele, ou se essa informação e atitude poderiam vir inteiramente através do Islã e de suas relações com o judaísmo e os judeus. O termo *schekhinta* nas fontes mandeístas refere-se a uma morada, às vezes a uma cabana santificada ou ritual em que são realizadas cerimônias. Ver Kurt Rudolph, *Die Mandaeer*, v. 2, Der Kult, Goettingen: Vaendenhoeck & Ruprecht, 1961, p. 21, n. 6. Há, porém, lugares em que o termo se refere também a forças celestiais. Ver Edwin Yamauchi, *Mandaic Incantation Texts*, New Haven: American Oriental Society, 1967, texto 31, linha 21 (p. 290), para um exemplo. A questão da conexão mandeísta com o judaísmo em qualquer período é uma questão aberta. Afirmar alguma ligação específica com a Cabala seria altamente especulativo.

dade humana de Israel personificada. A despeito do gênero feminino da palavra *schekhiná*, esta deidade remanesce na maioria das vezes masculina na descrição; Deus e Israel são amantes, frequentes parceiros em diálogo, que compartilham dos sofrimentos do exílio, porém permanecem sempre distintos um do outro. O Deus que padece o exílio pode ser pintado como a *schekhiná*, a presença longamente sofredora que acompanha Israel em suas errâncias. Mas esta é uma metáfora audaciosa para o Deus que assume o sofrimento, e não uma hipostasiação de uma divina consorte.

Enquanto a *schekhiná* não é feminina nas fontes antigas, a *knesset israel* o é com certeza. É a corporificação do povo, precisamente a noiva de Deus no Midrasch sobre o *Cântico dos Cânticos*. A *Knesset Israel* se apresenta com frequência como uma figura aparentemente feminina, enquanto Israel é representado como uma entidade eterna[76]. Como tal, ela se dirige ao Senhor por vezes expressando seu amor e devoção, questionando ocasionalmente Sua justiça e assim por diante[77]. A *Torá* também é feminina, em geral caracterizada como a filha de Deus[78]. Assim também o *Schabat* é às vezes configurado nas fontes rabínicas como noiva ou rainha, de vez em quando como a esposa de Israel, mas ocasionalmente também como



**76** De acordo com as fontes rabínicas, Israel pelo menos "ocorreu em pensamento", antes da própria Criação, que teria se verificado, como ela é às vezes descrita, por causa de Israel. Isto soa como um paralelo judaico à noção de uma *ecclesia* primordial, que já se encontra na Igreja primitiva, e talvez mesmo seja a sua fonte. Efraim Urbach trata a *knesset israel* estritamente como uma locução mais do que uma hipóstase, descartando o paralelo com o cristianismo dos primeiros tempos. Ver *The Sages*, Jerusalém: Magnes, 1975, p. 646 e s. Ele nota que a frase não aparece de modo algum nos Midraschim Tanaíticos e mais tarde "encontra-se principalmente em homilias sobre versículos dos Profetas que comparam Israel a uma mulher [...] ou sobre passagens do *Cântico* que foram interpretadas alegoricamente como referências a Israel" (p. 647). Deve-se dizer que esta abordagem é geral no caso de Urbach, que tende a minimizar as influências helenísticas e os paralelos com a cristandade na leitura que faz dos rabis. Se aceitarmos seu modo de ver com respeito às fontes iniciais, a questão tornar-se-á a de traçar a evolução da locução para a hipóstase, algo que ela veio claramente a ser antes da difusão da Cabala.

**77** A locução *knesset israel* é também (como a *schekhiná*) feminina, do ponto de vista gramatical, e cumpre acautelar-se contra exageros de leitura em relação aos empregos de simples gêneros gramaticais. De outro lado, a escolha da palavra *knesset* de preferência a *am* ou *bnei* se deve a autores rabínicos e talvez em si mesma seja significativa. Embora *knesset israel* seja comumente a noiva/esposa de Deus nas fontes midráschicas, ver Schir Rabá 6:18 (= Schmot Rabá 15:10) para uma ocorrência de *knesset israel* como filha.

**78** Ver E. Wolfson, Female Imaging of the Torah: From Literary Metaphor to Religious Symbol, em J. Neusner et al (ed.), *From Ancient Israel to Modern Judaism: Intellect in Quest of Undestanding, Essays in Honor of Martin Fox*, v. 2, Atlanta: Scholar's Press, 1989, p. 271-307, e A. Green, Bride, Spouse, Daughter: Images of the Feminine in Classical Jewish Sources, em S. Heschel (ed.) *On Being a Jewish Feminist*, New York: Schocken, 1983, p. 248-260. A forma de relação dos sábios com a *Torá* feminina está descrita em muitas *agadot*, especialmente no *Talmud* da Babilônia.

a noiva de Deus[79]. Da mesma forma, o *Schabat* se apresenta como uma figura feminina seja nos escritos de Filo de Alexandria[80], seja na *Teezaza Sanbat*, uma coletânea medieval de tradições judaico-etíopes, algumas das quais podem ser realmente antigas[81].

A inovação da Cabala nessa área começa a juntar essas distintas imagens da tradição agádica em um único aglomerado associativo, cujos membros passam a ser intercambiáveis entre si[82]. A Cabala é certo padrão



**79** O *schabat* deve ser saudado como uma noiva. Cf. b. Schabat 119a e Bava Qama 32a-b. O primeiro *schabat* após a Criação foi o momento em que a noiva adentrou o dossel nupcial. Ver Bereschit Rabá 10:9, ed. Theodor-Albeck, p. 85. Tem-se a impressão aqui de que o Rei preparou um pálio para a Sua própria noiva. No capítulo seguinte do Bereschit Rabá, entretanto (11:8; p. 95f.), o *schabat* é a noiva de Israel. Ver E. Wolfson no *Journal of Jewish Thought and Philosophy* 6:2 (1997): 302 e s. Essa é a fonte rabínica para o que bem mais tarde (fim do século XVI) desenvolveu-se e veio a ser o serviço de *Kabalat Schabat*. O *schabat* é a rainha de Deus em uma importante passagem que consta do Va-Yiqra Rabá 27:10 (ed. Margalioth, p. 643) em que o aprestamento de um animal para o sacrifício é adiado até o oitavo dia, de modo que se veja a rainha (isto é, passar um *Sabat*) antes que se chegue a ver o rei. Isso pode indicar um papel intercessor para a rainha. Em várias outras parábolas que comparam Deus a um rei humano, é a rainha que intercede em favor de seu genioso filho. Sobre as prerrogativas das rainhas e das grandes damas na literatura rabínica, ver S. Kraus, *Paras ve-Romi ba-Talmud uva-Midraschim*, Jerusalém: Rabbi Kook Institute, 1948, p. 128 e s. Uma figura feminina da "Princesa *Sabat*" ou um "Anjo do *Sabat*" encontra-se no *midrasch Seder Raba de-Bereschit* (ed. Wertheimer, *Batei Midraschot* 1, capítulo 15 = P. Schaefer, *Synopsis* #852, citando o MS Oxford 1531, aqui traduzido: "O abençoado Santíssimo Um trouxe *sara schel schabat* e a sentou no Trono de Glória. Trouxe à sua presença o príncipe de cada um dos céus e cada uma das profundezas; eles dançaram e se regozijaram diante Dele, proclamando (cada um): '*Schabat* ao Senhor!', e as outras grandes princesas respondendo: 'Ao Senhor, *Schabat*!'". Isto certamente se parece com a festa nupcial de Deus e *Schabat* (a noiva). Haverá uma possível relação entre essa coletânea ímpar de *midraschim* esotéricos e as tradições filônicas (oriundas em Filo) a serem discutidas na notas 79 e 83

**80** Ver Vita Mosis 2:210 (Loeb Philo Series 6:553): "[...] o profeta magnificou o sagrado sétimo dia [...] pois achou que em primeiro lugar ela [o *schabat*] não tinha mãe, era isenta de ascendência feminina, gerada pelo pai sozinho, sem engravidamento, partejada sem ter sido, no entanto, carregada em um ventre. Em segundo lugar, ele viu [...] que ela era eternamente virgem, não nascida de uma mãe nem mãe ela própria, tampouco fruto da corrupção nem condenada a sofrer a corrupção. Em terceiro lugar [...] ele reconheceu nela o natalício do mundo, uma festa celebrada pelo céu, celebrada pela terra e pelas coisas na terra, quando elas jubilam e exultam na plena harmonia do sagrado número [sete]". Ver também *De Spec. Leg.* 2:56-58 (*Loeb* 7:343, 345). Citado por Patai, *The Hebrew Goddess*, p. 248 e s. É certamente interessante que a virgem *Sabat* de Filo (na medida em que o sete é o único número na década que não é o dual de qualquer outro, nem passível de ser duplicado na década) devesse combinar com a Virgem Maria na emergência do simbolismo cabalístico.

**81** Ver W. Leslau (ed.), *The Falasha Anthology*, New Haven: Yale University Press, 1951, p. 3-39. Leslau data o texto já do início do século XIV, mas com elementos possivelmente anteriores. Há muita controvérsia em torno das tradições judaicas etíopes e sua conexão com outras fontes.

**82** Este é o modo funcional em que se deve entender as *sefirot* em geral. Embora descritas pelos cabalistas como "estações" ou hipóstases de alguma maneira dentro da Divindade, na função elas são aglomerados de símbolos, grupos de nomes (substantivos) que conjuntam elementos do culto, da Escritura e da natureza. Servem para criar uma nova linguagem simbólica enriquecida, que pode ser usada para discorrer sobre o divino processo, um reino que é impenetrável à linguagem comum. Escrevi resumidamente a respeito do assunto em meu *Keter*, p. 129, e em minha recensão sobre o trabalho de Elliot Wolfson, *Through a Speculum that Shines in History of Religions*, 1997, p. 267 e s.

fixo desses aglomerados simbólicos[83], e um texto é definível como cabalístico se os possuir. Os cabalistas são particularmente audazes ao identificar a *schekhiná* e a *knesset israel*. Os dois, outrora parceiros no romance divino/humano, agora constituem uma única hipóstase, uma consorte feminina do abençoado Santíssimo Um. A identificação dos dois permitiu que os cabalistas vindicassem a antiga tradição midráschica da exegese como sendo de sua autoria, quando na realidade estavam apenas à sua frente. O *Cântico* – os rabis sempre o disseram – é sobre o amor de Deus e a *knesset israel*, a Comunidade de Israel. Os cabalistas agora concordavam com essa leitura, mas interpretavam a *knesset israel* ao seu próprio modo, isto é, como a fêmea divina.





O repertório de imagens, com as quais essa figura feminina é descrita, conta com raízes antigas, a bem dizer. *Schekhiná*, *knesset israel*, *schabat* e também *malkhut*, o "reino" do céu, eram todos termos familiares ao leitor do Midrasch e da liturgia judaica. Também é um vocábulo chave a *hokhmá*, a figura feminina da sapiência, o brinquedo e o deleite de Deus, como já descrita em *Provérbio* 8[84]. Um dos termos para essa hipóstase feminina veio a ser a "sabedoria inferior" ou a "sabedoria de Salomão". Ela também será a "cidade santa" e a "terra santa", as quais carregam consigo associações femininas cujo sentido remonta aos profetas. Todas elas serão agora reunidas, combinadas igualmente com imagens femininas da natureza, como lua, mar e terra, para criar uma divina figura feminina de tremendo poder mítico e riqueza simbólica[85].

**83** Refiro-me àquilo que Idel designa como Cabala "teosófica" ou "teúrgica". Meu interesse aqui é distinguir semelhante passagem cabalística da passagem pré- ou não-cabalística, em escritos tais como os do rabi Eleazar de Worms ou rabi Judá ben Barzilai de Barcelona. Não pretendo fazer referência aqui à questão da Cabala extática.

**84** A figura feminina da sabedoria é identificada com a *Torá* ao longo de toda literatura rabínica. A tradição da sabedoria está por trás da noção de *Torá* primordial, que a opinião acadêmica em nossos dias vê mais como um desenvolvimento interno de fontes judaicas/semíticas do que um reflexo do *logos* helenístico. As relações aqui são complexas, no entanto. A interação de tradições é manifesta em Filo, que apresenta a "Sabedoria" de *Provérbios* 8:22 copulando com o Pai e dando nascimento ao universo visível. Ver *On Drunkeness* 8:30 (Loeb Philo series v. 3, p. 333, 335). Filo designa também o par primal como "razão" e "instrução"; não é difícil entender por que houve várias tentativas (não convincentes até agora) para ligar esse par à masculina *hokhmá*/sabedoria e à feminina *biná*/entendimento, o par primal na Cabala quando ela surge no século XII. Sobre a sizígia primal em Filo, ver também seu *De Cherubim* 9:27 e 14:49, Loeb v. 2, p. 25 e 39.

**85** Ver Tishby, *Wisdom of the Zohar*, v. 1, p. 371-387, e Scholem, *On the Mystical Shape of the Godhood*, New York: Schocken Books, 1991, p. 140-196. O original alemão foi publicado pela primeira vez em Eranos Jahrbuch 21 (1952) 45-107 como *Zur Entwicklungsgeschichte der kabbalistischen Konzeption der Schechinah*.

Gershom Scholem referiu-se à emergência da divindade feminina na Cabala do século XII como uma "Rebelião de Imagens"[86], um evento em que "o poder das imagens se mostrou mais forte do que o intento consciente de seus autores"[87]. Falando perante o encontro junguiano em Ancona, Scholem descreveu esse ressurgimento da "Grande Mãe" como um evento que exigia ou uma explanação psicológica ou histórica.

> Há dois modos de explicar o surgimento da *Schekhiná* feminina. Uma possibilidade é que, quando essas ideias foram originalmente concebidas, a *Sefirá* final já fosse concebida como um vaso a receber todas as outras *Sefirot*; em consequência, era entendida pela mente cabalística como um elemento feminino e, portanto, naturalmente ela atraiu os símbolos femininos, presentes na linguagem religiosa. A outra possibilidade nos leva em uma direção diferente. Quando os gnósticos medievais judaicos deram o passo decisivo para identificar a *Schekhiná* e a *Knesset Israel* – duas hipóstases até então distintas na tradição rabínica –, e isso necessariamente desencadeou uma erupção do feminino na esfera da Divindade, o resto seguiu-se automaticamente. O estado de nossos mais antigos textos subsistentes não nos permite escolher entre essas alternativas – se, de fato, elas são mutuamente exclusivas. A concepção anterior baseia-se numa assunção psicológica que precede as exegeses nas quais ela é confirmada: isto é, que, quando a imagem da Grande Mãe ressurgiu, ela própria conseguiu encontrar símbolos judaicos adequados. A segunda alternativa, por contraste, toma como seu ponto de partida certa afirmação histórica: por ser um poderoso símbolo nacional, a Congregação de Israel (*Knesset Israel*) foi incorporada em uma nova concepção dinâmica da Divindade (talvez como resultado do profundo choque causado pelas perseguições associadas às Cruzadas ou, talvez, sob influência gnóstica muito anterior) e porque a *Knesset Israel* foi entendida como constituinte do corpo da *Schekhiná*, na qual e por meio da qual a *Schekhiná* atua e sofre juntamente com o povo de Israel (quiçá algo paralelo à noção do cristianismo acerca da Igreja como *Corpus Christi*, o corpo de Cristo) – por causa desses fatores a imagem arquetípica, primordial do feminino, tomou forma, estando seu ressurgimento enraizado nessas experiências históricas específicas[88].

**86** *On the Mystical Shape of the Godhood*, p. 147.
**87** Idem, p.146 e s.
**88** Idem, p. 160 e s.

Em ambos os casos, Scholem vê a emergência do divino feminino no coração do judaísmo medieval como uma "erupção", como alguma coisa absolutamente não pretendida por aqueles que primeiro articularam tais símbolos. De minha parte, desejo sugerir uma outra explicação, que acredito ser algo mais simples, de um lado, e mais abrangente em relação ao contexto cultural mais amplo dessa mudança, de outro. A figura feminina da *schekhiná* pode ser vista como *uma resposta judaica ao grande* revival *popular da piedade Mariana na Igreja Ocidental do século XII*[89]. O aparecimento de tal figura representa uma notável conjugação de necessidades judaicas internas, de caráter espiritual e psicológico, e da pronta disponibilidade de uma figura paralela na cultura cristã circundante.

A ênfase do século XII na vida piedosa e na busca do indivíduo encontra seus ecos no mundo da minoria judaica, bem como no da maioria cristã em cujo meio eles viviam. Os judeus na Europa Ocidental, no norte cristão tal qual na Espanha muçulmana, tinham consciência e, em certo grau, eram participantes das tendências culturais na sociedade geral[90]. Assim, o tema da vida religiosa como busca pessoal, usualmente de autoperfeição condutora à união com Deus (e aqui vemos a versão muçulmana dessa busca), tornou-se popular entre os judeus também. Os textos mais antigos de semelhante pietismo, *Os Deveres dos Corações* do judeu espanhol Bahia ibn Paquda, do século XI, foram traduzidos do árabe para o hebraico por Judá Ibn Tibon, em 1161. A paráfrase hebraica das *Crenças e Opiniões* de Saádia – consideravelmente mais mística/devocional em tom do que o original árabe – influenciou o movimento na mesma direção[91]. A vida privada da piedade como sublime meta é igualmente atestada no *Sefer Hassidim*,

89 Esta conclusão é também de Peter Schaefer, Tochter, Schwester, Braut und Mutter: Bilder der Weiblichkeit Gottes in der fruehen Kabbala, *Saeculum: Jahrbuch fuer Universalgeschichte* 49:2, 1998, p. 259-279. De uma forma muito concisa (p. 274-279) Schaefer antecipa várias das conclusões do presente estudo. Uma versão inglesa, Daughter, Sister, Bride and Mother: Images of the Femininity of God in the Early Kabbala, apareceu no *Journal of the American Academy of Religion* 68, 2000, p. 221-242.

90 Esta dimensão da realidade ainda é amiúde subenfatizada pelos estudiosos da Judaica, que tendem a buscar mais continuidades judaicas internas do que fatores extrajudaicos em determinadas práticas. Uma mudança refrescante dessa tendência é a obra de I. G. Marcus em *Rituals of Childhood: Jewish Acculturation in Medieval Europa,* New Haven e Londres: Yale University Press, 1996.

91 Uma edição crítica da jamais publicada paráfrase, denominada *Pitron Sefer Emunot,* deve aparecer em breve, editada por Ronald Kiener. A primeira porção desse projeto constituiu sua tese de doutorado na Universidade da Pennsylvania, 1984, sob minha supervisão.

refletindo os círculos renanos do século XII até o XIII[92]. Aí se desenvolveu um gênero de tais obras de piedade moral judaica, em que eram mescladas por vezes tradições da Espanha e de Aschkenaz.

A mais famosa descrição desta recém articulada piedade individual é a do amor a Deus descrito por Maimônides, numa passagem em que o *Cântico dos Cânticos* desempenha um papel chave[93]:

> O que é propriamente o amor [a Deus]? Deve-se amar a Deus com um amor extraordinariamente grande e vigoroso até a alma [da pessoa] ficar presa no amor a Deus, continuamente pré-ocupada com ele como alguém doente de amor, alguém cuja mente nunca deixa de pensar naquela mulher, quer sentado ou em pé, mesmo quando está comendo ou bebendo. Até mais do que isso, o amor a Deus deveria pré-ocupar constantemente os corações daqueles que O amam. Assim Ele nos ordenou: "Com todo o vosso coração e com toda a vossa alma" (*Deut.* 6:5). Salomão fala disso alegoricamente quando diz: "Pois estou doente de amor" (*Cânt.* 2: 5). O *Cântico* inteiro é uma alegoria relativa a esse assunto.





Mas a tentativa de ler no *Cântico dos Cânticos* essa nova ênfase na piedade indivídual também acarretava uma dificuldade, a qual por fim gerou a *schekhiná* feminina como um recém concebido objeto de devoção. A *coletiva* Comunidade de Israel como noiva de Deus era uma figura de antiga linhagem, dada inteiramente por certa, sendo o seu gênero feminino testemunhado pelos profetas, bem como pelo entendimento alegórico do *Cântico*. Mas se a metáfora erótica era realmente acerca do anelo da alma *individual* por Deus, a alma do leitor/devoto masculino, a linguagem e o gênero mostravam-se um tanto inadequados e não inteiramente cabíveis. É verdade, *neschamá* é uma palavra feminina em hebraico (como *anima* em latim), de modo que do ponto de vista técnico os versículos podiam operar (no sentido desejado). Mas o intenso *eros* do *Cântico* não poderia ser reduzido a uma apropriabilidade gramatical de gênero. Tal desconforto com a designação feminina do devoto é expressa por Rabi Mosche

**92** Ver I. G. Marcus, *Piety and Society: The Jewish Pietists of Medieval Germany*, Leiden: E. J. Brill, 1981.
**93** Mischné Torá, *hilkhot teschuvá* 10:3. Ver também *Guia dos Perplexos* 3:51. Note-se o esquecimento da questão de gênero nessa descrição: deve-se (presumivelmente o leitor do sexo masculino) amar a Deus com a mesma paixão que se ama uma mulher. Sem dúvida, o Deus de Maimônides não tem gênero.

Ibn Tibon em seu comentário sobre o *Cântico dos Cânticos* 7:1: "Retorna, retorna, ó Sulamita" (na versão portuguesa de João Ferreira de Almeida, versículo 6:13):

> O amante replicou: "Retorna, retorna, ó Sulamita", querendo significar que ela está preparada para atingir a *schlemut*, a perfeição, e tornar-se a parceira (feminina) do Rei. O seu dizer "Retorna, retorna" é prova clara que ela é uma penitente. Ela é chamada "Sulamita" no gênero feminino porque ela (a alma) está ligada à matéria e devido ao seu estado inferior, como dissemos em relação (também) aos termos "reino" e "jardim"[94].

Aqui, a misoginia (as almas das figuras masculinas são referidas como "femininas" por serem inferiores, ligadas ao corpo, e ainda não penitentes) é dada por certa e usada como uma apologia pelo fato de o texto tratar alegoricamente almas masculinas como se fossem mulheres!

Quando olhamos o erotismo franco das Homilias de Bernardo sobre o *Cântico dos Cânticos*, ou de seus seguidores cistercienses, ficamos a nos perguntar onde se encontra o seu paralelo na literatura hebraica, ou qual a razão de sua ausência. Qualquer comparação dos comentários hebraicos e latinos sobre o *Cântico* há de concordar com Ann Matter que,

> embora os contatos intelectuais entre cristãos e judeus, na Champagne nos fins do século XI e durante o século XII, possam ter de fato influenciado a interpretação do *Cântico dos Cânticos* em ambas as tradições, a apaixonada linguagem de amor das leituras morais é uma tradição cristã, uma resposta particularmente bem adaptada à espiritualidade cristocêntrica da Igreja medieval[95].

Para apreciar essa diferença, é mister reafirmar uma diferença essencial entre o entendimento judaico e o cristão com respeito à *Bíblia* e ao "Velho Testamento" cristão. Desde o seu início mesmo, o cristianismo leu os velhos textos bíblicos pelo prisma de uma nova Escritura. A narrativa do Velho Testamento é lida como referência à do Novo: as figuras e situações do Velho Testamento são vistas amiúde como tipologias e prefigurações de Cristo ou dos eventos da vida e morte de Jesus. Textos proféticos, repletos

**94** Ed. Lyck, f. 21a.
**95** Matter, *Voice*, p. 137.

de teologia, são re-lidos seja como predições do Evangelho seja à luz das formulações teológicas de Paulo. O *Cântico dos Cânticos* também é lido dessa maneira: sua *poesis* erótica é transformada sob o prisma da narrativa de Jesus[96]. Essa história não é um conto de *eros* no mesmo sentido de gênero que o *Cântico*, mas num nexo cheio de amor e *paixão*. O relato todo dos Evangelhos, desde o amor de Maria por seu filho Jesus até os tormentos da crucificação e a ventura dos discípulos de Jesus ao encontrá-lo após a ressurreição, está banhado de *eros*, na medida em que está entretecido de versículos do *Cântico dos Cânticos*.

O devoto latino, inteiramente ao contrário de seu vizinho judeu, conhece uma deidade *encarnada*. Ainda que o amor a Cristo não deva ser erótico no sentido sensual, permanece o fato de que Cristo *tem* um corpo, um corpo pintado amorosamente na arte cristã do terceiro século em diante. Há um *eros* na maneira como o crente deve relacionar-se com a paixão de Cristo. O relato central da Igreja é, no fim de conta, a consunção de Seu divino corpo, um ato que pretende transformar a vida de quem partilha dele[97]. O *eros* de um relacionamento com um Deus encarnado, especialmente um Deus a quem melhor se venera incorporando-O, tem sido muito discutido por historiadores modernos do cristianismo[98] e foi um elemento



**96** Esta é uma leitura midráschica, se assim quiserem, do *Cântico*, exatamente como é o caso da aplicação do *Cântico* ao relato do Êxodo, salientada por Daniel Boyarin. Ver *The Song of Songs*, Lock or Key: The Holy Song as a Mashal, op. cit., p. 105-116. Sob este ângulo, acho a interessante distinção feita por Boyarin entre a leitura midráschica do *Cântico dos Cânticos* e a alegorização cristã algo inadequada. Todas as leituras cristãs pré-modernas do "Velho Testamento" devem ser vistas através do prisma do Novo Testamento (NT), mesmo se houver outra camada de alegoria sobreposta a um texto particular. Eu veria assim a leitura de Orígines como uma alegoria helenística sobreposta a *midrasch* judeu-cristão do NT sobre o *Cântico dos Cânticos*. Isto é verdade, muito embora os próprios autores do NT não citem o *Cântico*; não obstante, mais tarde leitores cristãos leram-no inevitavelmente sob a óptica do NT.

**97** A consunção do corpo de Cristo e seus entendimentos místicos constituem um tema importante no livro de Caroline Walker Bynum, *Holy Feast and Holy Fast:* The religious significance of food to medieval women, Berkeley: University of California Press, 1987. Ver especialmente o capítulo cinco: Food in Writings of Women Mystics.

**98** Bernard McGinn em sua *History*, v. 2, mostra amiúde consciência das complexas reverberações dessas questões. Cf. especialmente a sua maneira de tratar as referências de Bernardo de Clairvaux ao *eros* corporal, p. 175-177, 196. No plano teológico, ele analisa como uma teologia da encarnação torna verdadeiras, mesmo em nível literal, as referências aparentemente antropomórficas a Deus no *Cântico dos Cânticos* e em outros textos. Ver *History*, v. 2, p. 167 e s. Cf. também a sofisticada discussão das modernas respostas ao "erotismo espiritual" medieval em Matter, *Voice*, p. 138-142, bem como as obras de Caroline Walker Bynum, tanto aquela citada na nota precedente quanto The Body of Christ in the Later Middle Ages: a Response to Leo Steinberg, em *Fragmentation and Redemption:* essays on gender and the human body in medieval religion, New York: Zone Books, 1991, p. 79-117, e em outras partes nesse volume. A maioria das mesmas passagens escriturais (V. T.) tratadas nesses textos foram os pontos cruciais de meticulosas

do qual os próprios historiadores medievais tinham às vezes consciência[99]. Algumas vezes, sobretudo na literatura religiosa popular, a relação erótica entre Cristo e o fiel é apresentada de uma forma totalmente franca[100].

O leitor judeu não se representava facilmente como amante de Deus, com toda a intensidade erótica sugerida por essa frase[101]. Por que não? Em parte porque os intelectuais judeus da Idade Média tinham, no mínimo, uma noção mais abstrata da deidade do que suas contrapartes cristãs. A vida intelectual judaica do Medievo fora moldada por contato com o Islã antes e, depois mais decisivamente, pela influência do cristianismo. Do nono até o décimo segundo séculos, culminando em Moisés Maimônides (1135-1205), assistimos a uma busca contínua de "purificação"[102] da ideia de Deus. Essa purificação significa maior abstração, a tentativa de evitar qualquer leitura literal dos antropomorfismos bíblicos, e um vigoroso empenho em determinar se e como é possível falar de divinos "atributos" em geral. A falta de

reinterpretações de racionalistas judeus da Idade Média, culminando no *Guia* de Maimônides, parte I, em que o significado literal foi posto de lado a fim de reduzir o antropomorfismo. Elas foram retomadas, embora em nível simbólico, pelos cabalistas.

**99** Bernardo de Clairvaux, *Sermons on the Song of Songs* 20:6, fala da necessidade de ater-se primeiro a um amor corpóreo a Cristo, portanto de ser elevado a um plano mais alto. Ver a discussão desenvolvida por Michael Casey em *Athirst for God:* Bernard of Clairvaux's Sermons on *The Song of Songs*, Kalamazoo: Cistercians Publications, 1988. O amigo de Bernardo, Guilherme de Saint-Thierry, também parece mostrar semelhante consciência, que pode ser retraçada no passado ao prólogo de Orígines a seu Comentário sobre o *Cântico dos Cânticos*.

**100** Ver, por exemplo, o maravilhoso poema anônimo latino do fim do século XI, citado em McGinn, *History*, v. 2, p. 145.

**101** Ver, por exemplo, a bela e a impudicamente erótica passagem de Hugo de St. Victor, discutida por Grover Zinn, em Texts Within Texts: *The Song of Songs* in the Exegesis of Gregory the Great and Hugh of St. Victor, em *Studia Patristica* 25 (1991): 209-215. Comentando uma passagem do pseudo-Dionisío, Hugo conta a história dos discípulos de Emaus que caminham em companhia de Cristo, só vindo a notar gradualmente que na realidade é ele que os acompanha (Lucas 24:13-35). O amor abrasa a tal ponto seus corações que eles percebem que aquele com quem estão caminhando não pode ser outro. A respeito dessa paixão abrasadora, Hugo faz citações do *Cântico dos Cânticos* 3:4: "Agarrar-me-ei a ele e não o deixarei partir, até tê-lo levado à casa de minha mãe, para dentro do quarto daquela que me deu à luz". Semelhante utilização seria impensável no judaísmo pré-cabalístico; somente o *Zohar* poderia descobrir um meio de reintroduzir a paixão daquele versículo em sua leitura intradivina do texto. Ver abaixo. De fato, o grande amor entre os discípulos de Rabi Simão bem Iohai, tal como pintado no *Zohar*, faz lembrar a comunhão dos Apóstolos. Ver Liebes, Influências Cristãs no *Zohar*, (hebraico) p. 70 e s.; idem, *Maschiah schel ha-Zohar* 162 e s. E traduções inglesas em *Studies in the Zohar*, Albany: SUNY Press, 1993.

**102** Ver S. Rawidowicz, Saadya's Purification of the Idea of God, em E. R. Rosenthal (ed.), *Saadya Studies*, Manchester: Manchester University Press, 1943, p. 139-165; H. A. Wolfson, Maimonides on Negative Attributes, em *The Louis Ginzberg Jubilee Volume*, New York: Jewish Theological Seminary of America, 1945, p. 411-446; J. Guttmann, *Philosophies of Judaism*, New York: Holt, Rinehart, and Winston, p. 134 e s.; C. Sirat, *A History of Jewish Philosophy in the Middle Ages*, Cambridge: Cambridge University Press, 1985, p. 141 e s., 180 e s.

encarnação no Deus judaico, combinada com a ausência de imagens plásticas, importou em que Ele não suscitou a intensidade apaixonada que não se poderia deixar de sentir ao mirar as atraentes figuras de Cristo, em gravuras de madeira, em metais, e em pinturas, que se encontram entre as maiores e menores obras-primas da tradição artística ocidental.

Mas pode haver também outra razão pela qual era mais difícil despertar o *eros* no leitor judeu, um motivo mais diretamente embutido no encontro com o próprio texto. Os leitores judaicos (do sexo masculino) do *Cântico dos Cânticos* não estavam habilitados a identificar-se individualmente com a noiva ou a amada do *Cântico*. Talvez eles simplesmente se sentissem menos atraídos para esse tipo de leitura, uma leitura que demandava um alto nível de envolvimento emocional, porque a linguagem e a imageria não os encaminhava nessa direção. Cabe também suspeitar de que tais leituras foram evitadas porque as suas sugestões homoeróticas tornavam-nas (de maneira consciente ou não) desconfortáveis. A comunidade monástica cristã, talvez atraída de um modo mais passional para o sagrado *eros* por seu celibato da carne, talvez mais ingênua ou mais flexível acerca de papéis de gênero espiritualizados, também por causa do celibato, pôde ignorar as dificuldades, e seus membros puderam ver a si mesmos como a amada e a noiva de Cristo[103], algo que o leitor judeu não se sentia em geral disposto e capaz de fazer. O corpo de leitores cristãos das homilias e comentários baseados no *Cântico* também veio a incluir mulheres, ao menos monjas assim como monges, enquanto o leitorado judeu continuou sendo exclusivamente masculino.

Isso não quer dizer que o *eros* da busca sagrada estivesse ausente entre os judeus. Longe disso! Já na poesia da Idade de Ouro da Espanha, à qual nos referimos acima, vimos Israel como a apaixonada, às vezes temporariamente abandonada, amada de Deus. Tanto neste gênero e, ocasionalmente, até no mais formalista *piut* aschkenazita ressoam gritos de amor

**103** Muito disso foi feito por Caroline B. Bynum em *Jesus as Mother: Studies in Spirituality of the High Middle Ages*, Berkeley: University of California Press, 1982. Não só Jesus, como também abades e bispos são vistos sob a capa de papéis maternais em muitas passagens citadas a partir da literatura monástica, e monges são treinados para se sentirem à vontade na feminização de seus papéis espirituais. Ann W. Astell, op. cit., segue a indicação de Bynum com uma consideração específica para com as leituras do *Cântico*. O seu leitor medieval (masculino) do *Cântico* – pretende ela – está sendo ensinado a reparar em seu próprio interior feminino, visto que "a revogação da Queda depende metaforicamente da ação de uma nova Eva, a mulher dentro de cada um, a Noiva de Deus".

ferido aos quais nada falta em intensidade apaixonada. Mas aí a figura ainda é sempre *Israel*. Mesmo se o poeta se identifica completamente com ela, o sexo feminino é justificado pelo peso da tradição; é *knesset israel*, a encarnação terrena, histórica, do povo judeu que ama Deus e anseia que seu Amante volte para junto dela. Mas essa leitura coletivista não se ajusta ao novo giro individualizante da piedade, em que o amante poderia ser a alma e tão-somente a alma. *Nós*, enquanto Israel, de há muito tem sido visto como a amada noiva de Deus. Mas *eu*, enquanto ser humano postado diante de Deus, na verdade um homem que provavelmente teve e amou uma noiva de minha espécie e ao mesmo tempo abençoando Deus diariamente por não me ter feito mulher, não poderia assimilar de maneira confortável esta autoimagem.

A situação exigia (falo de "exigência" no sentido psicológico) uma inovação na piedade judaica. Uma figura feminina tornava-se necessária, uma figura que estaria *interposta entre o Deus masculino e o adorador masculino; (o Deus) a quem ambos (ele e ela) poderiam estar apaixonadamente devotados*. Foi em resposta a essa necessidade emocional que a *schekhiná* cabalística surgiu, uma hipóstase feminina posicionada entre Deus e Israel, noiva de Deus, mãe da alma, talvez até noiva ou amante do aventuroso cabalista que ousou identificar-se com Moisés, o único entre os homens designado como "marido da Matrona"[104]. A imageria que

**104** O fato de somente Moisés receber essa designação no *Zohar* (uma vez junto com o patriarca Jacó; cf. *Zohar* 1:21b) de modo algum obsta a possibilidade de que outros possam experimentar algo desse papel. Moisés, afinal de contas, está presente no justo de cada geração, de acordo com uma passagem muito citada dos *Tikunei Zohar* 69 (112b). Os paradigmas bíblicos de experiências místicas tão intensas são oferecidos pelos cabalistas mais como meios de estimular copiadores de tempos mais recentes do que para proibir suas tentativas. A alma de rabi Schimeon é também a alma de Moisés; ele (como rabi Akiva nas fontes rabínicas ulteriores; ver Be-Midbar Rabá 19:4, Pesikta Rabati 14:13) revela aquilo que Moisés não podia. Não poderia ele – e os cabalistas com ele identificados – também se erguer ao menos tão alto em sua cópula com a *schekhiná* quanto Moisés o fez?
A dificuldade na cópula espiritual do masculino com o masculino é para nós uma questão por demais delicada para que se possa esperar vê-la abordada diretamente nas fontes cabalísticas mais antigas. Entretanto, nos posteriores e mais explícitos escritos hassídicos ela é de vez em quando articulada de maneira absolutamente clara. Aqui rabi Menahem Nahum de Chernobyl (m. 1798) explica por que Moisés não podia dedicar o tabernáculo por iniciativa própria: "É sabido que a principal excitação tem de ser a do mundo inferior em relação ao superior, a de uma fêmea (desejando) o macho, como reza a Escritura (Deus falando com Eva): "O teu anseio será por teu homem" (*Gên.* 3: 16). Mas Moisés, que é chamado de "marido da *schekhiná*", era do sexo masculino. Portanto, seu desejo de ascender não podia excitar as "águas femininas". Os degraus mais baixos são considerados necessitados; eles precisam desejar levantar-se e ser excitados como uma mulher por um homem. Mas Moisés, a quem a *Torá* foi dada, e esta foi até denominada "*Torá* de Moisés", era do sexo masculino [...] Deus lhe disse: "A *Torá* era minha e eu a dei a ti. Tu estás no nível da *Torá*, o do macho, marido da *schekhiná*. Portanto, tu não podes ascender (para prover) à

criou essa hipostasiada figura feminina era, na verdade, de antiga origem judaica: *schekhiná*, sabedoria, *Knesset Israel, schabat*, Mãe Raquel, Mãe Sion, Templo, Arca, Tenda do Encontro e todo o restante. Vários elementos de femininidade já se achavam presentes nesse rol, como indicamos antes. Mas tudo isso confluiu à sombra do grande *revival* mariano no século XII na França, um resultado da tremenda influência cultural exercida pela veneração a Maria em toda a cultura majoritária em cujo meio os judeus viviam[105]. Sem considerar que outra coisa a *schekhiná* cabalista possa ser em termos históricos e psicológicos, ela é também uma resposta judaica ao crescimento da devoção popular mariana que floresceu no século XII.





Nessa época, ela tomou um caráter largamente público na França. O renascente culto de Maria ficou visível na dedicação das catedrais[106] e suas capelas de "Nossa Senhora", em que as preces eram endereçadas diretamente à Virgem. Eis a chave para muitos das criações artísticas da época, incluindo estatuária, pintura e iluminuras de manuscritos. Maria era ve-

delícia da excitação feminina pela qual Deus anela; é a excitação feminina que é necessitada pelo Macho [...]" Note-se que aqui a união masculino/masculino não opera porque não preenche a necessidade de *Deus*! *Meor Einaim, aharei* #2, ed. Jerusalém, 1984, p. 88.

**105** O silêncio de Scholem com respeito ao cenário cristão em que o simbolismo da *schekhiná* se desenvolveu requer alguma explanação. Ele é parte de sua tendência geral de evitar referências à influência cristã sobre a Cabala. Scholem estava engajado na criação de uma leitura cultural-nacionalista da história judaica, uma leitura na qual a Cabala representava o próprio coração da singularidade judaica, o lugar em que a criatividade nativa era sentida com mais profundidade. Em contraste com a filosofia religiosa judaica, que era tão obviamente uma adaptação do modelo islâmico, a Cabala foi vista como verdadeira e autenticamente judaica. Para a Cabala, ter sido tão influenciada por modelos cristãos (embora de maneira diferente), como a filosofia foi pelo Islã, significaria retratar o judaísmo como uma cultura minoritária em ambas as sociedades, inevitavelmente sujeita à moldagem cultural da maioria, e não uma cultura "nacional", criando a partir de sua nascente profunda de antigas e inesgotáveis fontes de criatividade. Para uma discussão dessa tendência de Scholem, ver Amnon Raz-Krakotzkin, "'Without Regard for External Considerations' – The Question of Christianity in Scholem and Baer's Writings", (hebraico) *Madaei ha-Iahadut* 38, 1998, 73-96. A questão da *schekhiná*, não levantada nesse artigo, proporciona um exemplo extremo em apoio à tese de Raz-Krakotzkin. Um *scholar* tão perceptivo como Scholem teria de esforçar-se muito para *esquivar-se* de notar, no caso, os paralelos e o provável curso de influência. Isto não é para dizer que discordo totalmente do ponto de vista de Scholem. Eu formularia a minha posição do seguinte modo: Em resposta tanto à necessidade interna como ao estímulo externo, os cabalistas engajaram-se, sem dúvida, num trabalho de notável criatividade religiosa. Para esse feito, serviram-lhes de fontes principais a grande riqueza de seus conhecimentos textuais judaicos e suas próprias experiências interiores, fantasias e anelos.

**106** No século XII até o fim do século XIV, as catedrais góticas de Chartres, Amiens, Laon, Paris, Reims e muitas outras em toda a França foram construídas e dedicadas à "Notre Dame" (Nossa Senhora). O fato de certo grupo dessas catedrais parecer no mapa imitar a constelação Virgem, era tomado como uma representação terrena dos poderes celestiais da Virgem. Ver E. Ann Matter, The Virgin Mary – A Goddess?, em C. Olson (ed.), *The Book of the Goddess*: past and present, New York: Crossroads Books, 1985, p. 86.

nerada em procissões pelas ruas, em dramas sacros encenados em praças públicas nos dias santos a ela dedicados e em outras festividades, e em relicários ao longo das estradas que pontilhavam o interior do país. Ela era celebrada na música, popular ou quase-"profana", bem como na sagrada, e em muitas outras formas que mostram a profunda difusão da piedade mariana em toda a cultura de então. Na arte da época, Maria é comumente representada como a Rainha do Céu. Os altares das catedrais francesas dos séculos XII e XIII são, às vezes, agraciados com estátuas gêmeas de Cristo, o Rei, e Maria, a Rainha do Céu. Dessa tendência, limitada àquele século, um estudioso escreve: "Assim como o noivo e a noiva passam a ser iguais no seu amor, o Rei e a Rainha do Céu aparecem como quase iguais em seu poder. Ambos estão sentados, ligeiramente voltados um para o outro, em pose frontal, com o corpo ereto"[107]. A Assunção da Virgem, seu triunfante ascenso ao céu para sentar-se à direita de Cristo como sua Rainha, é o maior de todos os milagres marianos (a Imaculada Conceição da Virgem, muito celebrada pela Igreja moderna, é, em sua maior parte, uma inovação ulterior)[108]. Um estudo da iluminura do manuscrito de códices do *Cântico dos Cânticos* observa que os manuscritos latinos do fim do século XII e do século XIII estão repletos de pinturas da Virgem e do Menino Jesus, um traço ausente em exemplos anteriores[109].

Tudo isso era vistos pelos judeus, que não podiam deixar de tomar ciência desse novo desenvolvimento da piedosa devoção entre seus vizinhos cristãos[110]. Embora pudessem sentir-se, no plano teológico, ofendidos



**107** Penny Shine Gold, *The Lady and the Virgin:* Image, attitude, and experience in Twelfth-Century France, Chicago: University of Chicago Press, 1985, p. 61. Para uma passagem cabalística apenas levemente reminiscente dessa postura, ver a surpreendente parábola no *Zohar* 2:140b, em que Moisés e a Matronita aparecem como rei e rainha.

**108** A Assunção de Maria como a Rainha do Céu encontra-se esculpida, por exemplo, na Fachada Ocidental da Catedral de Chartres. Reproduzida em *Christian Spirituality II*, ed. J. Raitt, p. 399.

**109** Judith Glatzer Wechsler, A Change in the Iconography of *The Song of Songs* in Twelfth and Thirteenth Century Latin Bibles, em *Texts and Responses*: Studies Presented to Nahum N. Glatzer, Leiden: E. J. Brill, 1975, p. 73-93. Wechsler examinou 120 Bíblias Latinas do período, focalizando a geralmente iluminada inicial "C" de *Cantica Canticorum.* (Esta letra e "O" de Osculetur ["Que ele beije"] eram com frequência as mais iluminadas.) Ela sugere que a mudança de uma única mulher, representando a *ecclesia*, ou um casal, representando ou Salomão e a Rainha de Sabá ou Cristo e a Igreja, para a Virgem e o Menino, reflete o crescimento da interpretação mariológica no fim do século XII. Wechsler também sugere que a Virgem e o Menino podem ser um caminho "seguro" de caracterizar o amor entre o Amante e a Virgem, obviamente retratado em termos eróticos no texto do *Cântico*. Sobre o cenário mais amplo dessa mudança, ver R. W. Southern, *The Making of the Middle Ages*, New Haven: Yale University Press, 1953, p. 238 e s.

**110** Ivan Marcus nota no Makhzor de Leipzig – um manuscrito hebraico iluminado dos séculos XII e XIII – uma pintura de Moisés com uma criança de escola no regaço, que é muito parecida com

pelo que parecia como que a adoração de uma mulher admitidamente humana (nova evidência, se alguma era necessária, das tendências idólatras e politeístas do cristianismo, para eles[111]), eu me permitiria sugerir que poderia também haver um lado atrativo no sentido do amor, da beleza e simplesmente piedade associado ao culto à Virgem. Essa atração encontrou seus ecos no recém constituído aglomerado de símbolos em torno da *schekhiná*. À sombra desse novo desenvolvimento na cultura majoritária, os judeus, respondendo, mormente, a suas próprias necessidades e numa forma plasmada por suas próprias limitações, criaram um símbolo religioso que haveria de transformar o caráter da vida devocional judaica.





Entre os vários símbolos femininos adotados pelo *Sefer ha-Bahir* a partir de fontes agádicas anteriores encontra-se a figura da filha de Abraão, cujo nome era *ba-kol*, "em-tudo"[112]. O *Bahir* toma essa obscura figura feminina como uma representação da plenitude divina, a repleção das bênçãos de Deus. No *Bahir* e na Cabala inicial, ela é ao mesmo tempo filha e noiva, quer a casta prometida quer a esposa frutuosa. Assim também "as interpretações da Virgem Maria como a enaltecida esposa do *Cântico dos Cânticos* enfatizam sua natureza flexível na piedade medieval cristã: ela é a noiva de Deus e a mãe de Deus; ela representa a Igreja e cada indivíduo cristão"[113]. O mesmo, *mutatis mutandi*, poderia ser dito sobre a *schekhiná*. O conjunto de símbolos ao redor da décima *sefirá*, tal como foi situada por volta do fim do século XIII, é a parte mais altamente desenvolvida do simbolismo cabalístico[114]. A *schekhiná* é filha da *hokhmá* e da *biná* no interior

pinturas de Maria como mãe lactante. Ver seu *Rituals of Childhood:* Jewish acculturation in medieval Europa, New Haven: Yale University Press, 1996, p. 88 (e ver ilustração, p. 82). Os peitos do noivo, segundo uma antiga tradição exegética cristã (baseada na leitura que a Septuaginta faz da *dodekha* massorética ["teu amor" ou "teus afetos"] em *Cântico* 1:2 como sendo *dadekha*, "teus [m.] peitos"), estão cheios de leite. Ver Honórd, *Sigillum*, p. 53, tradução inglesa, cf. n. 61 acima.

**111** Sobre o cristianismo como idolatria aos olhos da maioria das autoridades judaicas medievais, ver J. Katz, *Exclusiveness and Tolerance:* Studies in Jewish-Gentile relations in medieval and modern times, Oxford: Oxford University Press, 1961, p. 24 e s.

**112** *Bahir* #52, baseado em b. Baba Batra 16b e Bereschit Rabá 59:7. Esta passagem do *Bahir* é citada e longamente discutida por Nakhmânides em seu comentário ao *Gênese* 24:1. A partir daí, tornou-se amplamente conhecida e exerceu influência em toda a literatura cabalística.

**113** Matter, *Voice*, p. 15.

**114** Este clássico léxico cabalístico de símbolos é de Iossef Gikatila, *Schaarei Orá* (primeiras edições, Mântua e Riva di Trento, 1561; tradução latina publicada em 1516); agora disponível na edição hebraica padrão de *Y. Ben-Schlomo*, Jerusalém, Bialik Institute, 1981. *Schaarei Orá* foi traduzido para o inglês por Avi Weinstein sob o título de *The Gates of Light*, San Francisco: Harper Collins, 1994. O primeiro capítulo é uma relação. belamente escrita e altamente acessível, dos símbolos associados à *schekhiná*.

da Divindade, as fontes ocultas da "sabedoria" e do "entendimento", as quais geraram as sete *sefirot* mais baixas ou divinas essências, seis enfeixadas em torno da deidade masculina, o "abençoado Santíssimo Um" tão bem conhecido na literatura bíblica e rabínica, e a *schekhiná* ou *malkhut*, Sua irmã/esposa. Ela, por sua vez, é a Mãe de todos os mundos inferiores, anjos, intermediários e, em especial, serve como mãe da alma humana. A *schekhiná* tem precisamente a função de permanecer no meio, perfeitamente equilibrada entre os mundos de cima e de baixo, sendo o agente por cujo intermédio a graça (ou *schefa*) desce para a comunidade devotada a seu louvor. Ela é a sublime Comunidade de Israel, o ideal de Israel do qual a comunidade humana de israelitas é uma manifestação terrena.



A identificação da *knesset israel* com a *schekhiná*, como sugerimos antes, foi a chave de todo esse desenvolvimento, especialmente para habilitar os cabalistas a pretender que a tradição rabínica visava secretamente o mesmo significado que eles miravam. A audácia desse lance nos surpreende, mas torna-se consideravelmente mais compreensível como uma réplica judaica a uma outra bem anterior, na linguagem simbólica cristã. A associação, entre Maria, Maternidade e Igreja, foi tomada como certa desde os primeiros tempos do cristianismo. Maria é uma figura da *ecclesia* porque ela foi a primeira no mundo terreno a reconhecer a divindade de Cristo e a cultuá-la, e porque o seu ventre o continha antes de seu nascimento como a Igreja o contém após a sua morte e ressurreição. Porém Maria, que representa, corporifica ou *é* simbolicamente a *ecclesia*, é também diretamente similar à *schekhiná*, na medida em que representa a *knesset israel* ou a ela se identifica. Tal identificação da comunidade encarnada com a divina ou quase divina figura feminina ocorreu primeiro no cristianismo, em que fazia muito mais sentido, e que pode ser de fato a fonte do desenvolvimento paralelo na Cabala. A *ecclesia* é caracterizada como "mãe" para os cristãos já em Tertuliano (c. 160-c. 220)[115]. Essa antiga associação[116] é bem conhecida e plenamente utilizada pelos autores dos comentários mariológicos do *Cântico dos Cânticos*. "Tudo o que é dito da Igreja pode ser entendido também como sendo dito da própria

**115** *De Oratione* 2:198-200. Ver J. Plumpe, Mater Ecclesia: *An Inquiry into the Concept of Church as Mother in Early Christianity*, Washington: n. p., 1943. A Professora Elaine Pagels me sugeriu que essa identificação já se acha no Novo Testamento, na figura feminina de *Apocalipse* 12. Entretanto, as associações simbólicas permanecem um tanto obscuras.

**116** J. Beumer sugere que a associação de Maria e a Igreja remonta a Agostinho. Daí é derivada a importância dessa ligação simbólica para a Igreja Ocidental. Ver – desse autor – Die marianische Deutung des Hohen Lieds in der Frueskolastik, em *Zeitschrift fuer Katholische Theologie* 76, 1954, p. 414.

Virgem, a noiva e a mãe do noivo", escreve Honório[117]. "A gloriosa Virgem Maria representa a Igreja, que é ao mesmo tempo a Virgem e a Mãe"[118]. O entendimento de que o *Cântico* acerca do amor a Cristo e Maria não vem para *substituir* a leitura que o refere ao Cristo e à Igreja, mas apenas para aprofundá-la simbolicamente, uma vez que Maria *é* a *ecclesia*[119].

Por certo, Maria não é Deus. O culto explícito a Maria como deidade foi condenado no quinto século[120]. Ela é o recipiente humano por meio do qual Deus veio ao mundo. No que emergiu como simbolismo cabalístico não havia lugar para a *schekhiná* como figura separada que servisse exatamente para o mesmo papel intermediário. Enquanto místicos, o interesse dos cabalistas residia em última análise no retorno de tudo, inclusive da alma humana, a seu lugar no interior do Um. Isso é especialmente verdade com respeito à antiga tradição catalã dentro da Cabala, em que o retorno de tudo à sua fonte nas mais altas *sefirot* ainda tem precedência sobre a ulterior fascinação castelhana com o *mysterium conjuctionis*, a união mística do ser masculino e do feminino[121]. Nakhmânides argumentou ferozmente contra Maimônides e toda tradição filosófica, insistindo que a *schekhiná* não era de modo algum separável da Divindade[122]. Assim, o ser feminino que também era Deus, *kalá ha-kelulá min ha-kol*[123], "a noiva que compreende tudo", servia melhor às





**117** PL. 172, c. 494.

**118** PL. 172, c. 499.

**119** Assim a minha própria concepção, de longo alcance, da "História das Religiões" (em contraste com a de Raphael Patai) é que não foram as figuras de Ischtar/Inana do Oriente Próximo Antigo, mas as de deusas mediterrânicas (Céres, Demeter), que moldaram as primeiras projeções cristãs de Maria, as quais vieram encontrar expressão verbal e imaginativa judaica na *schekhiná* cabalística medieval. O fato de ela haver, tal como aparece no *Zohar*, incorporado tantos elementos de julgamento e violência tem a ver em parte com o legado do judaísmo rabínico (a importância da justiça como equilibrada pelo amor etc.), porém reflete ainda mais a experiência histórica da grei judaica e sua necessidade de um divino defensor e vingador. O Deus da vingança de Aschkenaz pós-Cruzadas é vinculado na Cabala (especialmente a da assim chamada escola "gnóstica" em Castela, plasmada em vários modos por influência aschkenazita) à figura da *schekhiná*.

**120** O culto de Maria foi denunciado no Concílio de Éfeso, em 431.

**121** Discuti isso brevemente em meu livro, *Keter*, cap. 13-14. É a argumentação fundamental do livro de meu falecido aluno Seth Brody, *Cosmos and Consciousnes:* Worship and Mystical Experience in Thirteenth Century Kabbalah. Esta obra, uma revisão da dissertação de Brody para o seu doutoramento na Universidade da Pennsylvania, foi publicada pela SUNY Press.

**122** Ver o comentário do RaMBaN sobre passagens como as de *Gênese* 46:1; *Êxodo* 23:20, 33:14; *Levítico* 1:9 etc.

**123** Esta formulação era muito apreciada pelos primeiros cabalistas. Cf. Nakhmânides sobre *Gênese* 24:1 e rabi Azriel de Gerona, *Comentário às Agadot*, ed. Tishby, Jerusalém: Mirke Nirdamim, 1945, p. 3 (f. 1b). A derivação cabalística de *kalá* (noiva) de *kol* (tudo) é explicada em Gikatila, *Schaarei Tzedek*, ed. Cracóvia, 1881, f. 6b.

necessidades deles estando dentro ou. na maior parte dentro[124] do reino divino. Mas exames recentes, tanto feministas quanto fenomenológicos, do papel de Maria na vida devocional do cristianismo latino, bem como alhures, tendem a lançar dúvida sobre o seu status de "não-deus", levando-nos a perguntar o quanto a negação de sua divindade é uma questão de formalismo teológico que desafia a realidade devocional. O fato de ela ser profusamente venerada[125], invocada em prece, e de servir como o objeto de relicário, peregrinação e tantas outras formas de devoção, não a torna (funcionalmente falando) um "deus", a despeito das negativas da doutrina formal da Igreja?[126].

À medida em que a estrutura do simbolismo cabalísticos se desenvolve no século XIII, a tríade *hessed-g(u)evurá-tiferet*, a segunda tríade de *sefirot*, torna-se particularmente importante, e a *malkhut* ou *schekhiná* lhes é associada como um quarto liminar e passivo parceiro. Essas três *sefirot* representam os três patriarcas, Abraão, Isaac e Jacob, mas o Rei David, a encarnação pessoal da *schekhiná*, é o complemento deles[127]. Eles são as quatro direções, sendo a *schekhiná* a ocidental (baseada na menção de que "a *schekhiná* nunca se apartou do Muro Ocidental"). As três *sefirot* são



**124** A *schekhiná* é por certo uma figura liminar. Embora esteja dentro do mundo *sefirótico* e seja, portanto, parte essencial do dez-em-um que este compreende, ela é concebida amiúde como tragicamente separada, exilada dos reinos *sefiróticos* superiores, de suas fontes de sustento e luz. Desse modo, está sujeita à "captura" e subjugação pelo "outro lado", o mal. Porém, mesmo que pouco falte, às vezes, para a sua alienação relativamente a Deus, a *schekhiná* é vista como um "emissário" da divindade, um "rapaz" [*na'ar*] enviado aos mundos inferiores. Assim, a relação da *schekhiná* e seu servidor Metatron é complicada, uma vez que *na'ar* é também seu título. Sobre a questão, ver a breve discussão apresentada por Tishby em *Wisdom of Zohar*, p. 379.

**125** Entre os exemplos mais ostensivos do culto medieval a Maria, estão os "Espelhos" e os "Saltérios" devotados ao seu nome. Nestes últimos, os Salmos são na realidade reescritos a fim de serem a ela endereçados. Elizabeth Johnson cita um deles: "Canta um novo cantar para Nossa Senhora, pois ela fez coisas maravilhosas. /À vista das nações ela revelou sua mercê; seu nome é ouvido mesmo até os confins da terra". Trata-se aqui, essencialmente, do salmo 96 reescrito em forma feminina (cerca de novecentos anos antes que feministas judias se atrevessem a proceder assim!); Maria está claramente colocada no lugar de Deus. Ver *The Mirror of the Blessed Virgin Mary and the Psalter of our Lady*, St. Louis: Herder, 1932, citado por E. A. Johnson, Marian Devotion in the Western Church, em *Christian Spirituality II*, New York: Crossroad Books, 1988, p. 395.

**126** Cf. E. Ann Matter, The Virgin Mary – A Goddess?, em C. Olson (ed.), *The Book of the Goddess: Past and present*, New York: Crossroad Books, 1985, p. 80-96. Meus agradecimentos aos leitores anônimos desse trabalho, ao salientar que a designação de Maria como deusa remonta ao místico alemão do século XIII Mechtild de Magdeburgo. Ver também, da autora, *The Flowing Light of the Godhead* 1:2 e 3:9.

**127** A associação de David com a *schekhiná* pode parecer estranha ao leitor moderno. Como é que o mais masculino dos heróis bíblicos se torna a encarnação humana do feminino? Deveríamos lembrar que a *schekhiná* é também amiúde designada como *malkhut*, o "reino" de Deus, e que o reino de Deus é representado na terra pela Casa de David. O David medieval é com mais frequência o Salmista que o guerreiro, e o Salmista é descrito como alguém que anseia por Deus, clamando pela proximidade divina, de maneira muito parecida com o que a *schekhiná* faz em seu exílio.

também o feixe de folhagens, palma, mirto e salgueiro, usados em *sukot*, e o feminino *etrog* completa-os como o quarto elemento. Essa amiúde repetida forma quaterna é paralela, de um modo bastante direto, à trindade cristã e à Virgem Maria como um aproximado, mas não inteiramente integrado, quarto componente, convertendo também a trindade numa quaternidade. Desenhem, se lhes aprouver, um mapa cabalístico simplificado, figurando apenas essas quatro *sefirot*. *Tiferet*, representando o abençoado Santíssimo Um, ou Deus Pai, encontra-se no meio. À Sua direita e à Sua esquerda estão *hessed* e *g(u)evurá*, amor e poder. Vistas historicamente, essas duas figuras são de antiga origem judaica, a bem dizer, derivadas de *midat ha-din* e *midat ha-rakhamim* nas fontes talmúdicas[128]. Mas, *topograficamente*, em termos do mapa, as figuras acima ocupam o mesmo lugar que o Filho e o Espírito Santo tomam, à direita e à esquerda do Pai. *Abaixo dessas três, em um degrau disposto diretamente entre os mundos superior e inferior, encontra-se ou a schekhiná ou a Virgem, noiva de Deus, mãe dos que vem abaixo, recebendo a graça da trindade superior para dispensá-la ao mundo inferior, trazendo a nós, criaturas mais baixas, o amor e a bênção de Deus, e servindo de portão de entrada ao céu através do qual a prece é dirigida na fé de que ela a levará ao trono de Deus quando ela chega diante Dele/é unida a Ele.*





Vistas nessa forma comparativa estrutural, as duas tradições acham-se de fato muito próximas uma da outra. Na seguinte passagem, o *Zohar* descreve o papel da *schekhiná* em relação ao Deus transcendente atrás dela:

> Venha e veja. Assim diz o Rabi Schimon: O abençoado Santíssimo Um estabeleceu diante Dele um sagrado sublime palácio, uma sagrada sublime cidade. Chama-se Jerusalém, a cidade santa. Alguém que vem perante o Rei, só pode entrar através dessa cidade, tomando o caminho para o Rei. É lá que corre o caminho, como reza a Escritura: "Este é o portal do Senhor, por ele passarão os justos" (*Sal.* 118:20). Toda mensagem, o Rei, requer, deve sair

**128** A substituição de *rakhamim* por *hessed* como o "lado direito" de Deus é característica da Cabala e parece encontrar-se já no *Sefer ha-Bahir* # 132. Uma história mais completa da relação entre esses dois termos nas fontes agádicas tardias pode mostrar-se de interesse. Ambos aparecem na velha lista das "qualidades que servem perante o trono de glória" ou "qualidades com que Deus criou o mundo", indicando que em um ponto mais antigo havia uma clara diferença entre eles. Ver Avot de-Rabi Natan 37. Este é também o caso, mas de maneira bastante diferente, na Cabala, em que *rukhamim* (talvez por causa de sua forma plural) é identificado não com *hessed*, porém com *tiferet/emet/ schalom*/Jacob, a sexta *sefirá*.

dessa casa da Senhora. Toda mensagem vinda de baixo que é enviada ao Rei chega primeiro à casa de Sua Senhora, e de lá ela segue para o Rei. A Senhora é assim o intermediário universal, de cima para baixo e de baixo para cima, Ela é o emissário de tudo, de quem a Escritura diz: "E moveu-se o anjo do Senhor que ia à frente do Campo de Israel e foi para trás" (*Ex.* 14,19). Israel acima. "O anjo do Senhor" - de quem é dito "O Senhor ia diante deles" (*Ex.* 13, 21)[129]. E esta [conclusão do versículo] "para que caminhassem de dia e de noite", é como foi interpretada.

É em honra do Rei que a Senhora vai e trava a batalha, que Ela é Seu emissário?[130]

Mas isso é como um rei que estava casado com uma grã senhora. Ele viu quão mais gloriosa ela era do que qualquer outra senhora no mundo. "Perto da minha", disse ele, "todas as outras são meras criadas. Ela se ergue acima de tudo. O que eu faria por ela? Minha casa inteira estará em suas mãos". O rei emitiu um decreto dizendo que doravante todos os negócios do rei seriam por ela tratados. O que ele fez? Ele colocou nas mãos dela todas as suas armas, todos os seus guerreiros, todas as pedras preciosas do rei, todos os seus tesouros reais.

"De agora em diante", disse ele, "todo aquele que quiser falar comigo não poderá fazê-lo sem informar primeiro à minha senhora".

Assim, o abençoado Santíssimo Um, por seu grande amor apaixonado pela Comunidade de Israel, colocou tudo nas mãos dela[131]. Ele disse: "Todas as outras são nada comparados a ela". "Sessenta rainhas e oitenta concubinas, donzelas sem número; uma é minha pomba, minha imaculada" (*Cânt.* 6:8-9) O que devo fazer por Ela? Minha casa inteira está em Suas mãos...

Doravante, quem quer que necessite de Mim pode falar Comigo somente se informar primeiro à Minha Senhora.

Assim a Escritura diz: "Com isto entrará Aarão no Santo lugar" (*Lev.* 16:3)[132].

**129** O *Zohar* está lançando mão da aparente inconsistência do texto bíblico para mostrar que o "anjo" de *Êxodo* 14:19 é "o Senhor" de *Êxodo* 13:21. O anjo, que é também o Senhor, não pode ser outro senão a *schekhiná*, que é parte de Deus e, no entanto, algumas vezes atua como emissário de Deus.

**130** O *Zohar* contém muitas passagens em que a *schekhiná*, como manifestação inferior de *din*, a divina força do julgamento, é caracterizada como dando batalha às forças do mal.

**131** O *Zohar* defende aqui a identificação cabalística de *knesset israel* com *schekhiná*; ela se deve ao amor único de Deus por Israel a que Ele os promovia desta maneira aparentemente surpreendente.

**132** *Zohar* 2:5a. *Levítico* 16:3 propicia uma leitura pela qual a *schekhiná* é o único portal para o mundo divino, para o *sanctum* interior, além. Ver também *Zohar* 2:22b, em que somente a filha solteira (isto é, virgem) do Rei serve de intermediária. Tão logo a casam com Moisés, é ele quem assume este papel, pois, ao contrário dos primeiros patriarcas, ele pode falar com Deus "face a face".

Baseada nessa passagem, a seguinte descrição da *schekhiná* e de seu papel, por um mestre hassídico[133] do século XVIII, mostra a duradoura e popular influência dessa feição central da piedade cabalística:

> Quem quer que busque vir perante o Rei não poderá entrar sem a Matronita, como está explicado no *Zohar*, porque "todo pedido que alguém possa procurar fazer é por meio da Matronita"[134]. Primeiro é preciso ir ter com Ela, e por Ela se é introduzido ao Rei. Como é que se chega a Ela? Por meio do dom que se lhe traz, adornos que Ela possa usar. Assim Ela vai ao Rei, gloriosa em adorno, vestida no ornato dado a Ela pelo povo Dela. Dessa maneira, eles vêm perante o Rei. Assim é também aqui[135]. Temos de adorná-la com os adereços da *Torá* e os mandamentos. Então Ela vem perante o Rei. Dessa maneira, nós (também) vimos à presença do Rei. Isto é "O que faremos por nossa irmã?" (*Cân.* 8:8) – De que modo devemos "saudar a *Schekhiná*?" Pois a pessoa precisa primeiro ir ter com Ela. "No dia em que ela for solicitada" – Quando a nossa conduta é "para Ela", ou seja, está de acordo com a Sua *Torá*, mandamentos que se tornam os adornos Dela.



Aqui, a *schekhiná* como intercessora está em paralelo direto com o que é talvez o mais bem conhecido papel de Maria na vida devocional da Igreja Católica. O papel de Maria como intercessora na prece é, em grande parte, uma criação do *revival* mariano do século XII[136]. Como a *schekhiná* cabalística, Maria é uma intermediária em ambas as direções. Por carregar Jesus em seu ventre, ela traz a graça do céu para a terra, a maior das dádivas à humanidade[137]. Isso a coloca no papel de mediatriz na outra direção também, ofertando as preces da humanidade a seu Filho elevado. A *schekhiná* também é conduto da divina graça, realmente da própria força de vida, para os mundos inferiores. Ela é ativa na criação, na revelação e na conduta

133 Rabi Menakhem Nahum de Chernobyl, *Meor Einaim*, Jerusalém: Yeshivath Meor Enaim, 1986, p. 251b.

134 Ver também *Zohar* 2:200b e, de rabi Margulies, *Nitzotzei Zohar* # 3.

135 O texto desloca-se para um modo analógico, muito embora a formulação anterior não assuma inteiramente a forma de parábola.

136 J. Pelikan, *Mary through the Ages*, New Haven: Yale University Press, 1996, p. 125 e s.; Elizabeth A. Johnson, "Marian Devotion in the Western Church", em *Christian Spirituality* II, ed., J. Raitt, New York: Crossroad Books, 1988, p. 400-405.

137 O interessante é que o mesmo versículo dos *Salmos*, 68:18 ("Tu subiste ao alto, levaste em cativeiro um cativo; trouxeste dons para os homens") que os rabis interpretam como referência à subida de Moisés ao Sinai é usado na tradição cristã em louvor a Maria. Ver Pelikan, op. cit., p. 35.

diária do mundo através da divina providência[138]. Na qualidade de Mãe dos mundos inferiores e como Trono da Divina Glória, é ela, também, que recebe as preces da humanidade e os méritos das boas ações dos homens. Aqui as tradições divergem por causa da predizível falta de diferença entre o virginal/celibato *versus* o marital/coital. Energizada por esse fluxo que vem de baixo, a *schekhiná* mesma é tomada pelo desejo sexual. Ela provoca seu marido, o abençoado Santíssimo Um, ou o princípio masculino, e ele a penetra, enchendo-a com o fluxo de renovada bênção para o mundo.

Mas existe ainda uma outra maneira em que as figuras femininas de intercessão se apresentam em paralelo nas duas tradições. Maria, na condição de mediatriz e intercessora, está relacionada no cristianismo à representação de Maria como *Mater Dolorosa*, Mãe das Aflições. Ela é a mulher que padeceu o maior dos sofrimentos humanos, a morte de um filho amado e, no entanto, suportou essa dor com fé. É por causa de seu próprio sofrimento que ela pode identificar-se tão plenamente com todos os sofrimentos da humanidade e assim levar perante Deus as preces dos homens como se fossem dela[139]. A *schekhiná* também é vista como uma figura sofredora. Isso remonta à velha pintura rabínica da *schekhiná*, muito antes que a imageria feminina ou maternal se cristalizasse ao seu redor. "Sempre que os filhos de Israel foram exilados, a *schekhiná* foi exilada com eles"[140]. Maria testemunhou os maiores sofrimentos conhecidos pela imaginação cristã: o tormento e a morte de Jesus na cruz. A *schekhiná* foi testemunha e tomou parte do maior sofrimento experimentado pelo Povo Judeu: a destruição do Templo e o exílio de Israel. Assim, ambas as Mães sofredoras servem de portadoras das lágrimas, bem como das preces. "Os portais da prece estão fechados, mas os portais das lágrimas nunca estão fechados"[141].

A emergência do simbolismo cabalístico tem um importante efeito sobre o lugar do *eros* em toda a devoção judaica posterior. Os textos da

**138** Ver Tishby, *Wisdom of the Zohar*, p. 379 e s., 423 e s.

**139** A relação entre os papéis de Maria como *mediatrix* e *mater dolorosa* é debatida por J. Pelikan, em op. cit., p. 125 e s. Jeremy Cohen discute a relação do motivo da *mater dolorosa* com a Mãe bíblica Raquel e com a figura de uma vítima dos massacres de 1096, chamada Raquel. Ver The "Persecutions of 1096" – From Martyrdom to Martyrology. The Sociocultural Context of the Hebrew Crusade Chronicles, em *Zion* 59, 1994, p. 169-208, especialmente p. 200 e s.

**140** b. Megi(u)lá 29a. Sobre os sofrimentos da *schekhiná* em simpatia com o sofrimento humano, ver também b. Hag(u)igá 15b. Sem dúvida, nas velhas fontes rabínicas a "*schekhiná*" não é outra coisa senão um meio de dizer "Deus sofre com eles". De fato *Salmos* 91:15, "Estarei com ele na angústia", é o usual texto de prova.

**141** b. Berakhot 32b.

Cabala falam, em termos ricamente desenvolvidos e altamente pictóricos, da vida interior de Deus, a Deidade masculina a unir-se com o seu próprio Eu feminino, mais do que com a alma humana. A proposição dessa divina entidade feminina permite o pleno desabrochar da paixão no judaísmo cabalístico. Deus põe-se a beijar, bolinar e copular com a *schekhiná*. Essa união sexual torna-se o principal fascínio dos cabalistas de Castela no fim do século XIII. Os escritos desses místicos judeus incluem incríveis descrições detalhadas da sexualidade divina, da excitação masculina e feminina, do ato do coito e de seu clímax no âmbito interior da Divindade. Eles falam da devoção humana como sendo as "águas femininas" necessárias para provocar o *tzadik*, a nona *sefirá* ou a do "justo" dentro de Deus, mas quando excitado ele é também o ereto falo cósmico, pronto a inundar a amada, a noiva, a mansão, a cidade santa, ou o grande mar, com o sêmen proveniente de todos os poderes superiores. Trata-se, decerto, de uma fala em plano simbólico, mas que contém infinitas e, às vezes, de todo, irreprimidas discussões sobre o divino masculino e feminino. Uma vez que o masculino e feminino existem dentro de Deus – e a presença do feminino torna inevitavelmente o aspecto superior da divindade mais nitidamente definido em sua masculinidade –, no contexto de uma tradição que valoriza sem ambiguidade a união sexual e a fecundidade mais do que a virgindade ou o celibato, o palco está posto para o que às vezes parece ser de fato "o retorno do reprimido", uma linguagem erótica que chocaria grande parte das sensibilidades ocidentais por sua plenitude de variedade e detalhe. O amor humano e a sexualidade marital apropriada são vistos como cópias terrenas desses processos cósmicos/simbólicos, cópias maculadas por sua natureza carnal e corruptíveis por forças demoníacas, sempre prontas a converter a sexualidade humana em pecado mais do que em sagrado cumprimento. Mas em sua expressão melhor, quando vivem dentro da lei e adotam atitudes morais decentes, o cabalista e sua mulher em união sagrada constituem encarnações terrenas do beijo divino interior e do abraço copular, que ocorrem dentro da Divindade[142].





**142** Cabe acrescentar aqui que há apenas alguma evidência do envolvimento de mulheres reais, as esposas dos cabalistas, no pensar sobre a atividade sexual ou na prática desta como um ato de *imitatio dei*. (Em geral, as fontes mantêm-se em silêncio sobre qualquer prática desse gênero e elas parecem mais interessadas em acautelar contra excessos do que em celebrar a execução humana do júbilo sexual cósmico.) O anônimo *Ig(u)eret ha-Qodesch* (*ed. prin.*, Roma,1546), do século XIII, serve de manual de conduta sexual. Embora dedicando grande parte de sua atenção ao parceiro masculino, instruí-o a "apaziguar sua mulher e torná-la feliz, preparando-a e provocando-a por

Essa pia lustral dos mitos eróticos domina os escritos da Cabala castelhana e, em especial, o *Zohar*, o grande compêndio da Cabala hispânica medieval. Depois do texto da *Torá* e do *Saltério*, o *Cântico dos Cânticos* é provavelmente a mais citada fonte bíblica na literatura do *Zohar*. Nele, mal há uma página que não esteja repleta da luxuriante imageria dos jardins do *Cântico*, de suas ribeiras, de suas fontes e dos abraços de seus amantes[143]. De fato, uma vez que a *eros* é dado rédea livre pela introdução do divino feminino, o cabalista está apto a redescobrir significados eróticos em todo o *Cântico*, alguns dos quais não são nada mais senão de há muito esquecidos *pschat*, símbolos do macho e da fêmea nas árvores, ribeiras e fontes do



meio de coisas (ou "palavras") que tragam felicidade ao seu coração, de modo que ela concorde com os puros e corretos pensamentos [dele]. Assim, eles serão um só com respeito a essa *mitzvá* [o ato sexual]. Então o pensamento deles estará ligado como se fosse um só, a *schekhiná* há de habitar entre ambos e hão de gerar um filho adequado à santa forma que eles desenharam". Os dois parceiros devem concentrar-se na divina forma antrópica durante o intercurso, na beleza da união do alto. O verbo *ietzaieru* ("desenharam, pintaram") indica que eles podem assim fazê-lo em termos até certo ponto gráficos, e o filho de sua união há de ser na imagem da bela forma divina que contemplaram enquanto faziam amor. *Kitvei RaMBaN*, v. 2, p. 331 (Jerusalém: Mossad Ha-Rav Kook, 1964). O fato de este texto ter sido por tanto tempo atribuído a Nakhmânides certamente acrescentou seu prestígio e influência no curso de muitas gerações. No mesmo espírito é o relato em Mosche Ibn Makhir, *Seder Ha-Iom* (Israel: *Mefitzei Or*, s. d.; reimpresso em Lvov, 1858 [?], 22ª, segundo o qual nas tardes de sexta-feira os "antigos *hassidim*" (isto é, os cabalistas de Safed) "imergiam juntamente com suas esposas para unir seus corações em um único lugar". *Seder Ha-Iom* foi publicado pela primeira vez em Veneza, 1599. Até onde sei, a sexualidade cabalística é, em larga medida, um mundo de fantasia simbolicamente pejado, concebido e discutido num cenário inteiramente masculino. Este ponto foi assinalado primeiro por Georg [= Jiri] Langer, em *Die Erotik der Kabbalah*, Praga, Dr. Josef Flesch, 1923. Muita discussão a respeito encontra-se nos escritos de Elliot Wolfson, ver nota seguinte.

**143** A seção do *Zohar* especificamente devotada ao *Cântico dos Cânticos*, *Zohar Hadasch* 60b-75a, constitui apenas uma pequena porção do tratamento do *Cântico* no *Zohar*, cobrindo somente os primeiros dez versículos do Capítulo Um. Outra extensa discussão apresenta-se no *Zohar* 2:143a-145b. Uma coletânea das numerosas passagens do *Zohar* que interpretam o *Cântico dos Cânticos* aparece em Isaac Crispin, *Zehorei Hamá* (Salonica, 1738). Algo similar (com tradução hebraica) consta do sétimo volume de Yudl Rosenberg, *Zohar Tora* (Bilgoray, 1930).
O papel de *eros* na literatura do *Zohar*, significativamente minimizada por estudiosos anteriores como Scholem e Tishby, tem sido um tema chave da recente pesquisa acadêmica. O ensaio de Yehuda Liebes, *Zohar ve-Eros*, *Alpaim* 9, 1994, p. 67-119 (ver acima, p. 337-402), é a obra pioneira nesse campo, apresentando uma visão nuançada da fantasia erótica que considera como subjacente a grande parte da mitologia do *Zohar*. Eliot Wolfson vai significativamente mais longe que Liebes ao pretender que a obsessão com o falo e com a transformação de gênero (a absorção do feminino no masculino) é o próprio centro do esoterismo cabalístico. Tanto Liebes quanto eu temos sido críticos em relação a alguns de seus pontos de vista. Ver minha recensão de *Through a Speculum that Shines*: Vision and Imagination in Medieval Jewish Mysticism in History of Religions (1997): 265-274. A replica de Wolfson aparece em seu Occultation of the Feminine and the Body of Secrecy in Medieval Kabbalah, em E. Wolfson (ed.), *Rending the Veil*, New York: Seven Bridges Press, 1999, p. 353, nota 6. Minha concordância com algumas de suas leituras das fontes (bem como meu grande respeito por sua erudição) é maior do que transparece nas expressões polêmicas de nossas respectivas posições nessas declarações.

jardim já no próprio texto bíblico. O manancial do sagrado *eros* continua a fluir para a criatividade cabalística no curso do século XVII, inclusive em ambas as propagações do mito *zohárico*, a luriânica e a sabataísta.

Essa liberação da musa erótico-espiritual no judaísmo só pode acontecer se a hipóstase feminina foi colocada no devido lugar. Não se trata de mero exercício exegético; essa nova leitura dos *Cânticos* é uma transformação essencial na linguagem e na lógica do sagrado amor no contexto do judaísmo. Graças à influência do *Zohar*, a linguagem do sagrado *eros* viria desempenhar um papel importante durante todo o pietismo judaico ulterior. Há boas razões para acreditar que essa transformação haja ocorrido na França e no norte da Espanha, nos séculos XII e XIII, com a presença direta do *revival* mariano, o qual estava produzindo uma leitura cristã mais apaixonada daquela compartilhada escritura sobre o amor, do que qualquer uma a que os judeus já tivessem ousado fazer.



## III.

Nas seções precedentes, este estudo referiu-se em termos amplos ao contexto cultural cristão em que a Cabala começou a emergir. Ele buscou paralelos estruturais e simbólicos entre o tratamento do feminino divino (ou quase divino) nas duas tradições, mostrando, em particular, que o complexo de símbolos em torno da *schekhiná*, inclusive sua identificação como noiva divina e como *knesset israel*, é paralelo a um construto simbólico similar na cristandade.

Voltemo-nos agora para um exame de certas passagens dos comentários cristãos sobre o *Cântico dos Cânticos*, com o "olho" de um estudante da Cabala. Embora eu não disponha de nenhuma evidência de que os judeus leram esses comentários específicos[144], os paralelos internos entre as lingua-

144 Parte do problema na invocação de comentários judaicos e cristãos tem a ver com a linguagem. Julga-se, em geral, que pouquíssimos judeus, mesmo dentre a elite cultivada, estavam aptos a ler em latim. Entretanto, cumpriria notar também que existiam comentários vernaculares cristãos sobre o *Cântico* já no século XII. O mais famoso é a St. Trudperter Hohelied feito por monjas. O Trudperter Hohelied, que utiliza quer Bernardo, quer Honório, estava largamente difundido na parte meridional das regiões de fala alemã e influenciou muitos sermões vernaculares e panfletos populares. Ver a recente edição de F. Ohly e N. Kleine, *St. Trudperter Hohelied*: eine Lehre der

gens cristã e cabalística do *eros* são realmente impressionantes. Acredito que um exame dessas fontes cristãs, do ponto de vista da comparação ao simbolismo cabalístico, nos forçará a admitir ao menos uma possibilidade de que a linguagem do amor sagrado foi lida ou ouvida através do, em geral, rígido divisor comunal e linguístico que separava a criatividade religiosa judaica e cristã. Estou interessado em demonstrar aqui que o tipo de pensamento que caracteriza o *eros* cabalístico, o complexo "interfacear" simbólico entre amante e amada, inclusive as múltiplas faces do gênero, encontra-se na França cristã do século XII. O espírito da época se faz bastante manifesto nesses escritos. Tal espírito, quero sugerir, é o espírito da Cabala, igualmente.

Por certo, a noção de que a Cabala foi influenciada pelo cristandade e assim há de refletir certos elementos estruturais cristãos ocultos, não é de modo algum nova. Cristãos da Renascença ficaram interessados na Cabala devido a uma crença similar[145], e pode-se dizer que o inteiro edifício da Cabala cristã se ergue ao redor dela[146]. Muito do interesse não judaico pela

liebenden Gotteserkentnis (Frankfurt am Main: Deutscher Klassiker Verlag, 1998), e o estudo de H. E. Keller, *Wort und Fleisch*: Koerperallegorien, mystische Spiritualitaet, und Dichtung des St. Trudperter Hoheliedes in Horizant der Inkarnazion, Frankfurt am Main: P. Lang, 1989. Cf. também J. Van Engen, *Rupert of Deutz*, Berkeley: University of California Press, 1983, p. 180 e s. Do lado judaico, existiam, por volta do século XIV, paráfrases sobre o *Cântico dos Cânticos*, em ídiche antigo. Elas foram estudadas pela primeira vez por Karl Habersaat. Que a literatura vernacular cristã tenha chegado às mãos de judeus, não é de modo algum implausível, muito embora a conversação oral, inclusiva a disputa, parece ter sido a rota mais provável para comunicar esse tipo de consciência.

**145** Em vez de vindicar uma influência cristã sobre a Cabala, Pico della Mirandola (1463-1494) e outros consideravam que os ensinamentos cabalísticos se originavam de uma antiga revelação perdida que forneceria a verdadeira chave para a compreensão do próprio cristianismo, bem como dos escritos órficos e outros textos antigos esotéricos. Os cabalistas cristãos do século XVI identificavam Maria com a *schekhiná*, um passo natural em sua tentativa de unir as duas tradições. Ver Geneviève Javary, A propôs du teme de la Sekina: Variations sur le nom de Dieu, em A. Faivre e N. Tristan (eds.), *Kabbalistes Chrétiens*, Paris: Albin Michel, 1979, p. 294 e 302 e s. Ver também, da mesma autora, a sua abordagem mais completa em *Recherches sur l'utilisation du theme de la Sekina dans l'apologetique chrétienne du quinzième au dix-huitième siècle*, Paris: Champion, 1977.

**146** Muita coisa foi escrita sobre a Cabala Cristã. As introduções essenciais ao assunto são as de Joseph Blau, *The Christian Interpretations of the Cabala in the Renaissance*, Port Washington NY: Kennikat Press, 1944, e François Secret, *Les Kabbalistes Chrétiens de la Renaissance*, Paris, n. p. 1964. Para uma bibliografia no curso dos anos de 1960, ver G. Scholem, em *Encyclopedia Judaica*, v. 10, p. 652 e s. Escritos de maior envergadura, em tempos recentes, incluem Philip Beitchman, *Alchemy of the Word*: Cabala of the Renaissance, Albany: SUNY Press, 1998; Allison P. Coudert, *The Impact of the Kabbalah in the Seventeenth Century.* The Life and Thought of Francis Mercury van Helmont (1614-1698), Leiden: Brill, 1999; ensaios coligidos por Joseph Dan, em *The Christian Kabbalah:* Jewish mystical books and their christians interpreters, Cambridge MA: Harvard College Library, 1997; Moshe Idel, The Magical and Neoplatonic Interpretations of the Kabbalah in the Renaissance, em Bernard D. Cooperman (ed.), *Jewish Thought in the Sixteenth Century*, Cambridge: Harvard University Press, 1983, p. 186-242 (reimpresso em *Essential Papers on Jewish Culture in Renaissance and Baroque Italy*, D. Ruderman (ed.), New York: NYU Press, 1992); *Kabbalistes Chrétiens*, ensaios editados por A. Faivre e F. Tristan, Paris: Albin Michel, 1978; Catherine Swietlicki, *Spanish*

Cabala, na época moderna, continua a ser plasmado por esse modo de ver[147]. Entre os *scholars* judeus do século XIX, alguns falam da influência cristã como um dos principais fatores do surgimento da Cabala, embora num cenário histórico mais realista[148]. Gershom Scholem, com sua concepção histórico-nacionalista da Cabala[149], bem como o seu forte senso de que o misticismo de cada uma das duas tradições era único e representava um estágio específico de seu desenvolvimento, pôs de lado a questão da influência cristã. Passada uma geração, entretanto, a questão foi de novo tratada por Iehuda Liebes no seu marcante artigo "Influências Cristãs no *Zohar*"[150]. Liebes assinala várias áreas de influência cristã, baseado primordialmente numa sugestão relativa ao fascínio cabalista pelo cristianismo, inclusive certo flerte com o trinitarianismo, em certo número de passagens específicas no *Zohar*[151]. Ele também sugeriu que a comunidade de discípulos





*Christian Cabala.* The Works of Luis de Leon, Santa Teresa de Jesus, and San Juan de la Cruz, Columbia, MO: University of Missouri Press, 1986; Haim Wirzubski, *Three Chapters of Christian Kabbalah*, Jerusalém, 1975, e *A Christian Kabbalist reads the Torah*, 1977 (ambos em hebraico).

**147** Ver Adolph Franck, *The Kabbalah or the Religious Philosophy of the Hebrews,* New York: Kabbalah Publishing Co., 1926. O original francês, publicado em 1843, foi um marco de um estudo quase moderno da Cabala. Franck vê as origens da Cabala na "filosofia oriental" ou nas religiões de mistério no fim da Antiguidade. Os atributos comuns da Cabala e do cristianismo são explicados pelo fato da origem e da época comuns. Arthur E. Waite, *The Secret Doctrine in Israel*; London: Wm Rider and Son, 1913, o mais importante e crítico dos escritores "ocultistas" no começo do século XX, toma em consideração, mas rejeita como "desencaminhadora" a noção de que "[a *schekhiná*] ocupa na Cabala a mesma posição de intercessora que é atribuída à Santa Virgem pela devoção da Igreja Latina, ainda tendo em conta a incorporação da *schekhiná* à Divina Hipóstase" (p. 215). Entretanto, muito do esforço de Waite, neste livro, destina-se a proporcionar um contrapeso à então recém-publicada tradução do *Zohar* por De Pauly, que tratou abertamente a obra como repleta de secreto conteúdo cristão.

**148** O mais perceptivo deles foi Adolph Jellinek. Ver seus *Beitraege zur Geschichte der Kabbala*, Leipzig: C. L. Fritzsche, 1852, e especialmente a parte 2, p. 51 e s., "Christlicher Einfluss auf der Kabbala". Este ponto de vista foi compartilhado por Heinrich Graetz e outros, menos simpáticos do que Jellinek em relação à Cabala. Ele desempenhou importante papel para que surgisse, no judaísmo moderno, a colocação da Cabala nas "margens" da história religiosa judaica, fora da "corrente principal".

**149** Ver o artigo de Amnon Raz-Krokotzkin discutido na n. 104 acima. Sobre o lugar da Cabala na ideologia cultural nacionalista judaica de Scholem, ver também David Biale, *Gershom Scholem*: Kabbalah and Counter-History, Cambridge: Harvard University Press, 1979, (Tradução brasileira, *Cabala e Contra-História*: *Gershom Scholem*. São Paulo: Perspectiva, 2004).

**150** *Jerusalem Studies in Jewish Thought* 2 (1982/1983) 43-74 (hebraico). Tradução inglesa em *Studies in the Zohar*, Albany: SUNY Press, 1993, p. 139-161.

**151** À lista de Liebes de tais referências eu gostaria de acrescentar *Zohar* 2:147a: "A vinculação ao Pai é através de Seu Filho". O *Zohar* está se expressando na linguagem do simbolismo *sefirótico*; o "Filho" é Jacob, a sexta *sefirá*, enquanto o Pai é a recôndita *hohkmá*, a segunda *sefirá*. Ainda assim a passagem lembra fortemente *João* 3:35-36 e 14:6, "Nenhum homem vem ao pai senão através de mim". O contexto do *Zohar* pinta Jacob, Deus personificado, como uma figura masculina, como aquele por cujo intermédio vêm os beijos do Deus oculto que está além de toda personificação. Isto se relaciona à bem conhecida mudança de pessoa no versículo de abertura de *Cântico*

ao redor de Rabi Simão ben Iohai, um tema da narrativa do *Zohar*, que é uma chave para o seu entendimento de toda a obra, lembra os apóstolos e sua comunidade em torno de Jesus. Ele não lida, entretanto, com a questão mariana.

Como foi indicado antes, o *revival* na França do século XII está especialmente representado nos comentários sobre o *Cântico dos Cânticos*[152]. Em ambas as interpretações tropológica e mariológica a questão do sexo, quer no âmbito de Deus, quer da amada (ou a comunidade da amada), é tratada em formas complexas e sutis. Iremos agora à tradição mariológica, em que[153] as questões se apresentam de maneira algo mais clara. Mas voltemo-nos primeiro para Bernardo, a figura mais importante entre os cistercienses que subscreve em grande parte a leitura tropológica. Na realidade, como todos os intérpretes de épocas tardias, ele combina a sua abordagem com as mais antigas. A *ecclesia* é, de fato, para Bernardo, a amada de Cristo. Mas esta é também a *preexistente ecclesia*, idêntica à *Jerusalém celeste*, que foi a noiva de Cristo desde o início do tempo[154]. Em sua encarnação terrena, diz Bernardo, o eterno Cristo:

> Veio procurar uma noiva [a Igreja, a *ecclesia* terrena], mas não veio sem uma [noiva]. Ele procurou uma noiva, mas ela [já] estava com ele. Ele tinha então duas noivas? Seguramente não. "Uma é minha pomba" (*Cânt.* 6:8) [...] embora tivesse, desde o começo, como noiva a multidão de anjos, aprouve-lhe convocar a Igreja dentre os homens e uni-la com a do céu, para que haja uma noiva e um Noivo[155].

*dos Cânticos*: "Beije-me *ele* com os beijos de *sua* boca, pois melhor é o *teu* amor do que o vinho". "Ele" aqui referir-se-ia à Divindade oculta, enquanto "tu" é Deus na forma de Jacob, surpreendentemente mencionado como o "filho". Há também provavelmente uma referência elíptica a *Salmos* 2:12: "beijai o filho", interpretada cristologicamente através da história da exegese cristã. Como Liebes deixa claro, o que leva a anotar tais passagens não é a pretensão de apresentar os autores do *Zohar* como criptocristãos, mas, antes, de que estavam familiarizados com as Escrituras Cristãs e gostavam de aventurar-se com as possibilidades que elas proporcionavam à mente cabalística.

**152** O mosaico na igreja de Santa Maria Trastevere, em Roma, que data de cerca de 1140, mostra nos painéis mais baixos cenas da vida de Maria. Acima delas, a Virgem está sentada à direita de Cristo, coroada, e segurando uma cópia do *Cântico dos Cânticos*.

**153** Michael Casey, *Athirst for God*: Bernard of Clairvaux's Sermons in *Song of Songs*, Kalamazoo: Cistercian Publications, 1988, p. 192 e s.

**154** Cristo é noivo ou marido da Igreja já nos escritos de Paulo; cf. *Efésios* 5, em que a relação entre esposos e esposas é comparada com a de Cristo e a Igreja. A Jerusalém celestial é a noiva de Cristo em *Apocalipse* 21.

**155** *Homilias sobre o* Cântico dos Cânticos 27:6.

Essa união da noiva primordial com a noiva terrena ou a Igreja, de modo "que haja apenas uma noiva e um Noivo" se parece notavelmente com aquela que os cabalistas haveriam de realizar, unindo a celestemente divina manifestação denominada *schekhiná* com o que fora até então a *knesset israel*, a comunidade terrena de Israel. Deus tem uma noiva lá em cima, mas Ele opta por torná-la uma só com a comunidade de Israel, de modo que haja "apenas um noivo e uma noiva". Veremos mais desse paralelo adiante. Mas continuemos com Bernardo. A noiva que Cristo já possuía, antes de vir à terra como Jesus, faz-se visível na encarnação, pois ela é manifesta dentro de Cristo:

> Esses dois então têm sua origem no céu – Jesus, o Noivo, e Jerusalém, a noiva. Ele, a fim de ser visto pelos homens, "esvaziou-se, tomando a forma de um servo, feito semelhante aos homens" (Filipenses 2:7). Mas a noiva – em que forma ou exterior encanto [...] São João a viu?[156] [...] Ele viu a noiva quando olhou para a Palavra feita carne, e reconheceu duas naturezas em uma carne [...] Nós chegamos a conhecer a imagem visível e a radiante graça desta superna Jerusalém, nossa mãe, revelada a nós no Cristo e por seus meios. O que contemplamos se não a noiva no noivo? O que admiramos senão essa pessoa que é o Senhor da glória, o Noivo coberto com uma grinalda, a noiva adornada com suas joias? [...] O único e mesmo Senhor que como cabeça da Igreja é o noivo, como corpo é a noiva[157].

Em outras palavras, o Cristo encarnado é andrógino[158]. Ele é masculino na medida em que procura a noiva terrena, a Igreja ou a alma. Mas ele também contém dentro de si o eterno feminino, conhecido aqui como a Jerusalém celestial. Ela é a eterna noiva com quem a alma terrena será reunida como uma só, pois ela também se torna a noiva de Cristo. Bernardo oferece aqui uma leitura impressionantemente diferente da fórmula clássica, "duas naturezas em uma só carne", usando-a para referir-se aos aspectos masculino e feminino de Cristo.

156 Referente ao *Apocalipse* 21:9 e s..
157 *Homilias sobre o* Cântico dos Cânticos, 27:7.
158 Ver a discussão sobre essa passagem, que McGinn desenvolve em *History*, v. 2, p. 178 e s. Embora note o paralelo com a interpretação mística judaica, ele não trata do aparente paralelo com a noção cabalística do divino andrógino primordial. Sobre a androginia do corpo de Cristo em algumas figurações medievais, ver Caroline W. Bynum, *Fragmentation and Redemption:* Essays on gender and the human body in medieval religion, New York: Zone Books, 1991 e extensas notas. Cf. também os escritos de Bynum citados no transcurso deste ensaio.

A natureza andrógina do Deus cabalístico é bem conhecida e foi largamente discutida. A antiga *agadá*[159] contém um relato, de base platônica, que descreve Adão como um ser andrógino, uma espécie de gêmeos siameses de dois sexos que têm de ser separados pelas costas a fim de se voltarem face a face para ele mesmo/ela mesma. Esse mito, que serve como uma etiologia da diferença e atração sexual humana, é aplicada pelos primeiros cabalistas[160] a Deus; é, portanto, em *imitatio Dei* que Adão é bissexuado. A junção pelas costas e a necessidade de separar-se e voltar-se ocorreram em primeiro lugar dentro da Divindade, em relação aos aspectos "masculino" e "feminino" do divino Eu[161]. Que o feminino seja originalmente visto como contido no masculino também se ajusta com muita coisa que a gente encontra nos materiais cabalísticos[162]. De que se trata de um par *preexistente* é dado como certo por todo o contexto cabalístico. É interessante notar que o Templo celestial (paralelo aqui à "celestial Jerusalém"), uma figura a ser identificada com a *schekhiná*, é também arrolado no *Talmud*[163] como uma das "sete coisas que foram criadas antes do mundo vir a existir".

Não há de advir como uma surpresa aos leitores das fontes judaicas que esse texto cristão entenda que a alma de Cristo é masculina e que "o um e mesmo Senhor [...] *como corpo* é a noiva". Aqui é o ubíquo neoplatonismo que subjaz à maioria das tradições místicas ocidentais,



**159** b. Berakhot 61a.

**160** Conquanto este segredo não seja discutido de maneira explícita no *Bahir*, ela pode encontrar-se no plano de fundo de passagens como #55 e #116-117, em que há referências à unidade original à divina sizígia masculino-feminina. Para uma discussão cabalística mais aberta sobre este mito, ver Todos Abuláfia, *Otzar ha-Kavod* a respeito da passagem em Berakhot 61a; ed. Varsóvia, 1879, 9a.

**161** Os cabalistas veem nesse mito uma referência à sexta e à décima *sefirot*, a segunda sizígia masculino--feminina de seu universo simbólico. O par primal macho/fêmea, *hokhmá* e *biná*, existe em um fluxo devidamente ordenado e eternamente imperturbado, o de "dois amantes nunca separados". Mas a relação da sexta *sefirá*, com frequência denominada *tiferet* (glória), e a décima, *malkhut* ou *schekhiná*, é o principal tema do *Zohar* e outras obras da Cabala de Castela. Surgidas como uma só entidade, estas duas *sefirot* foram em seguida separadas, viradas face a face, e existem em um estado que se alterna entre harmoniosa união marital e exílio/alienação do feminino. Muita coisa da realidade da história judaica reflete-se na instabilidade dessa configuração simbólica, inclusive a velha vindicação rabínica de que "onde quer que Israel tenha sido exilado, a *schekhiná* também foi exilada com eles". O exílio da *schekhiná* de junto de seu esposo é o protótipo do exílio de Israel.

**162** A inclusão ou reabsorção do feminino dentro do masculino é um tema chave no modo como E. Wolfson entende a Cabala. Ver a discussão por ele efetuada em *Circle in the Square:* Studies in the use of gender in kabbalistic symbolism, Albany: SUNY Press, 1995 e mais recentemente em Occultation of the Feminine and the Body of Secrecy in Medieval Kabbalah, op. cit., ver nota 143 acima.

**163** b. Pesakhim 54a e Nedarim 39b.

atribuindo qualidades como que as de alma ao masculino e as de corpo ao feminino. Esta maneira de ver também é amplamente evidente nas fontes cabalísticas[164].

Voltamo-nos agora para duas passagens ulteriores das *Homilias sobre o Cântico dos Cânticos* de Bernardo, e duas do *Selo da Virgem Abençoada*, de Honorius Augustodunensis, todas refletindo tipos de exegeses e/ou o uso de símbolos específicos que se encontram também na Cabala. Vejamos primeiro os comentários de Bernardo sobre "a flecha polida" de *Isaías* 49:2[165]. O versículo em sua inteireza reza: "Ele fez a minha boca uma espada afiada e me escondeu na sombra de Sua mão; Ele me moldou como uma flecha polida, colocando-me em Sua aljava". Bernardo diz que





> Este é o especial amor de Cristo, que não só perfurou a alma de Maria como a penetrou de ponta a ponta, de modo que mesmo o mais diminuto espaço em seu seio virginal ficou permeado de amor. Daí por diante ela amaria com todo o seu coração, toda a sua alma e toda a sua força, e é cheia de graça. O amor a trespassou de tal modo que poderia mesmo chegar até nós, e que dessa plenitude poderíamos todos receber. Ela se torna a mãe desse amor, cujo pai é o Deus que é amor, e quando esse amor é dado à luz Ele arma a sua tenda no sol, para

**164** Ver no *Zohar, Midrasch ha-Neelam*, para uma ampliada alegoria de Abraão como alma e Sara como corpo. O paralelo desse texto com leitura de Filo tem sido notado e foi objeto de um estudo de Samuel Belkin, The Midrasch Há Naeelam [!] of the Zohar ant Its Sources in Alexandrian Literature, em *Sura: Israeli-American Annual* 3 (1957-1958): p. 25-92 (hebraico). Não há aparentemente conexão histórica entre Filo e o *Midrasch ha-Neelam* além da aportada pelo cristianismo. A obra de Filo era desconhecida aos judeus pós-alexandrinos até a recuperação efetuada por Azaria Di Rossi no século XVI. A aparente influência filônica torna-se, portanto, uma questão de paralelas e independentes tipologias de pensamento ou então de alguma possível influência de interpretação cristã neoplatônica do *Gênese*. Esta última parece possível, mas não foi ainda demonstrada.

**165** Sermão 29; p. 109. É digno de nota que a "flecha" ou a "seta polida" de *Isaías* 49:2 é associada com a exegese do *Cântico dos Cânticos* já por Orígines. Ver seu *Commentary*, livro três, tradução de Lawson, p. 198. Sem dúvida, essa leitura cristã de Isaías pode ter por trás dela as flechas de Cupido, uma associação que não se encontra entre os intérpretes judeus. Ao contrário dos cristãos, os judeus não viam a si mesmos como herdeiros da mitologia clássica. O ferimento causado a Maria pela seta do amor é a cena celebrada por Bernini na bem conhecida estátua na igreja de Santa Maria della Vitoria, em Roma. Esta é também a flecha ou seta do amor com que Santa Teresa de Ávila foi ferida: "uma flecha fincada no mais fundo das entranhas, e às vezes no coração, de modo que a alma não sabe o que há com ele ou o que ele deseja [...] A flecha parece ter sido embebida em alguma droga que o leva a odiar-se pelo deste Senhor de modo que ele perderia com prazer a vida por Ele". *Vida* 29:13; tradução inglesa de *The Complete Works of Saint Teresa of Jesus*, trad. E. Allison Peter, London: Sheed and Ward, 1944, p. 191. Ver como trata essa "flecha do amor" Bernard McGinn, em Tropics of Desire: Mystical Interpretation of *The Song of Songs*, em *That Others May Know and Teach:* Essays in Honor of Zachary Hayes, Franciscan Institute, 1997.

que a Escritura seja cumprida: "Eu te farei a luz das nações, de maneira que possas ser minha salvação até os confins da terra" (*Isaías*, 49:6).

Lendo esse texto como se Bernardo fosse um cabalista (cristão) mais do que cisterciense, ele estaria dizendo, no meu entendimento, que o amor de Cristo é uma seta que penetra Maria e a enche com o amor do coração, alma e poder. Ela está tão inundada de amor do alto que, transbordando-a, esse amor é passado para nós. Porém Maria é também a tenda que a seta do amor de Deus perfurou e inundou. Ao ser perfurada pela seta, essa tenda (como Jerusalém, um termo convencional para a tenda feminina *sefirá*) é "situada no sol", uma referência ao salmo 19:15.

Se eu me permitisse olhar para esse texto de maneira um bocado mais profunda a partir do ponto de vista de um erudito cabalista contemporâneo, diria que a seta é um óbvio símbolo sexual; é pela "seta" de Deus que Maria fica grávida, cheia de graça, na verdade tão cheia que dá à luz o Filho/Redentor. Ele, por seu turno, torna-se o novo noivo aludido pela referência ao salmo 19:15. Aquele que "arma a sua tenda no sol" é lá (19:6) "como um noivo saindo de sua câmara", Cristo, o noivo, emergindo do ventre de Maria. O amor de Deus inunda Maria e dela transborda para a pessoa de seu filho, levando em seu nascimento esse amor ao mundo. A *schekhiná* também é inundada até o transbordamento, com amor masculinamente gerado, que flui do alto até a bênção manar também para os mundos mais baixos.

Um dos símbolos chave da *schekhiná* no *Zohar* é o do mar[166]. As *sefirot* superiores são rios que correm para o único mar; o *Eclesiastes* 1:7 ("Todos os rios fluem para o mar, no entanto o mar não fica cheio. Ao lugar para onde os rios fluem, eles tornam a fluir de novo".) é frequentemente citado em relação a esse nexo[167]. Israel, através do poder de suas preces, eleva a *schekhiná* de volta à sua fonte, levando as águas a renovar o seu fluxo. Eis a abertura da décima terceira homilia de Bernardo sobre o *Cântico dos Cânticos*:

> Assim como o mar é a fonte última dos poços e dos rios, assim Cristo, o Senhor, é a fonte última de toda virtude e conhecimento. Pois quem possui a força para nos dotar de virtudes senão aquele que é o Rei da Glória? E o que nos é dito

**166** Ver Tishby, *Wisdom of the Zohar*, p. 161.

**167** Hyman, em *Ha-Torá ha-Ketuvá veha-Messurá*, Tel Aviv: Dvir, 1939, arrola vinte e cinco citações desse versículo no *Zohar*. Ver também Gikatila, *Schaarei Orá*, ed. Ben-Schlomo, p. 616.

no Canto de Ana (I Samuel, 2:3), senão que Deus Ele Próprio é o Senhor de todo conhecimento? Daí vir dele como de uma nascente o poder de ser puro no corpo, diligente na afeição e reto na vontade [...] Não seriam todos eles correntes dessa única fonte? *Se as águas que nos cercam inevitavelmente retornam ao mar por ocultos canais subterrâneos, apenas para jorrar sem míngua e sem exaustão para o refrescamento de nossa vista e o alívio de nossas necessidades, por que não deveriam essas correntes espirituais retornar à sua fonte nativa, e refluir sem interrupção para irrigar nossas almas? Que os rios da graça circulem de volta à sua Fonte-Cabeceira para que possam correr seu curso de novo (Eclesiastes 1:7). Que as torrentes que brotam no céu sejam canalizadas de volta ao seu ponto de partida, e sejam mais uma vez vertidas sobre a terra com poder fertilizador*. Perguntas como isso será feito. Será feito de acordo com o conselho de Paulo: "Em todas as coisas dê graças a Deus" (I Tessalônicos, 5:18). Se tu podes dar a ti mesmo crédito de sabedoria ou de virtude, compreenda que o crédito se deve antes ao Cristo, que é o Poder e a Sabedoria de Deus[168].



Dando crédito a Deus, reconhecendo-O como a fonte de nosso próprio poder de virtude, fazemos com que as águas do mar espiritual refluam para a nascente, de modo que a corrente ainda possa nos refrescar de novo. O estudioso da Cabala reconhecerá o paralelo com a estrutura simbólica central na literatura zohárica. Nós recebemos o fluxo das energias divinas através das correntes que fluem para o mar da *malkhut* ou *schekhiná*. Nossa tarefa é reenergizá-las e retorná-las elevando a *schekhiná* para uni-las com sua fonte, a fim de que possam ainda, de novo, fluir de volta para nós. Em outra passagem, falando em um contexto mais mariano, Bernardo efetivamente se refere a Maria como uma espécie de aqueduto espiritual: as águas divinas fluem para baixo a fim de nos abençoar sobre a terra e a Virgem torna-se um aqueduto por cujo intermédio estamos aptos a elevá-las a fim de erguê-las de volta à sua fonte em Deus![169].

Pois bem, é verdade que ambas as tradições desenvolveram-se a partir da mesma Escritura e refletiram os mesmos ambientes naturais. É de fato possível que cada uma delas tenha alcançado por si essa noção de um ciclo de energia espiritual como as inesgotáveis águas do mar. Mas o mecanismo de renovação

**168** *On the Song of Songs* I, p. 87 e s. (Grifo meu).
**169** Bernardo de Clairvaux, *De aquaeducto*, citado em E. A. Johnson, "Marian Devotion in the Western Church", p. 413, n. 9.

é tão similar que não podemos descartar inteiramente a possibilidade de haver ligações históricas e culturais, bem como paralelos tipológicos entre elas.

Uma razão por que os estudiosos não perceberam tais paralelos é a rejeição por Scholem e Tishby[170] da "alegoria" como um modo de entender a leitura cabalística da Escritura. Trabalhando a partir de uma definição bastante rígida de alegoria, que eles associaram ao nível *remez* da exegese filosófica judaica, ambos procuraram um termo de todo diferente para representar *sod*, ou os entendimentos cabalísticos do texto. Estas interpretações – insistiram – eram leituras *simbólicas*, sobre o alegórico. A alegoria era pintada por eles como unidimensional e fixa, ao passo que os símbolos flutuavam livremente, associativos e multívocos. Assim, a alegoria seria sempre prontamente suscetível de uma decodificação específica, em que o objeto na narrativa é "substituído" pelo significante que representava, enquanto o símbolo é ele mesmo elevado e integrado pelo "campo" de santidade, criado pelo pensamento simbólico. Aquilo que é representado pelos símbolos remanesce misteriosamente elusivo e recebe forma somente pelo agregado de suas representações simbólicas. Para tomar um exemplo cabalístico, nós podemos não saber o que a *biná*, a terceira *sefirá*, representa dentro do reino divino; sua essência, como a de todas as *sefirot*, transcende necessariamente nossa compreensão (A tradução literal de *biná* como "entendimento" acrescenta muito pouco.). Entretanto, chegamos a apreender o seu sentido, ainda que tão ligeiramente, referindo-o aos termos simbólicos fundamentais associados à *biná*, o que inclui "mãe", "ventre", "jubileu", "arrependimento", "palácio", "mina", "fonte", "Éden superior". A junção de tudo isso dá-nos um animado senso da *biná* como uma fonte profunda e primária de energia de amor dentro da Divindade, e uma fonte para a qual tudo retorna. É o ponto mais próximo a que podemos chegar, na tentativa de "decodificar" o símbolo cabalístico.

Somos ensinados, em geral, a pensar a respeito de Bernardo, ao lado de outros cristãos dessa época, que eles falam alegoricamente, quando se põem a interpretar um texto como o *Cântico dos Cânticos*. Mas essa distinção alegoria *versus* símbolo, que remonta às primeiras conversações de



**170** Ver as discussões de Scholem sobre alegoria em *On the Kabbalah and Its Symbolism* (Tradução brasileira *A Cabala e seu Simbolismo*, São Paulo: Perspectiva, 19, p. 45-46, 64-65, 69-70, 72-73, 74-75,112-113, 121, 167-168, 196), e Tishby, em "*Ha-Semel veha Dat ba-Kabbalah*", o ensaio de abertura em sua coletânea *Netivei Emuná u-Minut,*Tel Aviv: Massada, 1964.

Scholem com Walter Benjamin[171], é exagerada. A categoria da alegoria é mais ampla do que lhe é atribuído por essa distinção tipológica. A alegoria não está limitada a um sistema de substituição simplista do tipo $x = y$. Sutileza e formas múltiplas de vocalização não faltam nas leituras cristãs da Escritura que recebem o nome de "alegoria". Teorias complexas da alegoria e de seus modos de representar a realidade são articuladas já por Agostinho e João Cássio (século V)[172]. Essas definições clássicas foram usadas de maneira bastante solta pelos autores ocidentais na Idade Média. Quando permitem às suas descrições em prosa fluir livremente, como é naturalmente o caso sobretudo em textos homiléticos, emerge uma *poesis* exegética que amiúde é muito complexa, com níveis de significação que se opõem um ao outro. O resultado fica mais perto daquilo que Scholem chama "simbolismo", do que poderíamos esperar.

Entretanto, ainda assim resta ali uma diferença entre o seu emprego cristão e cabalístico. Somente estes desenvolveram um *sistema* fixo de equivalências alegóricas, uma grade de símbolos em que termos ou imagens verbais, cujo significado foi estabelecido, poderiam substituir um ao outro, enlaçar-se e desenlaçar-se entre si. Nas interpretações cristãs, como nos textos hebraicos não cabalísticos, os referentes primários (Cristo, Maria) não podiam sair de cena. Ao cabalista (em especial na literatura do *Zohar*), porém, é dado falar *in extenso* acerca do poço, do jardim, dos seis dias da semana, e da lua, do mar e de Jerusalém, sem voltar atrás para nos dizer que está se referindo aos elementos 2, 3, 6 e 10 no sistema sefirótico, ou a nomes tão convencionais como *hokhmá, biná, tiferet* e *malkhut*. Mesmo lá onde assim procede, estaria apenas trocando símbolo por símbolo. Não há em absoluto nenhuma referência concreta nessas hipóstases, que, de fato, nada mais são além de aglomerados de associações simbólicas. A gramática da linguagem simbólica aqui falada foi totalmente absorvida, permitindo uma liberdade no jogo de imagem previamente não imaginado. Esse refinamento no uso de quadros verbais poderia, na verdade, ser esperado numa tradição que, embora não sofresse falta em sua imaginação pictórica, via-se, não obstante, limitada por suas proibições

171 Ver a importantíssima discussão efetuada por Susan Handelman em *Fragments of Redemption*, p. 105 e s. Cf. também os comentários anteriores de Frank Talmage em Apples of Gold: The Inner Meaning of Sacred Texts in Medieval Judaism, em *Jewish Spirituality I*, A. Green (ed.), New York: Crossroad Books, 1988, p. 341.

172 Ver a abordagem em Matter, *Voice*, p. 49 e s.

não icônicas à expressão de tal imageria por meio de palavras somente. Os judeus talvez hajam sentido maior necessidade de criar essa linguagem simbólica especial porque não tinham recurso de expressão no âmbito da arte pictórica[173].

Conquanto essas diferenças sejam importantes para o leitor de textos das duas tradições, nada existe neles que nos impeça de ver tais símbolos de um modo comparativo trans-tradicional. O significado último dos paralelos encontrados, assim como suas gêneses, permanece um tanto fora de alcance.

Há certos lugares onde o próprio texto bíblico parece ditar um bocado de estrutura simbólica, e lá não deveríamos nos surpreender com os paralelos nas duas tradições. É este o caso, por exemplo, em *Cânticos* 2:6: "Sua mão esquerda está debaixo de minha cabeça e sua mão direita me abraça". Assim, não nos espantamos ao ouvir Bernardo, depois de exprimir consternação com o espetacular caráter físico da imagem, chegar a conclusões familiares:

> O que mais nos cabe pensar que a mão esquerda e a direita são para o noivo, a Palavra? Terá aquilo que é denominado a palavra do homem dentro de si partes corporais separadas, feições distintas, e uma diferença entre o lado esquerdo e o direito?[174] Tanto mais Ele que é Deus e a Palavra de Deus não admite diversidade de qualquer espécie. Ele é quem Ele é, tão simples na sua natureza que Ele não tem partes, é tanto um que Ele é sem número [...] Mas nós falamos tão bem quanto podemos daquilo que fazemos o máximo para entender, como o Espírito Santo revela [...]. Portanto, assim como a adversidade e a prosperidade são usualmente designadas pela mão esquerda e direita, parece-me que aqui a esquerda pode ser interpretada como a ameaça de punição da Palavra, a direita como a promessa do reino[175].

**173** A este respeito, tenho alguma reserva acerca das vindicações de Kalman Bland, no sumamente interessante *The Artless Jew*: medieval and modern affirmations and denials of the visual, Princeton: Princeton University Press, 2000. Temo que, no curso da polêmica, ele tenda a subestimar o tributo cobrado pelas restrições do segundo mandamento (mesmo em leitura estrita). Por causa disso, os cabalistas foram impedidos de desdobrar em mídia visual suas pejadas de imagem e ricamente pictóricas concepções da Divindade. Imaginem quão diferente seria o legado cultural do judaísmo se tivéssemos representações em tela ou em vitrais da *schekhiná* e suas donzelas, o divino noivo e a noiva, os fluxos de divina graça a manar do Éden, até as colinas patriarcais do Líbano, e a desaguar no grande mar!

**174** Embora o Cristo encarnado possua obviamente um corpo, duas mãos e, portanto, uma direita e outra esquerda, o Cristo ressurgido ou a segunda pessoa da Trindade, aqui referida, é incorpórea e inteiramente simples (no sentido da indivisibilidade) e, assim, sem tais distinções corporais como "direita" e "esquerda".

**175** Sermões sobre o *Cântico dos Cânticos* 51:7-8, edição inglesa p. 45 e s.

Após as apologias familiares, essa interpretação se parece muito com as leituras judaicas que veem a "esquerda" de Deus como responsável pela divina justiça e retribuição, enquanto Sua "direita" é a força de compaixão e perdão. Mas Bernardo emprega então outro texto bíblico a fim de ir adiante a partir dessa distinção entre "direita" e "esquerda", optando por aquilo que vem entre as duas. Isto é muito parecido com a preferência cabalística pela "coluna central" das *sefirot*. Lemos um pouco mais à frente no texto de Bernardo:

> "Ainda que dormis no meio dos redis escolhidos, haverá asas de pomba cobertas de prata". (*Salmos* 68:13) Penso que isso significa que há um lugar entre o medo e a segurança como o que existe entre o braço esquerdo e o direito, uma esperança central, por assim dizer, em que a mente e a consciência repousam, mui venturosamente, sobre a cama macia do amor. E talvez esse lugar seja mencionado num texto subsequente desse Cântico, quando numa descrição do trono de Salomão tendes o seguinte: "o meio ele cobriu com o amor pelas filhas de Jerusalém" (*Cântico* 3:10)[176].





Embora exista alguma diferença de símbolos específicos entre esse texto e o uso cabalístico, a ideia de que o verdadeiro lugar de repouso para a noiva é no centro, o trono ou a morada da Esposa, é compartilhada por ambas as tradições. A *schekhiná* está no centro inferior da carta cabalística e seu amante encontra-se diretamente acima dela, estando cercada e amparada pelas forças da direita e da esquerda.

Teólogos escolásticos bem como monges tomaram parte no "misticismo da noiva", que estava tão difundido nos séculos XII e XIII e que parece haver-se refletido tanto no *Zohar*. Em *O Penhor da Alma*, Hugo de Saint-Victor, a figura principal da escola vitorina de exegese,

> entretece a história de Ester, a noiva preparada para o Rei, com os *sponsa* do *Cântico dos Cânticos* [...] O *triclinium*, onde a noiva é preparada para o celestial *cubiculum* é, por certo, a Igreja. Os meios por ela utilizados para seu beatífico embelezamento são os sacramentos e a entrega às orações e à vida virtuosa. A Escritura é o *speculum* em que a noiva pode medir a sua renovada atração para o Divino Amante que a resgatou da esqualidez do pecado[177].

**176** Idem, 51:10 p. 47 e s.
**177** McGinn, *History*, v. 2, p. 590, nota 150, referindo-se a p. 964a-967d no texto.

Essa tessitura conjunta da narrativa de Ester e o misticismo cabalístico da noiva é precisamente o que é feita por Rabi Schlomo Alkabez no comentário do século XVI a Ester, *Manot Halevi*. Mas em certo grau ela já está presente no *Zohar* e algures na Cabala do século XIII. O *Zohar* contém várias descrições muito profusas da ornamentação da *schekhiná* e de suas donzelas no preparo da festa nupcial[178]. Não deve nos surpreender, pois, que tais descrições ecoem os relatos bíblicos de Ester e as outras beldades persas quando se aprestam a encontrar-se com o rei.

Voltamos nossa atenção agora para os clássicos comentaristas mariológicos dos séculos XII e XIII. Antes de fazê-lo, porém, devemos dedicar alguma reflexão à natureza da exegese mariana do *Cântico*. De um lado, diz-se que a leitura mariana é "histórica"[179]; o autor pretende, com efeito, que este é o significado original, "imediato" dessa Escritura. Uma visão tão fantasiosa da "história" baseia-se, sem dúvida, num Salomão de dons proféticos, a antecipar de maneira quase direta o Novo Testamento. O mesmo é feito em relação a muitos outros escritos do Velho Testamento e não causa nenhum problema para a mente cristã medieval. Porém o *Cântico* como "história" fala da Virgem em termos quer simbólicos quer diretos. Ela é o jardim, a nascente e a tamareira, tanto como a donzela cujos seios são tão perfeitos ("como os gêmeos de uma gazela"), cujos dentes são tão seguidos ("como um rebanho de ovelhas a sair de um banho"), cujo cabelo é tão ondulado ("como um rebanho de cabras descendo do monte Guilead"). Mesmo que Salomão estivesse interessado nos cabelos, dentes e seios da formosa mulher que trouxe Cristo ao mundo, sua contribuição reside mais no reino da metáfora e do símile do que na apreciação da beleza feminina (algo que o Salomão histórico aparentemente fez bastante em seu próprio tempo!). Nosso interesse aqui residirá nessa rica linguagem do *Cântico dos Cânticos,* e nos modos em que sua aplicação a Maria antecipa a linguagem simbólica sobre a *schekhiná* da Cabala do fim do século XIII[180].

Voltamo-nos primeiro para o *Sigillum* de Honório, um dos comentários mariológicos clássicos sobre o *Cântico dos Cânticos*. Honório é um monge dos primórdios do século XII, provavelmente de origem inglesa, que se estabeleceu



178 Ver, por exemplo, *Zohar* 3:98a-b.

179 Tal é a vindicação em várias fontes citadas por Rachel Fulton em "Mimetic Devotion, Marian Exegesis, and the Historical Sense of *The Song of Songs*", p. 87 e s.

180 De fato, Alexander Neckam refere-se à leitura mariana como "parcialmente histórica e parcialmente mística", Fulton, op. cit., p. 98.

na Alemanha, talvez em Regesburgo. O *Sigillum Beatae Mariae*, composto por volta de 1100-1110, foi o primeiro dos dois comentários que ele escreveu acerca do *Cântico dos Cânticos*. Destes, o segundo, o seu *Expositio in Canticum Canticorum* é de fato o mais bem conhecido, porém é menos especificamente devotado a Maria e, portanto, de menor interesse para nós, aqui.

Honório inicia o *Sigillum* com uma questão litúrgica, testemunha das raízes litúrgicas mais antigas da interpretação mariológica do *Cântico*, à qual nos referimos acima.

> Dizes que te perguntas por que o texto do Evangelho *Jesus adentrou* e o *Cântico* são lidos na festa da abençoada Maria [a Assunção], embora nenhum dos dois, ao ver das pessoas simples, diga nada acerca dela. Antes de tudo, então, deverias saber a respeito desse Evangelho, que em toda a Escritura não há nada mais adequado, mais conveniente, mais digno de ser lido em sua festa sagrada. O texto reza: *Jesus adentrou numa certa cidade* (*Lucas* 10:38). Nesta cidade há uma alta torre que possui baluartes contra inimigos; e uma muralha no lado de fora para proteger os cidadãos no interior. Essa cidade era o santuário do santo espírito, isto é, da gloriosa Mãe de Deus, a Virgem Maria, que foi fortificada em todos os lados com a infalível proteção dos anjos. Nela, há uma elevada torre, quer dizer, a humildade, que alcança o mais alto céu, de onde é dito: *Ele observou a humildade de sua criada* (*Lucas* 1:48). A muralha de fora é a sua castidade, que fornece uma defesa para o resto das virtudes interiores. O Senhor entrou nessa cidade quando assumiu natureza humana no ventre da Virgem [...]. O manancial de Sua Própria Sabedoria fez um lugar de morada nela e, portanto, todos os tesouros de sabedoria e conhecimento ficaram nela escondidos.



A questão litúrgica é respondida com uma homilia que nos conta que o ingresso de Jesus na cidade se refere, na realidade, à sua entrada na Virgem. Ela é uma cidade com baluartes para protegê-la e uma alta torre dentro dela. Tudo isso é dito, por certo, no contexto da glorificação da virgindade. O entrar de Jesus em Maria é inocente; o Cristo filho entra no ventre dela *sem* um ato de penetração sexual. Maria = cidade = Jerusalém é uma associação inteiramente familiar ao leitor de textos cabalísticos. Mas reexaminando esse texto sob a perspectiva da Cabala (inclusive sob o ângulo do notório neocabalista vienense, Dr. Freud), não podemos deixar de nos perguntar se aquela "alta torre" na "cidade, com baluartes para protegê-la", não poderia ser um símbolo sexual inconsciente, talvez como a alta torre gótica na própria cidade medieval. Jesus entra na cidade, a mulher, a Virgem que é também a noiva de Deus. Ele é o *Manancial* da Sabedoria que a penetra; por causa de sua presença "todos os tesouros de sabedoria e conhecimento" estão contidos dentro dela. Para quem leu textos cabalísticos do século XIII, há algo de surpreendentemente familiar em tudo isso; o "manancial" masculino entrando e sendo colocado no centro da "cidade" feminina, enchendo-a com o fluxo de sua sabedoria. Os paralelos com o simbolismo cabalístico não poderiam ser mais diretos, exceto que o cabalista está inteiramente ciente de que esse poderoso simbolismo possui também um significado sexual. Em um contexto não-celibatário, a fonte fluente a entrar no palácio ou no jardim pode ser também revelada como o "signo do pacto sagrado", ou o falo circuncidado. Ao cabalista é permitido aludir de maneira mais direta a tais significados e desenvolver associações simbólicas nessa direção, assim como em outras. Ao mesmo tempo, o símbolo não é levado a representar exclusivamente a sexualidade. O "fluxo" é também o fluxo de luz de um reino divino ao outro, da bênção e doação da Divindade superior à *schekhiná* e de lá ao mundo. Por sermos meros seres humanos, entendemos esse acoplamento cósmico na linguagem da mera união corporal. Entretanto, por toda a literatura mística judaica, até um período tão tardio como o do hassidismo do século XVIII, somos regularmente relembrados da inadequação dessa metáfora. No contexto cristão, em que a virgindade e a castidade são tão altamente valoradas, de fato, cuja a discussão ocorre entre supostos celibatários, a inocência da linguagem, e, talvez, da própria consciência, necessitam ser ainda mais plenamente protegidas.

Voltamo-nos, a seguir, para algumas passagens em que se encontram figuras da cama ou leito no texto do *Cântico dos Cânticos*. Na conclusão do capítulo um, na frase "nosso leito está florescendo", Honório afirma: "Maria foi a cama de Cristo, em quem ele repousou como em uma cama. É chamada "nossa" porque o Pai e o Espírito Santo sempre estiveram ali, com ele. Ela estava florescendo em virtudes. Pois ela é a casa de Deus, em quem ele viveu"[181]. Um pouco adiante, em relação ao versículo "O rei Salomão fez ele próprio uma liteira", ele diz:



181 Honório, p. 57.

Cristo, o verdadeiro rei da paz[182], fez para si uma liteira. Ou seja, escolheu a Virgem dentre patriarcas e reis, em quem se reclinou como em um leito disposto para uma festa, porque o fiel festeja na carne, que ele tomou da Virgem [...]. "O assento de ouro": era o corpo do Senhor, dela tomado, sobre o qual a divindade se reclinou. Este era de ouro, quer dizer, adornado com sabedoria e caridade. Pois a Virgem ela própria era o assento, em cujo ventre Cristo se reclinou; era de ouro porque brilhava com o esplendor da castidade.

Cumpre-nos notar aqui quantos termos-símbolos para a *schekhiná* são também aplicados à Virgem Maria: ela é *cama, casa, liteira e assento*, além de *mar, tenda*[183] e *cidade/Jerusalém*. Ora, é verdade que tudo isso é razoavelmente predizível em se tratando do feminino em relação ao masculino, e eles são tirados do compartilhado texto bíblico e do compartilhado "Livro da Experiência", para empregar o termo utilizado por Bernardo. Pode-se encontrar também Maria como lua[184], e estou certo de que acharíamos outras associações paralelas, igualmente. O que estamos vendo aqui é *ao menos* a influência do mesmo texto bíblico e a mesma simbolização do mundo natural atuando em ambas as tradições. Mas há ai algo mais do que isso?

O fato é que dificilmente há um símbolo feminino usado pelos cabalistas para designar a *schekhiná* que não tenha sido empregado, e em geral um século antes, para descrever a Virgem Maria. Uma importante designação de *schekhiná* é a de portal, pois ela é a mais baixa *sefirá*, o portão de entrada para o mundo divino. Honório diz, sobre *Cântico* 7:4, "*no portal da filha da multidão*"; "o portal é a eterna virgem, através da qual, embora fechado, o rei do céu entrou no mundo, até nós. E ela é 'filha da multidão' porque a multidão dos fiéis entrará por seu intermédio no palácio do



**182** De acordo com o *Talmud* (b. Schevuot 35b), toda referência a Salomão (*Schlomo*) no *Cântico*, exceto uma (8:12), remete a Deus, o Rei da Paz. Este jogo com o significado hebraico do nome Salomão foi adaptado para o uso cristão ao referir-se a Cristo, que é chamado muito antes de "príncipe da paz", uma expressão, por sua vez, indubitavelmente traduzida do hebraico *sar schalom* (*Isaías*, 9:5).

**183** No tocante a Maria como tenda, ver também Bernardo, *Sermões*, 53:7, ed. inglesa, v. 3, p. 64 e s.

**184** Ruperto de Deutz em PL 932C, baseado em *Cântico* 6:10. Ver também Filipe de Harvengt (m. 1183), que refere Cristo como o sol que nasce e Maria como a lua que dá à luz. PL 203:182, como é citado por R. Fulton em "Mimetic Devotion, Marian Exegesis, and the Historical Sense of *The Song of Songs*", p. 95. Estas menções são diretamente paralelas às simbolizações cabalísticas de *tiferet* como o sol e o este e *malkhut* como noite, lua, mãe/gerador de mundos inferiores e oeste, com exceção da diferença crucial de que *tiferet* e *malkhut* são noivo e noiva, e não mãe e filho. A associação cabalística da lua com a *schekhiná* baseia-se primariamente em outros textos, inclusive *Isaías* 30:26 e a famosa *agadá* em b. Hulin 60b.

céu"[185]. Ela também é mencionada como a "porta de entrada" através da qual Cristo entrou no mundo[186]. A *schekhiná* é precisamente isso: o portal ou a porta de entrada feminina pela qual a divindade entra neste mundo e pela qual o cabalista entra no "céu" ou no reino das *sefirot*. A *schekhiná* é a *aron ha-brit*, a arca que contém o pacto. No *Zohar* isso é um símbolo carregado sexualmente, por causa do significado fálico de "pacto". Mas Maria também é a arca, como a mulher que carregou Cristo em seu ventre. Maria é igualmente o tabernáculo, no qual Cristo repousa, e a "câmara nupcial" em que ele se ergue[187]. Adão de Dryburgh (m. c. 1210) refere-se a Maria como "o tabernáculo do Pai, a câmara do Filho, a árvore do Espírito Santo, o lugar de repouso da Trindade, a habitação celestial, o lar do Verbo Encarnado, o templo de Deus"[188]. Ela é associada a Jerusalém, a pátria celeste de Cristo, Sion, a Igreja terrena que O contém, e o Cedro do Líbano[189]. Betel, a Casa de Deus, é outro de seus nomes na Escritura[190]. "Além do mais, uma multidão de metáforas tiradas do Velho Testamento lhe era aplicado: sarça ardente, a Arca da Aliança, a Estrela do Mar, o jardim fechado, o broto florescente da Raiz de Jessé, o velo, a câmara da noiva, a porta, a alvorada, a escada de Jacó"[191].

Entre as mais queridas imagens da *schekhiná* na literatura do *Zohar* encontra-se a de nutridora; a maternal *schekhiná* é naturalmente descrita como a fonte do sustento dos mundos mais baixos. Aqui a imageria da uberdade feminina e da amamentação humana no seio divino é expressa de várias maneiras, inclusive em comentários sobre versículos que se referem



**185** Honório p. 78 e s. Cf. também o seu comentário sobre 5:4 (p. 70): "Meu amado estendeu sua mão pelo buraco". – "Portanto meu amado [...] meteu sua mão no buraco da fechadura, isto é, seu filho, para dentro do mundo através de mim, que se tornou um buraco através do qual ele veio aos homens, estreito por humildade, mas brilhando em castidade e, portanto, acessível a ele somente". De maneira similar, na p. 71, Maria é uma "porta" pela qual Cristo entrou no mundo.

**186** Honório, p. 71.

**187** Honório, p. 50. Cf. Alan de Lille (tal como citado por R. Fulton, "Mimetic Devotion", p. 96) que, comparando Maria ao Tabernáculo, humildemente apresenta o seu comentário como mera oferta de "peles de cabra", depois do ouro, prata e pedras preciosas que ela já recebera. Ver *Êxodo* 25:3-5.

**188** Orações a Maria, PL, 198: 367D. O texto latino reza: "*Ipsa patris tabernaculum, filii cubiculum, Spiritus santi umbraculum, Trinitatis reclinatorium, coeleste habitaculum, incarnati Verbi domicilium, Dei templum*". Ver também as fontes citadas por C. W. Bynum, *Fragmentation and Redemption*: Essays on Gender and the Human Body in Medieval Religion, New York: Zone Books, 1991, p. 338, notas 53 e p. 355, notas 120 e 121.

**189** Honório, p. 51.

**190** Honório, p. 61.

**191** Elizabeth A. Johnson, Marian Devotion in the Western Church, em J. Raitt (ed.) *Christian Spirituality II*, New York: Crossroad Books, 1988, p. 397.

aos seios no *Cântico dos Cânticos* e em outras passagens escriturais. Em outras partes ela é configurada em uma metáfora encantadora derivada do reino animal, por extensão também ligada à imageria do *Cântico dos Cânticos*. A *schekhiná* é a corça do amanhecer, que a cada alvorada reúne à sua volta todos os animais da floresta, para lhes dar a comida que ela trouxe de "cima"[192]. Todas essas passagens são caracterizadas por um *eros* dirigido no sentido maternal, um desejo de amamentar no seio da Mãe divina, o que requer apenas uma pequena dose de Freud para ser visto também como a realização da fantasia sexual masculina.



Mas, a despeito desse bem conhecido traço da *schekhiná* como nutridora/sustentadora, algo paradoxal é divisado em sua capacidade para alimentar. Quando encarada do ponto de vista das *sefirot* superiores, a *schekhiná* é tida como tendo mãos vazias. Ela é a "pobre", uma encarnação da própria pobreza, um vaso vazio até ser preenchido pelas forças acima dela. Uma chave em suas manifestações simbólicas é a lua, em si imersa em trevas até receber a luz do sol. No entanto, é por seu intermédio que a luz brilha no mundo inferior[193] É bem conhecida a passagem do *Zohar*, que descreve a *schekhiná* como o *Schabat* e no qual o paradoxo de seu papel como fonte de nutrição é exposto:

> "Lembra o Dia do *Schabat* para mantê-lo sagrado" (*Êxodo* 20:8). Rabi Isaac abriu dizendo: "Abençoou Deus o dia sétimo" (*Gênese* 2:3). Mas do maná a Escritura diz: "Seis dias o colhereis, mas o sétimo dia é o *Schabat*, nele não haverá" (*Êxodo* 16:26). Se não há sustento no Sétimo Dia, que bênção há de ser encontrada nele? Mas nós aprendemos assim: Todas as bênçãos, tanto de cima quanto de baixo, dependem do Sétimo Dia. Por que o maná não foi encontrado no Sétimo Dia? Porque este é o Dia pelo qual todos os Seis Dias Supernos são abençoados. Cada um deles envia seu próprio sustento para baixo em seu próprio dia a partir daquela bênção que todos eles recebem no Sétimo Dia.

A *Schekhiná*, o *Schabat* entre as sete *sefirot* inferiores ou "dias supernos", é tanto pura passividade, que recebe sua luz ou poder somente das

**192** Cf. *Zohar* 1:4a; 2:7a; 3:21b etc.

**193** "Sol" e "lua" são aqui entidades simbólicas no reino das *sefirot*, o sol representando *tiferet* ou o princípio masculino e a lua *schekhiná*, o feminino. O fato de a terra ser diariamente abençoada com a luz do sol é celebrado diariamente na liturgia judaica. O status mais baixo da luz é tema de uma bem conhecida passagem agádica em b. Hulin 60b.

forças "masculinas" acima dela, quanto a única fonte da bênção [em termos cristãos: "graça"] da qual todos os mundos dependem[194].

Maria também é a nutridora e a sustentadora da humanidade. "A virgem lactante é, por certo, um dos temas iconográficos mais comuns em toda a arte cristã"[195]. Pelo próprio fato de ela ser uma virgem lactante, na verdade, seu status único e paradoxal é claro. A mulher virginal de quem não se pode esperar sustento foi transformada em uma fonte jorrante.

O *Sigillum* de Honório remanesce em estreito contato com as raízes litúrgicas da leitura mariológica. Mas ele interpreta apenas certas passagens, selecionadas, do *Cântico*, enfatizando aquelas nas quais se fazem sentir ecos de familiaridade com a liturgia. A primeira leitura consistentemente mariológica do inteiro *Cântico dos Cânticos* encontra-se no comentário de Ruperto de Deutz. Ruperto revela que compôs seu Comentário unicamente em resposta a "certo santo irmão, que vira Nosso Senhor Jesus em Pessoa, sentado acima do altar sobre um trono, cercado pelos santos e segurando o livro de Salomão como um signo externo da música celestial do amor"[196]. O próprio Ruperto era conhecido por experiências religiosas de natureza erótica[197]. Seu *Commentarium*, escrito por volta de 1125, e possivelmente influenciado pela obra de Honório, parece ter desfrutado de considerável popularidade em sua época, embora dificilmente se possa dizer que atingiu o status clássico dos *Sermones* de Bernardo[198]. Sua influência ficou em grande parte limitada à Alemanha, onde mais de quarenta manuscritos do texto subsistem. No entanto, não há evidência de que fosse conhecido em regiões tão distantes como o sul da França e a Espanha.

Para Ruperto, o *Cântico* versa todo ele sobre o amor da Mãe e do Filho. Em seus versículos, Maria contempla a vida de Cristo, inclusive seu sofrimento na rejeição e na morte, e ela anseia por sua presença após Sua Ascensão[199]. A relação de Maria e Cristo, embora seja primordialmente a



**194** *Zohar* 2:88a. Esta passagem é recitada por judeus devotos, sefaraditas e hassídicos, na mesa do *Schabat* à tarde.

**195** Bynum, op. cit., p. 102.

**196** PL 168: 837-838. Citado por Ann Astell, op. cit., p. 33.

**197** Van Engen, *Rupert of Deutz*, pp. 50-52.

**198** Cumpriria notar que o Venerável Bede expressou sua oposição à leitura mariana do *Cântico*. Pode ser talvez em parte que, devido à sua influência, Bernardo a evite em geral. Cf. Van Engen, *Rupert*, p. 293. Mas a leitura mariana estava associada, sobretudo, com a liturgia e, antes de Honório e Ruperto, não era simplesmente pensada como quadro para uma interpretação bíblica consistente.

**199** Idem, ibidem, p. 294.

da mãe com seu filho, é também a da noiva e do noivo. É Cristo mais do que Deus Pai que desempenha o papel masculino na leitura do *Cântico* por Ruperto. Assim, o anelo de Maria por Ele após a ascensão Dele é modificado e deixa de ser o da mãe para tornar-se o de Cristo por sua amada. Em outra parte, entretanto, Ruperto vê Maria como a noiva de *ambos*, quer de Deus Pai, quer do Filho: "Assim, a Virgem Maria, que era a melhor parte da velha igreja antes de Cristo, que merecia ser a noiva de Deus Pai, torna-se também o padrão da nova igreja, a noiva do Deus Filho"[200].

O duplo papel de Maria – como mãe e noiva de Cristo – parece ter sido abordado com extrema audácia por Guilherme de Newburgh em sua relativamente obscura *Explanatio sacri epithalamii in matrem sponsi*. Guilherme faz Cristo dizer a Maria que o seu papel como Mãe de Deus termina com sua morte, depois do que ela deve amá-lo como noiva. A natureza de seu amor é transformada tão logo os respectivos papéis corporais ficam para trás[201].



> Outrora olhavas para mim com olhos maternais, quando eu estava crescendo contigo, quando, tendo sido semeada a palavra da vida, eu pendi da cruz; mas, por ter eu agora ascendido ao meu pai, esses olhos maternais estão dispensados de ora em diante do serviço, e mais abundantemente podes ter olhos de uma amante e uma noiva[202].

Essa rica e variada simbolização do *eros* nos textos cristãos precede e provê um contexto para a compreensão daquilo que aconteceu um século mais tarde nas fontes místicas judaicas, especialmente no *Zohar*, em que as imagens de mãe, irmã, noiva e uma hoste de outras apresentam-se profundamente entrelaçadas. Para os cristãos, esse amor permanece, na maioria das vezes, um *eros* casto, maternal, aqui transformado no plano espiritual/hermenêutico da virginal e intocada noiva. Para os judeus, carentes de uma tradição que glorifique a virgindade e o celibato, as variedades da imageria feminina na imaginação do místico irão culminar na fantasia de uma união sexual direta. Para as fontes cristãs, o amor expresso nessas leituras do *Cântico* é entre Cristo, que é Deus, e Sua mãe humana Maria, que não

**200** De Spirito Sancto 1:8. Citado por Henri de Lubec, *The Splendour of the Church*, New York, 1956, p. 243.

**201** Guilherme de Newburgh, *Explanatio sacri epithalamii in matrem sponsi: A Commentary on the Canticle of Canticles*, J. Gorman (ed.), Fribourg, 1960 (*Spicilegium Friburgense 6*).

**202** Op. cit., p. 280 e s. Citado por Raquel Fulton em *Mimetic Devotion*, p. 107.

é Deus. Para o cabalista, cujo Deus está manifesto nas dez *sefirot*, a *schekhiná* está dentro da Divindade e o *eros* do *Cântico* versa sobre o amor de Deus por Deus. Esse amor é fortalecido e sustentado pelo esforço humano, que na verdade se permite ser dependente das energias levantadas por Israel neste mundo, mas permanece em essência transcendente. Todavia, apesar dessas diferenças reais, é verdadeiramente notável quão comum são os seus símbolos, tipologias e estruturas de pensamento.

Os estudiosos consideram de há muito que a leitura do *Cântico dos Cânticos* constitui um importante ponto de contato entre judaísmo e cristianismo. O saber judaico ficou em geral muito contente em notá-lo, seja no caso da influência dos rabis sobre Orígines, nos tempos antigos, seja na de RASCHI sobre Vitorino e Nicolau de Lyra. Uma vez que os judeus são o parceiro doador nesse relacionamento, a maior parte dos eruditos da Judaica não se sente perturbada. Reconhecer uma *dívida* judaica para com o cristianismo, sobretudo ao nível da piedade popular, é, amiúde muito mais difícil, anuviado como isso está por uma longa história de martírio, perseguição e esforços missionários indesejados, muitas vezes até forçados. Mas existem bem conhecidos exemplos em que o fluxo segue esse caminho. O presente tratamento é oferecido no mesmo espírito, um exemplo do complexo entrelaçamento dessas duas tradições num momento em que eram vividas em maior proximidade física e cultural do que é amiúde imaginado, e continuavam a ler, interpretar e a ser espiritualmente alimentadas pela mesma fonte da Escritura.

# A "JANELA DE OPORTUNIDADES" DA CABALA, 1270-1290

MOSHE IDEL

trad. de Fany Kon

## Introdução

As duas décadas entre aproximadamente 1270 e 1290 encontram-se os períodos mais criativos na cultura judaica em geral[1]. Naturalmente esses dois números redondos são usados como aproximações, embora estejamos inclinados a ver a data mais antiga como mais precisa e significativa, enquanto a mais recente pode ser movida até 1295, a fim de incluir mais material pertencente ao que propomos denominar "Cabala inovadora"[2]. Estas décadas produziram, em adição à composição do terceiro mais importante trabalho da religião judaica, o livro do *Zohar*, uma pletora de outros importantes escritos, a maioria místicos, algum dos quais também se tornariam clássicos e inspiram gerações dos cabalistas posteriores. De fato, nenhum outro *corpus* canônico no judaísmo foi composto em um período tão curto de tempo e aceito imediatamente sem debate significativo[3].

1 Nossa abordagem não enfatiza a importância de periodização estrita, pois tal avaliação está fortemente relacionada a suposições de historicidade. Não obstante, o presente estudo trata de um período muito específico de tempo, devido a enorme quantidade de material composto durante este curto espaço de tempo: e essa repentina e vigorosa criatividade convida a uma certa reflexão para com sua causa. Para questões de compreensão do misticismo judaico causado por periodização excessivamente numerosa veja Y. Liebes, Kivunim Hadaschim be-Heker ha-Zohar, *Pe'amin*, 50, 1992, p.154-156, Para saber mais sobre esse tema veja nosso *Messianic Mystics*, New Haven e London, 1998, p. 260-262.

2 Ver M. Idel, *Kabbalah, New Perspectives*, New Haven e London 1988, p. 211-213 (Tradução brasileira *Cabala: Novas Perspectivas*, São Paulo: Perspectiva, 2000, p. 312-315); idem, We Have No Kabbalistic Tradition on This, p. 313-315), em I. Twersky (ed.), *Rabbi Moses Nahmanides (RaMBaN)*: Explorations in his religious and literary virtuosity, Cambridge, Mass. 1983, p. 51-73.

3 A canonização do *Zohar* é um assunto que ainda requer exame detalhado. Ver I.Tishby, *The Wisdom of the Zohar*, I, trad. D. Goldstein, London e Washington 1989, p.23-30, e B. Huss, *Sefer ha-Zohar* as a Canonical, Sacred and Holy Text: Changing Perspectives of the Book of Splendor Between the Thirteenth and Eighteenth Centuries, *Journal of Jewish Thought and Philosophy*, 7, 1998, p.257-307.

Durante este período, três grandes cabalistas produziram seus volumosos escritos: Moisés de Leon, Iossef Gikatila e Abraão Abuláfia; seus livros mudariam a direção que a Cabala tomou nas gerações subsequentes[4]. À prolífica atividade literária deles, podemos adicionar os menos extensos escritos de alguns outros cabalistas menores, embora não insignificantes, como R. Isaac ibn Latif[5], Todros ben Iossef Halevi Abuláfia[6], Moisés de Burgos[7], Isaac ben Salomon ibn Avi Sahulá[8], Schema'iá ben Isaac Halevi[9], Barukh Togarmi, David ha-Kohen[10] (um discípulo de Nakhmânides), os mais famosos R. Bahia ben Ascher[11], R. Iossef de Hamadan[12] e aparentemente, também, Iossef ben Schalom Aschkenazi[13]. Não pode haver dúvida que devido à maioria desses escritos, a literatura cabalística assegurou seu status como um domínio especial da criatividade judaica e sua influência nos séculos seguintes; essa literatura desfrutou igualmente de credibilidade devido a sua aceitação pela elite erudita.





4 Para referências bibliográficas nos escritos desses cabalistas veja abaixo, notas 16, 18, 19, 32, 45, 58, 59, 63, 64, 74, 76, 77, 78, 113. Veja, também abaixo, nota 162, para a importante observação de I. Twersky referente a estes cabalistas.

5 Ver S. O. Heller-Wilensky, Isaac ibn Latif, Philosopher or Kabbalist?, em A. Altman (ed.), *Jewish Medieval and Renaissance Studies,* Cambridge, Mass. 1967, p.185-223; idem, The Guide and the Gate: The dialectical influence of Maimonides on Isaac ibn Latif and early spanish kabbalah, em R. Link-Salinger et al. (eds.), *A Straight Path*: Studies in medieval philosophy and culture... in honor of Arthur Hyman, Washington, D.C. 1988, p. 226-278; idem, '*Meschihiut Eskhatologiá ve-Utopia ba-Zerem ha-Filosofi-Misti schel ha-Kabalá ba-Meá ha-13*', em Z. Baras (ed.), *Meschihiut ve-Eskhatologiá,* Jerusalém 1984, p. 221-238; idem, Bein Mistiká le-Filosofiá le-Or Haguto schel Rabi Izhak ibn Latif, em J. Dan (ed.), *Reschit ha-Mistiká ha-Iehudit be-Europa,* Jerusalém, 1987, p. 367-382.

6 Ver M. Kushnir-Oron (ed.), Introdução, *Scha'ar ha-Razim,* Jerusalém e Tel Aviv 1989; Y. Liebes, *Studies in the Zohar,* trad. A. Schwartz, S. Nakache, P. Peli, Albany 1993, p. 135-138; M. Chaze, Les sens ésotérique de voeu et du serment selon quelques auteurs des XIII et XIV siècles en Espagne et en Italie, *REJ,* 142, 1983, p. 263-284.

7 Ver G. Scholem, R. Mosché mi-Burgos, Talmido schel R. Izhak ha-Kohen, *Tarbiz,* 3 (1932), p. 258-286; 4, 1933, p. 50-60, 180-198, 305-323.

8 Ver A. Green (ed.), Perusch Schir ha-Schirim le-R. Izhak ibn Sahulá, *Reschit ha-Mistiká ha-Iehudit be-Europa,* ed. cit., p. 393-491. Ver também G. Scholem, *Perakim be-Toledot Sifrut ha-Kabalá,* Jerusalém 1931, p. 59-68.

9 Este esquecido cabalista é o autor de *Sefer Zeror ha-Haim,* encontrado em dois manuscritos. Os três últimos cabalistas estavam em contato direto um com os outros, como será apresentado em outro ponto. Os últimos dois estão entre os primeiros, senão o primeiro, dos cabalistas que citaram do *Zohar.*

10 Ver M. Idel, Ha-Mahschavá ha-Ra'á schel ha-El, *Tarbiz,* 49 1980, p. 360-361.

11 Ver E. Gottlieb, *Ha-Kabalá be-Khitvei R. Bahia ben Ascher,* Jerusalém, 1970.

12 Ver Liebes, *Studies in the Zohar*, p. 103-126, e abaixo, notas 69, 113.

13 Os dados precisos desse cabalista não são claros. Ver Liebes, *Studies in the Zohar,* p. 93-95, assim como a nota 142 abaixo.

A lista acima de cabalistas é tão longa e variada que não há paralelo em nenhuma fase antiga ou recente do misticismo judaico, com exceção da Cabala de Safed em seu auge.

Partindo-se do pressuposto de que essas observações quantitativas e qualitativas estejam corretas, as questões que emergem são as seguintes: Quais são os processos externos que facilitaram o renascimento espiritual; e quais são as qualidades sistêmicas dessa literatura diversa. Respostas a estas questões são complexas e pode não haver nenhuma boa resposta capaz de explicar, por si só, esse desenvolvimento ímpar; uma melhor abordagem seria vê-lo como o resultado de vários processos que coincidiram acidentalmente e reforçaram-se mutuamente.

Entretanto, antes de embarcar em um exame mais minucioso da literatura cabalística, cumpre considerar a situação no campo da filosofia. Essas duas décadas também assistiram a intensa atividade literária entre os filósofos judeus. Os nomes de Moisés ben Salomon de Salerno, Hilel de Verona, Zerahiá ben Schealtiel Hen (conhecido como Graziano), Isaac ben Mordekhai (conhecido como Mestre Gaio) na Itália, Schem Tov ben Iossef Falaquera na Espanha, Isaac Albalag e Levi ben Abraham de Villefranche na Provença são bem conhecidos. Todavia, ao contrário dos cabalistas, os filósofos dessa geração não produziram nenhum clássico nesse campo, muito embora nas duas gerações seguintes o fizessem. Refiro-me a mais original, extensa e influente das obras de Gersônides e do R. Moisés Narboni. Ao mesmo tempo em que os filósofos judeus se tornavam mais ativos durante a "janela de oportunidades" cabalística do que a geração anterior a eles, não produziram nenhum *corpus* similar, tanto do ponto de vista da quantidade quanto da qualidade.

Ao tratar de uma vasta literatura composta de vários milhares de fólios – muitos dos quais ainda em manuscrito – a questão é saber se é possível dar relevo a alguns processos representativos de todo o período. O dilema tem a ver com a avalancha de riqueza; dada a enorme quantidade do material disponível, é relativamente fácil selecionar ou manipular algumas citações, que são encontradas em apenas alguns dos textos, como representativas enquanto, de fato, esta pretensão sustenta-se apenas para uma parte da referida literatura. O problema é realmente importante e, dentro da estrutura mais modesta do presente artigo, é impossível tratar dos problemas metodológicos envolvidos na questão da seletividade e representatividade.

Além disso, muitos dos assuntos a serem abordados não são inteiramente novos, e sua ocorrência no período descrito abaixo como a "janela de oportunidades" não é caso de uma clara inovação, porém, é algo muito mais constatável em termos de ênfase. Em que medida a recorrência de um tema mais antigo é de natureza formativa e constitui tema também de debate e, ainda, a amplitude de sua contribuição a um certo sistema requer um número bem maior de sofisticadas considerações metodológicas. Em vez de uma discussão mais detalhada baseio-me aqui nas leituras que fizemos de literatura sobre o período, dispensando um apanhado comparativo do material antigo. A importância das vindicações feitas abaixo, de fato convida a um tratamento muito mais detalhado e a formulações apuradas; espero que as observações seguintes estimulem outros a investigá-las de uma maneira mais elaborada e crítica.

Uma forma de evitar uma análise pormenorizada da rica estrutura conceitual é ventilar uma questão que tem sido relativamente marginalizada no moderno estudo da Cabala. Preocupados mais com a história das ideias, bibliografia e biografia, eruditos modernos negligenciaram os tópicos da organização e da sociologia do conhecimento. A Cabala não é apenas uma forma de vida religiosa, interessada na busca de Deus e no contato direto com Ele mas, também, uma forma de conhecimento, cujas dinâmicas são tão importantes quanto seus conteúdos. As várias estratégias para organizar os principais conceitos devem ser vistas como partes essenciais da significação dos próprios modelos. Entretanto, longe como estamos de tratar dessas questões de maneira sistemática, podemos estar em condições de dar os primeiros passos na indagação sobre os modelos de organização desse conhecimento. Tais modelos podem diferir de outras formas de literatura especulativa no judaísmo ou na literatura em geral, e alguns dos passos iniciais, em se tratando de novos, poderosos e influentes sistemas, devem envolver o estudo de formas de transmissão e organização. Nossa suposição aqui é de que não apenas a emergência de novas ideias é importante para a evolução de um certo tipo de especulação como, também, que seus modos de circulação e as diferentes formas como elas estão organizadas são igualmente significativas. Esta é a razão pela qual a história das ideias, embora útil para traçar as várias metamorfoses de conceitos, é incapaz de prover uma estrutura adequada para entender sua vigorosa criatividade.

## Pais, Mestres, Filhos e Discípulos

Apesar de diferenças nas personalidades, mundos intelectuais e ambiente geográfico dos cabalistas e filósofos, podemos discernir um significativo denominador comum: nenhum deles foi discípulo de um pai que produziu um importante livro especulativo na área em que seu filho iria sobressair-se. Em outras palavras, os filhos criaram seu próprio espaço intelectual não continuando uma tradição familial, nem seguindo a orientação de um mestre consagrado. Nas gerações anteriores, os principais líderes intelectuais judeus eram descendentes de famílias famosas. Um caso exemplar é Maimônides, cujo pai, Maimon, era um importante mestre que instruiu seu filho o qual, por sua vez, envolveu-se na educação de seu próprio filho, Abraão Maimon, que também se tornou uma figura que chamou atenção. Ou, para tomar alguns exemplos da Europa: R. Iehudá ibn Tibon, que chegou à Provença vindo da Andaluzia, educou seu mais famoso filho, Samuel, o tradutor de Maimônides, ele mesmo um interessante filósofo por seus próprios méritos, cujas inclinações filosóficas foram transmitidas, por sua vez, a seu filho, R. Moisés ibn Tibon. Este também é o caso com respeito à família Kihmi: como R. Iehudá ibn Tibon, R. Iossef Kihmi também veio da Andaluzia para a Provença, e suas propensões filosóficas e exegéticas tiveram prosseguimento em seu mais famoso filho, David, e no menos conhecido, Mosché; essas duas famílias, como a de Maimônides, produziram descendentes que continuaram a criar desde o final do século XIII, mas não pode haver dúvida de que os autores destas linhas de descendência remanescem definitivamente à sombra de seus ancestrais.

Uma situação similar pode ser percebida no caso da Cabala. No fim do século XII, R. Abraão ben David estava envolvido em especulações cabalísticas que foram expandidas por seu filho, Isaac, o Cego, o qual, por sua vez, instruiu seu sobrinho, R. Ascher ben David. Ao que sabemos R. Ascher é o último cabalista de sua família.

A situação com respeito às principais figuras dos *hassidei aschkenazim* é muito similar. A principal família, a Kalonimita, representada por R. Samuel ha-Navi e R. Iehudá he-Hasid, transmitiu uma tradição proveniente de gerações anteriores, que foi confiada à escritura pelo famoso discípulo de R. Iehudá, R. Eliazar de Worms. Este último, que foi responsável pela preservação da maioria dos escritos especulativos e interpretativos do hassidismo aschkenazi, era um discípulo de seu pai, cujo nome era também Iehudá, e que lhe transmitiu pelo menos uma tradição esotérica[14].

Entretanto, a maior parte dos cabalistas ativos no período ora em exame não foi instruída por seus progenitores no tocante aos seus ensinamentos místicos. De fato, na maioria dos casos, nada mais sabemos além do nome de seus pais. Apenas em um caso, o de Abraão Abuláfia, o pai esteve envolvido na instrução de seu filho, porém isso só é verdade com respeito ao estudo rudimentar do judaísmo; sua educação superior, que envolveu filosofia e depois Cabala, foi adquirida anos mais tarde, após a morte de seu pai. O que é ainda mais importante é o fato de que a vasta maioria dos cabalistas naquele período e, certamente os três mais importantes, não estudaram com nenhuma figura cabalística que já fosse uma autoridade estabelecida ou consagrada, nem temos conhecimento de que tenham eles efetuado estudos sistemáticos em uma tradicional *ieschivá* adiantada. No caso de Moisés de Leon, por exemplo, não temos a menor ideia do nome de seus mestres, quaisquer que tenham sido, embora conheçamos a identidade de um de seus discípulos, a quem ele dedicou seu livro escrito em 1290, *Sefer ha-Nefesch, ha-Hakhamá*[15]. No começo de sua carreira intelectual Gikatila estudou com Abraão Abuláfia, a quem menciona apenas brevemente[16], mas seus escritos cabalísticos mais conhecidos foram compostos depois de sofrer uma dramática mudança intelectual por adotar uma forma diferente de Cabala, sem que tenhamos nenhum indício sobre quem teria sido o responsável. Sabemos de um discípulo de Gikatila por algumas fontes; em uma delas ele é identificado como R. Moisés[17]. O próprio Abuláfia estudou com um certo R. Barukh Togarmi, uma obscura figura cujo paradeiro é totalmente desconhecido. Ele oferece menos dicas históricas acerca de seu mestre do que acerca de seus discípulos, como ficamos sabendo, por exemplo, de Gikatila: "R. Iossef Gikatila

**14** Ver *Perusch Sefer Yezirá* por R. Eleazar de Worms, Jerusalém, 1978, fol.22b.

**15** Ver Tishby, *The Wisdom of the Zohar*, I, p. 18.

**16** Ver E. Gottlieb, *Mehkarim be-Sifrut ha-Kabalá*, J. Hacker (ed.), Tel Aviv 1976, p. 103-105; A. Farber, 'Keta' Hadasch me-Hakdamat R. Iossef Gikatila le-Sefer Ginat Egoz', *Mehkerei Ieruschalaim be-Mahschevet Israel*, I, 1981, p.159-160, nota 5; S. Blickstein, *Between Philosophy and Mysticism, a Study of the Philosophical-Qabbalistic Writings of Iosef Gikatila*, Ph. D. tese, JTS, New York, 1983, p.111-112.

**17** Ver Idel, *Studies in Ecstatic Kabbalah*, Albany, 1989, p. 147, nota 36.

[...] e ele sem dúvida logrou êxito de forma extraordinária em relação ao que estudou sob minha orientação, e ele adicionou muito de sua [própria] força e conhecimento, e Deus estava com ele"[18].

No contexto desse comentário, Abuláfia menciona muito de seus outros discípulos, onde os encontrou e, às vezes, até supre sua avaliação com suas qualidades[19]. De todo modo, mais do que qualquer outro cabalista que conhecemos, Abuláfia descreveu em pormenor o discípulo ideal, aquele a quem vale a pena ter ensinado tradições cabalistas[20].

No caso de R. Iossef de Hamadan, estamos em completa escuridão quanto à identidade de seus mestres ou o grupo de cabalistas com o qual ele estava ligado, se é que tinha de fato ligação com tal grupo. Esse também é o caso de R. Isaac ibn Latif que menciona, no entanto, pessoas que lhe pediram para compor seus escritos sem dar seus nomes[21]. Se esta declaração é um tópos ou não, é um problema que não pode ser averiguado[22]. Seja como for, os primeiros cabalistas não recorreram a este tópos em seus escritos.

O único caso que parece ser uma exceção é o de R. Todros Halevi Abuláfia, que estudou com uma figura bem conhecida, R. Moisés ben Salomon de Burgos, ele mesmo um mestre pertencente à primeira elite[23] e a quem R. Todros presumivelmente dedica seu livro *Scha'ar ha-Razim*[24]. Entretanto, até nesse caso devemos notar que o relacionamento entre os dois é conhecido por causa da evidência externa, que fontes ulteriores nos proporcionaram, embora o próprio Todros aluda apenas ao primeiro nome de seu mestre e amigo, Moisés, de modo que sem esta indicação externa ninguém estaria apto a identificá-lo de maneira



**18** Ms. Oxford, Bodleiana 1580, fol.164 a –164 b. Para uma análise mais detalhada ver M. Idel, Maimonides and Kabbalah, em I. Twersky (ed.), *Studies in Maimonides,* Cambridge, Mass., 1990, p. 60-63, assim como em Transmission in 13th Century Kabbalah.

**19** Ver Idel, Maimonides and Kabbalah, em I. Tweraxy (ed.) *Studies in Maimonides*, p. 60-62, assim como The Ecstatic Kabbalah of Abraham Abulafia in Sicily and its Transmission during the Renaissance, *Italia Judaica,* 5, 1995, p. 330-340.

**20** Ver os textos de seu *Haiei ha-'Olam ha-Bá* impresso por G. Scholem em seu *Catalogus Codicorum Cabbalisticorum Hebraicorum,* Jerusalém, 1930, p. 26; A. Jellinek, *Philosophie und Kabbala,* Leipzig, 1854, p. 44.

**21** Ver o prefácio para *Ginzei ha-Melekh*, em A . Jellinek (ed.), *Kokhvei Itzak,* 28, 1862, p. 8.

**22** Ver também Izhak ibn Sahulá, em *Perusch Schir ha-Schirim,* A. Green (ed.), op. cit., p. 404-405.

**23** Idem, p. 406-407.

**24** A identidade foi estabelecida por G. Scholem, em R. Mosché mi-Burgos..., op. cit., p. 263, Kushnir-Oron, *Scha'ar ha-Razim,* p. 15.

conclusiva[25]. Entretanto, deve-se enfatizar que Todros Abuláfia, diferentemente de outros cabalistas mencionados nesse estudo, pertence ao que propomos chamar a "primeira da elite" e sua Cabala é muito conservadora e nada inovadora, consistindo numa tentativa de transmitir ideias dos escritos de R. Moisés de Burgos[26].

Neste contexto permitam-nos relatar um incidente contado por Abraão Abuláfia:

> Em Burgos [eu tinha] dois [discípulos], um mestre e [seu] discípulo. O nome do mestre era R. Moisés Cinfa, possa Deus mantê-lo vivo para sempre[27], um grande homem e um ilustre erudito[28]. E o nome do discípulo era R. Schem Tov[29], porém sua juventude o impediu de instruir-se e ele não o estudou[30], apenas algumas tradições exteriores, nem ele nem seu mestre[31].



De acordo com este relato, o jovem Abuláfia, então com pouco mais de trinta anos, havendo estudado a Cabala por apenas dois ou três anos, aproximou-se de um dos mais reverenciados mestres da Cabala, em Castela, tentando ensiná-lo e a seu discípulo sua própria versão da Cabala. Essa tentativa mesmo e seu modesto êxito no intento de ensinar ao discípulo algumas tradições externas relacionadas ao *Guia dos Perplexos*, indicam a existência de uma nova atmosfera, que permitiu ao recém-chegado divulgar novas ideias até em um lugar onde um respeitado cabalista atuava e com sucesso. Em outras palavras, a primeira elite – representada em nosso caso por R. Moisés de Burgos – não era bastante poderosa, ou talvez não estava suficientemente interessada em regular a disseminação de ideias esotéricas em sua vizinhança imediata. Em todo caso, a atitude de Abuláfia em relação a R. Moisés é respeitosa, e presumimos que isso reflita um relacionamento apropriado entre os dois. Se, na verdade, R. Moisés de Burgos aceitou ou não as teorias de Abuláfia é ainda uma questão em aberto, pois

**25** *Scha' ar ha-Razim*, p. 44.
**26** Ver Kuschnir-Oron, Introdução, *Scha'ar ha-Razim*, p. 18.
**27** Ver Scholem, R. Mosché mi-Burgos..., op. cit., p. 265.
**28** Ver nota 23 acima.
**29** Sobre a possível identidade deste R. Schem Tov, veja Scholem, R. Mosché mi-Burgos..., op. cit. p. 261-262.
**30** *O Guia dos Perplexos*.
**31** *Sefer ozar 'Eden Ganuz*, Ms. Oxford 1580, fol. 164b. Ver também Scholem, R. Mosché mi-Burgos..., op. cit., p. 260; Idel, Maimonides and Kabbalah, em I. Twersky (ed.), *Studies in Maimonides*, p. 60-61.

teorias sobre nomes divinos que lembram às de Abuláfia encontram-se nos escritos de R. Moisés, bem como nos de alguns cabalistas de seu meio[32]. Na verdade, o que parecia ser um feito modesto, de acordo com a própria formulação de Abuláfia, deve ser entendido como mais substancial, pois ele menciona explicitamente todas as falhas nos outros casos. Assim, em comparação com as descrições antes negativas de seus discípulos na Grécia e, mais tarde na Itália, Abuláfia foi bem melhor sucedido em Castela no começo dos anos setenta do século XIII, como acabamos de verificar.

Em outras palavras, houve uma dupla ruptura nas linhas de transmissão do conhecimento esotérico na segunda parte do século XIII: com exceção da escola de Nakhmânides na Catalunha, em que a importância da fonte de informação é descrita como suprema[33], e na escola de R. Iacov e Isaac ha-Kohen em Castela, os principais cabalistas surgiram como que do nada. Ao contrário das gerações anteriores, nem seus pais, nem nenhuma das figuras relevantes foi mencionada como participante de sua iniciação em um certo tipo de conhecimento especulativo. Estes cabalistas eram homens que se realizaram por si próprios, pensadores que ou estudaram sozinhos e desenvolveram suas ideias por si mesmos com base em sua própria leitura, ou homens que estudaram com mestres que não foram mencionados porque eram figuras obscuras, cuja autoridade era mínima e cujo impacto fora irrelevante. Em outras palavras, podemos supor que durante o período aqui designado como a "janela das oportunidades" tiveram lugar processos que marginalizaram as formas mais comuns de transmissão de conhecimento tanto na Cabala quanto na filosofia judaica. Ao invés, novos canais de transmissão, juntamente com o surgimento de novos contextos, ou seja, encontros entre cabalistas devotados a diferentes concepções cabalísticas[34], criaram o ambiente para o dramático desenvolvimento, descrito em detalhe abaixo.



**32** M. Idel, *The Mystical Experience in Abraham Abulafia,* trad. J. Chipman, Albany 1987, p. 19, 59-61. Compare, entretanto, a opinião diferente de Scholem, R. Mosché mi-Burgos..., op. cit., p. 260.

**33** Ver Idel, We Have No Kabbalistic Tradition, em I. Twersky (ed.), *Rabbi Moses Nahmanides.* As referências cuidadosas e precisas aos professores nos escritos de dois Cabalistas do final do XIII e começo do XIV, séculos que estudaram tanto na Catalunha quanto em Castela, R. Schem Tov ibn Gaon e R. Isaac de Acre, são especialmente importantes do ponto de vista comparativo.

**34** Ver Idel, *Kabbalah: New Perspectives,* p. 211-212. (*Cabala: Novas Perspectivas,* p. 312-313).

## Dos Transmissores Autorizados aos Receptores Criativos

Transmissão fiel, sigilosa, autorizada, escolas tradicionais (a saber, *ieschivot)*, pais – todas as principais instituições tradicionais para transmitir conhecimento religioso em geral e esotérico, em particular, eram, portanto, ou reduzidas a um mínimo ou mencionadas meramente para expressar da boca para fora a questão em outros termos: se em época anterior na literatura cabalística a ênfase era colocada na importância da fonte de conhecimento, agora encontramos acento sem precedente no receptor e sua atividade exegética. Esse movimento, que transfere a importância do transmissor para a do destinatário, emerge como parte da gradual perda de controle sobre as tradições esotéricas da primeira elite. Pois bem, tanto o material escrito como figuras obscuras tornam-se cruciais na difusão do saber cabalístico. Podemos descrever esse desenvolvimento como uma desinstitucionalização dos mecanismos regulares para transmitir e preservar o conhecimento tradicional. Essa evolução não está restrita somente a este período, nem somente à Cabala. Entretanto, parece que a Cabala representa uma aguda mudança da primeira elite para a segunda, uma questão que foi tratada em outra parte[35].

Em outras palavras, um duplo movimento rumo a uma concepção de Cabala mais experiencial e mais exegeticamente criativa marginalizou a importância de conceitos esotéricos e a autoridade da fonte humana para o conhecimento esotérico. Em vez da ênfase nas fontes autorizadas, somos mais informados acerca de discípulos, amigos, e experiências pessoais. Assim, por exemplo, ficamos sabendo de um tratado extático, composto seja em 1290 ou em 1295 por um certo R. Natan ben Se'adiá Harar:

> A essência dessa questão não pode ser conceituada, *ex definitio*, nem discutida por boca[36], ainda menos em forma escrita, e essa é a razão pela qual ela é denominada

**35** Idel, Kabbalah and Elites in Thirteenth-Century Spain, *Mediterranean Historical Review*, 9, 1994, p.5-19.

**36** Isto é, oralmente

Cabala e intitula a capítulos[37], isto é, os princípios[38], uma vez que o significado depende do receptor [para entendê-lo] em minúcia e despe [sua alma da corporeidade] e se delicia. A Cabala não é transmitida senão por [meio de] "cabeçalhos de capítulos" apenas[39].

O próprio conceito de transmissão, que desempenhou um papel substancial, tanto prática ou, pelo menos, retoricamente, nas gerações precedentes de cabalistas, tornou-se dramaticamente problematizado. A Cabala torna-se gradualmente muito menos uma questão de ideias discretas a serem passadas adiante, do que uma maneira de reagir por um sensível, ou disciplinado receptor. Naturalmente, os "títulos de capítulos" são importantes e devem ser transmitidos. Entretanto, a ênfase recai agora na disciplina mística. Este acento pode ser encontrado em numerosas outras passagens escritas no período em discussão. Permitam-nos aduzir mais um exemplo do livro de Abraão Abuláfia, *Sefer Schomer Miztvá*:

> Ao cabalista não é permitido revelar [os segredos da Cabala] e explicá-los em seus escritos, porém ele pode desvendar um palmo [de conhecimento] e cobrir dois. Mas quando a pessoa preparada, que merece receber ensinamento oral, está disponível, o cabalista deve primeiro revelar dois palmos da tradição e cobrir um. E se ele (o receptor) recebe-os e realmente deseja completar o que começou, alguns tópicos devem ser revelados, de acordo com sua capacidade de recebê-los, e eles não devem ser ocultos dele[40].

À luz dessa perspectiva, podemos entender melhor por que a identidade de um instrutor se faz menos importante. Essa é de fato a razão que faz com que o cabalista anônimo, que descreve sua iniciação no estudo da Cabala com mais minúcia do que qualquer outro cabalista conhecido, mencione que estudou com um "Cabalista divino"[41], embora deixe de mencionar o seu



37 *Raschei perakim.* Para o uso deste termo em contextos esotéricos veja M. Idel, Secrecy, *Binah* and *Derishah*, em H. Kippenberg e G.Stroumsa (eds.), *Secrecy and Concealment,* Leiden, 1995, p.326 e nota 75.

38 *Ha-kelalim.* Compare a visão de R. Hai Gaon, *Ozar ha-Ge'onim*, B. M. Levin (ed.), *Hagigá,* p. 12; G. Scholem, *Jewish Gnosticism, Merkabá Mysticism, and Talmudic Tradition,* New York: [s.n.], 1960, p. 58.

39 *Sefer Scha'arei Tzedek,* ed. Y. E. Porush, Jerusalém, 1989, p. 9.

40 *Sefer Schomer Mitzvá,* Ms. Paris BN 853, fol. 48b. Ver também idem, fol. 78 a. Mais sobre esse assunto ver Idel, Transmissions in the 13th Century Kabbalah.

41 *Scha'arei Tzedek,* p. 23.

nome. Modesto quanto esse cabalista era, ou pelo menos alegou ser, o que descreve é muito mais o que aconteceu com ele quando recorreu às técnicas místicas que estudou do que a autoridade de sua fonte humana.

Por outro lado, em vários dos escritos de Abraão Abuláfia e Moisés de Leon, e em um do R. Isaac ibn Avi Sahulá e Isaac ibn Latif, o nome, ou nomes dos destinatários, são especificados. Isso é algumas vezes o resultado de tentativas para chamar a atenção de ricas e influentes figuras como R. Todros ben Iossef Halevi Abuláfia e seu filho, Iossef, ambos figuras que também eram cabalistas, para um certo cabalista, como no caso de ibn Latif e de Leon[42]. Em alguns casos, o nome do destinatário é mencionado como parte da correspondência entre dois cabalistas[43], enquanto em outros é citado na dedicatória de um livro para discípulos. Em geral, conhecemos os nomes dos discípulos bem mais do que os dos mestres.



## Uma Guinada Exegética e Linguística

Os aspectos mais exegéticos da Cabala receberam agudo relevo durante esse período. De um lado, os primeiros sistemas articulados da exegese cabalística foram formulados no curso dessas duas décadas. O assim chamado Método do *Pardes,* que consiste de quatro níveis de interpretação, encontrou sua formulação durante esse período, em diferentes versões, graças a pelo menos três cabalistas: Moisés de Leon, Iossef Gikatila, Bahia ben Ascher, e o autor do *Zohar*[44]. Além disso, os escritos de Abraão

42 O primeiro dedicou seu livro *Zeror ha-Mo*r para Todros, o último, dos vários livros cabalísticos, dedicou para seu filho, Iossef.

43 Encontrei uma referência a R. Schema'iá, em nossa opinião R. Schema'iá ben Isaac ha-Levi, no prefácio ao comentário de R. Isaac ibn Avi Sahulá de dois salmos.

44 Ver G. Scholem, *On the Kabbalah and Its Symbolism*, New York, Schocken Books, 1969, p. 5-31 (Tradução brasileira, *A Cabala e seu Simbolismo*, São Paulo: Perspecyiva, p. 11-42). W. Bacher, L'exegèse biblique dans le Zohar, *REJ*, 22 (1891), p.37-40. Ver também idem, Das Merkwort PRDS in der Jüedischen Bibelexegese, *Zeitschrift für die alttestamentliche Wissenschaft,* 13 (1893), p. 294-305; P. Sandler, Li –Ve'aiat Pardes, *Sefer Eliahu Auerbach,* Jerusalém 1955, p.222-235. Ver também A. van der Heide, *Pardes*: Methodological Reflections on the Theory of Four Senses, *Journal of Jewish Studies,* 34 (1983), p.147-159; M. Idel, PaRDeS: Some Reflections of Kabbalistic Hermeneutics, em J. J. Collins e M. Fishbane (eds.), *Death, Ecstasy and Other Wordly Journeys,* Albany, 1995, p.249-264.

Abuláfia[45] descrevem, várias vezes, nos textos, uma sétupla teoria de interpretações. Tais desenvolvimentos são tão substanciais, ocorreram em um período de tempo tão curto e diferem de modo tão significativo do que conhecemos das antigas interpretações cabalistas, que precisam ser explicados. Entretanto, antes de tentar uma explicação, permitam-nos apresentar um desenvolvimento relacionado, que diz respeito a um fenômeno similar. Descrevendo a Cabala, Abraão Abuláfia a reduz a três princípios:

> Letras, combinações [de letras] e vogais[46]. Seu acrônimo é *'AZN* o qual pode ser permutado por *ZA'N* [...] A combinação move as letras, e as vogais movem as combinações, e o espírito do homem, dado por Deus, move as vogais até que elas venham causar a emergência e a iluminação do conceito[47] que é próprio de qualquer cabalista inteligente[48].



A Cabala é, por conseguinte, concebida como uma maneira de manipular letras, seja para alcançar uma experiência mística, seja para interpretar os escritos canônicos judaicos, tanto da *Bíblia* quanto da literatura rabínica. Essa redução da Cabala a princípios gerais linguísticos, que permite um papel bem maior à atividade do cabalista, põe em relevo, mais uma vez, a importância do destinatário como um indivíduo experienciador, já discutido antes. Esse movimento da tradição para a experiência e irrestrita exegese representa uma abordagem que pode ser descrita como relativamente centrífuga, em comparação às antigas tendências centrípetas na Cabala. Se a ênfase é agora mais na realização mística do que nos valores compartilhados pela comunidade judaica, a possibilidade de inovação torna-se muito mais real e de fato efetiva. É nesse período que a ideia da infinidade de significados no texto bíblico recebeu um impulso sem precedentes[49]. Estes dois desenvolvimentos, o exegético e o experimental, não são necessariamente diferentes. De fato, como sugerimos em diversas

**45** M. Idel, *Language, Torah and Hermeneutics in Abraham Abulafia,* trad. M. Kalus, New York: [s.n.], 1989, p. 82-124.

**46** Ver também *Schomer Mitzvá,* Ms. Paris BN 853, fol. 78b.

**47** *Ziur;* para esse conceito medieval ver H. A. Wolfson, The Term *Tasavur* and *Tasdiq* in Arabic Philosophy and Their Greek, Latin and Hebrew Equivalents, *The Moslem World* (Abril 1943), p.1-15.

**48** *Sefer Haiei ha-'Olam ha-Ba',* Ms. Oxford 1582, fol. 45b. Veja também Idel, *Language, Torah, and Hermeneutics*, p. 3-11. Sobre a influência desta citação na descrição de R. Mordekhai Dato da atividade cabalística de R. Moisés Cordovero veja M. Idel, *Studies in Ecstatic Kabbalah*, p. 137.

**49** Ver M. Idel, Infinities of Torah in Kabbalah, em G. Hartmann e S. Budick (eds.), *Midrash and Literature,* New Haven, London, 1986, p. 141-157.

ocasiões, essas duas formas de atividade espiritual coexistem nos mesmos autores e são às vezes profundamente intermescladas, na medida em que os novos significados dos textos interpretados foram concebidos como revelações vindas do alto[50]. Em larga medida, essa situação lembra a ênfase na importância do leitor nas teorias da moderna literatura; Wolfgang Iser, por exemplo, argumenta que "significado não é mais um objeto para ser definido, mas é um efeito para ser experimentado"[51].

A importância do hebraico é notada em várias declarações bem explícitas encontradas nos escritos de Abuláfia e Gikatila, os quais enfatizam a perfeição e superioridade dessa linguagem. Esses cabalistas são os primeiros a tornar explícita (como R. Iossef de Hamadan expressa de uma maneira mais implícita) a reivindicação que é feita com respeito à excelência do hebraico. Algumas dessas expressões constituem obviamente uma tentativa de criticar a visão de Maimônides segunda a qual toda linguagem humana é convencional[52]. Eles pretendem que a linguagem não é apenas um meio para exegese ou experiência, mas também o paradigma do mundo e como tal constitui um domínio separado para contemplação. Em outras palavras, uma forte guinada linguística torna-se evidente no período sob exame. Há uma maior ênfase na linguagem em comparação à centralidade da *Torá*. Isso não significa que o status da *Torá* ficou enfraquecido, mas que o ascenso da importância da linguagem em si mesmo é visível. Além disso, muito mais do que a literatura midráschica, os cabalistas nesse período enfatizaram tanto a importância das feições semânticas quanto parassemânticas da linguagem, tais como o significado simbólico das formas das letras e dos espaços brancos que envolvem as letras[53].

Além do mais, os elementos linguísticos tornam-se tão importantes que um cabalista consideraria até a possibilidade de misticamente penetrar nas letras. Assim, por exemplo, Gikatila escreveu:

> As letras do Tetragrama, bendito seja Ele, são todas elas intelectuais, não letras sensoriais, e elas apontam para uma matéria existente e duradoura, e a toda entidade no mundo, e este é o significado secreto de [o versículo] "porém vós que



50 *Kabbalah: New Perspectives*, p. 234-237 (*Cabala: Novas Perspectivas*, p. 341-347).
51 W. Iser, *The Act of Reading*, Baltimore, 1979, p.10.
52 Ver Idel, *Language, Torah and Hermeneutics*, p. 11-14.
53 Idel, PaRDeS: Some Reflections..., em J. J. Collins e M. Fishbane (eds.), op. cit.

permanecestes fiéis ao Senhor vosso Deus, todos hoje estais vivos"[54], isto é, aqueles que penetram nas letras do Tetragrama existem e durarão para sempre[55].

Realmente, um exame nos escritos de Isaac ibn Latif e Abraão Abuláfia mostra que os elementos linguísticos vocais são mais importantes do que os visuais[56]. Em que extensão sua ênfase na fala produziu uma dialógica principal de pensamento é questão de análise ulterior[57]. Entretanto, a presença maciça de importantes elementos linguísticos nos primeiros Gikatila e de Leon[58], assim como em algumas discussões no *Zohar*, permitem-nos sustentar que uma guinada linguística muito significativa pode ser discernida no período sob exame[59].

## Revisões Criativas

A filosofia judaica medieval, quer em sua forma neoaristotélica quer neoplatônica, opera sob o pressuposto de que a verdade é algo que pode ser compreendido pelo intelecto e que é possível progredir para uma conceitualização estável da inteligibilidade (com a notável exceção

54 *Deut.* 4:4

55 *Scha'ar ha-Nikud*, impresso em *Arzei ha-Levanon* (Veneza 1601), fol. 38a. Quanto ao impacto dessa abordagem no Hassidismo ver M. Idel, *Hassidism: Between Ecstasy and Magic*, Albany 1955, p. 59.

56 Sobre Abuláfia e a fala, ver o nosso *The Mystical Experience in Abraham Abulafia*, p. 83-95. Abuláfia concebeu a Cabala dos Nomes, como uma forma superior de misticismo, em comparação ao que ele concebeu ser a Cabala inferior de *sefirot*. Essa organização hierárquica de conhecimento é uma forma de administrar as tradições que ele pessoalmente conhecia, e esperamos tratar das estratégias de organização em mais detalhes em outra ocasião. Veja, também, o nosso Abulafia's Secrets of the Guide: A Linguistic Turn, em A. Ivri, E. Wolfson e A. Arkush (eds.), *Perspectives on Jewish Tought and Mysticism*, Amsterdã: [s.n.], 1998, p. 269-309.

57 Sobre a conexão de ibn Latif entre a Cabala e a fala ver S. O. Heller-Wilensky, Bein Mistiká le filosofiah..., em J. Dan (ed.), op. cit, p. 368-370. Veja, igualmente, abaixo nota 96. Trabalho sobre a importância dos elementos linguísticos no misticismo judaico na nossa monografia intitulada *Powers of Language*.

58 Ver o importante estudo de A. Farber, Li-Mekorot Torato ha-Mukdemet schel R. Mosche de-Leon, em J. Dan e J. Hacker (eds.), *Mehkarim be-Kabalá be-Filosofiá u-ve-Sifrut ha-Mussar ve-ha-Hagut Mugaschim li-Ieschaiahu Tischbi*, Jerusalém: [s.n.], 1986, p. 67-96.

59 Ver E. Wolfson, Dimui Antropomorfi ve-ha-Simboliká schel ha-Otiot be-Sefer ha-Zohar, em J. Dan (ed.), *Sefer ha-Zohar ve-Doro*, Jerusalém: [s.n.], 1989, p.147-182; idem, Letter Symbolism and *Merkavá* Imagery in the Zohar, em M. Hallamish (ed.), *Alei Shefer, Studies in the Literature of Jewish Thought Presented to Rabbi Dr. Alexandre Safran*, Ramat Gan 1990, p. 195-236 (seção inglesa).

de Deus). Assim, quando alguém compreende a verdade de uma ideia específica, sua indagação nesta área fica concluída. Ambiguidades eram consideradas como falhas no ato de cognição em vez de parte da realidade ontológica. Embora não fosse corrente o pressuposto de que as verdades científicas finais são atingíveis, tal verdade final não era, no entanto, assumida, dada a noção de realidade que enformava muitos dos filósofos judeus. Revisões eram vistas como supérfluas e, na verdade, não temos conhecimento de tentativas feitas pelos filósofos judeus de repensar um tópico que tenham discutido anteriormente para depois reescrever seu tratado anterior. Com exceção dos três comentários de Averróes sobre alguns trabalhos de Aristóteles, alguns deles conhecidos dos pensadores judeus, a produção de versões diferentes do mesmo trabalho literário era marginal. De fato, com exceção das duas versões de Abraão ibn Ezra de seu comentário sobre o *Êxodo*, os pensadores judeus abstinham-se de semelhante projeto.

A maioria dos cabalistas, entretanto, estava inclinada em direção a uma visão mais dinâmica da realidade divina, que era concebida como uma corrente contínua de processos, e, assim, a possibilidade de descobrir a realização final de um dado estado na divindade era concebido como problemático. Na verdade, uma divindade dinâmica estava em consonância com as vidas e atividades dinâmicas dos cabalistas durante o período da "janela de oportunidades". Esta dinâmica está também refletida nas composições literárias deles, que deixam o leitor com o sentimento de que o que se lê é exatamente uma formulação, que pode ser enriquecida, aprofundada e repensada mais tarde.

Permitam-nos começar com um breve apanhado dos gêneros literários que caracterizam os enormes *corpora* dos escritos cabalísticos em geral, embora deva focalizar nossa discussão na literatura cabalística em Castela. O gênero literário mais proeminente, cultivado pela maioria dos cabalistas castelhanos, é o comentário sobre as dez *sefirot*. Esse gênero é formado de listas de cognomes, a maioria deles da *Bíblia*, que foram concebidos pelos cabalistas como pertencentes a cada uma das dez *Sefirot*[60]. Esse gênero literário é, indubitavelmente, a mais importante e original contribuição da Cabala à variedade de gêneros literários encontrados na literatura judaica.

**60** Ver a riquíssima lista de comentários compilada por G. Scholem, Mafteah le-Feruschim 'al 'Eser Sefirot, *Kiriat Sefer*, 10, 1933, p.498-515.

Com certeza: os cabalistas atuantes durante o período da "janela de oportunidades" não inventaram esse gênero; ele já figurava no *Sefer ha-Bahir* e em alguns pequenos tratados compostos na Catalunha[61]. Todavia, nunca antes esse gênero fôra cultivado em tão grande extensão e de maneira tão sistemática. O número de comentários sobre as dez *sefirot*, escritos durante este período, é aproximadamente três vezes maior do que todos os comentários escritos durante o final do século XII e os primeiros setenta anos do século XIII. Tomamos conhecimento de cinco comentários sobre as dez *sefirot* os quais podem razoavelmente ser datados antes de 1270[62] por um lado, e de pelo menos doze escritos depois de 1270 e antes do fim do século XIII, por outro. Permitam-nos enumerar os últimos:

a. Moisés de Leon tratou este tópico de uma maneira substancial em seu trabalho anônimo, inédito, existente no Ms. Munich 47[63], no primeiro capítulo de seu livro *Schuschan 'Edut* (1286) e em um texto adicional, devotado apenas a esse tópico, ambos publicados por Gershom Scholem[64], e de novo de maneira extensa em seu posterior *Sefer ha-Kodesch*[65]. Cada uma dessas discussões é muito mais longa do que qualquer dos cinco comentários anteriores.

b. Mais evidente ainda é o caso de R. Iossef Gikatila. Ele compôs o mais longo e o mais influente comentário sobre as dez *sefirot* conhecido sob o nome de *Scha'arei Orá,* o qual tem sido um dos manuais para os estudos cabalísticos desde a sua composição. Entretanto, este longo comentário parece ser apenas o último de uma série de quatro outros sobre o mesmo tópico. O mais bem conhecido deles é o mais curto *Sefer Scha'arei Tzedek,* um livro que também teve uma certa influência, e foi um dos primeiros livros cabalísticos impressos[66]. Esses dois livros são tratados maduros,




**61** Ver p. ex., D. Abrams (ed.), *The Book Bahir,* Los Angeles 1994, p.173, nota 87; p.181-183 nota 96; um pequeno texto não impresso de R. Barzilai, uma breve discussão no famoso *Scha'ar ha-Scho'el* de R. Azriel de Gerona; dois pequenos comentários sobre as *sefirot* do círculo de *'Iiun*. Dado o número significativo de comentários anônimos sobre as dez *sefirot* em manuscrito, nossa descrição aqui é uma aproximação a qual, em nossa opinião, pode mudar na direção de haver existido mais comentários produzidos durante a "janela de oportunidades".

**62** Ver nota anterior.

**63** Ver G. Scholem, Eine Unbekannte mystische Schrift des Moses de Leon, *MGWJ,* 71, 1927, p. 109-123.

**64** Dois deles foram publicados por G. Scholem, em Schenei Kuntresim le-R. Mosche de Leon, *Kobez Al Iad,* 8 [18], Jerusalém: [s.n.], 1976, p. 331-332, 371-384.

**65** A. Greenup (ed.), London 1911; *Le sicle du sanctuaire,* trad. Ch. Mopsik, La grasse, 1996.

**66** A última parte do livro foi identificada e publicada por Gottlieb, *Mehkarim,* p. 132-162.

maiores do que qualquer outro dos escritos de Moisés de Leon sobre o mesmo tópico. Menos conhecidos são dois textos anônimos, e muito mais curtos sobre as dez *sefirot* ainda encontrados no manuscrito, os quais fomos capazes de identificar como trabalhos de Gikatila[67]. *And last, but not least*, o texto mais curto de todos e o que, cremos nós, era também o mais antigo de Gikatila sobre esse tópico, encontrado em uma página de um manuscrito, de novo, anonimamente[68].

c. R. Iossef de Hamadan compôs um tratado separado sobre as dez *sefirot*, o qual se encontra por inteiro em vários manuscritos anônimos[69]; uma breve discussão sobre esse tópico aparece em seu Comentário sobre *Ta'amei Miztvot*[70] e um imenso tratado sobre esse tema, o qual foi preservado apenas de modo fragmentário, intitulado *Toledot Adam*[71].




d. O último desse período parece ser um pequeno tratado em aramaico achado no *Zohar*[72]. Se foi ou não escrito por de Leon, é uma questão à parte que requer uma análise mais detalhada. Entretanto, o que para nós parece importante na estrutura de nossa discussão não é somente o crescimento em número dos comentários e seu tamanho volumoso, comparado a todos os primeiros escritos pertinentes, mas, também, o fato de que pelo menos três grandes cabalistas escreveram vários trabalhos sobre o mesmo comentário tópico a respeito das dez *sefirot*.

Esse último ponto merece atenção especial porque reflete um fenômeno mais amplo. Permitam-me descrevê-lo sucintamente. Antes de 1270, há talvez um comentário sobre o *Guia dos Perplexos* de Maimônides: o de R. Moisés de Salerno. Usamos o termo "talvez" porque a data dessa composição é somente suposta, e pode ter sido escrita antes no período que denomino de "janela de oportunidades"[73]. Entretanto, é fato que R. Abraão Abuláfia escreveu, entre 1273 e 1280, três Comentários sobre o

67 M. Idel, Olam ha-Malakhim bi-Demut Adam, em J. Dan e J. Hacker (eds), *Mehkarim be-Kabalá*, 1986.

68 Ms. Vatican 214, fol. 254a.

69 M. Idel, Perusch 'Eser Sefirot le-Rabi Yosef ha-Ba' Mi-Schuschan ha-Birá u-Seridim mi-Ketavav, *'Alei Sefer*, 6-7 (1979), p. 74-76.

70 Ver idem, p. 75-76.

71 Ver E. Gottlieb, *Mehkarim be-Sifruit ha-Kabalá* p. 251-253.

72 Cf. Scholem, Mafteah, nota 78, p. 506-507.

73 Ver J. Sermonetta, He 'aroteihem schel Rabi Mosche ben Schlomo mi-Salerno ve-schel Nicholaus mi-Iovinazo le-Moré Nevukhim, *'Iiun*, 20, 1969, p. 212-240.

*Guia*[74] enquanto seu discípulo, R. Iossef Gikatila, compôs um quarto[75]. Portanto, pelo menos no que diz respeito a Abuláfia, testemunhamos um fenômeno similar ao qual tomamos conhecimento no caso dos comentários sobre as dez *sefirot*. É difícil imaginar dois tópicos mais díspares do que os discutidos nos comentários sobre o *Guia dos Perplexos* e dos comentários sobre as dez *sefirot*. Não obstante, eles compartilham de uma qualidade formal que merece especial atenção. Abuláfia não se referia ao *Guia* como um texto corrente. Seus comentários, bem como os de Gikatila, não são interpretações lineares do *Guia*. Eles tratam dos tópicos mais importantes, ou secretos, os quais, acreditavam, constituiriam o cerne do *Guia*. Desse ponto de vista, apesar dos títulos, os comentários de Abuláfia não são análises textuais, porém, a revelação dos segredos ocultos, os únicos que são concebidos como dignos de consideração. Por outro lado, as discussões sobre as dez *sefirot*, conquanto descritas como *perusch*, estão longe de ser substanciais interpretações textuais, estando muito mais próximas da condição de listas de pertinentes palavras bíblicas percebidas como pertencentes a uma determinada *sefirá*. Assim, em ambos os casos, o texto torna-se bem menos importante, e seu subtexto desloca-se para o centro: os "segredos", no caso do *Guia*, são mais importantes do que o texto de Maimônides, enquanto a estrutura das dez *sefirot* organiza o significado das palavras bíblicas mais do que a própria *Bíblia*. Até certo ponto, esta destextualização é crucial também no caso dos comentários sobre o alfabeto hebraico. Podemos, talvez, perceber a importância desses gêneros literários como provedores de novas estruturas para a organização do conhecimento, que são somados aos mais tradicionais. Tais estruturas são mais formais e permitem a introdução de novas ideias e a reelaboração de interpretações de uma maneira mais flexível.

Abraão Abuláfia também compôs pelo menos três comentários sobre outro clássico, *Sefer Ietzirá*[76]. São textos significativamente influenciados



74 Sobre esses comentários e suas tendências intelectuais veja CH. Wirszubski, *Pico della Mirandola's Encounter with Jewish Mysticism*, Cambridge Mass. e London, 1989; M. Idel, Abulafia's Secrets of the Guide: A Linguistic Turn, em A. Ivi et al. (ed.), op. cit..

75 Ver Gottlieb, *Mehkarim*, p. 110-117.

76 Um deles foi editado por Israel Weinstock que reivindicou, por causa de sua forma anônima em todos os manuscritos, que Abuláfia pretendia forjar um comentário e atribuí-lo a Abraão ibn Ezra. Ver *Perusch Sefer Iezirá Almoni mi-Iesodo schel Rabi Abraham Abulafia*, Jerusalém: [s.n.], 1984. O segundo é um enorme tratado intitulado *Ozar 'Eden Ganuz*, existente num único manuscrito (Ms. Oxford 1580); o terceiro é o *Sefer Gan Na'ul*, existente em vários manuscritos e copiado quase literalmente no *Sefer ha-Peli'á*. É possível que tivesse existido um quarto comentá-

pelo comentário acerca do mesmo tópico que o mestre de Abuláfia, R. Barukh Togarmi[77], compôs por volta da segunda metade do século XIII. Reiteramos que, desde o próprio início da literatura especulativa judaica na Idade Média, há registro de comentários sobre este livro e que vários cabalistas contribuíram para esse gênero na primeira parte do século XIII[78]. Todavia, não temos conhecimento de sequer um só pensador judeu que tenha escrito dois comentários sobre este livro.

Até mais importante ainda é o paralelo zohárico; como Iehuda Liebes demonstrou, a mais "enaltecida" parte do *Zohar*, os tratados intitulados *Idra Raba* e *Idra Zuta* subsistem em várias versões, as quais diferem de forma acentuada[79]. Trata-se de um fenômeno bastante central que reflete, de uma maneira mais articulada, todo o estilo do *Zohar*, o qual retorna para um certo tema muitas vezes por diferentes vias e formulações.



Um fenômeno similar é óbvio no que diz respeito a outro gênero literário: o comentário sobre o alfabeto hebraico. Nesse caso há um problema histórico menor referente às datas dos cabalistas mais importantes envolvidos em escrever esses comentários. As datas precisas de R. Iossef ben Schalom Aschkenazi e R. David ben Iehudá he-Hasid são desconhecidas. Apesar deles, aparentemente, não terem vivido muito antes do final do período que chamamos de "janela de oportunidades". De qualquer modo, o primeiro compôs um comentário sobre esse tópico ao passo que o segundo redigiu pelo menos três comentários assim[80]. Nesse contexto devemos mencionar também o clássico da Cabala, *Sefer Temuná,* que pertence, em nossa opinião, a meados do século XIV e ao Império Bizantino. Esse livro e outro trabalho do mesmo círculo interpreta tanto o alfabeto quanto o nome divino das setenta e duas letras, três vezes[81].

Por isso, durante a "janela de oportunidades", caracterizada pelas abordagens cabalísticas inovadoras, a revisão foi o mais importante fenô-

rio, como aduzimos de algumas discussões de Abuláfia em seus escritos: *Sefer Imrei Schefer,* Ms. Munchen 285, fols. 94b., 100 a –109 b; *Sefer ha-Maftehot,* Ms. Moscow-Guensburg 133, fol. 8a.

77 Editado por G. Scholem como apêndice às suas conferências *Ha-Kabalá schel Sefer ha-Temuná ve- schel Rabi Avraham Abulafia,* Jerusalém: [s.n.], 1969, p. 229-239.

78 Sobre o conhecimento dos comentários do *Sefer Ietzirá* por Abuláfia veja M. Idel, Abraham Abulafia and Menahem ben Benjamin in Rome; The Beginnings of Kabbalah in Italy.

79 *Studies in the Zohar*, p.11-12, 95-110, 126-134.

80 Ver M. Idel, Peruscho schel Rabi David ben Iehudá he-Hasid la-Alfa-Beta, *'Alei Sefer,* 10, 1982, p.25-35.

81 Sobre o nexo entre outro comentário não editado sobre o alfabeto por R. David e o *Sefer ha-Temuná,* espero expandir-me em outro estudo.

meno literário, mas devemos qualificar o termo por um importante epíteto, "criativo". As revisões criativas são, por essa razão, responsáveis pela emergência, eventualmente no final do processo experimental literário, de alguns dos clássicos da Cabala. Isso quer dizer que não encontramos aqui versões que difiram em detalhes, como por exemplo, os textos fluentes da literatura aschkenazi dos séculos XII e XIII, que resultaram de revisões geradas pelo estudo oral de um grupo[82]. Testemunhamos, antes, adições conceituais significativas e mudanças de uma versão a outra. Além do mais, as práticas aschkenazim envolvem "correções" e adições para outros livros, enquanto a nossa preocupação é com o modo como alguém trabalhou em seus próprios livros. Discípulos não criaram versões diferenciadas de um comentário originado de uma preleção de seu mestre, mas o próprio autor reformulou suas opiniões repetidas vezes, talvez influenciado por sua vivência em uma área geográfica diferente, como é certamente o caso de Abraão Abuláfia. Na verdade, não pode haver dúvida de que muitos cabalistas, no período da "janela de oportunidades", perambularam incomparavelmente mais do que os primeiros cabalistas, procurando disseminar e pregar a Cabala em novos centros judaicos; e os encontros com novas circunstâncias culturais, em tais centros, os encorajou a produzir inovadoras e, amiúde, diferentes formas de escritos.

Quaisquer que tenham sido as circunstâncias que encorajaram semelhante prática, a natureza do fenômeno é, não obstante, mais relevante e devemos prestar o máximo de atenção a sua estrutura interna. A adaptação de um texto, já existente a novas circunstâncias, pela adição de novas sentenças ou correção de algumas outras, era a norma quando se lidava com textos cuja estabilidade não era tão importante, muito embora servissem como ponto de partida para a reelaboração. Entretanto, este não é o caso nas instâncias discutidas acima. É quase impossível aduzir uma passagem específica de um livro antigo desses cabalistas que tenha sido retrabalhada, seja pela manipulação de algumas partes do texto existente, seja pelo acréscimo a elas. Os comentários de Abuláfia sobre o *Guia* não são novas versões de um texto já existente, nem é esse o caso nas várias formas do *Idrot*. A estratégia básica é transmitir as mesmas ideias por meio de dife-

**82** Sobre a prática aschkenazi neste contexto veja I. M. Ta-Shma, Sifriatam schel Hakhmei Aschkenaz, *Kiriat Sefer*, 60, 1985, p. 298-309; 61, 1986, p. 581-582; idem, The "Open" Book in Medieval Hebrew Literature; The problem of authorized editions; *Bulletin of the John Rylands University Library of Manchester*, 75, nota 3, 1993, p.17-24.

rentes palavras, metáforas e imagens, de preferência a copiar e reformular o texto já existente. Nos perguntamos, na verdade, se o cabalista escrevendo novamente o mesmo tópico, reviu as formulações que já havia usado no tratado anterior. Em certa medida, uma determinada ideia é aqui repensada, jogando-se com fórmulas linguísticas que expressam a referida ideia. Isso envolve um forte modo associativo de pensar, o qual é mais semântico-simbólico no caso do *Zohar*, do Gikatila e Moisés de Leon tardios, e muito mais numérico e alegórico no caso de Abraão Abuláfia. Entretanto, o jogo com a linguagem é básico nas duas formas de criatividade. Se o método hermenêutico zohárico, similar ao de Gikatila e de Leon, é muito mais próximo ao do *Midrasch*, e o *Zohar* tem sido recentemente descrito como um *Midrasch* sobre um *Midrasch*[83], a estratégia de Abuláfia é muito mais "pitagórica", assumindo como o faz implicitamente – de um modo que prossegue o que os *hassidei aschkenaz* fizeram – a existência e uma harmonia oculta, representada pelo relacionamento numérico entre palavras que representam entidades. Uma indulgência nas associações linguísticas e cálculos numéricos expressa um forte desvio do método clássico da exegese *pschat* judaica na França nos séculos XI e XII, e até da prática aschkenazi que se encontram nos vários comentários sobre o *Pentateuco*, por exemplo, os de R. Iehudá he-Hasid, R. Eleazar de Worms[84], R. Efraim ben Schimon ou no *Comentário* de R. Iakov ben Ascher. Nenhum deles trabalhou seriamente com o conceito de uma infinidade de significados a serem encontrados no texto interpretado. Em nossa opinião, esse pressuposto hermenêutico inspirou não só a atitude teorética dos cabalistas para com o texto, mas também sua prática exegética. Uma vez que o texto é infinito, qualquer coisa que um indivíduo consiga projetar nele, acha-se em potência no escrito. Mais uma vez, o indivíduo retorna ao círculo hermenêutico como fonte importante de significado, em termos que lembram a teoria de W. Iser acima mencionada.



83 C. Mopsik, *Le Zohar,* La grasse 1996, IV, p.16-23.

84 Ver J.Dan, The Ashkenazi Hasidic "Gates of Wisdom", G. Nahon e Ch. Touati (eds.), *Hommages a Georges Vajda,* Louvain: [s.n.], 1980, p. 183-189 e I. G. Marcus, Exegesis for the Few and for the Many: Judá he-Hasid's Biblical Commentary, em *Sefer ha-Zohar ve-Doro*, p. 1-24 (seção inglesa). Na Cabala estática eles foram integrados em uma forma mais ampla da hermenêutica: veja Idel, *Language, Torah and Hermeneutics*, p. 95-119.

## Ativismo Cabalístico Extremo

Permitam-nos chamar a atenção para outra característica de grande importância da Cabala nesse período: seus ideais apresentam extremo ativismo religioso. Tomando a forma ou de teurgia, a saber as tentativas de influenciar a estrutura divina por meio da realização cabalística de mandamentos (uma forma que permeou a principal escola de Cabala teosófica-teúrgica na Espanha)[85] ou de uma intensa busca de fortes experiências místicas na Cabala estática (observadas principalmente na Itália, onde uma pletora de técnicas místicas foi proposta)[86] o ativismo religioso tornou-se muito mais importante e influente do que em qualquer dos primeiros textos cabalísticos. Em sua forma extrema, a operação teúrgica lida com maneiras de "fazer Deus" ou de reconfigurar Sua estrutura interior, enquanto a Cabala estática, em suas formas extremas, lida com técnicas de tornar-se Deus. Diferentes como essas duas formas de ativismo são elas, não obstante, coincidentes no tempo e representam uma guinada decisiva para uma apresentação mais agressiva do modo de vida cabalisticamente motivado como sendo o *summum bonum*.

## Profecia, Messianismo, Revelações

Outra forma de ativismo evidencia-se neste período quando concepções messiânicas e propaganda tornam-se mais visíveis entre os cabalistas. Isso transparece de maneira mais conspícua no caso de Abraão Abuláfia – que se declarou ele próprio profeta e Messias e criou um tipo de Cabala que leva à profecia e às experiências messiânicas. Além do mais, afora a inovação conceitual neste campo, é a atividade pública que parece representar uma inovação total no domínio da Cabala. Abuláfia é o primeiro cabalista que

**85** Cf. Idel, *Kabbalah: New Perspectives*, p. 156-199 (*Cabala: Novas Perspectivas*, p. 235-258); Ch. Mopsik, *Les grands textes de la Cabale, les rites qui font Dieu*, La grasse, 1993.
**86** Idel, *The Mystical Experience in Abraham Abulafia*, p. 13-72.

pretendeu ser o Messias, agiu publicamente como tal e até defendeu essa pretensão quando criticado[87].

Embora as pretensões messiânicas explícitas de Abuláfia sejam excepcionais podemos, no entanto, encontrar uma preocupação maior com os temas messiânicos nesse período. Por exemplo, R. Isaac ibn Avi Sahulá trata de temas escatológicos em seu *Comentário sobre o* Cântico dos Cânticos[88]. Entretanto, em acréscimo à reivindicação explícita de Abuláfia à profecia, há alguns outros exemplos bem menores de abordagens pneumáticas. É o caso de uma pessoa que estudou com Abuláfia e foi por ele designada como R. Schmuel ha-Navi[89], e Nissim, um jovem de Ávila, que afirmou haver recebido revelações angélicas e ter composto um livro alentado sob essa influência[90]. Na verdade, como Dinur salientou, a validação por recurso à revelação é característica dessa geração de cabalistas[91]. De todo modo, a Cabala foi declarada então, talvez pela primeira vez, como produto de uma revelação. Assim, por exemplo, ficamos sabendo de um dos livros de Abuláfia que:



> A fim de entender minha intenção a respeito das [significados das] *Kolot* [vozes] devo transmitir-lhes as *Kabalot* conhecidas, algumas das quais foram recebidas por meio de comunicação oral direta dos sábios da [nossa] geração, e outras que eu recebi dos livros intitulados *Sifrei Kabalá* compostos pelos antigos sábios, os cabalistas, abençoada seja sua memória, concernentes aos maravilhosos tópicos; e outras [tradições] concedidas a mim por Deus, abençoado seja Ele, as quais vieram a mim do *Th Y*[92] na forma de *Bat Kol* [Filha da Voz], sendo essas as *Kabalot* mais altas [*'Elionot*][93].

A "filha da voz" não é outra senão a *Bat Kol*, a clássica substituta rabínica para a revelação profética. Sua ocorrência é visivelmente relacio-

87 Ver sua epístola *Ve-Zot li-Iehudá*, editado por A. Jellinek em seu *Auswahl kabbalistischer Mystik*, Leipzig: [s.n.], 1853, I, p.13-28.

88 Ver *Perusch Schair Haschirim*, em A. Green (ed.), op. cit.,, p. 488-491.

89 Ver o texto discutido em Idel, Maimonides and Kabbalah, em I. Twersky (ed.), *Studies in Maimonides*, p. 62.

90 Cf. R. Salomon ben Abraão ibn Adret, Responsa, I, n.548.

91 Ver seu *Israel Ba-Golá*, II, pt. 4, Tel Aviv e Jerusalém: [s.n.], 1969, p. 281, 421 nota 46.

92 No manuscrito: MHTY; é possível que esse seja um dos muitos erros do copista desse manuscrito que é, infelizmente, o *unicum*. Se assim é, deveríamos ler a sentença como se segue: 'as quais vieram a mim em forma de *Bat Kol*'. Entretanto, é possível que Abuláfia aluda à forma grega THY, isto é, Deus, e então MTHY significaria 'de Deus'. Abuláfia usa a forma THYV a fim de indicar Deus já em seu anterior *Sefer Get ha-Schemot*; ver Idel, *Language, Torah, and Hermeneutics*, p. 24.

93 Ms. New York, JTS 1801, fol. 4b.

nada ao termo *Kolot*, vozes, no início desse texto. Também é possível que a similaridade entre os sons de *Kolot* e *Kabalot* e suas formas escritas estejam igualmente implícitas na ideia de que tradições vindas de cima são vozes. Em qualquer dos casos, *Bat Kol* e *Kabalot*, partilham das mesmas consoantes. Em sua epístola *Scheva' Netivot ha-Torá* Abuláfia considera a revelação do Intelecto Ativo como mais alta do que os segredos que ele aprendeu dos vários livros esotéricos[94], um ponto de vista que lembra o do '*Sifrei Kabalá*' na citação acima.

O mais velho contemporâneo de Abraão Abuláfia, R. Isaac ibn Latif, pretende que há três modos de compreensão, sendo um deles o profético:





> A obtenção do [conhecimento] da existência de Deus é a mais alta das três formas de compreensão[95], que são: compreensão conceitual, compreensão profética e aquela compreensão que está oculta até a chegada do Justo, que a irá ensiná-la. O primeiro tipo é a compreensão da existência de uma Primeira Causa para tudo [coisas], por meio de provas conclusivas: esta é uma compreensão filosófica especulativa, apreendida através do conhecimento daquelas coisas que subsistem à parte da Primeira Causa. O segundo tipo é a compreensão de que a Primeira Causa *age* por uma simples vontade, designada como fala espiritual[96], e isso é [conhecido como] compreensão profética, apreendida por emanação do Divino influxo sobre os profetas pelo conhecimento do segredo de Seus gloriosos nomes, e da compreensão de cada um deles e de sua inteireza; este é um nível ao qual o mestre da especulação conceitual não tem acesso. O terceiro tipo é a compreensão do conhecimento [alcançado] por meio do Nome que está completa e absolutamente oculto [e é] descrito como a face [de Deus], e isso é a essência da mais alta de todas as compreensões, e é essa uma que é reservada no futuro para aqueles que temem Deus e Seu nome[97].

**94** A. Jellinek (ed.), *Philosophie und Kabbala*, Leipzig: [s.n.], 1854, p. 21. Cf. Idel, Maimonides and Kabbalah, em I. Twersky (ed.) *Studies in Maimonides*, p. 57-58.

**95** *Hasagá.*

**96** Sobre vontade e fala, e sua fonte em Salomon ibn Gabirol, veja S. Heller-Wilensky, Isaac ibn Latif..., em A. Altman (ed.), op. cit., p.202-203. Sobre fala e Cabala veja também acima, nota 57.

**97** *Malaquias* 3:16. *Sefer Ginzei ha-Melekh*, Cap. 41, editado por A. Jellinek em *Kokhvei Izhak*, 34 (1867), p. 16. Ver também o importante material discutido em Idel, *The Mystical Experience in Abraham Abulafia*, p. 17-19 e *Messianic Mystics*, apêndice 1.

A primeira compreensão representa a visão filosófica mais comum da Primeira Causa em si mesma, alcançada mediante efeitos naturais, enquanto a segunda compreensão está relacionada por um lado à profecia, e por outro ao conhecimento dos nomes divinos, e é inteiramente similar às visões cabalísticas extáticas. Esse também parece ser o caso da terceira compreensão, que trata do conhecimento do Nome Divino na era messiânica. Assim, entre o entendimento filosófico e o futuro conhecimento ideal do Divino Nome, encontra-se a presente compreensão dos nomes divinos e a recepção do influxo profético que o recurso a tais nomes permite. Parece que no presente, o mais sublime tipo disponível de conhecimento e experiência relaciona-se à segunda compreensão, que presumimos figurar no pensamento de ibn Latif para a Cabala, a qual também, de acordo com ele, está relacionada à fala. Assim, é razoável supor que a visão de Abuláfia, segundo a qual o conhecimento e a experiência proféticos estão relacionados à Cabala, não era exclusivo de sua escola, mas compartilhado por cabalistas cujas propensões eram diferentes das dele. Além do mais, parece que essas pretensões podem ter algo a ver com uma distinção anterior entre filosofia e Cabala, estando esta última relacionada ao "Espírito Santo" por um lado, e ao *Sefer Ietzirá* por outro (de novo uma posição que lembra o pensamento de Abuláfia)[98].





Por outro lado, o conhecido de ibn Latif, R. Todros Halevi Abuláfia, escreve[99]:

> Saiba que através do conhecimento do caráter interior da estrutura de suas letras, todos os segredos da *Torá* e dos profetas[100] serão explicados e revelados para quem quer que deseje conhecê-los, cada qual de acordo com o que será anunciado do firmamento, [de modo que ele estará apto] a entender uma coisa a partir de outra, e a devolver a coisa à sua [devida] essência. Feliz é aquele que estará apto a compreender pelo menos um dos milhares dos milhares de mistérios e alusões que estão inscritos na estrutura interna das letras do [Divino] nome para [o bem de] aqueles que sabem. Ai de nós, gente que vê e não entende o que vê. Todos os mestres antigos e recentes da Cabala juraram não aludir

**98** Ver a passagem de seu primeiro livro, *Sefer Scha'ar ha-Schamaim,* citado e analisado em Heller-Wilensky, *Bein Mistiká le-Filosofiah...*, em J. Dan (ed.), op. cit., p. 370-372.

**99** *Sefer Ozar ha-Kavod,* Varsóvia 1879, fol. 13d. Ver também Idel, Secrecy, Binah, *Derishah*, em H. Kippenberg e G. Stroumsa (eds.), op. cit., p. 333-334.

**100** Ver também *Ozar ha-Kavod*, fol. 19d.

temas [de Cabala] mas eles aludem aos seus discípulos modestos os "cabeçalhos dos capítulos"[101].

Isto constitui clara evidência da combinação da antiga ideologia a qual enfatiza a transmissão, tal como representada por Nakhmânides, com a nova, que realça a revelação do alto, e com a independente descoberta de temas inscritos de uma maneira codificada no texto canônico. Além do mais, o nexo entre revelação e os segredos das letras do Divino Nome lembra as teorias de Abraão Abuláfia, assim como são outras declarações de R. Moisés de Burgos – mestre de Todros Abuláfia[102].

Até mais importante para nosso caso é outra declaração que se encontra no mesmo livro, em que a descrição bíblica de Bezalel como sendo preenchida pelo espírito divino está conectada com a combinação de letras do Divino nome encontrada no *Sefer Ietzirá* e o "*illuminati* deveria olhar para esta matéria, e seus olhos ficariam iluminados"[103]. Essa visão de iluminação, combinações de letras e *Sefer Ietzirá* é muito similar à de Abraão Abuláfia.

Entretanto, o que é extremamente importante para nossa tese são as categorias empregadas no famoso documento que descreve a escrita do *Zohar*. Alguns dos contemporâneos de Moisés de Leon afirmam que ele possuía o "[mágico] nome do escritor" *schem ha-kotev*, i. é, uma fórmula que permite a alguém escrever longos tratados com facilidade[104]. Se de Leon recorre ou não a essa técnica é uma interessante questão, que não pode ser respondida na base da evidência existente. Todavia, o fato de que a Cabala possa ser produzida por tal técnica é importante em qualquer caso. Para os cabalistas de Castela era possível produzir material cabalístico por meio de técnicas mágicas.

A própria esposa de Moisés de Leon teria pretendido, segundo se diz, que somente a crença de seus abonados contemporâneos, de que ele estava conseguindo cópias do antigo livro de autoria de R. Simon bar Iohai, garantia a boa vontade deles em pagar dinheiro por essas cópias. Entretanto, não é apenas o encantamento pseudo epigráfico que era importante para os contemporâneos de de Leon; nesse contexto ele também faz a afirma-



**101** Sobre esse termo ver acima, nota 37.
**102** Ver acima, nota 32.
**103** *Ozar ha-Kavod*, fol. 5b. Ver também do mesmo autor *Scha'ar ha-Razim*.
**104** Ver Tishby, *Wisdom of the Zohar*, I, p. 13-15, em que essa reivindicação ocorre por três vezes.

ção de que o antigo mestre escrevia o livro "sob a influência do Sagrado Espírito"[105]. Daí por que, se o relato de sua mulher for confiável e correto, seus contemporâneos foram persuadidos tanto pela reivindicação reveladora quanto pela presumida autoridade do antigo mestre. Recentemente, Ch. Mopsik sugeriu que concebamos a atividade literária de de Leon como inspirada por revelações[106].

A importância de algumas formas de visão para a compreensão dos segredos cabalísticos está sugerida em uma introdução ao *Scha'ar ha-Razim* de Todros Abuláfia, que diz sobre o "tesouro" dos segredos que "seus traços não são visíveis, porém, apenas para alguém que vê a visão de *Schadai*"[107].



Agora, um ponto conclusivo. Desde o começo da Cabala, a autoridade estava ligada à transmissão confiável. Por exemplo, R. Isaac, o Cego, recebeu-a das tradições familiares esotéricas. Nunca em seus escritos ou nos escritos de seus discípulos foi afirmado que tivesse recebido revelações do alto como fonte de seu conhecimento esotérico. No entanto, tal afirmação é feita, aparentemente pela primeira vez, no livro de R. Moisés de Leon[108], e um pouco mais tarde, no final do século XIII, também nos escritos de R. Schem Tov ibn Gaon, R. Isaac de Acre, e R. Menakhem Recanati[109]. A ocorrência tardia dessa tradição parece refletir um tipo novo de sensibilidade, que era menos relacionada com a cadeia de tradição humana do que com a linhagem do conhecimento místico. Embora antes, no século XIII, o local para revelação não fosse mencionado pelos cabalistas é visível que, quando mais tarde essa reivindicação estivesse em voga, ela foi feita, ou pelo menos circulava muito mais abertamente, à medida que mestres recentes a praticavam.

Outra vez, devemos enfatizar que reivindicações de profecias não são novas na Idade Média judaica e sabemos dessas reivindicações antes ainda nos territórios franco-germânicos, mas parece que são novas no campo da Cabala, em parte talvez sob o impacto das tradições judaicas do norte europeu[110].

**105** Idem, p. 15.

**106** Ver sua introdução à edição hebraica de *Schekel ha-Kodesch,* Los Angeles: [s.n.], 1996, p. 6-7.

**107** Scha'ar h-Razim, p.43. Veja também o texto de R. Todros, *Ozar ha-Kavod.*

**108** Ver M. Idel, Al Kavanat Schemoneh 'Esreh Ezel Rabi Yizhak Sagi Nahor, em M. Oron e A. Goldreich (eds.), *Massu'ot Mehkarim be Sifrut ha-Kabalá u-ve-Mahschevet Israel Mukdaschim le-Zikhro schel Professor Efrayim Gottlieb,* Jerusalém: [s.n.], 1994, p. 28.

**109** Ver A. Y. Heschel, em M. M. Faierstein (ed.) *Prophetic Inspiration After the Prophets:* Maimonides and other medieval authorities, Hoboken, N. J., 1996, p.32-38.

**110** G. Scholem, *Origins of the Kabbalah,* trad. A. Arkush, Princepton: [s.n.], 1987, p.238-244. Veja também o material apresentado in *responsum* de R. Salomon ibn Adret, nota 9 acima; Idel, *Kabbalah: New Perspectives,* p. 96-103 (*Cabala: Novas Perspectivas,* p. 141-151).

## Teologias do Mal

Apresentamos acima alguns temas mais formais relacionados à estrutura do conceito da Cabala, e tratamos menos dos conteúdos específicos. Entretanto, esses conteúdos são muito importantes com respeito à enorme literatura que não é uma simples repetição do material mais antigo. Nessa estrutura é importante chamar a atenção para a complexidade dos desenvolvimentos conceituais nesse período. Devemos mencionar aqui dois tópicos de maior importância que não serão tratados nesse estudo, mas cuja relevância é bastante óbvia: a mudança do esoterismo para o exoterismo, que é mais evidente nesse período do que no anterior[111], e a grande importância da fantasia erótica[112].

Durante a "janela de oportunidades" uma forte preocupação com teorias relativas à emergência do mal é evidente. Embora esse não seja o caso na medida em que dois importantes cabalistas desse período são tratados, a saber, R. Isaac ibn Latif e Abraão Abuláfia, mais inclinados para o lado filosófico, nós, não obstante, testemunhamos uma pletora de discussões que tratam com uma grande variedade de explicações quanto à emergência dos poderes demoníacos, uma questão bastante marginal para os primeiros cabalistas[113].

Parece que as teorias do mal são o patrimônio do que Scholem designou vagamente de "Círculo dos Cabalistas Gnósticos", a saber, os dois irmãos ha-Kohen, R. Moisés de Burgos[114] e Todros ben Iossef Halevi Abuláfia[115]. Essa escola é aparentemente responsável pela introdução, na



111 Ver por exemplo Liebes, *Studies in the Zohar*, p. 26-30.

112 Ver por exemplo G. Scholem, *On the Mystical Shape of the Godhead*, trad. Joachim Neugroshel, ed. Jonathan Chipman, New York: [s.n.], 1991, p. 182-187; Tishby, *Wisdom of the Zohar*, III, p. 1335-1406; Y. Liebes, Zohar ve-Eros, *Alpayim*, 9, 1994, p. 67-119; Ch. Mopsik, *Lettre de la Sainteté*, La grasse, 1986; M. Idel, Seridim Nosafimmi-Kitvei R. Yosef ha-Ba' mi-Schuschan ha-Birá, *Da'at*, 21 (1988), p. 47-54; E. Wolfson, *Circle in the Square*, Studies in the use of the gender in kabbalistic symbolism, Albany: [s.n.], 1995.

113 Para teorias do mal, no início da Cabala, veja Scholem, idem, p. 293-299, que são baseadas em parte no material escrito bem mais tarde.

114 Em algumas das tradições deste tópico veja G. Scholem, *Kabalot R. Ia'akov ve-Itzhak*, Jerusalém: [s.n.], 1927, p. 20-38; J. Dan, Samael, Lilith, and the Concept of Evil in Early Kabbalah, *AJS Review*, 5, 1980, p. 17-40, e seu The Emergence of Messianic Mythology in 13th Century Kabbalah in Spain, em *Occident and Orient:* A tribute to the memory of Alexander Scheiber, Leiden: [s.n.], 1988, p. 57-68.

115 M. Oron, Kabalat Kastiliá – Hemschekh o Mahapekhá? 'Iiun Bi-tefisat Hara' Ezel Mekubalei Kastiliá, *Reschit ha-Mistiká ha-Iehudit*, p. 383-392.

Espanha, dessa questão teológica como um importante domínio de especulação cabalística e, a partir deles, foi adotada pelo círculo do *Zohar*[116]. A questão também é tratada em discussões mais extensas nos escrito de de Leon[117], Gikatila[118] e R. Iossef de Hamadan[119], e até é mencionada em um fragmento por um cabalista vindo da Catalunha para Castela[120]. Como foi salientado em alguns estudos, discussões das teorias do mal não eram novas; no entanto, o grande surto de interesse neste domínio de especulação é bem proeminente e deve ser tratado como um desenvolvimento em si mesmo, embora esteja baseado em material mais antigo.

Neste artigo, não estamos preocupados com os aspectos conceituais dessa teoria, mas com seus acréscimos à tradição cabalística mais antiga. O surto de discussões sobre esse tópico parece ser o resultado da chegada à Castela de tradições provenientes da França e Alemanha e originalmente fora da Europa[121]. A origem externa de teorias do mal é apenas um exemplo do aparecimento do material esotérico em Castela. É o caso da Cabala de Abuláfia, que se originou na Catalunha, assim como da infiltração anterior das tradições catalãs, durante os anos trinta do século XIII[122]. O que é mais pertinente a nossa discussão, aqui, não é apenas o enriquecimento da Cabala em Castela, com a chegada de outras tradições, mas a natureza do relacionamento entre a Cabala castelhana e outras formas de Cabala.




Como ressaltado por vários cabalistas, aqueles, entre eles, que eram versados na estrutura do mal, eram designados *ma'amikim*. Isso significa "aqueles que conhecem a profundeza do mal"; mas é também uma expressão que era entendida como referência "àqueles que têm conhecimento adicional", desconhecido de outros cabalistas, e assim mais esotérico e mais profundo do que a Cabala normal[123]. Essa forma de conhecimento

**116** Tishby, *The Wisdom of the Zohar*, II, p. 447-547; III, p. 890-895; Liebes, *Studies in the Zohar*, p. 16-18.

**117** Discorreremos em nosso livro sobre *Pardes* a sua visão do mal e a necessidade religiosa em conhecer sua estrutura.

**118** Para uma interessante discussão a respeito da serpente demoníaca, veja em especial seu Secret of the Serpent, existente em manuscrito.

**119** Ver M. Idel, Ha-Mahschavá ha-Ra'á, p. 362.

**120** Idem, p. 360.

**121** Idem, ibidem.

**122** Ver a carta de R. Azriel de Gerona endereçada a Burgos, e a carta de R. Isaac Sagi Nahor a Nakhmânides e R. Ioná Gerondi, traduzida e analisada por Scholem, *Origins of the Kabbalah*, p. 395-396.

**123** Ver Scholem, R. Mosché mi-Burgos..., p. 266-268. Sobre o pano de fundo aschkenazita do termo *ma'amikim*, veja Idel, Secrecy, *Binah* and *Derishah*, em H. Kippenberg e G. Stroumsa (ed.), op. cit., p. 327-328 e notas 84, 85.

era, aparentemente, um tema de um certo debate entre cabalistas castelhanos e catalães, como depreendemos da seguinte passagem:

> Ouvi da boca do piedoso R. David ha-Kohen, possa Deus protegê-lo, que R. Todros Halevi, possa Deus protegê-lo, estava lhe contando que há uma grande questão relativa ao interior das *sefirot*, assim como ao exterior, e em volta delas, que não é percebida[124] pelos iluminados cabalistas que tratam das dez *sefirot*. E ele não queria explicar-lhe suas palavras. Posteriormente ele[125] lhe contou: Saiba que Nakhmânides, na verdade, aludiu a este assunto na parte *Naso*, quando *trata* da mulher infiel (*Sotá*)[126].




A história é bem fascinante por uma variedade de razões. Mostra que diferentes círculos de cabalistas não estavam interagindo tão facilmente quanto os últimos dos anos oitenta do século XIII. Um discípulo de Nakhmânides, R. David ha-Kohen, serviu como rabino em Toledo[127], e estava, portanto, formalmente qualificado para receber conhecimento esotérico. Embora interessado na Cabala, seu *background* catalão não bastou para introduzi-lo na teoria dos poderes que estão fora do sistema sefirótico e Todros ficou relutante, ou pelo menos hesitante, em revelar-lhe seu conhecimento esotérico. Fê-lo apenas apontando uma questão similar encontrada no Comentário de Nakhmânides sobre a *Torá*. Desta maneira oblíqua o diálogo entre duas escolas cabalísticas se estabeleceu. Ainda mais fascinante é o fato de que R. David conta tal história a R. Isaac de Acre, admitindo sua relativa ignorância e, implicitamente, inferioridade com respeito a esse tópico. Imediatamente após a passagem acima, R. Isaac admite, aparentemente seguindo de novo uma tradição de R.Todros, que "existem grandes sábios na Cabala[128] que só falam[129] em YHWH[130]. E eles permanecem[131] nas dez [*sefirot*] de pureza, e não descem abaixo"[132]. Uma discussão similar, envolvendo uma diferenciação até

**124** *ein...margschim bo.*
**125** O hebraico não é tão claro. Leva-o para apontar a R. Todros, ainda falando a R. David ha-Kohen, em vez do contrário.
**126** *Sefer Me'irat 'Einaim*, ed. A. Goldreich, Jerusalém: [s.n.], 1984, p. 190; veja notas de Goldreich, p.361.
**127** Idem, p. 361-363.
**128** *Hokhmat ha-'emet.*
**129** A saber, "tratam de".
**130** A saber as dez *sefirot* divinas
**131** Ou "param" ou "estabelecem" seus pontos de vista: *'omedim.*
**132** *Sefer Me'irat 'Einaim*, p. 190.

mais forte entre a ignorância do rabi catalão a respeito de algumas teorias do mal *versus* o conhecimento do rabi castelhano, encontra-se em outro livro de R. Isaac de Acre[133].

Se, na verdade, o cabalista castelhano sublinhava a existência de um tema esotérico referente ao mal em Nakhmânides, desconhecido de um discípulo deste último, é uma questão complexa que não pode ser tratada aqui[134]. Em todo caso, um fragmento subsistente de David ha-Kohen contém uma interpretação "gnóstica" de um texto de R. Azriel[135]. Os dois casos são exemplos de interpretações da Cabala catalã por meio de corpos de tradições, que eram aparentemente desconhecidos ou marginais para os cabalistas dessa região.



A interseção das teorias do mal ou das relativas à Cabala extática de um lado, com a Cabala teosófica de outro, constitui exemplos de sínteses que fertilizaram o rápido desenvolvimento da Cabala em um território relativamente novo para esse saber. De fato, a mobilidade, um tema que trataremos abaixo, não é apenas uma questão de maior circulação de informação. Implica no deslocamento de tipos de conhecimento que eram, antes, o patrimônio de certos grupos mais homogêneos, famílias ou *Ieschivot*. O conhecimento cabalístico mudou de lugar tanto geográfica, quanto sociologicamente, do ponto de vista das elites – uma migração que constitui também uma certa forma de erradicação e transplante que afeta seu status e estrutura originais.

## Formas de Mobilidade e Complexidades

Várias formas de dinâmicas, algumas delas novas, contribuíram para a extraordinária expansão na criação da literatura cabalística. Entretanto,

133 Ver *Sefer Ozar Haim*, Ms. Moscow-Guensburg 775, fols. 12b–13a, discutida por Gottlieb, *Mehkarim be-Sifrut ha-Kabalá*, p.341-342, Liebes, *Studies in the Zohar*, p. 17.

134 Ver a atribuição da teoria do mal ontológico a Nakhmânides por R. Moisés de Burgos. Cf. textos coletados por Scholem, R. Mosché mi-Burgos..., p.276-277, 279. Ver também a introdução de Goldreich ao *Me'irat 'Einaim* p. 80-81, 85 nota 9. Para a visão do mal em Nakhmânides veja também J. Dan, Nahmanides and the Development of the Concept of Evil in the Kabbalah, em *Mosse ben Nahman i el seu temps*, Girona: [s.n.], 1996, p.159-181.

135 Ver Goldreich, *Sefer Me'irat 'Einaim*, p. 361-363 e acima, nota 10.

uma forma adicional simplificada de dinâmica deve ser enfatizada: a dinâmica dos cabalistas itinerantes, incluindo R. Jacob ha-Kohen[136], R. Abraão Abuláfia[137], seu seguidor anônimo, R. Nathan ben Se'adia, o autor do *Sefer Scha'arei Tzedek*[138], R. Isaac ibn Latif, R. Isaac ibn Avi Sahulá[139], e R. Barukh Togarmi (a julgar pelo nome, poderia designar alguém vindo da Turquia para a Espanha). De maneira similar o nome de R. Iossef de Hamadan pode indicar que ele nasceu na Pérsia[140]. A situação itinerante de R. Iossef ben Schalom Aschkenazi é também evidente[141]. Do que é de nosso recente conhecimento sabemos que houve uma migração aschkenazita para a Espanha, que incluía mestres aschkenazitas envolvidos no saber esotérico[142]. Somando-se a essa migração a chegada de R. Isaac de Acre a Espanha, e (de acordo com seu testemunho) a vinda de um cabalista de Damasco[143], obteremos um quadro bastante variegado do alcance da mobilidade desta segunda elite cabalista.

Esse relevante fenômeno, característico do período aqui descrito, não atraiu a devida atenção dos eruditos da Cabala. A única discussão mais importante do tópico, encontrada na coleção de textos compilados por Ben-Tzion Dinur[144], trata também de décadas que vão além da nossa preocupação nesse caso, enquanto alguns dos textos aduzidos abaixo não são sequer apontados. Entretanto, ao estender o período do fenômeno estudado para incluir textos compostos em meados do século XIV, a agudeza da mudança que ocorreu por volta de 1270, e declinou depois de 1295, fica significativamente obscurecida.

Permitam-nos ilustrar a natureza dessa nova mobilidade: Abraão Abuláfia, embora tenha nascido e iniciado seus primeiros estudos em

**136** Ver em especial o itinerário geográfico, e talvez o rico *imaginário* que está representado em seu *Ma'amar ha-'Azilut ha-Smalit*, em Scholem (ed.), *Kabalot R. Ia'akov ve-Itzhak*.

**137** Ver Idel, Maimonides and Kabbalah, em I. Twersky (ed.), *Studies in Maimonides*, p. 59-62.

**138** Ver p.22-23.

**139** Ver seu *Peruschh Schir Haschirim*, em A. Green (ed.), op. cit., p. 404-405.

**140** S. Pines, A Parallel between Two Iranian and Jewish Themes, em S. Shaked e A. Netzer (eds.), *Irano-Judaica*, II, Jerusalém: [s.n.], 1990, p. 49-51.

**141** Ver M. Idel, An Anonymous Comentary on *Schir ha-Yihud*, em K. E. Groezinger e J. Dan (eds.), *Mysticism, Magic and Kabbalah in Ashkenazi Judaism*, Berlin e New York, 1995, p. 139-141, 153-154.

**142** Ver, por exemplo, I. M. Ta-Schma, Rabbenu Dan Aschkenazi, em J. Dan e J. Hacker (eds.), *Mehkarim be-Kabalá...*, p. 385-394.

**143** Ver seu *Sefer Ozar Haim*, Ms. New York, JTS 2263, fol. 14b. Sobre tradições, que podem ser apócrifo, esse relato sobre sábios judeus de Damasco nos escritos cabalísticos veja, e. g., o *Ma'amar ha-Azilut ha-Smalit* de R. Isaac ben Jacob ha-Kohen, in *Kabalot R. Ia'akov* (acima, n.115), p. 87.

**144** *Israel ha-Golá*, p. 280-281, 330-335. Ver também nota 147 abaixo.

Aragão, continuou seus estudos dos escritos de Maimônides na Itália e, mais tarde, estudou Cabala em Barcelona. Depois viajou pela Castela e continuou pela Grécia, Itália e Sicília. Nenhum cabalista do período anterior havia empreendido um currículo de tal amplitude ou se aventurado em uma vida tão itinerante.

Mobilidade em sentido geográfico pode também implicar em flexibilidade no nível conceitual. Lugares diferentes abrigam diferentes escolas e uma mudança de um lugar a outro envolve uma mudança espiritual, que pode algumas vezes ser radical. A maioria dos cabalistas que mencionamos acima começou sua carreira intelectual próximos do pensamento de Maimônides, e tornaram-se explicita ou implicitamente mais críticos. Ao tornarem-se cabalistas eles "descobriram" um domínio que perceberam ser superior e, portanto, que exigiu uma atitude crítica à sua antiga especulação intelectual. Isso é evidente em Abuláfia, Moisés de Burgos, ibn Latif, e Gikatila. Parte da crítica também inclui o desejo de guiar outros no sentido de atitudes religiosas e espirituais corretas, representadas por essas crenças recentes e práticas místicas, e isso muitas vezes envolve uma atitude exotérica e até propagandística. Assim, por exemplo, o escrito ulterior de R. Isaac ibn Latif, *Tzurat ha-'Olam*, começa com a seguinte declaração programática.

> [para] anunciar a todos Seu poder, e a glória de Seu esplendor; para aludir a alguns dos segredos maravilhosos encontrados na *Torá* e nos [livros de] Profecia, que estão ocultos aos olhos de todos os inquiridores especulativos, que se fiam em suas [próprias] indagações e especulações e falam negativamente dos princípios da *Torá* [...] Daí por que eu comecei por uma discussão da limitação de seus pensamentos e de suas falsas opiniões [...] e pretendo remover da estrada de meu povo este obstáculo e remover a poeira dos olhos de alguns da multidão, gente de nossos dias, que foi atraída a seguir as ideias dos filósofos [...] e este [estado das coisas] é o resultado do fato de que eles não entraram no "*pardes* das Romãzeiras"[145] da *Torá*[146].

Por isso, ibn Latif, que estava mais próximo das fontes e conceitos filosóficos do que a maioria dos cabalistas do século XIII, não obstante, queixa-se da influência relativamente proeminente da filosofia, que é facilitada

**145** Idem, p. 9.
**146** Edição de Z. Stern, Viena 1860, p. 3.

pela ignorância dos segredos ocultos nas sagradas escrituras. Ideias judaicas esotéricas são portanto o antídoto para a filosofia "perniciosa" e seu livro é retratado como uma cruzada contra o envolvimento com especulações filosóficas. Se essa epístola atribuída a ibn Latif sob o título *Igeret ha-Teschuvá* é, de fato, de sua autoria, então ele próprio admitia ter visitado várias escolas em busca do conhecimento religioso[147]. O surgimento então de uma literatura cabalística escrita somada a algumas obscuras figuras capazes de iniciar outros nos "segredos" criou uma alternativa de ulterior mobilidade, uma que pode mover um jovem intelectual dos estudos rabínicos para os filosóficos, e destes para os grupos que versavam a Cabala e em alguns casos, também, de um tipo de Cabala para outro. O enriquecimento da cultura judaica, com uma variedade de paradigmas especulativos, criou a oportunidade de mudar de um paradigma para outro, e esse foi o caso nos escritos de R. Moisés de Leon, Iossef Gikatila e das várias camadas do *Zohar*. Essa mobilidade induziu, em nossa opinião, o sentimento da relatividade dos segredos e contribuiu para posterior pesquisa espiritual e, algumas vezes, para a criatividade que foi alimentada pela suposição, tão maravilhosamente expressa por Tennyson: "Como é estúpido fazer uma pausa, dar um fim".

A mobilidade tende muitas vezes a levar à complexidade. A tentativa de sistematicamente integrar as várias correntes espirituais, que são amiúde baseadas em tipos divergentes de pensamento, mui raramente tem sucesso. Tensões, ambiguidades, inconsistências e obscuridades são fenômenos que se tornam mais e mais evidentes com o desenvolvimento da Cabala. A tentativa de Abraão Abuláfia para integrar as formas de pensamento aschkenazita e maimonideana, por mais engenhosa que tenha sido, não poderia criar um sistema unificado. As tentativas de Gikatila para preservar, em seus últimos escritos, a importância do misticismo linguístico, com sua ênfase na centralidade dos nomes divinos em um sistema teosófico, não deixa de ter problemas sistêmicos. A combinação das concepções neoplatônicas da emanação com teorias sobre o mal ontológico criou novas sínteses, cuja coerência está longe de ser evidente. A transição de Isaac ibn Latif de uma via aristotélica de pensamento combinada com algumas tradições

147 Veja *Kobetz al Iad*, 1, 1885, p. 46; Dinur, *Israel ba-Golá*, p. 333. Compare A. Green (ed.), Peruschi Schir ha-Schirim..., p. 401-403 e S. Heller-Wilensky, Bein Mistiká le-Filosofiá..., p. 382, nota 72 Nós mesmos pensamos que essa epístola foi escrita algum tempo mais tarde, talvez por volta de meados do século XIV.

esotéricas neoplatônicas e com ideias de Isma'ili, para uma via próxima ao neoplatonismo e à Cabala, criou antes uma terminologia obscura e ocasionalmente expressões paradoxais[148].

O *Zohar*, como recentemente foi ressaltado por Liebes, não deveria ser entendido como se consistisse de um caminho unificado de pensamento, quer por causa da presença em seu interior de pontos de vista conflitantes sobre o mesmo assunto, originários de diferentes autores[149] ou, e essa reivindicação é até mais radical e importante no caso da Cabala, porque seu modo de expressão e pensamento não é sistemático desde seu princípio[150].





Gostaríamos de enfatizar o seguinte: essas tensões raramente são parte apenas do problema clássico que persegue a literatura mística em geral, o assim chamado problema da inefabilidade. Os cabalistas não estavam particularmente preocupados com esse assunto, e os problemas sistêmicos que surgiam não eram em geral apontados por esse cabalistas, mas são, de preferência, um assunto da análise moderna. Essa riqueza de tradições, *backgrounds*, experiências, encontros, são uma das razões para a súbita expansão da literatura cabalística no período ora em discussão.

## Alguns Atritos entre Elites

A mobilidade, que se torna um fenômeno importante entre os cabalistas, pode apenas apoiar a ênfase nas experiências individuais e pessoais e realizações exegéticas. Além disso, a mobilidade envolve também uma independência bem maior em relação a centros de poder como representava para a primeira elite. Deixem-nos aduzir três exemplos que ilustram essa atitude mais relaxada para com as autoridades rabínicas entre a segunda elite.

Cedo em sua carreira, R. Iossef Gikatila criticou Nakhmânides, a figura mais autorizada da geração anterior a dele, sobre um importante tópico escatológico[151]. De forma ainda mais dramática, Abraão Abuláfia envolveu-se

**148** Ver Heller-Wilensky, Bein Mistiká...
**149** Ver seu *Studies in the Zohar*, p. 85-134.
**150** Ver seu New Directions in Kabbalah Research, p. 159-161.
**151** Ver Gottlieb, *Studies*, p. 110;

em uma amarga controvérsia com o seguidor de Nakhmânides, R. Salomon ben Abraham ibn Adret, e acusou alguns dos cabalistas, mais provavelmente aqueles da escola de Nakhmânides, de serem, falando do ponto de vista teológico, piores do que os cristãos[152]. Além disso, várias críticas cortantes enviadas por Abuláfia a alguns rabinos anônimos exibiam as mais extremas tensões existentes entre cabalistas proeminentes e a elite rabínica[153].

Menos dramático, embora bastante interessante, é o fato de que Moisés de Leon, quando confrontado com duas diferentes explicações relativas ao significado simbólico da prece, uma de um cabalista anônimo e outra de R. Isaac, o Cego, prefere a deste último, que é descrito como sendo o mais confiável cabalista[154]. Entretanto, na continuação dessa discussão, o outro cabalista, aparentemente não confiável, poderia ser ninguém mais senão Nakhmânides. De fato, como sugerimos em outra parte, a "janela de oportunidades" está emoldurada por dois períodos de forte liderança rabínica, representada nas décadas anteriores a ela por Nakhmânides e R. Ioná Gerondi, e após 1290, por Ibn Adret e R. Ascher ben Iehiel, na Espanha, e R. Menahem ha-Me'iri na Provence[155]. Este breve vácuo de liderança rabínica na Espanha, que durou aproximadamente duas décadas, abriu a porta para mais atividade literária imaginativa, a qual declinou imediatamente depois que as duas figuras rabínicas mais importantes obtiveram o pleno controle da Catalunha e de Castela.

A fim de não deixar a impressão de que sugerimos um contraste demasiado agudo entre as atitudes rabínicas e cabalísticas para com a Cabala e a inovação, convém mencionar o ponto de vista antes desse período, a Cabala e a *Halakhá* estavam muito mais conectadas uma a outra, e traços do impacto dos escritos da primeira elite sobre cabalistas pertencentes à segunda são inegáveis[156]. Além do mais, as observações acima não devem ser mal interpretadas, como se reivindicassem a rejeição das atitudes



**152** Ver *Ve-Zot li-Iehudá*, p. 19.

**153** Esse assunto será objeto de um estudo separado. Veja, enquanto isso, nosso On Judaism, Jewish Mysticism and Magic, em P. Schäfer e Hans G. Kippenberg (eds.), *Envisioning Magic*, Leiden: [s.n.], 1997, p. 195-214.

**154** Ver Idel, Al Kavanat Schemoneh..., em M. Oron e A. Goldreich (eds.), op. cit., p. 28, 30. Para outro exemplo da preferência da Cabala de Gerona sobre a da visão de Nakhmânides sobre um certo tópico nos livros de Todros Abuláfia, veja M. Chaze op. cit..

**155** Ver idel, Kabbalah and Elites, op. cit.; M. Halbertal, R. Menahem ha-Me'iri; Bein Torá le-Hokhmá, *Tarbiz*, 63, 1994, p. 63-118.

**156** Ver I. M. Ta-Schma, *Ha-Niglé sche-ba-Nistar: le-Heker Scheki'ei ha-Halakhá be-Sefer ha-Zohar*, Tel Aviv: [s.n.], 1995.

conservadoras e, muito menos, da retórica conservadora por todos os cabalistas de 1270 a 1295. Não é este o caso para a maioria dos cabalistas catalães, e até alguns de Castela, como R. Moisés de Burgos, que está por vezes mais próximo dos conservadores do que dos inovadores, como já salientamos acima. De fato, até entre os cabalistas inovadores, elementos conservadores podem ser observados e eles, na verdade, mantêm algumas antigas tradições[157]. Entretanto, não é a quantidade do material antigo embutido na Cabala inovadora que é aqui crucial, mas a própria atitude do material cabalístico e os métodos pelos quais eles foram gerados.



## Duas Renascenças Culturais Paralelas

Esses desenvolvimentos sistêmicos na vasta literatura designada como Cabala ocorreram em um especial período de tempo, que foi, ele mesmo, descrito pela cultura hispânica como uma renascença, a Renascença Afonsina, a qual é caracterizada por uma maior cooperação entre tradutores judeus e espanhóis do que jamais ocorrera anteriormente[158]. A maioria dos cabalistas mencionada acima residia em várias cidades de Castela, ou pelo menos visitava Castela por um tempo e por isso os locais castelhanos, para a renascença cabalística judaica, são inegáveis. Se esta esteve direta ou apenas indiretamente relacionada à Renascença Afonsina é um problema difícil que envolve questões de definição, por exemplo, o que é a influência. Gostaríamos de não entrar no pormenor dessas complexidades e afirmaremos aqui somente que em nossa opinião a forma mais importante de influência deve ser descrita mais como uma questão de osmose do que uma simples apropriação de ideias encontradas no ambiente intelectual dos judeus castelhanos. Nossa hipótese de trabalho é que ambiências culturais criativas induzem fenômenos similares, até quando não existe

**157** D. C. Matt, "Matnita Dilan" Tekhniká schel Hidusch be-Sefer ha-Zohar, *Sefer ha-Zohar ve-Doró*, p. 123-145; idem, New-Ancient Words: The Aura of Secrecy in the Zohar, em P. Schafer e J. Dan (eds.), *Gershom Scholem's Major Trends in Jewish Mysticism: 50 Years After*, Tübinguen: [s.n.], 1993, p. 181-207; Oron, Kabalat Kastiliá..., op. cit..

**158** Para uma lista de tradutores judeus e traduções feitas para Afonso, o Sábio ver J. S. Gil, *La escuela de traductores de Toledo y sus calaboratores judios,* Toledo: [s.n.], 1985, p.57-87.

evidência positiva de empréstimo direto pela cultura minoritária daquela dominante. Este pode também ser o caso de outro importante centro judaico desse período, o de Roma, mas essa questão não nos preocupa aqui[159]. Portanto, de acordo com a explicação gostaríamos de sugerir que para a renascença sem paralelo da Cabala castelhana durante o período da "janela de oportunidades", ambos os desenvolvimentos, sistêmico e histórico, coincidiam e se apoiavam um no outro, gerando a eflorescência sem precedentes nas matérias da Cabala e, também, em menor extensão, na filosofia judaica. Propomos designar o novo modo de criatividade de "Cabala inovadora". Por isso, o surgimento do livro do *Zohar* não é apenas um fenômeno de renascença espiritual, como salientado corretamente por Liebes[160], mas parte de um fenômeno mais amplo de eflorescência, que serviu como pano de fundo para sua composição e disseminação.

Este período mais dinâmico, caracterizado pela circulação de informações entre diferentes centros de estudo judaico e entre diferentes camadas na sociedade judaica em um centro de vibrante atividade intelectual, refletiu-se no desenvolvimento sem precedentes da Cabala[161]. Tal explicação é, em nossa opinião, válida não apenas para a Cabala do final do século XIII mas, também, para o outro e vibrante período do desenvolvimento dessa literatura, as três décadas entre 1542–1572 em Safed onde, outra vez, encontros entre diferentes tradições, e uma maior mobilidade de cabalistas que criaram o centro de Safed, contribuíram com a base espiritual para outro desenvolvimento dramático desta tradição[162].



**159** Ver Idel, Abraão Abuláfia and Menahem ben Benjamin in Rome...
**160** The Zohar as Ranaissance in Castile, e M. Idel, Historical Introduction, em *Rabbi Yosef Gikatila: Gates of Light*, trad. A. Weinstein, San Francisco: [s.n.], 1994, p. XXX-XXXI.
**161** I. Twersky chamou a atenção na transição de R. Abraão Abuláfia, R. Iossef Gikatila e R. Moisés de Leon da filosofia para a Cabala: cf. seu Religion and Law, em S. D. Goitein (ed.), *Religion in a Religious Age*, Cambridge, Mass.: [s.n.], 1974, p. 74 (*Studies in Jewish Law and Philosophy*, New York, 1982, p. 208).
**162** Ver M. Idel, On Mobility, Individuals and Groups: Prolegomenon for a Sociological Approach to 16th Century Kabbalah, *Kabbalah*, 3, 1998, p. 145-173 e a bibliografia lá mencionada.

[illegible]

[illegible] um campo de vibração [illegible]

[illegible]

# O *CORPUS* ZOHÁRICO: SEUS TÍTULOS E SUAS AMPLIFICAÇÕES

CHARLES MOPSIK

trad. de J. Guinsburg

## A Constituição do Núcleo Primitivo

O *Livro do Esplendor* ou *Sefer ha-Zohar* não é um livro de cabala como os outros. É a única obra da literatura rabínica pós-talmúdica que foi considerada, por um largo público, ao menos a partir do século XVI, como um livro revelado, dotado de uma numinosa aura, quase comparável àquela que cerca as Escrituras Sagradas. Mais do que uma obra particular, ele constitui um verdadeiro *corpus*, por duas razões convergentes: em primeiro lugar, seu núcleo primitivo já é composto de vários estratos distintos; em segundo lugar, uma série de textos redigidos a seguir e por diversos autores, veio adicionar-se ao núcleo inicial, constituindo o todo isso que os estudiosos denominam correntemente de literatura zohárica ou *corpus* zohárico e que os cabalistas chamam comumente de *Sifré ha-Zohar* (Livros do Zohar).

O *Zohar* foi atribuído, desde o aparecimento de suas primeiras partes constitutivas, a um *taná* (repetidor) palestinense do século II, R. Schimon ben Iohai. É no círculo dos cabalistas castelhanos do fim do século XIII que essa atribuição foi reconhecida e, depois, uma longa tradição, ainda viva, continua a prestar-lhe crédito. Para explicar a grande brecha cronológica que essa datação implica, a saber, o desaparecimento do *Zohar* desde o século II até o seu reaparecimento no século XIII, os cabalistas apresentaram relatos lendários, porém reveladores, sobre a aura quase miraculosa que envolve o *Zohar* e seu perfume messiânico. Certos relatos narram que os cadernos originais do livro haviam sido outrora enterrados nas areias do deserto ou ocultos numa gruta, a fim de preservá-los do desgaste do tempo, pois a época favorável à sua revelação não era ainda chegada, e depois esses cadernos foram reencontrados por nômades e finalmente reconhecidos pelo que eram e identificados por hebraístas competentes[1]. Entretanto, mesmo se as edições impressas dos volumes do *Zohar* dão em seu cabeçalho R. Schimon ben Iohai como o autor dos referidos escritos, a tradição transmitida pelos cabalistas e amiúde reafirmada por eles, precisa que esse *taná* não é o redator direto dos textos em questão, porém o chefe de uma escola em cujo interior as concepções esotéricas se cristalizaram pouco a pouco, e que foram somente os discípulos do prestigioso mestre e os discípulos de seus discípulos que assentaram, por escrito, esse ensinamento, escritos que desembocaram, após diversas peripécias, na forma conhecida do *Zohar*[2]. Tais especificações são importantes por duas razões; em primeiro lugar, elas assinalam que os cabalistas tiveram a preocupação de explicar o aparecimento histórico dos escritos zoháricos assim como a natureza particular de seu conteúdo, ao mesmo tempo homogêneo e compósito, constituído frequentemente de discussões entre diferentes mestres antigos com opiniões às vezes divergentes; mas essas tradições tomam, sobretudo, um relevo particular sob o olhar de uma nova abordagem crítica muito recente e muito nova no tocante à composição do *Zohar*, a cujo respeito logo voltaremos a falar. Pois essas antigas considerações acerca da origem do *Zohar*, promovidas por cabalistas que se tornaram, na maioria dentre eles, seus comentadores ocasionais ou sistemáticos –, e que foram reconhecidos e aprovados, com o tempo, pela maioria das autoridades rabínicas e pelos membros de sua comunidade, bem como, em um contexto social e cultural diferente, pelos cabalistas cristãos da Renascença –, foram rejeitadas pela crítica histórica moderna. Esta, em seus inícios, esforçara-se em mostrar o caráter tardio, medieval, do *Zohar*, com o objetivo confesso de contrapor-se à influência da Cabala e da mística judaica pietista que é sua herdeira (o hassidismo da Europa Central e Oriental), desvalorizando sua pretensão à origem vetusta e à autoridade. Uma luta amiúde áspera e encar-





1 Uma série de relatos que narram essas lendas foi reunida por H. Zeitlin, em *Bepardes ha-Hassidut veha-Qabalá*, Tel Aviv: Yabné, 1982, p. 107-116, e por I. Tishby, *Mischnat ha-Zohar*, v. 1, Jerusalém: Mossad Bialik, 1971, p. 34. Ver em francês H. Zafrani, *Kabbale, vie mystique et magie*, Paris: Maisonneuve et Larose, 1986, p. 173.

2 Ver ainda Zeitlin (p. 109), que cita R. Avied Sar Schalom, *Emunat Hakhamim*, cap. XXV, e ver a Introdução de R. Abraão Azulai para o seu grande comentário ao *Zohar*, intitulado *Or ha-Hama* (reed. Jerusalém, s.d., Introdução à obra que se refere ao *Sefer Iohasin* de R. Abraão Zacuto). Várias dessas passagens foram traduzidas para o francês por A. Franck *La Kabbale ou la Philosophie religieuse des Hébreux*, Genève-Paris: Slatkine, 1981 [reed.], p. 66-67. Esta obra, publicada em 1843 por um professor de Direito do Collège de France, embora de há muito ultrapassada e obsoleta, não merece, no entanto, o extremo desprezo em que é tida em geral.

niçada abriu-se, aquela que viu nascer, desde o século XVIII, um novo gênero literário: escritos desenvolvidos a favor ou contra a antiguidade do *Zohar*[3]. Ainda atualmente, não é tão raro surpreender, nos escritos de uns e outros, pontos polêmicos a este propósito.

Uma crítica elaborada, mais interessada pela verdade histórica do que pelos conflitos religiosos, abriu caminho, depois que o erudito alemão Adolph Jellinek[4] e suas conclusões passaram a ser incessantemente confirmadas pelas sucessivas pesquisas. Foi assim que a paternidade da obra veio a ser concedida ao cabalista castelhano R. Moisés ben Schem Tov de Leon, autor, aliás, de uma obra considerável assinada com seu próprio nome. Os trabalhos de G. Scholem marcaram uma data importante nas investigações filológicas concernentes ao *Zohar*. Esse grande estudioso, falecido em 1982, confirmou os resultados de seus predecessores, provando a atribuição da totalidade do *Zohar* a Moisés de Leon (fora as partes intituladas *Raaia Mehemna* e *Tikunei Zohar*, obras, segundo ele, de um discípulo do mesmo cabalista). Assim, pôde precisar as datas de sua redação, que foi levada a cabo entre 1275 e 1286[5]. Não obstante, I. Tishby, um colega de Scholem, embora aprovando o essencial de suas conclusões, propôs uma data mais tardia e, a seu ver, poder-se-ia estimar, de um modo mais seguro, que o *Zohar* teria sido redigido a partir do ano de 1293[6]. As coisas pareciam dever ficar nisso, quando, por ocasião de um colóquio consagrado ao *Zohar* e à sua época, que se realizou em 1988, em Jerusalém, uma intervenção, agora publicada, causou sensação. Um jovem pesquisador, que já era autor de um léxico do *Zohar* reconhecido por todos como um instrumento precioso, e de numerosos artigos, professor da Universidade Hebraica, tentou retomar a questão da redação do *Zohar*, em uma nova perspectiva[7]. Optando por perguntar-se "como"



3 Tishby dá numerosos exemplos deles: *Mischnat ha-Zohar*, v. I, p. 44-63. Cumpre mencionar, no que concerne à França, de A. Franck, *La Kabbale ou la Philosophie...*, cujo capítulo III se intitula: Authenticité du Zohar.

4 A. Jellinek, *Moses ben Schem Tov de Leon und sein Verhältniss zum Sohar*, Leipzig: [s.n.], 1851.

5 As pesquisas de G. Scholem encontram-se resumidas em sua obra, *Major Trends in Jewish Mysticism*, New York: Schoken Books, 1961, p. 156-253, que é a edição revista do livro publicado em 1941 e reeditado em 1946. A tradução francesa da primeira edição é de M. -M. Davy: *Les Grands Courants de la mystique juive*, Paris: Payot, 1952, 1973 (reed.), p. 172 e s. (Tradução brasileira, *As Grandes Correntes da Mística Judaica*, São Paulo: Perspectiva, 3. ed. revista, 1995, p. 173-272). A contribuição de Scholem às pesquisas acerca do *Zohar* é descrita por I. Tishby, La part de G. Sholen dans l'étude du *Zohar* (hebraico), *Gerschom Scholem*: The man and his work, p. 32-47, Jerusalém: [s.n.], 1983.

6 Ver *Mischnat ha-Zohar*, I, p. 105-107.

7 Y. Liebes, Comment le *Zohar* a été composé (hebraico), *Jerusalem Studies in Jewish Thought: The Age of the* Zohar, v. VIII, 1989, p. 1-71. M. Idel já havia aventado a possibilidade de uma composição do *Zohar*

sua redação desenrolou-se, de preferência a "por quem" ela foi produzida, Yehuda Liebes mostrou que, mesmo se R. Moisés de Leon for o autor de uma parte importante do texto, outros redatores intervieram no acerto final e, sobretudo, sustentou a ideia de que Moisés de Leon não foi senão, no máximo, a cavilha mestra de um grupo de cabalistas castelhanos, cujas abordagens singulares se refletem no corpo da obra. Redação unificada de textos provenientes de discussões livres e abertas, as opções pessoais desse círculo de esoteristas reencontram-se no detalhe do desenvolvimento do *Zohar*. É assim que essa obra constituiria o resultado e a confluência dos esforços conjugados de uma pequena comunidade constituída pelos principais cabalistas espanhóis, e por alguns de seus discípulos, conhecidos, além do mais, pela proximidade de suas concepções com aquelas que se reapresentam no conjunto dos escritos zoháricos. Os nomes adiantados são o seguinte, além de, evidentemente, o de R. Moisés de Leon: Todros Halevi Abuláfia, Moisés de Burgos. Iossef Gikatila, Bahia ben Ascher de Saragoça, Iossef de Hamadan, (ou de Susa), David ben Iehudá he-Hassid, Iossef ben Schalom Aschkenazi, Iossef Angelino. Para retomar os próprios termos de Y. Liebes:



> O *Zohar* é o fruto de todo um grupo cujos membros estudaram juntos a doutrina cabalista, com base em uma tradição fragmentária e em escritos antigos. Esse grupo começara suas atividades antes mesmo que o *Zohar* fosse escrito. Seus inícios deveriam ser identificados com o círculo dos 'cabalistas gnósticos' de Castela, na metade do século XIII [...]. Foi desses homens que germinou o grupo do *Sefer ha*-Zohar, e muitos de seus membros transcreveram suas palavras enquanto formulavam, em seus próprios termos, o resultado das atividades do grupo, e o desenvolviam, cada um segundo sua propensão, pois a liberdade de criação em matéria de Cabala é o método do *Zohar* e pertence à sua ideologia e a do conjunto dos membros do círculo (p. 5-6).

A parte que cabe a R. Moisés de Leon remanesce grande, porquanto ele pode ser tido como o arquiteto do livro, o mestre de obra, ainda que, sempre

no seio de uma pequena comunidade; em *Kabbalah, New Perspectives,* New Haven: Yale Univ., 1988, p. 380, nota 66 (tradução brasileira em *Cabala: Novas Perspectivas*, São Paulo: Perspectiva, 2000, p. 318): "Esta ideia do *Zohar* como o apogeu de um dado processo que teve lugar entre as décadas de 1270 a 1290 não é, entretanto, idêntica aos pontos de vista de Scholem ou de Tishby, segundo os quais esta obra é composição exclusiva de R. Moisés de Leon. Creio que elementos mais antigos, que incluem concepções e simbologias teosóficas e, talvez, também, composições mais curtas, fundiram-se nesse trabalho cabalístico, que se beneficiou fortemente do nascente simbolismo livre".

conforme Y. Liebes, a redação da maior parte do *Midrasch ha-Neelam* – estrato do *Zohar* que Scholem considerava, antes, como o primeiro que o referido cabalista redigira não deva lhe ser atribuída; do mesmo modo que sua responsabilidade na redação de tratados zoháricos como os *Idra* não é senão parcial; ele é apenas seu editor, tendo provido o trabalho de acabamento.

A extrema novidade da abordagem crítica de Liebes torna arriscado no momento todo juízo definitivo a seu respeito. As reações não vão faltar, como se pode prever sem maior dificuldade. Não obstante, essa abordagem original reveste-se de um interesse especial para o estudo do *Zohar* enquanto *corpus*. Não se trata somente do *Zohar* como obra levada a termo e impressa, um reagrupamento de estratos e textos múltiplos, que formou um *corpus* digno desse nome após anos de evolução e acreção de elementos díspares, mas é preciso ver doravante o núcleo inicial e fundador do *Zohar* como sendo, desde o começo, a sede de um processo voluntário e progressivo de constituição de um corpo organizado de escritos esotéricos. Um *corpus* assim, aberto desde a origem, não cessou com o tempo de captar em sua órbita textos escritos em igual veia ou em imitação de seu estilo e de sua linguagem. Suas primeiras edições impressas, em Mântua e Cremona em 1558-1559, acarretaram, sem dúvida, uma delimitação quantitativa desse conjunto de escritos, doravante reunidos – e pela primeira vez – em um volume e sob um título único. Entretanto, esse enquadramento do *corpus* zohárico dentro de limites fixos não o fechou totalmente. De uma parte, peças suplementares de natureza zohárica vieram à luz, uma cinquentena de anos mais tarde (em Veneza, em 1621), numa espessa coletânea denominada *Zohar Hadasch* (Novo *Zohar*) – título significativo dado pelos editores que eram cabalistas pertencentes à nova escola de Cabala em Safed. Outras partes, inéditas, foram também publicadas, desta vez por pesquisadores modernos, uma por G. Scholem e outra, muito recentemente, por M. Idel[8]. Além dessas impressões de materiais zoháricos que não haviam sido editados pelos primeiros impressores, uma extensão do *corpus* produziu-se igualmente pela redação de textos zoháricos "originais", ditados a seus "copistas" por seres angélicos a lhes comunicar os ensinamentos dos heróis habituais do *Zohar* e dos *Tikunei Zohar*, desde a Escola



**8** G. Scholem, Nouveau chapitre du *Midrach ha-Néélam* du *Zohar* (em hebraico), em *Louis Ginsberg Jubilee Volume*, New York: American Academy for Jewish Research, 1945, p. 425-446. M. Idel, Fragment inconnu du *Midrasch ha-Néélam*, *Jerusalem Studies in Jewish Thought*, 8, 1989, p. 73-87. Traduzido em francês por nós em *Le Zohar. Le Livre de Ruth*, Lagrasse: Verdier, 1987, p. 205-216.

celeste, em que, após sua partida deste mundo, eles continuam a estudar a *Bíblia* e a prodigalizar os resultados de suas interpretações místicas. O caso mais exemplar é o de R. Moisés Haim Luzzato (1704-1747), autor de uma obra variada e considerável, que redigiu – ou, antes, copiou – os ensinamentos celestes, e isto na primeira metade do século XVIII, na Itália[9]. Nenhum impressor, por certo, correu o risco de anexar os mencionados escritos zoháricos desse cabalista italiano a uma edição dos volumes do *Zohar*. Todavia, não está excluído que isso venha a produzir-se um dia, tendo-se em conta a celebridade desse autor fora do comum e a admiração que continua a despertar em meios dos mais diversos. O interesse desse caso singular é o de pôr claramente em evidência o caráter provisório e flutuante do *corpus* dos escritos zoháricos, ao menos tal como os impressores o fixaram. A conclusão que se impõe é a de constatar que o referido *corpus* ainda permanece aberto a flutuações e a amplificações, e isso, malgrado o tempo bastante longo escoado desde os primeiros estratos redatoriais do *Zohar*, efetuados no seio do grupo que lhe deu o impulso inicial. A questão que todo pesquisador responsável deveria colocar-se é a de sua eventual intervenção, quer no estabelecimento, quer na edição crítica de um *corpus* assim. Seus critérios filológicos e históricos poderiam levá-lo a excluir diversos elementos do *corpus*, a propor a edição de um texto depurado, classificado, ordenado, acabado. Tal trabalho – de resto, extremamente árduo – é o objetivo mais nobre ao qual todo estudioso exigente deve tender. Mas ele poderia chegar a fechar um *corpus* que atraiu ao seu seio múltiplas criações e que estimulou, por sua abertura mesma, várias gerações de cabalistas a sentirem-se chamadas para a missão de prosseguir a obra encetada com o fito de revelar os segredos da *Torá*. Obra de revelação, que é no espírito dos cabalistas tão infinita quanto o Infinito (*Ein Sof*) de onde julgam tudo receber[10].




**9** Sobre este autor, ver notas 26 e 27.

**10** Idel estudou as concepções dos cabalistas – e, sobretudo, dos cabalistas castelhanos pertencentes precisamente ao círculo em que o *Zohar* foi composto e se implantou – com respeito às interpretações da *Torá* e à natureza infinita desse processo exegético, a bom direito, ver do mencionado autor: Infinities of Torah in Kabbalah, em G. Hartman e S. Budick (ed.), *Midrash and Literature*, New Haven: Conn., 1986, p. 141-157. Convém notar, entretanto, que, contrariamente a uma de suas afirmações iniciais, segundo a qual uma concepção assim está ausente da literatura midráschica anterior à Cabala, encontra-se em um *midrasch* tardio, compilado na escola de R. Moisés ha-Darschan de Narbona (primeira metade do século XI), a ideia do caráter infinito da *Torá*: "Quando David notou os princípios da *Torá* e soube que nela há interpretações (*midraschim*) e detalhes (*diqduquim*) aos montes, ele se pôs a rezar [...]". Cf. H. Albeck (ed.), *Bereschit Rabati*, Jerusalém: [s.n.], 1940; 1967, (reed.), p. 20,

## O *Corpus* do *Zohar* e seus Precedentes

Como fenômeno religioso, a redação do *corpus* zohárico inscreve-se deliberadamente no contexto mais amplo da transcrição do ensinamento divino revelado oralmente, ou seja, a *Torá* oral. O que tornou possível essa redação e assegurou o seu sucesso e sua brilhante carreira no curso dos séculos, é que ela mesma se apresentou como sendo a busca da transcrição desse ensinamento oral de origem divina, de suas verdades esotéricas, dos "segredos da Lei"[11]. Pô-los por escrito era em si um ato tido como transgressivo[12]. Em consequência, para que uma obra de Cabala fosse aceita pelo maior número possível, era preciso que os cabalistas expusessem suas concepções em escritos, propostos como continuação direta dos *corpus* anteriores autorizados, que haviam recolhido essa lei oral. O *Zohar* preencheu essa condição. Ele é, portanto, ele mesmo, aos olhos dos cabalistas e dos leitores que admitiram suas pretensões – e estes foram e são bastante numerosos –, o estrato suplementar ou complementar do *corpus* das tradições rabínicas, isto é, do *Talmud* e do *Midrasch*. Algumas chamadas muito breves impõem-se, pois, no tocante ao contexto literário, constituído pelo amplo *corpus* de textos rabínicos, no qual o *Zohar* voluntariamente se inseriu.

linha 1, e ver p. 43-44. É provável que semelhante concepção haja desempenhado papel importante entre os autores e compiladores dos *midraschim* tardios, assim como posteriormente entre os cabalistas integrantes do círculo fundador e amplificador do *corpus* zohárico, autorizando *a priori* a expressão de uma fecundidade criativa sem limite. A ideia de que o sentido esotérico da *Torá* é uma fonte de comentários infinitos e superabundantes é posta em evidência no *Raaia Mehemna*, *Zohar* III, 279b. A *Torá* é infinita, como Deus, com o qual ela se confunde; suas expressões são, portanto, inexauríveis.

**11** A história da dimensão esotérica emprestada à *Torá* foi estudada com notável penetração por M. Idel, La conception de la Torah dans la littérature des Palais et ses évolutions dans la cabale (em hebraico), *Jerusalém Studies in Jewish Thought*, I, 1981, p. 23-84.

**12** De fato, fixar por escrito a *Torá* oral, mesmo exotérica, visto como uma transgressão de importante interdito, tornou-se necessário devido à ameaça de desaparecimento da transmissão; ver o *Talmud*, tratado *Guitin* 60b, e nossa apresentação de uma seleta de comentários, em C. Birman, C. Mopsik, J. Zackland, *Caïn et Abel*, Paris: Grasset, 1980, p. 143-150. Cabe perguntar-se em que medida o ato mesmo de transgredir a regra da fixação por escrito da lei oral constitui um fenômeno paradoxal de sua legitimidade. Um ato transgressivo efetuado com um fim sagrado, não para rejeitar a Lei, mas para consolidá-la, ela e a sociedade que ela estrutura, é necessariamente um ato que faz adquirir àquele ou àqueles que cometem um poder temível. É o que aprendemos da vasta enquete etnológica de L. Lévy Makarius, *Le Sacré et la Violation des interdits*, Paris: Payot, 1974. O próprio fato de escrever o que a Lei proíbe de escrever – segundo seus transmissores, em nome dessa mesma Lei, leva a conferir poder e legitimidade aos textos que esses transmissores produziram. A redação mesma do *Zohar*, ao menos de suas partes mais esotéricas, é apresentada por seu (ou seus autores) como uma violação do interdito de expor publicamente os segredos da Lei, com a intenção meritória de resguardá-la da traição e do abandono (ver *Idra Raba Qadischa*, *Zohar*, III, 127b).

A codificação da lei oral realizada, segundo tradições convergentes, pelo R. Judá ha-Nassi e sua escola por volta de 200, na Palestina, traz o título geral de *Mischná* (em aramaico, *Matnita*), palavra que se poderia traduzir por "Repetição". Os múltiplos tratados que a compõem apresentam igualmente, cada um per si, o título de *Mischná*, seguido de um termo que especifica sua natureza ou assunto, se bem que muitas vezes seja empregado o plural, *Mischnaiot*, para designar o referido escrito. Os comentários rabínicos das gerações imediatamente posteriores, geograficamente situadas na Palestina e na Babilônia, formam a *G(u)emará* (o estudo), escrita em hebraico e aramaico, e o conjunto traz o nome de *Talmud*, do qual existem duas compilações: um *Talmud* dito de Jerusalém e um *Talmud* dito da Babilônia[13]. Além de coletâneas de leis e de comentários bíblicos, existem relatos provenientes da tradição oral, denominados *midrasch* (pl. *midraschim*), cujo título é constituído de uma parte fixa (*Midrasch*) e de um complemento, que varia segundo a natureza do texto ou a autoridade à qual é atribuído. A redação dessas coletâneas de *midraschim* rabínicos, que comportam evidentemente tradições e sentenças de épocas anteriores, estende-se do século III até cerca do século XI, e cobre um espaço geográfico muito extenso: a Palestina e a Babilônia, por certo, mas também Bizâncio, a Itália do Sul, o *Midi* da França etc.



Esse apanhado retrospectivo destina-se a encarecer o simples fato de que o *corpus* zoahárico se inscreveu em continuidade com esse gênero literário, não só porque seu conteúdo depende em muitos aspectos da tradição rabínica e se remete a seus ensinamentos, mas também, e sobretudo, porque o faz adotando ou imitando suas estruturas formais, atribuindo suas interpretações a antigas e prestigiosas autoridades rabínicas e esposando em larga medida seu sistema de titulação. Veremos de que maneira. Outros escritos, de caráter esotérico ou místico, precederam o *Zohar* e lhe abriram de alguma forma o caminho, reutilizando o sistema de títulos em vigor na literatura rabínica a fim de marcar, ao mesmo tempo, uma continuidade na história do registro por escrito das tradições orais e com o objetivo também, é fácil imaginar, de obter uma espécie de reconhecimento e de legitimação de parte dos leitores já impregnados pelo *corpus* rabínico e pela nomenclatura dos títulos das obras que o compõem. A melhor ilustração dessa prática de títulos e de subtítulos é a do *Sefer Ietzirá*, o *Livro*

13 Uma boa exposição da história do *corpus* rabínico e de seus elementos é a obra de H. L. Strack e G. Stemberger, *Introduction au Talmud et au Midrach*, Paris: Éd. du Cerf, 1986.

*da Criação*. De datação ainda muito discutida (entre o III e o VII séculos), esse opúsculo, que reúne apenas algumas folhas e do qual se conhece duas versões, uma curta e outra longa, compõe-se de capítulos denominados *mischnaiot* e é dividido e organizado à maneira dos diferentes tratados da *Mischná* dita canônica do R. Judá, o Santo. Atribuída ao patriarca Abraão, no mais puro estilo dos pseudepígrafes do Antigo Testamento, ou então ainda ao *taná* R. Eliezer, no novo estilo, do qual ele é um dos primeiros representantes, juntamente com a literatura dos Palácios, dos pseudepígrafes da lei oral, essa obra viu-se algumas vezes impressa ao fim da *Mischná* canônica, como uma espécie de complemento.

Uma outra obra que precede a redação do *Zohar* oferece um exemplo diferente da prática do pseudepígrafe rabínico dentre os autores de escritos esotéricos. O mais antigo escrito dependente do sistema de pensamento da Cabala, o *Sefer ha-Bahir* ou o *Livro da Claridade*, foi designado amiúde, desde o seu aparecimento até o fim do século XII, por um título – e uma forma literária – que o situa de pronto na série dos *midraschim* rabínicos, visto que é denominado *Midrasch do Rabi Nehunia ben ha-Qana* (mestre que ensinou na Judeia entre os anos 80 e 120)[14]. Grandes autoridades rabínicas do século seguinte, como o geronês Nakhmânides, aceitaram, sem a menor discussão e aparentemente como uma coisa evidente por si, a atribuição dessa obra a R. Nehunia e sua inserção no *corpus* dos *midraschim* rabínicos autorizados.

Mas é o exame da constituição do *corpus zohárico* que fornecerá a mais abundante matéria para a reflexão sobre a noção de autenticidade literária e sobre o processo de inserção de um texto, ou de uma longa série de textos e de tratados, no seio de uma tradição redatorial dada.

## Os Títulos do *Corpus* Zohárico e de seus Tratados

Um breve histórico dos múltiplos títulos sob os quais o *corpus* zohárico circulou mostrará, primeiro, a utilidade de um repertório de suas formas e de suas sucessões, para o estudo da história desse *corpus* e de sua

14 Obra traduzida em francês por N. Séd, *Le Livre Bahir*, Milan: Arché, 1987.

recepção. Trata-se de remontar aquém das definições bibliográficas, para surpreender o fenômeno da constituição de um *corpus* por meio do estudo das constantes e das variações de seus títulos. O *corpus* zohárico, tal como nos chegou, em suas atuais edições impressas, é o resultado de um longo processo de edições, de amplificações e de agregações de estratos de diferentes origens e diferentes épocas, de inserções e de paginações de diferentes tratados em um tecido textual movediço.

Não existe, nem jamais existiu, um manuscrito "completo" do *Zohar*, subsistem somente fragmentos múltiplos, testemunhas das primeiras épocas da circulação progressiva, bastante lenta, de peças zoh% áricas que se adicionaram pouco a pouco em coletâneas de forma e volume variáveis. O *Zohar* começa a ser um objeto literário identificável por seus títulos nos autores medievais que o citaram e lhe deram um título à mercê das peças que estavam em suas mãos e variavam de um autor a outro[15]. Um cabalista italiano do início do século XIV, Menahem Recanati, designa a obra por dois títulos: *Sefer ha-Zohar ha-mufla* (Livro Maravilhoso do Esplendor), que se refere ao comentário zohárico sobre o *Pentateuco*; e *Sefer ha-Zohar ha-Gadol* (Grande Livro do Esplendor), que se refere a *Idra Rabá*, um dos tratados de caráter "oculto" muito pronunciado. Mas antes deles, os primeiros de todos os autores a mencionar o livro não conheciam senão uma pequena parte dele, que citam sob os nomes de *Midrasch* ou *Agadá* ou ainda *Palavras de Nossos Mestres* sem outra especificação. Os textos do *corpus* zohárico ao alcance de suas mãos eram, portanto, peças curtas ou fragmentos que não possuíam nenhum título, mas que esses autores já consideravam como dependente do gênero midráschico da literatura rabínica. Nos escrito hebraicos que R. Moisés de Leon assinou de punho próprio, as citações de passagens do *Zohar* portam títulos gerais e vagos, como *Midraschim ha-Penimim* (Comentários Interiores), *Meorot Olam* (Luminárias Eternas), *Or Israel* (Luz de Israel), *Sitré Torá* (Segredos da Lei), *Sitré ha-Ihud* (Segredos da Unidade Divina). Esse autor, bem como um contemporâneo castelhano, R. Isaac ibn Abi Sehula, mas também alguns cabalistas posteriores, servem-se, para designar o *Zohar*, do título de *Ieruschalmi*, ou *Midrasch Ieruschalmi* (Midrasch de Jerusalém). Mas essa

15 A maioria das especificações aqui fornecidas no tocante aos diferentes títulos dados ao *Zohar* por seus primeiros utilizadores provém do livro magistral de I. Tishby, *Mischnat ha-Zohar*, v. I, p. 37-38.

denominação não é um título próprio, pois outras obras, como é o caso do primeiro livro cabalístico em termos de data, o *Bahir*, são do mesmo modo designadas pelo nome *Ieruschalmi* – e isto, ao que parece, por oposição às tradições oriundas da Babilônia. É possível que essa denominação faça referência à continuidade na qual o *Zohar* ou, antes, na época ainda, uma série de peças zoháricas díspares, eram situadas com respeito ao *Bahir*, constituindo uma espécie de aditamento ou de complemento aos olhos dos primeiros cabalistas que conheceram escritos zoháricos.

Outros títulos, mais difundidos, circularam em seguida e o mais frequente dentre eles é sem dúvida o *Midrasch de R. Schimon ben Iohai* ou *Sifré R. Sch. B. I.*, que é mencionado até uma data avançada, praticamente até a época da edição impressa; o título *Idre de-R. Sch. B. I.* designa por vezes o *Idra Rabá*, enquanto R. Schem Tov ibn Gaon (Espanha, meados do século XIV) emprega o título *Tzavaté de-R.. Sch. B. I.* ou *Testamento de R. Schimon ben Iohai*, para designar o tratado zohárico mais conhecido sob o nome de *Idra Zuta*. Fato significativo de sua identificação com um produto da literatura rabínica autorizada, o *Zohar* traz também o título de uma obra rabínica muito antiga (século III), a *Mekilta de-R. Sch. B. I.*[16], no *Sefer ha-Guevul* (Livro do Limite) de R. David ben Iehudá he-Hassid (século XIV). No *Sefer Menorat ha-Maor* (Livro do Candelabro Luminoso) de R. Israel ha-Naqawa (morreu como mártir em 1391 em Toledo), quatro citações do *Zohar* são referidas sob o título de *Midrasch Iehi* (Midrasch "que haja luz"), segundo a peça zohárica de posse do autor, a qual devia, parece, começar por essas palavras do primeiro capítulo do *Gênese*. O *Zohar* em sua totalidade foi designado no *Sefer Livnat ha-Sapir* (Livro da Limpidez da Safira) de R. Iossef Angelino e no *Sefer Aqedat Itzhak* (Livro da Ligadura de Isaac) de R. Isaac Arama pelo título de *Midrasch ha-Neelam*, nome que designa na edição impressa, assim como nos manuscritos em nosso poder, apenas uma parte do *Zohar*, que é também o seu primeiro estrato redatorial e compreende os primeiros textos zoháricos a aparecerem citados por um autor, R. Todros Abuláfia, em seu *Otzar ha-Kavod* (fim do século XIII).

O caráter pseudepigráfico das menções do *Zohar*, de um lado, e a variabilidade de seus títulos e de suas denominações, de outro, permitem

16 Livro amiúde citado na Idade Média, mas considerado depois como perdido; fragmentos foram reencontrados e publicados por J. N. Epstein e E. Z. Melamed, *Mekhilta dé-Rabbi Simon b. Johaï*, Jerusalém: [s.n.], 1955, 1979 (reimp.).

afirmar que a forma do livro não estava ainda cristalizada, nem sua extensão fixada, pouco antes de sua edição impressa. O estudo dos títulos que lhe foram dados confirma o fato de que essa obra não foi publicada como uma entidade única e estável, mas como séries de cadernos ou opúsculos, pouco a pouco coletados e organizados. Em consequência, os títulos eram modificados em função da combinação das diversas partes nos manuscritos[17]. Os primeiros impressores do *Zohar*, em Mântua, em 1558, apresentam os três volumes, que eles publicam como o reagrupamento de vários manuscritos diferentes oriundos de diferentes proprietários.



Esse caráter flutuante e instável do texto zohárico, sensível nas variações de seus títulos, contribuiu para converter a obra num *corpus* aberto, disponível às ampliações e adições, dando a seus leitores a sensação da existência de um escrito original de contornos indefinidos, do qual o livro que eles têm em mãos nunca é mais do que um reflexo parcial. Foi esse livro ideal – mas de fato inexistente – que suscitou paradoxalmente a formação de um volumoso *corpus*, aumentado e modificado incessantemente, que tende sempre, como uma assíntota, à reconstituição escrita do ensinamento esotérico original e essencialmente oral de R. Schimon ben Iohai e dos outros mestres das primeiras gerações rabínicas, no fim da Antiguidade. O título popular dado a esse *corpus*, *Ha-Zohar ha-Qadosch*, o *Santo Zohar*, não atesta somente o caráter sagrado e inspirado atribuído à obra nos meios populares – e sem dúvida nos meios cabalísticos –, mas testemunha também a admissão do lento trabalho de constituição de um novo *corpus* literário, constituição que nenhum princípio nem norma de delimitação vieram, até agora, a um último remate, de direito.

## A Formação do *Corpus* Zohárico segundo seus Títulos e os destes Tratados

O começo da formação do *corpus* zohárico é apresentado amiúde como uma imitação do *midrasch* rabínico. O primeiro estrato, que é um comentário sobre uma parte do *Pentateuco*, sobre o *Cântico dos Cânticos* e as *Lamentações*,

17 Ver *Mischnat ha-Zohar*, v. 1, p. 38.

recebe o título de *Midrasch ha-Neelam*, a saber, o *Midrasch Oculto* ou *Místico*, e esse nome é um remanejamento específico de títulos de *midraschim* antigos, como o *Midrasch Rabá*. Entretanto, a atribuição da obra a autoridades rabínicas antigas e prestigiosas, a maneira de organizar o comentário como uma sucessão de discussões entre esses diferentes mestres, pontilhadas de anedotas edificantes ou maravilhosas, o título mesmo que é dado a esse primeiro estrato, permite legitimar sua inscrição na continuidade da história redatorial da tradição oral, e o caráter antes tardio da obra nada muda nesse estado de coisas: o reconhecimento dessa inscrição obteve a aprovação das mais altas autoridades rabínicas do fim da Idade Média e de épocas posteriores, com algumas exceções. Não há uma ruptura verdadeira, no plano da forma, entre um dos últimos *midraschim* rabínicos que foi compilado e registrado por escrito – o *midrasch* sobre o livro dos Números (chamado a seguir de *Números Rabá*) no século XI, no sul da França, e o *Midrasch ha-Neelam*. O *midrasch* sobre os Números testemunha desde logo a tendência manifesta pelos autores-compiladores tardios, os quais procuram integrar no tecido dos comentários os elementos místicos ou oriundos de tradições esotéricas (cosmológicas e angiológicos, em particular). Este é também o caso de outros *midraschim* tardios: *Pirké de-Rabi Eliezer*, *Midrasch sobre os Provérbios*, *Midrasch Tadsché*, *Bereschit Rabati* etc. A longa corrente redatorial que produziu o *corpus* rabínico-midráschico recebido por nós não secou ou se esgotou no século XII; ela conheceu uma importante inflexão no sentido de uma integração cada vez maior de elementos "místicos" (ou míticos e esotéricos) que, antes, eram amiúde quer rejeitados, quer remanejados no sentido de uma "racionalização" ou de uma "historicização". Um passo decisivo é franqueado por essa tendência (que se pode discernir não só no *midrasch* sobre Números, como também em toda uma série de *midraschim* mais ou menos extensos, redigidos a partir do século VIII e IX) pelo *Midrasch ha-Neelam* e o *Zohar*.

O estrato que sucede cronologicamente ao *Midrasch ha-Neelam*, o qual se apresenta como um comentário esotérico ao *Pentateuco*, circulou desde o início sob dois títulos concorrentes: um é o *Sefer ha-Zohar* (O Livro do Esplendor) e o outro é o *Midrasch de Rabi Schimon ben Iohai*. O primeiro título corresponde às primeiras palavras desse comentário zohárico sobre o *Gênese*, que cita várias vezes um versículo do livro de *Daniel* (12:3): "Os sábios resplenderão como o esplendor do firmamento". Essa maneira de tomar por título as primeiras palavras significativas de uma obra é clássica na literatura hebraica e começa com o próprio *Pentateuco*. Entretanto, um outro motivo, mais determinante, pôde intervir na escolha de tal denominação: muitos escritos cabalísticos importantes, que precedem ou que são contemporâneos à redação do *Zohar*, haviam utilizado títulos similares; é o caso do *Sefer ha-Bahir* (Livro da Claridade), igualmente intitulado segundo as palavras de abertura, que são citação de um versículo de *Jó* 37, 21, o qual evoca a "luz brilhante". É o caso do *Livro da Luz*, de R. Iossef Gikatila, cabalista castelhano próximo de R. Moisés de Leon, cuja obra é mais conhecida sob o nome *Portas da Luz* (*Schaaré Orá*). No período seguinte, ver-se-á multiplicar-se o número de obras cabalísticas que evocam em seu título a luz, em uma ou outra forma: "livro dos reflexos luminosos", "o orvalho luminoso" etc. O segundo título pelo qual o *Zohar* é designado pelos primeiros autores que o citam, como R. Bahia ben Ascher de Saragoça, está ligado não à nascente tradição cabalística, como é o caso do título *Zohar*, mas à tradição rabínica em que tentou integrar-se. Essa dualidade dos títulos se apaga pouco a pouco em favor do título único: *Sefer ha-Zohar*, que marca mais a originalidade do conteúdo desse escrito em relação às obras clássicas do *midrasch* rabínico e que a impõe muito mais por seu poder evocativo. Sob a denominação de *Midrasch de-Rabi Schimon*, o *Zohar* aparece com toda a clareza possível como um pseudepígrafe rabínico. Sob o nome de *Sefer ha-Zohar* é a sua originalidade como obra esotérica que é sublinhada.

Essa prática pseudepigráfica a respeito da lei oral, modelo normativo de registro por escrito e de identificação por meio de seu sistema de títulos, desempenhou perfeitamente seu papel: ela facilitou, em proporções consideráveis, inestimáveis, a inserção de uma obra volumosa e compósita na cadeia dos escritos rabínicos dotados da autoridade que lhes é habitualmente concedida nos meios judaicos rabínicos.

Mas os dois títulos por cujo intermédio o *corpus* zohárico se fez conhecer, dos quais um assinala sua inserção na literatura do *midrasch* e o outro na nascente literatura cabalística, não fazem mais do que simbolizar eficazmente a dupla fidelidade da Cabala à tradição talmúdica, de um lado, e à tradição esotérica e mística, de outro. Elas têm o seu reflexo nos próprios títulos dos tratados que, além de sua parte exegética principal, o *Zohar* contém.

Alguns desses tratados trazem títulos tipicamente cabalísticos, outros são de tipo rabínico, outros ainda são imitações ou retomadas de títulos pertencentes à mística judaica antiga, a literatura dos Palácios.

Eis, em um quadro de recapitulação, a maioria dos títulos desses tratados e o tipo ao qual é possível correlacioná-los:

O título *Raza de-Razin* lembra o da obra de magia e de angelologia denominada *Sefer ha-Razim* que pertence à literatura dos Palácios, mas que é apenas a tradução aramaica do título *Sod ha-Sodot*, versão hebraica do livro latino de fisiognomia falsamente atribuído a Aristóteles, o *Secreta Secretorum*[18].

| TIPO RABÍNICO | TIPO LITERATURA DOS PALÁCIOS | TIPO CABALÍSTICO |
|---|---|---|
| Midrasch Rabi Schimon ben Iohai | | Sefer ha-Zohar |
| Midrasch ha-Neelam *sobre a Torá* Midrasch ha-Neelam sobre o *Cântico dos Cânticos* | Hekhalot | Sitré Torá |
| Matnitin | Hekhalot Diqducha | Sitré Otiot |
| Tossefta | Raza de-Razin | Maamar Qav ha-Mida |
| Midrasch Ruth | | Sifra di-Tziniuta |
| Midrasch Ekha | | Raaia Mehemna |
| Midrasch Ester (*perdido*) | | Tikunei ha-Zohar |

Mas outros títulos de tratados não podem ser classificados em qualquer das rubricas de nosso quadro. Trata-se daqueles cuja forma deve ser considerada como pura invenção do *corpus* zohárico. São eles os seguintes: *Idra Rabá* (Grande Assembleia) e *Idra Zuta* (Pequena Assembleia).

Alguns outros títulos não figuram no texto do *Zohar*, manuscrito ou impresso, mas foram dados correntemente, por uma tradição bem estabelecida, a tratados distintos, absorvidos no corpo da obra:

**18** Ver Scholem, *Les Grands Courants de la mystique juive*, p. 394, n. 17. (*As Grandes Correntes da Mística Judaica*, 3. ed. revista, São Paulo: Perspectiva, 1995, p.178, n. 17).

¤ *Idra deve-Maschkena* (Assembleia do Santuário) – este não aparece no cabeçalho do texto assim nomeado, porém no início de *Idra Rabá*;

¤ *Saba dé-Mischpatim* (O Velho, da perícope *Mischpatim*);

¤ *Ienuka* (A Criança);

¤ *Rav Metivta* (O Mestre da Escola Celeste).

Enfim outros tratados não possuem nenhum título particular. É o caso de um comentário sobre o carro de Ezequiel (impresso no *Zohar Hadasch* 60a-65d) e de outra versão do *Raza de-Razin*, que trata de fisiognomia e de quiromancia, estando integrado na perícope *Yitro* (I, 78a).

No quadro das denominações que marcam particularmente a inserção do *Zohar* na literatura rabínica antiga, é preciso mencionar algumas peças curtas, que interrompem o fio do comentário, e que trazem o título aramaico de *Matnitin*, a saber, *Mischnaiot*. Outras passagens efetuam remessas internas, denominando esses textos de *Matnita dilan*: "nossa *Mischná*", isto é, a *Mischná* que, em vez de encerrar ensinamentos legais, revela ensinamentos místicos. Tais títulos, que encimam breves parágrafos escritos em estilo lacônico, tendem a indicar que o próprio *Zohar* é uma *guemará*, um comentário antigo da *Mischná*, aqui constituído pelas referidas peças curtas[19]. Essas formas de denominações, e outras similares, tais como aparecem no quadro acima, e que são muito comuns no *Zohar*, permitiram a abertura e a constituição "natural" de um espaço particular no seio do *corpus* de escritos rabínicos autênticos – um espaço reservado à tradição e ao comentário esotérico, cabalístico, que pôde assim, revestindo-se da forma e assumindo a identidade de *midraschim* difundidos e reconhecidos, franquear o caminho para a constituição de um *corpus* distinto, o *corpus* zohárico. Adotar um título não é somente efetuar a escolha de uma nomeação cômoda, que resume numa palavra o conteúdo de um texto e permite distingui-lo entre outras obras, mas é também e, sobretudo, no caso do *corpus* zohárico, pôr à testa de suas diferentes partes uma marca de nobreza que o vincula a uma espécie de linhagem literária da qual ele pretende ser o herdeiro e o continuador.



19 Sobre essas *Mischnaiot* (*Matnitin* e *Tossefta*) do *Zohar*, ver E. Gottlieb, *Études sur la littérature cabalistique* (em hebraico), J. Hacker (ed.), Tel Aviv: [s.n.], 1976, p. 163-214, e mais recentemente, D. Matt, La technique du *hidouch* dans le *Zohar* (em hebraico), *Jerusalém Studies in Jewish Thought*, v. VIII, 1989, p. 130-145. Segundo esse autor, o *Zohar* "não tende a depreciar o *Talmud* e seus estudiosos, ele cria simplesmente uma literatura rabínica alternativa" (p. 129-130).

# Organização Interna do *Corpus* nas Principais Edições Impressas

Nas edições impressas que, na maior parte, seguem o modelo da edição *princeps* do *Zohar*, publicada em Mântua em 1558-1559, depois o da edição *princeps* dos *Tikunei Zohar*, também publicada em Mântua em 1558 e, enfim, o do *Zohar Hadasch* impresso pela primeira vez em Salonica em 1596 e numa forma mais completa em Veneza em 1621, os tratados do *corpus* zohárico repartem-se segundo a grade abaixo.

A significação desses títulos e sua localização no contexto dos três volumes do *Zohar* (assinalados por I, II, III) da edição Mossad ha-Rav Kook (Jerusalém, 1960) e do tomo único da mesma edição, preparado igualmente por Reuben Margaliot, do *Zohar Hadasch* (Jerusalém: [s.n.], reedição de 1978, indicado abreviadamente como *ZH*), são as seguintes:

| Gênese<br>ZOHAR I | Êxodo<br>ZOHAR II | Levítico<br>Números<br>ZOHAR II | TIKUNEI<br>ZOHAR | ZOHAR<br>HADASCH |
|---|---|---|---|---|
| Haqdama | Raza de-Razin | Ienuqa | 70<br>Tikunim | Sitré Otiot |
| *Fragmento dos*<br>Tikunei<br>Zohar | Idra deve-<br>Machkéna | Rav Metivta | | Midrasch ha-<br>Neelam |
| Sitré Tora | Raaia<br>Mehemna | Raaia<br>Mehemna | | Midrasch<br>Cântico dos<br>Cânticos |
| Midrasch<br>ha-Neelam | Sifra<br>di-Tzniuta | Idra Raba | | Midrasch<br>Ruth |
| Hekhalot | Hekhalot<br>di-Qeduscha | Idra Zuta | | Midrasch<br>ha-Neelam sobre<br>as Lamentações |
| Tossefta | Tossefta | Tossefta | | Tossefta |
| Matnitin | Matnitin | Matnitin | | |
| | Saba | | | Qav ha-Mida |
| *Adições*<br>Bahir | *Adições*<br>Bahir | *Adições*<br>Bahir | Tikunim<br>*adicionais* | Tikunim<br>Hadaschim |

¤ MIDRASCH HA-NEELAM: *Comentário místico* ou *Midrasch oculto* sobre uma parte do *Pentateuco*: acerca do *Gênese* (*ZH* 3a-41d, I 97a-140a, ZH 43c--45d), do *Êxodo* (II 4a-5b, 14a-22a) e para o resto do *Pentateuco*, as seções *Aharé Mot* e *Ti Tetzé* de *ZH; sobre o Cântico dos Cânticos* (*ZH* 60c-61d), sobre *Ruth* (*ZH* 75a-91b), sobre as *Lamentações* (*ZH* 91a-93d). A língua deste escrito é às vezes o hebraico, às vezes o aramaico. Ele difere pela forma e pelo conteúdo do texto principal do *Zohar*. Menciona um número bem maior de rabis, em sequências mais breves que lembram o *midrasch* rabínico clássico; a figura do R. Schimon ben Iohai é menos importante e a do R. Eliezer concorre com ela. Seus temas prediletos são: a ressurreição, a cosmologia, a existência no além, a doutrina da alma. O método de interpretação que essa obra põe em prática está mais próximo da alegoria do que do simbolismo místico. Recorre bem pouco à teosofia da Cabala e se lhe refere amiúde de maneira alusiva. É possível também distinguir aí vários estratos.



¤ HAQDAMA: Introdução (I 1a-14b). Composto de muitas digressões a partir do primeiro versículo do *Gênese* citado em cabeçalho, dentre os quais um célebre excurso sobre a competição entre as letras do alfabeto para criar o mundo. O estilo desse texto, pelo qual começa a parte principal do *Zohar*, parece particularmente cuidado.

¤ SITRÉ TORÁ: (*Segredos da Torá* (I 74b-75a, 76b-77a, 78a-81b, 97a-102a, 107b-111a, 146b-149b, 151b-152a, 154b-157b, 161b-162b, II 145a e ZH 26c-27b, 29a-29d, 48a). Sequências inclusas em colunas paralelas em face do texto principal, cujo conteúdo se parece às vezes ao do *Midrasch ha-Neelam*, mas outras passagens tratam dos segredos mais profundos do mundo divino.

¤ TOSSEFTA: Adição e *MATNITIN* ou *Mischnaiot*. São brevíssimas sequências, de algumas linhas, dispersas pelo conjunto dos volumes. A maioria se abre por uma solene advertência endereçada aos sábios que negligenciam o estudo esotérico. Certas sequências condensam o ensinamento místico dado no contexto imediato.

¤ HEKHALOT e HEKHALOT DI-QEDUSCHA: *Palácio* e *Palácio da Santidade* (I 38a-45b, II 244b-262a). Pintura dos sete Palácios do jardim do Éden celeste, dos anjos e dos espíritos que eles abrigam e das almas que aí se deleitam ou que aí ascendem durante as preces.

¤ IDRA ZUTA: *Pequena Câmara* (III 287b-296b). Pouco antes de sua morte, R. Schimon ben Iohai reuniu seus principais discípulos para lhes revelar mistérios que resumem os segredos do *Idra Rabá*. Num ambiente de exaltação mística, R. Schimon rende a alma pronunciando a palavra "vida". Esse tratado, inclusive no fim da última perícope do *Pentateuco*, encerra o terceiro volume do *Zohar*.

¤ IDRA RABA: *Grande Câmara* (III 127b-145a). Reunião em torno do R. Schimon ben Iohai dos membros de seu círculo em que cada um toma, por seu turno, da palavra para anunciar segredos que versam sobre a divindade e principalmente sobre seus traços antropomórficos. Esse longo tratado se apresenta como um comentário ao *Sifra di-Tzniuta*, do qual cita alguns extratos, mas existem diferenças importantes entre o conteúdo desses dois escritos.

¤ IDRA DEVE MASCHKENA: Assembleia do Santuário (II 127a-146b). Durante uma reunião do R. Schimon ben Iohai e três dentre os membros de seu grupo, versículos relativos à construção do santuário são explicados no nível do sentido esotérico. Trata-se, sobretudo, dos segredos da prece.

¤ SIFRA DI-TZNIUTA: *Livro do Arcano* (II 176b-179a). Comentário anônimo sobre o começo do *Gênese*. Esses cinco curtos capítulos abordam, em sequências lapidares e absconsas, os mais altos segredos do mundo divino.

¤ IENUQA: *A Criança* (III 186a-192a; esta parte está incluída também na seção *Balaq*). Outras partes do *Zohar*, como *Midrasch ha-Neelam* sobre Ruth ou *ZH* 9a-11d, põem em cena um adolescente erudito e revelador de segredos, encontrado por ocasião de uma viagem ou de uma festa.

¤ SABA: *O Velho* (II 94b-114a; a abertura, 94a-b aos *Tikunei Zohar*). Esse tratado constitui o essencial do *Zohar* sobre a perícope *Mischpatim*. Compreende um relato que se desenvolve pondo em cena, de maneira central, um velho prodigioso, o qual aparece primeiro como um pobre almocreve ignorante. Versa sobre os mistérios da alma e suas transmigrações a partir de uma interpretação das regras bíblicas relativas ao escravo hebreu.

¤ RAV METIVTA: *O Mestre da Escola Celeste* (III 161b-174a). Pintura das visões do R. Schimon ben Iohai e de outros membros de sua comunidade por ocasião de suas viagens ao jardim do Éden, onde ouvem segredos revelados por um chefe da Escola celeste, a respeito sobretudo da existência no além.

¤ QAV HA-MIDA: *A Linha de Medida* (*ZH* 56d-58d). Tratado sobre a significação esotérica da unidade divina que se apresenta como um comentário sobre o *Deuteronômio* 6,4.

¤ PERUSCH LA-MERKABÁ: Comentário sobre o Carro celeste da visão de Ezequiel (*ZH* 60a-65d). Esta passagem não tem título próprio.

¤ SITRÉ OTIOT: *Segredos das Letras do Nome Divino* (*ZH* 1b-10d). Tratado sistemático que interpreta as letras do Tetragrama à luz da doutrina cabalística das *Sefirot*. O estilo desse escrito é particularmente difícil e obscuro.

¤ RAZA DE-RAZIN: *Segredo dos Segredos* (II 70a-75a; continuação em ZH 56c-60a); outra versão inserida na seção Yitro 70a-78a). Tratados de fisiognomia, que indicam como distinguir o valor dos homens em seus traços físicos, do rosto, da testa, das mãos. O teor desses textos difere em muitos pontos de uma versão para outra.

¤ PIQUDIN (Mandamentos). Comentário sobre os mandamentos da *Torá* segundo sua significação esotérica, espalhado pelos impressores em muitos lugares do *Zohar*, que se inicia com a palavra *Piquda* (mandamento). E. Gottlieb estabeleceu uma lista que comporta quarenta passagens numeradas, mais duas que ele encontrou em manuscritos (ver *Pesquisa sobre a Literatura da Cabala*, J. Hacker (ed.), Tel Aviv, 1976, p. 224-230).

¤ PIQUDA: *Mandamento*. Outro tratado sobre os mandamentos e sua explicação, inserido no fim da *Haqdama* (I 11b-14b).

¤ RAAIA MEHEMNA: *O Pastor Fiel* (as maiores partes são II 114a-121a, III 97a-104a, 108b-112a, 121b-126a, 215a-258a, 270b-283a). Comentário sobre os mandamentos e suas significações místicas, impresso em forma de calçadas paralelas em face do texto principal, salvo quando este vem a faltar.

¤ TIKUNEI ZOHAR: *Correções* ou *Complementos do "Zohar"* (um volume distinto, com suplementos impressos no fim). A obra propõe setenta e tantas interpretações do primeiro versículo do *Gênese* e pratica uma exegese mística mediante o confronto por analogia de múltiplos versículos. Ela é precedida por duas introduções, uma das quais entrou na liturgia sinagogal corrente sob o nome de *Petihat Eliahu* (Abertura de Elias).

¤ TIKUNIM HADASCHIM: *Novos Complementos* (*ZH* 93a-122b). Esses textos apresentam-se como textos destacados da obra precedentemente mencionada.

Fragmentos dispersos dos *Tikunei Zohar* (I 22a-29a, *ZH* 49d-56b).

Esses diversos tratados e peças curtas ou longas interrompem o texto "principal" do *Zohar*, que se apresenta como um comentário seguido, em aramaico, do *Pentateuco* e do *Cântico dos Cânticos*. Redigido em forma de colóquio entre os membros do círculo do R. Schimon, o comentário é posto em cena num quadro dramático em que abundam incidentes, ocorridos principalmente por ocasião das viagens desses mestres pelas estradas da Judeia ou da Galileia. Certas peças do *corpus* formam, em alguns manuscritos, unidades distintas (*Piqudin*, *Raaia Mehemna*), e foram distribuídas pelos impressores em várias seções dos volumes. O conjunto comporta 2245 páginas em formato grande, o que, em tradução francesa, por exemplo, representariam mais de cinco mil páginas. A esses volumes convém acrescentar os textos do *Midrasch ha-Neelam* publicados por G. Scholem e M. Idel[20], assim como diversos fragmentos, ainda inéditos, dos *Tikunei ha-Zohar* – para nada dizer de certos escritos pertencentes ao *corpus* secundário, que tentaremos definir mais abaixo, e que poderiam eventualmente ser aí incluídos.



## As Sucessivas Adições ao Núcleo Inicial

Isso que conviria chamar de *corpus* zohárico ultrapassa de longe os limites editorais, manuscritos ou impressos, do livro do *Zohar* e os múltiplos tratados que ele comporta. Parece-nos legítimo alargar esse *corpus* a toda uma série de escritos que adotaram a sua linguagem, seu estilo, suas ideias, mesmo contendo variações importantes em relação ao seu modelo, que já é por si polimorfo e compósito o suficiente para abrir largamente a via a múltiplos ensaios de amplificação. Seu núcleo inicial, decerto, é constituído por seus estratos primitivos: *Midrasch ha-Neelam*, comentário sobre o *Pentateuco* em um título distinto, mas denominado muitas vezes pelos modernos *guf ha-Zohar* (tronco do *Zohar*), tratados bastante curtos dos quais demos uma lista acima. Se a ciência moderna permite atribuir ainda grande parte desses textos a um único autor, R. Moisés ben Schem Tov de Leon, ele está longe de ser o único obreiro que moldou o *corpus* zohárico. Mencionamos, no começo dessa exposição, a nova tese apresentada por Y. Liebes a esse respeito. Mas independentemente dela e afora a composição do núcleo inicial, toda uma série de escritos cabalísticos foram redigidos tomando-lhe de empréstimo sua forma enquanto peças complementares e, se algumas dentre elas lhe foram

**20** G. Scholem, Nouveau chapitre du *Midrach ha-Neëlam* du *Zohar*, op. cit.; M. Idel, Une pièce inconnue du *Midrach ha-Neëlam*, em hebraico. *Jerusalem Studies in Jewish Thought*, v. VIII, 1989.

anexadas e confundidas com ele, outras permaneceram à margem, constituindo o todo aquilo que se poderia denominar de *corpus* ampliado do *Zohar*.

Por volta da metade do século XIV, um autor anônimo redige o *Sefer Tikunei ha-Zohar* e o *Raaia Mehemna*[21]. Essas alentadas obras também foram atribuídas a R. Schimon ben Iohai e apresentam muitas afinidades com a linguagem, o estilo, a forma literária e a doutrina do *Zohar*, sem no entanto se lhes identificar completamente, de modo que conservam uma identidade literária própria, ao mesmo tempo que engrossam o *corpus* do *Zohar* e o enriquecem com novos subtítulos. Tais textos efetuam deliberadamente o revezamento com o *Zohar*, na medida em que pretendem prolongar os ensinamentos esotéricos transmitidos por R. Schimon ben Iohai e sua escola em vida e registrados por escrito na parte principal do *Zohar*, por um ensinamento dos mesmos mestres, porém dispensado desta vez do além-túmulo. Com efeito, o *Zohar* encerra-se com o relato da apoteose do R. Schimon ben Iohai e de sua morte em estado de transfiguração e êxtase[22]. Os *Tikunei Zohar* não tiveram outro meio de continuar fixando por escrito seu ensinamento, a não ser transmitindo as lições ministradas por eles no além. Esse revezamento proporcionado pelas revelações *post-mortem* dos segredos da *Torá* permitiu, ademais, ao autor da obra, dar a palavra não apenas aos rabinos da Antiguidade, mas também a figuras bíblicas de primeiro plano, como Moisés, o profeta Elias e David, ou a figuras da angelologia judaica antiga como Metraton, todos eles reunidos na Escola celeste para uma espécie de novo Sinai, onde são revelados segredos da *Tora,* antes ocultos. Deus, ele próprio, intervém aí, na qualidade de membro dessa escola muito particular. Em consequência, as edições impressas do *Zohar* integraram sem os diferenciar de outro modo, salvo por um banal subtítulo, os textos, em seu conjunto, que formam o *Raaia Mehemna* e algumas páginas dos *Tikunei Zohar*. Os cabalistas posteriores consideraram essas duas obras como partes integrantes do *Zohar*, mesmo que um de seus mais importantes comentadores, um esoterista dotado de espírito de



**21** De acordo com Goldreich, o autor dessas obras, embora de origem espanhola, tê-las-ia redigido alhures, na África do Norte e talvez no Marrocos: A. Goldreich, Um Termo Ibérico em um Fragmento Desconhecido do Autor dos *Tikunei ha-Zohar* (em hebraico), *Jerusalém Studies in Jewish Thought*, 8, 1989, p. 89-121. Esse autor escreveu, aliás, uma obra em hebraico distinta de seus escritos "zoháricos", o que confirma a natureza completamente específica do modo de escritura utilizado para introduzir conscientemente novos estratos no *corpus* inicial. Tais escritos em hebraico também foram assinalados por Gottlieb, p. 256.

**22** Ver *Idra Zuta*, *Zohar* III, fº 284b-296b.

síntese, como R. Moisés Cordovero (1522-1570), tenha se esforçado por conciliar certas concepções aparentemente contraditórias do *Zohar*, dos *Tikunei Zohar* e do *Raaia Mehemna*[23].

Mas o *corpus* interno do *Zohar* estendeu-se ainda mais. Numerosas páginas de um comentário muito volumoso sobre os mandamentos, redigido por um cabalista do fim do século XIII e início do XIV, R. Iossef de Hamadan, que escreveu em um aramaico muito próximo ao empregado no *Zohar* e imitando o seu estilo, foram integrados nas edições impressas do *Zohar* e, sem a sagacidade dos críticos modernos, elas jamais teriam sido distinguidas do próprio *Zohar*[24]. Igualmente incorporada à edição impressa do *Zohar* há uma passagem bastante longa, interpolada no começo da seção *Vaiehi*[25]. Existe ainda um pequeno texto intitulado *Zohar Ruth*, escrito também conforme o padrão zohárico, que não teve o mesmo destino que seus predecessores e não foi integrado no *Zohar* em suas diferentes edições[26]. Diversas peças mais curtas, cuja origem exata é até agora desconhecida, mas que procedem certamente de outra pena que não a responsável pelo núcleo inicial, encontram-se repartidas aqui e ali em seu seio, em particular na coletânea intitulada *Zohar Hadasch*.

Um fato muito significativo põe bem em evidência a intenção que presidiu muitas vezes as edições impressas do *Zohar*: tentar reconstituir um corpo zohárico o mais completo possível, a partir de elementos disseminados e claramente exteriores ao *corpus*, mesmo ampliado; com efeito, numerosas passagens do *Sefer ha-Bahir* foram incorporadas pelos impressores em adições inseridas ao fim dos volumes I, II e III. Assim, o trabalho de

**23** É em seu *Pardes Rimonim* que R. Moisés Cordovero tentará harmonizar as ideias desses dois escritos; sobre esse autor, ver a introdução à nossa tradução de seu *Palmier de Débora*, Lagrasse: Verdier, 1985.

**24** Trata-se de um texto inserido em *Zohar* I, 170a, que no essencial é não mais do que uma tradução aramaica de uma passagem do *Sefer Taamé ha-Mitzvot* de R. Iossef de Hamadan; ver A. Altmann, La question de la paternité du *SeferTa'amé ha-Mitsvot*, attribué à R. Isaac ibn Frahi (em hebraico), *Qiriat Sefer*, 40, 1945, p. 265. Outras passagens do *Zohar* são igualmente pressentidas por Liebes como provenientes de R. Iossef de Hamadan: cf. Liebes, p. 4, n. 12, *in fine*. O mesmo pesquisador assinala, nessa mesma nota, outras passagens ainda do *Zohar* que são provavelmente obra de outra pena que não a de seu redator principal: *Zohar* II, 38a-39b, 177b-178b e o texto impresso ao fim do *Zohar Hadasch* (seção *Ki Tavo*).

**25** *Zohar* I, 211b-216a; esta passagem já fora assinalada pelos impressores como proveniente de outra mão que não a do resto do *Zohar*.

**26** Não se deve confundir esse opúsculo (assinalado por G. Scholem, *Bibliographia Kabbalistica*, p. 183) com o *Midrasch ha-Neelam* sobre o *Livro de Ruth*, que propusemos recentemente em tradução francesa: ver *Le Zohar, Le livre de Ruth*, p. 5. Esse pequeno escrito zohárico, intitulado também *A Montanha do Senhor* (*Har ha-Schem*), começa por uma troca de ideias entre R. Schimon ben Iohai e o Pastor fiel (Moisés), que conversam numa gruta mística. O texto em questão foi publicado nas últimas páginas da coletânea *Ialkut ha-Roim*, Jerusalém: Lewin-Epstein, 1973 (reed.), não paginada.

reagrupamento de escritos similares ao *Zohar*, pela forma ou origem suposta, que lhe foram incorporados, começou muito cedo por causa do caráter parcial dos manuscritos postos alternadamente em circulação depois de redigidos; isso prosseguiu até uma data recente e não pode ser considerado como fato encerrado. Nenhuma lista canônica dos escritos componentes da biblioteca zohárica jamais foi levantada; longe de tender a excluir do *corpus* inspirando peças manifestamente heterogêneas, a propensão geral dos cabalistas e dos comentadores do *Zohar* foi antes a de procurar justificar sua incorporação. Em compensação, foram os pesquisadores modernos os primeiros a tentar estabelecer tal lista, não evidentemente por preocupação teológica, mas com o fito de distinguir o mais claramente possível as diversas sequências constituintes da literatura zohárica.

Tentativas não apenas editoriais, mas francamente redatoriais, visando amplificar o *corpus* zohárico, foram envidadas com o propósito deliberado até uma data muito avançada. Já mencionamos o nome de um cabalista italiano do século XVIII, R. Moisés Haim Luzzato. Este autor compôs, em um aramaico de tipo zohárico, sob o ditado de seu mentor celeste (*maguid*), um *Segundo Zohar* (*Zohar Tiniana*), do qual subsistem hoje em dia apenas algumas folhas[27] e um *Sefer Tikunim Hadaschim* (Novos *Tikunim*) conservado, por sua vez, quase integralmente[28]. Afora as similitudes de língua, de estilo, de forma, os nomes dos protagonistas que intervêm nessas obras para comunicar ensinamentos secretos não são outros senão os que se exprimem no *Zohar* e nos *Tikunei Zohar*. A pertença desses livros ao *corpus* zohárico é, não obstante, problemática: ainda que tenha escrito, segundo suas palavras, sob inspiração celeste, o autor assinou suas obras com

**27** Esses fragmentos foram editados por R. H. Friedlander, em *Guinzé Ramhal*, v. II, Bné Braq: [s.n.], 1984, p. 289-291 (sobre a perícope *Miqetz*) e em *Otzrot Ramhal*, v. IV, Bné Braq: [s.n.], 1986, p. 261-264. Outros escritos igualmente ditados pelo *maguid* ou mensageiro celeste a R. Moisés Haim Luzzato foram redigidos em aramaico zohárico: ver, no mesmo editor, *Otzrot Ramhal*, v. IV, p. 256-260 e 325-326.

**28** Editado em Jerusalém, em 1958. Esse escrito comporta, além do mais, um *analogon* do *Idra Qadischa* do *Zohar* – p. 110-119. Uma análise bibliográfica dos escritos zohários de R. M. H. Luzzato é promovida por M. Benaiahu (*Os Escritos de Cabala do Ramhal*), Jerusalém: [s.n.], 1979, p. 214-226), que foi o primeiro a editar nessa obra os fragmentos do *Segundo Zohar*, evocados no começo da nota precedente (cf. p. 263-270). Recentemente, T. Rubin estudou os referidos textos em seu artigo Les compositions zohariques du Ramhal et la conception messianique du *Zohar* dans ses écrits (em hebraico), *Jerusalém Studies in Jewish Thought*, v. VIII, 1989, p. 387-412. Os próprios textos zohários de R. M. H. Luzzato foram imitados: ver Y. Liebes, Une composition dans la langue du *Zohar* de R. Wolf fils de R. Jonathan Eybeshutz, relative à son groupe et au secret de la rédemption (em hebraico), *Qiriat Sefer*, 57, 1982, p. 149-155.

seu próprio nome; ademais, o *corpus* zohárico já estava impresso há muito tempo, sendo, portanto, transmitido numa forma relativamente fixa, imposta pelos primeiros editores. As polêmicas que se travaram em torno desse cabalista na Itália contribuíram para impedir a inclusão dos citados dois livros no *corpus* zohárico. Mas a existência dessas tentativas muito tardias, de acrescentar novos estratos ao referido *corpus*, testemunha a vitalidade de uma prática e do laço estreito que ela mantém com seus modelos de titulação, chegando até a superar a fixação impressa de um *corpus* por meio de um novo recurso à Escola celeste.

Além dessas amplificações do *corpus* zohárico, existiram também várias espécies de imitações do *Zohar*, que, sem pretender inscrever-se de pleno direito no seu *corpus*, inspiraram-se um pouco nele. É o caso em particular de obras anônimas redigidas, segundo parece, na região de Bizâncio no século XV, o *Sefer ha-Peliá* (Koretz, 1784) e o *Sefer ha-Qana* (Pritzk, 1786), que o autor atribui a uma velha família, descendente do *taná* R. Nehunia ben ha-Qana, que vivia na Palestina e se beneficiava de revelações da Escola celeste, imitando nisso o *Raaia Mehemna* e os *Tikunei Zohar*.



## Um *Corpus* Esotérico Secundário

Convém agora levantar um quadro, inevitavelmente provisório, do conjunto de autores conhecidos, de cujos escritos uma parte ao menos pode ser considerada como integrante de um círculo ampliado do *corpus* zohárico. Além das obras anônimas citadas mais acima (sobretudo o *Raaia Mehemna* e os *Tikunei Zohar*), foram redigidos, à volta do *Zohar*, um conjunto de livros que têm em comum com este último o essencial, muito embora não tenham sido integrados em seu *corpus* imediato. É possível, a crer em Y. Liebes, que vários dos primeiros cabalistas em questão participaram diretamente na criação do núcleo inicial do *Zohar*. Mas ao menos uma parcela de seus próprios escritos, que não foi incorporada – com apenas algumas exceções[29] – ao seio desse

**29** Algumas dessas incorporações foram identificadas; nós já assinalamos aquelas que são devidas a R. Iossef de Hamadan (cf. n. 23). Uma delas foi atribuída a R. David ben Iehudá he-Hassid por A. Goldreich, em sua tese, intitulada *Le Sefer ha-Guevoul de R. David ben Yehouda he-Hassid, méthodes de fabrication d'um texte zoharique après la parution du Zohar* (em hebraico), Universidade de Tel Aviv, 1972, p. 46;

núcleo, pode estar situada, com o recuo do tempo, na periferia imediata do *corpus* zohárico. A proximidade das concepções e das exegeses desenvolvidas nessas obras é tão patente que é lícito considerá-las como um *corpus* secundário, estreitamente ligado ao zohárico propriamente dito, e isto, não só ao nível das semelhanças doutrinárias, mas também, e acima de tudo, por causa das numerosas trocas cruzadas que se produziram entre os referidos dois *corpus*. Assim, é amiúde muito difícil distinguir uma citação do *Zohar* nos escritos de R. David ben Iehudá he-Hassid de sua própria escritura, o mesmo sucede nos livros de R. Iossef Angelino. Várias obras de R. Iossef Gikatila permitem compreender melhor muitas passagens do *Zohar*, não porque elas as comentem, mas porque procedem de uma mesma escola, de um grupo de cabalistas que, estudando em conjunto e discutindo em conjunto, deitaram por escrito suas especulações, pois leram uns aos outros e aproveitaram cada um do trabalho dos outros. Os escritos hebraicos de R. Moisés de Leon, isso é evidente por si, entram nessa categoria. Os de R. Iossef de Hamadan, que se exprime muitas vezes em um estilo aramaico quase idêntico ao do *Zohar*, são particularmente interessantes na medida em que parecem haver conservado associações simbólicas que estavam presentes num estrato original do *Zohar*, em especial de seus tratados místicos intitulados *Idra*, e que foram modificados quando de sua redação final. O caso de R. Iossef ben Schalom Aschkenazi é mais complexo, porém o seu comentário sobre o *midrasch Gênese Rabá* não pode, em virtude da natureza de seu conteúdo, ser dissociado desse corpus, constituído pelos vários escritos dos cabalistas castelhanos da mesma geração – com exceção do R. Iossef Angelino, um pouco mais jovem. Cumpre lembrar enfim o autor do *Sefer Brit Menuhá*, que menciona em aramaico textos cabalísticos que ele atribui a R. Schimon ben Iohai[30].

Eis, portanto, uma bibliografia sucinta das principais obras suscetíveis de serem vistas como um conjunto que constitui um corpus secundário ou ampliado do *Zohar*. Indicamos, na medida do possível, as edições

trata-se do parágrafo n. 9 da adição publicada no *Zohar* III, 303a. Dois outros textos incorporados ao corpo zohárico foram atribuídos a R. Iossef Angelino por Liebes, Comment le *Zohar* a été composé, p. 65, n. 293; trata-se do texto da perícope *Vaiéscheve* do *Zohar Hadasch* (29a-d), que corresponde às páginas 55c-56d do *Livnat ha-Sapir* e ao fólio 154 do *Qupat ha-Rokhlin*; o outro texto identificado constitui a perícope *Ki Tissa* do *Zohar Hadasch* (43d-46b), uma parte dessa peça corresponde às páginas 86d-88a do *Livnat ha-Sapir*, ela foi igualmente impressa como adição ao *Zohar* II, 276a-277a.

**30** Ver a citação desse livro, o *Sefer Brit Menuha*, por Y. Liebes ("Como o *Zohar* foi composto", p. 65, n. 294).

críticas quando elas existem, na falta de uma edição tradicional e na falta ainda de um manuscrito (entre outras).

¤ RABI MOISES DE LEON (1240-1305): *Maskiot Kesef* (ed. crítica J. Wijnhoven, Tese de M. A., Univer. Brandeis, 1961); *Sefer ha-Mischqal* (edição crítica, J. Wijnhoven, Dissertação de Ph. D., Univer. Brandeis, 1964); *Schekel ha-Qodesch* (ed. A. W. Greenup, London, 1911); *Sefer ha-Rimon* (ed. crítica E. T. Wolfson, Brown Judaic Studies, n. 144, Univer. Brown, 1988); *Sefer Mischkan ha-Edut* (Ms. Berlin, Or. 833); *Schoschan 'Edut et Sod' Eser Sefirot Belimá* (ed. crítica G. Scholem, em *Qovez al Iad*, n.s., 8, 1975, p. 325-370 e 371-384); *Scheelot u-Teschuvot be-Ineiné Qabalá* (ed. crítica I. Tishby, *Qovez al Yad*, n. s., 4, 1950, p. 15-38, reed. com acréscimos em I. Tishby, *Studies in Kabbalah and its Branches*, I, 16-75, Jerusalém, 1982).

¤ RABI IOSSEF GIKATILA (1284-1325): *Schaaré Ora* (ed. Ben Schlomo, 2 v., Jerusalém, 1970); *Schaaré Tzedek* (reed. Jerusalém: [s.n.], 1967, do qual um novo fragmento foi publicado por E. Gottlieb, em *Études sur la littérature cabalistique* (em hebraico), ed. J. Hacker, Tel Aviv: [s.n.], 1976, p.132-162); *Sod Iud Guimel midot ha-noveot min ha-Keter elion* (ed. G. Scholem, *Kitvé Iad Ba-Qabalá*, Jerusalém, 1930, p. 219-225); *Sod ha-Nahasch Mischpatav u-Maaseu* (Ms. BN. Paris 841); *Maamar al Penimiut ha-Torá* (ed. Chavel, em *Kitvé Ramban*, II, p. 467 s.); *Sod mi-scheschet iemé bereschit haieta reuia Bat Scheva le-David* (em *Liquté Schikheha u-Fea*, Ferrara: [s.n.], 1556, *in fine*).

¤ RABI BAHIA BEN ASCHER DE SARAGOSSA (fim do século XIII): *Perusch al ha-Torá* (ed. Chavel, 3 v., Jerusalém, 1977); *Kad ha-Qemá* (ed. Chavel, no *Kitvé Rabenu Behaié*, Jerusalém, 1979).

¤ RABI IOSSEF DE HAMADAN (fim do século XIII): *Sefer Tachaq* (ed. crítica J. Zweling, Dissertação de D. F., Univer. Brandeis, 1975); *Sefer Taamé ha-Mitzvot* (1ª parte, ed. crítica. M. Méier, Dissertação de Ph. D., Univer. Brandeis, 1974; e 2. parte, Ms. BN Paris 817; fº 141a-203b); *Sefer Toldot Adam* (ed. em *Sefer ha-Malkhut*, Casablanca, 1932, e no Ms. BN. Paris 841); *Perusch Eser Sefirot* (Ms. BN. Paris 853); fragmentos diversos (M. Idel, Fragments supplémentaires d'écrits de R. Joseph de Hamadan (em hebraico), *Daat*, 21, 1988, p. 47-55).

¤ RABI DAVID BEN IEHUDÁ HE-HASSID (começo do século xiv): *Sefer Marot ha-Tzovot* (ed. crítica D. Matt, Univer. Brown, Chico, Califórnia, 1982); *Sefer ha-Guevul* (Ms. BN Jerusalém, 8º 3921); *Sefer Or Zarua* (Ms. JTS Mic. 2203);

*Perusch Alfa-Beta* (material publicado por M. Idel, La traduction du Zohar de R. David bem Yehouda he-Hassisd et ses comentaires sur l'alphabet (em hebraico), *Ale Sefer*, 8, 1980, p. 68-70, e a sequência em *Ale Sefer*, 1981, p. 88-91, e ainda M. Idel, Matériau cabalistique de l'école de R. David bem Yehouda he-Hassid, *Jerusalem Studies in Jewish Thought*, 2, 1983).

¤ RABI IOSSEF BEN SCHALOM ASCHKENAZI (primeira metade do século XIV): *Perusch le-Paraschat Bereschit* (ed. crítica M. Hallamish, Magnes Press, Jerusalém: [s.n.], 1984); *Perusch le-Sefer Ietzirá* (Varsovie: [s.n.], 1884. reed. Jerusalém: [s.n.], 1965); *Perusch la-Tehilim* (ed. crítica, M. Hallamish, *Daat*, 10, 1983, p. 57-70);

¤ RABI IOSSEF ANGELINO (escrito nos anos 20 do século XIV): *Sefer KD Sodot* (Ms. BN Jerusalém: [s.n.], 8º 1959); *Sefer Qupat ha-Rokhlin* (Ms. Bodleiana Opp. 228); *Livnat ha-Sapir* (reed. Jerusalém: [s.n.], 1971).



Este rol não pode ser considerado exaustivo.

Poder-se-ia incluir nele alguns livros anônimos ou cujo autor ainda é objeto de discussão, em particular o *Sefer Brit Menuha* (reed. Jerusalém: [s.n.], 1959), atribuído a R. Abraão de Raymon, o Sefarad, e o *Sefer ha-Ihud* (Ms. Milão-Ambrosiana 62, ed. crítica em curso, anunciada por M. Idel, atribuído a R. Schem Tov de Faro. Mas ela já é imponente, por seu volume e sua diversidade. No entanto, malgrado suas múltiplas diferenças, essas obras, curtas ou longas, possuem uma profunda e muito real unidade entre si; seu conjunto constitui um *corpus* precioso, que duplica o *corpus* zohárico propriamente dito e permite ter dele melhor inteligência. Teria sido possível juntar a essa lista escritos praticamente não mais contemporâneos da época em que o *corpus* zohárico estava em vias de constituição, mas de textos um pouco anteriores, como os dos irmãos ha-Cohen de Soria, do círculo *Iun*, de R. Moisés de Burgos[31], que desempenharam um papel determinante na composição do *Zohar*.

31 O *Zohar* compreende numerosas passagens que correspondem por seu estilo e seu conteúdo aos escritos do círculo *Iyun*; ver a este propósito M. W. Verman, *Sifrei ha-Iyyun: A thesis presented to Harvard Univ.*, Cambridge, Ma., 1984. Esses escritos provêm, segundo parece (cf. Verman, p. 173-178), da escola dos irmãos Ha-Cohen, denominados por G. Scholem "cabalistas gnósticos", que escrevem na metade do século XIII; ver ainda a este respeito Liebes, Comment le *Zohar* a été composé, p. 5. Vários escritos dos irmãos Ha-Cohen foram publicados por G. Scholem em *Madaé ha-Iahadut*, II, 1927. – G. Scholem editou uma série de escritos sobre R. Moisés de Burgos (1230-1300): ver G. Scholem, R. Moïse de Burgos, disciple de R. Isaac (em hebraico), *Tarbiz*, 3, 1932, p. 258-286; 4, 1933, p. 54-77, 207-225; 5, 1934, p. 50-60, 180-198, 305-323. Um outro texto desse autor foi publicado em *Liqutim me-Rav Hai Gaon*, em *Ner Israel*, Jerusalém, s. d.

O fenômeno social e religioso ao qual assistimos por volta do fim do século XIII e começo do século seguinte no norte da Espanha, com a elaboração progressiva de um corpo místico ou esotérico judaico, é uma espécie de repetição, em grande parte voluntária, mas em escala reduzida, do fenômeno mais antigo de formação do *corpus* rabínico do *Talmud*. Nos dois casos, uma comunicação oral precedeu – e sem dúvida acompanhou – o registro por escrito, em diversos estratos, de um ensinamento e de discussões às vezes contraditórias. O *corpus* zohárico, sob a forma na qual ele nos chegou, é a cristalização necessariamente inacabada de tal processo, ao qual um *corpus* paralelo mais vasto contribuiu em significativa medida. Mesmo se muitos elementos desconhecidos ainda subsistem, pode-se desde já considerar a formação de um *corpus* esotérico judaico autorizado como o resultado de um esforço criativo que não teve precedente no curso da história judaica, a não ser na época em que o ensinamento rabínico começou a ser lançado por escrito. No entanto, uma diferença essencial, entre esses dois processos, deve ser salientada: no caso do *corpus* zohárico, a liberdade criativa e interpretativa pessoal, no quadro imposto pelas formas gerais de uma tradição esotérica antiga, foi muito mais ampla e não cessou de exercer-se uma vez constituído o *corpus*, e até depois de sua edição impressa, como o provam as obras de R. Moisés Haim Luzzato mencionadas mais acima. Mais ainda, o papel dos grandes comentadores desse *corpus* não fica limitado à elucidação dessas dificuldades ou às soluções de suas contradições. Cada um deles o amplificou à sua maneira, é o caso de R. Moisés Cordovero e de R. Isaac Lúria e sua escola. Este último não foi somente um livre criador de possantes visões místicas. Herdeiro de tradições esotéricas que só tinham sido incorporadas ao *corpus* zohárico de uma forma bastante parcimoniosa, ou que haviam sido do *corpus* excluídas, mas que constam do *corpus* secundário, cujo quadro acabamos de levantar, ele conseguiu introduzi-las aí por meio da interpretação[32], não sem havê-las enriquecido e desenvolvido de maneira às vezes considerável.

Um fenômeno paralelo ligado à fixação relativa do *corpus* zohárico após sua impressão é a redação, por autores dos séculos XVI, XVII e XVIII, de obras de Cabala "moderna", condensando o ensinamento elaborado nas escolas de Safed, das quais a mais celebre é a de R. Isaac Lúria, que imitam

32 Acerca das tradições antigas da Cabala espanhola em que R. Isaac Lúria se inspirou, ver M. Idel, Une figure d'homme au-dessus des *sefirot*, (trad. de C. Mopsik em *Pardés*, 8, 1988, p. 136 s.).

o aramaico zohárico convertido na língua modelo da expressão esotérica destinada a comunicar segredos reputados como tendo sido "revelados": é o caso exemplar de uma obra de R. Iossef Caro, o *Maguid Mescharim*[33]. Outros autores contentaram-se em escrever em hebraico, porém utilizaram um sistema de títulos que, uma vez mais, é um decalque dos títulos da *Mischná* e do *Talmud*; podemos citar assim a obra do cabalista italiano R. Immanuel Hai Ricci, o *Sefer Mischnat Hassidim* (a *Mischná* dos devotos)[34] que, como a *Mischná* canônica, se decompõe em *sedarim* (ordens), adotando, além disso, os mesmos títulos que a dita *Mischná*, e se divide em *masekhot* (tratados) cujos complementos, com títulos particulares, se referem desta vez ao conteúdo doutrinal próprio à Cabala luriânica.





O valor normativo conferido ao *corpus* zohárico não impediu, pois, uma longa série de tentativas ulteriores de redações de novas revelações dos segredos da *Torá*. Estas conheceram sortes diversas, mas jamais puderam suplantar o *Zohar*; para despontar e desdobrar-se, foram amiúde obrigadas a se apresentar como suas melhores ou mais profundas explicações. Se é dado contar mais de oitenta comentários específicos redigidos ao redor do *corpus* zohárico, um número indeterminado e muito grande de livros cabalísticos, ou simplesmente marcados pela influência da Cabala, referem-se ao *Zohar* como a fonte principal e a mais fiável enquanto autoridade em matéria de esoterismo. Ainda que não tenham faltado opositores ao *Zohar* e que em suas fileiras se encontrem alguns cabalistas, todavia em número muito pequeno, a julgar pelas múltiplas edições de diferentes volumes do *corpus* que o constituem, entre as quais edições populares pontuadas ou traduzidas em hebraico, bem como outras comentadas, outras ainda em formato de livro de bolso, ou em forma de antologias; outras, enfim, que, retendo apenas certos tratados como os *Idra*e e destinados à leitura devota e à cantilação litúrgica, é permitido considerar seus primeiros mestres de obra como autores que conseguiram impor, por longo tempo, um novo *corpus* inspirado, senão revelado, que se junta assim à *Bíblia* e ao *Talmud* – e cujo caráter plástico deixa o campo livre às inovações e às amplificações.

**33** Sobre essa obra, cf. a monografia de R. J. Z. Werblowsky, *Joseph Karo, Lawyer and Mystic*, Philadelphie: [s.n.], 1977.

**34** Obra reeditada em Nova York por M. Blum em 1975.

## À Guisa de Conclusão

Uma das questões suscitadas pelo conjunto das considerações precedentes dirige-se diretamente aos editores e tradutores do *Zohar*. A partir de qual momento se pode encarar a edição desse *corpus* ou sua tradução como acabada? Traduzir ou editar o *Zohar* implica assumir a totalidade do *corpus*, com seus diversos tratados, com seus múltiplos estratos? É necessário nessa tarefa levar em conta o *corpus* secundário, imenso, que está estreitamente vinculado ao *Zohar* e que é a sua chave principal? Isso que as edições impressas antigas definiram como sendo "o *Zohar*", e que elas imprimiram sob este título, já incorpora um número importante de escritos que não pertencem ao núcleo inicial (ele próprio mais compósito do que se avaliava até agora). Quais são, por exemplo, os limites de uma tradução integral do *Zohar*? Em nosso país, uma curiosa escolha foi feita pelo primeiro tradutor do *Zohar* para o francês, Jean de Pauly, nos primeiros anos do século XX[35]. Ele incluiu passagens, às vezes bem longas, que são fruto próprio de seus pensamentos, interpolados e fundidos na obra à qual proporciona uma tradução muito livre em francês, com frequência uma simples paráfrase, amiúde falha, excluindo, além disso, sequências julgadas de maneira arbitrária como sendo glosas interpoladas. Se ele se esforçou para verter em apêndice as adições e a parte intitulada *O Pastor Fiel*, absteve-se de transpor o conjunto de escritos do *Zohar Hadasch* e dos *Tikunei Zohar*. Atendo-se à matéria dos três volumes da edição de Mântua, não omitiu os tratados incluídos no *Zohar*, como os *Idra*, ao contrário da versão inglesa realizada por M. Simon e H. Sperling entre 1931 e 1934[36], que exclui grande número de passagens consideradas como difíceis e que nada reteve de peças tidas por marginais com respeito ao suposto núcleo inicial. Se é difícil definir um quadro rementendo-se unicamente aos volumes das diversas edições do *Zohar*, estas fornecem, no entanto, um critério fixo que acabou por impor-se e que não se pode negligenciar. Como vimos, as únicas normas filológicas ou históricas aplicadas para a definição de um núcleo "original" e "autêntico", não podem bastar para delimitar um *corpus* que se estendeu e se ampliou no curso do tempo,

**35** *Sepher ha-Zohar*, 7 v., 1906-1912; várias vezes reimpresso posteriormente por Maisonneuve e Larose, cuja edição mais recente foi intitulada *Zohar, le Livre de la Splendeur*, 1985 s.

**36** Publicado em Londres, em cinco volumes, nas edições Soncino, sob o título de *The Zohar*.

que drenou textos de diferentes proveniências, mas que uma unidade orgânica, baseada em um grupo determinado de cabalistas com seus discípulos imediatos, reúne de maneira tão legítima que operar uma triagem entre o que deve fazer parte de uma edição integral ou de uma tradução integral do *Zohar* e o que deve ser deles excluído depende finalmente de uma escolha arbitrária. Em nome do quê podemos recusar a inclusão de peças do *corpus* que em nossa estimativa parecessem provir da pena de um outro cabalista que não do R. Moisés de Leon? Na medida em que o *corpus* zohárico é uma obra coletiva, que prosseguiu mesmo depois da primeira geração dos que nela colaboraram, é evidente que, se o trabalho do pesquisador e do historiador consiste em discernir o mais finamente possível os diferentes estratos que vieram a agregar-se, delimitar um *Zohar* segundo um critério de gosto seria um ato partidário e não científico. Agora que a questão, que nos velhos tempos e nos atuais tanto excitou os estudiosos, a da paternidade do *Zohar*, parece realmente ter-se tornado acessória, diante do complexo e essencial problema da constituição de um vasto *corpus* que se aglomerou sob esse título, a tarefa dos editores e tradutores alargou-se a tal ponto que é impossível afirmar que um *Zohar* completo, em sua língua ou em tradução, será um dia uma realidade editorial. Uma versão integral do *corpus* zohárico não deveria ir a ponto de incluir os escritos zoháricos de R. Moisés Haim Luzzato? Por que excluí-los em nome de sua aparição muito tardia, uma vez que são tidos, eles também[37], por escritos que foram produzidos sob ditado de um mensageiro celeste? O tradutor, que queira obedecer a critérios objetivos e cuja tarefa pareça agora sem fim, deve definir o seu projeto a partir não só de um princípio absoluto que guiasse sua escolha entre o que pertence definitivamente ao *Zohar* e o que não lhe pertence, mas também a partir do interesse relativo concedido a cada parte. A noção de obra completa é aqui não só inadequada, como se opõe à própria natureza do processo literário que conduziu à constituição do *corpus* mais autorizado de textos cabalísticos que exerce desde seus inícios, e permanentemente depois, uma poderosa atração centrípeta sobre toda nova criação no domínio do esoterismo.

De nossa parte mesmo, a tradução do *Zohar*, que encetamos e da qual apareceram até agora alguns volumes, orienta-se para a inclusão do maior

37 D. Matt sugeriu que uma parte do núcleo inicial do *Zohar* talvez tenha sido redigida pelo R. Moisés de Leon sob o impulso de uma escritura automática de inspiração celeste. Cf. Introdução, *Zohar: The Book of Enlightement*, New York, 1983.

número possível de peças e, sem pretender chegar a uma integralidade de fato inacessível, tendemos a nos conformar aos limites determinados pelo conjunto dos tomos das edições impressas, inclusive por certo o *Zohar Hadasch* e os *Tikunei Zohar*. Ela está, entretanto, aberta às recentes descobertas, assim como o atesta a inclusão, na nossa tradução do *Midrasch Ruth* do *Zohar*, ao fim do volume, de uma passagem do *Midrasch ha-Neelam* inédita então em hebraico, que M. Idel, professor da Universidade Hebraica de Jerusalém, reencontrou em um manuscrito e amavelmente nos comunicou[38].

Pode-se imaginar, enfim, que uma edição crítica do *Zohar*[39] – se é que ela deva existir um dia – graças às adições de fragmentos desconhecidos ora recuperados, às omissões de passagens tidas por interpoladas, à reorganização do texto em conjuntos satisfatórios aos critérios de crítica textual, entrará, por sua vez, na longa história da constituição do *corpus* zohárico como um de seus momentos privilegiados. É permitido esperar que ela não desseque a seiva fecunda que possibilitou a produção dos sucessivos estratos do *Zohar*, proibindo doravante, para todo sempre, qualquer renovação da matéria textual?[40].



38 Esse texto foi recentemente editado em sua língua original e em termos críticos por M. Idel, Une pièce inconnue du *Midrach ha-Néélam*, op. cit., p. 73-87. Quanto à nossa tradução, só apareceram até hoje os volumes I, II e III, bem como o *Zohar sobre Le Livre de Ruth*, ver acima nota 25.

39 A primeira edição crítica de uma peça do Zohar que jamais viera à luz foi obra de um jovem pesquisador, S. G. Wald, *The Doctrine of the Divine Name:* An introduction to classical kabbalistic theology, Brown Judaic Studies, n. 149, Atlanta, Geor., 1988. Trata-se de uma peça curta intitulada *Sitré Otiot Haschem*, impressa comumente no começo do *Zohar Hadasch*, 1b-6c. A edição crítica precitada é provida de uma tradução parcial em inglês.

40 Uma edição bastante recente do *Zohar* e do *Zohar Hadasch* (em 21 volumes ou em 10 volumes, conforme as tiragens) oferece múltiplas vantagens, dentre as quais numerosas variantes das edições impressas, das remessas internas, uma tradução palavra por palavra em hebraico do texto aramaico; ela dispõe de um comentário útil, embora se afaste muitas vezes do sentido imediato. É de autoria de R. Iehudá Lev Halevi Aschlag, cabalista que foi, entre outras coisas, grão-rabino da central sindical israelense, Histadrut. O texto intitula-se *Sefer ha-Zohar im Perusch ha-Sulam*, 21 v., Jerusalém [s.n.]: 1945-1955. O caráter militante dessa edição, que visa tornar acessível a um largo público de hebraizantes modernos o texto aramaico, permitiu efetivamente a numerosos leitores de hoje chegar ao *corpus* zohárico. Ela está longe, entretanto, de ser uma edição crítica; em geral respeita o texto das edições impressas anteriormente e adotou, no essencial, a sua arquitetura.

[illegible]

[illegible]

[illegible]

# A HERMENÊUTICA DA EXPERIÊNCIA VISIONÁRIA:

## REVELAÇÃO E INTERPRETAÇÃO NO ZOHAR

ELLIOT R. WOLFSON

trad. de Fany Kon

A legitimação das novas interpretações, tanto no interior da história do judaísmo como de outras culturas religiosas baseadas nas Escrituras Sagradas, tomou basicamente uma das duas formas: a exegese das fontes documentais ou a apelação da revelação direta. Quer dizer, uma verdade recentemente expressa, ou se atribui a uma revelação inspirada pela divindade, ou descobre-se que está implícita no texto antigo e portanto daí deriva pela exegese. Sem dúvida, em cada uma dessas possibilidades, o laço com a tradição do passado é certo. Quem pretende ter tido uma nova visão, não somente a expressará em uma linguagem tradicional, como atribuirá a experiência a uma autoridade tradicional. Assim, tomando um exemplo da história da mística judaica na cadeia de transmissão do saber místico associado aos primeiros cabalistas conhecidos na Provença, Abraham ben Isaac, Abraham ben David, Jacob ha-Nazir e Isaac, o Cego, dizia-se que o conhecimento esotérico era comunicado pela revelação do profeta Elias[1]. Somente o nome desse último garantia, pelo menos parcialmente, a legitimidade da revelação nos círculos tradicionais. Qualquer que fosse o conteúdo da revelação mística, ao ser atribuído a Elias, o guardião da tradição rabínica *par excellence*, assegurava seu lugar dentro do judaísmo normativo. No caso de uma nova interpretação, este processo de legitimação é todavia mais seguro quando as novas ideias são apresentadas como parte da revelação original. A brecha potencial que separa a revelação escritural e a progressiva interpretação humana, está efetivamente obstruída pela suposição hermenêutica – que alguns poderiam denominar uma "nobre ficção" –

1 Ver G. Scholem, *Origins of the Kabbalah*, Princeton: Princeton University Press, 1987, p.35-36, 238-43.

de que toda verdade está contida no texto sagrado. Retornando outra vez ao judaísmo, para dar um exemplo, os estudiosos vêm chamando atenção para o paradoxo fundamental que caracteriza a interpretação escritural, o *midrasch*, na tradição rabínica: todo o novo deve ser antigo, já que presumivelmente todas as interpretações se encontram ocultas na *Torá*[2].

Algumas vezes, estudiosos do pensamento judaico consideram que as modalidades da revelação e da interpretação se excluem mutuamente. O fato de recorrer à exegese surge assim, especificamente, em uma situação na qual se suspendeu o acesso à revelação divina, pois se a dita revelação estivesse por suceder, não haveria necessidade de derivar verdades fora do dogma estabelecido. *Midrasch*, em uma palavra, pressupõe um afastamento de Deus devido à suspensão de estados proféticos ou reveladores. Não obstante, é possível demonstrar que, dentro da tradição judaica, particularmente na literatura apocalíptica e mística, há uma relação intrínseca entre o estudo de um texto e a experiência visionária. Longe de excluir-se mutuamente, a experiência visionária em si mesma pode ser de natureza interpretativa, derivando-se de visões prévias conservadas em um documento escrito, enquanto a tarefa exegética pode originar-se e desembocar em um estudo revelador da consciência.



O propósito desse estudo é examinar o problema da relação entre revelação e interpretação no *Zohar*, o texto clássico da mística medieval judaica que apareceu em Castela, em fins do século XIII. Como Gershom Scholem afirmou, os documentos históricos atestam o fato de que no século XII já operavam dois modos distintos de legitimação da doutrina mística nos círculos cabalísticos: um, o qual já mencionei, que consiste nas revelações místicas de Elias, e o outro, é o do *midrasch* místico, como é particularmente claro no caso do *Sefer Bahir*[3]. Em outra passagem, Scholem escreveu que na história da Cabala as inovações foram feitas "com base em novas interpretações de matérias antigas" e, também como "resultado de uma inspiração ou revelação momentânea, ou mesmo de um sonho"[4]. A literatura cabalística, de acordo com Scholem, está baseada numa dualidade: a iluminação sobre-

**2** Cf. S. Rawidowice, On Interpretation, *Studies in Jewish Thought*, Philadelphia, The Jewish Publication Society of America, 1974, p. 47-48, 52-53; G. Scholem, Revelation and Tradition as Religious Categories, em *The Messianic Idea in Judaism*, New York: Schoken Books, 1971, p. 287-89.

**3** G. Scholem, *Origins of the Kabbalah*, p. 39-44 e 49-53.

**4** G. Scholem, *Major Trends in Jewish Mysticism*, New York, Schocken, 1961 p. 120 (Tradução brasileira. *As Grandes Correntes de Mística Judaica*, São Paulo: Perspectiva, 3. ed. revista, 1995, p. 134).

natural por um lado, e a exegese tradicional por outro. A tese deste ensaio, formulada de maneira simples, é que no *Zohar* os dois modos, revelação e interpretação, identificam-se e fundem-se. Para que ocorra esta convergência é preciso que a estrutura teosófica subjacente proporcione uma base fenomenológica comum a ambos. Na relação hermenêutica que o exegeta místico mantém com o texto, ele vê novamente Deus como Deus foi visto no acontecimento histórico da revelação. Em suma, a partir da perspectiva do *Zohar*, a experiência visionária é um veículo para a hermenêutica, assim como a hermenêutica é um veículo para a experiência visionária. A combinação destas modalidades constituiu uma enorme força que exerceu profunda influência nas gerações seguintes de exegetas judeus. Estabelecidos os nexos entre o estudo textual e a experiência visionária, a interpretação da Escritura deixou de ser considerada uma simples execução do mandato fundamental de Deus: estudar a *Torá (talmud Torá)* significava, antes de tudo, que a dita informação era melhor entendida como um ato de participação no drama mesmo da vida divina. A *interpretatio* em si mesma converteu-se em um momento de *revelatio*, a qual, na linguagem do *Zohar*, compreende ademais o processo de *devekut*, isto é, a união do indivíduo com Deus[5].



## Revelação

Para compreender a correlação entre os modos interpretativo e revelatório no *Zohar*, é necessário analisar cada componente da equação de maneira separada. A primeira questão refere-se, assim, à interpretação zohárica da revelação. Disseminadas através do volumoso *corpus* do *Zohar* há muitas ideias valiosas, as vezes contraditórias[6], concernentes à natureza da revelação. Não obstante, para os propósitos desse ensaio, a atenção centrar-se-á especificamente no tratamento zohárico da natureza da experiência visionária da teofania sinaítica.

5 Cf. *Zohar* II, 213b; 217a; III, 36a; *Zohar Hadash*, 27d, e 29a.
6 Cf. *Zohar* II, 66b; III,147a.

Em um dos textos chave[7], uma interpretação do *Êxodo* 20:15, "E toda a gente viu as vozes": *ve kol ha-'am roim 'et ha-kolot*, o *Zohar* traz à baila um problema evidente que preocupou da mesma maneira exegetas clássicos e medievais: por que a Escritura emprega o predicado "viu" em conjunção com o objeto "vozes", mesclando deste modo uma metáfora ótica e uma auditiva? Em resposta à dita interrogação, o *Zohar* oferece três possíveis interpretações. A primeira, atribuída ao Rabi Aba, baseia-se em uma leitura cuidadosa – mais ou menos literal – da Escritura, e sugere que as vozes incorpóreas do discurso divino foram encarnadas em um meio ambiente físico de obscuridade, nuvens e espessa neblina, que lhes possibilitaram ser vistas pelo olho humano[8]. A partir dessa visão, os israelitas foram iluminados pela luz celestial de Deus. A segunda interpretação, atribuída ao Rabi José, afirma que estas vozes, quer dizer o conteúdo da visão, não foram outra coisa senão as *Sefirot* mesmas, as potências de Deus, que resplandeciam[9]. Isso tem, assim, perfeito sentido para falar de uma "verdadeira visão" das ditas vozes, pois essas últimas (as *Sefirot*) são, em essência, de uma natureza luminosa. Uma terceira perspectiva, que é atribuída ao Rabi Eleazar, oferece, contudo, outra interpretação, embora não desvinculada das anteriores. Segundo ele, as vozes referem-se do mesmo modo às *Sefirot*, porém, por outro lado, também a visão destas vozes era mediada pela última delas, a *Schekhiná*. A ela se alude em versículo pela partícula acusativa *'et*, a qual funciona no *Zohar* como um símbolo místico para a última gradação, a consumação do discurso divino, na medida em que esta palavra contém a primeira e a última consoante do alfabeto hebraico[10].

A interpretação do Rabi Eleazar, de que Israel teve no Sinai uma visão da *Schehkiná*, possui seus antecedentes em uma profusão de manifestações midráschicas e agádicas, as quais enfatizam a única qualidade teofânica da revelação sinaítica. Nos termos dos antecedentes cabalísticos, a noção de que a *Schehkiná* é o *locus* da experiência reveladora no Sinai, expressa-se pela primeira vez no *Sefer Bahir*.

> Um versículo diz, "E toda a gente viu as vozes" (*Ex.* 20:15) e outro versículo diz, "A voz das palavras vocês ouviram" (*Dt.* 4:12). Como é isso possível?



7 *Zohar* II, 81 a-b.
8 *Dt.* 4:11 e 5:19-20. Cf. *Zohar* I, 116
9 Cf. *Zohar* II, 194a .
10 Cf. *Zohar* I, 156; 30b; 53b; 60a; 208a; 247a.

Primeiro eles viram as vozes. E o que viram? As sete vozes [...] e ao final escutaram o discurso que saiu de todas elas. Soubemos que havia dez (palavras) e os rabinos disseram que todas elas foram ditas por meio de uma só palavra. Assim, todas estas (sete vozes) foram ditas em uma palavra[11].

Assim como os rabinos haviam afirmado que as dez palavras da revelação foram articuladas em uma só, assim também as sete vozes, que correspondem às sete *Sefirot* inferiores das dez que são, estão todas contidas em um só discurso, isto é, a *Schekhiná*. O fato de que uma palavra que contenha todas as vozes superiores se refira à *Schekhiná*, pode ser inferido do seguinte fragmento do *Sefer Bahir* que declara: "Dez palavras (correspondem) aos dez reis [...] a palavra 'Eu' (*Anokhi*) está escrita entre elas (cf. *Ex.* 20:2) e contém todas as dez"[12]. A *Schekhiná* está simbolizada pelo pronome da primeira pessoa, "*Anokhi*", porque a Presença feminina é o polo subjetivo do pleroma divino, o aspecto que se dirige ao homem como o "Eu" da voz da revelação.

Aquilo que estava implícito na enigmática passagem do *Bahir* é desenvolvido mais tarde pelos cabalistas espanhóis do século XIII, como o Rabi Ezra de Gerona e seu colega mais jovem, Nakhmânides (1194-1270). Assim, por exemplo, em uma passagem, o Rabi Ezra comenta que, apesar de haver dois aspectos da *Torá*, o escrito e o oral, que correspondem respectivamente às emanações divinas, a sexta (masculina) e a décima (feminina), a via da revelação da primeira é a última. "A *Torá* oral (*Schekhiná*) emana da *Torá* escrita (*Tiferet*) que a conserva [...]. As duas *Torot* foram dadas por meio da *Schekhiná* [...] pois a voz interior (da revelação) não era perceptível nem foi escutada até a final, que é a décima *Sefirá*"[13]. Nakhmânides, por sua vez, escreve em seu comentário ao *Êxodo* 10: 30:

(A *Torá*) foi dada a Moisés em sete vozes (quer dizer, as sete *Sefirot*), as quais ele escutou e compreendeu. Mas no caso de Israel, eles a escutaram em uma única voz (quer dizer, *Schekhiná*) como disse, "uma voz forte e nada mais" (*Dt.* 5:19). E disse, "Vocês ouviram o som das palavras porém não perceberam nenhuma forma, nada senão uma (única) voz" (idem, 4:12). E aqui também (a Escritura)



11 *Sefer Bahir*, 48.
12 Idem, 49.
13 R. Ezra, *Commentary on Shir Ha-Shirim, Kitvei Rambam*, Ed. C. D. Chavel, Jerusalém: Mosad, Há-Rav Kook, 1978, 2: 487.

alude (a isto) "E toda a gente viu as vozes" (*Ex.* 20:15), a palavra *kolot* está (escrita) sem a *uau* (que significa a forma plural), porque eles (Israel) viram todas as vozes como se fora uma (isto é, a *Schekhiná*)[14].

A opinião atribuída no *Zohar* ao Rabi Eleazar segue esta linha de interpretação, ao afirmar que a visão das luzes superiores no Sinai foi mediada pela *Schekhiná*. Em outro contexto, o *Zohar* o explica como segue:

Quando a *Torá* foi dada a Israel, eles vieram e fixaram a vista diretamente em outro espelho (a *Schekhiná* ) e as gradações superiores, e decidiram contemplar e ver a Glória de seu Mestre. Assim eles viram a Glória celestial e ao Bendito, louvado seja Ele[15].





E ainda mais, em outra passagem lemos:

Pensou-se que, quando Deus se revelou a si mesmo no monte Sinai, todos os de Israel viram como quem vê a partir de uma luz em um cristal. E a partir dessa luz cada um viu o que Ezequiel o profeta não viu. Por quê? Porque aquelas vozes superiores foram reveladas (ou, de acordo com uma variante da leitura, gravadas) em uma (voz), como está escrito. "E toda a gente viu as vozes". Mas para Ezequiel, a *Schekhiná* foi revelada em sua carruagem, porém nada mais. Ezequiel viu como alguém que vê partindo por detrás de muitas paredes[16].

Aqui é essencial assinalar que, de acordo tanto com o *Zohar* como com outros cabalistas do século XIII, a visão de Deus, comum a todos os profetas com exceção de Moisés, era mediada – segundo se dizia – pelo último dos graus divinos, a feminina *Schekhiná*. Com efeito, a *Schekhiná* é chamada a "gradação na qual todas as formas (*deioknim*) são vistas"[17] ou o "espelho (*heizu*) das cores superiores"[18]. Poder-se-ia ir mais longe ainda e dizer que, para os cabalistas, a *Schekhiná* não é somente o lugar da experiência profética, e sim o "correlato objetivo" ou o "polo sensorial" da visão profética. Em contraste com a explicação filosófica medieval convencional

**14** Nakhmânides, *Commentary on the Torah,* I:388
**15** *Zohar* I, 94a . Cf. II, 146a.
**16** *Zohar* II, 82b. Cf.II,69b, 130b, 213a; III, 174b.
**17** *Zohar* I, 88b e 91a.
**18** Idem, 183 a ; cf.II, 186b.

da profecia, exposta em especial por Maimônides na tradição judaica[19], para os místicos o objeto da visão profética não é simplesmente uma imagem sensorial ou uma ideia na mente do profeta; é bem mais uma realidade existente, de fato, a realidade divina como se reflete na última das gradações. Em várias ocasiões, Nakhmânides criticou Maimônides precisamente neste aspecto; este último contrastava de maneira muito brusca a visão profética com a visão real, dando a entender com isso que os conteúdos de uma visão profética não têm fundamento na realidade concreta externa (ou espacial). O autor do *Zohar*, coincidindo com Nakhmânides, afirmava que o objeto da visão profética não existe apenas na mente do profeta, senão que é uma realidade objetiva.

Deduz-se, portanto, que a interpretação do Rabi Eleazar coloca à teofania sinaítica no espectro da experiência profética normal, ou seja, uma diferente da de Moisés, dentro da qual o lugar da experiência visionária é a última gradação. Vale a pena mencionar, por outra parte, que a visão sinaítica contrasta com aquela, a da carruagem, que Ezequiel teve na Babilônia: enquanto Israel viu toda a gradação superior tal como se refletia na *Schekhiná* – como em um cristal –, Ezequiel somente foi digno de ver a *Schekhiná* refletida em suas carruagens, quer dizer, os seres angélicos que estavam debaixo do reino divino. Partindo do ponto de vista do Rabi José, pareceria, contudo, que, no Sinai, Israel alcançou um nível mais alto de consciência profética. Com efeito, em outra passagem[20] atribuída também ao Rabi José, o *Zohar* apresenta uma explicação alternativa de acordo com a qual se dizia que aqueles que estiveram no Sinai encontravam-se no mesmo nível de Moisés, superando assim o nível empírico de outros profetas. Também neste caso, o *Zohar* contrasta a visão de Israel no Sinai com a de Ezequiel. Nesta última, a Escritura constantemente emprega palavras como "imagem", "parecido" e "aparência", pois Ezequiel viu o que viu "como se estivesse por detrás de uma parede", ao passo que Israel viu Deus "cara a cara". "Ezequiel viu a *imagem* das carruagens celestiais, já que viu a partir de um lugar que não estava tão iluminado". Israel teve uma visão das cinco vozes superiores, através das quais, de acordo com o ponto de vista rabínico, a *Torá* foi transmitida, enquanto Ezequiel viu as cinco gradações correspondentes abaixo do reino divino, a saber, o vento

**19** Maimônides, *Guia dos Perplexos* II, 41-46.
**20** *Zohar* II, 82b.

de tormenta, uma nuvem enorme, o fogo deslumbrante, um resplendor, e do meio dele, isto é, do meio do fogo saia uma coisa como o brilho de electro (cf. *Ez.* 1:4). No Sinai, Israel alcançou algo do *status* de Moisés. O *Zohar* assinala, portanto, que a Escritura diz ao referir-se a Moisés: "E o Senhor desceu sobre o Monte Sinai e chamou Moisés" (*Ex.*19:20), enquanto diz, analogamente, com respeito à nação: "o Senhor desceu em frente a toda a gente no Monte Sinai" (idem, 19:11). Por conseguinte, no Sinai, a "cabeça" e o "corpo" do rei foram revelados, enquanto Ezequiel viu somente a "mão inferior" ou os "pés" de Deus. Ezequiel, como Isaías, teve uma visão da *Schekhiná*, mas inclusive essa era, no entanto, um nível inferior de visibilidade.





Em relação ao conteúdo específico da experiência visionária no Sinai, damo-nos conta, ademais, de que a visão tinha um elemento decididamente gnóstico; por exemplo, por meio da visão, o povo foi capaz de adquirir um conhecimento esotérico dos atributos divinos. "Ensinou-se: Rabi José b. Rabi Judá disse: Israel viu aqui (no Sinai) aquilo que Ezequiel, o filho de Buzi, não viu; e todos compreenderam a celestial, a gloriosa Sabedoria"[21]. Cria-se, assim, um claro vínculo entre o visionário e o etimológico: através da visão chegou-se ao conhecimento teosófico. Já desde as fontes midráschicas, como em Filo de Alexandria, a visão das vozes descritas no *Êxodo* 20:15, foi tomada no sentido de uma visão conceitual expressa por meio da interpretação. Quando Israel viu – quer dizer, compreendeu – as palavras da revelação divina, eles imediatamente as interpretaram. Baseando-se nesse antigo motivo no pensamento judaico, o *Zohar* detalha desta maneira a qualidade hermenêutica da experiência visionária no Sinai:

> As dez palavras da *Torá* (quer dizer, o Decálogo) contêm todos os (613) mandamentos, incluindo tudo o que está acima e abaixo, o princípio das dez palavras da Criação. Estas (dez palavras) foram gravadas sobre as tábuas de pedra, e tudo o que estava oculto nelas ficou visível a seus olhos (dos israelitas) pois todos conheceram e examinaram o segredo dos 613 mandamentos da *Torá* contido nestas. Tudo era visível para eles, tudo foi entendido nas mentes de Israel e tudo foi revelado a seus olhos. Nesse tempo todos os segredos da *Torá*, superiores e inferiores, não lhes foram arrancados porque eles viam com seus

21 *Zohar* II, 82a.

próprios olhos o esplendor da Glória de seu Mestre. Desde o dia em que Deus criou o mundo não houve nada como a revelação de Sua Glória no Sinai[22].

Por meio de uma visão da Glória divina, a última das emanações na plenitude sefirótica, o povo de Israel foi capaz de penetrar as profundezas da *Torá*, para alcançar os segredos ocultos (quer dizer, cabalísticos) dos 613 mandamentos, os quais estavam contidos no Decálogo. As dez palavras da revelação correspondem às dez palavras da Criação, que por sua vez correspondem às dez gradações divinas. De acordo com o *Zohar*, então, o povo de Israel alcançou no Sinai o conhecimento do esotérico, assim como a dimensão esotérica da *Torá* por meio de uma visão da Glória. A dimensão esotérica é fundamentalmente um entendimento da plenitude sefirótica expressa aí especificamente como a compreensão dos segredos contidos no Decálogo. Assim, vendo a Glória, o povo era capaz de adquirir o conhecimento místico encarnado na *Torá*.

## Interpretação

Fica claro, a partir da seção anterior, que o *Zohar* sustenta um tipo especial de experiência visionária no Sinai. Em tal caso, dizia-se que o povo vira diretamente uma das cinco gradações superiores, alcançando com isso o nível de Moisés, ou a última gradação a refletir as cinco gradações superiores. No texto citado ao final da última parte, também se dizia que o povo havia visto a Glória divina, porém, ao mesmo tempo, todos os segredos da *Torá*. De fato, de acordo com essa passagem, estes segredos foram acessíveis para Israel precisamente porque contemplavam o esplendor da Glória. A experiência visual, portanto, estabelece a compreensão teosófica; a *gnosis* nasce de uma visão mística.

Pode-se ademais argumentar que, na mente do autor do *Zohar*, o processo da exegese cabalística é, em certo sentido, uma imitação do acontecimento histórico da revelação. Aqui também a visão zohárica está arraigada em uma antiga tradição rabínica de acordo com a qual a atividade exegética, ou

**22** *Zohar* II, 93b, 94a ; II, 82b e 156b.

o estudo da *Torá*, estava ligada à teofania sinaítica. Várias passagens rabínicas inclusive sublinhavam que, por meio da interpretação da *Torá*, recriam-se os fenômenos sobrenaturais do acontecimento do Sinai. No *Zohar*, a correlação entre exegese e revelação centra-se especificamente no fato de que, tanto na primeira como na última, a compreensão do texto acha-se em relação com uma visão da Glória. Não obstante, enquanto aqueles que se encontravam presentes no Sinai compreenderam as verdades esotéricas da *Torá* através de uma visão da Glória, os místicos conseguem uma visão da Glória por meio do estudo intenso da *Torá*.

Em um grande número de passagens do *Zohar*, coloca-se em relevo o estreito vínculo entre aqueles que se dedicam à exegese mística e a *Schekhiná*. Assim, por exemplo, em um lugar lemos que a irmandade mística de Rabi Schimon, os *havraiá*, são chamados "o rosto da *Schekhiná*" porque "a *Schekhiná* está oculta dentro deles. Ela está encoberta e eles se revelam"[23]. Em outro lugar lemos que o Rabi Schimon especificamente deu o nome de *Peniel* a dois de seus camaradas, Rabi Eleazar e Rabi Aba, pois "eles viram o rosto da *Schekhiná*"[24]. Recorrendo, por outro lado, às fontes rabínicas mais antigas, onde se estabelecia uma clara relação entre o estudo da *Torá* e a morada imanente da divina Presença, o *Zohar* enfatiza uma e outra vez que, por meio do estudo, a pessoa adere a, ou se une à *Schekhiná*[25]. Para citar alguns exemplos notáveis: "Ensinou-se que: quem quer que esteja entregue (*de-'ischtadel*) às palavras da *Torá*, e cujos lábios murmurem a *Torá*, o Santíssimo, louvado seja Ele, o ampara, e a *Schekhiná* estende suas asas sobre ele;"[26] "O sábio obterá honra (*Prov.* 3:35): Quem quer que esteja dedicado (*de-ischtadel* [ao estudo da]) à *Torá*, merece herdar a porção celestial na Glória do Rei sagrado, do Rei celestial [...]. E, quem é esse? Aquele que é chamado a Glória do Senhor (quer dizer, a *Schekhiná*), que nunca se aparta deles:"[27] "Quem esteja dedicado à *Torá* (*de-'ischtadel*), é como se estivesse entregue ao palácio do Divino, louvado seja Ele ( isto é, a *Schekhiná*), porque o palácio celestial do Divino, louvado seja Ele, é a *Torá*"[28]:



**23** *Zohar* II, 163b.
**24** *Zohar* II, 163b.
**25** *Zohar* I, 135b, 164a , 245a ,II, 94b, 134b; III, 22a .
**26** *Zohar* III, 35 a .
**27** *Zohar* III, 268b.
**28** *Zohar* II, 200a.

> Vem e olha: Quando uma pessoa se aproxima da *Torá*, que é chamada boa, como está escrito, "o ensino de tua boca (*torat pikha*) é bom para mim" (*Ps.* 119:72), ele se aproxima do Divino, louvado seja Ele, quem é chamado bom, como está escrito, "O Senhor é bom para todos" (idem, 145:9) e ele então está perto de ser reto, como se diz, "Feliz é o homem justo porque é bom" (*Is.* 3:9). Quando ele é reto, a *Schekhiná* pousa nele e o ensina os mais elevados segredos da *Torá*, pois a *Schekhiná* une-se somente a quem é bom, porque o reto (*Tzadik*, isto é, a nona gradação masculina, *Iesod*) e a retidão (*Tzedek*, quer dizer, a décima gradação feminina, a *Schekhiná*) caminham juntos como um só[29].

Em qualquer lugar, àqueles que estejam dedicados ao estudo da *Torá* se lhes denomina "camaradas do Divino, louvado seja Ele, e a Comunidade de Israel", isto é, *Tiferet e Schekhiná*, pois quando eles pronunciam as palavras da interpretação, "aderem às asas" da *Schekhiná* e suas palavras "são criadas e habitam no seio do Rei"[30]. Para citar um último exemplo, o *Zohar* explica a máxima talmúdica[31] de que a véspera do *Schabat* é o momento mais apropriado para o dever marital do estudioso, já que durante a semana toda, este, ou seja, o exegeta místico, está em união com a *Schekhiná* e por isto deve ficar separado de sua consorte terrena[32].

Todavia, indo mais além de todas as fontes midráschicas e agádicas anteriores, o *Zohar* sublinha por vezes que a atividade hermenêutica não é meramente um estado de inspiração divina, mas, sim, o melhor meio para contemplar o divino[33]. Isto é, por meio do estudo místico da Escritura, o cabalista pode ver a luz divina escondida no texto, porque as próprias letras não são senão as configurações dessa luz. "Não há palavra na *Torá* que não tenha várias luzes brilhando em cada lado [...]. A Sabedoria celestial brilha nela para quem a necessite"[34]. As palavras da *Torá* se parecem às roupagens que cobrem esta luz divina, e somente o místico, que contempla o sentido esotérico oculto nas palavras do texto, pode de novo apreender esta luz. Como Moisés de Leon expressou brevemente em um de seus trabalhos hebraicos, o *Mischkan ha'Edut* (1293):



**29** *Zohar Hadasch*, 29a.
**30** *Zohar* III, 22a.
**31** B. Ketvot 62b.
**32** *Zohar* I, 50a; II, 63b, 89a; III, 49b, 78a e 143a.
**33** *Cf. Zohar* I, 72a, 92b, 115b; II, 200a; *Zohar Hadasch*, 28a.
**34** *Zohar* III, 202a.

> Nossa *Torá* sagrada é uma *Torá* perfeita (*Torá temimá*), "toda a glória da princesa real se encontra dentro" (*Ps.* 45:14). Mas, devido a nossos grandes e malignos pecados, hoje "seu vestido está bordado em ouro" (Idem, ibidem) [...]. Assim Deus, louvado seja Ele, colocou uma "coberta de pele de delfim sobre este vestido" (*Num.* 4:6) com as coisas visíveis (deste mundo). E quem pode ver (*lirot*) e contemplar (*le-histakel*) a grande e terrível luz escondida na *Torá*, exceto os supremos e sagrados anciãos (*gadischei 'llion ha-kadmonim*). Eles entraram em seu santuário e a grande luz se lhes revelou. Eles lhe tiraram a máscara[35].

Dos vários níveis de interpretação da *Torá*, o mais profundo é aquele que vê o texto como um *corpus symbolicum* do mundo divino. Cada palavra da Escritura é potencialmente um símbolo da vida divina e como tal participa nesta. A exegese cabalística, em consequência, é uma forma de experiência reveladora, porque o estudo da *Torá* não somente produz uma experiência visionária, senão que ela mesma constitui a dita visão. Para apreciar a fundo essa última afirmação, a pessoa deve ter em mente alguns dos princípios cabalísticos aceitos pelo autor do *Zohar*. A *Torá*, em sua essência mística, não é outra coisa mais que o Nome divino, o Tetragrama, que em si mesmo compreende a estrutura teosófica das dez gradações. Portanto, a *Torá* (concebida misticamente) é idêntica a Deus. Não obstante, essa premissa tácita é claramente o princípio fundamental que jaz atrás de quase cada palavra do *Zohar*; fica claramente explícito em um lugar que "o Sagrado, louvado seja Ele, é chamado a *Torá*"[36]. E, outra vez, um pouco mais adiante, no mesmo contexto, se lê que "a *Torá* não é senão o Sagrado, louvado seja Ele"[37]. Depreende-se disso que, na medida em que a *Torá* não é outra coisa senão o edifício divino, o estudo mesmo da *Torá*, em si mesmo, necessariamente entranha algum tipo de experiência visionária de Deus. De Leon, seguramente, havia estado de acordo com o seguinte ponto de vista exposto por um contemporâneo seu, Joseph Hamadan: ao estudar as letras da *Torá*, ou ainda simplesmente ao contemplar o rolo de pergaminho da *Torá*, a pessoa apreende a forma do divino[38]. Ver o texto para o cabalista é como o equivalente a ver a forma de Deus.

35 *Mischkan Ha 'Edut*, Ms. Berlim On. Quat. 833, fol. Ib.
36 *Zohar* II, 60a .
37 Idem, 60b.
38 *Cf. Sefer Ta'amei ha-Misvot*, Ed. M. Meier, Tese de Doutorado, Brandeis University, 1974, p. 58.

É por meio da interpretação da *Torá*, de acordo com os princípios cabalísticos, que o místico participa outra vez no ato da revelação, agora entendido em um sentido decididamente visual. Não obstante, essa experiência ultrapassa o alcance normal da experiência profética visionária, pois o cabalista consegue o que o israelita experimentou no Sinai. Assim, em uma passagem, o *Zohar* explica a máxima talmúdica de que "o sábio é melhor que o profeta"[39], advertindo que "aqueles que se dedicam ao estudo da *Torá*" (*demischtadelei be – 'oraita*) estão em um nível mais alto no mundo sefirótico daquele onde se encontram os profetas. "Aqueles que participam na *Torá* situam-se acima, no lugar chamado *Tor* (quer dizer, *Tiferet*), o pilar de toda Fé (*kiumá de-kol meheimanuta*), e os profetas situam-se abaixo, em um lugar chamado *Netzá e Hod*"[40]. Abaixo dos profetas estão aqueles que "articulam palavras através do Espírito Sagrado," pois estão particularmente unidos à última *Sefirá*[41]. Aqueles que se dedicam ao estudo da *Torá* se encontram no nível mais alto, esse corresponde simbolicamente à *Torá* escrita no reino divino, ou seja, *Tiferet*, a sexta gradação, a *Sefirá* de Moisés. É claro que com a expressão "aqueles que estão encarregados da *Torá*", *demischtadelei be – 'oraita*, o *Zohar* refere-se especificamente aos místicos que estudam e interpretam a *Torá* de acordo com o sistema cabalístico. O exegeta teosófico, por conseguinte, é o iluminado, o *maskil*, que alcança o nível de Moisés[42].

Que o cabalista, de acordo com o *Zohar*, esteja ao lado de Moisés, fica claramente afirmado em outra passagem quando a profecia mosaica se opõe à dos patriarcas Abraão, Isaac e Jacó. Enquanto esse último teve visões das "cores inferiores" como se refletiram por meio do prisma da *Schekhiná*, Moisés contemplava solitário as "cores superiores", que se acham "ocultas e invisíveis". Depois de haver estabelecido os diferentes modos da visão profética, o *Zohar* interpreta o *Dn.* 12:3. "E os iluminados (*maskilim*) brilharão como o esplendor (*zohar*) do céu":

> Quem são os iluminados? Isso se refere ao sábio que compreende por si mesmo aquelas coisas (ou palavras: *milim*) que nenhum homem pode dizer com sua boca. À estes se lhes chama iluminados. "Eles brilharão como o esplendor do



**39** B. Baba Batra 12a.
**40** *Zohar* III, 35a.
**41** Idem, ibidem.
**42** *Cf. Zohar* III, 132b.

céu". Qual céu? O céu de Moisés (quer dizer, *Tiferet*) que está no centro (do edifício divino). O esplendor deste (céu) está oculto, e sua cor não é revelada[43].

É certamente evidente que os iluminados, os *maskilim*, são os místicos ou, mais exatamente, os cabalistas. É assim que o autor do *Zohar* lhe atribui, ao iluminado, a qualidade de entender, por si mesmo, um traço peculiar já assinalado pela *Mischná* como necessário para quem deseja participar na *ma'asé merkavá*, a especulação sobre a carruagem divina. Mais ainda, nos disseram que o iluminado "brilha como o esplendor do céu", o qual é identificado depois como o "céu de Moisés"[44]. O último termo refere-se simbolicamente à *Sefirá* de *Tiferet*, a divina gradação que, como mencionamos antes, corresponde a Moisés. Quer dizer, portanto, que o místico é capaz de alcançar o nível de Moisés. É muito significativo que o *continuum* da experiência no profeta e no místico pareça ser um e o mesmo. Isso implica duas coisas: primeiro, a profecia clássica é reinterpretada como um modo da experiência mística que compreende a visualização das *Sefirot* e, segundo, a experiência reveladora de Deus é todavia uma possibilidade clara para o cabalista. Como sugeri, o veículo para alcançar esta experiência reveladora é a exegese, a interpretação da *Torá*, que é a forma corpórea de Deus.

Que o visionário místico *par excellence* seja o exegeta teosófico, é verificável mais adiante por meio da seguinte interpretação do *Dn.* 12:3:

(1) "E os iluminados brilharão" (*Dn.* 12:3) Quem são os iluminados? Aqueles que sabem como contemplar (*le-'istakala*) a Glória de seu Mestre e conhecem o segredo da Sabedoria, para entrar sem timidez no mundo vindouro. Estes brilham como o esplendor superior. E se diz "os iluminados" (*ha maskilim*) mais que "os conhecedores" (*ha iodim*) porque estes são verdadeiramente os que contemplam (*de mistakla'an*) os segredos interiores, escondidos, que não são revelados nem transmitidos a qualquer pessoa[45].

(2) "E os iluminados brilharão", os "iluminados" refere-se àqueles que contemplam (*demistakelei*) o mistério da Sabedoria nos mistérios secretos da *Torá* [...]. Todos os que estão dedicados (*demischtadelei*) ao (estudo) da *Torá* são

43 *Zohar* II, 23a.
44 Cf. *Zohar Hadasch, Tikunim*, 94b.
45 *Zohar Hadash*, 105a .

chamados *maskilim*, (porque) com sabedoria eles contemplam (*mistakelan*) o segredo da Sabedoria superior[46].

Em ambas as passagens fica claro que a contemplação mística, interpretativa por natureza, é uma forma visual de compreensão. O iluminado é alguém que contempla a glória de Deus e que deste modo contempla "o mistério da Sabedoria", a qual está encarnada nos "mistérios secretos da *Torá*". Mais ainda, aquele "dedicado" ao estudo da *Torá*, está "iluminado", já que somente a dita classe de pessoas contempla a Sabedoria superior inerente à *Torá*. Pareceria evidente, então, que os modos revelatório e midráschico convergem aqui, pois a visualização do divino é gerada pela relação hermenêutica que a pessoa tem com o texto recebido. Com efeito, para o autor do *Zohar*, a percepção das cores ou luzes, as *Sefirot*, é melhor conseguida por meio de uma compreensão e uma exposição misticamente intuitivas, explicação da Escritura. Apesar de que a técnica do *midrasch* era parte da configuração mental cabalística, desde os inícios da especulação teosófica na Europa, no *Zohar*, a tarefa da exegese converte-se no *sine qua non* da práxis mística. O objetivo da explicação cabalística, no entanto, não é ouvir a palavra de Deus como está relatada no texto, senão ver melhor os mistérios ocultos – quer dizer, a luz divina – escondidos nas letras e nas palavras desse texto. É tão central o elemento visionário para a exegese mística, que o *Zohar* insiste em que o cabalista, aquele que contempla os mistérios da *Torá*, é chamado pela Escritura "o iluminado" e não simplesmente "um que sabe", pois a palavra *maskil* deriva da raiz (*skl*) que, como o grego *theoria* e o latim *contemplatio,* conota a compreensão por meio da vista.

O encontro dos modos visionário e hermenêutico no *Zohar* é trazido à baila no seguinte discurso do "Ancião" (*sabá*), que tem a ver com a natureza da interpretação e das leis internas da *Torá*:

O Sagrado, louvado seja Ele, penetra em todas as coisas ocultas (ou palavras: *milim*) que Ele criou dentro da Sagrada *Torá* e tudo se encontra na *Torá*. E a *Torá* revela essa coisa oculta (ou palavra) e depois cobre-se imediatamente com outra roupagem, aonde esconde-se e não é revelada. E ainda que essa coisa (ou palavra) está oculta em sua roupagem, os sábios, que estão cheios de olhos, a veem de dentro de sua roupagem. Quando essa coisa (ou palavra) é revelada, antes que

46 Ibidem, 106b.

entre em sua roupagem, aquele que tem os olhos abertos (quer dizer, o sábio místico) lança seus olhos sobre ela. E ainda que (a coisa ou palavra) se cubra imediatamente, não se afasta de seus olhos[47].

Nesse texto, o *Zohar* repetidamente emprega metáforas derivadas do fenômeno da vista. Diz-se que Deus esconde assuntos secretos dentro da *Torá* e os veste com uma roupagem; a eliminação da mesma permite que sejam vistos pelo sábio. Por isso que o místico é chamado "sábio cheio de olhos". Mais ainda, talvez tomando emprestada a descrição que Maimônides faz da verdade, Moisés de Leon, na introdução ao *Guia dos Perplexos*, descreve a verdade escondida da *Torá* como aquela que momentaneamente fulgura logo atrás de seu esconderijo, apenas para regressar rapidamente a outro.



Na continuação dessa passagem, o *Zohar* apresenta a famosa parábola da formosa princesa (literalmente, amada, *rehimata*) reclusa em seu palácio invocando a seu amante (*rehimá*) para que se aproxime e possa unir-se finalmente com ele em matrimônio. No nível alegórico, a princesa em seu castelo simboliza a *Torá* que está escondida atrás de várias camadas de significado. O amante é o místico que deve ser guiado gradualmente ao nível mais profundo da experiência hermenêutica, ao conhecimento do nível esotérico do texto. Ainda que nesse caso o *Zohar* empregue uma linguagem acústica para descrever o processo do descobrimento, é claro que o principal meio da revelação é de novo o visual. Por conseguinte, a palavra da *Torá*, como a princesa, aparece e logo se desvanece rapidamente. Só o intérprete místico, como o amante, pode ver a sua amada.

Pode-se sugerir além do mais que, em termos da teoria cabalística, a princesa funciona como um símbolo da *Schekhiná*, a potência feminina de Deus, a qual é também a divina gradação que corresponde à *Torá* oral. Com efeito, as quatro etapas da relação entre a princesa e o amante, representam quatro níveis de sentido: *Pschat* (literal e contextual), *Draschá* (homilético), *Hagadá* (alegórico), e *Sod* (místico e esotérico). (Apenas os três primeiros são enunciados explicitamente; o quarto está implícito). Esses quatro níveis – incluindo o sentido literal ou contextual –, a partir da perspectiva dos cabalistas, compreendem quatro posturas hermenêuticas distintas, as que constituem em conjunto a *Torá* oral. No plano simbólico,

47 *Zohar* II, 98b.

portanto, a parábola alude à relação do místico com a *Torá* escrita, tal como mediada por meio dos quatro aspectos da *Torá* oral.

A interpretação textual, para o autor do *Zohar*, implica então em uma relação íntima entre o místico e a *Schekhiná*, na realidade, diz-se que o cabalista – como já expliquei – consagrado ao estudo da *Torá*, está unido com a *Schekhiná*. Através de uma análise da passagem que antecede diretamente à parábola, aonde o "Ancião" começa a interpretar: *Êxodo* 24:18, "Moisés se adentrou na nuvem e ascendeu a montanha", pode-se muito bem aduzir que o modelo é, nesse caso, a revelação sinaítica. "O que era essa nuvem? É como está escrito, 'E coloquei meu arco-íris na nuvem' (*Gen.* 9:13). Pensou-se que o arco-íris tirou suas roupagens e deu-as a Moisés, e com essa roupagem Moisés ascendeu à montanha. E a partir dela (a roupagem), ele viu o que viu e se deleitou com tudo".

O protótipo dos místicos, Moisés, deve receber a roupagem do arco-íris antes de ascender à montanha para receber a *Torá*. Pareceria que o arco-íris aqui é um símbolo do *Iesod*, e a nuvem um símbolo da *Schekhiná*. Moisés deve invergar a roupagem de *Iesod* antes de entrar na nuvem, a *Schekhiná*, e ascender depois para receber a *Torá*. Adornando-se com o manto do arco-íris para penetrar na nuvem, Moisés emula o processo teosófico por meio do qual a *Sefirá* masculina *Iesod* (falo) penetra na feminina *Schekhiná*. Em outro sentido, por esse ato Moisés simbolicamente promulga a unificação da *Torá* oral e da *Torá* escrita, as quais, cabalisticamente, correspondem à *Schekhiná* e à *Tiferet*. Isto é, adentrando-se em uma, a *Torá* oral feminina, Moisés pode ter acesso à outra, à *Torá* escrita masculina[48].

O processo hermenêutico segue o mesmo padrão, já que, por meio da interpretação, surge uma ponte entre o masculino e o feminino, o escrito e o oral, e o exegeta místico, como Moisés, coloca-se na posição de *Iesod*, o conduto ou canal que conecta os dois. Apesar desse ponto de vista estar implícito em vários contextos zoháricos, expressa-se com particular clareza na seguinte passagem:

> Vem e mira o segredo do assunto. A Comunidade de Israel (*Schekhiná*) não aparece diante do Rei [*Tiferet* ] senão por intermédio da *Torá*. Cada vez que os homens de Israel dedicam-se à [o estudo da] *Torá*, a Comunidade de Israel habita neles [...] Assim, quando a Comunidade de Israel levanta-se ante o Rei

**48** Cf. *Zohar Hadasch*, 42a.

Sagrado por intermédio da *Torá*, Suas forças se consolidam e o Rei Sagrado alegra-se em recebê-la [à Comunidade]. Não obstante, quando a Comunidade de Israel apresenta-se ante o Rei e a *Torá* não se encontra com Ela, Sua força, por assim dizer, debilita-se[49].

Aqueles que estudam a *Torá* reforçam a *Schekhiná* com o fim de permitir a esta unir-se com Seu consorte masculino, o Rei Sagrado. Fica claro, portanto, que os místicos dedicados ao estudo da *Torá* cumprem a função de *Iesod*, a gradação que unifica as potências feminina e masculina de Deus.

Com certeza não é insignificante o fato de que, no contexto de dar a conhecer a natureza da hermenêutica mística, o *Zohar* interpreta um versículo bíblico relacionado com o acontecimento no Sinai. Sob essa estratégia reside a identificação assumida entre as modalidades da revelação e da interpretação. O místico, tal como Moisés, é capaz de lograr a união com a *Schekhiná*, uma união que é a relação que carrega o fruto da especulação teosófica e da exegese. É, ainda mais, o meio da experiência visionária, pois pela luz da *Schekhiná*, o cabalista pode penetrar nas profundezas ocultas do texto e, em consequência, contemplar os segredos superiores do reino divino. Portanto, ao final da parábola, o *Zohar* chama o amante (o místico), que finalmente vê a princesa (a *Torá*) face a face e se inteira de seus modos secretos, "esposo da *Torá*, amo da casa". O mesmo título "amo da casa", *ma'rei deveitá*, aplica-se em outra parte do *Zohar* a Moisés[50] e ao *tzadik*, o justo, que é o correlato mundano da mencionada *Sefirá Iesod*.[51] De maneira similar, a frase "esposo da *Torá*" é reminiscência de outra frase usada em relação a Moisés no *Zohar*, "esposo de *Elohim*"[52]. Ambas as expressões assinalam o fato de que Moisés havia conseguido unir-se com a *Schekhiná* (nomeada simbolicamente como "casa" e como *Elohim)*. Aqui as duas expressões se aplicam ao místico que domina os segredos da *Torá*. Outra vez vemos a correlação intrincada e essencial que o autor do *Zohar* estabelece entre o exegeta místico e Moisés e, por implicação, entre os processos de revelação e interpretação.

Assim, em suma, a *gnosis* para o *Zohar* é, em primeiro lugar, visual e não auditiva. O místico, como o profeta, na realidade o maior dos profe-

49 *Zohar* III, 22a.
50 Cf. *Zohar* I, 22b, 238b.
51 Cf. *Zohar* II, 134b.
52 Cf. *Zohar* II, 238b.

tas, Moisés, pode ter uma experiência visual de Deus. Não obstante, esta visão está decididamente orientada para o Texto, porque é por meio da atividade midráschica que o místico pode obter uma revelação do divino. Esta convicção foi certamente defendida pelo mesmo autor do *Zohar*, que explica sua tarefa como a de repartir uma revelação velha e nova pelos meios de interpretação textual. Da mesma maneira como ele alcançou o nível de Moisés estudando o texto mosaico, assim também outros que estudam seu texto poderiam por sua vez participar na dinâmica e brilhar com o resplendor da gradação de Moisés. Essa premissa implícita, que tinge o esforço literário total do *Zohar*, foi expressa sucintamente pelo autor anônimo dos *Tikunei Zohar*: "Nesse tempo 'o iluminado brilhará como o esplendor do céu' (*Dn.* 12:3). O que é o resplendor? A gradação de Moisés, nosso Rabino, o 'Pilar Central' (*Tiferet*), porque a partir d'Ele esse trabalho é chamado o 'Livro do Esplendor' (*Sefer ha-Zohar*)"[53].

Quão bem captou esse cabalista o verdadeiro segredo do *Zohar*! O livro clássico do misticismo judaico aceita de muitas maneiras diversas a suposição de que seu autor havia alcançado o nível simbólico de Moisés no mundo divino, e de que se havia identificado assim com o Moisés histórico. Ao interpretar a *Torá* que o velho Moisés havia revelado, este novo Moisés estava com efeito revelando uma nova *Torá*. Sua interpretação era ao mesmo tempo uma revelação. O poder extraordinário que o *Zohar* exerceu sobre as gerações posteriores da história judaica deve comparar-se com esses antecedentes. A identificação do *midrasch* com a experiência visionária, abriu a porta para que outros tivessem de maneira similar visões de Deus por meio do estudo das letras do texto sagrado. Por sua vez, o *Zohar* mesmo converteu-se em uma base exegética para a experiência reveladora.



**53** *Zohar Hadasch, Tikunim*, 94b. Ver idem, 96b.

# ZOHAR E EROS

YEHUDA LIEBES
trad. de Nancy Rozencham

## Introdução

O *Livro do Zohar*, obra suprema da Cabala, gozou merecidamente de pesquisa ampla e variegada. O auge disto são os escritos de Gershom Scholem, inigualável no aprofundamento da pesquisa do *Zohar*, e o livro de seu discípulo, Isaiah Tishby, *Mischnat ha-Zohar*[1], o livro de pesquisa mais abrangente escrito a respeito. Mas cada geração tem os seus intérpretes. Ainda restaram amplos setores na sabedoria da Cabala que não foram esclarecidos por eles. Em outro local tentei definir estes setores e destacar o início do trabalho realizado nos mesmos[2]. Aqui nos concentraremos em delinear os traços de um aspecto importante do *Livro do Zohar* que ainda não foi solucionado.

Parece que possuímos atualmente uma pesquisa suficientemente exaustiva sobre a doutrina teórica que é possível extrair do *Zohar*, o *Mischnat ha-Zohar*, e principalmente sobre a sua "doutrina teosófica" (se se adotar o nome do capítulo sobre o *Zohar* do grande livro de Scholem sobre as principais correntes da mística judaica)[3], e, apesar disto, mesmo se o "siste-

1 Jerusalém, v. 1, 1957, v. 2, 1961.

2 Yehuda Liebes, Kivunim hadaschim bekhêker hakabalá (Novas Direções na Pesquisa da Cabala), *Peamim* 50 (inverno, 1992), p. 150-170. Ali formulei de modo sintetizado o caminho que adotei em artigos anteriores que tratavam de problemas da composição do *Zohar*, de questões de conteúdo do mesmo, e da relação entre estas duas categorias. Vide Moshe Idel, *Kabalá hebetim hadaschim*, Jerusalém, 1993, (Tradução brasileira, *Cabala Novas Perspectivas*, São Paulo: Perspectiva, 2000).

3 Gershom Scholem, The Zohar: The Theosophic Doctrine of the Zohar, *Major Trends in Jewish Mysticism*, New York: Schocken Books, 1961, p. 205-243 (Tradução brasileira, *As Grandes Correntes da Mística Judaica*, O *Zohar*: Sua Doutrina Teosófica, São Paulo: Perspectiva, 3:. ed. revista, 1995, p. 229-272). Ainda que também o capítulo que o antecede seja dedicado ao *Livro do Zohar*, ele trata somente do estabelecimento da época em que o livro foi composto e da essência do autor.

ma" do livro tivesse sido descrito de modo absolutamente completo, ainda assim não nos sentiríamos satisfeitos.

Porque o que é sabido e o que pode ser definido não é tudo para o *Zohar*. Já em suas duas primeiras páginas[4] ele nos ensina que o nome *Elohim* (Deus) é composto das palavras *mi* (quem) e *ele* (estes), que são dois graus da divindade, sugeridas no versículo "quem criou estes"[5]. "Estes" é um pronome demonstrativo, e "quem" é um pronome interrogativo. O pecado dos fazedores do bezerro de ouro foi satisfazerem-se com a indicação do que é conhecido: "Estes são os teus deuses, Israel"[6]. Esta é a essência da idolatria porque ela se desliga do "quem" e o ignora; esta é a categoria que sempre está em questão[7]. Estas são a reflexão e a busca infindáveis e a origem de toda grande obra, como o *Livro do Zohar*.





Por este motivo, o *Zohar* não tem uma *mischná* (doutrina) e sim uma ampla gama de opiniões e de matizes[8]. Não existe um tópico do *Zohar* que não tenha muitos paralelos, e nunca dois deles expressam a mesma ideia exatamente. Se o *Zohar* fosse um livro de filosofia, isto seria um grande defeito, mas aqui se trata de um mito, com um caráter que foi construído e criado de um fluxo de categorias e contradições. Em grande parte dos casos, o próprio *Zohar* demonstra ter consciência de suas contradições, por isto ele apresenta as diversas opiniões na voz de vários falantes que debatem entre si (às vezes realmente se trata de divergências de opiniões significativas que existiram mesmo entre os membros do grupo que criou a obra)[9]. Por vezes o *Zohar* cria uma hierarquia entre estas opiniões, sendo que coloca as mais profundas na voz do mestre, R. Simão bar Yokhai, ou de seus companheiros mais próximos[10]. Há ocasiões em que o *Zohar* até se arrepende e deixa a opinião rejeitada como uma camada do mito zohariano[11].

4 *Zohar*, 1ª parte, 1b; 2a

5 *Isaías* 40:26. A interpretação zoharica do versículo no plano teosófico-ontológico é esta: "quem" é a *sefirá* da compreensão, e esta inspirou o "estes" [estas] que são as *sefirot* que se encontram abaixo dela.

6 *Êxodo* 32:4.

7 Na linguagem original: "Mistério antigo que preexiste à pergunta".

8 Tanto Scholem como Tishby apontaram naturalmente as contradições existentes no livro entre diversas opiniões ali expressas. Desejo também indicar o significado e vitalidade do próprio fato de existirem tais contradições. Ver adiante nota 111.

9 Ver o meu artigo, Keitzad nitkhaber *sefer ha-Zohar* (Como Foi Composto o *Livro do Zohar*) em J. Dan (ed.), *Sefer ha-Zoar vedorô* (O Livro do Zohar e a sua Geração), Jerusalém: [s.n.], 1989, p. 34-37. Mekhkerêi Yerushalayim bemakhschévet Israel, v. 8.

10 Ver adiante as notas 147 e 169.

11 Ver adiante junto às notas 172-176.

A consciência de que há contradições é demonstrada também na concepção teórica do *Zohar* a respeito das possibilidades infindáveis ocultas na *Torá* e pelo modo da interpretação criadora entregue aos *maskilim* (cabalistas)[12] ou em uma concepção mais surpreendente ainda: no universo, como no homem (principalmente no homem como âmago do *Zohar*), existe também humor e interesse em fantasias e máscaras; assim a verdade se modifica e é substituída em função da anedota![13]

Estas palavras não vêm anular os resumos extraordinários de Scholem e de Tishby. Não fossem o *Mischnat ha-Zohar* e "a doutrina teosófica", minhas palavras não teriam vindo ao mundo. Se não existem as figuras cotidianas, também as fantasias carnavalescas de Purim não têm sentido, e é impossível mostrar a mudança e a troca sem consolidar inicialmente no pensamento alguma base para uma mudança. Talvez seja possível interpretar no *Mischnat ha-Zohar* (como conceito e não como título de livro) também as palavras do *Zohar* na continuação da homilia acima citada sobre "quem" e "estes", que inicia o livro como um farol condutor: depois que a pessoa se ocupou toda a vida com a questão de "quem" e com a resposta "estes" que são, como é sabido, as *sefirot* superiores, no final ela chega a "o que", que representa a última *sefirá*. E na linguagem do *Zohar* (em uma tradução hebraica muito próxima): "Assim como uma pessoa pergunta e remexe para observar e saber de nível a nível até o final de todos os níveis, tendo chegado ali, é 'o que'. O que soubeste, o que observaste, o que remexeste. Pois tudo continua tão obscuro como no início".

Este ensaio será, portanto, dedicado não a *Mischnat ha-Zohar* (doutrina do esplendor), mas ao *Zohar* da *mischná* (esplendor da doutrina): à criatividade, à hermenêutica aberta, ao humor, ao sexo, ao grupo e à relação ao mestre. Em minha opinião, tudo isto se associa em uma questão, tanto no modo de ação do *Zohar* como no da autopercepção do livro. Não é em vão que o que é denominado no *Zohar* de *zohar* é que proporcionou ao livro o seu nome[14], pois é o *zohar* e não a *mischná* que é a alma do livro (apesar de na



12 Ver adiante nos itens *Zohar* e Criatividade e *Zohar* e Variedade.

13 Ver adiante junto às notas 100, 113.

14 Os primeiros deram ao *Zohar* diversos nomes, mas parece que o nome *Zohar* reflete de fato a consciência do próprio *Zohar*; ver adiante junto à nota 46. Este nome já é encontrado nos *Tikunei ha-Zohar*, ver adiante nota 61, nos escritos de R. Isaac de Acre, R. Menakhem Recanati, R. José Angelino (nos escritos posteriores, este cabalista começou a denominar o corpo do *Zohar* pelo nome de *Midrasch Haneelam*) e outros. Em contraste, R. Moisés de Leon evitou chamar o *Zohar* por este nome.

opinião dos cabalistas "alterar" a sequência das letras da palavra *neschamá*, alma). Tentarei demonstrar que o conceito externo mais próximo de *Zohar* é Eros[15]. Mas também isto, assim como *zohar*, é uma entidade escapadiça, que não pode ser definida ou analisada com exatidão[16] porque toda definição é oposta ao seu caráter. Definir Eros significa matá-lo.

A essência do tema deste artigo representa, também para mim, naturalmente, uma imensa dificuldade: a conceitualização e a classificação das categorias necessárias para a clareza da apresentação afetam a vitalidade deste problema, que é o seu assunto básico. Portanto, no debate que tenta expor ao leitor o *zohar* de modo organizado, categoria após categoria, mesclar-se-ão também análises de artigos do *Zohar* que contêm igualmente outras categorias. Um dos itens do artigo até será dedicado a um setor literário zohariano completo (*Saba demischpatim*)[17] e um outro capítulo voltar-se-á para a comparação entre o *Idra rabá* e *O Banquete*, de Platão, apesar de os debates ali extrapolarem, em certa medida, o contexto teórico da estrutura do artigo.





## *Zohar* e Criatividade

Costuma-se definir o *Zohar* como um livro místico. Porém, na minha opinião, há aqui mais do que mística. A temática da mística é a adesão a universos superiores e à verdade que se encontra ali. Porém no *Zohar*, não se fala só da verdade que, de todo modo, já existia, e que somente agora se revelou ao místico, mas também de uma verdade nova com o objetivo que o próprio cabalista cria. Obviamente não se trata aqui de conteúdos de verdade transmitidos por tradição humana, ou por "Cabala" de acordo com o seu significado literal[18] (talvez este seja o motivo pelo qual a palavra "cabala" inexista no livro do *Zohar*, como não aparecem as palavras *sefirot* e *atzilut*[19].

**15** Ver adiante nota 82.

**16** Ver a respeito nas palavras de Diotima, a mestra de Sócrates no âmbito do erotismo. Platão, *O Banquete*, 201-212, em *Obras Completas de Platão*, v. 2, Jerusalém e Tel Aviv: [s.n.], 1957, p. 127-141. Tradução e edição de Yossef G. Liebes.

**17** O ancião do capítulo de leitura semanal "Mischpatim" (*Êxodo* 21:1 – 24,18). (N. da T.)

**18** Ver adiante mais sobre o assunto no item *Saba demischpatim*.

**19** As três palavras encontram-se apenas no nível da *Raaia Mehemna* (Prova Fiel) e *Tikunei ha-Zohar.Atzilut*, traduzida por vezes como emanação. (N. da T.)

Scholem considerava que o *Zohar* evitou isto porque se temia que a ressonância técnica e "moderna" destas palavras denunciariam a data verdadeira do livro[20]. Mas, na minha opinião, este não é o motivo principal[21]. A causa encontra-se em um plano mais profundo do que o desejo de ocultação: o *Zohar* teve, da mesma forma, reservas quanto à ideia da tradição e também da amplitude técnica que se acresce às *sefirot*, e desvincula-as da tradição talmúdica)[22]. Desta forma, diferenciam-se o *Zohar* e os membros do seu grupo dos cabalistas que os antecederam: os homens de Provença e de Gerona e, à testa deles, Nakhmânides. Segundo eles, a Cabala era uma tradição técnica e contrária em caráter a toda inovação e criatividade[23]. Por outro lado, a consciência da criatividade do *Zohar* e seu círculo e de seus continuadores (com o Ari à testa deles) contradiz a opinião generalizada quanto à ausência de consciência de renovação dentre os cabalistas[24].

Assim como o Criador criou o mundo a partir do nada, assim criam igualmente os autores do *Zohar*, e assim como a Divindade criou pela fala ou, em outras palavras, com o hálito da boca – também eles o fizeram. As palavras que saem das bocas dos cabalistas fiéis criam um novo céu e uma nova terra. O *Zohar* explica isto longamente já na introdução do livro[25], no trecho que depois se transformou em *locus communis* da ideia da criatividade



**20** Ver, por exemplo, Gershom Scholem, *Kabbalah*, Jerusalém: [s.n.], 1974, p. 229.

**21** Estas três palavras não foram absolutamente consideradas novas, "*sefirot*" encontra-se, como é sabido, no *Sefer Ietzirá* (Livro da Criação) e no *Midrasch Bamidbar rabá* (Comentário sobre Números), *etzel* é uma raiz bíblica, e as palavras dos profetas são denominadas de "Cabala" no *Talmud*.

**22** Tenho dúvidas de que o *Zohar* identificou com simplicidade as *sefirot* do *Sefer Ietzirá* e do *Sefer ha-Bahir* (O Livro do Bahir) com os dez graus que representam nele, por vezes, o universo da divindade. Na 2ª parte, 67a, o *Zohar* baseia-se em palavras do *Sefer Ietzirá* e do *Sefer ha-Bahir*, que frisam explicitamente que os dedos das mãos representam as dez *sefirot*, mas estas dez são interpretadas neste lugar do *Zohar* em relação aos dez anjos ("que se encontravam") sob o universo divino. Ver adiante exemplos de alternativas *zoharianas* para a palavra "Cabala" junto à nota 138 e na nota 297.

**23** Moshe Idel propôs denominar a Cabala do *Zohar* de "Cabala renovadora ou criadora". Ver em seu livro *Kabalá hebetim hadaschim*, p. 225 (*Cabala: Novas Perspectivas*, p. 314). E ver: Moshe Idel, We Have no Tradition on This, em Isadore Twersky (ed.), *Rabbi Moses Nahmanides (Ramban)*, Cambridge, Mass. e London: [s.n.], 1983, p. 51-73. Ver também adiante nota 29 e junto a ela. Ainda assim é preciso frisar que a posição do *Zohar* no problema da revelação em oposição ao ocultamento é ambivalente. Ver o meu artigo Hamaschiakh schel ha-*Zohar* (O Messias do *Zohar*) em Sch. Ram (ed.) *Haraayon hameschikhi be-Israel* (A Ideia Messiânica em Israel), Jerusalém: [s.n.], 1982, p. 134-157.

**24** Esta opinião foi expressa recentemente em diversos fóruns pelo Prof. Joseph Dan; ver, por exemplo, a sua reportagem Ha-'hebet hekhadasch': hanessigá le-1925 ('O Novo Aspecto', Recuo a 1925), *Haaretz*, suplemento de Cultura e Literatura, sexta-feira, 22/10/1993.

**25** 1ª parte, 4b, 5a. Ver uma discussão detalhada sobre este trecho e seu paralelismo com outros trechos em que também se encontra a ideia da criação através da homilia em meu artigo Hamaschiak shel ha-*Zohar*, em Sch. Ram (ed.), op. cit., p. 182-187. E ver também adiante junto à nota 128.

cabalística[26]. O universo dos cabalistas é o universo da boca e da fala e não há nada superior a ele. Assim aprendemos já no início do *Zohar*[27] que externou esta questão, como de hábito, em uma expressão forte, mesmo que paradoxal: R. Eleazar, filho de R. Simão, estabeleceu ali que foi o seu silêncio que construiu dois templos, pois o silêncio despertou o pai e lhe deu a possibilidade de interpretar a respeito daqueles dois templos cósmicos. Deste modo, R. Eleazar inverte a fala de nossos sábios, de abençoada memória, que ele cita, "uma palavra por uma moeda, e silêncio por duas"[28], e de fato, em outro lugar no *Zohar*, encontramos uma declaração mais adequada ao espírito do livro, e que é o contrário das mencionadas palavras de nossos sábios e protesto contra as mesmas, e contra todas as restrições e esoterismo: "uma palavra por duas [moedas] – silêncio – nada"[29].



Deste modo, apenas por meio de palavras os autores do *Zohar* criaram também o contexto ou o pano de fundo histórico-geográfico do livro (este é o fenômeno denominado de pseudoepigráfico em linguagem de pesquisa)[30] e também as entidades míticas descritas nele (o que é denominado de *mitopoesis*). Aqui o objeto da criação do cabalista também se identifica com o da sua Divindade, ambos juntos criam universos. E ainda mais do que isto: assim como a Divindade criou o homem, assim o homem cria a Divindade. Esta última asserção não foi tomada dos críticos da religião, mas da consciência do próprio *Zohar* que encontra forte expressão especialmente nas partes dos *Idras*; são as assembleias em que os homens do *Zohar*, os alunos de Raschbi[31], "restauram" as "faces" da Divindade por

**26** R. Moisés Cordovero trata deste trecho de forma muito intensiva e por uma identificação pessoal, em locais centrais em seus escritos. Um exemplo claro de desenvolvimento extremo deste artigo zoharístico pode ser encontrado no livro do R. Yedidiya Gotlieb ben Avraham Israel, *Ahavat Adonai* (Amor Divino), Cracóvia: T. A. Na introdução ao mesmo (p. 2, colunas 1 e 2) e também no capítulo 20 (p. 47-49), R. Yedidiya encontra aqui a ideia de criatividade pessoal extrema também no dito rabínico (*Shabat* 10, 1) "Todo juiz que realiza julgamento de verdade na [sua] verdade torna-se associado do Santo, Bendito Seja, no ato de Gênese". Ele se detém especialmente no pronome embutido na palavra "na [sua] verdade", e explica: o juiz deve não só julgar de acordo com a "verdade" objetiva que encontra no *Talmud* e nos legisladores, mas de acordo com "a sua verdade", a sua verdade pessoal, e então será associado do Santo, Bendito Seja, no ato de Gênese.

**27** *Zohar*, 1ª. parte. 1, 1-2.

**28** No original, "Uma palavra [por] uma moeda, o silêncio, duas". *Meguilá* 18a.

**29** "Uma palavra [por] dois, silêncios nada". *Zohar Hadasch*, ed. Mossad Harav Kook (daqui em diante), 82, coluna 3.

**30** No mesmo artigo do *Zohar* (1ª parte, 5a) está descrito como a Divindade cobre "com a sombra de sua mão" o cabalista criador, para que os anjos não o invejem. É provável que a intenção seja também pelo modo de acobertamento pseudoepigráfico com que o *Zohar* foi encoberto ante a inveja humana. Ver adiante junto à nota 93.

**31** Iniciais do nome de R. Simão bar Yokhai (N. da T.)

meio de suas homilia[32]. Esta "restauração" [33] significa também ação, como declarou a respeito o próprio Raschbi no início do *Idra Raba*[34], na linguagem do versículo[35]: "tempo de fazer para Deus", sendo que ele explica "para Deus" – Deus[36]. A ideia de "feitura" do Santo, Abençoado Seja, pelos cabalistas encontra-se explicitamente e em detalhes também em outro lugar do *Zohar* e igualmente em escritos de outros cabalistas próximos em época e em espírito ao *Livro do Zohar*[37] e talvez estes nos esclareçam para que possamos vislumbrar o núcleo da ideia já na literatura rabínica[38].

De acordo com esta ideia, o *Zohar* explica também o versículo "Seu marido é proeminente ante os portões"[39]; a Divindade superior, de acordo como Ela é para si própria, está oculta dos olhos de todos e é conhecida de cada um



32 Ver no meu artigo Hamaschiakh schel ha-*Zohar*, em Sch. Ram (ed.), op. cit., p. 187-191.

33 A respeito desta palavra, ver também adiante, junto à nota 318.

34 3ª. parte, 148a.

35 *Salmos* 119,126.

36 Em aramaico oriental a letra *lamed* (preposição: a, para) costuma indicar o acusativo, e encontramos algo semelhante também em hebraico, como (*Levítico* 19,18) "Amarás [a] o teu próximo como a ti". A frase integral é: "Iniciou R. Simão e disse: 'Tempo de fazer a [para] Deus', por que 'Tempo de fazer a [para] Deus'? Porque transgrediram a Tua *Torá* [continuação do versículo]. O que é 'Transgrediram a Tua *Torá*'? A *Torá* suprema que se descuida, a menos que se adore este homem em suas implementações. Refere-se ao Ancião dos Dias". A combinação "em suas implementações", que significa "será feito ali assim", demonstra a mencionada interpretação de "fazer para Deus". E é esta a intenção da frase toda: "Há necessidade de criar Deus", é a face *zeir anpin* [pequena face, o Impaciente], que, de outro modo, se anulará a face *atik yomin*, aqui denominada também "*Torá* suprema". Sobre o significado geral desta frase, ver a longa explanação em meu artigo, Hamaschiakh schel ha-*Zohar*, em Sch. Ram (ed.), op. cit. p. 166-170. Minhas palavras ali merecem uma alteração de diversas categorias, pois eu ainda não havia percebido então o significado de acusativo de "para Deus", uma vez que até então Idel não tinha publicado os seus paralelos (ver notas seguintes).

37 Ver Moshe Idel *Kabalá hebetim hadaschim*, p. 199-203 (*Cabala: Novas Perspectivas*, p. 266-276). Idel não reconheceu que também o *Zohar* interpreta assim, no início do *Idra*, o versículo "tempo para fazer Deus'". Idel indica (na nota 86) realmente este lugar, mas satisfaz-se com a citação das palavras anteriores do autor destas linhas, apesar de, na minha opinião, agora elas merecerem uma modificação. Ver ainda Charles Mopsik, *Les Grands Textes de la Cabale: Les Rite qui Font Dieu*, Verdier (collection Les dix Paroles), 1993, p. 550-598 (titre: Il est temps de faire Dieu).

38 Em minha opinião, é assim que a *mischná*, *Berakhot* 9, 5, deve ser interpretada: "E estabeleceram que a pessoa cumprimentasse o próximo pelo nome, como foi dito (*Ruth* 2:4) 'eis que Boaz chega de Belém, e diz aos ceifadores: Deus está convosco' [...]" e disse: "Época de fazer a Deus, transgrediram a Tua *Torá*". Em minha opinião "Deus está convosco" é interpretado aqui sobre a feitura da Divindade. É possível ver nisto uma contradição e, em minha opinião, Raba externou estas duas possibilidades, ao comentar esta *mischná* na *Guemará*, nestes termos (*Berakhot* 63a) "é possível interpretar este versículo do começo ao fim ou do fim para o começo. Do começo ao fim ensina: 'Tempo de fazer a Deus'; qual é o motivo? – porque 'transgrediram a Tua *Torá*'. Do final para o começou ensina: 'transgrediram a Tua *Torá*'; qual é o motivo – porque 'é tempo para fazer Deus'". A respeito de outro *midrasch* neste mesmo espírito que aparentemente os cabalistas possuíam ("Disse o Santo, Abençoado Seja: Como se me tivesse feito"), ver Idel, *Kabalá hebetim hadaschim*, p. 201 (*Cabala: Novas Perspectivas*, p. 268).

39 *Provérbios* 31, 23.

conforme este imagina[40] em seu íntimo[41]. Muitos encontraram nesta explicação alusões à teoria do conhecimento filosófico[42], mas, na minha opinião, o *Zohar* confere aqui uma licença para uma *mitopoesis* subjetiva, criação de um mito "particular", conforme o espírito de quem observa (o *Zohar* traz ali um exemplo que atesta este tipo de explicação: as pessoas imaginam a Divindade como imersa no céu, e os anjos, que não a encontraram ali, imaginam-na imersa na terra). É possível pensar que a subjetividade reduz a validez da verdade da suposição, e não a própria suposição. Parece-me que o *Zohar* supõe que a Divindade realmente exista em todos os modos em que Ela é imaginada. Isto se dá também segundo os paralelos acima em que se fala de criação da Divindade pelo cabalista, e igualmente pelo significado conhecido da raiz "portão" em outros lugares no livro do *Zohar* (prefiro entender isto a partir de paralelos zoharianos e não, como muitos fizeram, de paralelos com literatura filosófica ou outra). No *Zohar*, "*schaar*" significa gravou e desenhou, tanto de modo físico como em pensamento. O *Zohar* utiliza esta raiz para descrição de atividade da própria Divindade: a Divindade "imaginou" os primeiros universos, ou seja, delineou, bordou ou gravou em uma tela estendida à sua frente[43]. Este desenho foi da mesma forma uma atividade de pensamento, pois estes mundos, também denominados de "reis de Edom", foram percebidos igualmente como pensamentos iniciais na mente da Divindade[44]. Assim como o pensamento da Divindade realmente desenhou reis, do mesmo modo o fizeram também pensamentos do homem em relação à Divindade. Se o *Zohar* recomenda assim para outros, certamente por este modo ele também age por si, e, de fato, percebe-se no *Livro do Zohar* que ele imagina a Divindade a seu modo.

**40** O substantivo *portão* (*scháar*) e o verbo *imaginar* ou *supor* (*leschaer*) são compostos em hebraico a partir de uma raiz consonantal idêntica. (N. da T.)

**41** 1ª parte, 103b: "O Santo, Bendito Seja, faz-se conhecer por cada pessoa de acordo com a medida de sua compreensão".

**42** Assim, por exemplo, na interpretação de R. Moisés Cordovero que amplia a explicação para isto em uma espécie de texto especial que abrange "dez propostas", e também, mais recentemente, Zeev Haroi, em seu artigo, Torat hanevuá hassinestetit shel Rihal veheará al *Sefer ha-Zohar* (Teoria da Profecia Sinestética de Rabi Iehudá Halevi e Observação a Respeito do Livro do *Zohar*), ser publicado em R. Elior e J. Dan (eds.) *Sefer ha-zikaron le-Rivka Schatz*. Recentemente ouvi uma interpretação adicional por meio de uma piada: A existência do Santo, Bendito Seja, é conhecida por meio dos gols feitos no futebol, porque então o público grita: "Existe Deus". (N. da T.: a palavra "portões" também significa gols)

**43** 3ª parte, 125a: "Estava estendida ante Ele uma superfície e sobre ela esculpiu e desenhou reis".

**44** "*Malkhin*" significa também pensamentos no item da nota anterior, a partir da expressão "*nimlakh bedaatô*" (reconsiderou). Ver, a este respeito, junto à nota 174.

Como o cabalista pode criar como a Divindade? Isto é possível uma vez que em ambos age a mesma força criadora, chamada no *Livro de Zohar*, de "*zohar*"[45] e de acordo com o versículo que perpassa o *Zohar* como um lema: "E os *maskilim* (ilustrados) resplandecerão como o esplendor (*zohar*) do firmamento"[46], que aqui significa: aquele mesmo "esplendor" (*zohar*) que age em cima no firmamento é que resplandece também no seio dos verdadeiros cabalistas, eles que são os "*maskilim*" (esta denominação dos cabalistas encontra-se na Cabala desde o início[47] e é comum também nos escritos hebraicos de R. Moisés de Leon, um personagem importante no círculo do *Zohar*)[48]. Em outro local[49], o *Zohar* discerne especificamente entre "sabedores" (gnósticos)[50], que possuem uma informação secreta que é pré-estabelecida, e os "*maskilim*" que resplandecem por toda parte por meio do esplendor da *Torá*, os ilumina e transforma-os em governantes nos arcanos paternos no céu, ou seja: criam. Esta diferença entre "sabedores" e "*maskilim*" se parece com a diferença que o *Zohar* encontra em outro local[51], entre o grau do filho do rei cujo pai o instituiu como governante sobre todos os seus arcanos e ele está livre para procurar e dispor deles à vontade, e o grau de escravo que, conforme o seu modelo, é de quem sabe e cumpre somente o que, de toda forma, existe na *Torá*[52]. Este "*zohar*" não é, portanto, um conhecimento de



45 O "*Zohar*", como força criadora, encontra-se já na interpretação do *Sefer Ietzirá* de R. Schabetai Donolo, em *Sefer Ietzirá*, Jerusalém: [s.n.], 1965, 67, colunas 3 e 4.

46 *Daniel* 12: 3. Homilias especialmente intensas a respeito deste versículo encontram-se nos inícios dos livros: no início dos textos referentes às leituras semanais de *Gênese* e *Êxodo* no *Zohar*, e também no início dos *Tikunei ha-Zohar*, e no início da parte pertencente aos *Tikunei ha-Zohar* em *Z.H.* (parte destes artigos que pertencem formalmente à camada dos *Tikunei Zohar*, por sua formulação, são próximos ao estilo do *corpus* do *Zohar*, e a posição de outra parte é intermediária, entre as duas seções). A respeito das fontes para uso do versículo, ver adiante, nota 55.

47 Ver: Gershom Scholem, *Ursprung und Anfange der Kabbala*, Berlin, 1962, p. 172, 197, 221, 226, 247, 266, 356.

48 Ver, por exemplo, a citação feita por Scholem *Major Trends...*, p. 396, nota 151 (*As Grandes Correntes...*, p. 225, nota 151). E ainda sobre a obra de R. Moisés de Leon, Scheelot utschuvot, em I. Tishby, *Mekhkerêi Kabalá Uschluchoteiha* (Pesquisas sobre Cabala e suas Ramificações) v. 1, Jerusalém: [s.n.], 1982, p. 9: "E tudo é uma questão obscura, e é sabido dos *maskilim* que conhecem a graça (N. da T.: graça = *hen*, iniciais das palavras *hokhmá nistará*, sabedoria secreta, cf. *Eclesiastes* 9, 11) e entendedores do conhecimento". Outros testemunhos a respeito nos escritos de R. Moisés de Leon, ver adiante, junto à nota 53.

49 *Z.H.*, 105, a. A pertinência deste trecho à camada dos *Tikunei Zohar* não é clara.

50 À semelhança desta denominação grega encontramos na mística árabe medieval a denominação "*carafuar*"

51 3ª parte, 111b – 112a, pikudá.

52 Ver o meu artigo Hatikun haklali shel R. Nakhman mi-Breslav veykhussô laschabtaut (A Reparação Geral de R. Nakhman de Breslav e sua Relação com o Sabataísmo), *Zion* 45, 1990, p. 214, a respeito do desenvolvimento desta diferença nos escritos de R. Nakhman junto à criativi-

informação, ele está mais próximo de inspiração profética. Assim nos informa também o mesmo R. Moisés de Leon, que testemunha, em um dos seus livros: "São os últimos de nossa geração agora [...] do lado da *Torá* que dela se ocupam, a luz da *Torá* brilha em seu intelecto, e é quase um brilho de profecia"[53]. E também os companheiros de Raschbi no *Zohar* suspeitam que o seu mestre esteja tomado pelo espírito da profecia[54].

Os "ilustrados" se encontram nos dois universos: em alguns lugares a palavra *maskilim*, que está no versículo em Daniel, é interpretada com referência aos cabalistas e, em outros lugares, em referência a *sefirot*, são os atributos da Divindade e suas categorias, e por vezes a palavra é interpretada simultaneamente das duas formas[55]. Os *maskilim* de cima e os *maskilim* de baixo, todos criam por meio do *zohar*, e a força criadora é comum a ambos. Esta força é a imagem de Deus que está no ser humano como nos ensinou o *Zohar* já no início do capítulo de *Gênese*[56]: "*Zohar* é de onde todas as elocuções criativas foram criadas [...] o uso da palavra 'criada' neste contexto, considera que



dade extrema (o nome do filho já indica o pai, é o Santo, Bendito Seja). O modo da elaboração livre de homilias será exemplificado a seguir no capítulo sobre *Saba demischpatim*.

53 R. Moisés de Leon, Scheelot utschuvot, p. 54-55. As linhas anteriores ocuparam-se dos setenta anciães na geração de Moisés, e a estes foram comparados no *Zohar* os discípulos de Raschbi – ver adiante nota 298. Os setenta anciães e seus discípulos foram comparados aqui também às sete estrelas, e lembramos aqui novamente do versículo: "E os *maskilim* resplandecerão como o esplendor do firmamento e os que a muitos conduzirem à justiça, serão como as estrelas para todo o sempre". Como mencionado acima na nota 48, Moisés de Leon utiliza o qualificativo "*maskilim*" também para os cabalistas de sua geração.

54 2ª parte, 190b.

55 Assim, por exemplo, no *Zohar*, 1ª. parte, 15a, 17b: "Os sábios e os inteligentes como os pilares, uma vez que eles deliberam sobre tudo com compreensão pela preservação do palácio. Este uso do termo *maskilim* (inteligentes) tem paralelo em *Salmos* 41:2 "bem-aventurado aquele que considera (*maskil*) ao necessitado". 'Eles resplandecerão', pois se não resplandecerem e não iluminarem, não poderão prover as necessidades do palanquim celestial. 'Como o esplendor do firmamento', ou seja, do firmamento que subsiste acima daqueles *maskilim* que mencionamos, e dos quais está escrito (*Ezequiel* 1:22) sobre as cabeças dos seres viventes havia algo semelhante ao firmamento como cristal brilhante que metia medo'. Verifica-se que "prover" combina melhor com pessoas do que com as *sefirot*, que também são denominadas de *maskilim*. Prover significa providenciar, e a providência pelo mundo foi entregue a cabalistas graças ao *Zohar* que os ilumina. O "palanquim celestial" é a *schekhiná* (presença divina). A origem deste tópico e a fonte geral do uso pelo *Zohar* do versículo de Daniel e das expressões *maskilim* e *zohar* encontra-se no *midrasch Pirkêi de-Rabi Eliezer*, cap. 4: "E que firmamento criou no segundo dia? [...] um firmamento que se encontra sobre as cabeças dos animais [...] 'como o gelo temível', como pedras preciosas, e ilumina todo o céu como uma vela em casa e como o sol que ilumina com sua potência ao meio-dia, como foi dito em *Daniel*, 2:22, 'e com ele mora a luz'"; da mesma forma os justos iluminarão no futuro, como foi dito 'e os *maskilim* iluminarão como o esplendor do firmamento". (Comparem-se as palavras de Raschbi sobre o livro *Deuteronômio*, capítulo *Deuteronômio*, 10). Deve-se frisar aqui que o firmamento sobre as cabeças dos animais é que é proibido interpretar, falar e observar, de acordo com a *Guemará*, *Haguigá*, 13a.

56 1ª parte, 15a.

lemos depois em (*Gênese* 1, 27) 'Deus criou o homem à sua imagem'". Interpretação: se com a ajuda do *zohar* Deus criou o céu e a terra, não é de admirar-se com o versículo "Deus criou o homem à sua imagem", que despertou muito espanto entre os que negavam o antropomorfismo na Idade Média. Não se trata da igualdade de forma do que está escrito, mas de um outro fundamento comum ao homem e à Divindade – a força criadora denominada de *zohar*. Por que na criação do homem a Divindade o inspirou com o seu esplendor e fê-lo compartilhar com ele da possibilidade da criação[57].

O *zohar*, força da criação, palpita na alma do criador e o revivifica. Daqui se depreende o uso irregular desta palavra em alguns lugares centrais do *Zohar*[58]. Refiro-me aos trechos escritos com entusiasmo extático, quando a palavra *zohar* se repete e palpita em uma exclamação ou proclamação nos inícios das frases (em muitas edições e manuscritos, a palavra *zohar* foi escrita nestes lugares em letras grandes) mesmo quando ela não tem uma ligação nítida, sintática ou de pertinência com o corpo das homilias. Nestes locais, a palavra *zohar* vem aparentemente despertar e estimular o pregador, pois com o espírito humano se fortalecem, também, os universos superiores. Estes trechos (que pertencem, em sua maioria, à seção *Sitrei Torá* [Segredos da *Torá*]) tratam da descrição do processo de criação e da *atzilut*, e a palavra *zohar* serve como uma exclamação de estímulo e fortalecimento deste processo que ocorre com a ajuda do cabalista que o descreve[59]. Em alguns lugares acresce-se a isto um tom musical; *zohar* é também a melodia ou as anotações massoréticas para entonação na leitura da *Bíblia* que conduzem as palavras e lhes proporcionam vitalidade e entusiasmo[60]. Talvez haja nisto algum testemunho de que certos trechos do texto zohárico foram criados com um acompanhamento de melodia e entusiasmo, como é conhecido entre os



**57** A respeito do homem como equivalente à Divindade na força da criação e a ideia da criação do *golem* embutida nela, ver o meu artigo Guélem beguemátria hokhmá (Matéria-Prima na *guemátria* da Sabedoria), *Kiriyat Sefer*, 63, 1990-1991, p. 1305-1322.

**58** Como 1ª parte, 15a - b; 1ª parte, 100a - b; (reimpresso com alterações em *Z. H.* 104, colunas 2-3); 2ª parte, 1a; e outros.

**59** Ver a respeito também adiante, junto às notas 167-171.

**60** 1ª parte, 15b: "E os *maskilim* resplandecerão como o *zohar* (esplendor) do firmamento. Como o 'esplendor' – corresponde ao movimento dado pelos acentos e notas às letras e à sinalização de vogais. Assim é a versão do *Zohar* com interpretação, *Or Yakar* (Luz Preciosa) de R. Moisés Cordovero, v. 1, Jerusalém: [s.n.], 1962, p. 128. Nas edições comuns do *Zohar*, esta frase está confusa e a ligação entre *Zohar* e melodia é obscura. Muitas homilias sobre esta questão podem ser encontradas no *Z. H.*, p. 104-106. Somente uma parte destas homilias pertence nitidamente aos *Tikunei Zohar*.

seguidores do *hassidismo* que acompanham os seus ensinamentos com uma melodia na hora da refeição festiva, quando se aproxima o final do *schabat*.

De todo modo, este *zohar* certamente cumpriu uma função na composição do livro que o descreve – a impressionante obra denominada de *Livro do Zohar*. Encontramos um testemunho explícito para isto também nos *Tikunei Zohar* que são uma segunda camada que dá continuidade ao próprio *Zohar*. De acordo com os *Tikunei Zohar*, o versículo "e os *maskilim* resplandecerão como o esplendor do firmamento" expressa também uma licença e uma anuência do céu que foram dadas ao Raschbi e a seus companheiros, ao virem compor o *Livro do Zohar*[61]. O autor dos *Tikunei Zohar* explicou ali que esta anuência é uma cintilação do *zohar*, que resplandece nos mundos superiores dentro das almas dos redatores do livro. E assim, como aquele *zohar* que criou o *Livro do Zohar*, age também no universo superior, e ali se encontra a fonte da cintilação do livro, o próprio mundo superior é considerado por vezes aos olhos dos cabalistas como o *Livro do Zohar* do alto[62]. Este *zohar* cintilou não só no *Livro do Zohar*. Com uma cintilação desta categoria, vangloriaram-se também os outros cabalistas que acompanharam os passos do *Zohar* e se identificaram com o seu caminho. Assim achamos, por exemplo, em R. Moisés Cordovero que interpretou, com uma grande identificação pessoal, estas palavras sobre a autorização celestial concedida a Raschbi [63].

É possível que esta união entre o impulso criador no universo superior e no inferior explique um fenômeno adicional que caracteriza a "mística" zohariana: os personagens do *Zohar* ouvem com frequência uma "reverberação" ou uma "proclamação" que provêm dos universos superiores[64]. Mas, por vezes, parece que a "reverberação" formulou as suas pala-



**61** *Tikunei Zohar*, 1a, Z. H., 92, coluna 4.

**62** Assim é nos *Tikunei Zohar*. Ver, por exemplo, o trecho pertencente à literatura das reparações no *Zohar Hadasch*, 103, coluna 4, e nas páginas que se seguem. A coluna central (*tif'éret* [beleza]) é denominada "livro", e ele absorve da *sefirá biná* (inteligência) denominada *zohar*.

**63** Ver acima, junto à nota 61. E ver: *Tikunei Zohar* com interpretação *Or Yakar*, de R. Moisés Cordovero, Jerusalém: [s.n.], 1972, p. 15-33. E ver: Berakha Zak, Yakhassô schel R. Moschê Cordovero lessifrut ha-Zohar ule-Rabi Schimeon bar Yokhai vekhavuratô (Relação de R. Moschê Cordovero com a Literatura do *Zohar* e com Rabi Schimeon bar Yokhai e seu Grupo), *Sefer zikaron le-Efraim Talmaj* (Livro em memória a Efraim Talmaj), v. 1, Universidade de Haifa, 1993, p. 63-83. Ver também acima nota 26, e ver ainda adiante notas 318-319 e junto a elas.

**64** Este é um meio místico comum na literatura rabínica, e é ali definido como inferior ao nível do espírito sagrado – *Yomá*, 9b. No *Zohar*, a proclamação superior é identificada, por vezes, com o anjo Gabriel, que é o galo do alto. Este meio é comum no *Zohar* principalmente nos trechos *Matnitin vetossefta*; ver nas notas seguintes. A respeito destas unidades literárias, ver Efraim Gottlieb, *Mekhkarim be-Sifrut ha-Kabalá* (Pesquisas sobre a Literatura da Cabala), Tel Aviv: [s.n.], 1976, p. 163-214.

vras seguindo homilias dos próprios sábios do *Zohar*[65], e identifica-se com eles de modo parcial[66].

Este tipo de criatividade, comum aos dois universos, é capaz também de esclarecer a essência da composição zohariana considerada o auge do *Livro do Zohar*, que é o *Sifra di-tzniuta*[67]. Não discordo da opinião comumente aceita de que esta composição trata dos segredos da criação; simultaneamente temos aí uma composição de arte poética. Aqui a Divindade faz a sua criação como um poeta que faz a sua poesia. A criação da Divindade não é só o mundo, mas também o próprio *Sifra di-tzniuta*, escrito em métrica rimada, como poesia épica enigmática. Estes fundamentos destacam-se especialmente nas primeiras linhas da composição, cuja linguagem é a seguinte:

> *Safra di-tzniuta* – um livro metrificado que antes que houvesse metrificação um não olhava para o outro na face, e os reis antigos morreram e suas coroas não foram encontradas, e a terra ociosa até que a mais branca das cabeças (e, portanto: objetivo dos anseios), respeitosamente vestidas, corrigiu e legou.

Costuma-se traduzir *Safra di-tzniuta* como *Meguilat setarim* (Relato Secreto)[68] e quero acrescentar aqui mais um significado: *Livro de Criação* ou também *Livro da Poética*. Parece que *tzniuta* é a palavra árabe *tzanaa* em roupagem aramaica. *Tzanaa* é "criação" e serve também (na combinação



**65** Ver o início do chamado da reverberação que se encontra no começo de *Matnitin* no v. 2, 12b. Comparar com o v. 1, 151b, *Tossefta*: "Rabi Eleazar disse: Está escrito: (*Isaías* 51:1) 'Ouvi-me perseguidores da justiça (continuação do versículo: os que buscam Deus)' Também as palavras da reverberação são certamente paráfrase do versículo de Isaías; compare-se ainda o chamado da reverberação em *Matnitin* na 1ª parte, 251a (na parte das "Omissões"e na *Tossefta* da 1ª parte, 107b). E também o chamado na *Tossefta* 1ª parte, 147a: e também na 1. parte, 203b: "Então um arauto lamenta dizendo (de acordo com *Daniel* 3:4) a vós a advertência é dada (com espanto e desdém), ó governantes do mundo. Por outro lado, a denominação "governantes do mundo" serve também aos cabalistas para descrição de certas essências nas *sefirot* superiores – *Z.H.* 2, coluna 1.

**66** Ver 3ª parte, 57b, 58a. Ali é trazida repreensão em nome de R. Simão, sobre a estupidez dos seres do universo, e ela é extremamente parecida ao estilo das admoestações da reverberação, como as que foram trazidas, por exemplo, na *Tossefta* na 1ª parte, 121a, ou as que a reverberação disse a R. Simão na 1ª parte, 4a. Na continuação da admoestação, R. Simão realmente baseia-se ali (na 3ª parte) nas palavras da proclamação, e a respeito das proclamações da alma e da *Torá*. Encontramos de forma semelhante também na admoestação de Raschbi no início do *Idra rabá*, 3ª parte, 127b.

**67** *Zohar*, 2ª parte, 176-179. A literatura dos *Idras* baseia-se muito neste texto, e interpreta frases dele, e assim também a Cabala do Ari. A respeito da relação entre os *Idras* e o *Sifra di-tzniuta*, ver o meu artigo, Keitzad nitkhaber sefer ha-Zohar (Como foi Composto o *Livro do Zohar*), p. 15-19.

**68** Ver Scholem *Major Trends...*, p. 160 (*As Grandes Correntes...*, p. 177). Ver ainda o meu artigo, Hatikun haklali shel..., op. cit., p. 15-16,

*tzanaa elsháar*) como tradução da palavra grega *poiesis* (ou *ars poetica*, no latim helenizado)[69] cujo primeiro significado é "criação" de modo geral, e uniu-se ao ofício da poesia[70]. O título de *Sifra di-tzniuta* é influenciado, portanto, também pelo nome do livro antigo *Sefer Ietzirá*, que é igualmente um livro metrificado e poético e também nele a criação do mundo é uma criação do espírito poético, comum à Divindade e ao homem[71].

A metrificação [*mitkala*] e a providência frente a frente estão ligadas ao âmbito sexual. O mundo reparado deve ser masculino e feminino[72]. A seguir, veremos que a harmonia sexual é também básica na força criadora zohariana denominada *zohar*. Mas aqui quem é reparado basicamente, num reparo *mitkala*, é o próprio *Sifra di-tzniuta*, cognominado *Sifra deschakil bemitkala*. É claro que a intenção é também que o livro seja composto numa métrica poética[73] e talvez haja aqui uma alusão ao fato de que as palavras estão dispostas em geral em paralelismo duplos. "Os antigos reis que morreram" são os universos antigos destruídos porque não estavam em harmonia sexual, masculino e feminino[74]. Mas, por outro lado, estas talvez também sejam palavras em prosa, que não são metrificadas como o *Sifra di-tzniuta*. Os reis que morreram são comparados no *Zohar* às faíscas que voam no ar e imediatamente se desfazem[75]; encontrei em um livro de poética judaico-árabe a descrição da prosa desta forma, em contraste com a poesia, que é como uma gravação em uma rocha[76]. O reparo é descrito



69 Ver Moisés Ibn Ezra, *Kitab al-Muhadah wal-Mudhakarah* (*Sefer haiyunim vehadiyunim*) (Livro das Reflexões e Debates), edição A. S. Halkin, Jerusalém: [s.n.], 1975, p. 22: "Ofício da poesia – que é denominada em grego de poética". E compare-se o nome do livro de poética de Abu Halal Al'ascari: *Livro dos Dois Ofícios, a Prosa e a Poética*. E já em hebraico antigo encontramos um paralelo entre a raiz *tz-n-a* e a raiz *sch-k-l* (métrica), que talvez testemunhe que a raiz *tz-n-a* já serviu em tempos antigos a este contexto. Ver Ben Sira 16, 25: "Expressarei na métrica do meu espírito e na criação a fraternidade do meu saber".

70 Ver Platão, *O Banquete*, 205, e na tradução hebraica, p. 132.

71 Tratarei amplamente do assunto no meu ensaio sobre o *Sefer Ietzirá*.

72 Ver o meu artigo Hamaschiakh schel ha-Zohar (O Messias do *Zohar*), p. 198-203.

73 R. Moisés de Leon escreve na introdução ao seu livro *Hanéfesch hakhakhamá* (*A Alma Sábia*) que este livro se denomina também *Sefer hamischkal* (*Livro da Métrica*). É difícil entender as suas palavras ali e não me é claro o significado deste nome do livro. Parece que foi influenciado ali do início do *Sifra di-tzniuta*, mas talvez já não soubesse exatamente o que significava *Sifra deschakil bemitkala*. O livro *Hanéfesch hakhakhamá* não é metrificado, mas possui cinco capítulos, como o *Sifra di-zsniuta*.

74 Ver adiante, junto à nota 174.

75 *Zohar*, 3ª parte, 292b, *Idra zuta*.

76 Moisés Ibn Ezra, *Kitab al-Muhadah...*, p. 26: "A prosa voará como voam as faíscas e as poesias permanecerão como pedra gravada".

aqui como trajes caros que conferem aos mortos "o que a mais branca das cabeças" e estas, além do significado ontológico, também liberam a sua beleza com que o poeta transforma a prosa em poesia.

Do mesmo modo como o *Sifra di-tzniuta*, assim também é o *Cântico dos Cânticos*, o auge da poesia, conforme o seu título, principalmente aos olhos dos místicos[77]. Na opinião do *Zohar*, de acordo com uma longa homilia no início do seu *Midrasch Cântico dos Cânticos*[78], o livro foi elaborado por meio do *zohar* superior. O *Cântico dos Cânticos* significa, na opinião do *Zohar*, um *zohar* composto de quatro esplendores (ou *zehirin*). Estes esplendores têm ali também um significado ontológico (são as *sefirot* superiores abrangidas uma na outra) e também um significado psicológico (são forças da alma e da criação, tanto as divinas como as humanas). Todos estes são associados e se agregam numa união erótica. Do seu amor e do seu desejo de acasalar-se e de ser abrangido um no outro e liberar a sua semente um ao outro, o *Cântico dos Cânticos* recebeu o seu caráter de cântico de amor. A ligação dos quatro esplendores é aparentemente também o segredo do beijo porque no beijo unificam-se quatro espíritos (uma vez que o espírito do masculino está abrangido também no feminino e o espírito do feminino está abrangido também no espírito do masculino). Esta questão, que é frequente no *Zohar*, foi trazida na página anterior[79] como interpretação a respeito do início do *Cântico dos Cânticos* – "beija-me dos beijos de tua boca". Quando agregamos isto à homilia acima verificamos que os quatro esplendores são os quatro espíritos que se unem no beijo. Sobre estes quatro está escrito, em outro lugar no *Zohar*[80], que eles são a base para as quatro letras do nome sagrado sobre o qual fundou-se o *Cântico dos Cânticos* e do qual dependem todos os universos, superiores e inferiores. Este nome explícito, de quatro letras, não é o nome do ente como se poderia imaginar, mas a palavra *ahavá*[81] [amor].

A ligação entre *zohar* – a força da criação – e amor é percebida conforme o conceito platônico de Eros: de acordo com Platão, Eros é um



**77** Ver *Mischné Yadaim*, 3, 5: "Disse R. Akiva [...] todos os escritos são santos e o *Cântico dos Cânticos* é o santo dos santos".

**78** *Z. H*, 61, coluna 4 e 62, coluna 1.

**79** *Z. H.* 60, coluna 3.

**80** 2ª parte, 146b.

**81** A palavra *ahavá* é composta em hebraico de quatro consoantes. (N. da T.)

nome abrangente para um despertar criativo, sendo que o impulso sexual é apenas um dos seus casos[82]. Nos próximos capítulos deste artigo trataremos detalhadamente da sexualidade zohariana e da comparação entre o *Zohar* e Platão. E agora nos concentraremos na raiz da questão no *Livro do Zohar*, na descrição e atuação deste Eros que dá nome ao livro.

Esta atividade do *zohar* está cunhada por um tom erótico sexual tanto quando age no âmbito dos cabalistas de carne e osso, como na atuação no mundo das *sefirot* superiores, em que o impulso sexual é a base de suas atividades e completude. (Se descrevermos isto na linguagem de um dos importantes cabalistas que se viu como continuador de Raschbi, os universos superiores são feitos de letras e estas recebem vitalidade e cintilação de uma *sefirá* básica, que é o órgão masculino do nascimento de cima[83]: e o "*Zohar* é justamente a categoria da gota que sai do fundamento".)[84]. Daqui são estabelecidos os significados diversos que o *Zohar* atribui à palavra *zohar* quando ela serve de nome a entidades cabalistas nos universos superiores.Também ali *zohar* está ligado ao âmbito sexual, extático e criativo. Em geral, *zohar* é realmente uma *sefirá* básica[85] e, por vezes, ele é *butzina decardinuta*, como foi denominado o instrumento com cuja ajuda o inspirador superior criou as *sefirot*. Esta criação é descrita de forma sexual, sendo que *butzina decardinuta* age como uma espécie de falo superior[86].



**82** Ver: *O Banquete*, 204-212, e na tradução hebraica, p. 130-141.

**83** R. Moisés Haim Luzzatto, *Adir bamarom* (Poderoso no firmamento) Varsóvia: [s.n.], 1896, 5a: "As letras, do ponto de vista de fundamento, faíscam e fazem ligação de brilho, glória e luminosidade, que dissemos".

**84** Shim'on Guitzburg (ed.), *R. Moschê Haim Luzzatto uvnêi dorô –ôssef igrot uteudot* (R. Moisés Haim Luzzatto e os seus Contemporâneos – coletânea de missivas e documentos), Tel Aviv: [s.n.], 1937, p. 37. Neste contexto Luzzatto descreve o grau erótico messiânico de Raschbi em contraste com o grau do Ari e o seu próprio. Esta indicação foi-me data pela amiga Dra. Haviva Fadia.

**85** Ver acima, nota 46.

**86** Ver as palavras de R. Menakhem de Lonzano trazidas por Hida (Haim Yossef David Azulai) em suas reflexões sobre o *Zohar* denominadas Nitsotzêi orot (Faiscas de Luzes), impressas na maioria das edições do *Zohar*, 1ª parte, 15a: "'Vaso medidor' (nesta linguagem o *Zohar* descreve aqui a ação de *butzina decardinuta*), o fundamento que é denominado de órgão sexual masculino e é preciso especialmente bravura para lançar flechas". Ver adiante, nas notas 88, 264, outras interpretações de de Lonzano. Friso que apesar de R. Menakhem de Lonzano ter atacado duramente o poeta Israel Najara pelos seus símiles sexuais, o fundamento sexual do próprio R. Lonzano é muito destacado. Ver, por exemplo, o seu poema Schavkha Dematronita [Louvor à Dama], impresso em seu livro *Avodat hamikdasch* (Serviço do Templo).

## *Zohar* e Sorriso

Sobre o significado de *butzina decardinuta*, já se falou muito[87], mas desejo mencionar aqui uma conjectura que até hoje não foi considerada: na opinião de R. Menakhem de Lonzano[88], *butzina decardinuta* significa "alegria do coração". Aparentemente esta tradução não é correta do ponto de vista linguístico, e não se deve aceitar a etimologia grega em que ela se baseia[89], mas a introspecção que subjaz a ela é mais impressionante: a alegria, o entusiasmo e o amor são a base para a criatividade, tanto no alto como em baixo.

Diversamente da mística, que em geral é uma questão muito séria, Eros tem uma face divertida e até um lado de brincadeira. A própria Divindade ocupa-se disto: de acordo com a *Bíblia* e com a literatura rabínica, a Divindade está ocupada diariamente em brincar com o leviatã[90] e, no *Zohar*, este jogo se transforma em erótico; o leviatã é a *sefirá* do fundamento, o órgão sexual do alto, e brincar com ele preenche o mundo todo de júbilo[91]. E mais ainda: de acordo com um antigo mito que chega ao seu total desenvolvimento no *Zohar* e nos escritos dos cabalistas que seguiram o seu caminho, a Divindade criou o universo por uma brincadeira erótica (ou mesmo autoerótica) em que há riso e sorriso[92]. Assim como a Divindade do *Zohar* cria o seu mundo em um divertimento, da mesma



**87** Ver o meu livro *Prakim bemilon sefer ha-Zohar* (Capítulos do Glossário do Livro do *Zohar*), Jerusalém, 1992, p. 145-150.

**88** Em seu dicionário *Maarikh*, ele avalia o termo *cardinuta*. Este termo foi copiado em parte por Hida em Nitsotzêi orot, que acrescentou ali: "E ainda nas revisões [de R. de Lonzano] ao *Zohar* cabe a luz da alegria".

**89** Da palavra *cárdia*, "coração" em grego.

**90** *Avodá zará*, 3b; *Pirkêi de-Rabi Eliezer* cap. 9 e de acordo com *Salmos* 104, 26.

**91** 3ª parte, 58a; 60a e outros.

**92** O *Zohar* desenvolveu este mito a partir dos capítulos bíblicos de sabedoria e de homilias rabínicas a respeito. O mito chega à sistematização completa nos escritos de R. Moisés Cordovero e na Cabala do Ari, *Nussakh saruk*. A este respeito ver o meu artigo Lidmutô, ktavav vekabalatô schel Báal Émek Hamélekh, em *Mekhkerei Yerushalayim bemachshévet Israel* 11, 1993, p. 117-120. Ver, por exemplo, no início do livro de R. Israel Sarug, *Limudei atzilut*, Munkatsh, 1897, 3, coluna a: "Quando o Santo, Bendito Seja, se divertia consigo mesmo, significa que se alegrava e se divertia, e como que se fosse o homem, assim o Santo, Bendito Seja, da alegria (este é o fim do versículo, *Salmos* 104, 31 – 'se alegrará Deus com os seus atos') a *Torá* foi criada". E ver no livro de R. Naftali Bakharakh, *Émek hamélekh*, Amsterdam, 1647, 2, coluna 3 (das páginas do corpo do livro): "E de tanta alegria que pensou dos justos divertia-se e desfrutava como seria com santo [...] e aquele balançar-se é chamado de divertir-se e deste divertir-se de partes de si consigo nasceu [...] a *Torá*".

forma os cabalistas autores do *Zohar* criaram o *Zohar* e seu universo. E, realmente, o *Livro do Zohar* está repleto de brincadeira e humor. A base da brincadeira, a ironia e o disfarce podem ser encontrados também na forma pseudepigráfica em que o livro foi escrito (assim também o redator gozou de grande liberdade para expressar as suas ideias inovadoras)[93]. Mas o jogo e o humor não são uma base de forma apenas, são peça fundamental da sabedoria do *Zohar*, que mesmo quando se ocupa dos segredos mais elevados, possui algo do caráter de *la gaya scienza*. A santidade superior do *Livro do Zohar* não está absolutamente em contradição com a sua grandeza como obra literária encantadora, das maiores da literatura mundial (como tal ele ainda aguarda o merecido reconhecimento, e uma ação nesta direção é, a meu ver, uma das minhas principais tarefas como pesquisador da Cabala). Um exemplo disto encontra-se também no trato zohariano da ideia da criação que mencionamos. A ideia da criação a partir do nada e por fala da boca naturalmente não é uma inovação do Livro do *Zohar*, mas aqui ela recebe uma guinada especial: na opinião do *Zohar*, se o mundo foi criado com o hálito da boca, então o hálito é o fundamento do mundo. "Hálito dos hálitos, disse *Kohélet*, hálito dos hálitos, tudo é hálito"[94] e o *Zohar* interpreta este versículo sobre os sete hálitos sobre os quais o universo se sustenta[95], que são também as faces do rei[96], e são as sete *sefirot* inferiores. Parece-me que, junto com a seriedade teosófica, reconhece-se aqui também o fundamento irônico: como uma espécie de observação divertida de fora, tanto sobre o universo como sobre a teoria que o explica[97].





Esta ironia em relação ao mundo não expressa uma correlação negativa quanto a ele. Este é um humor em que existe amor. Um exemplo disto será a descrição zohariana dos átrios superiores[98]. Aqui se encontra uma cópia exata e por vezes irônica de uma burocracia terrena extremamente complexa. O *Zohar* discerne aqui diversas instâncias encarregadas, por exemplo, da ascensão da oração, ou do julgamento dos crueis e da

**93** Ver acima nota 30.
**94** *Eclesiastes* 1:2.
*Hével*, aqui traduzido como "hálito", tem também o sentido de "coisa vã", sentido este por vezes usado na tradução do referido versículo de *Eclesiastes* (*Kohélet*). No corpo do texto foi utilizada a tradução "hálito", condizente com a temática abordada. (N. da T.)
**95** 1ª parte, 146b.
**96** 3ª parte, 291b, *Idra zuta*.
**97** Ver mais adiante, junto às notas 147-156.
**98** 1ª parte, 38-45; 2ª parte, 243-269.

execução de sentenças. E assim se encontra aqui, por exemplo, "funcionários" qualificados pelos nomes e níveis, que transferem bilhetes a outros que estão em nível superior ao seu, e estes os guardam em turnos em uma gaveta até um dia determinado do mês. Estes, ao lado dos longos corredores tortuosos, e mais e mais, não são kafkianos, pois o *Zohar* justamente aprecia os detalhes burocráticos. Assim é preciso ser tanto em baixo como em cima, e não há fim para os princípios gerais. O entorpecimento burocrático é benéfico, pois permite uma flexibilidade: enquanto os bilhetes da sentença não são assinados e não são concluídos os trâmites para que sejam executados, ainda há esperança de intromissão e de anulação.

O regime burocrático da Idade Média, sustentado em status de carne e osso e não em princípios abstratos (assim são os fundamentos da democracia) pode abranger também o humor. O rei possuía um bufão e este, com suas travessuras, podia romper as rígidas regras da hierarquia, e até rir junto com o rei ou rir dele. O próprio bufão era uma instância fixa e ancorada no regime, e com isto talvez se reduzia à efetividade da quebra da hierarquia e ficava afetada a medida do riso que o bufão devia despertar. Mais engraçado seria se um dos ministros do rei, membro do gabinete oficial, fosse substituído por vezes em seu cargo pelo bufão. É possível que os reis medievais também se comportaram assim, por vezes na sua liberalidade, devida ao vinho. De toda forma, foi assim que o *Zohar* instituiu no reino de cima e no âmbito religioso, e assim encontrou na bíblia: em sua opinião, a função dos levitas no templo não era só de cantores, mas também de "bufões do rei", bufões do rei do universo[99]. Mas quando a Divindade vem hospedar-se junto ao seu servo David, este trocou as funções e nomeou os sacerdotes e os *hassidim* (piedosos) (que são os altos ministros) para servir na função de bufões do rei, o rei do universo foi obrigado a aceitar a mudança na ordem do protocolo, pois quando o rei se hospeda na casa do seu servo, é conveniente que permita ao servo estabelecer os procedimentos. Mas é direito do servo que quando o rei se hospeda na casa dele, fazer tudo o que estiver ao seu alcance para que o rei se sinta melhor até do que em seu palácio e, se estamos diante de um antinomismo, isto é para o rigor e não para a leniência. É conveniente frisar que, depois que o *Zohar* descreve este hábito do rei com o servo, ele logo equipara isto ao âmbito erótico: quando o rei é recebido pela sua esposa simplória (ou a sua amante) que se encontra

**99** Ver também adiante, nota 113 e junto a ela.

na aldeia, mesmo que ele tenha trazido o seu leito do palácio, dormirá com ela na cama de pedras dela, para demonstrar-lhe o seu amor[100].

O rei David não só nomeou bufões para o rei do universo, ele se viu a si mesmo como bufão do rei e divertiu a Divindade também com danças, cambalhotas e brincadeiras como as que a sua esposa Mical, filha de Saul, considerou que não eram adequadas ao respeito de um rei[101], e até com piadas: David alegou em piada que o seu pecado com Betsabá tinha em vista somente o céu, para cumprir a suposição anterior do rei de que David iria pecar, "serás tido por justo no teu falar e puro no teu julgar"[102].

A percepção do humor e do divertimento como uma questão elevada, como um modo de servir a Deus, não é algo usual na religião judaica. É difícil encontrar um paralelo a isto nas interpretações bíblicas literais, ou digamos, na *Mischná* de Maimônides, baseada em princípios abstratos e sérios. Por outro lado, isto tem um paralelo no modo religioso de Francisco de Assis, que também se viu como bufão do rei[103].




O humor do *Zohar* e a relação do *Zohar* com o mundo terreno obrigam a corrigir a opinião comum da relação do *Zohar* com o mal mundial. Aos olhos do *Zohar*, o mal tem de fato uma realidade mítica e verdadeira como os pesquisadores frisaram[104], mas daqui não provém que o universo do *Zohar* é um lugar duro e amedrontador (como, por exemplo, a realidade demoníaca descrita no *Sefer Hassidim*). Os homens do *Zohar* sabem os caminhos da *sitra akhra* (o outro lado) (o mundo do mal): sua estrutura, fraquezas, e modos de enganar os que agem nele, que abrangem "suborno"[105] e talvez até "presente"[106] e eles podem ajeitar-se e viver em paz com

**100** 1ª parte, 148ab. A ligação das palavras é de acordo com *Salmos* 132. Ali, nos versículos 1 a 8, o rei David descreve como preparou o lugar de descanso da Divindade antes que preparasse o seu leito, e ver a respeito a seguir na nota 235. No versículo seguinte (vers. 9) o *Zohar* encontrou a troca de funções entre os levitas e os sacerdotes e os piedosos: "Teus sacerdotes vestirão justiça e teus fiéis se alegrarão".

**101** *Samuel* 2, 14-23.

**102** *Salmos*, 51, 6. *Zohar*, v. 2, 107a. Pertence à unidade *Saba demischpatim* que será debatida mais longamente adiante.

**103** Este paralelismo com outros entre o *Zohar* e o *Raaia Mehemna* e os padres franciscanos, já foi mencionado por Isaac Baer, em seu livro *Toldot hayehudim bi-Sfarad ha-notzrit* (História dos Judeus na Espanha Cristã). Tel Aviv: [s.n.], 1945, p. 178.

**104** Ver Tishby, *Mischnat ha-Zohar*, v.1, p. 285-307.

**105** Idem, p. 290-292, 342. A palavra "suborno" é tomada, naquele mesmo contexto, já no *Midrasch Pirkei R. Eliezer*, cap. 46: "Dá-se a ele (a Samael) suborno no dia do *Iom Kipur* [...] como foi dito (*Levítico*16, 8) e a outra para Azazel, o bode emissário".

**106** 1ª parte, 147-148: "Como Jacó ascendeu na fé, foi obrigado a oferecer e agradar o Outro Lado" (*Sitra Akhra*). Esta formulação talvez esteja influenciada por uma descrição do "presente" que

o mesmo[107]. De acordo com a consciência dos membros do *Zohar*, é nisto justamente que consiste a sua particularidade e superioridade em relação aos demais cabalistas – na relação íntima que eles têm com a *sitra akhra*. O conhecimento dos segredos do mal representa para eles uma chave para a compreensão dos segredos da divindade e da realidade, pois o mal lhe acrescenta uma espécie de tempero (pimenta). Assim o *Zohar* encontra uma resposta para o problema de Jó que foi castigado apesar de não ter pecado. Aos olhos do *Zohar*, o próprio afastamento do mal e do pecado é que é o pecado de Jó. Jó "desviava-se do mal"[108], não queria nada com a *sitra akhra* e por isto despertou a inveja sobre si. Em contraste, o *Zohar* apresenta os personagens de Moisés e de Raschbi: as qualidades destes e a base da sua sabedoria, são o conhecimento pessoal e básico deles da *sitra akhra*[109].





E mais ainda. As relações dos cabalistas e *sitra akhra* não são uma coexistência imposta à força sobre inimigos. Estas relações são caracterizadas por vezes até com humor e alegria, e têm a sua origem no atributo do julgamento, que é a fonte do mal e do mau instinto. O atributo do riso e da alegria está ligado também à parte importante que o mau instinto tem no auge da existência humana: na vida erótica, no cortejar e no despertar do amor, como veremos adiante[110] quando abordarmos o tema do sexo zohariano. Aqui

Jacó enviou a Esaú (*Gênese*, 32:19-22), mas de todo modo é difícil, principalmente tendo em vista o famoso relato ( na verdade, posterior ao *Zohar*) sobre R. José de la Reina, cujo grande pecado foi que deu um presente (incenso) para a *sitra akhra*. De fato, na versão de R. Moisés Cordovero (*Or yakar*, v. 5, Jerusalém, 1970, p. 160-161) não está escrito "presente", mas : "Rabi Iossef de la Reina ofereceu sacrifício de incenso ao Outro Lado". A versão de R. Moisés Cordovero é fácil e simples, e combina com a ideia da ida de Jacob a Harã, que será explicada adiante (junto às notas 219-225). Mas talvez seja preferível "presente" como *lectio difficilior*. A versão "presente" encontra-se em todas as impressões do *Zohar*, e assim foi também com o intérprete do século XVI, R. Simão Lavi, que compreendeu a questão do presente para a *sitra akhra*, que consta em sua explicação *Ketem paz* (Jerba, 1938, 401, a), e acrescentou: "E ainda hoje na diáspora esta garantia, por meio de impostos, taxas e presentes, às nações do mundo se justificam".

**107** Um exemplo desta ambiguidade pode ser encontrado no v. 2 184a. Ali um velho ancião explica por que vive no deserto, e dá a isto dois motivos, que a seu ver estão interligados: em primeiro lugar, o deserto é um lugar de domínio do mal que é preciso atravessar e dominar a fim de chegar à santidade, pois "não há bem a não ser proveniente do mal" e, em segundo lugar, o deserto é um lugar tranquilo e bonito e somente nele "as palavras da *Torá* se ajeitam".

**108** *Jó* 1: 1. E no versículo 5 está narrado que Jó costumava fazer sacrifícios (de animal que era queimado), e esta é a dádiva para quem, de acordo com o *Zohar*, não participa no *sitra akhra*.

**109** 2ª parte, 32-35. Ver a respeito detalhadamente em meu artigo Hamaschiakh schel ha-*Zohar*, em Sch. Ram (ed.), op. cit., p. 123-126. Ali eu trouxe também testemunhos externos sobre uma caracterização semelhante do grupo do qual desenvolveu-se o *Livro do Zohar*.

**110** Junto à nota 229. Na verdade, aqui, 1ª parte, 49a, de acordo com a versão comum, encontra-se a expressão "bom instinto que é alegria" porém não há dúvida que este é um erro, e são preferíveis a versão da impressão de Cremona e outras fontes que indicam "mau instinto".

trataremos da qualidade do humor no mal, que também se junta e até é responsável pela figura fugidia do mal zohariano, cuja qualidade de "maldade" e a sua relação ao mundo da santidade são difíceis de definir[111].

Com a ajuda da ligação entre o humor e o mal poderemos aprofundar a nossa compreensão no tipo de religiosidade do *Zohar* e acrescentar uma gama importante aos relatos acima sobre o rei David e os levitas e à essência do pecado de Jó. Em um lugar do *Zohar*[112] o atributo do julgamento é apresentado na figura de um bufão como os levitas (na opinião do *Zohar*, os levitas estão ligados ao atributo de julgamento) que cantavam no templo. E assim como fizeram os levitas na história acima com o rei David, também o atributo do julgamento gosta de divertir-se com disfarces: este atributo, de acordo com a *mischná* oficial do *Zohar*, deve estar ligado ao fundamento do fogo, e não à água, que é o atributo do amor. Mas como gosta de divertir-se com disfarces, ele se liga por vezes ao atributo da água. Por causa deste seu fundamento humorístico é que Isaac, cujo atributo é o do julgamento, recebeu este nome proveniente da raiz "riu"[113].

Parece que, com a ajuda desta ideia engraçada, o *Zohar* explica até o sacrifício de Isaac! O teste de Abraão se pareceria com o teste de Jó, que passou por grandes sofrimentos pelo pecado do distanciamento do mal. Abraão também precisou ser testado por uma prova deste tipo a fim de comprovar que, sendo um homem do atributo do amor, está também ligado ao lado "escuro" da vida, o lado do julgamento, vinculado a Isaac. A prova do sacrifício proveio da acusação do mau instinto, que argumentou (como Satã na história de Jó) que até agora Abraão não tivera qualquer participação nisto[114]. Se ligarmos esta questão ao tópico acima do *Zohar* sobre o divertimento de Isaac (no tópico que temos diante de nós, Abraão

**111** Ver Tishby *Mischnat ha-Zohar*, v. 1, p. 285-307. Desejo mencionar um debate instrutivo que ocorreu por ocasião de um simpósio a respeito do *Sefer ha-Zohar vedorô*, na Academia Nacional em fevereiro de 1988. A Dra. Dorit Cohen Aloro argumentou então, em oposição ao Prof. Isaiah Tishby, que no *Zohar* não se pode falar de concepção dualista contida, mas sobre uma concepção monista contida. Neste artigo, desejo discordar do ponto de partida comum a ambos, que busca uma *mischná* no *Zohar*. Por vezes, até o próprio julgamento se identifica no *Zohar* com o mal, em oposição a toda teoria. E assim, por exemplo, ele interpreta o versículo (*Salmos* 79: 1) "Ó Deus, as nações invadiram a Tua herança" a respeito da influência do julgamento divino na *schekhiná* ! (1ª parte, 147b).

**112** 1ª parte, 103b: "Eles deveriam entreter aquela parte com hinos e melodias e instrumentos [...] Isaac significa riso, graça, rejubilar-se porque água foi transformada em fogo".

**113** Em outro lugar, 3ª parte, 54a, Isaac é comparado ao vinho, cujo início é o riso e o fim é o sofrimento da embriaguez. É preciso comparar com isto o fundamento do bufão ligado à figura de satã nas peças teatrais cristãs da Idade Média.

**114** 1ª parte, 119b.

é solicitado a ser incluído "no fogo e água", como Isaac ali), poderemos formular isto assim: na prova do sacrifício, Abraão precisava comprovar que tinha senso de humor. Alguém, com senso de humor, logo compreenderia que tudo iria acabar bem. O acontecimento do sacrifício trágico e terrível, auge do "temor e tremor" – se se adotar o nome do famoso livro de Kierkegaard sobre o sacrifício de Isaac[115] –, transforma-se, portanto, no *Zohar*, numa espécie de logro[116], uma peraltice de humor especialmente negro, como convém a uma força do mal. Pois a grandeza do *Zohar* se expressa também no rebaixamento do *pathos* religioso de sua elevação comum, e seu revestimento com todas as categorias da experiência humana.



## *Zohar* e Variedade

Este espírito de brincadeira, humor e criatividade contribui para a variedade da criação zohariana. Quase todo tópico do *Zohar* desenvolve uma ideia exclusiva que é diversa, ou mesmo contradiz o que será encontrado em seus paralelos em outros lugares do livro. Esta diferença depende por vezes da diversidade na camada de realidade de que trata o tópico, ou sua origem em sistemas diferentes de interpretação ou tipos variados de símbolos, ou ainda da percepção do *Zohar* que, entrementes, a experiência simbolizada alterou-se[117]. Esta riqueza inesgotável é denominada no *Zohar* de *zohar* [esplendor], a luz que bruxuleia, que lança faíscas, e que agrega dentro de si todos os matizes, assim como o *zohar* está descrito em um dos artigos do livro do *Zohar*[118]: "Todos os matizes [...] uma composição única, estão reunidos naquele mesmo *zohar*

**115** Apesar disto, há uma semelhança entre as descrições do *Zohar* e Kierkegaard. Em Kierkegaard, o sacrifício realmente não é uma piada, mas Abraão, o "cavaleiro da fé" está certo desde o princípio que não será obrigado a sacrificar o filho. Em contraste, o "cavaleiro da desistência", no paralelo zohariano, é quem está abrangido na justiça apenas.

**116** Algo deste espírito encontra-se talvez já no *midrasch*, *Bereschit rabá* 56, 8. Ali, no final do relato do sacrifício, Deus, Bendito Seja, faz-se de ingênuo e lembra Abraão que jamais lhe disse para matar o filho, mas apenas "elevá-lo" em sacrifício (Há um jogo de palavras entre dois significados possíveis da mesma raiz verbal: elevar e sacrificar. N.da T.). E agora, lhe diz o Santo, Bendito Seja, depois que o elevaste sobre o altar de sacrifício, abaixa-o dali (Isto foi-me indicado por minha amiga Melila Helner-Aschad).

**117** Ver Idel, *Kabalá hebetim hadaschim*, p. 156, 235-246.

**118** 1ª. parte, 147b.

[esplendor]". Não tentaremos interpretar aqui este tópico em todas as suas vertentes, e apenas indicaremos que *zohar* aqui é, dentre outras coisas, uma *Torá* escrita. Porém, em minha opinião, também o livro do *Zohar* está indicado aqui pelo seu nome; talvez a palavra "composição", acima mencionada, que no hebraico medieval pode ser entendida no sentido de obra literária, tenha realmente este propósito[119]. Se isto é correto, então o corpo do *Zohar* antecedeu aqui[120] o autor dos *Tikunei Zohar* do *Zohar*, que designa com regularidade e explicitamente o *Livro do Zohar* pelo nome de *Hibura*[121].

A descrição da *Torá* como um *Zohar* que congrega todos os matizes que se revolvem é encontrada também em outros lugares no *Zohar* e no seu círculo. Vemos um destes nos escritos de R. José Gikatila, membro proeminente do círculo do *Zohar*, no final do seu livro *Schaarêi tzédek* (Portões da Justiça)[122]. Gikatila compara ali a *Torá* aos "matizes da chama do fogo"[123] que se alteram de matiz a matiz nas mãos do intérprete. Na minha opinião, é preciso explicar este trecho no espírito de Eros de interpretação livre descrita no *Zohar*[124] que encontra também paralelos adicionais nos escritos de Gikatila (de que trataremos adiante, em continuação, e veremos que o fogo da *Torá* cresce mais no estudo em grupos)[125]. A interpretação





**119** Encontramos desta forma, por diversas vezes, nos tibônidas (Escola de tradutores hebraicos, séc. XII-XIII, no sul da França principalmente. N. da T.), e como tradução da palavra árabe *taalif.*

**120** E talvez isto esteja sutilmente indicado também na 1ª parte, 16b.

**121** Ver, por exemplo, *Tikunei Zohar*, 1, 1: "Quem são os '*maskilim*'? São Rabi Shimon Bar Yokhai e seus companheiros, '*iaz'hiru*', resplandecem, quando se reuniam para escrever este livro". Recentemente Amós Goldraich abordou esta palavra e mostrou que o autor dos *Tikunei Zohar* utiliza, para este fim, a palavra "*havurá*" que aparece no corpo do *Zohar* no sentido de ferida (isto não é uma inovação), e com a ajuda de uma pequena alteração, introduz ali o novo significado. Ver em seu artigo, Berurim bireiyatô haatzmit schel báal Tikunei Zohar [Esclarecimentos no Ponto de Vista Próprio do Autor dos *Tikunei Zohar*) em Mikhal Oron e Amós Goldraich (eds.), *Massuot: mekhkarim bessifrut hakabalá uvemakhshévet Israel mukdaschim lezikhonrô schel Prof. Efraim Gottlieb zikhronô livrakhá* (Tochas: Pesquisas em Literatura da Cabala e do Pensamento Judaico Dedicadas à Memória do Prof. Efraim Gottlieb, de Abençoada Memória), Jerusalém: [s.n.], 1994, p. 486, nota 100.

**122** O trecho, faltante nas edições comuns do livro, foi impresso por Efraim Gottlieb, *Mekharim bessifrut hakabalá* p. 154.

**123** Ele baseia-se na *Guemará*, *Schabat*, 88b.

**124** O trecho foi abordado por Gershom Scholem, The Name of God and the Linguistic Theory of the Kabbalah, *Diogenes 80*, 1972, p. 179-180, e também por Moshe Idel, Al haparschanut hakabalit lessugueha (Sobre a Interpretação Cabalística em suas Vertentes), em *Sefer hayovel lerav Mordekhai Broier* (Livro em Homenagem ao Jubileu ao R. Mordekhai Broier), Jerusalém: [s.n.], 1992, p. 777. Não estou certo se Idel tem razão em sua interpretação de que Gikatila fala ali justamente sobre combinação de letras e leitura "perpendicular" de versículo a versículo. Os dois autores não apontaram paralelos no Livro do *Zohar* para este trecho. E ver também Idel *Kabalá hebetim hadaschim*, p. 226-227. E, ainda, Moshe Idel, Infinities of Torah in Kabbalah, em G. Hartman e S. Budick (eds.) *Midrash and Literature*, New Haven: [s.n.], 1986, p. 141-147.

**125** Ver adiante, junto às notas 296 – 310.

criativa não só é comparada ao fogo, ela também se transforma no coração do cabalista criador em esplendor (*zohar*) e fogo. E ele é um fogo que não é limitado às profundezas do coração, porém, por vezes, até circunda e envolve como um muro os que estudam, "os que combinam (palavras) da *Torá* aos profetas e dos profetas aos hagiógrafos". Assim aprendemos já na literatura rabínica[126] e também no *Livro do Zohar*[127].

Porém, há limites para o privilégio de criação. O texto explícito, que é a *Torá*, assim como também a Divindade oculta, têm também uma categoria de personalidade própria, presente de algum modo na hora de uma verdadeira interpretação. O intérprete não pode fazer com o texto tudo o que desejar, como se verifica atualmente em alguns dos falantes do "pós-moderno". Se o intérprete não é "fiel de espírito", ao invés de construir "um céu novo e uma terra nova" no lado da santidade (como o *Zohar* formula isto no tópico que vimos acima)[128], ele é capaz de construir "firmamentos de vanidade e mentira" e fortalecer o âmbito da *sitra akhra*. Na verdade, estes limites não podem ser definidos e dependem da personalidade do intérprete, ou como o *Zohar* prefere fazer, em suas relações com o R. Simão bar Yokhai[129].



## Interpretação, Criação e Eros em *Saba Demischpatim*

Uma outra formulação da mesma questão encontra-se nas palavras do Saba (o Ancião), o orador na composição zohariana denominada *Saba demischpatim*[130]. Uma análise detalhada de partes deste texto servirá em

**126** Ver, por exemplo, a obra *Vaikrá rabá*, 16, 4. A respeito deste motivo na literatura rabínica e sobre a sua relação ao *maassê merkavá* escrevi longamente em meu livro *Het'ô schel Elischa, arba schenikhnessu lapardes vetiv'á schel hamístika hatalmudit* (O Pecado de Elischa, Quatro que Adentraram no "PaRDeS" e o Caráter da Mística Talmúdica), Jerusalém: [s.n.], 1990, p. 106-109.

**127** 3ª parte, 134b, *Idra rabá*; 3ª parte, 287b, *Idra zuta*.

**128** Ver acima, junto à nota 25.

**129** Tratei disto de forma ampla em Hamaschiakh schel ha-*Zohar*, ver nota 109 e junto a ela. Ver também adiante junto à nota 268. Escrevi longamente em meu livro *Het'ô schel Elischa*... a respeito da personalidade que convém ao místico conforme o *Talmud*. Atualmente estou desenvolvendo um trabalho a respeito deste assunto no *Sefer Ietzirá*.

**130** *Zohar*, Parashat *Mischpatim*, 2ª parte, 94-114. A primeira página do capítulo semanal pertence em sua maior parte à literatura dos *Tikunei Zohar*, mas está ligada por alguns fios ao *Saba demischpatim*, como a figura do Saba que desce do céu, interpretação às leis do escravo no capítulo de leitura sobre

especial para a exemplificação de nossas palavras, que o mais importante de *Saba demischpatim* não é o conteúdo cabalístico que ele ensina, mas o que se costuma denominar de "relato moldura", que fala sobre o modo da homilia e da providência. E assim, neste texto, um dos auges literários do *Zohar*, a questão de *zohar* e Eros chega a um desenvolvimento ousado.

O Saba, no início de suas palavras[131], compara a explicação da *Torá* à interpretação de sonhos, a respeito dos quais nossos sábios disseram[132] "todos os sonhos seguem a boca", ou seja: o significado do sonho é estabelecido pela boca do intérprete. Mas os nossos sábios também impuseram limites às suas palavras e disseram: "Quem interpreta tem algo dos sonhos do sonhador". Ou seja, no que diz respeito às suas palavras, quando há uma ligação entre o sonho e sua interpretação. O Saba faz aqui uma argumentação de leniência e rigor: se assuntos de sonhos transmitidos pelo intérprete seguem a boca e ainda assim é preciso decifrá-los ao seu modo, com muito mais certeza as palavras da *Torá*, que são divertimentos do





o segredo da alma e a ideia pela qual o homem adapta para si no transcorrer de sua vida almas mais elevadas (compare-se no corpo de *Saba demischpatim* 98a). Sobre o texto, ver Mikhal Oron, "Simêini kekhotam al libkhá" iyunim bapoética schel báal ha-Zohar beparaschat Saba demischpatim" ("Coloca-me como Marca em Teu Coração" Estudos na poética do autor do *Zohar* no assunto Saba demischpatim), em Mikhal Oron e Amós Goldraich (eds.), *Massuot: meklarim...*, p. 1-24. Este tema será central na tese de doutoramento de Melila Helner-Aschad, que também escreveu a respeito um alentado trabalho de seminário. Este é o lugar de frisar que na composição do *Saba demischpatim*, encontramos alguns fundamentos que estão na literatura dos *Tikunei Zohar* e não no corpo do *Zohar*: a. a palavra "transmigração", no sentido de transmigração de almas, e até a própria ideia, são muito difundidas nos *Tikunei Zohar*, sendo que no corpo do *Zohar* são extremamente raras exceto no *Saba demischpatim* (ver em meu livro *Prakim bemolin sefer ha-Zohar*, p. 294-326); b. A palavra "Adão" no corpo do *Zohar* só frisa o lado da santidade (em centenas de lugares), e por vezes acentua explicitamente que somente a santidade é chamada de Adão (Adão, *Adam*, em hebraico, pode também ser traduzido como "homem" ou "ser humano" em geral. N. da T.) e o que é mal e impuro não é abrangido neste nome (ver em *Prakim bemolin sefer...*, p. 54-55), exceto em um lugar, que é no *Saba demischpatim* (95b), que interpreta dois "Adão" de *Eclesiastes*, 8, 9, sobre os dois lados, o lado da santidade e o lado da *sitra akhra*. Assim de fato encontramos nos *Tikunei Zohar*, onde é muito comum a denominação "Adão *belial*" (Adão/pessoa malvada), como denominação para a *sitra akhra* que se encontra diante da santidade. Ver *Prakim bemolin sefer...*, p. 46-47; c. No mesmo tópico em *Saba demischpatim*, 95b, e também na continuação do texto (98b) é mencionada "árvore da vida para o bem e para o mal", como denominação adicional a *tikla*, que é um tribunal que se encontra abaixo das *sefirot*, com dois pratos de balança, uma pendendo para o bem e a outra para *sitra akhra* (a respeito do *tikla*, ver *Prakim bemolin sefer...*, p. 327-335. E acrescentarei que talvez ali esteja também ligado à sua "leniência", uma das moiras que gira a roda do destino. Ver Platão, *Politea*, 10, p. 617). Nos demais lugares, no corpo do *Zohar*, "árvore do conhecimento do bem e do mal" é a denominação da *sefirá* da realeza, e somente na literatura dos *Tikunei Zohar* trata-se de uma entidade sob as *sefirot*, que é composta por vezes de uma ligação do anjo Metraton (é o bem) e Samael (o mal). Ver a este respeito em meu livro mencionado, p. 107-133. Por outro lado, o estilo e a estrutura literária bem elaborada do texto *Saba demischpatim* ligam-no ao corpo do *Zohar* e não à parte dos *Tikunim*.

**131** *Zohar*, 2ª parte, 95a.

**132** *Berakhot*, 55b.

Rei santo, devem ser tratadas pelo caminho da verdade como foi dito[133] "pois são corretos os caminhos de Deus e justos caminharão por eles e os pecadores fracassarão neles". Mesmo que isto não seja dito especificamente, é possível aprender do conjunto das palavras também o outro lado, da mesma forma as palavras da *Torá* "seguem a boca" e são estabelecidas pelo intérprete; a diferença entre os sonhos e a *Torá* é trazida aqui apenas a fim de acentuar o princípio da inferência do mais complexo pelo mais simples. Uma comparação desta categoria entre o sonho e a *Torá*, e até uma inferência desta categoria, já são encontradas na literatura rabínica; ali foi acentuada a possibilidade variada de interpretação da *Torá*: "'Assim como o sonho veio com muita meditação'[134], as palavras são interpretadas por inferência: e se ocorre que palavras de sonhos não acrescem e nem diminuem e um sonho serve para vários assuntos, as palavras da *Torá*, que são muito mais graves, apontam que um texto bíblico conduz a vários significados"[135]. Os rabinos realmente utilizaram na prática, em suas homilias da *Torá*, sistemas de interpretação dos sonhos (que foram tomados de empréstimo, por vezes, da cultura grega)[136]; na pesquisa contemporânea foi encontrado um paralelismo entre homilias rabínicas sobre a *Torá* e os métodos freudianos de interpretação dos sonhos[137].

Pelas palavras do Saba, é preciso interpretar a *Torá* "pelo modo de embelezamento". Esta expressão lembra a denominação que Nakhmânides usou para as suas interpretações cabalísticas, "caminho da verdade", mas quão grande é a diferença entre as duas fontes! Enquanto Nakhmânides opôs-se a toda inovação e satisfez-se com alusões sobre o que havia ouvido de seus mestres[138], no Saba não há nenhuma contradição entre "caminho da verdade" e inovação. Este paradoxo vem expresso explicitamente em suas palavras, quando ele proclama com relação a um determinado versículo: "quantas metamorfoses antigas há aqui que não foram reveladas até agora, e todas são convenientemente verdadeiras, pois é proibido desviar-se do caminho da verdade,



**133** *Oséas* 14, 10.
**134** *Eclesiastes* 5, 2.
**135** Incluído como uma espécie de adendo ao "Midrasch lev midot", impresso no *Midrasch hagadol le-Bereschit*, ed. Margaliot, Jerusalém, 1947, p. 39.
**136** Ver Schaul Liberman, *Ievanit vivanut beeretz Israel* (Grego e helenismo em Israel), Jerusalém 1963, p. 202-212. Liberman trouxe ali também o *midrasch* acima na nota anterior, mas não observou o paralelo zohariano.
**137** Ver Maren Niehof, A Dream which is not Interpreted is like a Letter which is not Read, *JJS* 43, 1992, p. 58-84.
**138** Ver acima nota 23.

nem mesmo um milímetro"[139]. Por um lado, este é de fato o caminho da verdade do qual não se é permitido apartar-se nem sequer por um milímetro, e o Saba é muito rigoroso quanto a isto, pois ele se vê, como discutiremos adiante, como o amado da bela jovem, a *Torá*, que só a ele revela os seus verdadeiros segredos. Por isto, se saiu de sua boca algo que não é esclarecido, ele empenha-se muito para se arrepender. Mas por um segundo e terceiro lados, este modo não é unificado, possui muitas vertentes (metamorfoses) e não foi transmitido na tradição e nem revelado a pessoa alguma até agora[140]. Lembramo-nos aqui do oximoro impressionante com que o *Zohar* costuma denominar a sua Cabala: "coisas novas antigas"[141]. Para uma criação cabalística como esta, apesar da inovação que ela contém, e talvez justamente por isto, o Saba tem também em vista um valor teúrgico de reparação superior, do tipo que a Cabala atribui em geral ao cumprimento dos preceitos com intenção: as inovações do Saba são o seu "bem" que ele redime e confere às *sefirot* superiores, que são, de um lado, "os donos" merecedores e verdadeiros daquele "bem" e, por outro lado, são o verdadeiro público ouvinte e captam com curiosidade as suas palavras as quais jamais tinham ouvido. Em suas homilias, ele fortalece o lado bom em relação ao lado mau que há no alto, e coroa o Santo, Bendito Seja, e sua *schekhiná*[142].

Realmente, o Saba cria, inova e inventa as suas palavras no próprio momento em que tece interpretações ante os sábios. Pode-se perceber isto pelo estilo de suas palavras, seguidas de autoestímulo ou de palavras de reprovação referentes à criação da homilia[143]. Por exemplo, quando se atrapalha em dificuldades em sua homilia[144], ele se reprova por ter entrado em um mar tão grande sem planejar de antemão o seu caminho, como um marujo que navega sem rumo quando os abismos marítimos ameaçam de toda parte. Para benefício do pesquisador do *Zohar*, o Saba compara aqui a sua situação ao modo de Raschbi, seu companheiro, que antes de entrar sabe também como sair. Nós, a nosso modo, saberemos encontrar nestas suas palavras igualmente um testemunho sobre o Raschbi e o seu modo interpretativo: na opinião do

**139** 98b, no targum.
**140** Ver a respeito, acima, junto às notas 18-24.
**141** Ver a respeito Daniel Mat, Matinita Dilan: tekhnika schel hidusch bessefer ha-Zohar (*Matnita dilan*: Técnica de Inovação no *Livro do Zohar*), em J. Dan (ed.), *Sefer ha-Zohar vedorô*, p. 123-145.
**142** 98a. Aparentemente há uma ligação entre estas coroas e a ideia de criação das *sefirot*, ou seu reparo pelo cabalista. Ver acima, junto à nota 25.
**143** Um exemplo adicional se encontra adiante, na nota 271 e junto a ela.
**144** 100b.

Saba, Raschbi também cria por si mesmo, sem basear-se em uma tradição anterior. Porém, em um outro lugar[145], o Saba atribui a si mesmo o caminho inverso: ele testemunha a seu respeito que se esfalfou para obter os seus resultados, e reflete em como dizê-los de uma só vez após um esforço tão grande. Mas aparentemente esta não é toda a verdade, esta observação foi dita principalmente para incomodar os seus ouvintes. Pois, após algumas frases, nós verificamos das palavras do Saba a seu próprio respeito que o caminho à frente não lhe era conhecido de antemão. "Ih Saba, Ih Saba! No que é que te meteste, vieste ao grande mar, deves navegar e sair dali"[146].

Este conhecimento nos permitirá compreender melhor a figura do Saba e o caráter literário do texto *Saba demischpatim*. Em uma primeira leitura, temos diante de nós uma narrativa típica sobre um encontro entre um estudioso (R. Ióssi) com alguém que lhe parece um ignorante. No início, R. Ióssi zomba do Saba: não responde às suas perguntas que lhe parecem palavras vãs e fica muito contente em encontrar o seu amigo, R. Hiya, que o salvará do desdém pela *Torá*[147]. Na continuação da narrativa as posições são trocadas e o Saba passa a ser o grande mestre que responde com ironia aos que o ouvem com ironia, e ocupa-se de vez em quando com a questão se estes seus acompanhantes merecem ouvir as suas palavras. Este lado do relato, que tem paralelos na literatura do *Zohar*[148] e abrange etapas delicadas



**145** 98a.

**146** 98b.

**147** R. Hiya, que tem uma posição mais elevada na hierarquia do grupo de Raschbi, refere-se ao Saba desde o início com muita seriedade. Ver também a respeito deste encontro, a seguir, nota 244.

**148** No texto denominado Ienuka, trato do "mito em contraste ao símbolo no *Zohar* e na Cabala do Ari (Isaac Luria)", em Havivah Pedayah (ed.), *Hamitus bamakhschavá hayehudit* (O Mito no Pensamento Judaico), edição da Universidade Ben Gurion. Um desenvolvimento delicado de relações, quase imperceptível à primeira vista, pode ser encontrado também em outra unidade literária do *Zohar*, v. 1, 148-150. Ali um dos sábios do grupo de Raschbi, R. Isaac, encontra um pai e seus dois filhos, que se ocupam da *Torá* (na virtude do acasalamento e de núpcias) e suas palavras parecem no início enigmas, e talvez até coisas vãs. R. Isaac os acompanha, até que eles procuram se despedir, porque vão casar-se. Após algum tempo eles explicam o fato de R. Isaac não ter sido convidado para o casamento por três motivos (149a), todos como que a favor de R. Isaac: inicialmente, eles não o conheciam e temeram que o convite estivesse abaixo do seu mérito; segundo, eles temiam que ele estivesse ocupado em seguir ao seu caminho e em terceiro lugar, temiam que ele fosse envergonhado no casamento, porque não havia preparado um presente para o casal. Estas justificativas são aparentemente cheias de respeito, como os três aprenderam, pelo visto do seu avô R. Tzadok, que lhes ensinou modos de comportamento de acordo com os mistérios da *Torá*. Mas, por mais um ponto de vista, este é um respeito irônico. Assim percebe-se principalmente na terceira justificativa, porque os presentes de casamento que os sábios costumavam dar eram homilias sobre a *Torá*, e daqui que o verdadeiro motivo de não terem convidado R. Isaac era o temor de que ele não fosse um estudioso. Parece que também R. Isaac sentiu a ironia destes argumentos, e é possível depreender isto da resposta "o Santo, Bendito Seja, o julgará para o bem".

de desenvolvimento de relações entre os três, não nos ocupará aqui[149]. Aqui trataremos de uma camada mais profunda, em que, de certo ponto de vista, R. Ióssi tinha razão! Se o Saba inova as suas palavras na hora em que elas são pronunciadas, então realmente era um ignorante quando se encontrou com os sábios e deste ponto de partida o seu desenvolvimento estruturou-se[150].

E assim, o próprio Saba não sabe em princípio a solução de seus enigmas. Os enigmas não foram destinados a testar a sabedoria dos sábios, mas a procurar para eles uma solução em conjunto. Eis a prova: a resolução dos enigmas não é inequívoca. As resoluções que surgem no decorrer das homilias do Saba não são capazes de resolver todos os enigmas, e mesmo os que são solucionados, não o são integralmente. Por vezes, até se tem a impressão que a solução do enigma ocorre ao Saba por acaso. Assim é em relação ao enigma quanto a "dois que [são] um e um [é] três"[151]. Este enigma parece à primeira vista tratar de uma questão teológica profunda, que lembra o dogma da Trindade cristã (esta associação talvez tenha aumentado o ressentimento de R. Ióssi). Mesmo que esta Trindade não seja estranha ao espírito do *Zohar*[152], o enigma é solucionado em um plano muito mais simples: o próprio Saba decifra o seu enigma assim que se encontra com R. Ióssi e R. Hiya, e explica-o como uma alusão a eles três que haviam se encontrado como uma unidade. É difícil imaginar que esta fosse a intenção inicial do Saba, e realmente para fins de solução até a linguagem do enigma se altera aqui, e ao invés de "dois que [são] um", o Saba adota agora a linguagem "dois que [são][153] três". R. Ióssi fica ressentido com esta solução que, em sua opinião, transforma o enigma em algo vão, e diz a R. Hiya: Não lhe disse que todas as palavras dele são "vazias e vãs"?! Aparentemente R. Ióssi, que é dos menores dentre os companheiros de Raschbi, somente considera palavras de "conteúdo" cabalista, do tipo do *Mischnat ha-Zohar*. Realmente, a fim de satisfazê-lo e os que se assemelham a ele, o enigma é depois explicado



149 Ver o artigo de Mikhal Oron "Simêin Kekhotam al libkhá" iyumin..., em *Massuot: mekharin*.

150 Um paralelo interessante pode ser encontrado em R. Nakhman de Breslav. A respeito de uma de suas *Torás* é contado que ela foi criada a partir do nada, porque o mestre estava melancólico e disse que não podia apresentar a interpretação porque não sabia, e então na observação do significado do nível do seu "não sabe", desenvolveu-se esta *Torá*. Ver a respeito em meu artigo Hatikun haklai schel R. Nakhman..., p. 207-209.

151 95a.

152 Ver o meu artigo Haschpaot notzriot bessefer ha-Zohar (Influências Cristãs no *Livro do Zohar*), *Mekhkerei Yerushalayim bemakhschévet Israel*, 2, 1983, p. 43-74.

153 Os verbos entre colchetes não existem no original uma vez que o verbo "ser" não é conjugado no presente. (N. da T.)

de modo parcial também no contexto do segredo cabalístico[154]. Mas, em minha modesta opinião, o próprio *Zohar* e os seus grandes sábios como Saba e Raschbi e talvez até R. Hiya prezam justamente a primeira explicação. Porque "o relato moldura", a relação entre os sábios, amor e Eros no ocupar-se da *Torá*[155], são de fato o aspecto mais importante do *Zohar*. E a ligação de dois e três (no espírito de [156] "melhor dois do que um e um triângulo não se romperá facilmente") antecedem em importância e em grau os demais pares e trindades cabalísticos que lhes servem, por vezes, como uma espécie de contexto teórico. Em outro lugar demonstrei porque é preciso interpretar neste espírito um dos tópicos obscuros do *Livro do Zohar*, e assim explicou certamente o Ari, quando deu continuidade à corrente das relações pessoais dentre os companheiros do *Zohar* e aplicou-a sobre as suas relações com os companheiros[157].

Mais uma incompreensão básica pode ser percebida em relação a R. Iossi. Ele não compreende que também o aspecto de espírito humorístico e de piada nas palavras do Saba tem um interesse religioso profundo. Já vimos alguns exemplos do humor religioso do *Zohar* e acrescentaremos mais um que se parece com a mencionada história do Saba. Em outro lugar do *Zohar*[158], conta-se sobre um Saba parecido (Rab Hamnuna Saba) que se encontrou com dois sábios do grupo de Raschbi. Em resposta à pergunta deles, porque ele é um pobre condutor de burros e onde mora, este Saba expõe uma profunda homilia cabalística que inclui alusões a diversas *sefirot*, mas a última linha destas homilias não é cabalística, e confere às homilias cabalísticas um caráter de piada. Das homilias entende-se que ele é um pobre condutor de burros por falta de um bolso (as letras *kaf* e *samekh* não concordaram em juntar-se à letra *yod* a fim de criarem a palavra *kis* (bolso), pois tinham funções diferentes no universo das *sefirot*)[159] e o lugar de sua moradia era a cidade de Lud (esta palavra é indicação, na sua homilia, de



154 Folha 100a. A resolução do enigma refere-se ao número de espíritos que lutam no útero de uma mulher que cumpriu o preceito de casamento por levirato.
155 Trataremos disto adiante de forma mais abrangente.
156 *Eclesiastes* 4, 12.
157 Ver o meu artigo Tarin urzilin deayalta – draschatô hassodit schel ha-Ari lifnêi mitatô, em Elior e Liebes (eds.), *Kabalat ha-Ari* (*A Cabala do Ari*), Jerusalém: [s.n.], 1992, p. 113-169. Mekhkerêi Yerushalayim bemakhschévet Israel v-10.
158 1ª parte, 6a.
159 Estas funções insinuadas aqui pelo R. Hamnuna Saba, foram interpretadas algumas páginas antes, 1ª parte, 3a, numa longa citação cuja raiz é (segundo indicado) o livro de R. Hamnuna Saba.

algo sem fundamento, do Santo, Bendito Seja, e de um pobre, que é a *schekhiná*. Estes três representam as letras da cidade Lud)[160].

Talvez o *Zohar* queira de nós que, até em nossa leitura, a linguagem do ataque de R. Ióssi seja tornada positiva, que as palavras do Saba são "fúteis". A palavra "*reikania*" (fúteis) que é a tradução aramaica de *tohu* (sem forma) de *Gênese* 1, 2[161], é capaz até de caracterizar o hálito sobre o qual, na opinião do *Zohar*, se sustenta todo o mundo, como vimos anteriormente[162]. Mesmo assim, não há limite para estas "bobagens" (realmente bobagens!). E assim novamente verifica-se das palavras do próprio R. Ióssi que algumas linhas depois volta e argumenta, em relação a um dos enigmas do Saba, que se admira apenas se são bobagens ou coisas vãs. R. Ióssi não estava consciente da profundidade de suas próprias palavras. De acordo com a sua consciência, não há nada positivo em "bobagem" e em "vanidade" e não há qualquer diferença entre ambas, ele as apresenta como duas possibilidades diferentes apenas para demonstrar desprezo e pouco caso. E se, apesar de tudo, R. Ióssi discerniu entre os dois termos, talvez, em relação à "futilidade", teve em mente expressões de linguagem obscena, porque as palavras do Saba que aqui despertaram a sua ira eram o enigma sobre a jovem bonita. A seguir veremos que a questão da jovem bonita é o segredo mais profundo nas palavras do Saba, e refere-se a Eros e à criatividade, porém, a respeito disto, aparentemente, R. Ióssi não indica compreensão, e a própria menção de "jovem bonita" despertou-lhe oposição e suspeita.

(E mais ainda, estas palavras de R. Ióssi, que acusam o Saba de futilidade e/ou de bobagem, serão apresentadas até sob uma luz mais grave, se percebermos que o autor do *Zohar* aludiu aqui às palavras de Jesus no Evangelho[163] pelas quais "todo aquele que chama o seu próximo de fútil[164] deve apresentar-se ao Sinédrio, e quem o chama de bobo[165] merece o fogo do inferno". Talvez seja correto lembrar aqui as palavras de nossos mestres:





**160** Assim foi a interpretação correta do R. Simão Lavi em *Kétem paz* (Ouro Puro).

**161** Na realidade, R. Ióssi denominou as palavras do Saba justamente de "*Milin akharanin detohu*".

**162** Junto à nota 91.

**163** *Mateus* 5: 22. Tratei em outros lugares dos vestígios do Novo Testamento no *Zohar*.

**164** A palavra hebraica está escrita aqui em letras gregas: *raka*, e talvez isto esteja também por trás da homilia rabínica que se segue, e ver adiante nota 167.

**165** Assim em grego: *more*, e não sei por que Delitsch traduziu por "infame". Assim como *raka*, esta palavra grega que também servia de redutora no hebraico do período rabínico: ver *Pessikta deRav Kahana*, edição Mandelboim, New York: [s.n.], 1962, p. 246-247: "ao rei que entregou o filho ao pedagogo disse-lhe: não chame o meu filho de *more;* os gregos chamam os tolos de *morus* [...] disse-lhes Moisés (*Números*, 20:10) "ouvi, rebeldes (*morim*)".

"'As tuas têmporas [são] como o gomo da romã'[166], e disse R. Simão Ben Lakisch: Não diga 'tuas têmporas' mas 'tua futilidade'[167] pois até o vazio em ti está repleto de boas ações com a romã"[168]. A história de Saba, que é vista como fútil, e talvez realmente assim foi no início da conversa com ele, fundamenta bem este dito de nossos sábios.)

A estrutura literária de *Saba demischpatim* testemunha que temos diante de nós homilias que são criadas na hora em que são pronunciadas. Em grande medida é possível referir-se ao texto como a uma peça, cujo enredo desenvolve-se de acordo com os estados de espírito dos personagens. Muitas homilias abrangidas neste texto não tocam em absoluto no tema teórico do mesmo (destino da alma e do casamento de levirato) e elas o interrompem aparentemente sem nenhuma necessidade. A necessidade revela-se apenas no momento em que se leva em consideração o personagem principal e seus estados de alma e, para compreendê-las completamente, é preciso lê-las na entonação correta, sendo que o papel do Saba é representado por um ator talentoso. Estas homilias foram criadas, portanto, para fins do "relato moldura" e não ao contrário como é o comum. (Assim é não só no *Saba demischpatim*, mas também em muitos outros lugares no *Zohar*)[169]. O Saba profere estas homilias, a fim de atrair para si atributos corretos de que ele necessita para seus pronunciamentos, como o atributo do temor e até o atributo de ódio aos gentios[170]. Esta última medida é-lhe



**166** *Cântico dos Cânticos*, 6, 4.

**167** As duas palavras são grafadas de forma quase igual. (N. da T.)
Talvez esta frase seja desnecessária; ver acima nota 164, e ela realmente está ausente em muitas situações semelhantes, como *San'hedrin* 37a.

**168** *Eiruvin*, 19a, e assemelhadas. Compare-se as palavras de R. Hiya, no *Zohar*, idem: "Porque algumas vezes ocorreu em vasilhas que parecem vazias, grãos de ouro podem ser descobertos". Comparem-se as palavras do Saba na continuação, 99a: "E um ancião como eu não se limitaria a um dito, fazendo tanto barulho como uma moeda única dentro de um jarro", e de acordo com *Baba metzia* 85b.

**169** Por exemplo, na 3ª parte, 60a, R. Eleazar Ben R. Simão pronuncia uma homilia a respeito do pecado dos filhos de Arão, que desejavam antecipar a redenção, e pediram para si mesmos grandezas durante a vida do pai. A intenção principal de R. Eliezer, nesta homilia, é explicar por que devia abster-se de pronunciar homilia diante do seu pai, o Raschbi. E realmente, depois R. Simão pronuncia a sua homilia considerada muito mais profunda: uma visão mítico-demonológica em torno da figura da *schekhiná* durante as horas noturnas.

**170** Algumas homilias deste tipo encontram-se nas páginas 95-96. A homilia sobre o "rei dos gentios" (*Jeremias* 10,7) vem apenas para extrair do coração o *schabat* dos gentios que se depreende desta denominação. E quando R. Hiya ajuda a interpretação, comumente aceita com a apoio de outro versículo, o Saba o repreende e diz "Vejo que permaneceste atrás da parede deles e te apresentaste para apoiá-los com este versículo", e ele interpreta zombeteiramente em relação aos gentios também o versículo de R. Hiya (96a).

necessária no momento em que ele deseja se arrepender de suas palavras anteriores[171] nas quais expressou a ideia de que uma alma sagrada pode cair em posse de um gentio. Neste contexto, é preciso prestar atenção neste contexto até ao próprio arrependimento de suas palavras, e ao arrependimento sobre a ideia anterior. Mesmo destas podemos concluir que as homilias do Saba foram criadas na hora em que foram pronunciadas.

O próprio arrependimento serve ao Saba como tema importante para uma homilia cabalística especial. Esta homilia não se entrosa na estrutura da composição, mas apenas sob um aspecto: aqui o Saba justifica o arrependimento pelas palavras que pronunciou antes[172] (das quais, como foi dito, podia-se deduzir um elogio aos gentios). Da homilia pode-se aprender que até o arrependimento é uma questão importante, que pessoas significativas o fizeram antes dele, e o próprio arrependimento constrói mundos: o rei David, autor do livro dos *Salmos*, arrependeu-se de suas palavras no meio da composição de um dos seus cânticos (Salmo 104). Este cântico descreve, na opinião do Saba, o processo de *atzilut* de cima para baixo, não uma, mas duas vezes. A segunda vez foi necessária porque na primeira descrição verificou-se um erro: a *sefirá* do julgamento divino recebeu um status autônomo, e ela não estava abrangida adequadamente na *sefirá* do amor. Assim ela ampliou demasiadamente a força do mal (delineada aqui na imagem de um galho amargo)[173]. Por isto, no meio do cântico David se arrependeu, interrompeu a descrição, voltou e descreveu a *atzilut* de modo mais conveniente. David não ficou sozinho na falha de sua primeira descrição. As entidades míticas inspiradas é que lhe mostraram isto e não lhe permitiram que ele tecesse comparações em suas palavras; quando David chegou, em sua primeira descrição, a uma etapa em que a *sefirá* do fundamento precisa ser inspirada, *sefirá* também chamada de "árvore da vida",



**171** Estas se encontram na página 95b.
**172** 98a-b.
**173** O atributo do julgamento está aqui expresso na palavra "muito" (*m'od*) no primeiro versículo do cântico 104 e, de acordo com a homilia rabínica em *Bereschit rabá*, 9, 5: "E eis que é muito bom" (*Gênese* 1, 31) "e eis que é bom morrer". (Trata-se, aparentemente, de um jogo com um par de palavras que soam de modo semelhante: "*m'od*" e "*mot*" significando, de forma respectiva, "muito" e "morte". N. da T.) Realmente, em outro lugar no *Zohar* (2ª parte, 68b) esta homilia rabínica é utilizada de forma inversa. E o atributo "muito" para o atributo do julgamento frisa justamente a harmonia encontrada e mesmo a função positiva da *sitra akhra* e dos gentios, pois a elevação do Santo, Bendito Seja, depende do Seu reconhecimento por eles. Esta homilia é diametralmente contrária às palavras do Saba aqui, depois do seu arrependimento, e talvez ele tenha direcionado as suas palavras contra ela.

esta árvore fugiu e escondeu-se e não concordou em sair e ser abrangida na descrição que incluía aquele galho amargo.

Daqui é possível aprender algumas regras. Em primeiro lugar, um criador como David não tem o controle exclusivo de sua obra, ele precisa criar junto e em harmonia com os fundamentos criados. Em segundo lugar: o escritor é realmente criador; o autor literário (David) não só descreve o processo da *atzilut*, mas também causa a criação do próprio processo, exatamente como fez a Divindade que inspira na hora da criação. Aqui nos lembramos que o arrependimento pelas suas palavras e o arrependimento de David têm um paralelo exato no ato da Divindade. Também esta não teve sucesso na Sua primeira tentativa. Também Ela, de acordo com o *Zohar*, criou inicialmente um universo em que não há harmonia (na linguagem do *Zohar*, *mitkala*) e o principal era o atributo do julgamento; somente depois reconsiderou, ampliou este mundo antigo (este mundo está simbolizado nos "reis de Edom" cujo nome é interpretado também a partir da expressão aconselhamento e arrependimento)[174] e criou um universo novo e corrigido[175]. Na verdade, os vestígios do universo antigo continuam a existir também no universo novo e, em paralelo a isto, a primeira descrição da *atzilut* continua presente até hoje no início do cântico 104 do livro de Salmos. Resumindo, tanto a Divindade como David arrependeram-se no meio de sua criação, exatamente como o Saba, e o arrependimento é que é a sua criação. É até difícil estabelecer quem dos três criadores antecedeu o companheiro na criação: a Divindade, David ou o Saba. O *Zohar* e o Saba, seu personagem, têm consciência de que o rei David não descreveu o mito por fora, mas era parte dele, e criou-o pelo hálito da sua boca, e assim faz agora também o próprio Saba. A criação do mito (*mitopoesis*) é, portanto, o próprio mito. Este enfoque não é uma inovação zohariana absoluta, algo dele encontra-se também já na literatura rabínica, que abrange igualmente descrições de arrependimento míticas,



174 Ver acima nota 44.

175 A respeito dos detalhes deste mito e suas origens, ver no meu artigo Hamaschiakh schel ha-*Zohar*, em Sch. Ram (ed.), op. cit., p. 194-199, 219-221; e também em meu artigo Keitzad nitkhaber sefer ha-*Zohar*, em J. Dan (ed.), op. cit., p. 46-56, 66-68. Este mito torna-se variado e modifica-se de acordo com as fontes interpretadas. E estas abrangem, além do mencionado Salmo 104, e *Gênese* 36 (capítulo semanal Reis de Edom), também os dois relatos da criação nos dois primeiros capítulos do livro de *Gênese* (a descrição no primeiro capítulo é interpretada sobre o mundo antigo que foi destruído) e o mito sobre os dez mortos do reinado, e mais. Na Cabala do Ari, este mito revestiu-se também da roupagem da "quebra das vasilhas".

com alguma semelhança com a descrição que temos aqui[176]. Mas a questão chegou ao apogeu do seu desenvolvimento e aprimoramento no *Zohar*.

No auge de *Saba demischpatim*, no fim de todos os esforços e lutas, encontra-se Eros. Aqui, no exemplo encantador sobre a bela jovem[177], a mescla zohariana entre criatividade homilética e Eros sexual chega ao máximo. (O Saba também tem consciência de que aqui é o ápice de suas palavras, e antecede ao exemplo a seguir uma homilia sobre a subida de Moisés ao Sinai[178], que, mais do que estar ligada ao tema[179], reflete o estado de espírito do falante, e se parece aos próprios olhos com Moisés que está para subir a montanha)[180]. Aqui a *Torá* é comparada a uma bela jovem, fechada na torre, e não há quem a veja. Tem somente um amado que a busca em torno da torre. A amada, em seu amor, revela-se ao amado e o seduz. No início ela apenas alude à sua existência, em um indício voltado somente a ele e invisível aos olhos dos que a circundam. Depois ela continua e revela-se a ele mais e mais. Até que ela fica desnuda diante dele, como diante do marido que conhece todos os seus segredos[181].





Assim é a *Torá*: apesar de ser habitual pensar que ela é propriedade de todo o povo de Israel, ela se revela apenas ao amado – o cabalista criador. Este penetra nela, em camadas de significados mais e mais profundos, até a mais profunda dentre elas, denominada justamente de *peschat*, (interpreta-

**176** Por exemplo, *Bavli Haguigá*, 12b. Ali a *Guemará* aprende do versículo bíblico, que as tempestades e tufões encontram-se no céu, e questiona a respeito disto a partir do versículo de *Salmos* pelo qual o lugar das forças destruidoras na natureza é justamente na terra e justifica: "David pediu misericórdia por elas e as baixou à terra, e disse diante d'Ele (*Salmos* 5:5) Senhor do universo 'que desejas iniquidade, o mal não pode habitar contigo'". Em outro lugar, a *Guemará* compara (*Haguigá*, 13b) duas descrições da carruagem de Ezequiel, sendo que uma delas inclui o touro entre os quatro animais da carruagem, enquanto a segunda inclui em seu lugar um anjo e justifica: Ezequiel pediu misericórdia (pelo touro) e transformou-o em anjo; disse-lhe: Senhor do universo, um promotor (em lembrança ao pecado do bezerro) tornar-se-á defensor?!" De forma semelhante, é trazido em nome de um dos justos do hassidismo, que formularam uma questão diante dele, como é possível que a *Guemará* fale tanto de demônios, quando, de acordo com Maimônides, eles não existem. E justificou que, na época da *Guemará*, existiam demônios, mas seguindo-se a um veredicto de Maimônides de que eles não existem na realidade, eles foram anulados e não existem mais.

**177** Páginas 98-99.

**178** 99a.

**179** Na verdade há alguma semelhança entre as vestimentas de Moisés das quais obteve o que obteve, e a alma que se reveste da "alma do estrangeiro". Ver adiante junto à nota 186.

**180** Ver em Idel, *Kabalé hebetim hadaschim*, p. 230-242, uma análise sobre este trecho a respeito da ascensão de Moisés, destaque dos seus fundamentos eróticos e comparação detalhada entre o Saba, o amado da parábola da jovem, e Moisés.

**181** Encontramos algo semelhante na cultura hindu, em *Rig Veda*, o hino sobre a origem da palavra sagrada, 10.71, parágrafo 4: "O observador não vê a palavra e o que presta atenção não a escuta. Ela se revela ao homem como uma mulher apaixonada, vestida em belos trajes, revela o corpo ao marido".

ção literal), porque aqui fica claro que a interpretação literal exata do vernáculo é a mais correta e profunda[182]. Quem chegou ao significado profundo do versículo, se convencerá de que ele está formulado de modo completo. Ele não possui nenhum excesso, pleonasmo ou retórica, que possam ser formulados também de outros modos, como os pesquisadores da *Bíblia* e seus antecessores dentre os sábios medievais podem imaginar[183].

Como exemplo para isto servirá aqui, como em *Saba demischpatim*, o pretexto literário de trazer a parábola da jovem linda. O Saba trouxe este exemplo, aparentemente por acaso, a fim de explicar como interpretou o versículo: "e vós conhecestes a alma do estrangeiro"[184]. O leitor comum interpreta este versículo como uma retórica voltada a despertar pena e simpatia em relação ao estrangeiro e sua situação rebaixada do ponto de vista social e econômico. O próprio escrito está interessado que entendamos assim, e nos tenta a interpretar desta forma. Para fins desta tentação vem a continuação do versículo "porque estrangeiros fostes na terra do Egito" e assim nos demais lugares (são 33 ou 46 lugares)[185] em que a *Torá* preveniu contra a ofender o estrangeiro. O escrito faz assim a fim de afastar o público do significado verdadeiro e profundo, destinado aqui apenas ao seu amado (métodos semelhantes foram adotados por muitos autores em períodos diversos). Mas o amante da *Torá* não permite que os seus sentidos fiquem entorpecidos; ele interpreta a palavra *néfesh* (alma) no seu significado exato, de acordo com a teoria desenvolvida na página anterior e, de acordo com ela, as almas dos estrangeiros servem de vestimenta para as almas sagradas quando estão no Jardim do Éden de baixo, pois as almas dos estrangeiros são procedentes dali e não de um lugar mais alto como as almas de Israel; mesmo neste mundo elas servem como intermediários entre a alma e o corpo, e por meio delas as almas santas de Israel conhecem a realidade inferior. E assim é o *peschat* do versículo na verdade: as almas de Israel ("vós") conhecem e sabem ("soubestes") as questões deste mundo por meio do ("da")[186] alma do estrangeiro.

O versículo sobre a alma do estrangeiro é certamente apenas um pretexto, e não motivo concreto, para a parábola da jovem bonita, porque



**182** "E assim, o sentido literal do versículo tal qual, sem acrescentar nem subtrair sequer o um".
**183** Ver, por exemplo, a interpretação de R. Abraão Ibn Ezra para *Deuteronômio* 5:5.
**184** *Êxodo*, 23:9.
**185** *Baba metzia*, 59b. Ver *Zohar* 2ª parte, 97b, *Saba demischpatim*. *Baba metzia*, 59b.
**186** Como (*Gênese* 6:9). "Noé achou graça diante do Senhor".

a parábola é mais importante do que ele e representa um ápice para a elaboração do *Saba demischpatim*, cujo ponto principal é o modo das homilias e não o seu conteúdo. Realmente na análise desta parábola entenderemos melhor o modo do Saba interpretar, pois com certeza o amado aqui presente é primordialmente o próprio Saba. Da parábola fica claro que o amado não possui "Cabala" ou tradição sobre o conteúdo de suas homilias, mas ele descobre sozinho a profundidade da *Torá*, etapa a etapa. É bastante provável que alguns segundos antes de proferir a parábola da jovem, o próprio Saba, também, ainda não soubesse qual a explicação de "e vós conhecestes a alma do estrangeiro".




Porém, é preciso prestar atenção que na parábola da jovem bonita, a *Torá* é mais ativa que o amado: ela é que tem a iniciativa e chama, tenta, e se revela[187]. Como mencionado, a segunda parte do versículo em questão "e vós conhecestes a alma do estrangeiro, pois estrangeiros fostes na terra do Egito", serve como disfarce, mas verifique-se a questão: a iniciativa de disfarce não vem de um "redator" da *Torá*. É o artifício do próprio versículo, que recebe um espírito de vida ativo: "porque o versículo pensou que, tendo se vestido, ninguém mais cuidaria do seu significado correto"[188]. No final do processo, a *Torá*, que age por sua iniciativa, revela ao amado "caminhos misteriosos que estavam resguardados no seu coração [da *Torá*] desde os dias antigos", e nos lembramos aqui das palavras anteriores do Saba[189] sobre os modos da *Torá*, dos quais não é permitido afastar-se um milímetro, e sim somente por "32 sendas extraordinárias da sabedoria" com as quais o Santo,

**187** De acordo com isto, não concordo com as palavras de Eliot Wolfson, que interpretou "não analisamos"- como a *Torá* não tem qualquer significado próprio, e é como um material na mão do intérprete e suporta qualquer explicação que lhe seja conferida. Isto é contrário também à parábola e também às palavras anteriores do Saba (acima, junto à nota 131) sobre a necessidade de interpretar a *Torá* segundo os seus modos. Ver Eliot R. Wolfson, Beautiful Maiden Without Eyes: *Peshat* and *sod* in Zoharic Hermeutics, em Michael Fishbane (ed.), *The Midrashic Imagination:* jewish exegesis, thought, and history, New York: State University of New York Press, 1993, p. 186.

**188** "O versículo pensou que depois que tivesse se vestido (com outros significados), não haveria ninguém que o compreendesse em seu significado correto". Compare-se isto à interpretação de Moisés Cordovero (*Or Iakar* sobre *Tikunei Zohar*, v.1, Jerusalém: [s.n.], 1972, p. 16): "Se os versículos da *Torá* realmente interpretam os seus segredos por meio deles". Assim escreveu Cordovero a respeito do Raschbi e seus companheiros, mas na realidade a seu próprio respeito e sobre os seus companheiros, conforme se esclarece pelo seu livro autobiográfico: *Sefer Gueruschin*, Jerusalém: [s.n.], 1962, p. 3-4. "E as palavras da *Torá* nos iluminam e se pronunciavam por si próprias". De fato, esta descrição combina mais com as homilias associativas e automáticas de *Tikunei Zohar* do que com o caráter homilético-criativo-erótico do corpo do *Zohar* e do *Saba demischpatim*.

**189** Acima, junto à nota 131.

Bendito Seja, criou o Seu universo, conforme o início do *Sefer Ietzirá* e, a seu modo, também o místico continua criando[190]. Estas 32 foram aqui interpretadas, aparentemente, como "coração"[191], o coração da *Torá*.

Não é preciso dizer que a parábola da jovem bonita é erótica. Mas Eros não é aqui limitado ao âmbito da parábola, penetra também na moral. As relações entre o pregador e a *Torá* são realmente eróticas, e a homilia é um ato de amor. Mesmo depois que o Saba deixou a jovem e começou a falar sobre a *Torá*, não abandonou Eros. Até quando a jovem transforma-se em *Torá*, ela continua a falar em linguagem de sedução sexual: "Quem é simples, volte-se para aqui"[192]. Isto é absolutamente correto também em relação à etapa final de suas relações. As palavras acima sobre a *Torá*, que revela ao intérprete tudo o que estava oculto em seu coração há muito tempo, servem igualmente bem para a jovem que ama. A palavra *peschat* que indica, como mencionado, a camada mais interior na *Torá*, recebe da mesma forma um significado sexual: agora a *Torá* despiu as suas vestes, e o intérprete fala com ela face a face. Como se podia imaginar, um nítido significado sexual é destinado no *Zohar* a esta combinação (em aramaico *anpin beanpin*)[193].

Esta combinação também aproxima o intérprete de Moisés, a respeito do qual foi dito[194] "boca a boca falo com ele". Esta associação não é casual, e, para fortalecê-la, agregaram-se aqui também outras expressões, que em diversos lugares no *Zohar* frisam justamente Moisés e sua relação com a *Torá*: "Um homem que domina a *Torá* é seguramente um amo que controla a sua casa"[195]. O nível de Moisés atribuído ao intérprete tem aqui uma explicação dupla: em primeiro lugar, a *Torá* é a sua *Torá* e ele pode interpretá-la conforme a sua vontade; em segundo lugar, a relação de Moisés com a *Torá* é nitidamente sexual, como a de um marido para com a esposa, é a relação aludida aqui nas palavras "sua casa é a sua esposa"[196] e "marido da *Torá*". A relação de Moisés com a *Torá* lembra a sua relação com a *schekhiná*, graças à qual o *Zohar* o denomina também de "marido da



**190** Pretendo tratar disto em um ensaio sobre o *Sefer Ietzirá* e a sua percepção da criatividade.

**191** As consoantes com que a palavra coração, *lev*, é escrita, correspondem ao valor numérico de 32. (N. da T.)

**192** *Provérbios* 9, 4. São as palavras de tentação do sábio, idênticas às palavras tentadoras da prostituta. Idem, 16.

**193** Ver o meu artigo Keitzad nitkhaber *Sefer ha-Zohar*, em J. Dan (ed.), op. cit., p. 30.

**194** *Números*, 12, 8.

**195** Ver, por exemplo, *Zohar*, 1ª. parte, 236b. E ver acima a nota 51.

**196** Ver, por exemplo, no início do tratado *Iomá*.

dama" numa paráfrase familiar-sexual pelas suas denominações bíblicas de "homem da Divindade"[197].

Portanto, a ocupação com a *Torá* era por vezes uma experiência sexual. No *Zohar*, esta questão chega ao ápice, mas também em outros lugares encontramos o sentido sexual que os nossos antepassados provaram no estudo da *Torá*. Como, por exemplo, no *Talmud*[198], "o que significa isto que está escrito[199] 'corça de amores e gazela graciosa' e etc.? Porque as palavras da *Torá* foram comparadas a corça? Para lhe dizer: que uma corça tem o útero estreito e agrada aquele que a possui a cada momento como se fosse o primeiro, assim também as palavras da *Torá* agradam os que as estudam momento a momento, como se fosse o primeiro"[200]. E daqui provém o conselho de Maimônides para quem foi dominado pelo mau instinto: "se liberará e liberará o seu pensamento para palavras da *Torá* [...], e com sabedoria ele diz 'corça de amores e gazela graciosa saciem-te os seus seios em todo o tempo e embriaga-te sempre com as suas carícias'"[201]. Esta proximidade erótica e íntima leva à rejeição de todo estranho (como vimos no cortejar secreto da *Torá* o *Saba demischpatim*), como verificamos em[202] "todo aquele que se ocupa da *Torá* diante do ignorante, é como se se deitasse com a sua noiva diante dele, pois foi dito[203] 'Moisés prescreveu-nos a *Torá* por legado (*moraschá*); não se deve ler *moraschá*, mas *meurassá*[204]. E em outro lugar no *Talmud*[205]: "tuas coxas arredondadas"[206] – assim como a coxa fica oculta, também as




**197** *Números*, 33, 1; *Salmos*, 90, 1. E ver as palavras de Scholem em seu livro *Major Trends...*, p. 199 (*As Grandes Correntes...*, p. 222). Ainda sobre as relações sexuais entre Moisés e a divindade, escrevi amplamente em meu artigo Ienuka, em Havivah Pedayah (ed.), op. cit. Aliás, de acordo com os *Tikunei Zohar*, somente Moisés, com quem o autor se identifica, chega à "filha do rei" que habita na torre, enquanto R. Hamnuna Saba tentou e fracassou. Ver a respeito, de forma ampla, no artigo acima de Goldraich (nota 121), p. 484-491. Parece-me que os *Tikunei Zohar* polemizam com as palavras de *Saba demischpatim* que temos diante de nós, que se identifica com Moisés e com o amante da *Torá*. Nas palavras rabínicas e no *Zohar* por vezes a noiva de Moisés é a *Torá*, e por vezes é a *schekhiná*. De acordo com a Cabala do Ari, a filha do rei do artigo que temos diante de nós foi identificada com a *schekhiná*. Elliot Wolfson, em Beaultiful Maiden Withot..., em Michael Fishbone (ed.), op. cit., argumenta que é preciso manter esta identificação mesmo no *peshat* do *Zohar* de que estamos tratando.

**198** *Eruvin* 54b.

**199** *Provérbios* 5: 19.

**200** Ver a respeito deste artigo e seu desenvolvimento na Cabala em meu artigo (nota 157), p. 137-144, 166-169.

**201** *Mischnê Torá*, final dos preceitos referentes à proibição de relacionamento sexual.

**202** *Pessakhim*, 49b.

**203** *Deuteronômio*, 33: 4.

**204** A grafia de ambas as palavras é praticamente igual. (N. da T.)

**205** *Moed katan*, 16a,b.

**206** *Cântico dos Cânticos*, 7: 2.

palavras da *Torá* [se mantêm] em segredo"; e, pelo visto, a semelhança entre ambos, que levou a esta homilia extraordinária, não se esgota na necessidade de ocultá-los. E se a ocupação com o indivíduo é assim, o estudo em grupo mais ainda, como veremos na continuação de nossas palavras.

## *Zohar* e Sexo

O humor, o riso, a alegria e criatividade expressam uma afirmação básica da realidade. Vimos acima algo disto, falamos sobre uma relação do *Zohar* com o regime político e com o fundamento do mal e, mais do que isto, veremos agora, quando analisarmos a relação do *Zohar* com o corpo e o sexo. Diversamente do estereótipo comumente aceito sobre o pensamento medieval, o *Zohar* relaciona-se muito positivamente também com o corpo (*guf*). "*Gufa*" (corpo, em aramaico) é uma das mais claras denominações da divindade[207] e tudo o que está ligado a ela é físico, somente os demônios e os malvados não são parte do "conjunto do corpo"[208]. De modo semelhante, o *Zohar* denomina muitas vezes a Divindade de "Adão"[209]. Estes dois nomes, *Gufa* e Adão também estão muito ligados ao âmbito sexual: na opinião do *Zohar*, Eros é a parte mais importante e é a definição do homem, e quem não se encontra em acasalamento masculino e feminino não é denominado de "Adão"[210]. Assim é o homem superior divino, e assim é, também, naturalmente, em relação ao homem carnal[211].

De fato, por mais que exageremos, não conseguiremos atingir o nível da positividade com que o *Zohar* se refere ao âmbito erótico. É possível declarar de modo inequívoco, não há na literatura judaica um livro tão erótico como o *Zohar* , livro de Eros, que não tem sequer uma página isenta disto.

**207** Em *Prakim bemolim sefer*, no *ha-Zohar* verbete *Gufa*, destaquei muitas dezenas de combinações e centenas de lugares em que o corpo serve de denominação elevada para a divindade.

**208** Idem, p. 234-236.

**209** Idem, no verbete *Adam*, destaquei muitas dezenas de combinações e centenas de lugares em que a divindade é denominada de Adão.

**210** De acordo com *Gênese*, 5: 2: "Macho e fêmea os criou e abençoou-os e chamou-os de Adão no dia em que os criou". E de acordo com a homilia rabínica sobre este versículo, em Iebamot 63a.

**211** A respeito de sexo no *Zohar*, ver Scholem, *Major Trends...*, p. 225-228 (*As Grandes Correntes...*, p. 251-255). Tishby, *Mischnat ha-Zohar*, v. 2, p. 607 – 726; David Biale, *Eros and the Jews*, New York: [s.n.], p. 109-113

A aspiração por uma união erótica é o principal assunto do livro, uma aspiração que sacia todo o mundo porque o objetivo de toda a realidade é harmonia e acasalamento entre o masculino cósmico e o feminino. O acasalamento é também o propósito do homem e da religião e o ápice do mistério. Este é o *mysterium tremendum* a respeito do qual Jacó disse, "quão temível é este lugar, ele é a casa de Deus e este é o portão do céu"[212]. "Casa de Deus" e "portão do céu" são, de acordo com o *Zohar*, órgãos sexuais da mulher e do homem. Esta questão foi destacada por Gershom Scholem que copiou neste ponto[213], no seu *Zohar* particular, as palavras de um dos inimigos destacados da Cabala[214]. A observação reza o seguinte: "E veja como se queixou contra este tópico R. Yekhiya Kafakh no livro *Guerras de Deus*[215], p. 112, 'que o incitador autor do *Zohar* denomina os órgãos sexuais que imaginou em relação ao Senhor do Universo, com os nomes de Casa de Deus e de Portão do Céu'".




O segredo do acasalamento pertence naturalmente não só ao Senhor dos Universos, mas também ao ser carnal. Este significado é encontrado de forma análoga no mesmo tópico do *Zohar*, ainda que aparentemente não tivesse sido percebido pelo R. Kafakh. Porque o *Zohar* interpreta a *Torá* não só como símbolos teosóficos, do tipo de que os pesquisadores se ocuparam, mas também como símbolos psicológicos. Estes símbolos são acompanhados, por vezes também, de significado teosófico (como a questão, "quanto temível é este lugar") e por vezes o lado teosófico, na medida em que ele exista, só vem por conta de uma ilustração secundária. O versículo "quão temível é este lugar" foi dito por Jacó no momento em que estava a caminho para se casar e depois que lhe foi esclarecido no sonho, segundo a interpretação do *Zohar*[216], o significado total do casamento. Não há um valor mais elevado do que a harmonia entre homem e mulher, e nela está condicionada também a ocupação cabalística[217], porém não há pecado maior do que a disrupção desta harmonia. É justamente a santidade superior, destinada no *Zohar* ao âmbito sexual, que contradiz

**212** *Berakhot*, 28, 17.

**213** 1ª parte, 150b.

**214** Este é um exemplo adequado do bom proveito que se pode obter do novo fac-símile do *Zohar* particular de Scholem contendo as suas observações. Esta edição foi publicada com um prefácio de autoria dele em Jerusalém, 1992.

**215** Jerusalém, 1931, é um livro anticabalista, que teve um papel importante na disputa que ocorreu no Iêmen contra a sabedoria da Cabala.

**216** 1ª parte, 150b.

**217** Ver no meu artigo Hamaschiakh schel ha-*Zohar*, em Sch. Ram (ed.), op. cit., p. 1-143, 200-205.

qualquer vestígio de permissibilidade. O *Zohar* trata com seriedade especial os pecados no âmbito sexual, sendo que o pior de todos é o celibato, que contém uma espécie de anulação do acasalamento superior[218].

O acasalamento é uma união espiritual e física, que se expressa no beijo e no contato sexual, que são duas formas de acasalamento que se completam, em que, na realidade, para fins de sua inteireza absoluta, há necessidade de mais um participante, que é o mau instinto. Também a respeito desta necessidade pode-se aprender da ida de Jacó para Harã. Esta ida transforma-se no *Zohar*[219] em um símbolo psicológico e é descrita como uma espécie de rito de passagem sexual, que abrange um encontro com a *sitra akhra* na figura de uma prostituta cuja beleza é descrita aqui detalhadamente[220] (o próprio termo *sitra akhra* é interpretado aqui também de modo sexual. Nas palavras *akhra* e *para Harã*[221] há também uma alusão a questões de prostituição[222] e contrariamente à *sitra demeheimanuta* é interpretada também como o lugar da mulher fiel[223]. E assim também no nome do lugar "Harã")[224]. Esta é uma etapa obrigatória a quem quer que deseje complementar-se com atributos superiores[225], mas nem todo



**218** Este pecado e a sua gravidade são um dos temas principais do texto *Saba demischpatim* que abordamos longamente acima. Encontramos também outro pecado sexual, que sob certo ponto de vista é mais grave do que o pecado do celibato, que é o desperdício do sêmen. Tratei amplamente deste pecado no *Zohar* e na Cabala em meu artigo Hatikun haklabi schel R. Nakhman..., op. cit.

**219** 1ª parte, 147-148.

**220** Esta descrição baseia-se na descrição de Lilit no livro de Ariela Deem, *Zot hapaam* (Desta vez), Jerusalém: [s.n.], 1986, p. 15. O livro, editado por mim, foi publicado após a morte da autora.

**221** Há um jogo entre as duas palavras. (N. da T.)

**222** Ver Khanokh Yalon, *Pirkei lashon* [Capítulos de Linguagem], Jerusalém, 1971, p. 292-304. Yalon não traz exemplos do *Zohar*, e não aborda a conjunção *sitra akhra*. Esta conjunção, cujo significado é o universo de Satã, em geral será traduzido apenas como "o outro lado" (em contraste com o lado sagrado), sem a associação linguística sexual, que surge, assim me parece, apenas no tópico do *Zohar* de que estamos tratando. Nenhuma combinação semelhante a esta existiu antes do *Zohar*, mas o próprio *Zohar* se refere a ele por vezes já como um termo congelado, e daqui até a forma plural como denominação de demônios e espíritos (como na 2ª parte, 67b. É surpreendente que na continuação do mesmo trecho é percebida também a necessidade de explicar o conceito: "A outra parte, que não é o lado sagrado"). Aliás, R. Moisés de Leon traduziu *sitra akhra* – os outros lados (ver no trecho citado por Elliot Guinsburg, no artigo Tiksêi havdalá bakabalá hazoharit, em J. Dan (ed.), *Sefer ha-Zohar vedorô*, p. 205. Uma tradução destas comprova que R. Menakhem de Lonzano não entendeu adequadamente certas palavras do *Zohar* e não poderia ter sido o autor exclusivo do livro. Ver o meu artigo Keitzad hitkhaber sefer ha-*Zohar*, em J. Dan (ed.), op. cit.

**223** Compare-se *Oséas* 2: 22: "Desposar-te-ei comigo com fé". Ver a nota seguinte.

**224** 1ª parte, 148a: "'E Jacó saiu de Beerscheva'" (*Gênese*, 28, 10). Compare-se a interpretação de Filo sobre Harã como o universo dos sentidos, em seu livro *De Migratione Abrahami*.

**225** No mesmo artigo do *Zohar*, 1ª parte, 147b, está descrito como cada um dos patriarcas era obrigado a passar por este lugar em sua trajetória por ali, que é a *sitra akhra* no sentido sexual, a caminho da completude no seu atributo especial. Diversamente dos patriarcas da nação, Adão e Noé não se saíram bem desta prova. Sobre a entrada de Jacó, ver também acima nota 106.

mundo entra e sai daqui em paz porque, numa certa etapa, a prostituta transforma-se em homem, que é o anjo da morte, e toma a alma de quem não sabe precaver-se (em linguagem atual, contagia-o com Aids); também a Jacó esta se lhe ofereceu posteriormente por meio de uma figura masculina, o homem que lutou com ele mas não o derrotou[226].

Aparentemente, na descrição da ida de Jacó a Harã, o *Zohar* não se refere a um evento de encontro com uma mulher que não é mencionada nas fontes. A prostituta representa aqui parte da experiência sexual que ele teve com as esposas legais[227], porque o mau instinto é uma etapa obrigatória e na realidade positiva em todo acasalamento. O *Zohar* até interpreta assim, como símbolo psicológico, o pecado de Adão no Jardim do Éden[228]. Este pecado é uma questão positiva e obrigatória e se repete na vida de cada pessoa; sua origem está no alto, no âmbito da divindade em que também atua o mau instinto (como o *Zohar* frisa insistentemente)[229]. No alto, assim como em baixo, o mau instinto é fonte da alegria e da jocosidade sem as quais não há Eros. Por isto, as palavras de Adão, quando viu a sua mulher pela primeira vez[230], são interpretadas no *Zohar* ali como galanteio, que despertam um riso de amor[231], e são convenientes a todo homem. A frase "a esta chamar-se-á de mulher", de acordo com o *Zohar*, é muito próxima à nossa fala em hebraico atual "tão bonita, é isto que se chama de mulher".

A definição de Adão como acasalamento do macho e da fêmea traz à tona uma pergunta direta: como é possível estar todo o tempo acasalado? Pois há na vida outras coisas que cumpre fazer. O *Zohar* formula esta pergunta e responde: o homem casado encontra-se sempre entre duas mulheres




**226** *Berakhot*, 32, 25-33. Na opinião do *midrasch* (e de Raschi) este homem era "o ministro de Esaú".

**227** Ver *Bereschit rabá*, 70, 12: "Por que chorou [Jacó quando beijou Raquel] ao ver pessoas sussurrando entre si, disseram o que este vem nos inovar algo de nudez (genitais)".

**228** 1ª parte, 49b.

**229** Após a descrição positiva do pecado da mulher e do mau instinto envolvido nisto, R. Eleazar pergunta: "De que modo se pode atribuir à parte superior da divindade uma má inclinação quando se une à sua parte feminina?" E responde-se (aparentemente R. Simão, seu pai) que também nos universos superiores, como no homem que se encontra em baixo, o mau instinto encontra-se no lado esquerdo. O mau instinto do Santo, Bendito Seja, é também conhecido dos nossos mestres rabínicos. Ver *Iomá*, 69b. E ver também acima, junto à nota 110.

**230** *Berakhot*, 2, 23-24.

**231** Dos versículos referentes a Adão, o *Zohar* ensina que: "Quem se une à sua mulher quer cortejá-la e adoçá-la mediante palavras". "Adoçá-la" significa no *Zohar* adoçar o julgamento. Mas aqui o significado é também apaziguar ou talvez até despertar o riso, de acordo com a explicação desta raiz em árabe (*abtesam* significa sorriso).

e, quando se despede da esposa e se põe a caminho, a *schekhiná* acasala-se com ele e ocupa o lugar de sua companheira. Já se escreveu muito a respeito na pesquisa[232], mas não foi esclarecido ainda como, na prática, a *schekhiná* se acasala com um homem que segue pelo caminho. E, em geral, o que significa o casamento do homem com a *schekhiná*? Será isto apenas uma figura de retórica ou talvez uma denominação dos anseios do homem pelo Criador, ou questões mais concretas?

Como de hábito no *Zohar*, a resposta para isto não é inequívoca. O *Zohar* aproveita esta questão delicada para juntar aí uma série de assuntos; parte no âmbito da compreensão dos universos do alto, parte no âmbito do mito no que toca à personalidade de figuras bíblicas e outras, e parte no contexto da alma do homem ou no quadro da experiência do grupo do *Zohar*. E estes contextos mesclam-se um no outro, separam-se, inspiram um ao outro e enriquecem-se mutuamente, como se todos fossem uma única coisa na consciência dos autores do *Zohar*.

Em outro lugar[233] ocupei-me longamente dos lados míticos e simbólicos do acasalamento com a *schekhiná*; e aqui me satisfarei com um resumo: o *Zohar* confere descrições míticas diversas a personagens diversos. E assim, não vigora a lei de Moisés que ao se acasalar com a *schekhiná*, abandonou a esposa carnal, como os demais homens cujos acasalamentos com a *schekhiná* dependem justamente do fato de serem casados. Um outro fato muito específico no *Zohar* é o caso do patriarca Jacó, cujo acasalamento com a *schekhiná* num certo período foi simbólico e dependeu do acasalamento terreno com as suas mulheres, e em um outro período transformou-se mesmo em um acasalamento mítico. Estes dois, Jacó e Moisés, tiveram também um acasalamento com uma *sefirá* mais elevada, igualmente do sexo feminino, que é a *sefirá* da *biná* (inteligência), cada um deles de modo diferente, de acordo com o seu grau e categoria. Verifica-se que em relação a eles, ambas as fêmeas, tanto a superior como a inferior, encontravam-se no âmbito da divindade. No que se refere a Jacó, o contrário disto também é correto: teve duas esposas, Raquel e Lea, Raquel era a categoria do acasalamento inferior, e Lea pertencia à categoria do acasalamento superior; verifica-se que também a fêmea superior que, como de hábito está no mínimo no nível da *schekhiná*, no caso dele ela era da

**232** Ver acima nota 211.
**233** No meu artigo Ienuka, em Haviva Pedayah (ed.), op. cit.

categoria carnal. Porém, em um ponto de vista simbólico, novamente ambas estão no alto: Raquel é símbolo da *schekhiná* e Lea é símbolo da *sefirá* da inteligência. Aliás, daqui podemos depreender também algo sobre a complexidade da interpretação do símbolo zohariano, que não se submete facilmente às definições dos pesquisadores[234].

Mas agora chegou o momento de descer das *sefirot* superiores e consultar o que significa isto na vida erótica de todo homem. Também a respeito disto podemos aprender algo a partir do relato de Jacó. Jacó, parece-me, é o único homem a respeito do qual o *Talmud* já alude talvez a um acasalamento com a *schekhiná* que lhe serviu como complementação ao acasalamento com suas esposas[235]; o *Zohar* o escolhe para uma preleção profunda e longa sobre este tópico que[236] adota símbolos psicológicos que dizem respeito a todo ser humano. A sua fêmea superior é Lea que representa a *sefirá* da inteligência denominada na Cabala de "mãe superior"; ela serviu também como a figura de sua mãe carnal. No acasalamento com Lea houve, portanto, uma espécie de acasalamento com a mãe. Na opinião do *Zohar*, muito antes de Freud, este acasalamento está profundamente enraizado na alma do homem e oculta-se ali (a *sefirá* da inteligência é também denominada de "universo do oculto") em seu lado inconsciente, mas no revelado e no consciente desenvolve-se em oposição a um



**234** Um dos temas que ainda não foram abordados (nem no meu artigo mencionado) é a questão da autopercepção do símbolo. Um trecho extremamente esclarecedor a respeito deste assunto encontra-se na 1ª parte, 153-154.

**235** Ver *Schabat*, 55b: "Confundiu dois feitos [Rubens, que dormiu com a amante do pai], um da *schekhiná* e um de seu pai. E como está escrito (*Gênese* 49, 4) 'trouxeste desgraça, copulou no meu leito'". E a interpretação de Raschi: "Assim fazia Jacó nas quatro tendas de suas esposas, colocava um leito para a *schekhiná*, e na tenda em que ele via a *schekhiná*, ele vinha e pousava naquela noite. 'Trouxeste desgraça', o mesmo que 'copulou no meu leito', ou seja *schekhiná*, porque não disse 'permaneça em meu leito'. Outra explicação: enquanto não foi erguida a tenda provisória, a *schekhiná* encontrava-se nas tendas de justos". De acordo com Raschi, o *Talmud* baseia-se, portanto, na raiz *halal,* adequada à relação com a divindade, e na palavra *ala* que, do ponto de visto sintático é complexa e indica uma situação de objeto (gramática). E talvez o *Talmud* tenha se baseado também no início do versículo "pois quando copulaste nas camas de teu pai, trouxeste desgraça – copulou no meu leito", sendo que a palavra "minhas camas" está no plural, como indicação de dois leitos e talvez também no par cama-leito. Uma outra explicação encontra-se em continuação nas edições da *Guemará*: "não diga meu leito mas meus leitos", porém este é um acréscimo posterior que não se encontra nos manuscritos e não existiu antes de Raschi. E compare-se: *Salmos*, 132: 1-4: "Lembra-te, Senhor, a favor de Davi, de todas as suas provações; de como jurou ao Senhor e fez votos ao Poderoso de Jacó. Não entrarei na tenda em que moro, nem subirei aos leitos em que repouso [...] até que eu encontre lugar para o Senhor, morada para o Poderoso de Jacó". Ver acima, nota 100.

**236** 1ª. parte, 154a–b.

tabu psicológico. Por isto Lea era odiada[237], porque o homem abomina a ideia do incesto com a mãe[238]. E, por isto, quando Jacó teve relações com Lea pela primeira vez, tinha certeza de que ela era Raquel[239], porque a categoria do acasalamento com a mãe é oculta da consciência. E talvez algo desta ideia já se encontre em nossos sábios que disseram que "aquele que se acasala com a sua mãe em sonho esperará inteligência"[240].

Também em outro contexto, menos mítico e complexo, a fêmea divina é representada no *Zohar* na figura da mãe do homem. A respeito de Rebeca foi dito[241]: "E Isaac a trouxe à tenda de Sara sua mãe [...] ela o amou e Isaac consolou-se pela sua mãe". De acordo com a interpretação literal, Rebeca ajudou Isaac a esquecer a mãe. Mas, de acordo com o *Zohar*, com a vinda de Rebeca o espírito de Sara voltou a reinar na tenda, e este espírito é idêntico ao da *schekhiná*[242]. Daqui o *Zohar* conclui que, com o casamento, as duas mães vêm, e reinam sobre o homem, a "mãe superior" e a "mãe inferior" que são a *schekhiná* e sua mãe carnal. (Diversamente da interpretação acima a respeito de Jacó, que interpretou ele próprio de modo simbólico a respeito da *sefirá* da beleza e por isto ali ambas representaram a inteligência e a *schekhiná*.) Pelo visto, trata-se aqui de um hábito comum (não sei onde ou quando) que a mãe do noivo vem viver com o filho casado (o *Zohar* fala aqui em termos gerais, e é claro que a referência não é só em relação ao espírito da mãe após a sua morte, como ocorreu a Isaac), e ela, com a sua vinda, representa a *schekhiná*. Aqui nos lembramos do relato talmúdico sobre R. Yossef, que quando ouvia o ruído dos passos da mãe, dizia: "Erguer-me-ei ante a *schekhiná* que se aproxima"[243]. No *Talmud* este é um dito único e geral, porém no *Zohar* a ideia se desenvolve e mescla-se a um mito rico e amplo.



**237** *Gênese*, 29: 31.

**238** "Pois ao homem aborrece o incesto com a sua mãe".

**239** *Gênese*, 29: 18-26.

**240** *Berakhot*, 57a.

**241** *Gênese*, 24: 67.

**242** 1ª parte, 50a (e ainda na 1ª parte, 133a). E de acordo com *Bereschit rabá*, 60, 16: "Todos os dias em que Sara existia, uma nuvem estava presa sobre a sua tenda [...] e a vela ardia [...] e quando ela morreu, isto cessou, mas retornaram com Rebeca". A nuvem e a vela são símbolos óbvios da *schekhiná*.

**243** *Kiduschin*, 31b.

## Estudo no Grupo de Raschbi como Acasalamento da *Schekhiná*

Assim é quando o homem está imerso em sua casa. Mas quando ele se põe a caminho, e a mãe também não está com ele, qual será a interpretação prática da *schekhiná* que se acasala com o homem? O aspecto principal da resposta a esta pergunta não será encontrado nos ensinamentos teóricos do *Zohar*, mas nos seus contos, nas descrições da saída a caminho dos membros do grupo de Raschbi. De modo geral, depois que o sábio se despede da esposa e se põe a caminho, ele encontra sábios que o acompanham em seu trajeto e que lhe tornam a caminhada mais agradável com palavras da *Torá*. Frequentemente ele expressa a sua alegria por eles com as palavras "como estou alegre por encontrar a *schekhiná*"[244] e outras semelhantes e até "agora a própria *schekhiná* se encontra em nossa presença"[245]. Poderíamos dizer que esta é apenas uma simples figura retórica ou que não ocorre aqui uma inovação em relação às falas talmúdicas na base das palavras, em que o conceito de *schekhiná* não tem um significado exato e sexual (como "dois que estão sentados e se ocupam da *Torá*, a *schekhiná* está com eles")[246]. Mas o *Zohar* desenvolve estes ditos mais ainda, até que o encontro com os sábios passa a ser a expressão terrena do acasalamento da *schekhiná* no sentido zohariano total. Assim é, na ligação com a figura do R. Hamnuna Saba, que é explicitamente identificado com a *schekhiná*, e a seu respeito diz-se que em todo lugar onde estudiosos ocupam-se da *Torá* no caminho, ele lhes surge e acasala-se com eles[247]. Assim também com relação aos demais sábios: em um lugar, no decorrer de um conto sobre um encontro deste tipo entre sábios que se puseram a caminho, o *Zohar* explica longamente que os sábios são denominados de "faces da *schekhiná*"[248], pois

**244** Assim, por exemplo, no relato anterior (ver acima, junto à nota 147) de *Saba demischpatim*, 2ª parte, 94b, quando R. Ióssi encontrou R. Hiya, após a sua conversa com o Saba Hatarkhan, disse "Quão feliz estou por notar o semblante da *schekhiná*".

**245** 1ª parte, 135b. Assim disse R. Isaac ao encontrar-se com R. Yehuda.

**246** *Avot*, 3b; *Berakhot*, 6a. Na continuação das palavras nestas fontes a revelação da *schekhiná* é interpretada como recompensa e a presença da *schekhiná* é conferida (em um nível mais baixo) também ao indivíduo que se ocupa da *Torá*. Isto reduz o significado mítico da *schekhiná* e do lado terreno envolvido em sua revelação.

**247** Ver 3ª parte, 186b. Escrevi extensamente a respeito em meu artigo Tarin urzilin deayalta..., em Elior e Liebes (eds.) op. cit., p. 152-154. E no meu artigo Ienuka, em Havivah Pedayah (ed.), op. cit.

**248** 2ª parte, 163b.

eles são o lado externo da *schekhiná*, e ela se revela por seu intermédio em nosso mundo.

Daqui veremos que o impulso erótico pode também passar por uma certa sublimação e expressar-se na ocupação com a *Torá* em grupo. Vimos[249] que o próprio estudo e a inovação da *Torá* têm um caráter erótico, mas um intercâmbio de palavras da *Torá* em grupo é ainda mais erótico, e contém uma espécie de alternativa para a relação sexual com a mulher. Neste caso, Eros é voltado a associados do sexo masculino que, como é sabido, eram os únicos portadores da cultura na Idade Média. (Ainda assim, é preciso frisar que não há, no *Zohar*, sexo entre pessoas do mesmo sexo, mas somente Eros no sentido amplo)[250].

É possível concluir do sistema do *Zohar* e argumentar que há alternativas preferíveis à ligação sexual de dois sexos. O *Zohar*, na prática, adotou esta posição quando frisou que, em relação a Moisés, auge da espécie humana, o acasalamento com a *schekhiná* obriga a desligar-se da esposa[251]. Ainda assim, reconhece-se no *Zohar* que isto não lhe é cômodo, pois ninguém como ele eleva e santifica o acasalamento do macho com a fêmea. Esta competição é percebida no tom de admoestação que ele adota contra a opinião de que é preferível ao homem sair para o seu caminho e acasalar-se com a *schekhiná* do que permanecer com a esposa em casa[252]. O *Zohar* prega entusiasticamente contra esta opinião e responde, entre outras coisas, que é preferível em casa, pois no caminho encontra-se apenas a *schekhiná* enquanto em casa há duas mulheres: a esposa e a *schekhiná* materializada, como foi dito, na figura de sua mãe. E isto além das palavras de louvor emocionadas que o *Zohar* acumula sobre a cabeça da mulher carnal, pois é somente graças a ela que o homem consegue acasalar-se com a *schekhiná*[253].

Nos tópicos do *Zohar* que vimos acima, "as faces da *schekhiná*" reveladas no caminho são simplesmente os estudiosos. Mas por vezes esta combinação recebe também um sentido mais específico, e transforma-se em denominação

**249** Em nossa análise de *Saba demischpatim*, junto às notas 192-206.

**250** Neste contexto, é possível talvez compreender as palavras do *Zohar*, 1ª parte, 50a, que o homem deve cuidar-se de seus atos quando está no caminho mais do que em casa, porque na cidade a esposa cuida dele, e fora, a *schekhiná*. É possível que haja aqui um aviso contra uma irrupção sexual, mais frequente longe por estar o homem longe dos olhos da esposa.

**251** Ver acima nota 233 e junto a ela.

**252** 1ª parte, 50a: "Pode-se contestar que de acordo com o que foi dito, um homem goza de dignidade maior quando está em uma estrada do que quando está em casa por conta da companhia celestial que está então associada a ele".

**253** E compare-se *Sotá*, 17a: "Homem e mulher foram bem sucedidos – a *schekhiná* encontra-se entre eles".

particular ao mestre daqueles estudiosos, que é R. Simão bar Yokhai. Assim, por exemplo, na homilia do *Zohar* destinada a ser desacreditada por alguns estudiosos[254], "três vezes no ano todo homem aparecerá ante a face do Soberano Deus",[255] "'a face do Soberano Deus' é Raschbi, que todo aquele que é homem dentre os homens precisa aparecer diante de sua face"[256]. Parece-me que, em outras palavras que acentuam a masculinidade dos que são vistos, expressa-se também o caráter erótico deste mostrar-se diante de Raschbi, que é a *schekhiná*. Principalmente à luz de um Eros de dois sexos que compara o mostrar-se dos homens perante a *schekhiná* em outro lugar no *Zohar*[257]: antes que os homens venham mostrar-se, a mãe (que é a *sefirá* da inteligência) empresta à *schekhiná* sua filha os seus trajes e joias, que são joias do masculino, porque a mãe é justamente "o universo do masculino"![258]





Em um outro caso[259], logo após uma homilia cabalística teórica sobre o conceito "boca de Deus", depois que Raschbi comprovou que "boca de Deus" é uma clara denominação da *schekhiná*, um dos sábios beija-o nos lábios e diz: beijei a boca de Deus; em outro lugar: tive o privilégio de beijar a boca da *schekhiná*[260]. Sendo assim, Raschbi é, em certa medida, idêntico à boca de Deus. Esta identidade está ligada à ideia abordada acima, quanto à criação por palavras e pelo hálito da boca, comum a Deus e ao cabalista[261], pois quem como o Raschbi zohariano, de cuja boca nós

**254** Ver R. Yaakov Amadin, *Mitpakhat sefarim*, Altona, 1768, 9a. Mesmo Amadin não se referiu com muita seriedade à tentativa de "salvar" este tópico com a ajuda de uma alteração na versão e uma interpretação forçada, como ele próprio testemunha. Ver no meu artigo Ienuka, em Havivah Pedayah (ed.), op. cit., a respeito do âmago da questão, até a ascensão divina atribuída no *Zohar* às pessoas em geral e a Raschbi em particular.

**255** *Êxodo* 23, 17; 34, 23.

**256** 2ª parte, 38a (no Targum).

**257** 1ª parte, 2a.

**258** Este paradoxo mencionado inúmeras vezes (como na 1ª parte, 96a), é explicado na 1ª parte, 246a- b. A inteligência abrange também as *sefirot* que se encontram abaixo dela, como o corpo do macho, e o seu final é na *sefirá* base, que é o órgão masculino, e tudo é estabelecido de acordo com o final.

**259** 3ª parte, 201b.

**260** 3ª parte, 59b.

**261** Ver acima no item *Zohar* e Criatividade. Na 3ª parte, 291b, Raschbi saúda a sua boca que é uma espécie de vencedora (comparar *Avot* 2, 8) e pronuncia a respeito dela o versículo (*Gênese* 2,10) "E um rio sai do Éden", que é um dos versículos mais comuns no *Zohar* para descrever a *atzilut* divina. A respeito da boca divina e do seu modo de atuação, ver 3ª parte, 123a, *Idra debei mischkena*. Nos escritos do Ari (*Scháar ruakh hakôdesch* [Portão do Espírito Santo], Jerusalém: [s.n.], 1912, 44a: *Scháar hayikhudim* [Portão da Unificação], Lemberg, 1855, 8, coluna 4) encontramos *yikhud* (unificação) com cuja ajuda o cabalista repara a boca superior, e de acordo com a descrição de R. Hayim Vital em sua autobiografia, *Sefer hakhezyonot*, [Livro das Visões] Jerusalém: [s.n.], 1954), p. 160, percebe-se que este *yikhud* serviu também para reparo da boca humana, fazendo com que ela pronuncie segredos superiores.

ouvimos as mais profundas homilias do *Zohar*, combina com tal descrição? Mas não é nisto que se baseará o significado da comparação. Raschbi, como a Divindade, está delineado também como objeto de desejo assemelhado ao desejo místico em relação ao seu Deus. Ou seja: os companheiros de Raschbi relacionam-se a ele de forma místico-erótica, que é simbolizada no beijo e expressa-se nele.

(A identificação entre Raschbi e a boca de Deus acrescerá ainda mais um matiz à nomenclatura fixa de Rashbi no *Zohar*: *butzina kadischa*. O significado principal desta nomenclatura é a "luz sagrada"[262] mas algumas vezes encontrei no *Zohar* a palavra *butzina* [ou *bussina*] com o sentido de "boca" e até de "beijo". É possível atribuir facilmente a estes significados uma etimologia sefardita[263], e foi assim também que R. Menakhem de Lonzano interpretou[264]. De acordo com isto, *butzina kadischa* é também "boca sagrada" e, da fato, "boca sagrada", como nome de Raschbi, é encontrado em livros posteriores da Cabala[265] e, certamente, não como o uso deste nome no *Talmud*[266], mas como tradução de *butzina kadischa*, o nome zohariano de R. Simão bar Yokhai.)

O *Zohar* e Eros chegam ao auge na figura de Raschbi. Junto com as identificações de Raschbi com a *schekhiná*, ele é também a *sefirá* do *yessod* – base das forças ativas, o órgão sexual masculino, e morreu no fim do *Ida zuta*, no momento supremo do acasalamento com a *schekhiná*[267]. Mas o seu Eros chega ao máximo da expressão no âmbito das inovações da *Torá*. É ele que diz no *Zohar* as palavras mais profundas e exageradas, e ele



**262** Ver, a respeito, em meu livro *Prakim bemilon sefer ha-Zohar* e, mais adiante, nota 298.

**263** A respeito de indicações, discussões etimológicas e até ligações linguísticas entre boca e beijo, ver em *Prakim bemilon sefer ha-Zohar*, p. 135, 137.

**264** Ver no seu dicionário *Maarikh*, o verbete *bussita*: "No *Zohar*, 80, 96 p. 55, vê-se que a boca é assim denominada, e parece que isto é proveniente do árabe e significa o ato de beijar". A intenção é provavelmente ao verbo "bus" que no árabe falado (e no farsi) servem ao significado de "beijar". Ver também o que ele escreveu a respeito do verbete *butzina*: "No *Zohar* é assim que por vezes se denomina o órgão sexual feminino e ver o que disseram em *Naschim* (*Guitin* 58a) 'a respeito de dois pavios em uma vela' (uma mulher casada com dois homens)" (ou seja, por este motivo Jerusalém foi destruída e isto é símbolo de adultério).

**265** Assim, de modo constante no livro *Gan hamélekh* (Jardim Real), interpretação do *Zohar* de R. Naftali Bakharakh que se encontra em manuscrito (ver em meu artigo Lidmutô Ktavav vekabalatô..., p. 111 nota 82); e, por vezes, até no livro publicado do mesmo autor, *Émek hamélekh* (Vale Real), Amsterdam: [s.n.], 1648, p. 8, coluna 4 das páginas da introdução (esta última indicação foi-me apontada por Avraham Alkayam).

**266** Assim Reisch Lakish denominou R. Meir, e neste contexto há reprovação e espanto: "Uma boca sagrada dirá isto?!" *San'hedrin*, 23a, 24a.

**267** 3ª parte, 296a– b. Tratei disto longamente em meu artigo Hamaschiakh schel ha-*Zohar*, em Sch. Ram (ed.), op. cit.

cria com o hálito de sua boca o extraordinário mundo do *Zohar*. É somente por causa de sua personalidade e de sua inspiração que as demais pessoas de sua geração atingem o seu nível[268] e elas podem e estão autorizadas a dar liberdade à sua imaginação e à sua força criativa e dizer as suas palavras abertamente. Assim encontramos algumas vezes no *Zohar*[269].

Por exemplo[270]: "nos dias de Raschbi, um homem dizia ao próximo, 'abre a tua boca e tuas palavras iluminarão' (o *Saba demischpatim* também se estimulava com estas palavras)[271], e depois que o Raschbi morreu, dizia-se 'não oferece a tua boca para provocar o pecador de tua carne'"[272]. O *Zohar* até relata ali sobre um dos homens do grupo de Raschbi que envolveu as suas palavras em linguagem enigmática, e de parábola a respeito de uma ave que botou um ovo e etc. Por este motivo foi duramente repreendido por transformar o sagrado em profano, ou seja, as palavras da *Torá*, na época de Raschbi, deviam ser reservadas para revelar os segredos ocultos, não para ferir a santidade de Raschbi. Este sábio chegou a pagar com a vida pelo pecado, o contrário do que pensaríamos, e o contrário da famosa história a respeito do Ari que foi condenado à morte justamente porque revelou de forma demasiada[273]. De modo semelhante, nós ouvimos em outro lugar[274] a respeito de repreensão e exílio a que foram condenados sábios que não revelaram imediatamente segredos da *Torá*, "e evitaram o bem de seus donos"[275]; o castigo do exílio neste caso não é casual. Os sábios que não queriam revelar segredos foram exilados para a Babilônia – ali era realmente proibido revelar segredos, porque o local dos segredos da *Torá* é apenas no seio do grupo de Raschbi que é na Palestina[276].





**268** Ver 3ª parte, 61a: "E R. Simão bar Yokhai sobrepõe-se a todos os outros em sabedoria e ninguém pode se levantar a não ser que faça paz com ele". Nas últimas palavras há uma alusão ao nome do rei Salomão ao qual Raschbi é aqui comparado. Este texto é uma das fontes da percepção do *tzadik* no hassidismo.

**269** Ver em meu artigo Hamaschiakh schel ha-*Zohar*, em Sch. Ram, op. cit., p. 143-144.

**270** 3ª parte, 79a.

**271** 2ª parte, 98b: "Ancião, ancião! Assim como tens consciência de todas estas coisas, não temas, manifesta-te de forma arrojada, e deixa as palavras de tua boca difundir a luz". A origem desta fala está no *Talmud*, *Berakhot*, 22a.

**272** *Eclesiastes*, 5: 5. No *Talmud*, *Haguigá*, 15a, este versículo é interpretado em relação a Elischa ben Abuya, descrito como protótipo do místico que não se comporta adequadamente. Ver a respeito dele em meu livro Het'ô schel Elischa, arba schekhessu.

**273** Meu artigo Tarin urzilin deayalta..., em Elior e Liebes (eds.), op. cit., trata deste conto.

**274** 1ª parte, 96b.

**275** Ver acima, a respeito desta expressão, na nota 142 e junto a ela.

**276** Ver o meu artigo, Lidmutô, Ktavav vekabalatô..., op. cit., p. 104-106, a respeito da proibição de se revelar segredos da Cabala fora da Palestina no Ari e seus discípulos.

Esta atitude de Raschbi foi expressa de forma enérgica nos seguintes termos:

> "Feliz és tu, terra, que teu rei é livre"[277]. O que é livre? Quem ergue a cabeça para revelar e interpretar as suas palavras, não teme (em outro lugar[278] explicitamente: não teme quem é de carne e osso e nem o Santo, Bendito Seja) e diz tudo o que quer, sem medo; o que é 'teu rei'? É Raschbi[279], o dono da *Torá* e da sabedoria[280].

Estas palavras parecem uma rejeição do espírito medieval, repleto de ocultamentos e alegorias, e retorno ao modo talmúdico que se destaca, em minha opinião, numa forma direta primitiva (ainda que, no *Zohar*, por causa de sua autopercepção nesta questão, esta "ingenuidade" já não é totalmente ingênua); não é por acaso que as palavras do *Zohar* foram colocadas nas bocas dos sábios do *Talmud*. De todo modo, segundo a sua percepção, o *Zohar* não fala por enigmas e não é difícil de ser compreendido. Até eu poderei testemunhar, após uma experiência de cerca de vinte anos no estudo do *Zohar*, que o que parece segredos, cuja profundidade é difícil de atingir, não representa uma dificuldade de compreensão, mas de aceitação do que está escrito tal como ele se apresenta. Esta dificuldade tem origem no tremendo espírito de liberdade que sopra no *Zohar*, a que não estamos acostumados. A educação comum dificulta aos discípulos acreditarem que realmente está escrito aquilo mesmo, porque o que Raschbi não temia inovar, nós temos medo até de ler.

Raschbi é o mais importante do seu grupo, mas não está fora dele: assim como os seus companheiros dependem dele, da mesma forma a recíproca é verdadeira[281]. O *Zohar* e Eros palpitarão no Raschbi somente quando palpitarem também em seu grupo, particularmente quando reinar amor entre ambos. Assim, saberemos quando compararmos a atividade do Raschbi como um justo defensor da geração, a uma atividade semelhante de justos na literatura rabínica. O *Zohar* conta[282] que em um ano de seca os companheiros de Raschbi vieram a ele pedir chuva. Mas diversamente de



**277** *Eclesiastes*, 10: 17.
**278** 3ª parte, 3, 59b.
**279** Mas em outro lugar, 1ª parte, 95b, "Teu rei é filho da liberdade, refere-se ao Santo, Bendito Seja".
**280** 3ª parte, 72 (no targum). E compare-se, *Avot*, 6, 2: "Somente quem se ocupa da *Torá* é livre".
**281** Comparem-se as relações mútuas entre R. Nakhman de Breslav e seus seguidores: ver em meu artigo Hatikun haklali schel R. Nakhman..., op. cit., p. 205-207.
**282** 3ª parte, 59b.

Honi[283], do círculo, que saiu abertamente para cumprir este dever com um protesto contra o céu, um protesto mesclado com um fundamento mágico que despertou uma dura crítica por parte do chefe da instituição rabínica[284], Raschbi recusa-se a atender ao pedido dos companheiros para agir na questão da seca. Ou, como o *Zohar* expõe isto, intrometer-se na questão de desvinculação entre o masculino e o feminino divinos, que é a origem da seca[285]. Raschbi proclama que está disponível somente para ocupar-se de assunto terreno, que aparentemente não está ligado à deterioração cósmica, que é ocupar-se com a *Torá* em grupo. Na realidade, na continuação esclarece-se que esta ocupação causa o reparo superior buscado, e isto se dá graças ao amor que reinou entre os estudiosos, um amor que era neste caso também um conteúdo do estudo: interpretação do versículo "quão bom é sentar, irmãos, também juntos"[286]. O modo desta atividade, mais do que lembrar Honi, do círculo, é assemelhado ao conto midráschico a respeito de R. Tankhuma[287] que, na época da seca, disse aos seus discípulos, "encham-se de misericórdia um pelo outro, e o Santo, Bendito Seja, enche-se de misericórdia por vós" e até dirigiu uma repreensão à Divindade, trazendo como exemplo a misericórdia de um homem que deu dinheiro para a ex-esposa. Raschbi age de modo mais espontâneo. O amor entre os companheiros é criado por Eros no estudo em grupo. Assim foi também na consciência do Ari, continuador do Raschbi no século XVI: enquanto o grupo estudava junto com amor, apesar de já antes ter sido decretada a morte do Ari, nada podia atingi-los. Mas no momento em que irrompeu uma divergência entre eles, o Ari morreu[288].



O estudo que causou o acasalamento cósmico também teve certamente um caráter erótico. Já vimos que Eros é o fundamento da criatividade zohariana; agora, em continuação, veremos que esta criatividade erótica é uma vivência grupal: somente em relações mútuas, entre o mestre e os seus discípulos, e dentre os próprios discípulos, criam-se tais inovações extraordinárias da *Torá* e do universo. Nisto não há inovação: na literatura

**283** Viveu no século I a.E.C., conhecido como mestre e milagroso graças ao poder de sua oração.
**284** *Mischná Taanit*, 3, 8.
**285** Chuvas são consideradas acasalamento não somente nas religiões antigas mas também na literatura rabínica, e de forma muito destacada no *Livro do Zohar*.
**286** *Salmos*, 133, 1.
**287** *Bereschit rabá*, 33, 3. As palavras serão trazidas em tradução. A sra. Melila Helner-Aschad foi quem me apontou este paralelismo.
**288** Ver Meir Beniyahu (ed.), *Sefer Toldot ha-Ari* (*O Livro de História do Ari*), Jerusalém: [s.n.], 1967, p. 200-202.

rabínica é possível, por vezes, discernir Eros que caracteriza o estudo em grupo[289], e em relação erótica, e até no limite sexual, entre os estudiosos da *Torá*[290]. Um exemplo nítido e forte disto pode ser encontrado na descrição talmúdica das relações de R. Yokhanan e Reisch Lakisch. O estudo da *Torá* vem ali como substituto de relações homossexuais, e até está descrito o estudo, e talvez até as relações de casamento entre os personagens, como uma relação para com a *schekhiná*[291].

O Raschbi zohariano proporcionou também um fundo cabalístico teórico ao modo do estudo erótico que exigiu de seu grupo, e baseou-o no Eros cunhado na própria *Torá*:

> [com relação a] Todos os companheiros da época de R. Simão, havia amor intenso entre eles, e, de acordo com isto, na época de R. Simão, isto era aberto. Porque R. Simão costumava dizer: todos os companheiros que não amam um ao outro [...] causam uma falha na *Torá* pois a *Torá* contém amor, fraternidade e verdade; Abraão ama Isaac e vice-versa, abraçam-se, ambos seguram Jacó com amor e fraternidade, entregam o seu espírito um ao outro [alusão ao beijo]. Os companheiros necessitam deste exemplo e não causar falha[292].

Este trecho é interpretado e desenvolvido em outra parte do *Zohar*[293] e na explicação deste outro lugar na Cabala do Ari: as almas unificadas de Abraão, Isaac e Jacó transmigraram ou ligaram-se com as almas de Raschbi, R. Eleazar seu filho, e R. Ióssi, do grupo do *Zohar*, e novamente com o Ari e os que lhe eram próximos. Esta união é que possibilita, segundo a consciência dos cabalistas, a compreensão dos segredos profundos da *Torá*, e seu desenvolvimento de geração a geração, como demonstrei longamente em outro lugar[294].

Palavras semelhantes em louvor a Eros, dentre as pessoas do grupo, como base da criatividade no ocupar-se da sabedoria, encontramos tam-



**289** Ver acima nas notas 196-206 e junto a elas descrições eróticas do estudo em geral.

**290** Ver *Avot de-Rabi Natan*, ed. Schekhter, New York: [s.n.], 1967, 18, coluna 3 (versão 1, capítulo 8): "'Arranje um amigo' [linguagem de *Pirkêi avot*] como? Ensina que uma pessoa arranje um amigo para si para que coma junto com ele, beba junto com ele, leia junto com ele e estude junto com ele e durma junto com ele e lhe revele todos os seus segredos, segredos da *Torá* e segredos do comportamento". Ver o meu livro *Het'ô schel Elischa...*, p. 138-141.

**291** Ver adendo.

**292** 2ª parte, 190b (em targum).

**293** 3ª parte, 55b.

**294** Em meu artigo Tarin urzilin deayalta..., em Elior e Liebes (eds.), op. cit., p. 149-164.

bém nos escritos de pessoas que foram as mais próximas da redação do livro do *Zohar*, como R. Iossef Gikatila, que escreveram em seu próprio nome. Ele expressou isto claramente em um livro não-cabalista[295], mas que é repleto de paralelismos com o *Zohar* e com a experiência de seu grupo, como o leitor poderá verificar no trecho a seguir, e nas observações da comparação com o *Zohar* que indicarei:

> A que se parece o mestre junto ao seu discípulo? A uma vela[296]. Explicação: assim como a vela ilumina os olhos humanos com percepção, do mesmo modo o mestre ilumina os olhos dos discípulos com conceitos[297] e, como a vela, da qual se acendem muitas velas, não poupa a sua chama, que amplia-se no momento em que acendem com ela, assim o sábio ensina muitos discípulos e não poupa nada[298], sua sabedoria se amplia enquanto ele realiza permutas com eles, nas perguntas que lhe formulam, e precisa responder-lhes, inovando muita sabedoria por meio das indagações[299].
>
> A que se parecem os discípulos junto ao mestre? A uma acha pequena de madeira que acende a grande[300] [...]. A que se assemelha o indivíduo que só se ocupa com sabedoria?[301] A uma única acha acesa. A interpretação é: assim como um fogo arde com dificuldade em uma acha isolada porque deve ser virada e





**295** Iossef Gikatila, *Sefer hameschalim* (Livro das Parábolas), Safed, 1992 (com o livro *Sefer klalêi hamitsvot* [Livro do Conjunto dos Preceitos], do mesmo autor) p. 16-18.

**296** Compare-se *butzina kadischa*, o nome fixo de Raschbi no *Zohar*, e ver na nota seguinte.

**297** Ou seja, não se trata aqui do estudo da *halakhá*. Ver também adiante, notas 299, 302, 304, 307, 309, 310. Mesmo em lugares em que esperaríamos, de acordo com as fontes, a palavra *Torá*, aqui surge a palavra *Hokhmá* (ver adiante nota 301), uma das denominações zoharianas comuns para a sabedoria da Cabala (ver acima nota 22 e junto a ela).

**298** Ver livros: *Números*, 93. *Bamidbar rabá* 13, 19. *Zohar* 3, 220. Estas fontes tratam de Moisés (ver adiante), mas em outro lugar no *Zohar*, 2ª parte, 86b, esta questão passa a Raschbi: "E ele tomou do espírito que estava sobre ele (Moisés) e deu-o aos setenta anciães" [*Números*, 11: 24. Este versículo está também na base das fontes anteriores, e ver também acima, nota 53]. Comparar com a 3ª parte, 144b, *Idra rabá*. É preciso frisar que somente em Gikatila a luz da vela é a sabedoria do mestre, também se multiplica quando ele acende outros. Convém destacar que no *Zohar* e na Cabala em geral, a parábola da vela serve também para descrição da *atzilut* ontológica: o fluxo de níveis mais baixos da realidade dos mais altos, e o versículo acima são, aparentemente, a fonte do uso da raiz *etzel* para este fim. O Prof. Moshe Idel mostrou-me que a parábola da vela serviu para a descrição da *atzilut* já entre os judeus citados no Mártir Justino, no século II da Era Comum.

**299** Ver acima, nota 297.

**300** Ver *Taanit*, 7a: Maimônides, *Hilkhot Talmud Torá* [As Leis do Ensinamento da *Torá*], 5, 13; *Zohar*, 3ª parte, 241a: "como uma pequena luz enche o mundo todo ou um graveto fino ateará um incêndio destruidor".

**301** Ver acima nota 297, mas de acordo com fonte na *Guemará* (ver adiante nota 303) esperaríamos "*Torá*".

revirada para todos os lados, da mesma forma a sabedoria[302] não se sustenta a partir do indivíduo que se ocupa dela sozinho, a não ser com muita dificuldade e agitação[303], pois a sabedoria[304] somente é obtida pela negociação dentre a maior parte dos companheiros[305] e com alguns tipos de perguntas e respostas, detalhamentos, questões e desmembramentos que os sábios propõem uns aos outros, o que o indivíduo isolado não é capaz de fazer.

A que se assemelham muitos companheiros[306] que se ocupam de sabedoria?[307]. A uma fogueira com muita lenha. Interpretação: assim como a fogueira com muitas achas de lenha, ao ser acesa, vai ficando maior, porque uma acha acende a outra, o mesmo ocorre com os companheiros[308] que se ocupam da sabedoria[309], um pergunta ao outro e um responde ao outro, um complica e o outro faz o contrário, até que todos os companheiros se tornam como uma fogueira, quando todas as suas achas acendem uma a outra, e alcançam muita sabedoria[310].

Um Eros criativo, conjunto do tipo descrito aqui, se encontra de fato também no *Livro do Zohar*. Conforme vimos, o *Zohar* igualmente formula uma base teórica para a importância do estudo em grupo, descreve a aplicação prática, e também cria em seu estudo universos maravilhosos. O reconhecimento e a impressão disto, conduziram-me pela primeira vez à opinião geral que o *Zohar* é uma obra conjunta de um grupo inteiro; posteriormente consolidei esta conclusão em justificativas filológicas detalhadoras no artigo "Como foi Redigido o *Livro do Zohar*"[311]. Em minha opinião, um livro para o qual o espírito de grupo e de Eros é tão importante, e que de acordo com



**302** Ver acima, nota 297.

**303** Compare-se *Taanit*, 7a "Assim como o fogo não arde [na versão de Raschi, o verbo encontra-se no feminino] sozinho, também as palavras da *Torá* não subsistem sozinhas". No *Zohar* é mencionada também a questão do vagar: "Se alguém acende fogo, mas não incandesce a chama nem a luz, deve então sacudir a luminosidade e o fogo". 3ª parte, 166a, e igualmente 3ª parte, 168a, 3ª parte, 188a, 191b, mas nestes lugares isto não é exemplo de estudo em grupo e sim sobre exílio e sofrimentos que recairão sobre certas pessoas a fim de serem iluminadas pela luz da *Torá* (o patriarca Abraão e a criança do capítulo Balak, no *Zohar*). E na 1ª parte, 187a, é uma parábola sobre o tema do levirato. Assim parece que a formulação de Gikatila, que é um desenvolvimento direto da ideia na *Guemará*, serviu de base para o *Zohar*, que a conduziu a outro assunto e não o contrário.

**304** Ver acima, nota 297.

**305** Compare-se no *Zohar* a denominação *khevraia* referente aos discípulos de Raschbi. E também adiante, junto às notas 306 e 308.

**306** Ver a nota anterior.

**307** Ver acima, nota 297.

**308** Ver acima, nota 305.

**309** Ver acima, nota 297.

**310** Ver acima, nota 297.

**311** Acima, na nota 9.

as suas formulações tem neste Eros a base de sua criatividade, que realmente é tão impressionante, não pode ser fruto do espírito de uma pessoa apenas[312]. Parece-me que a diferença entre esta minha opinião e a de Scholem, que considerava que o *Zohar* fora composto por uma pessoa isolada, é paralela à diferença em nosso ponto de vista quanto à apreciação do aspecto principal do conteúdo do livro – se temos diante de nós uma "*mischná*" ou um "*zohar*".

## O *Idra* e *o Banquete*





A fim de esclarecer o caráter do Eros zohariano, é conveniente compará-lo ao Eros grego do qual o conceito foi tomado de empréstimo. Não é minha intenção aqui somente tecer abstrações, mas sim uma comparação exata da parte mais profunda do *Zohar*, o *Idra Raba*[313], com o texto da literatura grega que nitidamente se ocupa de Eros, *O Banquete*, de Platão. E estes são os traços principais deste paralelismo:

Tanto o *Idra* como *O Banquete* não são textos teóricos apenas. Eles descrevem reuniões de companheiros, que se ocupam juntos de um mesmo assunto, sendo que cada um faz um discurso sobre ele. Nos dois textos, o amor e a amizade entre os companheiros são básicos para a sua reunião e as suas falas, e como disse Raschbi no início do *Idra*: "Nossa assembleia repousa no amor"[314]. Nos dois textos os discursos ocupam-se de uma figura divina: em *O Banquete* é a figura do deus Eros, deus do amor, e no *Idra* abordam-se as fisionomias da divindade cabalística, principalmente a fisionomia *arikh anpin* – de longa face – que também se caracteriza pela qualidade do amor (a frase acima também direciona a isto: "Nossa assembleia repousa no amor"). Porém, o mais importante da comparação é o caráter dos discursos: tanto em *O Banquete* como no *Idra* os oradores criam, ou ao menos reestruturam por meio de suas falas, a figura divina, utilizando a pedra angular da literatura tradicional.

**312** Ver também os testemunhos acima, nota 50 e junto a ela.

**313** Esta parte (*Zohar*, 3ª parte 127 – 145) serviu de plataforma principal para o meu artigo Keitzad nitkhaber *Sefer ha-Zohar*, em J. Dan (ed.), op. cit., e foi longamente abordada.

**314** 3ª parte, 128a. Ver em meu artigo, Hamaschiakh schel ha-*Zohar*, em Sch. Ram (ed.), op. cit., p. 156-165.

É conveniente comparar também o verbo que frisa esta questão nos dois textos. No *Idra* os companheiros "reparam" a fisionomia superior[315]. O verbo "reparar" tem vários sentidos em aramaico, dentre eles "arco" (*tikuna* é uma joia feminina) e também reparou e aperfeiçoou. Porém, no *Zohar*, faz-se isto por intermédio de falas apenas, e assim o verbo "reparar" recebeu também o significado de homilia cabalística. Este verbo tem um paralelo exato em grego: *kosmein*, derivado do substantivo *kosmos*, cujo significado original é joia de mulher, e dele derivou o significado de ordem e aperfeiçoamento (e também de universo, pois o nosso universo pareceu aos olhos dos gregos como muito belo, enfeitado e aperfeiçoado). Daqui acresceu-se a este verbo também um significado de enfeite e limpeza de uma estátua de divindade e, por transferência, até embelezamento nas palavras da Divindade[316]. E neste sentido deparamos com o verbo em *O Banquete*. Ali, antes do início dos discursos, encontramos Erixímaco, um dos convivas, dizendo palavras como estas: "Considero que para nós que nos encontramos reunidos aqui, é agradável glorificar a Divindade nesta festa"[317]. Assim repassou para o hebraico o tradutor dos escritos de Platão, meu pai e mestre Yossef G. Liebes, de abençoada memória, mas se quisesse traduzir isto para a linguagem do *Zohar* não escreveria "glorificar" mas "reparar", porque o verbo grego utilizado aqui é o mencionado *kosmein* (*kosmesai ton theon*) e compare-se, por exemplo, a linguagem do convite de R. Simão no *Idra rabá*[318]: "Ergue-te, Eleazar, repararei este adereço".

O verbo *kosmein* aqui, assim como o seu paralelo no *Zohar*, tem também um significado de arranjo e preparação, e daqui até uma nova criação, de acordo com o grau do falante "que faz o reparo"[319]. Assim, nos dois textos, a Divindade superior cheia de amor é reparada e recriada de acordo com o espírito dos oradores, que a moldam, cada um conforme a sua personalidade particular, e também de modo conjunto, com a ajuda do espírito do amor e da amizade reinante entre todos, e descrita nos dois textos.



**315** Idem, p. 182-191.
**316** Ver este verbete no dicionário Liddell & Scott.
**317** *O Banquete*, p. 177. E na tradução hebraica, p. 97.
**318** *Zohar*, 3ª parte, 134a.
**319** Ver Stanley Rosen, *Plato's Symposium*, New Haven e London: Yale University Press, p. 36. Compare-se o uso deste verbo e de substantivos derivados do mesmo no contexto do arranjo e reparo do corpo e da alma, no diálogo platônico de Gorgias, p. 504. Ver a respeito da descrição zoharica paralela em meu artigo mencionado Hamaschiakh schel ha-*Zohar*, em Sch. Ram (ed.), op. cit.

Os dois textos são também paralelos quanto ao destino na história da cultura; não é por acaso que o seu destino é comum. O *Idra rabá* representou, como é sabido, a base para a Cabala posterior, em especial a Cabala do Ari, em que se pode ver uma espécie de interpretação sobre o *Idra*. A ligação entre o *Idra* e a Cabala do Ari não é limitada a um "conteúdo teórico" pois também o "relato moldura" e os personagens do *Idra* tiveram uma grande importância para a sua Cabala. Conta-se na literatura biográfica do Ari em Safed[320] que ele levou os seus discípulos ao lugar onde, conforme a sua opinião, Raschbi havia preparado o *Idra*; ali distribuiu as funções dos participantes do *Idra* entre os seus discípulos e cada um interpretou e desenvolveu as palavras da pessoa cujo papel representou. Esta distribuição de papéis não foi arbitrária, pois o Ari encontrou uma ligação entre os seus alunos e os de Raschbi por meio da transmigração de almas ou a iluminação de uma pela outra. Na minha opinião, disto desenvolveu-se a Cabala luriana cuja base é o aprofundamento da teoria do *Idra*, junto com um estudo das almas do Ari e seus companheiros[321]. Uma situação semelhante repetiu-se algumas vezes na história da Cabala[322], como, por exemplo, na época do R. Moisés Hayim Luzzatto que, do mesmo modo que o Ari, viu-se como substituto de Raschbi (e também do próprio Ari), considerou o seu grupo como sendo o grupo de Raschbi, e o seu ensinamento como um desenvolvimento do *Idra*, como se percebe tanto da sua interpretação do *Idra*[323] (que mais do que descrever Raschbi e o seu grupo, é uma importante fonte para a compreensão do Luzzatto e do seu grupo), como do *Idra hadaschá* que ele escreveu[324].

Cerca de cem anos antes do Ari, o sábio florentino Marsilio Ficino interpretou *O Banquete* de Platão em um livro que, mais do que uma interpretação, é um texto autônomo "sobre o amor"[325]. Ficino descreve no início de sua interpretação o modo como ela foi feita: inicialmente reuniram-se alguns companheiros para formar o círculo de Platão e um deles leu *O Banquete* perante os demais. Depois fizeram um sorteio e, deste modo,



**320** Ver Meir Beniyahu (ed.), *Sefer Toldot ha-Ari*, p. 179-180.
**321** Ver a respeito deste lado pessoal da Cabala do Ari em meu artigo Tarin urzilin deayalta..., em Elior e Liebes (eds.), op. cit.
**322** Ver a respeito de alguns deles no meu artigo Hamaschiakh schel ha-*Zohar*, em Sch. Ram (ed.), op. cit., p. 90-118. E ver também em meu artigo Lidmutô, Ktavav vekabalatô..., op. cit., p. 120-121. Ver a respeito de Cordovero e de Raschbi acima, nota 63.
**323** *Adir bamarom* (Poderoso no Firmamento). Varsóvia: [s.n.], 1906.
**324** Moisés Hayim Luzzatto, *Tikunim hadaschim* (Novos Reparos), Jerusalém: [s.n.], 1958, p. 110-129.
**325** Marsilio Ficino, *In Convivium Platonis: De Amore*, (Raymond Maecel [ed.]), Paris, 1956.

distribuíram entre si os papéis que representariam na interpretação do texto. O destino, naturalmente, cumpriu, como era previsível, a sua função: o papel do médico platônico recaiu sobre o médico do grupo de Ficino, a função do poeta coube ao poeta, e assim também os demais assumiram os papéis compatíveis com eles. Então começaram a interpretar *O Banquete*, sendo que cada um pronunciava um discurso sobre o texto do qual fora incumbido (assim, ao menos, era o programa inicial concretizado apenas em parte). O número de presentes era exatamente igual ao que compunha o programa: na realidade, no início havia nove pessoas presentes ao banquete de Ficino (como o número das musas), mas dois tiveram que se retirar e restaram sete, como o número de oradores em *O Banquete*, de Platão – se quisermos, o mesmo número de pessoas que restaram no *Idra* depois que, no seu transcurso, três dos participantes morreram, expirando em meio ao êxtase[326]. O ensinamento de Ficino foi criado, portanto, pela recomposição de *O Banquete*, exatamente como o ensinamento do Ari foi criado a partir da recomposição do *Idra*. E, na realidade, este fato não é de admirar, pois isto é o que se denomina de renascença, o renascimento de um texto antigo. Assim, não só em Ficino, mas também no Ari, em que há igualmente algo do espírito do Renascimento. Na minha opinião, também o próprio *Zohar* é uma espécie de Renascimento deste tipo da literatura do *midrasch* antigo, e o *Idra* zohariano original era, para os autores do *Zohar*, uma espécie de repetição e correção de um outro evento que havia ocorrido cerca de cem anos antes, a reunião dos sábios no Vinhedo de Divne[327].

Aparentemente Ficino não foi o primeiro que se comportou desta forma em relação a *O Banquete* de Platão. Ele próprio argumentou ali que estava renovando um hábito antigo, que os neoplatônicos cumpriam até a época de Plotino e de Porfírio, e tinha sido abandonado cerca de 1.200 anos antes de Ficino. De fato, encontramos testemunhos deste tipo nos escritos de Porfírio, discípulo de Plotino[328], que relata que no círculo de seu mestre costumavam fazer celebrações em memória de Platão[329], e



**326** 3ª parte, 144a, e ver no meu artigo Hamaschiak schel ha-*Zohar*, p. 174-180.

**327** Idem, p. 92-94.

**328** Na biografia de Porfírio, *Hayêi Plotinus* (A Vida de Plotino), capítulo 2, pode ser encontrado um testemunho. Tradução hebraica em Natan Spiegel (editor e tradutor), Plotinus, *Anadot*, v. 1, Jerusalém: [s.n.], 1978, p. 173 (ver a nota 12 do tradutor). A respeito de um outro testemunho encontrado ali, ver adiante na nota 332. Ainda mais um testemunho encontra-se em um outro livro de Plotino, no trecho que foi preservado em *Preparatio Evangelica*, de Ossevius, capítulo 10, parágrafo 3.

**329** Que foram denominados em grego *Ta Platoneia*.

estas aconteciam no dia de seu aniversário e no aniversário de sua morte (segundo a sua tradição, Platão nasceu e morreu no mesmo dia)[330]. Não encontrei comprovação clara de que estavam reconstituindo *O Banquete* de Platão no banquete que se realizou naquele dia, como fez Ficino (e talvez também ele atribuiu aos antigos apenas a realização de um banquete no dia de Platão), mas não é impossível que também isto fosse um hábito antigo. Este reforço se deve talvez ao fato de também Porfírio contar sobre sete comensais em *O Banquete*[331].

A descrição de Porfírio interessa ao pesquisador de Eros e do *Zohar* também por um outro aspecto. Porfírio conta[332] que, no decorrer desta festa, ele declamou um poema denominado "O Acasalamento Santo" ou "O Casamento Santo"[333] e, ao final, o mestre, Plotino, disse que agora Porfírio encontrava-se na categoria de *hierophantes*. *Hierophant* (ou seja, quem representa o santo, ou seja, o acasalamento santo)[334] era o atributo do sacerdote dos mistérios de Elussis[335], cujo ponto principal era o acasalamento sagrado entre terra e céu, ou seja, o Eros cósmico. É possível ver nisto um desenvolvimento natural das palavras de Platão em *O Banquete*, porque este texto está repleto de fragmentos da linguagem dos mistérios de Elussis[336]. Não há, porém, uma prova absoluta da suposição de alguns pesquisadores quanto à relação antiga entre o judaísmo e o texto dos mistérios em Elussis[337]; não tenho dúvida, porém, que um Eros destes realmente pulsa também no Livro do *Zohar*[338], principalmente no final do



330 Este tipo de tradição é relatado em nossos escritos a respeito das grandes personalidades do povo como Moisés, mas Platão não viveu cento e vinte anos e sim oitenta e um, o quadrado do número das nove musas.

331 Assim foi dito no trecho que se preservou com Iosbios, ver acima, nota 328. A setuplicação deste último foi mencionada ali de forma ampliada.

332 *Hayêi Plotinus*, capítulo 15, em tradução de Spiegel, p. 183.

333 Em grego, *hieros gamos*.

334 Os sábios medievais destinaram esta função também aos sacerdotes de Israel, que "enquanto Israel peregrinava, abriam-lhes a cortina e lhes mostravam os anjos que estavam enraizados um no outro, e lhes diziam: 'Vide o vosso apreço ao lugar como o apreço do homem e da mulher'". *Iomá* 54a.

335 Ver nota 68 na tradução de Spiegel.

336 Michael L. Morgan, Philosophy, Desire and the Mysteries in the Symposium, *Platonic Piety*, New Haven e London: Yale University Press, 1990, p. 80-99. Morgan não trata da tradição platônica pós-Platão. A linguagem dos mistérios encontra-se principalmente nas palavras de Diotima.

337 Ver: Edgar Wind, *Pagan Mysteries in the Renaissance*, London: [s.n.], 1968, p. 156. Ver a nota seguinte.

338 A literatura que apoia a teoria quanto à ligação entre o judaísmo antigo e o mistério elussio foi trazida por Wind (no lugar indicado na nota anterior). O próprio Wind opõe-se a esta teoria, e ainda assim mantém a semelhança entre aqueles mistérios e a Cabala.

*Idra zuta*: depois que se completa o reparo das fisionomias divinas, masculina e feminina, que são também o céu e a terra, o texto chega ao ápice quando estes dois se juntam no acasalamento.

Neste acasalamento cósmico no final do *Idra zuta*, R. Simão bar Yokhai morre[339]. Também isto teve um paralelo na consciência neoplatônica: de acordo com a informação que se conservou em um biógrafo antigo[340], Platão morreu na hora do banquete de um casamento. Este detalhe biográfico teve muita importância para os discípulos de Platão, como é possível perceber das palavras que gravaram no seu túmulo[341], "da festa de um casamento ele passou para a cidade que construiu para si no plano de Zeus" (naturalmente trata-se do plano celestial). Ficino também inicia a sua interpretação de *O Banquete* frisando o fato de Platão ter morrido durante uma festa.

O fundamento erótico encontra-se, portanto, não apenas no ensinamento de Platão, mas também na sua personalidade e no seu método de ensino. Assim como Sócrates, o mestre, foi descrito na figura de Eros por Alcibíades em *O Banquete*[342], da mesma forma também os discípulos de Platão o descreveram. E assim encontramos que, após a morte de Platão, um de seus discípulos erigiu um altar para a deusa chamada "a amiga de Platão"[343]. É conveniente frisar neste contexto, que os membros da academia são cognominados de companheiros (*philoi*), ou seja, companheiros e apaixonados por Platão[344], e aqui faz-se necessária uma comparação com a palavra "khevraia", que é a denominação fixa dos membros do círculo de Raschbi no *Zohar*, seus condiscípulos.

Em resumo, tanto *O Banquete* como o *Idra* são textos eróticos, não somente pelo conteúdo, mas também pelo modo de sua composição e estilo e pelo modo da ligação dos discípulos ao seu mestre. Este fundamento é que estimulou grupos com caráter erótico semelhante, como os do Ari e de Ficino, a gerar novamente aqueles dois textos.

**339** Ver acima, nota 267.

**340** Na biografia de Platão por Diógenes Laércio, segundo item, edição R. D. Hicks (1950), série Loeb Classical Library, p. 276-278.

**341** Esta versão (além de outras) foi preservada na biografia de Diógenes Laércio, idem, item 45, p. 316.

**342** Páginas 212-222.

**343** Em grego, Phileia Platonos. Sabemos isto por meio de uma elegia composta a respeito por um outro discípulo de Platão, Aristóteles, pesquisa publicada no livro de meu pai, de abençoada memória, Yossef G. Liebes, *Aplaton hayav veischiyutô* (Platão, Vida e Personalidade), Jerusalém e Tel Aviv: [s.n.], 1969, p. 124-127.

**344** Ver Y. G. Liebes, idem.

Apesar da semelhança entre as duas obras, ainda não posso dizer nada quanto à possibilidade de contato histórico-textual entre eles. (De fato, já foi comprovado que algo de *O Banquete* encontra-se nos escritos de um cabalista próximo ao círculo do *Zohar*, R. Isaac de Acre[345], além da sensação geral que o Eros platônico palpitou na poesia árabe e hebraica da Idade Média, sob cuja influência cantou também a respeito do amor entre homens.)[346] Estou convencido que a semelhança por si só pode ajudar para a sua compreensão correta, principalmente a compreensão do fundamento erótico que se encontra em sua base. Eros era, como se sabe, o fundamento sobre o qual Platão baseou a sua teoria que, mais do que ter sido um ensinamento organizado, foi Eros e desejo, "amor da sabedoria", ou "filosofia" no sentido original da palavra. Os escritos de Platão destacam-se de acordo com isto pelo amor ao homem, e estão repletos de humor e ironia. E assim é também, como tentei demonstrar, o *Zohar*.



## Adendo (Nota 282)
## R. Iokhanan e Reisch Lakisch

No *Talmud*[347], após uma descrição detalhada da beleza exagerada de R. Iokhanan, cujo único defeito era não ter barba, conta-se que ele estava nadando no rio Jordão e Reisch, Lakisch, que comandava um bando de assaltantes, viu-o e pulou também à água. Disse-lhe R. Iokhanan: "[Emprega] a tua força na *Torá*!" Disse-lhe Lakisch: "Tua beleza é para mulheres!" Respondeu-lhe Iokhanan: "Se te arrependeres, dar-te-ei a minha irmã que é mais bonita do que eu". Ele concordou. Então Reisch Lakisch quis voltar e pegar as suas roupas e não conseguiu [interpretação de Raschi: "pular como da primeira vez, pois, tendo assumido o jugo da *Torá*, a sua força se esvaiu"]. R. Iokhanan ensinou-lhe a bíblia e *mischná*, e tornou-o

345 Ver Moshe Idel, *Prakim bekabalá nevuit* (Capítulos de Cabala Profética), Jerusalém, 1990, p. 137, nota 106.

346 Ver o meu artigo *Sefer Ietzirá* etzel R. Schlomô Ibn Gabirol ufeirusch hashir "Ahavtikh" (Livro da Criação em R. Salomão Ibn Gabirol e Interpretação do Poema "Amei-te"), em Joseph Dan (ed.), *Reschit hamistica hayehudit be-Eiropa* (Primórdios da Mística Judaica na Europa), Jerusalém: [s.n.], 1987, Mekhkerêi Yeruschalayim bemakhschévet Israel, p. 99-120, v. 6, número 3-4.

347 *Baba metzia*, 84a.

um grande homem da *Torá*. Posteriormente R. Iokhanan e Reisch Lakisch discordaram a respeito de lei que se referia a espadas e facas. Disse-lhe R. Iokhanan: "Um assaltante entende de seus negócios de assalto" [interpretação de Raschi: "como foste ladrão, és especializado nestes instrumentos do ofício do roubo"]. Disse-lhe Lakisch: "No que é que me ajudaste [por me tirares do roubo]? Lá [entre os ladrões] chamavam-me de 'mestre' e também aqui chamam-me de 'mestre'". Respondeu-lhe Iokhanan: "Ajudei-te por ter te aproximado e colocado sob as asas da *schekhiná*". R. Iokhanan ficou abalado, e Reisch Lakisch adoeceu. Veio a irmã de R. Iokhanan, a esposa de Reisch Lakisch, e pediu que R. Iokhanan rezasse pelo seu marido, ao menos por causa dela e dos filhos. Porém R. Iokhanan recusou o pedido dela, e ao invés prometeu (usando um versículo de Jeremias) preocupar-se ele próprio com a irmã e com filhos desta. Então Reisch Lakisch morreu, e R. Iokhanan lamentou isto muito. Os sábios lhe enviaram R. Eliezer ben Pedat a fim de distrai-lo com palavras da *Torá*. Ambos sentaram-se e ocuparam-se da *Torá*, e a cada palavra que R. Iokhanan dizia, R. Eliezer concordava, e ainda fortaleceu as suas palavras com provas adicionais. Disse-lhe R. Iokhanan: "Não és como Ben Lakisch. A respeito de qualquer palavra que eu dizia, Ben Lakisch formulava vinte e quatro perguntas, e eu lhe respondia, e assim o assunto se esclarecia, e você sempre concorda comigo (ao invés de discutir). Será que não sei por mim mesmo que falei certo [e eu preciso de ajuda]?!" R. Iokhanan foi e rasgou os seus trajes e berrou até enlouquecer. Os sábios pediram misericórdia por ele e ele morreu[348].

Temos aí um conto sobre uma reação sexual que foi substituída pelo Eros dos estudiosos da *Torá*. No início do conto está relatada com grande certeza uma tentativa de estupro: Reisch Lakisch, o assaltante, pula para o Jordão em busca do belo, porém feminino, (desprovido de barba) R.Iokhanan e não o deixa em paz até que lhe é prometida a irmã de R. Iokhanan, mais bela do que ele. Também na etapa do estudo da *Torá* este Eros é percebido de forma dura: os debates mais difíceis em assuntos da *Torá* causam o aviltamento da *halakhá*, e resvala-se até a provocações mútuas e a duras brigas cujo final é a morte[349] – a morte Reisch Lakisch, e o



348 Aliás, deste lugar talvez seja possível aprender algo com uma possível posição dos rabinos na questão de morte da (*sefirá*) do amor.

349 Pode-se comparar as relações destes dois com os dois personagens da novela "Dois Eruditos que Viviam em Nossa Cidade", de Sch. Y. Agnon.

outro lado é um amor forte como a morte, e que também conduz à morte, a morte de R. Iokhanan[350].

Porém, em um segundo olhar, a substituição não é completa; mesmo na segunda etapa, a etapa de Eros, ainda se encontrará um vestígio para relações de tipo sexual entre os personagens e não só na forma de expressão ("o assaltante entende dos seus assuntos de assalto") que soa como reclamação de uma esposa que promove intrigas em relação ao marido. No início do conto vimos que Reish Lakisch arrependeu-se do pensamento de estupro e de seu modo de vida anterior, porque R. Iokhanan prometeu-lhe a sua irmã. Na continuação nós verificamos que esta promessa até foi cumprida na prática, e a irmã de R. Iokhanan surge como a esposa de Reisch Lakisch. Sendo assim, qual o sentido da reclamação de Reisch Lakisch: "Como foi que me ajudaste [literalmente: que prazer me causaste]?". Pois recebeu a paga que pediu. Em minha opinião, daqui podemos aprender que Reisch Lakisch não se satisfez com a esposa, e ainda desejou o irmão dela. Assim aprendemos também da resposta de R. Iokhanan – "Introduzi-te sob as asas da *schekhiná*". Esta resposta leva a duas perguntas: em primeiro lugar, porque não deu a resposta simples e lógica da continuação do relato: "Dei-te a minha irmã" e, em segundo lugar, por que não disse "aproximei-te da *Torá*", que é a linguagem adequada para a situação[351], pois introdução sob as asas da *schekhiná* é mais conveniente para a recepção de estrangeiros do que para a educação de criminosos e ignorantes[352]. Na minha opinião, deve-se aprender disto que R. Iokhanan sabia dos apuros de Reisch Lakisch, e sabia que nenhuma das duas respostas, a esposa e a *Torá*, o satisfaria, por isto adotou uma linguagem intermediária, que atende aos dois sentidos, e ela é obscura; com isto dispensa a exatidão em cada uma das duas opções: as asas da *schekhiná*, que tanto são alusão à ligação com a esposa[353] como alusão ao estudo da *Torá*. Sendo assim, eis aí um uso linguístico que antecede as linguagens do *Zohar* abordadas no artigo, que unificam em si relações eróticas terrenas, questões do estudo da *Torá* e acasalamento com a *schekhiná*.

350 Eu outro lugar no *Talmud*, *Haguigá*, 15b, a morte de R. Iokhanan não está ligada à morte de Reisch Lakisch, mas à morte de Elischa ben Abuya, por cuja alma R. Iokhanan desceu ao mundo dos mortos para salvá-la. Ver também no meu livro *Het'ô schel Elischa...*,, p. 74-76.

351 Ver, por exemplo, *Avot*, 1, 12.

352 Ver *Ruth* 2, 12. *Schabat*, 31a.

353 Compare-se: Bialik, "Introduz-me Sob a tua Asa".

# SANTIDADE, COMUNICAÇÃO CELESTIAL E ARTES DIVINATÓRIAS:

## A CARISMÁTICA AUTORIDADE RELIGIOSA DE LÚRIA

LAWRENCE FINE

trad. de J. Guinsburg

*A literatura rabínica é em larga medida indiferente à apresentação da individualidade distintiva. Nenhum documento presta homenagem a um rabi particular; nenhum celebra a virtude de um homem, nem reflete seus pensamentos ou conta seus feitos* [...] *Na totalidade desta literatura nenhum rabi emerge [como figura] central, dominante ou determinativa; nenhum parece simbolizar ou guiar ou moldar o destino rabínico* [...] *o virtual anonimato da pessoa na literatura rabínica revela uma potente desinclinação cultural, talvez uma incapacidade, de construir a cultura rabínica e a religião como obra de indivíduos poderosos.*

[William Scott Green, "Storytelling and Holy Man: the case of ancient judaism"]

*O carisma não é um atributo de personalidade, mas uma bem sucedida pretensão de poder em virtude de uma ordenação sobrenatural. Se um homem corre por uma rua proclamando que somente ele pode salvar os outros de uma destruição pendente e se conquista imediatamente um grupo de seguidores, então ele é um líder carismático: uma relação social formou-se. Se ele não conquista esse grupo de seguidores, ele é simplesmente um lunático.*

[Bryan R. Wilson, *The Noble Savages*]

Em acréscimo às considerações pessoais que levaram Isaac Lúria a deixar o Egito e ir para Safed, sua decisão deve ser vista dentro do contexto mais amplo da atitude dos judeus egípcios para com a terra de Israel no século dezesseis[1]. Vimos anteriormente que o Egito dispunha de uma vívida comunidade rabínica, da qual o próprio Lúria fazia parte. Nas primeiras décadas do século, o Egito atraía eruditos judeus de

1 As relações entre os judeus do Egito e da Palestina são tratadas em Joseph Hacker, Spiritual and Material Links Between Egyptian and Palestianian Jewry in the Sexteenth Century, em A. Cohen e G. Baer (eds.), *Egypt and Palestine*, New York: St. Martin's Press, 1984, p. 241-250.

várias partes, inclusive da Palestina, por causa das circunstâncias favoráveis lá existentes para a vida judaica. A presença no Egito de figuras rabínicas de grande envergadura encarecia a sua reputação, tornando-o um lugar altamente desejável para jovens estudantes com aspirações. A autoridade que o rabinato egípcio exercia se evidencia nas palavras do sábio jerusalemita Abraão Halevi, que fala com reverência dirigindo-se a eruditos cairotas nos anos de 1520: "Se errei, instrui-me e eu ficarei em silêncio. Pois vós sois eruditos e sábios bem providos para ensinar e ajuizar"[2]. Vemos emergir um equilíbrio maior no testemunho de Moisés di Trani, nos inícios de 1530:





> Sabemos que eles [os eruditos do Egito] são versados na lei [...] e conhecemos as complicações do calendário. Apesar disso, eles se comportam com deferência em relação a nós e nos tributam honra. Porque estamos na Palestina, eles nos consultam freqüentemente sobre questões legais a cujo respeito eles próprios discordam e que são problemáticas para eles. Porque não conseguem fazer valer sua autoridade sobre sua comunidade, nós os auxiliamos nisso e em apresentar a decisão[3].

A opção de viver no Egito estava carregada de certo grau de ansiedade de parte de seus rabis, mesmo antes da comunidade de Safed assumir um papel central na vida dos judeus do Oriente Próximo. Essa ansiedade tinha suas raízes numa questão *halákhica* concernente à legitimidade de (um filho de Israel) viver no Egito[4]. No modo de ver de algumas autoridades rabínicas, os judeus estavam proibidos de habitar terras egípcias, com base na consideração de que fazê-lo violava a injunção escritural: "Nunca mais deves voltar a este lugar" (*Deut.*, 17:16). É obvio que muito não interpretavam a passagem com o sentido de que era vedado aos judeus residir no Egito por completo. Durante séculos, mui respeitadas figuras rabínicas lá viveram, dentre as quais a não menos relevante foi a do mais notável sábio judeu da Idade Média, Moisés Maimônides. Não obstante, a questão era debatida com certa regularidade. David ibn Zimra, que era um proeminente *scholar* egípcio de seu tempo, como vimos, e mestre de Lúria, foi obrigado a justificar a sua própria residência naquele país, com as seguintes palavras:

2 *Kerem Hemed*, v. 9, 1856, p. 141, citado em Hacker, Spiritual and Material Links, p. 244.
3 Moisés de Trani, *Responsa*, Veneza, 1630, v. 2, n. 206.
4 Cf. Hacker, Spiritual and Material Links, p. 242, espec. nota 4, de onde provêm as referências à literatura relativa a esta questão.

É intenção de todos nós retornarmos e habitarmos a terra de Israel. É somente nesta base que nos permitimos viver no Egito; pois, do contrário, estaríamos violando o que manda a *Torá* [...]. Não estamos no Egito para morar permanentemente, mas para aqui habitar temporariamente, e tão logo pudermos, haveremos de ir para a terra de Israel[5].

Em outra parte, ibn Zimra escreve que "a maioria dos eruditos e rabis que vêm ao Egito (não se estabelecem aí; estão, antes) apenas em caminho para a terra de Israel e por isso não se embaraçam com costumes locais"[6]. Como Joseph Hacker observou, esta declaração não é de todo infundada quando se considera os numerosos eruditos rabínicos que de fato deixavam o Egito para ir à Palestina, quer temporária quer pemanentemente[7]. Estes incluíam luminares como Isaac Scholal e membros de sua academia, Iossef Saragossa, Jacob Berab, Abraão Zacuto, a família de Moisés e Iossef de Trani, Betzalel Aschkenazi, Jacob Castro e o próprio ibn Zimra. O exemplo destes indivíduos influenciou muitos outros, levando-os a viajar para a Palestina e ajudando a estabelecer relações muito estreitas entre as duas comunidades, por meio de conexões eruditas, econômicas e familiais. Deve-se salientar que esse padrão migratório foi com frequência invertido, particularmente no último quartel do século XVI, quando as condições de vida na Palestina começaram a deteriorar-se um pouco. De fato, verificamos que muitos eruditos viajaram de um lugar para outro – entre Jerusalém, Safed e Cairo, em especial – por causas das mudanças de natureza econômica e social.

Contra este plano de fundo, a decisão de Isaac Lúria de ir para Safed pode ser vista como parte de uma tendência mais ampla. Além disso, entretanto, ele deve ter sido atraído para aquela cidade por muitas das razões pelas quais outros haviam para lá se dirigido nas quatro décadas precedentes. Não é particularmente difícil imaginar por que um indivíduo que mergulhou no estudo e na prática da Cabala desejaria viver em Safed. Por volta de 1570, ela era não apenas uma florescente comunidade cabalística, como constituía o próprio centro da vida mística judaica. Para alguns, como Lúria, o desejo de incorporar-se a essa vibrante comunidade deve



5 David ibn Zimra, *Responsa*, v. 4, n. 73. Ver também Goldman, *Life and Times of Rabbi David Ibn Abi Zimra*, p. 13.
6 Ibn Zimra, *Responsa*, v. 3, n. 94.
7 Hacker, Spiritual and Material Links, p. 242.

ter sido irresistível. Entretanto, não eram somente os cabalistas lá residentes que o atraíam para a Galileia. Ele sentiu-se particularmente seduzido por Safed devido à difundida convicção de que aquela era a região onde Schimon bar Iohai e seus discípulos haviam se empenhado nas atividades místicas descritas em detalhes tão coloridos no *Zohar*, bem como o lugar onde aquele mestre fora sepultado. Como pretendo mostrar, Schimon bar Iohai e seus companheiros desempenharam um papel central e determinante na imaginação e identidade de Lúria. É justo presumir, então, que ele foi para Safed em grande parte por causa de sua crescente identificação pessoal com o protagonista do *Zohar*.



Na época em que Lúria chegou a Safed, Moisés Cordovero (1522-1570) havia sido a principal figura daquela comunidade cabalística por muitos anos[8]. Ele também era o mestre do que parece ter sido um círculo relativamente pouco cerrado de discípulos. Destes, os mais importantes incluíam Elias de Vidas, Abraão Galante, Moisés Galante, Haim Vital, Abraão ben Eliezer Halevi Berukhim, Eleazar Azikri. Samuel Gallico e um importante cabalista italiano, que estudou com Cordovero por um curto prazo, nos anos de 1560, Mordekhai Dato. Este cabalista, que introduziu os ensinamentos de Cordovero na Itália, preservou uma descrição das atividades de seu mestre, em suas memórias de viagem, louvando-o efusivamente[9]. Cordovero não inspirou, entretanto, uma elaborada tradição concernente à sua personalidade ou às suas atividades pessoais. As tradições anedóticas acerca de sua natureza e hábitos são relativamente poucas em número. Embora fosse muito reverenciado como mestre e embora seus prolíficos escritos exercessem

**8** Cordovero, conhecido pelo seu acrônimo RaMaK, nasceu cerca de 1522, provavelmente em Salonica, embora sua família, ao que parece, tenha vindo de Portugal. Ele chegou a Safed com a idade de vinte anos, estudou a lei judaica com Iossef Karo e a Cabala com seu cunhado, Salomão Alkabetz. Nos inícios de 1560, Cordovero era cabeça de uma *ieschivá* estabelecida pela comunidade portuguesa em Safed, bem como *daian* (juiz) e o *'av bet din* (presidente de uma corte rabínica). Foi um escritor prolífico que procurou sistematizar de maneira compreensível o pensamento cabalístico anterior. Sobre a vida e a carreira de Cordovero, cf. Meir Benayahu, *Yosef Behiri*, Jerusalém: Yad Harav Nissim, 1991, p. 189-229; Bracha Zack, *Be-Scha'arei ha-Kabbalá schel R. Mosché Cordovero*, Jerusalém: Ben Gurion University Press, 1995, p. 1-32; Iossef ben Schlomo, *Torat ha-'Elohut schel R. Mosche Cordovero*, Jerusalém: Mossad Bialik, 1965; Ira Robinson, *Moshe Cordovero's Intoduction to Kabbalah*, New York: Ktav, 1994, p. XXIV-XXXIV; Lawrence Fine, Moshe Cordovero, em M. Eliade et al. (eds.), *The Encyclopedia of Religion*, New York: Macmillan, 1987, 4:87-88; David, *To Come to the Land*, p. 163-164.

**9** Sobre a relação de Dato com Cordovero, ver Isaiah Tishby, The Image of R Moses Cordovero in the Writing of R. Mordechai Dato(em hebraico), *Sefunot* 7, 1963, p. 119-166.

enorme influência em Safed, na Itália e em outros lugares, a personalidade de Cordovero não transluz de maneira muito clara.

Que seus estudantes constituíam algo como um círculo de devotos é sugerido pela lista de costumes pietistas, ou *hanhagot*, preservada em nome de Cordovero, muitos dos quais se referem aos *haverim*, ou associados (e companheiros)[10]. Embora não saibamos muito mais acerca desse grupo, as *hanhagot* deletreavam as expectativas rituais e éticas que Cordovero promulgara, presumivelmente tanto para os seus seguidores quanto para outros (místicos). Ele prescrevia, por exemplo, que "cada pessoa comungue com um dos *haverim* cada dia com o propósito de conversar sobre preocupações devocionais", dizendo que "a pessoa tem de discutir com o mesmo *haver* toda véspera de Schabat o que ela fez a cada dia da semana decorrida. Daí ela poderá ir adiante para dar as boas vindas à Rainha Schabat". Além disso, instrui que "uma pessoa deve conversar em hebraico com os *haverim* o tempo todo".

Há clara evidência que Isaac Lúria considerava Moisés Cordovero seu mestre. Iossef Sambari (1640-1703), importante cronista egípcio, atesta que Cordovero foi "o mestre do Ari por muito pouco tempo"[11]. Isto é compatível com o fato de que eles se encontravam em Safed simultaneamente por apenas seis meses ou tanto. Lúria, é provável, lá chegou a princípio de 1570, e Cordovero morreu em 27 de junho daquele ano (o 23º dia de Tamuz). O testemunho de Sambari de que Lúria estudou com Cordovero também é confirmado pelo próprio Lúria. Entre os fragmentos dos trechos autênticos escritos por ele, há duas referências pelo menos a Cordovero como "nosso mestre, possa sua luz ser prolongada", indicando que tais passagens foram compostas enquanto Cordovero ainda estava vivo[12]. Embora a designação de "nosso mestre" pudesse ter sido construída como mera expressão honorífica aplicada a um grande homem, mais do que para significar um relacionamento efetivo, esta hipótese é duvidosa, porque Lúria também fala de "*meu* mestre" com referência a Cordovero em no mínimo duas outras passagens.

Sabemos, igualmente, que Lúria esteve presente ao funeral de Cordovero, e que parece haver composto um elogio em louvor a ele[13]. Como iremos ver,

10 Para uma tradução em inglês das *hanhagot* de Cordovero, ver Fine, *Safed Spirituality*, p. 34-38.

11 Iossef ben Isaac Sambari, *Sefer Divrei Yosef*, S. Shtober (ed.), Jerusalém: Ben Zvi Institute, 1994, p. 64.

12 No tocante a esta questão, ver Benayahu, *Yosef Behiri*, p. 196-198.

13 Benayahu, *Yosef Behiri*, p. 212, ver espec. nota 100.

a afinidade de Lúria com Cordovero também se evidencia a partir da estreita similaridade de seus ensinamentos sobre determinados tópicos. Que este deveria ser o caso não é de surpreender. Quando Lúria chegou a Safed, ele era presumivelmente um nome desconhecido (conquanto tenha se firmado rapidamente como mestre após a morte de Cordovero), e é plausível que haja procurado o renomado mestre. Embora se possa apenas especular sobre quão diferentemente as coisas poderiam ter sido se Cordovero vivesse mais tempo, o fato é que sua morte aos quarenta e oito anos de idade deixou os cabalistas de Safed privados da mais proeminente autoridade e mestre dentre eles. As circunstâncias só poderiam realçar a oportunidade que era dada a Lúria para atrair estudantes a título próprio, preenchendo assim o vácuo deixado pelo passamento de Cordovero.





## Lúria como Mestre Religioso

Haim Vital nos proporciona os nomes de trinta e oito indivíduos que, de acordo com ele, compunham o corpo de discípulos de Lúria, conquanto saibamos com absoluta certeza de que havia outros estudantes que Vital não menciona[14]. Ainda que a natureza deste colegiado, e de sua clientela, venha a ser objeto de um cuidado maior mais tarde neste estudo, quero aqui simplesmente indicar sua composição, tal como descrita por Vital. Segundo ele, o colegiado dividia-se em quatro grupos, hierarquicamente dispostos. O primeiro, e o mais importante, era formado por onze homens arrolados na seguinte ordem: Haim Vital, Jonatan Sagis, Iossef Arzin, Isaac Kohen, G(u)edalia Halevi, Samuel Uceda, Iehudá Mischan, Abraão Gavriel, Schabatai Menasche, Iossef ibn Tabul e Elias Falko (ou Falcon). A ordem em que os nomes são apresentados é significante. Vital se considera o discípulo principal e se coloca à testa da lista. Iossef ibn Tabul, que na realidade foi um discípulo extraordinariamente importante, talvez superado apenas

**14** Estas listas são encontradas em duas fontes: parte 4 do diário de sonhos de Vital, *Sefer ha-Hezionot* (daqui para frente, *SeH*), ed. A. Z. Ashcoly, Jerusalém: Mossad ha-Rav Kook, 1954, p. 217-220; e idem, *Scha'ar ha-Gilgulim* (daqui para frente, *SchG*), ed. Yehudah Ashlag, Tel Aviv: Eshel, 1961; *Haqdamá* 39, p. 171. Para uma tradução em inglês do diário de Vital, ver Morris Faierstein, *Jewish Mystical Autobiographies*, New York: Paulist Press, 1999.

por Vital em influência, é colocado no fim do rol. Sem dúvida, Vital via em ibn Tabul um rival e por isso procurou registrá-lo num lugar relativamente insignificante na hierarquia dos discípulos. No segundo agrupamento, Vital inclui os seguintes dez nomes: Moisés Alscheik, Moisés Najara, Isaac Orcha, Salomão Saban (ou Avsaban), Mordekhai Gallico, Iaakov Massud, Iossef Altun, Moisés Mintz, Moisés Ioná e Abraão Gukil.

O terceiro grupo lista treze nomes, inclusive em repetição o de Moisés Alscheikh: Iom Tov Tzahalon, Iossef Kohen, Iaakov Altaratz, David Kohen, Isaac Kerispi, Schimon Uri, Israel Uri, Abraão Arubas, Moisés Alscheikh, Israel Levi, Iossef Canpilias, Iehudá Aschkenazi e um certo Naftali. Vital indica que um possível membro adicional deste grupo era Elias Almiridi.

O quarto e último grupo consiste de três nomes somente: Abraão Halevi, Moisés Meschamesch e Iehudá Roniano. Depois de apresentar os citados quatro grupos e seus integrantes, Vital declara, em restrição, que está *certo* unicamente em relação aos membros de seu próprio grupo, o primeiro. Quanto aos outros, ele dispõe apenas de um conhecimento geral que seu mestre lhe transmitiu a respeito deles.

Sabemos, entretanto, que Lúria tinha certo número de outros discípulos, além dos aqui nomeados. Houve menção algures ao fato de que Haim Vital só veio a tornar-se aluno de Lúria em data relativamente tardia. De acordo com as cartas de Salomão Schlomiel de Dresnitz (descritas abaixo), Vital só se uniu ao círculo de discípulos de Lúria seis meses após a chegada deste a Safed. Segundo o relato do próprio Vital, um período de tempo ainda mais longo se passou até que os dois se ligaram. Vital escreveu que começou a estudar com Lúria no mês de Adar (fevereiro/março) de 1571[15], o que poderia indicar um decurso de doze ou treze meses depois que o mestre se estabeleceu na cidade – dependendo de quando exatamente Lúria lá chegou. Isto provavelmente responde pelo fato de Vital não mencionar Israel Sarug, que parece ter estudado com Lúria antes do próprio Vital ligar-se ao grupo. É possível também que haja outros nomes a serem incluídos nesta categoria, ou seja, os dos participantes iniciais do círculo que deixaram de ser alunos do rabi na época em que Vital passou a estudar com ele, como é o caso de Iossef Don Don[16].

15 Vital, *SeH*, p. 134.

16 No que diz respeito às relações de Iossef Don Don com Lúria, ver Ronit Meroz, Selections from Ephraim Penzieri, p. 214-222. Quanto à questão da identificação dos discípulos de Lúria, em geral, cf. idem, p. 214-215; e idem, R. Israel Sarug, Student of the Ari, p. 41-44.

Mais ainda, houve indivíduos associados a Lúria em maior ou menor medida, mas que não integravam a estrutura formal descrita por Vital. Elias de Vidas, Eleazar Azikri, Iossef ben Mosché de Segovia Benveniste, Hiyya Rofe, Iossef Aschkenazi e, possivelmente, Schem Tov Atiyah entram nesta categoria[17].

O que atraía para Isaac Lúria os seus estudantes? Como eles o descrevem? Que tipo de personalidade exibia ele? Estas e outras perguntas acerca de Lúria estão estreitamente ligadas a importantes questões do ponto de vista crítico e que dizem respeito à natureza de nossas fontes. Na medida em que os escassos escritos do próprio punho de Lúria não nos dizem muita coisa sobre ele como pessoa, somos obrigados a voltar-nos para as descrições e relatos de outros no tocante ao comportamento e caráter dele. Mas qual é o status dessas caracterizações? Seriam elas tradições que refletem um mestre, de há muito falecido, que, com a passagem do tempo, se tornara objeto de uma elaboração imaginativa altamente inventiva? Isto é, estariam criando um herói do povo e teriam pouco a ver com o efetivo impacto de Lúria sobre a sua comunidade, e mais com a perspectiva de uma época tardia? Ou refletiriam os modos como Lúria foi realmente percebido e vivenciado durante o breve período de sua atividade em Safed, bem como durante os anos imediatamente subsequentes?

O desafio de descrever as atividades de Lúria e o modo como os seus discípulos o viam é complicado devido ao aparecimento de uma elaborada literatura hagiográfica no começo do século XVII – à qual já fiz alguma referência. O primeiro estrato importante dessa tradição está associada a um judeu da Moravia, de nome Salomão Schlomiel ben Haim Meinsterel de Dreznitz, que emigrou para Safed em 1602 a fim de compartilhar da vida cabalística desta cidade. Dispomos de quatro cartas mais extensas escritas por ele a amigos e parentes na terra natal, entre 1607 e 1609, em que descreve Safed e narra histórias sobre Lúria, com muitos pormenores[18]. Não eram simples cartas particulares. A despeito do fato de Safed estar em substancial

**17** Sobre a questão de Schem Tov Atiyah ter sido ou não aluno de Lúria, ver Tamar, *Mehqarim be-Toldot ha-Iehudim be-'Eretz Israel u-be-Italia*, p. 147-149. Quanto a Benveniste, ver abaixo nota 46.

**18** Três destas cartas foram originalmente publicadas nas *Ta'alumot Hokhmá* (Basileia, 1629-1631) de Iossef del Medigo, sob o título *Kitvei Schevá Iakar u-Gedulat ha-Ari* e, subsequentemente, em outra versão de Naftali Bacharach, *'Emeq ha-Melekh*. Elas foram reeditadas numerosas vezes como *Schivhei ha-Ari*. Uma quarta carta foi publicada por Simcha Assaf em *Qovets 'al Yad*, 1940, p. 120-133. A não ser que anotadas de outra maneira, todas as referências são à edição destas três cartas por Ya'akov Moshe Hillel, *Sefer ha-Ari ve-Gurav*, Jerusalém: Ahavat Shalom, 1992 (daqui por diante *SeA*).

declínio na época em que o missivista lá chegou, Schlomiel foi claramente motivado por um desejo de impressionar seus leitores com a beleza e o esplendor do país, com a atmosfera de estudo e entusiasmo religioso em Safed, e com histórias sobre seus cabalistas, do passado e do presente, em especial sobre Isaac Lúria. Uma das missivas também revela que Schlomiel procurava encorajar outros a emigrar para a terra de Israel, na medida em que dá conselhos financeiros práticos neste sentido. O próprio autor solicitava aos destinatários das cartas que fizessem cópias e as pusessem em circulação, prova clara de sua intenção de despertar o interesse de uma audiência mais ampla.

Embora Lúria já tivesse falecido havia muito tempo na época em que Schlomiel chegou a Safed e Vital estivesse vivendo em Damasco, ainda existiam vários indivíduos que tinham estudado pessoalmente com o mestre e outros que, pelo menos, o haviam conhecido. Assim, existiam condições para que Schlomiel pudesse ouvir de discípulos vivos relatos acerca de Lúria, resultando daí que muito do que ele tem a dizer apresenta um bocado de coisas em comum com tradições biográficas, geradas por volta do tempo das atividades de Lúria em Safed. Ainda assim, convém lembrar que tais missivas foram compostas cerca de trinta e cinco anos após a morte do Ari e que as tradições tecidas em relação a ele podem ter sofrido – coisa bastante natural – um embelezamento assaz significativo. Se adicionarmos a isto a criatividade narrativa e os motivos pessoais do próprio Schlomiel, podemos facilmente entender como as referidas cartas assumiram o caráter de uma hagiografia informal. Mais ainda, os textos mesmos sofreram uma transformação literária quando vieram a ser, por fim, impressos em versões um pouco diferentes, sob títulos hagiográficos nada ambíguos[19].

Se os *Schivhei ha-Ari* de Schlomiel apresentam uma relação relativamente forte com as mais antigas tradições acerca de Lúria, o mesmo não pode ser dito das *Toldot ha-Ari* (Biografia do Ari), uma obra anônima escrita em algum momento da segunda metade do século XVII[20]. Embora esta coletânea de his-



**19** No que concerne às cartas de Schlomiel, ver Joseph Dan, *Ha-Sipur ha-'Ivri be-Iemei ha-Beinaiym*, Jerusalém: Keter, 1975, p. 238-251; idem, On the Storyof the Literature of Hagiograohy (em hebraico). *MY* 1, 1981, p. 82-100; idem, Hagiographic Litearture: East and West (em hebraico), *Pe'amim* 26, 1986, p. 77-86; Tamar, Concernig the Book*Toldot ha-Ari* (em hebraico), em idem, *Mehqarim be-Toldot ha-Iehudim be-'Eretz Israel u-be-'Italia*, p. 166-193.

**20** Depois de circular em numerosos manuscritos, uma parte do ciclo de histórias, que forma os anônimos *Toldot ha-Ari*, foi impressa sob o título de *Sefer Kavanot u-Ma'asé Nissim* pela primeira vez em Istambul em 1720, e muitas vezes a seguir. Ele foi publicado em uma edição moderna por Meir Benayahu, que argumenta ser esta obra a servir de base para os *Schivhei ha-Ari* e não o inverso, como na visão acadêmica prevalecente. Ver seu *Sefer Toldot ha-Ari*, Jerusalém: Ben

tórias sobre Lúria abebere-se nos *Schivhei ha-Ari* e tenha com ele muita coisa em comum, ela vai muito além ao retratar o rabi de um modo que não tem qualquer precedente nas descrições anteriores de sua conduta. Aqui, uma versão verdadeiramente lendária de Lúria encontra-se em desdobramento. Além de recontar o conhecimento maravilhoso do mestre com respeito aos mistérios celestes, um motivo predominante nos *Schivhei ha-Ari*, de Schlomiel, as *Toldot ha-Ari* regalam o leitor com numerosas anedotas acerca de seus feitos de milagreiro, um tema sem base genuína nas tradições mais antigas. Mais ainda, o autor deste livro pinta uma figura heroica cuja fama se espalhou por toda parte, uma pretensão consistente em certo grau com a segunda metade do século XVII, mas inteiramente incompatível com as realidades vigentes durante o tempo de vida do próprio Lúria. Em geral, portanto, as *Toldot ha-Ari* trazem a marca distintiva de uma obra clássica de hagiografia, repleta de uma série de motivos populares facilmente identificáveis.

A meu ver, cumpre tomar precaução bem maior do que amiúde é o caso na ação de minerar os *Schivhei ha-Ari* para compor um quadro das atividades de Lúria em Safed e de sua relação com seus discípulos. Quanto às *Toldot ha-Ari*, elas são muito menos valiosas a este respeito, embora sejam no todo fascinantes em seus próprios termos. Como já apontamos antes, ambas as obras serviram de inspiração a uma larga variedade de escritores subsequentes, especialmente *hassidim*, os quais reelaboraram continuamente a imagem do rabi. Somado ao fato de serem traduzidas para várias línguas, como o ladino e o ídiche, forneceram o modelo para outras obras hagiográficas, como é, mais proeminentemente, o caso de uma importante coletânea de histórias sobre Israel ben Eliezer, o Baal Schem Tov, ou Bescht, os *Schivhei ha-Bescht* (Em Louvor ao Baal Schem Tov), publicados pela primeira vez em 1815.

Em contraste com a literatura hagiográfica, os relatos sobre Lúria por seus discípulos formais – bem como por vários outros estreitamente associados a ele – constitui evidência de uma espécie fundamentalmente diferente[21]. Estes nos proporcionam um quadro mais confiável em relação aos

Zvi Institute, 1967, e os estudos de Dan e Tamar citados na nota 19 acima. Em Concerning the Book *Toldot ha-Ari*, Tamar oferece uma refutação detalhada e convincente das concepções de Benayahu com respeito à relação cronológica entre as duas obras.

**21** A concepção aqui adotada difere acentuadamente da esposada por Mordekhai Pachter. Em sua discussão acerca do elogio a Lúria, de Samuel Uceda , ele distingue entre uma evidência "realista" do elogio e outra "lendária", a qual, na sua opinião, inclui não só os *Schivhei ha-Ari* e as *Toldot ha-Ari*, mas também as tradições anedóticas espalhadas pelo escrito de Vital. Na medida em que Vital pinta as habilidades "sobrenaturais" de Lúria, Pachter classifica tais descrições como lendá-

modos como Isaac Lúria era visto e sentido por alguns daqueles que haviam estudado pessoalmente com ele e lhe eram próximos. Não quero dizer com isto que eles nos proporcionam um Lúria "histórico", isto é, relatos documentais do que o mestre efetivamente dissera e fizera. Não há como fornecer algo assim com base nas fontes conhecidas. Mas as descrições realizadas por Haim Vital, Iossef ibn Tabul, Eleazar Azikri, Jonatan Sagis, Abraão Berukhim, Elias de Vidas, Samuel de Uceda, Iossef Benveniste e outros nos permitem formar um retrato de rica textura, de como o Ari foi percebido por quem o conheceu em pessoa. Muito embora essas tradições tenham sido coloridas sem dúvida pelo prematuro falecimento de Lúria e, em certos aspectos, por agendas particulares, elas têm o toque da autenticidade de uma forma que nem sempre é verdade no tocante às sacras biografias descritas acima. Há muitas razões pelas quais isto é assim.

Os relatos que tenho em mente são registros de escritos feitos nos anos que se seguiram imediatamente à morte de Lúria, mais do que em um período significativamente distante das lembranças mais pessoais e frescas. Temos, por exemplo, o elogio a Lúria composto por ocasião de sua morte por um dos discípulos mais ligados a ele, Samuel Uceda. Este, como sabemos, começou a ordenar o que havia aprendido com o mestre logo após o falecimento dele, se não até mais cedo, como Vital, que, no entanto, ficou refazendo seus materiais por um considerável espaço de tempo. Vale notar que Vital também incluiu, em seus escritos, numerosas tradições relativas a Lúria, colhidas com outros discípulos, e que ele procurou preservar fielmente, ao que parece. As referências de Elias de Vidas e Eleazar Azikri ao rabi também foram compostas poucos anos depois do passamento de Lúria. Conquanto a proximidade no tempo não assegure por si mesmo a autenticidade, por certo contribui para a probabilidade de que tais descrições reflitam experiências reais que seus autores tiveram com seu mestre.

Em aditamento ao fato de que esses relatos foram escritos não muito tempo depois da morte de Lúria por gente que o conheceu pessoalmente, é da maior significação o fato de que o perfil relativamente pormenorizado

rias. A meu ver, tal abordagem deixa de apreciar as significativas diferenças entre as mais antigas tradições biográficas transmitidas a nós pelos efetivos discípulos do mestre e as hagiografias subsequentes. O que é mais ainda, o retrato "realista" evidente no elogio é inteiramente compatível com o que nos informam outros discípulos de Lúria, inclusive Vital. Ver Mordechai Pachter, The Homiletic Eulogy by R. Samuel Uceda upon the Death of the Ari(em hebraico), em idem, *Matzfunot Tzfat*, Jerusalém: Merkaz Zalman Schazar, 1994, p. 39-68.

da personalidade e conduta do Ari subministrado por Haim Vital é, como vou mostrar abaixo, em essência corroborado por outros. Por fim, as fontes biográficas mais antigas contrastam agudamente com as *Toldot ha-Ari* e os Schivhei ha-Ari, por não se apresentarem do mesmo modo sobrecarregadas de hagiografia. No caso de Vital, breves anedotas e descrições mais longas surgem engastadas em um vasto mar de diferentes espécies de materiais. A bem dizer, seus escritos contêm profusos louvores às virtudes e talentos do mestre, e tais elogios eram claramente de natureza mais do que incidental; todavia, formavam apenas uma pequena parte de um projeto literário bem mais amplo, no qual o mais prolífico discípulo de Lúria apresentava os volumosos ensinamentos de seu rabi. Isto é tanto mais verdade quando posto em conexão com reparos ocasionais em obras como *Sefer Hassidim* de Eleazar Azikri e *Reschit Hokhmá* de Elias de Vidas. O que elas nos contam sobre Isaac Lúria, de passagem, tem o toque de um comentário imediato. Os testemunhos de homens, como Azikri ou de Vidas, devem ser considerados como menos provavelmente coloridos por um intento hagiográfico, na medida em que eles não eram discípulos formais de Lúria.



## Lúria como Exemplo Moral

Então como é que estas primeiras fontes biográficas, como as denominarei, *retratam* Lúria? Em primeiro lugar, Vital e outros pintam seu mestre como dotado de um santo caráter moral. Como no caso de santos heróis na literatura religiosa em geral, Lúria é descrito como portador de vários traços que constituem excelência moral e virtuosidade ética. Predomina certo número de temas identificáveis. Por exemplo, somos informados que ele demonstrava profunda preocupação com as relações propriamente humanas através de seu exemplo pessoal:

> Uma vez eu estava fazendo um passeio com meu mestre, possa sua memória ser perpetuamente abençoada, quando certo erudito apareceu e se pôs a andar deliberadamente à sua frente. Vendo isto, meu mestre se pôs propositadamente a caminhar atrás daquele indivíduo, mesmo depois que ele atravessou para o outro lado. Eu lhe disse: “Deus me livre, é como se vós estivésseis colocando

um obstáculo diante de um cego", na medida em que este erudito deixava de reconhecer a importância de meu mestre. Ele me replicou e disse que, vendo como essa pessoa sente-se honrado ao comportar-se como se comporta, ele [Lúria] era obrigado a prestar-lhe semelhante honra e servi-lo desta forma. Da mesma maneira, Hilel, o Ancião, correra por três milhas diante de certo indivíduo, pobre, mas que era de uma boa família[22].

Até onde Lúria podia ir para respeitar os direitos de outros está representado em uma tradição, de acordo com a qual a própria observância do ritual litúrgico – prece vespertina – encontra-se em segundo lugar quanto à responsabilidade moral:

Com respeito aos salários devidos a um trabalhador alugado, meu mestre, possa sua memória ser perpetuamente abençoada, costumava ser extraordinariamente cuidadoso. Ele às vezes adiava a reza do serviço da tarde até que houvesse pago a alguém seus salários. E em certas ocasiões, ele não rezava o serviço vespertino até após o pôr do sol, quando não tinha dinheiro para pagar o que estava devendo; ele solicitava dinheiro de uma pessoa ou de outra até que pudesse pagar o que devia a um trabalhador alugado. Só depois rezava o serviço da tarde. Ele dizia: "Como posso rezar a Deus, exaltado seja Ele, quando tenho uma obrigação como esta a cumprir, e ainda não a cumpri? E como posso eu levantar meu semblante para rezar?[23]"

A sensibilidade de Lúria estendia-se ao mais humilde dos animais: "Meu mestre, de abençoada memória, costumava tomar o cuidado para nunca destruir qualquer inseto, até o menor e menos significativo dentre eles, tais como moscas, mosquitos e abelhas, mesmo que o estivessem incomodando"[24].

De acordo com Vital, Lúria era dotado de grande generosidade, mas pouco se importava com suas próprias necessidades:

Com respeito ao atributo da caridade e generosidade, observo que meu mestre, de abençoada memória, não estava preocupado com sua própria vaidade, tal

22 Haim Vital, *Scha'ar ha-Mitzvot* (daqui em diante *SchM*), *Paraschat Qedoschim*, p. 55. A anedota aparece no contexto de uma discussão sobre a obrigação de honrar os sábios e as pessoas idosas.
23 *SchM, Paraschat Ki Tetse*, p. 143.
24 *SchM, Paraschat Noá*, p. 9.

como expressa [por exemplo] no uso de roupas especialmente finas. Na comida, igualmente, consumia muito pouco. Entretanto, quando se tratava do vestuário de sua esposa, era extraordinariamente cuidadoso a fim de honrá-la e trajá-la bem. Costumava satisfazer todo e qualquer desejo dela, mesmo se isto não estava ao alcance de seus meios[25].

Sua caridade estendia-se, não surpreendentemente, ao cumprimento dos preceitos religiosos:

Quando se tratava de fazer caridade e cumprir os mandamentos, não era de nenhum modo sovina. Com respeito à cerimônia da *Havdalá* que é celebrada na sinagoga, costumava dar quatro florins de ouro como caridade, a fim de prover pessoalmente o vinho a ser usado. Sempre que comprava algo com o propósito de preencher alguma obrigação religiosa, tal como a compra de filactérios [*tefilin*] ou de um '*etrog*, não tinha a preocupação de verificar primeiro o quanto lhe seria cobrado, Ao contrário, costumava pagar o montante que lhe pediam, da primeira vez. Dizia ao vendedor: "Aqui está o meu dinheiro, pegue quanto quiser"[26].



No mesmo contexto, Vital relata que "era prática de meu mestre oferecer caridade por ocasião do serviço vespertino, antes do início da reza. Ele doava três pequenas moedas, assim como era seu costume fazer isso no serviço matutino"[27]. Tais preocupações têm suas raízes no que é descrito como a convicção moral básica de Lúria, a auto-obliteração:

O mais importante de todos os traços meritórios consiste no comportamento humilde, modesto do indivíduo, e no temor ao pecado no mais alto grau possível. Ele também deve, no máximo grau, manter-se distante do orgulho, da raiva, do espalhafato e da bisbilhotice; e deve mesmo ter uma razão relevante para comportar-se asperamente, ele precisa refrear-se a fim de não agir deste modo. Deve abster-se também da conversação ociosa, ainda que isto não seja tão importante quanto a admoestação anterior. E ele não deve perder a calma, inclusive com os membros de sua casa[28].

**25** *SchM, Paraschat 'Eger*, p. 89.
**26** Idem, ibidem.
**27** *SchK, Tefilat Minkhá, Derusch* 2, p. 335.
**28** Haim Vital, *Scha'ar Ruakh ha-Qodesch* (daqui em diante SRH), p. 34.

A perfeição espiritual, assim, requeria de cada um cultivar a vida emocional em diversos modos particulares. Lúria parece ter-se preocupado intensamente com a importância de evitar a ira:

> A qualidade da raiva, além de servir como obstáculo à inspiração mística em geral, [tem outras consequências injuriosas]. Meu mestre, de abençoada memória, costumava ser mais exigente quando vinha à baila a raiva mais do que com todas as outras transgressões, mesmo em uma situação em que uma pessoa perde a calma por causa de alguma obrigação religiosa. Isto é porque todas as outras transgressões ofendem apenas um só membro do corpo, enquanto a qualidade da ira injuria a alma em sua inteireza, alterando seu caráter por completo. Esta é a questão: quando um indivíduo perde a cabeça, sua alma secreta deserta-o totalmente; em seu lugar entra um espírito de natureza maligna. E tal é o significado esotérico do versículo: "Tu que te dilaceraste na tua raiva" [*Jó* 18:14]. Pois uma pessoa assim na realidade rasga sua alma, tornando-a incapaz no momento de sua raiva e fúria[29].

Em relação a isto é interessante notar que o discípulo de Lúria, Iossef ibn Tabul aparentemente sentiu também de maneira muito forte o acento do mestre sobre as consequências prejudiciais da cólera para a vida espiritual. Um dos discípulos do próprio Tabul, Sansão Bacchi, atesta (algum tempo após a morte de Lúria) que Tabul hesitava em ministrar seus ensinamentos aos seus seguidores, porque tinha a sensação de que eles eram dados a acessos de raiva, e que "a qualidade da raiva mantém o espírito da pureza à distância"[30]. Veremos em outra parte alguns dos modos pelos quais Lúria encorajava seus discípulos a haver-se com a emoção da ira.

Há outra evidência, outrossim, de que o cultivo da vida emocional apropriada era crucial para a concepção luriana da prática espiritual. Fazendo lembrar o que cabalistas mais antigos de Safed haviam ensinado, ficamos sabendo a respeito da melancolia o seguinte: "A melancolia é, por

**29** *SRH*, p. 33.

**30** Temos conhecimento de três cartas de Sansão Bacchi, que foram publicadas por A. M. Luncz, em *Ieruschalaim*, Jerusalém: [s.n.], 1899, ed., D. Kaufman, 2: 140-147. Estes comentários encontram-se na segunda carta, p. 145. Bacchi, cujas datas exatas são desconhecidas, desenvolveu sua atividade na segunda metade do século XVI. Provavelmente originário da Itália, emigrou para Safed por volta de 1582, e tornou-se discípulo de ibn Tabul. Pouco depois, em 1583 ou 1584, mudou-se para Jerusalém, onde entrou em contato com o antigo rival de ibn Tabul, Haim Vital. Em 1585, Bacchi enviou para a Itália um breve tratado luriânico escrito por Vital e intitulado *Seder ha-'Atzilut be-Qitzur Muflag*. Parece que Bacchi pode ter sido reitor de uma *ieschivá* em Jerusalém. Ver David, *To Come to the Land*, p. 168.

si mesma, uma extremamente desagradável qualidade de personalidade, particularmente no caso de um indivíduo cuja intenção é adquirir conhecimento esotérico e experiência do Santo Espírito (*Ruakh ha-Qodesch*). Não há nada que impeça a inspiração mística – mesmo para alguém que de outro modo é digno dela – tanto quanto a qualidade da tristeza"[31].

Ao contrário, a alegria no cumprir os mandamentos deve exceder a felicidade que se possa experimentar através da riqueza material: "Quando um indivíduo cumpre qualquer preceito, seja no estudo da *Torá* ou na prece, ele deve sentir-se jubiloso e animado, mais do que se tivesse adquirido dinheiro, ou achado mil peças de ouro"[32].





De acordo com Eleazar Azikri, o próprio fato de Lúria conseguir grande conhecimento do Santo Espírito, resultou da ilimitada alegria com que praticou os preceitos[33]. De forma análoga, Elias de Vidas relata que ele também aprendera de Lúria que "se deve ser mais feliz no serviço do Santíssimo, abençoado seja Ele, de Seus preceitos e Sua *Torá*, do que na possessão de todo o dinheiro do mundo". Pois "nenhuma alegria no mundo se iguala à alegria associada com a de cumprir os mandamentos"[34].

Por fim, em conexão com a profunda preocupação de Lúria, no tocante às relações interpessoais e ao cultivo de certos traços espirituais, somos informados de que ele procurou promover empatia e amor, em particular entre seus discípulos:

> Meu mestre, possa sua memória ser uma bênção, acautelou-me e a todos os irmãos (*haverim*) que estavam com ele nesta companhia, que antes de rezar o serviço matutino, devíamos tomar sobre nós os mandamentos positivos "[...] e deves amar o teu vizinho como a ti mesmo" (*Lev.* 19:18). Ele deve concentrar-se em amar cada membro da Casa de Israel como ama si próprio, pois por causa disto sua prece ascenderá, estreitamente ligada a todas as preces de Israel. Por este meio sua alma estará apta a elevar-se para o alto e efetuar o *tikun*. E especialmente quando se trata do amor aos nossos *haverim*, cada um de nós tem de se vincular aos outros como se ele fosse parte de um membro do corpo de nossa confraria. Meu mestre, de abençoada memória, saiu de seu caminho para me precaver a respeito desse assunto. E se algum *haver*, Deus o livre, estiver em apuros, ou se houver alguma

31 *SRH*, p. 33.
32 Idem, ibidem.
33 Eleazar Azikri, *Sefer Haredim*; Introdução, Jerusalém: [s.n.], 1958.
34 Elias de Vidas, The Gate of Love, cap. 10, *Reschit Hokhmá*, Veneza: [s.n.], 1579.

doença em sua casa ou entre seus filhos, todos devem partilhar de sua preocupação e rezar em seu favor; de maneira similar, em todas as questões, cada um dos *haverim* deve estar atento aos seus companheiros[35].

Em suma, Lúria é retratado como uma criatura inusitadamente sensitiva às necessidades e sentimentos dos outros, e como alguém que, dotado de virtudes morais exemplares, procurou cultivar em si mesmo e nos outros os traços de personalidade requeridos para a vida espiritual. Ele estava especialmente preocupado com o controle das emoções que cada pessoa devia exercer, sem permitir que a vaidade, a raiva ou a tristeza dominem seu comportamento, traços que contrariariam com certeza a inspiração mística. Tudo isso condiz com as observações gerais sobre Lúria que Samuel de Uceda teceu no elogio ao seu mestre. Uceda escreveu que o rabi era "um homem de grande piedade [*hassid gadol*], não como outro qualquer"[36].

Os valores aqui aduzidos são típicos da piedade rabínica medieval de muitas maneiras e podem ser encontradas em outras culturas judaicas. O interessante, contudo, é a escolha efetuada pelos discípulos de Lúria no amplo repertório de virtudes morais promovido pela tradição ética judaica. A atribuição a Isaac Lúria destas qualidades particulares reflete as preocupações específicas do mestre e sua comunidade. Atribuições biográficas como estas não constituem simples questão de imputar, por rotina, uma litania de genéricas convenções morais a um herói. Em geral, captam um discreto ambiente cultural, um conjunto particular de inquietações e tensões.

Assim, por exemplo, a ênfase na necessidade de evitar a melancolia e servir a Deus com júbilo pode ser encarada como um meio de contrapor-se à forte tendência para a culpa e a autocensura que, como sabemos, caracterizava a comunidade cabalística de Safed. A preocupação especial com a modéstia e a humildade – repetidamente mencionada em nossas fontes – assume uma significação majorada no contexto de uma cultura na qual mais do que uns poucos egos ela assoma largamente. A rivalidade mutuamente destrutiva que se evidencia entre certos membros da irmandade de Lúria ajuda a pôr em foco a advertência do mestre sobre o imperativo de amar um ao outro. Como tais, a coleção de tradições sobre o comportamento do próprio

**35** *SeH*, p. 156. Cf. *SchK*, p. 2, onde a passagem termina com as seguintes palavras: "Meu mestre, de abençoada memória, tomava o grande cuidado de me acautelar acerca do amor que devemos nutrir com nossos companheiros, os membros de nossa irmandade".

**36** Pachter, Image of the Ari, p. 67.

Lúria e suas exortações para que fosse cultivado certo tipo de vida espiritual devem ser lidas como mais do que um conjunto de pietismos estereotípicos. Elas servem como uma medida de alguns dos conflitos psicológicos e sociais que envolviam aquela comunidade. Valores éticos, bem como condutas emocionais, são construções sociais, quer dizer, representam expectativas de comportamento que são dados a conhecer dentro de um cenário cultural particular. Emoções são *desempenhadas* no sentido de que constituem uma função dos modos usados para ensinar as pessoas e segundo os quais se espera que se comportem em relação aos outros. Como tais, passam a ser matéria de discurso público, que evolvem e se expressam como atuações em modos dinâmicos e interativos. Os valores e atitudes encarnados nas tradições aqui descritas vão direto ao coração de algumas das questões espirituais mais significativas que preocupavam Lúria e seu círculo de discípulos.





## Carisma e Inspiração Mística

Não obstante, não foi a piedade moral ou santidade *per se* de Lúria que exerceu o maior impacto sobre os seus seguidores; outra e mais inusitada conduta parece ter gerado o mais intenso fascínio e atrativo. Os relatos mais difundidos a seu respeito na literatura biográfica mais antiga têm a ver com espécies particulares de habilidades "sobrenaturais" para adquirir maravilhoso conhecimento esotérico. Como em geral é o caso, Vital fornece as descrições mais elaboradas de tais talentos, mas, felizmente, não dependemos unicamente de seu testemunho. Outros testemunhos da mesma ordem encontram-se nos escritos de certo número de pessoas, inclusive Iossef ibn Tabul, Iossef Benveniste, Samuel Uceda, Elias de Vidas, Eleazar Azikri, Moisés di Trani e Sansão Bachi.

De Vital, possuímos várias versões de uma tradição que sumaria as habilidades excepcionais de Lúria, dentre as quais um bom exemplo é a seguinte:

> Com referência aos seus feitos, é impossível para alguém relatá-los [até] em termos gerais e muito menos em pormenor. Entretanto, estas são as coisas maravilhosas e verdadeiras que testemunhei com meus próprios olhos: ele sabia como

fazer aparecer diante dele uma futura alma, bem como a alma de uma pessoa viva ou falecida, de entre os antigos assim como os posteriores sábios. Ele podia inquiri-las sobre o que desejasse saber no tocante ao conhecimento do futuro e aos mistérios secretos da *Torá*. O profeta Elias, seja a sua memória uma bênção, também lhe aparecia e lhe ensinava. Ele também podia reconhecer as letras sobre a fronte e [era adepto da] ciência da fisiognomia, bem como [sabia reconhecer] as luzes que se apresentam em cima da pele e do corpo de um indivíduo. [Ele era também perito no reconhecimento] das luzes no cabelo, do chilrear dos pássaros e da linguagem das árvores e das plantas. [Ele entendia] a fala até de coisas inanimadas, como diz a Escritura: "Pois a pedra há de clamar da parede [e a viga há de responder-lhe do madeiramento]" (Hab. 2:11). [Ele conhecia] a linguagem da vela ardente e do carvão flamejante. Ele podia ver os anjos que anunciam todas as proclamações [do alto], como é bem conhecido, e conversar com eles. Seu conhecimento era versado no concernente a todas as plantas e os genuínos remédios [que elas proporcionam]. Há muitas outras coisas que não podem ser relatadas. Aqueles que ouvem falar delas não acreditarão nelas quando lhes forem contadas. Eu registrei o que meus olhos viram em toda verdade[37].

Em outra versão, Vital adiciona que Lúria "conhece todas as ações que as pessoas realizaram ou vão realizar no futuro, [pois] ele pode discernir os pensamentos dos indivíduos até mesmo antes de serem executados"[38]. Além disso, ele era capaz de determinar as transmigrações (*g(u)ilgulim*) pelas quais as almas dos indivíduos passaram, os pecados que foram cometidos no passado, e o estado atual de suas almas[39]. Como deixa claro o diário de sonhos de Haim Vital, Lúria era igualmente perito na interpretação de sonhos. Ele também se aplicou a um estudo cuidadoso e elaborado da vida das plantas. Ele ensinou com algum detalhe sobre as características particulares das plantas e os efeitos benéficos de cada uma sobre a saúde das pessoas[40]. Remédios para problemas com a pele e a vista parecem ter sido de seu especial interesse. É possível que Lúria distribuísse remédios de cura natural como estes a seus discípulos e a outros.

37 SRH, p. 19. Cf. H. Vital, Introdução à *Scha'ar ha-Haqdamot*, encontra-se no começo de '*Etz Haim* (daqui em diante EH), Varsóvia, 1891. Cf., igualmente, Meroz, An Anonymous Commentary on '*Idra Rabba* by a Member of the Sarug School, p. 312.

38 H. Vital, Introdução a EH, p. 8.

39 Ver, e. g., *ScA*, carta 1, p. 11-12.

40 *SchG*, *Haqdamá* 36, p. 124-125.

Estas informações encontram eco e são confirmadas por outros, não mais importantes, do que Iossef ibn Tabul, um dos principais discípulos de Lúria, e uma pessoa cuja versão dos ensinamentos luriânicos exibe independência em relação a Haim Vital. Ao citar as lições de seu mestre, Tabul indica tipicamente sua dívida para com Lúria, do seguinte modo: "Aqui findam as palavras de meu mestre [*'ad kan laschon mori*], que lhe foram reveladas do céu por meio do Santo Espírito"[41]. Após a morte de Lúria em 1572, Tabul ensinou a certo número de discípulos, seus próprios, em Safed. Da pena de um deles, o acima mencionado Sansão Bacchi, temos a corroboração de um importante testemunho, em linguagem impressionantemente similar à de Haim Vital. Em uma das várias cartas que enviou de Safed nos primórdios de 1580, Bacchi escreveu o seguinte sobre Lúria:

> Ele entendia a linguagem das árvores, os sons das aves e animais, e o rumorejar da água. E quando olhava a sombra de um indivíduo [*be-tzel ha-'adam*], isto é, a aura externa que está fora do corpo da pessoa, ele podia reconhecer a boa inclinação e a má inclinação que acompanham constantemente um indivíduo. E ele discernia todas as transgressões que este indivíduo cometera, e lhe dizia o que ele havia feito [até] nos lugares mais escondidos [*be-hadrei hadarim*]. Ele podia [também] reconhecer em pormenor a transmigração das almas de cada indivíduo. E em virtude de sua grande santidade, ele conversava com as almas santas que se encontram nesta terra. [Deste] modo os mistérios ocultos e segredos da Cabala, bem como [outras] coisas maravilhosas eram reveladas a ele[42].

Presumivelmente, foi de seu mestre, ibn Tabul, que Bacchi soube de tudo isso. De particular interesse aqui é a alusão à aura externa, ou sombra, que Lúria era capaz de discernir. Na literatura do *Zohar*, e numa longa tradição de outros autores, a Cabala desenvolveu a noção de um *tzelem* (uma "imagem", com base no *Gên.* 1:26), um corpo astral ou psíquico que serve para mediar entre o corpo e a *nefesch*, o aspecto mais inferior da alma humana[43]. Por serem tão dissimilares um do outro, o corpo e a alma requerem uma entidade para fazer uma ponte entre eles. Este corpo su-

**41** Ver, e. g., Iossef ibn Tabul, Columbia University MS X 893 M6862 fols. 144a, 152a. Cf. Zvia Rubin, The zoharic Commentaries of Joseph ibn Tabul (em hebraico), *MY* 10, 1992, p. 370.

**42** Bacchi, carta 3, in D. Kaufman, ed., *Ieruschalaim*, p. 146.

**43** Ver Gershom Scholem, *Tselem*: The Concept of the Astral Body, em idem, *On the Mystical Shape of the Godhead*, p. 251-273.

til, etéreo, normalmente além da percepção física por seres humanos, era considerado pelos cabalistas como a dimensão da personalidade única que cada indivíduo possuía. Ademais, o *tzelem* era identificado à vestimenta com que as almas se trajam no paraíso antes de descerem ao mundo inferior, e que elas retomam de novo após a morte. Baseados em um jogo de palavras entre os termos *tzelem* e *tzel* (sombra), muitos cabalistas acreditavam que a sombra de uma pessoa era a projeção física desta etérea imagem interna. Haim Vital indica que "o corpo etéreo do [indivíduo justo] está [contido] no segredo do *tzelem*, que é percebido por aqueles que têm visão purificada"[44]. Embora Vital não mencione o nome de Lúria em relação a isto, a carta de Bacchi nos proporciona a informação de que se acreditava, de fato, que este rabi fora dotado de semelhante visão[45].

Iossef Benveniste de Segóvia, que empregou a bênção sobre indivíduos vivos numa referência a Lúria, ao menos uma vez em seus escritos, indicou que seu mestre "costumava adquirir conhecimento da *halakhá* [isto é, a lei judaica] de anjos celestes"[46]. Do mesmo modo, Benveniste relatou que Lúria "costumava apurar o simples [isto é, esotérico] significado da *halakhá* sem indagação [intelectual], [mas] por meio da profecia [*nevu'á*]"[47]. O relato de Elias de Vidas, segundo o qual Safed era a morada de sábios que conheciam as ciências da fisiognomia e possuíam "maravilhosa sabedoria que é semelhante a possuir o Espírito Santo", sem dúvida se refere a Isaac Lúria[48]. Tal é o caso também do relato do aluno de Cordovero na Cabala, Moisés Galante, o qual escreve que ele pessoalmente havia visto sábios que tinham a capacidade de praticar a metoposcopia, a arte de discernir o significado dos signos na fronte da pessoa[49]. O virtuosismo metoposcópico

44 Haim Vital, *Sefer ha-Gilgulim*, Przemysl, 1875, cap. 69 (daqui em diante *SeG*).

45 De acordo com algumas autoridades, em circunstâncias adequadas, indivíduos podem visionar seu próprio *tselem*, um tipo de encontro com o *self* (eu, ego) da pessoa à maneira de um fenômeno de *doppelgänger* [duplo ou sósia]. Assim, Moisés Cordovero ensina em seu *Pardes Rimonim* (portal 31, cap. 4) que "alguns dos piedosos conseguem [efetuar] a observação de sua imagem até neste mundo". Ver Scholem, "*Tselem*", p. 266, 316, nota 33.

46 Iossef Benveniste, *Dovev Siftei Ieschenim*, Esmirna, 1671, p. 23a. Como foi registrado acima, Benveniste não foi arrolado entre os discípulos de Lúria por Vital, ou por outro qualquer, até onde vai o meu conhecimento. Sabemos que ele viveu em Safed, a começar dos meados do século XVI, e estudou *halakhá* com Elischa Gallico e finalmente estudou também com Samuel de Uceda. Sobre Benveniste, ver M. Benayahu (ed.), *Sefer Toldot ha-Ari*, Jerusalém: Ben Zvi Institute, 1962 (daqui em diante *STA*), p. 362-364; Tamar, *Mehqarim be-Toldot ha-Iehudim be-'Eretz Israel u-be-'Italia*, p. 144-147; David, *To Come to the Land*, p. 146, 168.

47 Benveniste, *Dovev Siftei Ieschenim*, p. 36a.

48 De Vidas, *Reschit Hokhmá*, The Gate of Love, cap. 6.

49 Moisés Galante, *Kohelet Ia'akov*, Safed, 1578, p. 57a.

de Lúria é também explicitamente descrito por Eleazar Azikri, no *Sefer Haredim*, como iremos ver. Azikri também se refere amiúde às experiências do rabi com o Santo Espírito[50]. Embora Samuel Uceda não mencione a revelação de Elias ou do Santo Espírito em conexão com Lúria, ele diz que mistérios secretos lhe foram revelados, e que ele era mais instruído [neles], mais do que não importa quem[51]. A natureza específica de algumas dessas habilidades e os usos que delas foram feitas são discutidas abaixo com mais detalhes. Aqui bastará um olhar preliminar mais geral sobre os poderes atribuídos a Lúria e a significação de tais atribuições.



Em primeiro lugar, como vimos, é dito que Lúria possuía o dom de conversar com as almas dos mortos, mormente sábios rabínicos, bem como anjos e, de maneira ainda mais impressiva, o profeta bíblico Elias. Como Vital narra, "Elias constantemente se lhe revelava, falando-lhe diretamente e instruindo-o nestes mistérios"[52]. Elias, atuante em meados do nono século a.C., no reino setentrional de Israel, era renomado como fazedor de milagres, assim como por sua dramática ascensão ao céu em uma "carruagem de fogo". Esta representação forneceu a base para um amplo espectro de subsequentes tradições relativas às suas extraordinárias capacidades. A literatura rabínica o representa no desempenho de uma variedade de papéis, como precursor e arauto do Messias, guardião vigilante da tradição judaica e futuro conciliador de opiniões concorrentes no campo legal judaico[53]. Da maior significação do ponto de vista da tradição cabalística era a crença de que Elias servia de mestre vindo do alto e de intermediário entre o céu e a terra, transmitindo mensagens destinadas à academia celestial ou por ela expedidas. Para os cabalistas, uma visão e/ou uma experiência auditiva relacionadas com este profeta (*gilui 'Eliahu*) era uma das mais exaltadas formas de comunicação que um indivíduo podia ter. O próprio *Zohar*, edificado sobre uma tradição rabínica mais antiga, pinta a relação entre Elias e Schimon bar Iohai como algo central para o desenvolvimento espiritual deste último: "Rabi Schimon bar Iohai fugiu

50 Ver Benayahu, *STA*, p. 361-362.

51 Samuel Uceda, *Midrasch Schmuel*, Veneza, 1578, p. 236a.

52 *SchG*, p. 27. A literatura luriânica está repleta de histórias sobre as experiências de Lúria no tocante à revelação de Elias. Ver, e. g., as referências a "Elias" em Benayahu, *STA*, índice dos nomes dos indivíduos, p. 379.

53 No que concerne ao papel de Elias na literatura judaica, cf. Aharon Wiener, *The Prophet Elijah in the Development of Judaism: A Depth-Psychological Study*, Boston: Routledge & K. Paul, 1978. Acerca de seu lugar entre os cabalistas, ver Werblowsky, *Joseph Karo*, p. 40-41, 269-270; Scholem, *On the Kabbalah*, p. 19-21 (Tradução brasileira, *A Cabala e seu Simbolismo*, São Paulo: Perspectiva, 19, p. 28-31).

para o deserto de Lida e viveu em uma caverna com seu filho, Rabi Eleazar [...]. Elias, seja ele relembrado para sempre, visitava-os duas vezes por dia, e instruia-os, e [ninguém] mais sabia onde eles estavam"[54].

Ora, para tomar uma ilustração do tempo do próprio Lúria, o anjo mentor de Iossef Karo reconhece implicitamente a inferioridade relativa de suas próprias comunicações, ao prometer a Karo a mais sublime experiência de Elias, se a sua conduta a garantisse: "Mortifica-te como eu te disse, de modo a merecer contemplar Elias enquanto estás desperto, face a face, e ele te falará, boca a boca, e te fará a saudação da paz. Pois ele se tornará teu professor e mestre, e te ensinará todos os mistérios da *Torá*"[55].

Em outra passagem, o diário de Karo registra: "Eu já te disse duas e três vezes que deves ver Elias postado diante de ti enquanto estás desperto [isto é, não em um sonho]. É necessário, entretanto, que jejues sete vezes por três dias consecutivos, e então ele se revelará a ti no lugar que tu conheces, e lá irás deliciar-te com ele"[56].

Assim, as vindicações concernentes às relações de Lúria com Elias tomam o seu lugar em uma longa tradição que envolve outros cabalistas antes dele, sobre os quais direi mais coisas abaixo. O que Lúria aprendeu dessas diferentes fontes celestiais consiste em conhecimento cabalístico da *Torá*. Isto é, interpretações místicas de textos sagrados, além de outras espécies de informação esotérica, tais como as linhagens da alma de seus discípulos.

Ao lado destas formas de experiência revelatória direta, é dito que Lúria se empenhou em vários tipos de atividades divinatórias. Assim, ele podia discernir o significado de signos do mundo natural, assim como de objetos quer animados quer inanimados. Para Lúria, por exemplo, tomar o pulso de um indivíduo ou ler as letras hebraicas, que ele divisava na testa de alguém, podia proporcionar-lhe conhecimento acerca da alma da pessoa. O pipilar de pássaros, a dança do fogo de uma vela acesa, as almas presentes em todos os tipos de objetos, tais como árvores e rochas, continham mensagens ocultas cujos significados ele era capaz de penetrar. Embora tais fenômenos divinatórios constituam uma forma algo menos direta de revelação divina do que aqueles acima enumerados, eles parecem ter sido considerados como não menos autorizados.



54 *Zohar Hadasch*, 59c.
55 *Magid Mescharim*, 2b, adaptado da tradução de Weblowsky em *Joseph Karo*, p. 269.
56 *Maggid Mesharin*, p. 19b, adaptado da tradução de Weblowsky em *Joseph Karo*, p. 269-270.

As várias espécies de experiências revelatórias imputadas a Lúria incluem tipos tanto visuais quanto auditivos[57]. Assim, ele era capaz de ver anjos e também as almas de profetas e sábios falecidos, como Elias, tanto quanto as auras externas e as letras nas fontes e outras partes do corpo das pessoas, que apareciam como luzes. Seu ouvido podia ter entendimento da linguagem falada pelas aves e da fala de todas as espécies de animais e de fenômenos inanimados na natureza[58]. Não parece ter havido alguma preferência clara seja pela experiência visual ou pela auditiva. Nem é, no caso de Lúria, a distinção entre o visual e o auditivo sempre clara; afigura-se que ao menos em alguns dos fenômenos descritos, ambos os modos de experiência entravam em jogo[59]. A manifestação de Elias, por exemplo, era sem dúvida simultaneamente visual e auditiva, tal como o conhecimento obtido da "fala" de uma vela acesa ou de uma água corrente, deve ter sido possibilitado antes de tudo pelo olhar contemplativo. Ainda assim, é importante salientar que o auditivo ocupa um lugar de inusitada proeminência no misticismo luriânico, como ficará evidente abaixo em conexão com a prática contemplativa de *iuhudim*. Além do mais, a aptidão de Lúria para diagnosticar a condição espiritual das pessoas tomando-lhes o pulso, adiciona o sentido do tato aos modos de cognição nos quais ele podia fiar-se.



Não importa qual forma de comunicação estivesse envolvida, o entendimento era que todas resultavam em conhecimento conquistado, não por meios intelectuais, mas através de uma intuição contemplativa nutrida por uma vida de intensa piedade. De fato, talvez a mais notável vindicação a respeito do conhecimento esotérico do mestre tenha sido a explícita rejeição da via intelectual como recurso para chegar ao conhecimento religioso. Semelhante sabedoria – acreditavam Lúria e seus discípulos – era inacessível por meio de métodos convencionais do estudo intelectual: "Os segredos da *Torá* e seus mis-

**57** Elliot Wolfson demonstrou de maneira persuasiva como era proeminente o papel do visual na história da literatura mística judaica. Ver, de sua autoria, *Through a Speculum*, espec. caps. 6 e 7, quando ele explora a questão no contexto da Cabala teosófica.

**58** No que tange à questão da sensitividade de toda a criação na tradição judiaca, compulsar Everett Gendler, A Sentient Universe, em E. Bernstein (ed.), *Ecology and the Jewish Spirit: Where Nature and the Sacred Meet,* Woodstock, Vt.: Jewish Lights, 1998, p. 58-68.

**59** Este ponto é tratado na observação de Wolfson de que "o conhecimento místico, em contraste com os modos comuns de percepção, acarreta sinestesia, em que os dois modos epistêmicos [isto é, o visual e auditivo] convergem e se interpenetram". Wolfson chega até a sugerir que "mesmo naqueles contextos que indicam a supremacia da audição sobre a visão, os dois sistemas, luz e som, estão de tal modo combinados que é impossível falar de ouvir as vozes divinas sem vê-las". Cf. Wolfson, *Through a Speculam*, p. 287-288.

térios não são revelados aos seres humanos pelo poder de seus intelectos, mas por meio da divina vitalidade que flui do alto, através dos mensageiros e anjos, ou através de Elias, o profeta, possa a sua memória ser uma bênção"[60].

Vital amplifica este ponto em termos sem nenhuma ambiguidade:

> não há dúvida que estas matérias [isto é, conhecimento esotérico] não podem ser apreendidas por meio do intelecto humano, mas somente através da Cabala, [ou seja,] de um indivíduo [diretamente] para outro, diretamente de Elias, possa sua memória ser uma bênção, ou diretamente daquelas almas que se revelam em cada e em todas as gerações daqueles que são qualificados para recebê-las[61].

A questão da autoridade dos ensinamentos de alguém na tradição cabalística é criticamente importante para os nossos propósitos. Virtualmente todos os cabalistas, desde os inícios do movimento no fim dos séculos XII e XIII, partilham com não cabalistas a fundamental convicção rabínica de que todas as verdades religiosas derivam, no final de contas, da dupla revelação no Sinai. Moisés recebeu a revelação de Deus, parte da qual foi registrada, resultando daí a *Torá* Escrita, e parte foi transmitida oralmente, de mestres para discípulos, numa ininterrupta cadeia de tradição, resultando daí a *Torá* Oral, ou a Tradição Oral. De acordo com essa axiomática perspectiva rabínica, não pode haver em realidade jamais quaisquer ensinamentos verdadeiramente novos ou inovadores; antes, todas as aparentemente novas interpretações da Escritura nada são, salvo resultados do processo para determinar o significado da vontade de Deus como fora originalmente tencionado no Sinai.

Se todos os cabalistas concordam com estes bem conhecidos princípios da teologia rabínica, a história da literatura cabalística demonstra que havia tudo menos consenso unânime na questão de *como* descobrir as verdades reveladas no Sinai. Podemos identificar diferentes abordagens hermenêuticas dos primeiros cabalistas da Provença e da Espanha, as quais não eram de maneira alguma mutuamente exclusivas. (Tendo em mente que estas são vindicações acerca do modo como o conhecimento cabalístico era adquirido ou foi transmitido e não são assim necessariamente idênticas às maneiras pelas quais os ensinamentos eram efetivamente



**60** H. Vital, Introdução a *EH*, p. 7.
**61** Idem, ibidem.

derivados.) Estas abordagens hermenêuticas caem sob os tópicos de a. transmissão oral de um mestre; b. exegese textual; e c. revelação direta.

Entre os principais exemplos de um autor cabalista, que desposou o modo da transmissão oral de um mestre, encontrava-se Moisés ben Nakhman, também conhecido como Nakhmânides, ou pelo acrônimo RaMBaN (1194-1270). Nakhmânides pertencia ao rol dos mais eminentes rabis de seu tempo, um erudito cuja criatividade abrange os vários campos da lei judaica, *'agadá* (narrativa de caráter não normativo da literatura rabínica), exegese escritural, poesia, disputas e Cabala[62]. Sua escritura cabalística prestou ao referido movimento o prestígio de uma grande autoridade religiosa e concedeu-lhe legitimidade em um período crucial para o seu desenvolvimento. Nakhmânides acreditava que a única via legítima para adquirir conhecimento esotérico era através da transmissão pessoal de um mestre:

> De fato, esta matéria contém um grande segredo dos segredos da *Torá*, que não pode ser compreendido pelo entendimento de um pensador, mas [unicamente] por uma pessoa que os ganha [pessoalmente] aprendendo [-os] da boca de um mestre, remontando a Moisés, nosso Mestre, [que os aprendeu] da boca do Senhor, abençoado seja Ele[63].

Nakhmânides evitou inovar o ensinar cabalístico, alegando a dependência daquelas tradições que a pessoa efetivamente recebe de seu mestre. Isto assegura que o conhecimento da pessoa é parte da cadeia ininterrupta de tradição que remonta a Moisés no Sinai. Como Moshe Idel demonstrou, Nakhmânides acreditava que o saber cabalístico disponível em seu tempo era um *corpus* fechado de mistérios, razão pela qual não era permitido alargá-lo[64]. O referido *corpus* fora originalmente recebido por Moisés e fora transmitido por via oral até a época do próprio Nakhmânides. Este, como

62 Com referência a estudos sobre a natureza das variadas atividades literárias de Nakhmânides, ver I. Twersky (ed.), *Rabbi Moses Nahmanides (Ramban): Explorations in His Religious and Literary Virtuosity*, Cambridge, Mass.,: Harvard University Press, 1983.

63 *The Commentary on Job, Kitvei ha-Ramban*, 1:23. Este tópico é o foco do estudo de Moshe Idel, We Have No Kabbalistic Tradition on This, em Twersky, *Rabbi Moses Nahmanides*, p. 51-73; idem, Nahmanides: Kabbalah, Halakhah, and Spiritual Leadership, em M. Idel e M. Ostow (eds.), *Jewish Mystical Leaders and Leadership in the Thirteenth Century*, Northvale, N. J.: Jason Aronson, 1998, p. 15-96. Para um modo de ver um pouco diferente sobre a posição hermenêutica de Nakhmânides, ver Elliot R. Wolfson, By Way of Truth: Aspects of Nahmanides' Kabbalistic Hermeneutic, *Association for Jewish Studies Review* 14, 2, 1989, p. 103-178.

64 Idel, We Have No Kabbalistic Tradition, p. 63-64.

outros antes dele, procurava preservar tais ensinamentos como segredos esotéricos. Quer dizer, mesmo o conhecimento cabalístico, que era reconhecido como tradição legítima e autorizada, devia ser apresentado de forma críptica e fragmentária. Tal entendimento da natureza da autoridade cabalística e das regras de sua transmissão foi passado por Nakhmânides a seus estudantes, inclusive Salomão ibn Adret, Iom Tov Aschvili, Isaac ben Todros e David ha-Kohen, que por seu turno também resistiram à disseminação e expansão públicas do ensinamento cabalístico, tendo eles transmitido a Cabala primordialmente por via oral a seus próprios alunos, como Schem Tov ibn Gaon, Bahia ben Ascher, Ioschua ibn Schuaib e Meir ibn Sahula.

Entretanto, a fidelidade ao conservantismo de Nakhmânides rompeu-se com esta última geração de discípulos, dos quais todos finalmente cederam à tentação de introduzir ideias cabalísticas, inequivocamente inovadoras, que floresceram na segunda metade do século XIII em seus escritos[65]. Eles não só romperam com o conservantismo nakhmanidiano, com respeito ao *que* constituía legítimos ensinamentos cabalísticos, mas também renunciaram ao padrão de apresentação da Cabala de uma forma altamente críptica, por meio de dicas e alusões. Por volta da primeira metade do século XIV na Espanha, a Cabala tornou-se mais acessível ao domínio público por meio da publicação de obras, deliberadamente desprovidas da natureza críptica, de sua literatura anterior.

A abordagem hermenêutica da exegese textual é bem exemplificada pelos próprios cabalistas responsáveis pelas tendências inovadoras do fim do século XIII aludido acima. Todavia, o exemplo mais importante da abordagem exegética é a obra seminal da teosofia cabalística na Espanha, o *Zohar*, cuja maior parte foi escrita por Moisés de Leon[66]. O cabalista nasceu por volta de 1240, em Leon, perto da Castela. Nos anos de 1280 e 1290, começou a pôr em circulação manuscritos que seriam, pretendia ele, antigos *midraschim*, isto é, comentários sobre a *Torá*, mas que na realidade eram de sua autoria. De Leon pretendia simplesmente tê-los copiado de um manuscrito cuja origem, argumentava ele, estava no círculo do Rabi Schimon bar Iohai (também conhecido pelo acrônimo RASCHBI), datado do segundo



**65** Idem, p. 64-65.
**66** Uma concepção revista sobre a autoria do *Zohar* foi esposada por Yehuda Liebes, segundo o qual um *grupo* teve parte no seu desenvolvimento, embora Moisés de Leon, ainda assim, aflore como a figura central neste processo. Ver Liebes, How the Zohar Was Written, em idem, *Studies in Zohar*, p. 85-138.

século palestinense, mas que só teria chegado à Espanha em época recente. A despeito de um ceticismo inicial e de desafios ocasionais no tocante à alegada antiguidade do *Zohar*, a tentativa de Moisés de Leon para pintá-lo como um texto dos tempos rabínicos foi bem sucedida. A figura do próprio autor, como memória, acabou retrocedendo para o plano de fundo, à medida que o *Zohar* se firmava como uma obra autorizada de saber esotérico devida ao grande sábio Schimon bar Iohai. Foi esta manobra literária da parte de Leon, junto com o inerente fascínio com que o *Livro do Esplendor* foi saudado, que lhe assegurou por fim o status quase canônico no século XVI. Ao lado da *Bíblia* e do *Talmud*, o *Zohar* foi estudado com reverência, temor e intensidade pelos judeus em diversas comunidades ao redor do mundo. E tanto quanto a *Bíblia* e o *Talmud*, ele também gerou toda uma literatura de comentários e guias para o seu estudo, traduções e até imitações[67].



O que, para os nossos propósitos, deve ser pontuado no *Zohar* é que uma de suas principais abordagens para a descoberta da verdade religiosa reside na interpretação textual inovadora e imaginativa[68]. Composto em larga medida em um estilo midráschico, consistente com sua pretensão de ser uma obra rabínica antiga, o texto assume que a Escritura codifica um imenso mar de significações esotéricas e simbólicas. A expressão simbólica é sangue vital do *Zohar*; a *Torá*, no seu modo de ver, constitui um vasto corpo de símbolos que alude a um ou a outro aspecto da estrutura divina. A descoberta desses significados, entretanto, não é encarada como dependente de uma tradição recebida, como em Nakhmânides. Ao contrário, qualquer pessoa com conhecimento da natureza simbólica da *Torá* encontra-se potencialmente em posição de determinar seus significados. Várias figuras aparecem no *Zohar*, produtos da imaginação de Leon, que revelam conhecimento cabalístico sem que venha acompanhado de qualquer pretensão de haver sido ensinado por outros.

**67** A respeito da influência do *Zohar*, ver WZ, 1:13-30.

**68** Uma considerável soma de atenção tem sido devotada às questões relativas à natureza midráschica da literatura zohárica. Ver, e. g., Matt, *Zohar*, p. 25-32; idem, *Matnita Dilan*: A Technique of Innovation in the*Zohar*" (em hebraico), em *MY* 8, 1989, p. 123-145; Moshe Idel, Midrashic Versus Other Forms of Jewish Hermeneutics: Some Comparative Reflections, Michael Fishbane, "The Holy One Sits and Roars": Mythopoesis and the Midrashic Imagination; e Elliot R. Wolfson, Beautiful Maiden Without Eyes: *Peshat* and *Sod* in Zoharic Hermeneutics, todos em Fishbane, *The Midrashic Imagination: Jewish Exegesis, Thought, and History*, Albany: State University of New York Press, 1993. Quanto a estudos que descrevem a relação entre experiência revelatória e interpretação textual no *Zohar*, ver Elliot Wolfson, Circumcision, Vision of God, and Textual Interpretation: From Midrashic Trope to Mystical Symbol, em Fine, *Essential Papers on Kabbalah*, p. 495-524; idem, The Hermeneutics of Visionary Experience: Revelation and Interpretation in the Zohar, *Religion* 18, 1988, p. 311-345.

Armadas apenas com a imaginação e o conhecimento de "mistérios ocultos", elas de repente começaram a ensinar à enlevada atenção de indivíduos interessados. Enquanto Nakhmânides era um zelota em prol da cautela e da explanação conservadora, de Leon era extravagante em sua abertura para as extensas, de fato infinitas, possibilidades de interpretação da Escritura. O *Zohar* é um testamento do desembaraço altamente inventivo, desinibido e imaginativo de Moisés de Leon. O poder compelativo do *Zohar* – como sugeri em outra parte[69] – tem tudo a ver com os lampejos de *insight* e intuição do autor, e as imagens, aparentemente ilimitadas, com que Deus é descrito. São os voos das fantasias, a aptidão da mente do autor para apreender e articular em símbolos as inexauríveis dimensões da vida divina, que assim se imprimiram de modo tão indelével sobre o leitor. Sem dúvida, nada disto é considerado como um mero fruto da imaginação humana, mas, antes, como a recuperação e a descoberta das verdades que remontam ao Sinai. As mais atrevidas e originas formulações são, destarte, construídas como revelação antiga.

Um terceiro tipo de vindicação hermenêutica relativa à fonte da verdade cabalística é uma revelação pessoal direta de uma espécie ou outra. Esse gênero de vindicação já era feito acerca das primeiras constelações de eminentes cabalistas provençais, inclusive Abraão ben Isaac (m. c.1179 ), presidente da corte rabínica de Narbona; seu genro Abraão ben David de Posquières (m. 1198), o mais proeminente rabi de seu tempo no sul da França; o filho deste último, Isaac, o Cego, e Jacob ha-Nazir. Como é bem sabido, os ensinamentos desses cabalistas provençais foram transplantados para a Espanha por seus discípulos, por volta do começo do século XIII. Um número ligeiramente variante de tradições relatando que estes primeiros cabalistas tiveram a experiência da "aparição do Santo Espírito" e revelações do profeta Elias, surgiu, entretanto, um século mais tarde, cerca do ano de 1300. Elas estão preservadas nos escritos dos discípulos de Salomão ibn Adret, ele próprio proeminente discípulo de Nakhmânides. Um destes registros, do importante cabalista italiano Menakhem Recanati, afirma que o primeiro cabalista do círculo provençal não foi Abraão ben Isaac, porém Rabi David, o pai de Abraão ben David. Todavia, o interessante no relato de Recanati é a informação que ele fornece concernente ao modo como a mais antiga tradição cabalística teria sido transmitida – como se crê – de uma geração à seguinte:

69 Fine, Kabbalistic Texts, p. 313-314.

> Pois ele [Elias] revelou-se ao Rabi David, cabeça da corte rabínica [*'av bet din*] e lhe ensinou os mistérios da Cabala. Ele, de sua parte, os transmitiu ao seu filho, o Rabad [isto é, Rabi Abraão ben David], e ele [Elias] se revelou também a ele, e ele transmitiu isso ao seu filho, Isaac, o Cego, cego de nascença, e a ele, também, ele se revelou. Este último, por sua vez, transmitiu tais ensinamentos a dois discípulos seus, R. Ezra [de Gerona], autor de um comentário ao *Cântico dos Cânticos*, e R. Azriel [de Gerona], depois do que isso foi transmitida ao Ramban[70].

O relato de Recanati mostra como o fenômeno de transmissão do mestre ao discípulo foi combinado com informações sobre inspirações celestes, proporcionando duas diferentes bases autorizadas para a verdade cabalística. Do próprio Abraão ben David, ficamos sabendo: "O Santo Espírito já havia aparecido em nossa escola", e "e a mim foi revelado a partir dos mistérios de Deus, que ele comunica àqueles que O temem"[71]. Deve-se notar que tais vindicações de divina inspiração são feitas aqui em nome dos cabalistas provençais, mas não no dos da Espanha, isto é, Ezra, Azriel ou Nakhmânides.

Na tradição da Cabala extática, tal como representada na obra do místico nascido na Espanha, Abraão Abuláfia, é a inspiração profética do divino espírito que é entendida como o terreno do conhecimento místico[72]. Um autor anônimo do século XIV ou XV, seguindo a tradição de Abuláfia em seu escrito, articulou de maneira clara a concepção de que o conhecimento dos segredos sobre a *Torá* é dependente do fato do "intelecto profético" derivar de Deus, mais do que do intelecto normal: "Não



70 Menahem Recanati, *Perusch 'al ha-Torá*, Jerusalém: [s.n.], 1961, *Paraschat Naso*. Cf. Scholem, *Origins*, p. 37, nota 61.

71 Como citado em Scholem, *Origins*, p. 206; ver também sobre isto idem, p. 35-39, 238-243; idem, *On the Kabbalah*, p. 5-31 (*A Cabala e seu Simbolismo*, p. 11-42). Scholem (*Origins*, p. 206) adverte que "expressões do tipo aqui mencionadas não indicam necessariamente uma inspiração mística. Elas também ocorrem no *Talmud* em contextos puramente halákhicos, a fim de designar a fonte de enunciados que não emanam da tradição oral, mas, não obstante, vindicam autoridade [...]. A avaliação do significado de tais expressões no caso do Rabad é matéria de julgamento subjetivo". Ver também Isadore Twersky, *Rabad de Posquières: A Twelfth-Century Talmudist*, Cambridge, Mass.: Harvard University Press, 1962, p. 286-300; A. J. Heschel, *Prophetic Inspiration After the Prophets*, Hoboken, N. J.; Krav, 1996.

72 Idel, *Kabbalah*, p. 234-237 (Tradução brasileira, *Cabala: Novas Perspectivas*, São Paulo: Perspectiva, 2000, p. 342-346). Em Abuláfia, a própria experiência profética é contingente a um complexo e distintivo sistema hermenêutico, em que as letras que compõem a *Torá* e os nomes de Deus são "desconstruídas" e recombinadas em novos padrões. Para uma discussão sobre a hermenêutica de Abuláfia, ver Moshe Idel, *Language, Torah, and Hermeneutics in Abraham Abulafia*, Albany: State University of New York Press, 1989. Sobre a natureza da experiência mística no misticismo de Abuláfia, cf. Idel, *Mystical Experience in Abraham Abulafia*, espec. cap. 3.

se pode compreender a maior parte dos temas da *Torá* e de seus mistérios, e os mistérios dos mandamentos não podem ser entendidos a não ser por meio do intelecto sagrado e profético que emanou de Deus sobre os profetas"[73]. O pietismo [hassidismo] alemão também pretendeu que os pietistas possuíam um extraordinário conhecimento da vontade de Deus, na medida em que "Deus revela Seu saber esotérico [*sodo*] a Seus servos, os profetas" (*Amós* 3:7). Os pietistas se consideravam dotados de inspiração divina, com a qual podiam descobrir a vontade oculta de Deus diretamente da Escritura, e às vezes chamavam a si mesmos de "profetas"[74].

Entre os mais importantes exemplos desse tipo de reivindicação encontra-se mais uma vez o *Zohar*, especialmente no tocante à representação da figura de Schimon bar Iohai. O místico mestre é retratado como uma personalidade supremamente carismática; ao lado de uma extraordinária retidão, ele possui um poder espiritual que lhe permite travar discurso com espíritos angélicos, com as almas dos justos já falecidos e, como se notou antes, com o profeta Elias. Em uma exuberante passagem, ele descreve a si mesmo como *excedendo* Moisés em seu poder de inspiração: "Eu vejo agora o que homem nenhum viu desde que Moisés subiu o Monte Sinai pela segunda vez. Eu vejo minha face brilhando como a luz poderosa do sol [...]. E mais ainda, eu sei que minha face está brilhando, enquanto Moisés não sabia, nem olhou"[75]. Como escreve Isaiah Tishby, Schimon bar Iohai

> é retratado como um perito em mistérios, a quem todas as sendas secretas são aclaradas por meio de revelações do céu, e o círculo de seus discípulos seguidores, sedentos do conhecimento do mundo oculto, está sentado no pó a seus pés, a fim de receber instruções de seus lábios. O conhecimento do desconhecido é a vara mágica cujo poder o habilita a ter regência sobre os mundos superior e inferior[76].

73 Idel, *Kabbalah*, p. 236, 387, nota 163 (*Cabala: Novas Perspectivas*, p. 396, nota 163).
74 Ivan Marcus, Religious Virtuosi and the Religious Community: The Pietistic Mode in Judaism, em J. Neusner (ed.), *Take Judaism, for Example* (Chicago: University of Chicago Press, 1983), p. 100. Para uma análise cabal da experiência visionária como forma de profecia entre os pietistas alemães, ver Wolfson, *Through a Speculum*, cap. 5.
75 *Zohar* 3, 132b (Idra Rabba). Tradução de *WZ*, 1:10.
76 Idem, ibidem.

Ainda que Schimon bar Iohai, a personalidade dominante nas narrativas do *Zohar*, fosse uma invenção de seus compositores, veremos que ele se tornará o mais real de todos os professores místicos, no que concernia a Lúria e seu círculo[77].

## O Lugar de Lúria na Corrente da Tradição Cabalística



Com base naquilo que já foi visto, Lúria teria aceitado, como indica Vital, o que se pode denominar a abordagem pregada por Nakhmânides, ou seja, a transmissão pessoal do mestre ao discípulo, bem como a transmissão revelatória. É esta última via, entretanto, que Vital e outros vindicam em nome de Lúria. Vital nos proporciona uma importante discussão sobre seus próprios pontos de vista – e, presumivelmente, os de Lúria também – a respeito da história da transmissão do conhecimento cabalístico[78].

Segundo Vital, os mistérios cabalísticos foram ensinados aberta e publicamente até a morte de Rabi Schimon bar Ioahai, a quem – como vimos – a tradição atribuiu a autoria do *Zohar*. Citando as próprias palavras do *Zohar* a este respeito, Vital escreveu que, desde a morte de Schimon bar Iohai, a "sabedoria foi-se embora desta terra" (*Zohar* I, 217a). Todos aqueles sábios que, a partir de então, foram portadores de saber cabalístico, mantiveram-no em grande segredo, cada qual abrindo o seu conhecimento a um único discípulo. Mais ainda, mesmo para esses selecionados discípulos os mestres cabalísticos ensinavam apenas em termos de generalizações, revelando tão-somente uma parte de seu conhecimento[79]. A sabedoria cabalística era passada de uma geração à seguinte neste fragmentado e fragmentário modo até a época de Moisés ben

**77** Em relação a um conjunto de observações sobre a importância desse ficcional Schimon bar Iohai na vida do grande mestre hassídico Nakhman de Bratslav, ver Arthur Green, *Tormented Master: A Life of Rabbi Nahman de Bratslav*, Tuscaloosa: University of Alabama Press, 1979, p. 10-15.

**78** H. Vital, Introdução a *EH*, p. 8-9. A este respeito, cf. Moshe Idel, Inquiries into the Doctrine of *Sefer ha-Meschiv* (em hebraico), *Sefunot* 17, 1983, p. 239-243.

**79** H. Vital, Introdução a *EH*, p. 8.

Nakhman. Seguindo a bem conhecida tradição preservada por Recanati, acima mencionada, Vital nos informa que no decorrer desse período certos sábios foram privilegiados, tendo merecido revelações diretas e pessoais de Elias, o profeta, e sobre eles o Santo Espírito repouso, inclusive sobre Abraão ben David de Posquières e seu filho caçula, Isaac, o Cego. Este, por sua vez, passou sua tradição a dois de seus importantes discípulos, Ezra e Azriel de Gerona, de quem o referido saber passou ao último mestre da Cabala genuína, Nakhmânides. Em tal contexto, Vital cita a passagem de Nakhmânides acima transcrita, segundo a qual a tradição cabalística só pode ser ensinada diretamente a partir de um mestre, e não pode ser adquirida por meios intelectuais.

Com base nestes pontos de vista, Vital nos fornece um registro relevante e altamente esclarecedor sobre quais livros representam a Cabala autêntica e são merecedores de estudo, segundo Lúria. Estes textos incluem primeiro e, sobretudo, sem dúvida, o *Zohar*. O círculo luriano, como virtualmente todos os outros cabalistas do fim do século XIII em diante, aceitou a tradição de que o *Zohar* era uma obra dos tempos talmúdicos. De fato, como foi indicado acima, acreditava-se que, com a morte de Schimon bar Iohai, o saber cabalístico fora para a clandestinidade, pois até aquele tempo a revelação celestial e a inspiração divina eram muito difundidas. Vital declara que "a maior parte das palavras do Rabi Schimon bar Iohai, de abençoada memória, no *Zohar*, nos *tikunim* e no *Midrasch* [do *Zohar*] ao *Cântico dos Cânticos*, foi-lhe revelada por Elias, o Profeta, de abençoada memória"[80]. Raschbi também estudou os mistérios da *Torá* com as almas dos santos falecidos, como está registrado na segunda introdução aos *Tikunei Zohar*[81]. A lista de Lúria acerca das obras aprovadas também inclui o *Sefer ha-Qaná*, todos os escritos mencionados por Menahem Recanati em sua referência às obras compostas sob autoria de divina inspiração, bem como o

> comentário ao *Sefer Ietzirá* (Livro da Criação) atribuído ao Rabi Abraão ben David de Posquières, de abençoada memória, muito embora tenha sido composto por um certo sábio Aschkenazi e não contenha as palavras do Ravad. Pois, apesar disso, suas palavras são verídicas, ocultas e maravilhosas[82].

80 Idem, p. 7.
81 Idem, ibidem.
82 Idem, p. 9.

*Berit Menuhá* – uma obra que estaria baseada nas revelações ao seu anônimo autor do século XIV, feitas, segundo pretende, por "um certo santo, que o instruiu, e todas as suas palavras são ocultas e seladas" – é outro livro que Vital designa como tendo sido divinamente inspirado[83]. Este incomum tratado, erroneamente atribuído a Abraão ben Isaac de Granada, contém narrativas dramáticas de visões de luzes celestiais obtidas por meditação sobre vocalizações do Tetragrama. Lúria e Vital não foram os primeiros a considerá-lo como especial. Moisés Cordovero ofereceu a seguinte avaliação a seu respeito:

> Eu observei a obra *Berit Menuhá*, uma obra deliciosa que contém uma exposição sobre o Tetragrama. É certo que os conteúdos do livro foram transmitidos pela tradição de mestre para discípulo [literalmente de "boca em boca"], ou então foram comunicados por um anjo, visto que estes não são assuntos a serem captados como resultado de profunda especulação e sutil raciocínio, mas podem ser unicamente fruto de maravilhosa compreensão [*hasagá nifla'á*] possibilitada pela ajuda do Santo Espírito[84].

Vital, como vimos, inclui a obra do próprio Nakhmânides. Ele alude à natureza críptica do comentário de Nakhmânides sobre a *Torá*, sugerindo que sua verdade se tornará evidente, "para alguém que a entenda"[85]. Além disso, segundo Recanati, os ensinamentos de Nakhmânides se originavam na escola de Isaac, o Cego, que se baseavam eles próprios em revelações do profeta Elias. Vital adverte contra o estudo de qualquer coisa subsequente a Nakhmânides – uma posição singular que desafia a validade do *corpus* de textos místicos e é altamente irônica, porque muitas das obras que Lúria considerava como inspiradas na Cabala foram, na realidade, escritas após a época de Nakhmânides:

> Agora, com respeito a todos os livros dos cabalistas posteriores que vieram depois do RaMBaN, de abençoada memória, elas não lhe chegam perto. Pois do tempo do RaMBaN em diante, a senda desta sabedoria desapareceu dos olhos

**83** Idem, ibidem.
**84** Essas palavras foram incorporadas ao frontispício das edições impressas do *Berit Menuhá* por seus editores, que as tiraram do *Pardes Rimonim*, *Scha'ar ha-Nekudot*, cap. 1, de Cordovero. Adaptei a tradução inglesa desta passagem com base em Jacobs, *Jewish Mystical Testimonies*, p. 87.
**85** H. Vital, Introdução a *EH*, p. 9.

dos sábios, e [a eles] nada resta senão uns poucos escassos galhos sem suas raízes. Sobre estes, os cabalistas posteriores, de abençoada memória, construíram suas palavras [usando] o intelecto humano [somente][86].

O que todas dentre as obras sancionadas têm em comum é que elas teriam sido escritas, acreditava-se, sob os auspícios de alguma forma de divina inspiração, seja Elias, um anjo, ou a alma de um indivíduo já falecido, ou, como no caso do Nakhmânides, por representar uma tradição autenticamente transmitida de mestre para discípulo[87]. Posto de modo negativo, nenhuma delas era produto do mero intelecto humano, pois ele sozinho não poderia penetrar as profundezas da verdade esotérica. O argumento aqui não é que todos os outros escritos sobre a Cabala são uma completa mentira ou despidos de qualquer valor. Ao contrário, em comparação com as obras sancionadas, isto constitui raso conhecimento humano, mais facilmente adquirido. Estas concepções também traem a atitude profundamente negativa de muitos cabalistas desse período para com o racionalismo filosófico[88]. Um largo espectro de cabalistas do período pós-Expulsão (da Espanha e Portugal) expressou seu antagonismo, indo tão longe a ponto de sustentar que as raízes da filosofia estavam associadas à *Sitra Ahra*, o reino do mal, e que o seu estudo era responsável pelo prolongamento do exílio.

Qual era o status do ensinamento de Lúria? Lúria, segundo Vital, representa nada menos do que o primeiro e único afloramento de autêntico conhecimento cabalístico desde Nakhmânides! Mais ainda, seu conhecimento só pode ser comparado ao do próprio Schimon bar Iohai. Pois, um tal saber, "não se viu nem se ouviu em toda esta terra desde os dias de Rabi Schimon bar Iohai, possa ele repousar em paz, até agora"[89]. A despeito da vindicação de que a verdadeira Cabala não havia se manifestado desde Nakhmânides, Vital escreve que em cada geração Deus exibe sua compaixão dando a Israel indivíduos extraordinários (*iehidei segulá*) "sobre os quais o Santo Espírito pousou, e a quem Elias, possa sua memória ser uma benção, se revelou, instruindo-os nos segredos da Cabala". Em nossa geração, diz ele, Deus não sonegou um redentor a Israel, enviando-lhe um santo anjo, "o grande rabi, nosso santo



**86** Idem, ibidem.
**87** Para mais elementos sobre este assunto, ver Idel, Inquiries, p. 241-242.
**88** Idem, p. 232-243.
**89** H. Vital, Introdução a *EH*, p. 8.

professor, nosso rabi e mestre, Isaac Lúria Aschkenazi, possa seu nome ser uma bênção perpétua, repleta como uma romã com [conhecimento da] Escritura, [da] *Mischná*, [do] *Talmud*, [do] *Pilpul*, [dos] *Midraschim*, [da] *Ma'asé Bereschit* e [da] *Ma'asé Merkavá*"[90]. Todos os que testemunharam o saber e as habilidades de Lúria, e todos os que se familiarizaram com seus ensinamentos hão de reconhecer "que a mente humana [por si própria] não poderia alcançar assuntos tão profundos e maravilhosos sem o poder do Santo Espírito, mediado por Elias, possa sua memória ser uma bênção"[91].

Temos aqui um vívido exemplo de legitimização da autoridade religiosa carismática. Seja lá o que mais ele possa ter pretendido dizer com o termo *charisma*, o influente sociólogo alemão Max Weber tinha claramente em vista, em primeiro lugar e acima de tudo, a noção de um indivíduo que, na crença dos outros, é dotado de poder "sobrenatural" de uma espécie ou outra. "[O] termo 'carisma' será aplicado a certa qualidade de uma personalidade individual, em virtude da qual ela é posta à parte dos homens comuns e [é] tratada como dotada de poderes ou qualidades sobrenaturais, sobre-humanas ou, pelo menos, especificamente excepcionais", escreve Weber. "Estas são tais que não são acessíveis à pessoa comum, mas são consideradas como sendo de origem divina ou exemplares, e com base nelas o indivíduo referido é tratado como um líder"[92].

De acordo com esta definição, o carisma implica tanto a mostra de certos traços ou condutas por parte de uma pessoa, como o reconhecimento por parte de outros que tal comportamento significa alguma coisa de extraordinário. Enquanto a tendência popular é falar do carisma como tendo o seu *locus* no indivíduo, Weber acentuou o caráter social da autoridade carismática, escrevendo que "o que é importante por si é como efetivamente o indivíduo é encarado por aqueles que estão sujeitos à autoridade carismática, por seus 'seguidores' ou 'discípulos'"[93]. Do mesmo modo, Weber assevera que "é o reconhecimento por parte daqueles que estão sujeitos à autoridade que é decisivo para a validade do carisma"[94]. O

**90** Idem, ibidem.
**91** Idem, ibidem.
**92** Max Weber, *The Theory of Social and Economic Organization*, trad. A. M. Henderson e T. Parsons, Glencoe, Ill.:Free Press, 1947, p. 329.
**93** Idem, ibidem.
**94** Idem, p. 330.

carisma refere-se, então, a um fenômeno social tanto quanto a um tipo de personalidade. Ele sempre denota uma relação entre sequazes e a pessoa em quem eles depositam sua confiança. O carisma envolve a vindicação de uma comunidade que considera uma pessoa como investida de autoridade, em virtude de uma competência "sobrenatural" ou algum outro tipo de dom excepcional.

É precisamente em tais termos que a descrição anterior a respeito de Isaac Lúria deve ser entendida. Lúria claramente comportou-se de uma forma que o tornou objeto de atenção e fascinação; porém, é a interpretação que outros fizeram de sua conduta como sendo sagrada, ou derivada de um contato com o sagrado, que nos interessa em especial. Em Safed, numerosos outros, antes do aparecimento de Lúria, que gozavam de alta reputação como mestres ou estavam empenhados em atos inusitados de devoção, como vimos antes. Mas o que eles exibiram de seu "comércio com o sagrado" falhou como algo capaz de produzir, mesmo remotamente, um reconhecimento de tipo similar ao outorgado a Isaac Lúria. Uma combinação de fatores – dos quais alguns já foram identificados, e outros que o restante do presente estudo há de esclarecer – deve ter situado Lúria à parte de outros que manifestaram comportamento carismático.

O estudo comparativo das culturas religiosas nos ensinou que existem signos variados que, no entendimento dos indivíduos, assumem uma feição indicativa de uma associação entre uma pessoa carismática e o sagrado. Tais signos são sempre culturalmente específicos, mesmo que haja similaridades detectáveis entre culturas. Como Charles Keyes o formulou de maneira competente,

> o carisma é sempre construído consoante ideias particulares sobre aquilo que constitui o sagrado – conforme é visto o fato de se pôr alguém à parte em virtude de uma viagem em que se vai ou se vem da terra dos mortos, como no xamanismo clássico, ou de se ter herdado a *baraka* de Maomé, ou se ter sido visitado pelo Santo Espírito, ou se ter compreendido a verdade última que é Brama ou Nirvana[95].

**95** Charles Keyes, Charisma: From Social Life to Sacred Biography, em *Charisma and Sacred Biography*, ed. M. Williams, *Journal of the Americana Academy of Religion, Thematic Studies* 48, 3-4, 1982, p. 2.

No caso de Isaac Lúria – como pudemos verificar – o signo decisivo por ele exibido vinculava-se ao seu contato com uma vasta série de figuras celestiais que lhe teriam revelado mistérios divinos, e sua habilidade divinatória para discernir o significado oculto de fenômenos naturais. Lúria, portanto, era encarado por seu círculo como uma pessoa dotada de um conhecimento de tipo carismático, ou seja, um conhecimento extraordinário concedido por meio de uma revelação direta, pessoal. Acreditava-se que possuía saber e dons que estavam tipicamente fora do alcance de seres humanos comuns. Foi isto que ajudou a estabelecê-lo como mestre e mentor religioso de status único em Safed.



## Autoridade Carismática *Versus* Autoridade Rabínica

De um ponto de vista histórico e comparativo, essa legitimação da autoridade carismática levada a efeito pela irmandade luriânica é significativa, porque vai ao âmago de uma questão central na história do judaísmo. O esforço para obter conhecimento cabalístico (ou qualquer tipo de conhecimento religioso no que diz respeito ao assunto) por meio de inspiração pessoal, e a crença de que tais esforços são eficazes, estão em pronunciado contraste com as noções tradicionais rabínicas no tocante à autoridade. A autoridade rabínica, tal como desenvolvida no fim da Antiguidade, achava-se enraizada em um processo intelectual de estudo de textos sagrados com o propósito de interpretar seu significado. Pois o significado, segundo se pensava, residia dentro dos próprios textos escritos; era necessário apenas aplicar as técnicas apropriadas de interpretação a fim de desentocar a intenção do texto.

Este era certamente o caso dos sábios do período talmúdico, os quais de maneira deliberada asseveravam que a profecia – a comunicação direta com Deus – cessara. A motivação principal para semelhante alegação era o desejo de afirmar o primado da *Torá* (e sua colaborativa e coletiva interpretação pelos rabis) como paradigma para a conduta humana, mais do que exemplo de indivíduos. É sem dúvida verdade que encontramos na literatura rabínica uma linha de tradição segundo a qual um *tzadik* (um 'justo') é imaginado como alguém que sustenta o mundo e se acha no centro do cosmo – primordialmente devido à sua virtude moral[96]. É significativo, no entanto, que pouco esforço tenha sido feito para selecionar indivíduos particulares e atribuir tal status a eles. W. S. Green escreve:

> Limitando o âmbito das questões abertas à discussão, organizando ditos distintos de indivíduos para tratar de um ponto particular da lei ou interpretar um versículo da Escritura, e moldando relatos narrativos de atividades rabínicas para servir metas públicas, as autoridades por trás de documentos rabínicos criaram uma literatura dominada pelo consenso, pela opinião coletiva. É uma literatura em que figuras individuais aparecem para glosar ou refinar a tradição, mas nunca para inventá-la, uma literatura em que o senso de existências separadas é mínimo. A estrutura dos documentos rabínicos limita severamente a expressão da individualidade. A idiossincrasia ou o carisma pessoal raramente aparecem. Nenhuma das biografias é preservada; as vidas íntimas, privadas, psíquicas, imaginativas e intelectuais, bem como as carreiras públicas dos primeiros mestres rabínicos, permanecem totalmente obscurecidas. Nenhum indivíduo emerge como uma "pessoa inteira" em quem toda a sabedoria e a piedade estejam centradas e que poderia ameaçar ou servir de foco como um resistência contra o próprio coletivo rabínico[97].

Por volta do terceiro século, a atribuição de certos tipos de poderes mágicos e sobrenaturais não era uma feição incomum da liderança rabínica, refletindo uma tendência geral entre santos homens religiosos no mundo romano tardio[98]. Entretanto, como argumenta Green, o judaísmo rabínico pretendia que todo poder sobrenatural resultava da piedade

**96** Ver Arthur Green, The *Zaddik* as *Axis Mundi* in Later Judaism, *Journal of the American Academy of Religion* 45, 3, 1977, p. 327-347, reimpresso *in fine*, *Essential Papers on Kabbalah*, p. 291-314.

**97** W. S. Green, What's in a Name? The Problematic of Rabbinic "Biography", em J. Neusner (ed.), *Approaches to Ancient Judaism: Theory and Practice*, Missoula, Mont.: Scholars Press, 1978, p. 89-90.

**98** Jacob Neusner, *A History of the Jews in Babylonia*, Leiden: E. J. Brill, 1969, p. 4: 334-369; W. S. Green, Palestinian Holy Men: Charismatic leadership and rabbinic tradition, em W. Hase e H. Temporini (eds.), *Aufstieg und Niedergang der Römischen Welt: Geschichte und Kultur Roms im Spiegel der neuren Forschung*, Berlin: W. de Gruyter, 1979, 19.2, p. 619-647. Sobre a questão da ausência relativa de atribuição carismática no judaísmo de um modo mais geral, ver Robert Cohn, Sainthood on the Periphery: The case of Judaism, em J. S. Hawley (ed.), *Saints and Virtues*, Berkeley: University of California Press, 1987, p. 87-108.

rabínica e do conhecimento da *Torá*, e neutralizava, assim profundamente, a importância de semelhante conduta, ao tornar a intelectualidade a verdadeira medida do status de um indivíduo. Nesta maneira de ver, a supressão da individualidade era uma consequência do escrutínio público, que a natureza da vida rabínica sujeitava seus protagonistas. Estes e outros fatores são responsáveis pelo malogro do judaísmo rabínico em produzir qualquer hagiografia:

> Não importa que traços pessoais, não importa que magnetismo ou que carisma um rabi possuísse, sua posição e credibilidade dentro do movimento rabínico dependia de início de sua erudição. O status rabínico derivava não do exercício do misterioso e arbitrário favor divino, mas do resultado do labor intelectual. O que quer que significasse ser um rabi, [o certo é que] significava a mestria publicamente demonstrável acerca de um considerável corpo da Escritura e de material haláhico. Os rabis não se escondiam um do outro no deserto, nem se isolavam por trás de muros claustrais. A evidência das fontes sugere que eles viviam em um mundo de persistente escrutínio mútuo – um mundo de contínua evolução e julgamento. Em um mundo assim, os rabis não podiam deixar de estar cônscios de sua condição de mortais e não podiam possivelmente manter a ilusão de [ter] um poder especial [...] e, em especial, entre eles próprios[99].



É importante notar que, somada a uma preferência geral pela qualidade intelectual sobre o carisma pessoal, a natureza e o papel da lei no próprio sistema rabínico contribuiram para essa tendência. Em um mundo onde a conduta apropriada contava mais do que a intenção ou o motivo, a experiência íntima de um indivíduo, sobre a natureza das coisas, teria menos aceitação do que a autoridade coletiva ou institucional[100]. Esse ponto é bem ilustrado na amiúde citada disputa talmúdica relativa à limpeza ritual do forno, de Akhnai. O alvo em mira dessa história acerca da própria natureza da autoridade rabínica não é que os sábios não recebem algumas vezes comunicações do céu, tais como na forma de um *bat kol*, ou voz celeste. Por vezes, de fato, eles têm tais experiências, pois precisamente

**99** W. S. Green, Storytelling and Holy Man: The Case of Ancient Judaism, em Neusner, *Take Judaism, for Example*, p. 41.
**100** Meus agradecimentos ao Professor Robert Goldenberg por sua observação, numa comunicação pessoal.

algo deste naipe foi o que Rabi Eliezer sentiu na sua tentativa de persuadir os rabis com quem estava argumentando que o seu ponto de vista sobre a lei em questão era correto. O ponto visado é, antes, que semelhantes intervenções divinas certamente não dispõem de um lugar legítimo em uma disputa acerca de matérias legais[101].

Resta acrescentar que o primado conferido pelo judaísmo rabínico ao poder do intelecto racional era, com poucas exceções, também verdade em relação aos filósofos medievais judeus de todas as variedades, bem como aos exegetas bíblicos de diferentes tipos. A autoridade estava alicerçada no conhecimento e no estudo do indivíduo, em sua mestria na tradição existente. Ao passo que os sábios talmúdicos constrangidamente saíram de seu caminho para negar a possibilidade da profecia ulterior, pretendendo, ao invés, que a senda para o entendimento da *Torá* era mais terrena, devendo ser trilhada por linhas racionais-legais, Lúria e seus seguidores afirmavam sua crença de que canais diretos de comunicação não constituíam apenas uma possibilidade, porém eram urgentemente preferíveis. Ainda que as passagens luriânicas acima aduzidas visassem privilegiar certos tipos de tradição cabalística, o fato é que elas também serviam para subverter a hegemonia, de há muito existente, da autoridade rabínica convencional ou, no mínimo, estabelecer uma alternativa a esta autoridade.

É, sem dúvida, verdade que as atividades cabalísticas de Lúria, particularmente no Egito, estavam associadas de modo especial com a *parschanut*, isto é, a interpretação dos textos, sobretudo do *Zohar*. Mas, inclusive, este processo veio a ser encarado pelos discípulos como fundamentado na inspiração de Lúria e na abordagem contemplativa do estudo. E mais ainda, seus ensinamentos surgem como lições cada vez mais distanciadas da prática da *parschanut*, no sentido convencional do comentário formal e sistemático sobre os textos. Embora continuasse intensamente preocupado com a interpretação do *Zohar* até o fim de sua vida, no transcorrer do tempo Lúria passou a relacionar-se com esta obra de uma forma mais profundamente pessoal. Como iremos ver, ele acabou considerando o círculo de discípulos – com ele próprio no centro – sob o prisma de uma rea-

**101** Relativamente a este ponto, ver Bruce Chilton e Jacob Neusner, *Types of Authority in Formative Christianity and Judaism*, New York: Routladge, 1999, p. 78. Neusner observa que "os sábios são representados como homens santos, aptos a realizar milagres, porém a lei é promulgada pelos sábios na capacidade de mestres da tradição e do raciocínio referente à tradição".

tivação das ações místicas de Schimon bar Iohai e *seu* círculo. Assim, Lúria continuou a ser um intérprete do *Zohar*, mas agora como um hermeneuta existencial que trouxe o mundo do *Zohar* à vida através da identificação pessoal com o seu protagonista. Do mesmo modo que os ensinamentos de Schimon bar Iohai eram tidos como o resultado de inspiração celeste, assim também o eram os de Lúria. Um forte laço une Moisés de Leon, o autor principal do *Zohar*, e Isaac Lúria. Em cada caso, afigura-se que a imaginação foi demasiado poderosa para permanecer constrangida pelas hermenêuticas tradicionais. Lúria parece estar dizendo outro tanto a respeito de si próprio quando, reza o relato, ele teria observado – ao responder a uma pergunta sobre a razão pela qual não havia confiado à escritura os seus ensinamentos – que isto era "impossível, porque todas as coisas estão inter-relacionadas. Dificilmente posso abrir minha boca para falar sem sentir como se o mar rompesse suas barragens e transbordasse. Como então devo eu expressar que minha alma foi recebida, e como posso eu escrevê-lo em um livro?"[102].



## A Autoridade Carismática na Era Pós-expulsão

Como vimos, *houve* entre os cabalistas mais antigos alguns que, dizia a tradição, haviam derivado seu conhecimento da revelação divina. Porém, nos séculos XV e XVI, tais vindicações proliferaram dramaticamente. Moshe Idel demonstrou que o *Sefer ha-Meschiv* (O Livro das Respostas [dos Anjos]), escrito na Espanha em algum momento da segunda metade do século XV por um autor anônimo, ocupa um lugar extremamente importante nesse desenvolvimento[103]. Conforme o *Sefer ha-Meschiv*, certas pessoas empregavam meios mágicos – inclusive jejuns e a recitação de nomes divinos – com o propósito de induzir visões angelicais. Isso era a via

**102** Iossef Salomão Delmedigo, *T'alumot Hokhmá*, 37b; Haim Vital, *Likutei Schas*, Leghorn: [s.n.], 1790, 33c.

**103** Ver Idel, *Kabbalah*, p. 237-240 (*Cabala: Novas Perspectivas*, p.346-352); idem, Inquiries; Gershom Scholem, "The *Maggid* of Rabbi Josef Taitasak and theRevelations Attributed to Him" (em hebraico), *Sefunot* 11, 1978, p. 47-112.

apropriada e confiável para adquirir conhecimento divino e estar apto a escrever sobre o poder da divina inspiração, como os profetas antigos. Por exemplo, o *Sefer ha-Meschiv* descreve a descida de Elias disfarçado por uma vestimenta, como todos os seres espirituais e angelicais devem estar quando baixam a este mundo. A visão de semelhante vestimenta é atribuída a toda uma série de proeminentes figuras rabínicas e medievais, inclusive (o que é bastante estranho) ao famoso e decididamente não místico erudito Rabi Schlomo Itzkhaki (Raschi):

> Deveríeis saber que o segredo a causar a descida do superno livro é o segredo da descida da superna carruagem, e quando pronunciais o segredo do grande nome, imediatamente a força da vestimenta descerá para o mundo de baixo, que é o segredo da [revelação] de Elias, que é mencionado nas obras dos sábios. E, por meio disto, Rabi Schimon bar Iohai e Jonatan ben Uziel aprenderam sua sabedoria, e eles eram merecedores do segredo da vestimenta a ser nela vestida. E Rabi Hanina e Rabi Nehunia ben ha-Kané e Rabi Akiva e Rabi Ischmael ben Elischa e nosso santo rabi [Rabi Judá, o Príncipe] e Raschi e muitos outros [aprenderam] do mesmo modo. E o segredo da vestimenta é a visão da vestimenta, em que o anjo de Deus está vestido, com um olho corporal, e é ele quem está vos falando [...] E o segredo da vestimenta foi dado àqueles que temem a Deus e meditam sobre seu nome; eles a viram, aqueles homens que são os homens de Deus e eram dignos desse estado. E eles ficaram jejuando por quarenta dias continuamente, e durante o [tempo do] jejum pronunciaram quarenta e cinco vezes o Tetragrama, e no quadragésimo dia, [a vestimenta] desceu para ele [cada um] e lhe mostrou o que ele desejava [conhecer][104].

Tal como as fontes luriânicas enfatizam a natureza não intelectual desses processos, o *Sefer ha-Meschiv* também o faz:

> Assim foi feito nos dias do Raschi para seu mestre, e este último ensinou a ele [Raschi] esse segredo, e por seu intermédio ele [Raschi] compôs tudo aquilo que compôs, pelos meios de seu mentor e instrutor. Não creia que ele [Raschi]

104 A tradução desta passagem está baseada em Idel, *Kabbalah*, p. 237. (*Cabala: Novas Perspectivas*, p. 347). Sobre as tradições, segundo as quais Raschi seria o recebedor do conhecimento divinamente inspirado, ver idem, p. 238-239 (348-350).

tenha escrito isso a partir de sua própria razão, ele o fez por intermédio do segredo da vestimenta do anjo[105].

Idel sugeriu que o autor do *Sefer ha-Meschiv*, ele próprio, poderia ter escrito por meio da "aplicação *de facto* das técnicas atribuídas pelo autor a autoridades judaicas anteriores"[106]. Há uma forte probabilidade de que o *Sefer ha-Meschiv* tenha influenciado Iossef Taitasak, Salomão Molkho e outros que viviam no Império Otomano a escrever em tal estilo. É certo que este livro era bem conhecido em largo âmbito de cabalistas, inclusive muitos [místicos] do século XVI de Safed, como Ovadia Amon[107], Moisés Cordovero e Haim Vital, três com os quais Isaac Lúria teve uma relação importante[108]. Como Idel sugeriu, é assim mais do que provável que o próprio Isaac Lúria estivesse familiarizado com o *Sefer ha-Meschiv* e a literatura correlata[109]. Embora, por certo, não empregasse as técnicas de caráter mais mágico descritas naquele livro, repudiando, como o fez, este tipo de "Cabala prática" (*kabalá ma'asit*), vê-se claramente que ele compartilhava de suas concepções acerca da centralidade das revelações a partir de Elias, dos anjos e das almas dos que partiram; das possibilidades de experienciar falas automáticas; e da inconfiabilidade das abordagens puramente intelectuais para o saber cabalístico.

*Galia Raza*, um tratado anônimo sobre a transmigração de almas, escrito provavelmente ou na Grécia ou na Turquia, entre os anos de 1543 e 1553, também atesta o crescente fenômeno da composição cabalística sob os auspícios da inspiração pneumática[110]. O autor dessa obra, o qual, ao que tudo indica, sofreu a influência do *Sefer ha-Meschiv*, sai desta via para enfatizar que havia escrito sob a inspiração de visões e sonhos dotados do status da divina revelação: "Abençoado seja o Senhor, Deus de Israel, que me revelou sublimes segredos que nunca foram revelados a um ser humano nesta geração, desde o tempo da Lâmpada do



**105** Idem, p. 237 (p.347).
**106** Idem, p. 238 (p.348).
**107** Com respeito às atividades de Ovadia Hamon, ver Moshe Idel, Rabi Iehuda Haleiwa and His Book *Sefer Tzefanat Pa'Aned*" (em hebraico), *Schalem*, 1984, p. 139-145.
**108** Idel, Inquiries, p.193-194, 220-226, e *passim*.
**109** Idem, p. 240-243.
**110** Ver Rachel Elior, The Doctrine of Transmigration in *Galia Raza*, em Fine, *Essential Papers on Kabbalah*, p. 243-269, uma tradução abreviada para o inglês, baseada no artigo original em hebraico, impresso nos *Mehqarim be-Kabalá be-Pilosofia Iehudit u-besifrut ha-Musar ve-Hehagut*, p. 207-239.

Esplendor [isto é, de Schimon bar Iohai], que partiu deste mundo até o dia de hoje"[111].

Algures, ele nos informa acerca da obrigação que sentiu de revelar a outros aquilo que lhe foi revelado "pelo céu": "Desde que eu via, a cada dia, que inovações eram a mim reveladas, bem como segredos ocultos e escondidos, resolvi registrá-los por escrito. Ademais, tenho outra interpretação quanto à maneira dos segredos que se revolvem em minhas entranhas, e eu não sossegarei enquanto não os tiver revelado, pois eles surgiram no meu coração pelo céu"[112].

A crença na centralidade da divina inspiração não estava limitada, todavia, à composição dos livros durante a era pós-Expulsão. Ela desempenhou sua parte também nas atividades políticas e religiosas de certos indivíduos, especialmente na extraordinária e breve vida de Salomão Molkho (c. 1501-1532)[113]. A história da carreira de Molkho começa com a de outro personagem, David Reuveni (morreu c. 1538). Por qualquer medida que seja, Reuveni, um judeu da Etiópia, foi uma das personalidades mais fantásticas e intrigantes do período pós-Expulsão. Nos inícios dos anos de 1520 – quando os exilados da Península Ibérica começaram a dirigir-se em grande número para a Palestina – David Reuveni apareceu em Roma, apresentando-se, implausivelmente, como um príncipe judeu cujo irmão José era soberano de um amplo e poderoso reino judeu na Arábia. Reuveni pretendia que os judeus deste reino descendiam das antigas tribos perdidas de Rubens, Gad e Manassés. Reuveni causou extraordinária impressão aos judeus de Roma, quando ele lá apareceu, em fevereiro de 1524, montado em um cavalo branco e acompanhado por um grupo de servidores. Ele anunciou que seu irmão, o Rei José, o encarregara de encetar negociações com o Papa Clemente VII e os reis da Europa Cristã, com o propósito de forjar uma aliança contra os turcos. Reuveni procurava suprir de armas as (supostas) tribos judaicas da Arábia a fim de que pudessem ir à guerra contra o sultão turco, expulsá-lo da região do Mar Vermelho e arrancar à força a Palestina de seu controle! Na esperança de que os portugueses pudessem acolher o pedido de Reuveni, o



**111** Elior, Doctrine, p. 244.

**112** Idem, ibidem.

**113** Sobre Molkho, ver R. J. Z. Werblowsky, R. Joseph Karo, Solomon Molcho, Don Joseph Nazi, Beinart, *The Sephardi Legacy*, 2, p. 187-191; Moshe Idel, Salomão Molkho as Magician (em hebraico), *Sefunot* 18, 1985, p. 193-219.

papa lhe deu uma carta para o rei João de Portugal, que efetivamente concordou em parte com a solicitação, antes de mudar de ideia.

Não é difícil imaginar a espécie de intensa excitação que Reuveni deve ter suscitado no coração dos judeus e *conversos* quando chegou a Portugal no seu barco ricamente ornamentado, desfraldando uma bandeira nacional judaica. O rei português o recebeu, com subidas honras, como emissário de um reino estrangeiro. Entre aqueles cuja imaginação foi inflamada com o aparecimento de Reuveni encontrava-se certo Diego Pires, nascido em Lisboa, de pais *conversos*, por volta de 1501. Incitado pela presença de Reuveni em 1525, Pires procurou ser circuncidado, talvez em parte motivado pelo rumor de que o Messias já tinha aparecido e estava vivendo recolhidamente nos arredores de Istambul, mas era visível somente a judeus circuncisos, uma história que havia circulado longamente entre judeus espanhóis exilados e *conversos*. Embora, ao que é relatado, Reuveni tentasse dissuadi-lo, Pires circuncidou-se, ele próprio, o que quase lhe custou a vida, e por fim tomou o nome hebraico de Salomão Molkho. A pedido de Reuveni, ele fugiu de Portugal, por motivo de segurança, e pouco depois, Reuveni mesmo viu-se obrigado finalmente a fugir de lá, em consequência de uma suspeita de que tomara parte na circuncisão de Molkho.



Em Salonica, para onde se dirigiu, Molkho caiu sob a influência do visionário ascético e cabalista Iossef Taitasak e seu círculo. Molkho, a seu turno, atraiu a seguir discípulos e, encorajado por eles, publicou uma coletânea de seus inflamados sermões messianicamente orientados, em 1529[114]. Suas atividades em Salonica, envolvendo sonhos, visões celestiais e chamados para a renúncia ascética e arrependimento, todos vestidos na roupagem da expectativa messiânica, causaram considerável agitação no círculo cabalístico à volta de Taitasak. Reconhecendo sua ignorância do hebraico e do saber judaico em geral, Molkho descreveu a natureza de sua inspiração celeste do seguinte modo:

> Às vezes nestes dias, eu vejo a celeste academia de sábios e livros estão abertos diante deles, e eles estudam a *Torá* [...] e de suas discussões, eu ouço e aprendo

**114** A coleção de homilias de Molkho foi impressa sob o título de *Sefer ha-Mefo'ar* (Salonica, 1529), e composta em resposta a pedido "dos amados irmãos em Salonica". Os relatos de suas experiências visionárias foram preservados em sua carta dirigida a Iossef Taitasak, *Haiat Qané*, Amsterdam, 1648, escrita em Monastir, na Macedônia.

algo. E como eu não aprendi [hebraico], nem estava acostumado à sagrada língua, não compreendi todas as suas discussões. Mas do que me foi ensinado lá, naquela Santa Academia, eu respondo a pessoas que me pedem interpretações de versículos e enunciados, que são vistos como difíceis de entender para os sábios de [nossa] geração. E quem quer que deseje [pode] me perguntar o que quer que queira, comentar sobre recônditos versículos e enunciados, [pois], com a ajuda de Deus, estou confiante que posso responder a toda pessoa que me perguntar de maneira satisfatória, coisas sublimes que são suficientes para qualquer pessoa inteligente, que não estão [escritas] em livros, [mas nas] quais eu fui instruído pelo céu. Mas eu nunca aprendi ciência da boca de um mestre mortal ou colega[115].





No fim, em 1532, Molkho foi condenado pela Inquisição, na Itália, a ser queimado na fogueira, mas a sua carismática carreira e dramática morte inspiraram outras figuras do século XVI, das quais a não menos importante foi a de Iossef Karo de Safed, cujo anseio de martírio era motivado por um anelo de seguir o exemplo de Molkho. O fervoroso messianismo de Molkho ajudou a pôr em foco as convicções escatológicas, que desempenharam um papel significativo nas vidas de outros que prezavam a inspiração celestial. Os autores do *Sefer ha-Meschiv* e *Galia Raza*, do mesmo modo que Molkho e muitos cabalistas de Safed entendiam a revelação do conhecimento esotérico a partir do alto como parte de um cenário messiânico em desdobramento[116].

É evidente, a partir de tudo isso, que as cidades anteriormente bizantinas eram lugares onde a espécie de atividade cabalística aqui descrita floresceu, particularmente durante a primeira metade do século XVI. O autor de *Galia Raza*, Salomão Molkho, Iossef Taitasak, Iossef Karo e Salomão Alkabetz, indivíduos conhecidos por terem tido experiências revelatórias, todos eles residiriam em uma época ou outra em Salonica, Edirne, Nicópolis ou Istambul. Salonica, em particular, serviu de encruzilhada criticamente importante para tal atividade, de lugar onde estes homens

**115** Baseado na tradução de Idel que consta da *Kabbalah*, p. 240 (*Cabala: Novas Perspectivas*, p. 350-351).
**116** Cf. Idel, *Kabbalah*, p. 234 (*Cabala: Novas Perspectivas*, p. 341-342). Para uma discussão sobre as conexões entre a experiência visionária, a inspiração mística e os impulsos messiânicos dentre a série de figuras do século XVI, ver Rachel Elior, Messianic Expectations and Spiritualization of Religious Life in the Sexteenth Century, em D. Ruderman (ed.), *Essencial Papers on Jewish Culture in Renaissance and Baroque Italy*, New York: New York University Press, 1992, p. 283-298.

entraram em contato um com o outro. A comunidade mística de Safed foi a beneficiária direta da marca particular de entusiasmo religioso cultivado em tais círculos.

## Autoridade Carismática e Inspiração Divina na África do Norte




Noções de autoridade carismática e inspiração divina também desempenharam um papel central na vida de outra comunidade judaica que manteve laços com Safed durante o século XVI, uma comunidade distante em termos físicos e culturais da órbita turco-bizantina. Um vibrante círculo de cabalistas emergiu em meados daquele século na área das montanhas do Alto Atlas do vale de Draa no Marrocos meridional[117]. Estes cabalistas, judeus nativos (*toschavim*), cujas famílias habitavam aquela região há séculos, juntamente com um pequeno número de imigrantes da Península Ibérica, preservavam velhas tradições vindas da Espanha e, ao mesmo tempo, desenvolveram novas[118]. Um largo espectro de tradições atesta o fato de que eles cultivaram algumas das espécies de experiências ora em discussão: revelações do profeta Elias, conheci-

**117** Com referência à história dos cabalistas do Marrocos, ver Rachel Elior, The Kabbalists of Draa (em hebraico), *Pe'amim* 24, 1985, p. 36-73; Mosché Hallamish, The Origins of Kabbalah in Morocco (em hebraico), *Pe'amim* 15, 1983, p. 29-46; Idem, The Kabbalists of Morocco (em hebraico), *Mi-Mizrach u-be-Ma'arar* 2, 1980, p. 205-235; idem, Concerning the Kabbalists of Morocco (Correções e Acréscimos) (em hebraico), *Da'at* 16, 1986, p. 87-131; e Moshe Idel, The Beginnings of Kabbalah in North Africa (em hebraico), *Pe'amim* 43, 1990, p. 4-15. Para informações gerais sobre os judeus norte-africanos, especialmente no século XVI, ver H. Z. Hirschberg, *A History of the Jews in North África* (Leiden: E. J. Brill, 1974-1981); Jane S. Gerber, *Jewish Society in Fez, 1450-1700: Studies in Communal and Economic Life*, Leiden: E. J. Brill, 1980; D. Corcos, *Studies in the History of the Jews of Morocco*, Jerusalém: Rubin Mass, 1976; M. Avitbul, North African Jewry after the Spanish Expulsion (em hebraico), em I. Cohen (ed.), *Ha-Pezurá ha-Iehudit ha-Sefardit 'Aharei ha-Gerusch*, Jerusalém: [s.n.], 1992, p. 9-26; Abraham David, Relations Between North African Jewry and the Land of Israel in the Fifteenth and Sixteenth Centuries (em hebraico), *Pe'amim* 24, 1985, p. 74-86.

**118** De acordo com estimativas acadêmicas, aproximadamente trinta mil judeus da Península Ibérica se estabeleceram na África do Norte após a Expulsão, a maior parte deles no Marrocos setentrional. A influência dos sefardim no sul foi muito mais limitada. Em contraste ao nosso conhecimento extensivo acerca das comunidades judaicas sefarditas que se realocaram no Império Otomano, há muito menos documentação relativa aos judeus da África do Norte. Ver J. Barnay, The Jews of Spain in North África, em Beinart, *The Sephardi Legacy*, 2: 68-71; David, *To Come to the Land*, p. 70-71, 106-108.

mento do Santo Espírito, sonhos visionários e a composição de textos sob os auspícios da inspiração celeste. Por exemplo, Mordekhai Buzaglo alegava que a revelação dos mistérios cabalísticos que ele experimentava era resultado da inspiração do Santo Espírito, que se espalhava por seu instrumento de escritura em forma de escrita automática[119].

Este profundo interesse nesses tipos de fenômenos por parte dos cabalistas de Draa, junto com um padrão que levava a venerar os adeptos entregues a tais práticas, é marcadamente similar às crenças dos muçulmanos marabutos, em cujo meio vivia a comunidade judaica do sul do Marrocos. No coração das crenças religiosas dos marabutos encontra-se a noção de *baraka*, literalmente bênção, isto é, a forte manifestação do sagrado. Embora a *baraka* possa derramar-se sobre quase qualquer objeto, natural ou de outra natureza, seu mais importante *locus* são os seres humanos. Como Clifford Geertz formula-o, a *baraka* implica "a proposição [...] de que o sagrado aparece mais diretamente no mundo como um dom – um talento e uma capacidade, uma habilidade especial – de indivíduos particulares [...] a '*baraka*' é presença pessoal, força de caráter, brilho moral"[120]. Aqueles que foram cobertos pelo carisma da *baraka* exibem vários poderes mágicos e ocultos, feitos miraculosos, predição do futuro e excelência moral. A elaborada e espalhada veneração de tais santos, vivos ou mortos, veio caracterizar este tipo de piedade em grande parte do Magreb. Conquanto isso requeresse ulterior comprovação, há razões para supor que os judeus do Marrocos meridional, cercados por essa cultura religiosa, apropriaram-se de vários elementos dela[121].

Sabemos, ademais, que, no século XVI, uma boa porção de cabalistas norte-africanos, inclusive aqueles provenientes da região do Draa, migraram para Jerusalém e Safed via Egito[122]. Dois deles, cujos nomes já encontramos, justificam maior atenção. Iossef ibn Tabul e Abraão Berukhim, ambos cabalistas marroquinos, estabelecidos em Safed, tornaram-se discípulos proeminentes de ninguém mais senão Isaac Lúria. Ambos podem

**119** Elior, Kabbalists of Draa, p. 61-65.

**120** Clifford Geertz, *Islam Observed: Religious Development in Morocco and Indonesia*, New Haven, Conn.: Yale University Press, 1969, p. 43-55. Ver também Ernest Gellner, *Saints of the Atlas*, Chicago: University of Chicago Press, 1969; Edward Westmarck, *Ritual and Belief in Morocco*, 2 v., 1926; nova ed., New Hyde Park, N. Y.: University Books, 1968.

**121** Elior, Cabbalists of Draa, p. 66-68.

**122** Ver David, Relations Between North African Jewry and the Land of Israel in the Fifteenth and Sixteenth Centuries (em hebraico), *Pe'amim* 24, 1985, p. 74-81.

ter vindo de Draa, embora isto não seja uma certeza absoluta, e cada um deles adquiriu uma reputação por ter experienciado a inspiração divina. O discípulo de ibn Tabul, Sansão Bacchi, atribuiu ao seu próprio mestre alguns dos mesmos feitos místicos por ele imputados a Isaac Lúria. Na carta anteriormente citada, Bacchi descreve ibn Tabul como um santo que estava apto a reconhecer o pecado que as pessoas haviam cometido e determinar qual delas estava em condições de receber seus ensinamentos, os quais eram tão luminosos que somente aqueles que efetivamente os ouviram poderiam apreciar seu caráter extraordinário[123]. É bem possível que estes cabalistas, juntamente com outros antigos marroquinos que viviam em Safed, tenham contribuído de algum modo especial para a alta consideração de autoridade carismática de que Isaac Lúria desfrutava.



Em aditamento a algumas das figuras mais importantes de Safed, cujas atividades estão descritas no Capítulo 2, sabemos de algumas outras personalidades menos proeminentes daquela cidade da Galileia Superior, no período anterior à chegada de Lúria, que contribuíram para a atmosfera que ora nos preocupa[124]. Os escritos de Judá Haleywa, que emigrara de Fez, Marrocos, para Safed, reflete atitudes muito similares às luriânicas. Por volta de 1545, Haleywa escreveu um longo trabalho que combinava temas cabalísticos e éticos, intitulado *Tsafenat Pa'aneá*. O autor mostrou forte postura antifilosófica e defendeu a superioridade do conhecimento de uma revelação, de tipo profético que é na sua natureza trans-intelectual. Além do mais, tal como os cabalistas luriânicas, ele parece ter estimado especialmente trabalhos místicos antigos. No seu livro, Haleywa alude a certo Rabi Lapidot como "um grande sábio e cabalista, que costumava predizer o futuro"[125]. Este parece ser a mesma pessoa mencionada, quer por Vidas, quer por Vital, como dotada de habilidades ocultas. Conforme o testemunho de Vidas, o referido rabi era um especialista em sonhos. Em uma entrada em seu diário de sonhos, datada de 1568, Vital descreve o Rabi Lapidot Aschkenazi como um daqueles que podiam predizer o futuro com acuidade e conversar com almas tanto do presente quanto do passado[126]. Estas são, sem dúvida, virtualmente as mesmas palavras que Vital emprega para descrever Lúria.

**123** As cartas de Bacchi, em D. Kaufman, *Ieruschalaim*, p. 146-147.
**124** Ver Idel, Rabbi Judah Haleywa, p. 119-130.
**125** Idem, p. 146-148.
**126** *SeH*, p. 2-3. Sobre Rabi Lapidot, ver igualmente p. 60; Idel, Rabbi Judah Haleywa, p. 147.

## Mulheres Carismáticas

Pouca atenção tem sido tributada ao fato de que o diário dos sonhos de Vital proporciona abundante evidência de que, no mínimo umas poucas mulheres do século XVI, em Safed (bem como em Damasco, onde Vital viveu mais tarde), tinham experiências revelatórias e possuíam talentos ocultos. Numa de suas entradas, do ano de 1570, ele nos informa, por exemplo, acerca de uma mulher sábia de Safed, chamada Soniadora, que podia predizer o futuro, interpretar sonhos e era especialista na arte da adivinhação a partir de gotas de óleo na água[127]. Vital a consultou a respeito de suas próprias realizações espirituais futuras, pedindo-lhe que "lançasse a sua palavra mágica sobre o óleo, como era costumeiro". Vital também descreveu as experiências visionárias de uma mulher chamada Raquel, a irmã de Iehudá Mischan, um dos discípulos de Lúria:

> No Sábado pela manhã eu estava pregando para a congregação em Jerusalém. Raquel, a irmã de Rabi Judá Mischan estava presente. Ela disse que durante todo o meu discurso havia um pilar de fogo sobre minha cabeça; Elias achava-se à minha direita para me sustentar. Quando terminei, ambos foram embora. Ela também viu um pilar de fogo sobre minha cabeça quando eu conduzia o serviço "adicional", no Iom Kipur, na sinagoga da congregação siciliana de Damasco, em 5362 [1601]. Essa mulher era conhecida por ter visões, [ver] espíritos e anjos, e ela era precisa em seus relatos, desde o tempo em que era uma jovem mocinha até agora que é mulher amadurecida[128].

Do que Vital diz fica a impressão de que Raquel não era a única mulher a experienciar esse tipo de visão. Ele conta que, estando presente à circuncisão de um menino de quem era padrinho (*sandeq*), uma mulher chamada Saadat, a esposa de Iaakov Nasar, viu "um pilar de fogo do céu sobre a cabeça dele"[129]. Anos mais tarde, em Damasco, Simkha, a irmã de certo Zabda, avistou uma brilhante, ofuscante coluna de luz branca

**127** *SeH*, p. 3-4. Cf. p. 120, 122.
**128** Idem, p. 6-7.
**129** Idem, p. 36.

à direita de Vital[130]. É dito ainda que muitas outras mulheres em Safed e Damasco teriam experienciado sonhos visionários, tipicamente relacionados com a confirmação da grandeza de Vital[131].

Mais pertinentes ainda ao nosso interesse são vários relatos de Vital acerca de mulheres que experimentaram revelações auditivas. Uma delas, em Damasco, a filha de Rafael Anav, teria tido visões, segundo dizem, estando acordada, por intermédio de almas e anjos, bem como uma experiência auditiva do profeta Elias no próprio momento da celebração da véspera de um Sábado[132]. Com respeito a uma outra mulher em Damasco, somos informados que, além da aptidão de adivinhar o significado de gotas de óleo, ela "também ouvia uma voz que lhe falava"[133]. Uma outra ainda, Franseza Sarah, "uma santa mulher (*'ischá hassidá*), costumava ter visões enquanto desperta, e teria ouvido uma voz falando para ela. E a maior parte de suas palavras era verdadeira"[134]. Este último registro é especialmente interessante, na medida em que lança uma luz na seguinte informação preservada por Iossef Sanbari:





> Naqueles dias, havia uma sábia mulher [*'ischá hokhmá*] que vivia na alta Galileia, em Safed, possa ela ser reconstruída e restabelecida rapidamente em nossos dias, cujo nome era Franseza e cujos feitos eram grandes. Ela tinha um anjo mentor [*mag(u)id*] que lhe falava e a informava a respeito do que ocorreria no mundo. E os sábios de Safed puseram-na à prova muitas vezes a fim de descobrir se havia substância em suas palavras, e tudo aquilo que ela proferiu veio a acontecer[135].

Até onde é de meu conhecimento, esta é a única tradição relativa a uma mulher a quem fora dado um *mag(u)id*. Tomadas em conjunto, tais histórias sobre mulheres são notáveis, na medida em que sugerem um quadro inteiramente diferente daquele que poderíamos esperar encontrar. No mínimo, algumas conquistaram evidentemente reputações por terem tido sonhos visionários, visões de luz, audições de anjos, de almas de mortos, do profeta Elias e de outras vozes não identificadas, e eram especialistas

**130** Idem, p. 36-37.
**131** Idem, p. 28-29, 87-88, 113-114.
**132** Idem, p. 27-28.
**133** Idem, p. 122.
**134** Idem, p. 10-11.
**135** Iossef ben Isaac Sambari, *Sefer Divrei Yosef*, p. 364. Esta observação é seguida de um par de histórias, que servem para confirmar a confiabilidade da história do conhecimento dela.

em certos tipos de adivinhação. Quase sempre identificadas pelo nome, e como filha, irmã ou esposa de fulano ou sicrano, elas eram claramente parte da comunidade mais do que solitárias figuras marginais a comportar-se fora dos padrões estabelecidos. Além de seu interesse intrínseco – como evidência marcante de que algumas mulheres do século XVI se empenharam em práticas religiosas fora dos limites da casa e da família – a participação de mulheres no gênero de atividade analisado neste capítulo serve para confirmar ainda mais o celebrado status da conduta carismática em Safed, no século XVI.

Não há dúvida de que, então, no período pós-Expulsão, o fenômeno da inspiração divina assumiu um lugar de enorme importância nos círculos cabalísticos. Era mais do que simplesmente uma posição particular hermenêutica ou epistemológica, mas antes, para de novo tomar de empréstimo a Geertz, "uma concepção do modo pelo qual o divino alcança o mundo"[136]. Quando Isaac Lúria chegou a Safed, portanto, ele se viu em um meio-ambiente cultural altamente propenso a dar sustentação a indivíduos dotados de dons ocultos, que buscavam o conhecimento da *Torá* a partir das alturas e que teriam sido, acreditava-se, bem sucedidos em tais esforços. Na verdade, tenho a impressão de que o pendor de Lúria para a divina inspiração e o seu comportamento carismático prosperaram, precisamente por causa da calorosa receptividade que descobriu em Safed. Lúria não foi, entretanto, meramente um exemplo a mais de uma tendência geral. Ao contrário, vemos nele uma rica e plena realização desta tendência. Lúria se sobressai porque a percepção que seus seguidores tinham dele era a de um virtuoso em tal atividade, como alguém dotado sem comparação possível. Através da força de sua impressionante personalidade, bem como do grande poder de seus ensinamentos, ele próprio, o Ari, se encontrava em posição de erguer sua autoridade carismática a novas alturas.

Até Isaac Lúria não houve nenhuma personagem pública significativa em toda história do judaísmo pós-bíblico – com a óbvia exceção da figura de Jesus – em relação a quem um conglomerado comparável de tão notá-

136 Geertz, *Islam Observed*, p. 44.

veis vindicações fosse feito. Não obstante anteriores e ocasionais pretensões de conduta carismática – entre cabalistas ou outros –, não nos deparamos, no judaísmo pré-moderno, com uma tradição plenamente amadurecida de "santidade" que se compare, por exemplo, à existente na história da cristandade ou do islã: nenhuma verdadeira literatura de biografia sagrada, nenhuma tradição elaborada de veneração de santos e nenhuma história altamente desenvolvida de virtuosismo pneumático. No correr dos séculos, as comunidades judaicas foram ensinadas a maravilhar-se com a mestria da tradição que um professor dispusesse, e não com histórias acerca desta ou daquela pessoa que houvesse chegado a ficar face a face com Deus. Pessoas que se apresentam a si próprias como pneumáticas, e comunidades que agora e de novo as acolhem entusiasticamente, correm o risco de sofrer marginalização e repúdio pelas autoridades estabelecidas. Tudo isso, em minha opinião, faz de Lúria uma figura única. No século seguinte, a carismática carreira de Sabatai Tzvi faria parecer branda a conduta de Isaac Lúria, se confrontada. E começando no século XVIII, o fenômeno do *tzadik* hassídico na Europa Oriental sancionaria, pela primeira vez em ampla escala, uma liderança religiosa carismática entre comunidades judaicas[137]. Lúria e seus discípulos, porém, precederam tanto os sabataistas como os *hassidim*, ao assentar os fundamentos para a aceitação da autoridade religiosa carismática.



137 Sobre o tema da figura de Sabatai Tzvi, ver Scholem, *Sabatai Tzvi* (Tradução brasileira, *Satabai Tzvi: O Messias Místico*, 3 v., São Paulo: Perspectiva, 1995-1996. Para um estudo das controvérsias entre as autoridades rabínicas e os sabataístas do século XVIII, ver Elisheva Carlebach, *The Pursuit of Heresy: Rabbi Moses Hagiz and the Sabbatian Controversies*, New York: Columbia University Press, 1990. Acerca do papel do *tzadik* como figura carismática no desenvolvimento do hassidismo do leste europeu, ver Arthur Green, *Tormented Master*, cap. 4; idem, *Tzadik* as *Axis Mundi* in Later Judaism; idem, Typologies of Leadership and the Hasidic Zaddik, em idem, *Jewish Spirituality*, 2, p. 127-156. O fenômeno do carisma tanto no sabataísmo quanto no hassidismo é também estudado por Stephen Sharor em *Messianism, Mysticism, and Magic: A Sociological Analysis of Jewish Religious Movements*, Chapel Hill: University of North Carolina Press, 1982.

# AS INTERPRETAÇÕES MÁGICA E NEOPLATÔNICA DA CABALA NO PERÍODO RENASCENTISTA*

MOSHE IDEL

trad. de Eliana Langer e Margarida Goldsztajn

A.

O pensamento judaico desenvolveu-se na Itália, no período renascentista, num clima espiritual sem precedentes nos estágios anteriores da história intelectual judaica. Alguns dos principais criadores desta cultura dialogavam com os representantes mais influentes do pensamento renascentista. Este fenômeno é único: as filosofias grega, árabe e cristã desenvolveram-se na ausência de qualquer conexão oral significativa com a cultura judaica. Antes da Renascença, o pensamento judaico não exerceu nenhuma influência decisiva sobre os maiores representantes do pensamento não judaico. Nos casos em que alguma influência judaica é detectada, ela provinha de uma fonte escrita e não oral[1]. Em contrapartida, no período da Renascença, podemos mencionar um grande número de eruditos cristãos que estudavam com judeus. Entre eles basta lembrarmos os nomes dos italianos Pico della Mirandola e Egidio de Viterbo, do alemão Johannes Reuchlin e do francês François Tissard[2]; além dos contatos frequentes entre os muitos conversos nessa época e os

* Este artigo foi apresentado no Congresso sobre O Pensamento Judaico no Século XVI, realizado na Universidade de Harvard, em janeiro de 1980 e publicado em B. D. Cooperman (ed.), *Jewish Thought in the Sixteenth Century*, Cambridge, Harvard University Press, 1983, p. 186-242.

1 Refiro-me particularmente à influência de *O Guia dos Perplexos* de Maimônides em S. Tomás de Aquino e da influência de *A Fonte da Vida*, de Ibn Gabirol sobre a teologia franciscana. Uma exceção peculiar e interessante dessa ausência de intercâmbio cultural por intermédio de comunicação e instrução pessoais pode ser encontrada na cultura bizantina. Relata-se que um judeu de nome Elischa foi o instrutor de Gemistos Pleton.

2 Sobre esta personalidade e suas relações com Abraão Farissol, ver David Ruderman, *Abraão Farissol. Um Estudo Histórico de sua Vida e Pensamento no Contexto da Sociedade Judaica na Itália Renascentista*, Dissertação de Doutoramento, Universidade Hebraica de Jerusalém, 1974, p. 170-185.

eruditos cristãos. Esse novo encontro de cristãos e judeus fazia parte das buscas da cultura cristã pela sabedoria antiga e a iniciativa de tais contatos foi dos próprios cristãos. A fonte a seguir citada bem ilustra o vigor dessa atividade:

> Nos últimos vinte anos o conhecimento se difundiu e aqueles que o desejam andam pelas feiras e pelas ruas para aprender esta língua santa. Principalmente depois da ascensão daquela seita de Lutero[3] muitos nobres e eruditos locais procuraram obter o conhecimento profundo dessa ciência maravilhosa [a Cabala]. Sua busca foi exaustiva, pois em nosso povo restou apenas um pequeno número de homens instruídos nessa sabedoria, devido aos infortúnios e às expulsões. Assim, sete eruditos agarram um judeu pela bainha da sua vestimenta e dizem: "Seja nosso mestre nessa ciência"[4].



Essas palavras do Rabi Elias Menakhem Halfan aludem também para outro aspecto do ávido interesse dos gentios de aprender dos judeus; seu objetivo não era apenas saber o idioma hebraico para ler a *Bíblia*, mas também para ganhar acesso a áreas mais amplas do pensamento judaico, da Cabala principalmente[5]. Em outras palavras, o pensamento judaico se transforma em um tema importante nas discussões dos pensadores cristãos e, também aqui, temos uma mudança significativa que afetou a atmosfera intelectual em que a cultura renascentista judaica se desenvolveu.

A atividade judaica na área das traduções é uma clara evidência da nova atitude dos cristãos com relação à cultura judaica, e da disposição recíproca dos judeus de se envolverem na cultura cristã. Até o final do século XIV os judeus traduziram, para o hebraico, muitas obras filosóficas de importância. No entanto, a partir do século XV, judeus e conversos passaram a verter obras judaicas para o latim e para o italiano, ou a escrever parte de suas próprias composições nessas línguas. Em contrapartida, quase não há nessa época traduções de obras filosóficas para o hebraico. As poucas traduções existentes de eram autores judeus – e eu me refiro à

3 Acerca da atitude dos judeus com relação ao movimento luterano, ver H. H. Ben Sasson, A Reforma na Opinião Judaica Contemporânea, *Proceedings of the Israeli Academy of Science and Humanities* 4, 1970, p. 239-326.

4 Esse é o final de uma epístola sobre a história da Cabala, escrita pelo cabalista Rabi Elias Menakhem Halfan, MS Jewish Theological Seminary [JTS], 1822, f. 154 v.

5 Alguns dos hebraístas cristãos na Itália haviam aprendido o hebraico como pré-requisito para o estudo da Cabala. Ver também D. Ruderman, op. cit., p. 173.

tradução dos *Diálogos de Amor*, de Judá Abravanel ou do *Livro da Porta do Céu*, de Abraão Herrera. Escritos platônicos, neoplatônicos e herméticos foram vertidos para o latim e para outras línguas europeias, porém não são encontrados em uma versão hebraica. Este fato é uma clara indicação da mudança na direção da tradução.

Essa nova situação, um dinâmico encontro intelectual de cristãos e judeus, teve também projeções interessantes no pensamento judaico. Obras exemplares da filosofia judaica medieval, como o *Sefer Emunot veDeot* (O Livro das Crenças e das Opiniões), *O Kuzari*, *Moré Nevukhim* (Guia dos Perplexos) e *Or haSchem* (A Luz de Deus) foram criadas como uma reação a problemas decorrentes da influência de desenvolvimentos intelectuais gerais sobre os judeus[6]. O pensamento judaico renascentista não reagiu da mesma forma, e a identificação do estímulo e da resposta nem sempre é clara. Nem sempre é fácil determinar quem era o mestre e quem era o discípulo e, portanto, com frequência, fica difícil decidir se o que diz um filósofo judeu renascentista é fruto da influência de uma fonte cristã, ou se foram os judeus que transmitiram aos cristãos tal concepção. Este é um fenômeno de abertura mútua, que teve início com o desejo cristão de aprender dos judeus e a continua com a disposição contínua dos judeus de absorver parte das ideias desenvolvidas pela cultura cristã renascentista. A natureza e o teor desse intercâmbio são bem representados na similaridade de concepções acerca da magia e da Cabala encontrada nos escritos de Pico della Mirandola e do Rabi Yokhanan Alemanno.

O foco deste artigo diz respeito às interpretações mágicas e neoplatônicas da Cabala no período renascentista, e o modo pelo qual tais ideias nas fontes judaicas poderiam ter influenciado o desenvolvimento da cultura renascentista em geral. Porém, antes de passarmos aos detalhes dessa interpretação, convém examinar algumas das características da Cabala judaica na Itália.

A Cabala, como se desenvolveu na Itália, diferia da espanhola. Na Espanha, a formulação clássica primária da Cabala foi lançada em termos de mito. Essa sensibilidade mítica colocou grande ênfase sobre o significado teosófico e teúrgico dos preceitos da lei judaica. A teosofia cabalística italiana, por sua vez, enfatizou a unidade e a simplicidade da emanação

6 Ver Eliezer Schweid, *Taam veHakaschá* (Sentimento e Especulação) [em Hebraico], Ramat Gan, 1970, p. 17 e s.

divina e sua apreensão pela intelecção humana, ao passo que a natureza teúrgica da Cabala era correspondentemente desenfatizada.

Três cabalistas formam a espinha dorsal da Cabala italiana, desde os seus primórdios até o início do século XVI: Rabi Abraão Abuláfia, que compôs a maior parte de suas obras na Itália; Rabi Menakhem Recanati; e o autor do livro *Maarekhet haElohut* (A Ordem da Divindade). Apesar das imensas diferenças nos sistemas de pensamento dessas figuras, consigo discernir em seus escritos uma característica conceitual comum: a concepção mítica da Divindade, que caracterizou o *Zohar* (O Livro do Esplendor) e as obras posteriores de Gikatilla, não era conhecida por eles ou era incompatível com seu modo de pensamento. Segundo Abraão Abuláfia, a crença nas dez *sefirot* é pior do que a crença cristã na Trindade[7]. Para Recanati as *sefirot* são os instrumentos e não a essência de Deus. O autor do *Maarekhet haElohut* demonstra uma tendência nominalista evidente[8]. Por essa razão há uma certa similaridade entre o pensamento desses autores e a concepção filosófica da Divindade. Depois da expulsão, os cabalistas espanhóis chegaram à Itália e encontraram uma escola cabalística com a qual não estavam familiarizados. Em meados dos anos de 1490, o Rabi Judá Hayat escreveu que na província de Mântua ele vira "livros de Cabala que confundem a mente pura", e advertiu contra a leitura de tais obras[9]. Rabi Isaac Mar Hayim volta a escrever em duas missivas para o Rabi Isaac de Pisa:

> Não siga o caminho daqueles eruditos que se baseiam na razão e interpretam os ditos cabalísticos de modo a concordarem com a filosofia. Em vez disso, transforme a Cabala no fundamento e tente fazer com que a razão concorde com ela[10].

Tais descrições salientam uma similaridade entre a Cabala italiana e a filosofia, que excede a encontrada nos escritos do Rabi Menakhem Recanati

7 Ver Moshe Idel, *As Obras e a Doutrina de Abraão Abuláfia* , Dissertação de Doutoramento, Universidade Hebraica de Jerusalém, 1976, p. 436.

8 Para uma análise da concepção desses dois cabalistas acerca das *sefirot*, ver E. Gottlieb, *Estudos da Literatura da Cabala* [em Hebraico], Tel Aviv, 1976, p. 293-310.

9 *Sefer Maarekhet haElohut*, Mântua, 1558, f. 3a-b.

10 Y. Nadav, Uma Epistola do Cabalista Rabi Isaac Mar Hayim sobre a Doutrina das *Tzakhtzakhot* (Luzes Supernas) [em Hebraico], *Tarbitz*, 26, 1962-3, p. 458. Ele escreve algo semelhante em sua segunda epístola ao Rabi Isaac de Pisa, publicada por A. W. Greenup, A Kabbalistic Epistle, *JQR* n. s., 21, 1931, p. 370.

e também do autor do *Maarekhet haElohut*[11]. Essa afinidade entre a Cabala e a filosofia possui um corolário importante na interpretação dos preceitos práticos da lei judaica. A Cabala enfatiza o significado teocêntrico dos preceitos. A consciência cabalística do homem é que o torna capaz de restaurar a harmonia da Divindade. Essa noção é fundamental na Cabala espanhola e na Cabala safediana. A avaliação adequada dessas escolas cabalísticas depende do reconhecimento da importância desse princípio. Segue-se, pois, que o cabalista é, antes de tudo, uma pessoa que vive de acordo com os ditames de processos que ocorrem no sistema sefirótico.

Abuláfia e o autor do *Maarekhet haElohut* ignoram essa noção e nos seus ensinamentos a Cabala perde o seu valor teúrgico[12]. No entanto, foi justamente a natureza não teúrgica da Cabala italiana até o século XVI que facilitou a aculturação cristã e a aceitação da Cabala enquanto uma ciência. Os círculos neoplatônicos de Florença tiveram um encontro sem atritos com a teologia *quasi* filosófica de Abuláfia, com a teoria cabalística do *Maarekhet* e mesmo com os ensinamentos de Recanati[13]. De mais a mais, o sistema de pensamento místico e exegético de Abuláfia não dependia, em essência, de qualquer teologia particular. Seu caminho místico era um instrumento para todos aqueles que procuravam encurtar a distância entre o homem e a *Torá* ou a Divindade. Conforme H. Wirszubski demonstrou, Pico tivera acesso, no início de sua carreira, às obras de Abuláfia[14].

A influência mútua da Cabala judaica e da Cabala cristã é atestada por uma mudança no estilo das obras cabalísticas judaicas durante o Renascimento. Até meados do século XV, as composições cabalísticas judaicas não continham digressões sobre outros temas, ao passo que os cabalistas cristãos dedicavam uma quantidade de espaço considerável, se não preponderante, a materiais não cabalísticos. Nas *Teses* de Pico della

11 O comentário do Rabi Reuven Tzarfati sobre o *Sefer Maarekhet haElohut*, que combina a teologia do autor da obra com a visão de Abraão Abuláfia, é particularmente representativo desta tendência. Ver E. Gottlieb, op. cit., p. 357-369; M. Idel, *Abraão Abuláfia*, p. 12 e 43, nota 48.

12 O termo "teúrgico" empregado aqui e infra refere-se à crença do cabalista em sua habilidade de influenciar no processo e na condição das *sefirot*.

13 Vários dos escritos de Abuláfia, bem como o comentário de Recanati sobre a *Torá*, foram traduzidos do hebraico para o latim por Flavius Mitridates. Tais traduções serviram como uma das fontes mais importantes do ensinamento cabalístico para Pico. Ver Haim Wirszubski, *Um Cabalista Cristão lê a Lei*, Jerusalém, 1977, p. 23 e 30. Acerca de uma tradução desconhecida do *Maarekhet haElohut* e do *Sefer Hayei haOlam haBá* (o Livro da Vida do Mundo Vindouro), de Abuláfia, realizada no círculo de Egídio de Viterbo, ver M. Idel, Egídio de Viterbo e as Obras do Rabi Abraão Abuláfia. *Italia* 3, 1980, p. 48-50.

14 Ver H. Wirszubski, op. cit., p. 11, 17 e s.

Mirandola — sua composição cabalística mais importante — encontra-se material bastante heterogêneo e à Cabala é dedicada uma parte relativamente pequena. Johannes Reuchlin registrou um material pitagórico e platônico considerável ao lado de temas cabalísticos, e o mesmo acontece nos escritos de Egídio de Viterbo e de Francesco Giorgio. A partir do final do século XV, no entanto, é possível encontrar muitos autores judeus que utilizaram a Cabala de forma eclética, incorporando-a em seus livros, ao lado de outros métodos de pensamento. Citarei somente os nomes de maior destaque: Yokhanan Alemanno, Isaac e Judá Abravanel, Judá Moscato e Abraão Yaguel.





Uma parte considerável do que foi dito acima diz respeito à problemática que envolve o método do Rabi Yokhanan Alemanno e sua relação com o método de seu discípulo Pico della Mirandola. Sabemos que os dois eruditos encontraram-se no ano de 1488 em Florença[15]; se esse foi o seu primeiro encontro, então várias das ideias de Pico, escritas entre os anos de 1486-1488, foram resultado de uma tentativa independente de sintetizar distintos sistemas de pensamento, e as ideias que aparecem paralelamente nos escritos de Alemanno foram resultado da influência do discípulo sobre seu mestre. No entanto, se os dois autores mencionados se encontraram antes de 1488, é possível que as ideias de Alemanno a respeito da Cabala e da magia tenham, em parte, influenciado a formulação da Cabala cristã, bem como o fizeram os escritos Flavius Mitridates.

Ao abordar a questão da direção da influência deve-se ter em mente que Alemanno era aproximadamente vinte anos mais velho do que Pico e começara a registrar as suas ideias já em 1470 (é provável que alguns dos primeiros escritos de Alemano tenham subsistido numa coletânea de manuscritos de sua obra que se encontra atualmente em Oxford[16]). Por isso, acredito que a tendência neoplatônica geral corrente em Florença haja influenciado a linha de pensamento de Alemanno e que também a ligação da Renascença com a magia tenha deixado sua marca em seu método. A contribuição de Alemanno para o seu ambiente cultural é representada por

**15** Ver *Sefer Schir haMaalot*, MS Oxford 1535, f. 18r e 20r.

**16** Isso se refere a uma quantidade considerável de material encontrado nas *Novellae* e na *Collectanaea* de Alemanno, MS Oxford 2234 (Reggio 23). Pretendo fazer um estudo e análise à parte do material neste manuscrito. Aqui é suficiente observar que Alemanno coletou o material durante o último terço do século XV, mas em geral fez uso dele em composições escritas entre 1499 e 1505. Por essa razão não se deve sempre pressupor que as opiniões escritas em suas obras posteriores fossem resultado de deliberações tomadas na época da escritura.

suas interpretações neoplatônicas e mágicas da Cabala que influenciaram Pico e os autores judeus do século XVI. Não tenho a intenção de me alongar e detalhar tal tema, que por si é importante; apontarei unicamente que a semelhança entre suas concepções e esse paralelismo permite que consideremos Alemanno como um homem da Renascença, sob todos os aspectos[17].

A similaridade entre o material encontrado nas composições de Alemanno e o contido na Cabala cristã merece igualmente atenção. Em nenhum dos casos essas obras podem ser consideradas cabalísticas na acepção comum do termo. Para esses autores, a Cabala é apenas um dos vários sistemas de reflexão, o que explica minha observação anterior de que em todas as composições de Alemanno é possível encontrar material abundante extraído de fontes não cabalísticas. Como resultado desse ecletismo, a Cabala, conforme apresentada nos escritos de Alemanno, passou por certas metamorfoses, mudanças que abordaremos adiante.

## B.

Uma das contribuições mais significativas de recentes estudos tem sido o reconhecimento do impacto considerável do componente mágico sobre o pensamento renascentista. Lentamente, veio à luz a influência dos elementos mágicos integrados no *corpus* hermético traduzido por Marsílio Ficino[18], enquanto vestígios do *Takhlit heHakham* (O Propósito do Sábio) – *Picatrix* – são discerníveis nas obras de importantes pensadores como Giordano Bruno e Tomasso Campanela[19]. Vários autores mencio-

**17** Rosenthal tinha uma opinião distinta acerca de Alemanno, segundo a qual este era intelectualmente uma figura medieval, ainda que tivesse vivido no período da Renascença. Ver E. J. F. Rosenthal, Yokhanan Alemanno and Occult Science, *Prismata: Naturwissenschaftgeschichtliche Studien. Festschrift für Willy Hartner*, Wiesbaden, 1977, p. 356.

**18** Ver principalmente a pesquisa pioneira de D. P. Walker, *Spiritual and Demonic Magic from Ficino to Campanella*, London, 1975.

**19** A esse respeito, Walker já provou seu ponto de vista. Ver s. v. *Picatrix* no índice de seu livro *Spiritual and Demonic Magic*. Frances A. Yates em muito contribuiu para a abordagem de Walker, ao confirmar a importância literária do *Picatrix* no período renascentista em seu livro *Giordano Bruno and the Hermetic Tradition*, Londres, 1964. Ver também os importantes estudos de E. Garin, *La diffusione di un manuale di Magia, La Cultura filosofica del Rinascimento Italiano*, Florença, 1961, p. 159 - 165; Astrologia e Magia: Picatrix, *Lo Zodiaco della Vita*, Laterza 1976, p. 33-60; e Postille sull' Ermetismo del Rinascimento, *Rinascimento* 16, 1976, p. 245-246.

nam mais um livro de magia, o *Sefer Raziel* (O Livro de Raziel) atribuído ao rei Salomão[20], enquanto outras composições a ele atribuídas são conhecidas pelos membros do círculo de Lorenzo de Médici em Florença[21].

No início, a magia renascentista vestiu uma roupagem filosófica entretecida de tendências herméticas, neoplatônicas e cabalísticas, ao passo que os elementos demoníacos foram rejeitados por autores como Ficino e Pico. Somente mais tarde tais elementos emergiram e passaram a ocupar um lugar de crescente importância na literatura sobre magia. O representante mais proeminente desse desenvolvimento foi Cornelius Agrippa von Nettesheim.



Nesse ponto, cumpre investigar o florescimento da magia no campo do pensamento judaico, no período da Renascença na Itália[22]. O interesse judaico, do qual algumas das expressões serão esclarecidas mais adiante, alimentou-se, e não pouco, da preocupação com o tema nos círculos intelectuais cristãos. Concepções mágicas conhecidas, e rejeitadas, pelo judaísmo muito antes da Renascença, retornaram agora ao pensamento judaico e emergiam no contexto de uma legitimidade completa ou parcial. Ademais, livros não judaicos sobre magia que, embora traduzidos para o hebraico há muito tempo, haviam recebido pouca atenção, passaram a ser difundidos e mencionados com mais frequência. Novas obras foram também traduzidas do latim e do italiano, e há referências acerca de contatos entre magos cristãos e judeus. Tudo isso fornece evidência tangível a respeito do mútuo interesse sobre a magia nessa época.



O estudo judaico da magia foi uma resposta à nova atenção do cristianismo ao tema. Contudo, os autores judeus gozavam de mais liberdade intelectual do que os autores cristãos, que estavam na mira da Igreja. Por

Sobre a influência do paganismo sobre o *Picatrix*, ver J. Seznec, *The Survival of the Pagan Gods*, Princeton, N. J., 1972. Sobre as fontes herméticas de *Picatrix* ver H. e R. Kahane e Angela Pietrangeli, Picatrix and the Talismans, *Romance Philology*, 19, 1965-1966, p. 574-593, e D. Pingree, Some Sources of the Ghayat al-Hakim, *Journal of the Warburg and Courtauld Inst.*, 43, 1980, 1-15.

**20** Ver sobre essa composição o material abundante coletado por F. Secret, Sur quelques traductions du Sefer Raziel, *REJ*, 128, 1969, p. 223-245.

**21** R. A. Pack, Almadel Auctor Pseudonimus de Firmitate Sex Scientiarum, *Archives d'Histoire Doctrinale et Littéraire du Moyen Âge* [*AHDLMA*], 42, 1976, p. 147 e s., esp., p. 177 e s.

**22** Este tema particular ainda não foi discutido na literatura erudita. Estudos sobre esse tópico trataram principalmente de superstições populares e de práticas mágicas, mas não consideraram o lugar da magia no plano de fundo intelectual da Renascença. Ver M. A. Shulwass, *The Jews in the world of the Renaissance*, Leiden, 1973, p. 328-332; C. Roth, *The Jews in the Renaissance*, Philadelphia, 1959, p. 59-63.

conseguinte, a magia podia converter-se, para os judeus, numa perspectiva nova e abrangente, a partir da qual todos os aspectos da sua tradição podiam ser vistos.

Minha discussão geral será precedida por uma descrição bibliográfica que esclarecerá o crescente interesse pelo estudo da magia entre os judeus durante o período renascentista na Itália:

Há duas versões hebraicas da obra mais importante sobre a magia, o *Ghayat al-Hakim* ou *Picatrix* e ambas são condensações da obra mais ampla.

1. A condensação mais importante foi elaborada a partir do árabe[23], aparece sob o título *Takhlit heHakham*[24] e pode ser encontrado em dois manuscritos: o MS Munique 214, f. 46r-101v e o MS Museu Britânico Or. 9861, f.1r – 38v. Ambos foram copiados na Itália no final do século XV. Neste período a obra foi mencionada no curso de estudos de Alemanno como um dos livros sobre magia que deve ser cuidadosamente lido por quem quer que deseje alcançar a perfeição[25].

2. Um fragmento da segunda condensação do *Picatrix* é também relevante para a nossa discussão. Ele foi preservado em dois manuscritos que pertencem ao mesmo códex: MS Nova York 2470 (ENA 2439), f. 1r-10v e o MS Nova York 2465 (ENA 1920), f. 1r-5r. Estes dois manuscritos também foram copiados na Itália. No primeiro deles, na página 10r, lemos:

> Este livro foi traduzido do aramaico para o árabe e do árabe para o hebraico, mas essa não é a primeira tradução hebraica. Do hebraico ele foi traduzido para o latim e do latim esta tradução foi feita, Deus seja louvado.

No final do segundo manuscrito é dito (f. 5r):

**23** Uma descrição detalhada do MS Munique 124 encontra-se em M. Steinschneider, *Zur Pseudoepigraphischen Literatur*, Berlim, 1862, p. 28-51. Nesta tradução há algumas diferenças em relação ao texto árabe original e uma delas foi discutida por M. Plessner, A Medieval Definition of Scientific Experiment in Hebrew Picatrix, *jwci* 36, 1973, p. 358 - 359.

**24** Em seu livro *Maassé Efod* (A Obra do Efod], Profiat Duran refere-se a essa obra por este nome.

**25** Ver Idel, O Curso de Estudos de Yokhanan Alemanno [em Hebraico], *Tarbitz* 48, p. 311. Em sua *Collectanaea*, MS Oxford 2234, f. 121r, Alemanno inclui um trecho do *Sefer Megalé Amukot* (Livro da Revelação do Pensamento Profundo) do Rabi Salomão ben Hanokh Alconstantini, que viu o original em árabe. A citação de Alemanno corresponde ao dito em *Megalé Amukot*, MS Vaticano 59, f. 6r.

Completou-se a tradução do primeiro capítulo do livro *Ghayat al-Hakim*, Graças a Deus, feita a partir de uma versão cristã, em sua maior parte incorreta, pois sua versão não é de nenhuma maneira clara.

Essa evidência da versão da composição a partir do latim – (*Laaz*, língua estrangeira) – parece referir-se a uma versão feita durante o período renascentista. De todo modo, a tradução hebraica foi posterior à primeira tradução árabe e certamente à latina, cuja data é desconhecida[26].

3. Um pequeno trecho do texto hebraico do *Picatrix* foi preservado no MS Oxford 1352 (Mic. 288), f. 177r. Neubauer publicou uma parte deste texto em seu catálogo de manuscritos de Oxford. Esse manuscrito foi também redigido na Itália.

Três traduções hebraicas do *Picatrix* foram preservadas em manuscritos italianos, redigidos no final do século XV e início do XVI, período em que a tradução latina ganhou grande circulação entre os renascentistas. Dentre os poucos autores que mencionam a versão hebraica encontra-se Rabi Yokhanan Alemanno, que estava envolvido nas atividades intelectuais típicas da Academia de Florença.

Outra obra sobre magia difundida entre os cristãos na época da Renascença é o *Sefer Raziel* mencionado acima. Tal composição difere em muitos aspectos do já conhecido *Sefer Raziel haMalakh* (O Livro do Anjo Raziel). Uma descrição detalhada de seu conteúdo foi feita por F. Secret e tentarei aqui complementar suas observações apontando para a tradução hebraica, cuja existência ele desconhecia. A composição é encontrada em dois manuscritos, o mais completo dos quais é o MS Nova York JTS 8117, f. 59-100. No MS Oxford 1959, f. 98v-131v, encontra-se um grande trecho da composição numa versão diferente e menos feliz que a do MS Nova York. Uma análise revela que a tradução também foi feita na Itália, e uma clara evidência desse fato figura na primeira página do MS 8117, f. 1r:

Em nome do Deus de Israel começarei a copiar o *Sefer Raziel.* Observe e saiba que encontrei esse livro em duas versões, uma em hebraico e a outra em latim [*latino*]. Os nomes dos anjos e das inteligências [*intientzii(!)*] são diferentes

**26** Todos os manuscritos da tradução latina do *Picatrix* datam do século XV ou XVI; Ver Yates, *Giordano Bruno*, p. 15, nota 3.

em cada uma delas, mas em termos práticos não há variação [*varietati*] em nenhum aspecto. Como nenhuma pessoa que pratica pode ser bem sucedida em qualquer uma dessas ações sem conhecer este livro, escolhi copiá-lo usando cada um dos nomes das inteligências [*intelientzii*] para que o praticante não tenha que consultar outros livros, que não têm valor nenhum.

As observações do tradutor requerem um exame minucioso. Segundo a citação supramencionada, parece que o tradutor tinha diante de si duas composições idênticas, cuja variação textual dizia respeito unicamente aos nomes dos anjos. Porém, a comparação dessa composição com partes das traduções aduzidas por F. Secret indica que aqui (MS 8117) temos realmente uma tradução e não meramente uma mescla de versões diferentes. Podemos extrair uma corroboração para tal conclusão a partir da presença de palavras italianas na obra em si, produto de uma certa imaginação linguística individual que não se assemelha à terminologia encontrada em escritos anteriores sobre magia judaica. Há comprovação de que essa tradução foi incluída no curso de estudos de Alemanno, onde é descrita como "uma tradução do latim". Uma vez que Alemanno volta a mencionar a composição também em outros lugares, é razoável pressupor que a tradução tivesse sido feita, o mais tardar, no início dos anos de 1480. Não encontrei outra fonte judaica que tenha mencionado essa composição antes de Alemanno; porém, em meados do século XVI, as duas obras denominadas *Sefer Raziel*, "o longo" e "o curto", são mencionadas numa troca de correspondências entre dois estudiosos e, ao que parece, o *Sefer Raziel* ao qual me referi era conhecido como o *Sefer Raziel haGadol*[27].

Uma composição sobre magia bem conhecida pelos intelectuais cristãos, com a qual os judeus estavam familiarizados era o *Liber Clavicula Salomonis* (*Sefer Mafteakh Schelomó*)[28](O Livro da Chave de Salomão). Ele parece ter sido mencionado pela primeira vez pelo Rabi Ascher Lemlin[29], um cabalista judeu alemão que viveu ao norte da Itália no início do século XVI: "Salomão, que descanse em paz, escreveu uma obra esotérica, o *Sefer haMafteakh*, sobre práticas secretas. Os cristãos

27 Ver I. Sonne, *De Paulo IV a Pio V*, [em hebraico], Jerusalém, [s.n.], 1954, p. 108.

28 L. Thorndike, *History of Magic and Experimental Science*, Nova York: [s.n.], 1958, II, p. 280.

29 Para mais informações acerca desse cabalista, ver A. Kupfer, As Visões de Rabi Ascher ben Rav Meir também denominado Lemlin Reutlinguen [em hebraico], *Kovetz Al Yad*, 8, Jerusalém, 1976, p. 389-423.

chamam esse livro de *Clavicula*"[30]. Depois de Lemlin, o *Sefer Mafteakh Schlomo* foi mencionado pelo Rabi Guedália ibn Yakhya, autor do *Sefer Schalschelet haCabala* (O Livro do Encadeamento da Cabala), que diz acerca de Salomão: "Ele compôs livros e encantamentos contra os demônios que se intitulam *Mafteakh Schelomó*"[31]. Um exame minucioso do *Sefer Mafteakh Schelomó* que chegou a nós[32] revela que, em sua maior parte, se trata de uma tradução de material sobre magia oriunda de fontes cristãs. A tradução foi feita provavelmente na Itália, durante a época do Rabi Ascher Lemlin e o período da escritura do *Sefer Schalschelet haCabala*. Alemanno, que se interessava por textos sobre magia, principalmente aqueles atribuídos a Salomão[33], não menciona o livro, ao passo que o Rabi Ascher Lemlin não se refere a ele pelo nome usual, *Mafteakh Schelomó*, mas o denomina *Hamafteakh Hanistar* (A Chave Oculta) e, portanto, podemos pressupor que ele tampouco estava familiarizado com a versão hebraica.





Além dessas composições populares na literatura da magia, o Rabi Yokhanan Alemanno menciona também outras que foram preservadas graças ao seu interesse. Assim, por exemplo, em um dos seus escritos, Alemanno copiou uma tradução desconhecida do *Sefer haLevaná*[34] (O Livro da Lua), um livro de magia importante. Em *Heschek Schelomó* (O Desejo de Salomão) ele cita várias vezes o *Sefer Melekhet Muskelet* (Livro da Obra do Intelecto), atribuído a Apolônio[35], cujos fragmentos encontrei em dois manuscritos

30 Budapeste, MS Kaufmann 179, p. 134.

31 *Schalschelet haCabala*, Jerusalém: [s.n.], 1962, p. 231.

32 Ver edição de Gollancz, Jerusalém: [s.n.], 1940. Convém mencionar que uma condensação do *Sefer Mafteakh Schelomó* é lembrada no catálogo de manuscritos de Coronel, Londres, 1871, p. 12, n. 123: "*Sefer Mafteakh haZahav*: uma condensação do *Mafteakh Schelomó*: uma introdução sobre a escritura de amuletos com vários desenhos e letras estranhas". Essa descrição corresponde ao conteúdo do *Sefer Mafteakh Schelomó*. A versão hebraica foi traduzida para o italiano por Abraham Colroni.

33 Ver Idel, Curso de Estudos, p. 321 e s.

34 Ver MS Paris 849, f. 64r-64r-v. G. Scholem foi quem primeiro observou isso em seu artigo, Um Livro sem Título do Rabi Yokhanan Alemanno [em hebraico], *Kyriat Sefer*, 5, 1929, p. 276. Greenup publicou outra tradução: *Sefer haLevaná*, Londres, 1912. Um fragmento de uma terceira tradução figura no *Sefer Yessod Olam* (O Livro do Fundamento do Universo), do Rabi Abraão Eskira, MS Moscou-Günzburg 607, f. 72v. Essa obra pode ser também encontrada em manuscritos árabes e latinos.

35 *Sefer Heshek Schelomó*, MS Oxford 1535, f. 47v, 48r, 65v, 68r, 118v. Para uma bibliografia sobre o texto, ver Rosenthal, op. cit., p. 350-351 e notas. Abordarei o tema em outra ocasião. Sobre referências a Apolônio pelos contemporâneos de Alemanno na Itália, ver Ruderman, op. cit., p. 50 e s., e também Walker, op. cit., p. 147 e s.

italianos do séc. XVI[36]. Nos escritos de Alemanno são mencionados o *Sefer haAtzamim* (O Livro dos Elementos) atribuído ao Rabi Abraão Ibn Ezra[37], e o *Sefer haTamar* (O Livro da Palmeira)[38], ambos composições que foram traduzidas do árabe muito antes da Renascença. O *Sefer Pil'ot Olam* (O Livro das Maravilhas do Mundo), de Albertus Magnus, considerado uma das obras de magia mais importantes em latim da Idade Média, também era conhecido por Alemanno[39]. Não é menos significativo o fato de ele próprio ter dedicado considerável atenção ao tema da magia em uma de suas composições[40]. Alemanno registra que está em contato com gentios que se ocupavam de temas semelhantes. Em sua *Collectanaea* lemos: "Um mestre de encantamentos contou-me que tentou encontrar um tesouro oculto" lemos[41]. No livro *Schir haMaalot*[42] (O Cântico da Ascensão), Alemanno faz uma segunda referência a uma conversa mantida com um gentio acerca do tema da magia, e relata "o que um artífice me contou". A história dizia respeito à antiga prática de matar um homem e transformá-lo em espírito protetor dos tesouros. Em outra ocasião Alemanno relata seu encontro com um gentio na cidade de Bolonha, que decifrou seu caráter por meio

36 MS Universidade de Bar-Ilan 286 (antigo MS Viena 25), p. 83 r – 92 v. No início da seção consta: "No livro *Schir haMaalot de Salomão* está escrito que por volta do ano 150 o erudito Rabi Salomão ben Rav Natan traduziu essa composição do latim para o hebraico. O autor era o muito antigo Apolônio e o livro é chamado *Melekhet Muskelet*". Não há dúvida de que essa afirmação se refere ao que foi dito por Alemanno no *Schir haMaalot*, que é uma obra introdutória ao *Sefer Heschek Schelomó*. Ver MS Oxford 1535, p. 47v e a obra impressa *Sefer Schaar haHeschek* (O Livro do Portão do Desejo), Halberstadt, p. 8b-9a. Há uma diferença importante entre os comentários de Alemanno no MS Oxford 1525 e o *Sefer Schaar haHeschek* (que declara: "Há cem anos") e a observação no MS Bar Ilan ("no ano 150"). Portanto, o MS Bar Ilan foi escrito cinquenta anos após a composição do *Sefer Schir haMaalot*, ou seja, no final da primeira metade do século XVI. Na mesma época aproximadamente, o Rabi Rafael Salomão ben Jacó Prato copiou o MS Budapeste Kaufman 246. Nas páginas 3-17 há excertos do MS Bar Ilan. O manuscrito de Budapeste contém uma versão mais completa e linguisticamente mais clara dos excertos. Rafael Prato trabalhou para o Rabi Yekhiel Nissim de Pisa e Alemanno hospedou-se na casa de seu avô, e é possível que o próprio Alemanno tivesse coletado tais excertos do livro *Melekhet Muskelet* que, segundo a própria descrição de Alemanno, era uma composição de cerca de duzentos fólios, muito mais longa do que a versão subsistente. Uma parte substancial do material encontrado figura igualmente no *Sefer Schir haMaalot*.

37 Ver Idel, Curso de Estudos, p. 312, nota 76.

38 Idem, p. 312 nota 74.

39 Alemanno, *Sefer Schir haMaalot*, MS Oxford 1535, f. 16r.

40 Ver as observações de Scholem, em Um Livro sem Título do Rabi Yokhanan Alemanno, op. cit..

41 MS Oxford 2234, f. 15r.

42 MS Oxford 1535, f. 126r. Ver também J. Dan, Teraphim: From Popular Belief to a Folktale, *Scripta Hierosolymitana*, 27, 1978, p. 100-102. Comparar o relato de Alemanno com o comentário à margem no MS Oxford 2234, f. 685 e com uma história mencionada em M. Bouisson, *La Magie*, Paris, 1958, p. 132.

da arte da fisiognomonia e sua descrição acurada muito o impressionou[43]. Ao tratar da magia demoníaca, Alemanno declarou: "Ouvi muitas coisas desse tipo tanto de judeus quanto de cristãos"[44].

No judaísmo como um todo havia duas concepções importantes acerca da possibilidade da influência humana sobre esferas externas ao homem. De acordo com a primeira, o homem deve promover uma unificação das *sefirot* que constituem, na teoria cabalística geral, o aspecto revelado da Divindade. Essa visão[45] é singularmente teúrgica, pois Deus é o objeto do cumprimento dos preceitos religiosos. Os preceitos representam simbolicamente as atividades e os processos dinâmicos das *sefirot*. O cumprimento dessas ações é realizado pela meditação esotérica prescrita. Segundo essa abordagem, a esfera das forças extradivinas raramente é afetada por tais práticas, porém a harmonia divina resultante é benéfica para o mundo; trata-se de um efeito colateral que depende da consecução do objetivo primordial. Deve-se particularmente enfatizar o fato de que o cumprimento dos preceitos é tanto uma necessidade divina quanto humana. Isso se expressa no conhecido dito cabalístico *avodá tzórekh gavôha* – "O serviço de Deus satisfaz uma necessidade divina".



Em contraposição, a magia em geral atua sobre o mundo externo à Divindade: a alma cósmica, o mundo dos anjos e as forças que guiam as constelações e os planetas. Os objetivos da magia são alcançados por meios diversos; às vezes, a alma individual adere à alma cósmica e, como resultado dessa adesão, o homem é capaz de modificar a natureza conforme sua vontade, porque a natureza se deixa dirigir pela alma cósmica. Textos mágicos adicionais prescrevem ações necessárias para fazer com que as forças astrais descendam ao mundo e operem segundo a vontade do mago; nesse gênero de magia deve ser incluída também a magia demoníaca. O mago pode também usar talismãs, certos materiais ou coisas que possuem virtude ocultas que absorvem as emanações dos poderes superiores ou que protegem aqueles que portam tal objeto. Os diferentes gêneros de magia têm um importante elemento em comum: nenhuma influência divina está presente nos diversos processos. Em termos gerais, a magia não é direcionada

43 *Collectanaea*, MS Oxford 2234, comentários à margem do f. 68r.

44 MS Paris 849, f. 47v. Na parte de baixo do fólio 20v, Alemanno conta acerca de sua ligação com Paris Ceresarius Mantuano, um médico famoso que alegava conhecer o segredo da imortalidade. Ver G. Scholem, op. cit., p. 274.

45 Ver Gottlieb, op. cit., p. 29-37.

a Deus nem apela a Ele, que tampouco Se beneficia das ações dos magos. Em termos cabalísticos tais práticas são "rituais que servem ao homem" (*avodá tzórekh hediot)*.

Não obstante claras diferenças existentes entre as interpretações cabalística e mágica da atividade humana, os dois sistemas compartilham determinadas características comuns. Nas duas concepções o homem desempenha um papel central e exerce considerável influência sobre processos em várias áreas. Por meio da oração ou do encantamento, o homem exerce essa influência apelando a forças externas, *sefirot* ou anjos. Embora sejam ontologicamente distintas, as *sefirot* e a esfera dos "espíritos" possuem poderes múltiplos, e cada um deles possui uma característica especial capaz de influir numa direção específica. Para que um cabalista possa alcançar o seu intento, ele primeiramente deve assegurar o fluxo de emanação espiritual do *Ein Sof* (a Divindade Infinita) para o campo das *sefirot*, gerando harmonia na estrutura Divina como um todo; somente então ele poderá dirigir suas orações e meditações para uma *sefirá* particular para alcançar um efeito desejado. Esse emprego seletivo do poder sefirótico é análogo ao dos anjos, cada qual encarregado de supervisionar uma área específica. Os anjos respondem a encantamentos e atendem aos pedidos do homem. É razoável pressupor que essa similaridade entre a Cabala e a magia não seja casual, e sim resultado da influência da magia judaica antiga que tratava de encantamento de anjos, e a combinação dessa magia com a tradição gnóstica e neoplatônica. A magia transformou-se em teurgia tão logo o objeto do efluxo espiritual passou a ser a *sefirá* de *Malkhut*, e não o cabalista ou o próprio mago.

Os pensadores renascentistas estavam cientes da analogia entre a magia e a Cabala. Nos escritos de Pico della Mirandola o binômio magia-Cabala começa a ganhar espaço e, por vezes, o termo "Cabala" torna-se sinônimo de magia. Na opinião de Pico, a *magia naturalis*[46] é um nível inicial e menos poderoso da Cabala que, em sua completude, é a quintessência da magia[47]. Pico menciona um princípio básico comum à magia natural e à Cabala: ambas são concebidas como instrumentos para a recepção do efluxo atraído de poderes superiores[48]. Para Pico, Cabala é magia. Essa

**46** Sobre o desenvolvimento dessa concepção, ver P. Zambelli, La problème de la magie naturelle à la Renaissance, *Astrologia e Religione nel Rinascimento*, Wroclaw: [s.n.], 1974, p. 48-49.
**47** Sobre a relação entre a magia e a Cabala em Pico, ver Yates, op. cit., p. 86-110.
**48** Idem, p. 96 -97.

interpretação alterou a essência da Cabala transferindo seu foco principal da esfera da Divindade para a humana. Não encontramos nos escritos de Pico um detalhamento do modo como a Cabala, se sobrepõe à magia natural – versão Marsilio Ficino – no entanto, mesmo a observação geral de Pico foi importante, pois posicionou a Cabala prática no cume do desenvolvimento humano.

Pico classificava a Cabala em duas ramificações, a "especulativa" e a "prática". A Cabala "especulativa" incluía a técnica de permutação das letras e a doutrina da inter-relação entre os três mundos[49]. Em outro lugar[50] Pico ofereceu uma divisão da Cabala paralela, ou seja, em ciência das *sefirot* e dos nomes divinos. Numa terceira observação[51] Pico fez uma distinção entre as permutações de letras como um tipo específico de Cabala, e a recepção das forças divinas como um segundo tipo de Cabala, ainda superior à magia natural. A partir dessas três declarações vemos que, para Pico, a permutação de letras e o estudo dos nomes divinos são ramos distintos da Cabala, ao passo que a recitação dos nomes divinos e a recepção de forças superiores são, ambas, parte da Cabala prática. A natureza precisa dessa última relação não é esclarecida.



Há paralelismos significativos entre a classificação de Pico e aquela oferecida por Alemanno e outros cabalistas judeus. Uma definição da Cabala especulativa bastante similar à de Pico aparece em uma carta escrita no círculo intelectual de Alemanno:

> A parte especulativa da Cabala refere-se ao conhecimento da interconexão dos três mundos por intermédio das dez *sefirot,* às alusões e mistérios da *Torá* e à hierarquia destes três mundos e sua área de influência[52].

**49** Idem, p. 95.
**50** Giovanni Francesco Pico Della Mirandola, *Opera Omnia*, Basileia, 1753, p. 107-108; Yates, op. cit., p. 95.
**51** Pico, op. cit., p. 180-181; Yates, op. cit., p. 96.
**52** MS Montefiore 316, p. 28v. A carta foi escrita, conforme tentarei provar em outro artigo, pelo Rabi Isaac benYekhiel de Pisa. Uma definição similar aparece no famoso discurso do Rabi Simone Luzzatto: "E l'altra parte più teoricale e scientifica Che considera La dispendenza di questo mondo corporale dal spirituale, incorporale et architipo; tengono che vi siano alcuni principii, e orgini seminarii de tutte le cose sensibili", apud F. Secret, Un texte malconnu de Simone Luzzatto sur Le Kabbale, *REJ* 118, 1959-1960, p. 123.

G. Scholem já havia observado[53] a semelhança entre a classificação de Pico e a divisão da Cabala feita por Abuláfia, no estudo das *sefirot* e dos nomes divinos, numa carta ao Rabi Judá Salomão[54].

No que diz respeito a Alemanno, podemos vislumbrar sua distinção entre a magia e a Cabala ao analisarmos o seu proposto curso de estudos cabalísticos. Alemanno aconselhava a começar o estudo da Cabala com a leitura de tratados sobre a doutrina das *sefirot*, como as obras de Recanati e o *Maarekhet haElohut*[55]e, posteriormente, ele sugeria os escritos de Abuláfia e os comentários sobre o *Sefer Ietzirá* (Livro da Criação). Ao estudo das composições de Abuláfia deveria seguir-se a leitura de livros sobre magia, que em parte tratam dos nomes de Deus e que na sua maioria analisam técnicas de receptividade espiritual[56].

Uma técnica de dois estágios para a operação de milagres encontrada na *Collectanaea* de Alemanno apresenta uma excelente abordagem ao seu conceito da relação entre a Cabala e a magia. No início o cabalista recita nomes divinos que ele lê para si mesmo de um rolo da *Torá*.

> Após uma limpeza externa do corpo, e uma mudança interior e purificação espiritual de toda mácula, a pessoa torna-se tão clara e pura como os céus. Uma vez que se despiu de todos os pensamentos materiais, deverá ler apenas a *Torá* e os nomes divinos nela escritos. E então lhe serão revelados segredos impressionantes e visões Divinas tais como as que podem ser emanadas sobre as almas puras, preparadas para recebê-los, como é dito[57]: "Preparai-vos por três dias e lavai vossas vestes". Pois há três preparativos: do exterior [do corpo], do interior e da imaginação[58].

Ao ler a *Torá* como uma série de nomes divinos, o homem recebe uma primeira infusão de força. Essa leitura é precedida por uma série de "preparativos" que repetem as purificações realizadas pelos judeus antes da outorga da *Torá* no Sinai.

**53** Scholem, Zur Geschichte der Anfänge christlichen Kabbala, em *Essays Presented to Leo Baeck*, Londres, 1954, p. 164, nota 1.

**54** Foi publicada por A. Jellinek, *Auswahl kabbalischticher Mystik*, Leipzig, 1853, p. 15. A carta foi traduzida para o latim por Flavius Mitridates e era conhecida por Pico.

**55** Ver Idel, Curso de Estudos, p. 310, notas 65-66.

**56** Idem, p. 320 e s.

**57** *Êxodo* 19,15.

**58** MS Oxford 2234, f. 164r.

O segundo estágio do processo é descrito na continuidade da citação. Nele, o próprio rolo da *Torá* imbui-se da força espiritual quando "os escritos de Deus, o espírito do Deus vivo, sobre ele descenderá". Pela expressão "os escritos de Deus", Alemanno refere-se diretamente à outorga da *Torá* no Sinai, conforme descrita no *Livro do Êxodo*. A experiência pessoal da revelação da lei é um pensamento convencional na Cabala. O que é novo e extraordinário no processo descrito por Alemanno é a semelhança entre a cerimônia e o ritual de consagração encontrado em livros de magia.

> Quando um homem dedica uma grande quantidade de tempo, o intermitente transforma-se em habitual. Ao emergir nessas coisas, virá sobre ele um efluxo tão grande que ele poderá fazer com que o espírito de Deus descenda sobre si próprio, paire sobre ele e o envolva o dia todo. E não apenas isso, mas "o escrito de Deus, o espírito do Deus vivo" descenderá sobre o rolo [da *Torá*] a tal ponto que lhe dará força para realizar milagres e maravilhas no mundo. E assim são os livros chamados "*segretti*" e todos os encantamentos são as palavras secretas [*segretti*] provenientes dos maus espíritos. Portanto, a *Torá* proibiu tais práticas. A *Torá* de Moisés, no entanto, está totalmente fechada e selada pelo nome do Santo, Abençoado Seja. Por conseguinte, são muitos os seus poderes e assim é todo o *Livro dos Salmos*. Esse é um grande segredo, oculto aos olhos dos cegos e dos astutos[59].



Na *Collectanaea* de Alemanno, portanto, encontramos os dois elementos que fazem parte da Cabala prática na definição de Pico: a leitura dos nomes de Deus na *Torá* e o recebimento do efluxo. A conexão entre os dois elementos é também mencionada no *Takhlit heHakham* [60], uma obra conhecida tanto por Pico como por Alemanno:

> Aristóteles disse [...] nos tempos antigos os nomes divinos tinham uma certa capacidade para trazer a força espiritual à terra. Às vezes, essas forças descendiam. Outras vezes matavam o homem que as utilizasse.

Nos escritos de Alemanno e tampouco na citação do livro *Takhlit heHakham* apresentada não há nenhuma menção à Cabala prática. Um estudo cuidadoso do discurso de Alemanno indica que as práticas por ele

**59** Idem.
**60** MS Munique 214, f. 51r. Ver também infra, nota 100.

sugeridas estão relacionadas ao rolo da *Torá*; a *Torá*, segundo Alemanno, é um encadeamento de nomes dos quais o significado pode ser derivado por referência a outra fonte[61]: "Os sábios antigos diziam que a *Torá* inteira é um nome só e que todas as suas palavras são nomes poderosos e cada versículo é um nome adicional".

Essa visão deu origem ao *Sefer Schimuschei Torá* (Livro dos Usos Mágicos da Torá) e ao *Sefer Schimuschei Tehilim* (Livro dos Usos Mágicos dos Salmos), bem como a tradições semelhantes, que chegaram aos cabalistas Rabi Ezra e Rabi Moisés ben Nakhman [Nakhmânides] em Gerona. Contudo, Alemanno atribui agora às doutrinas uma interpretação inequivocamente mágica; a *Torá* lida como uma série de nomes é transformada em um instrumento de magia[62].

> E todo aquele que conhece a ciência das estrelas e dos signos do zodíaco que emanam sobre as criaturas na terra pode interpretar a *Torá* de acordo com os signos e as regras da astrologia. Isso é verdadeiro no que concerne aos mestres da astrologia teórica bem como da astrologia prática. Qualquer homem, bom ou mau, que saiba a obra dos anjos puros e impuros, que são superiores às estrelas, pode atrair sua fragrância sobre nossas cabeças, pois deu uma interpretação cabalística à *Torá* inteira. Nisso estão incluídos os mestres das ciências especulativas e práticas das *sefirot*[63].

Aqui há duas formas de ler a *Torá*: por meio da astrologia e por meio da Cabala. Em ambas há uma parte teórica e uma parte prática. Parece-me que por meio da interpretação prática da *Torá* (a leitura dos nomes divinos) é possível "atrair sua fragrância sobre as nossas cabeças".

Se a minha análise da visão de Alemanno estiver correta, sua abordagem sobre a Cabala prática é semelhante à de Pico: para ambos, essa Cabala compreende o uso dos nomes divinos, que estão associados ao descenso e à ativação das forças espirituais no mundo. Parece-me que essas definições da

**61** MS Paris 849, f. 92v. Cf. também f. 6v.

**62** Sobre esse tema ver a discussão de Scholem, *Elementos da Cabala e seu Simbolismo*, Jerusalém, 1976, p. 141 e s. Convém lembrar que na época de Alemanno vários eruditos eram de opinião de que a *Torá* possuía propriedades mágicas que possibilitavam aos sábios judeus dominar a natureza. Ver as observações do Rabi Yossef Yavetz em seu comentário sobre a *Ética dos Pais*, Varsóvia, 1880, p. 68. Ver também as observações de S. Heller-Wilenski, *A Filosofia de Isaac Arama* [em Hebraico], Jerusalém e Tel Aviv, 1956, p. 131; *Sefer Minkhat Kenaot*, do RabiYekhiel Nissim de Pisa, e as observações de Yashar de Candia no *Sefer Matzref laHokhmá*, cap. 4 e cap. 10.

**63** MS Paris 849, f. 7v.

Cabala prática têm outro ponto em comum: Pico considerava proibidas as práticas cabalísticas que empregam nomes divinos para encantar demônios[64]. Essa distinção entre formas puras e impuras da Cabala prática é também sugerida pela citação anterior de Alemanno acerca de forças puras e impuras que se encontram acima das estrelas. No fim da citação acima, extraída da *Collectanaea*, Alemanno fala de encantamentos que são proibidos pela *Torá*, em contraposição à leitura mágica da *Torá*, que é permitida[65].

Parece-me que nas palavras de Alemanno há novamente um paralelo com o livro *Takhlit heHakham*. Na continuação direta do trecho que transcrevemos acima é dito[66]: "Ele [i. e., Aristóteles] disse encantamentos mágicos descendem sobre o globo [?]". Os encantamentos derivados da magia são proibidos, mas não o uso dos nomes divinos.




Vimos, pois, que para Alemanno a leitura da *Torá* transformou-se num processo para a aquisição de poderes mágicos através da emanação das forças superiores e que este processo compreendia dois estágios. Inicialmente, a pessoa recebia uma vibração do efluxo divino e apenas depois de habituar-se a ele, poderia receber o efluxo adicional, "o espírito do Deus vivo", segundo o *Sefer Ietzirá* , que lhe possibilita realizar sinais e portentos[67] – em minha opinião, uma adaptação da famosa fórmula mágica *horadat haRukhaniut*, o descenso da espiritualidade, que figura em muitos dos textos que Alemanno teve oportunidade de ver[68]. A pressuposição de

**64** Pico, op. cit., p. 181; Yates, op. cit., p. 97.

**65** Referências acerca de uma classificação da Cabala prática em pura e impura podem ser encontradas a partir da primeira metade do século XVI na Itália. O Rabi Elias Menakhem Halfan escreveu em uma epístola: "A ciência da Cabala dividiu-se no início em duas partes chamadas de lado direito e lado esquerdo. Cada uma das partes mencionadas subdivide-se em teórica e prática. O lado direito é todo pureza e santidade, nomes divinos e angelicais e questões sagradas. O lado esquerdo é todo [?] e demônios e cascas do lado impuro". MS JTS 1822, f. 153v. . Essa categorização que considera a Cabala prática do lado esquerdo como adoração do "outro lado" (*sitra akhra*) baseia-se no *Zohar*, que contrastou magia e Cabala. Comparar com a crença mazdaíta que alega que a magia é um ritual de adoração do Ahriman. Ver J. Bidez e F. Cumont, *Les Mages Hellenisés*, v. I, Paris, 1938, p. 143. Ver também Profiat Duran, *Klimat haGoyim* (A Vergonha dos Povos), cap. 2, em que Jesus é considerado um cabalista prático que operava seus milagres utilizando o lado impuro da Cabala prática. Comparar com a afirmação de Pico, de que os milagres de Jesus não foram feitos pela magia ou pela Cabala. Ver Pico, op. cit., p. 105 e Yates, op. cit., p. 106.

**66** MS Munique 214, F. 51r.

**67** Comparar isso com uma concepção que aparece na breve composição intitulada *Sod Peulat haIetzirá* (O Segredo da Operação da Criação), em que é descrita a técnica de permutação de letras para a recepção do efluxo da sabedoria. A composição descreve então a recepção do espírito sagrado e a criação de um *golem*. Ver Idel, *Abraão Abuláfia*, p. 131.

**68** Esse termo figura com grande frequência ao longo do *Takhlit heHakham*. Ver, por exemplo, o MS Munique 214, f. 51r. A expressão recorre na p. 14 do *Sefer haAtzamim* atribuído a Ibn Ezra, supramencionado. Ver também o *Sefer Megalé Amukot* de Salomão Alconstantini, MS Vaticano 59,

que se trata de idiomas cognatos é corroborada pelo fato de que a expressão ocorre no contexto de uma discussão sobre magia.

A menção feita por Alemanno da interpretação da *Torá* pelo método da Cabala prática encontra-se no MS Paris 849, manuscrito que data do início do século XVI, porém é provável que ele tenha formado sua opinião a esse respeito um pouco antes. No livro *Bekhinat haDat* (O Exame da Religião) do Rabi Elias del Medigo, o autor se opõe àqueles que veem na *Torá* e nos preceitos meios para causar o descenso das forças espirituais.

> É impossível fazer com que as forças espirituais descendam para o mundo do modo que dizem os magos que utilizam formas e talismãs. Ao examinarmos os dizeres da *Torá* vemos que ela se opõe energicamente a tais práticas idólatras[69].

Pode-se pressupor que as observações de Del Medigo são uma crítica a Alemanno. Del Medigo fez parte do círculo de Pico até aproximadamente 1490 e provavelmente ouviu a concepção de Alemanno expressa por outros colegas.

A estrutura análoga da magia e uma leitura cabalística da *Torá* descrita no MS Paris 849 possuem um paralelo interessante na *Collectanaea* de Alemanno:

> O astrólogo estuda cada uma das criaturas em relação a um dos sete planetas. Do mesmo modo, o cabalista estuda cada palavra da *Torá*, como já afirmado, em conexão aos preceitos da *Torá*. Isto é, ele estuda a *sefirá* à qual está associada. O astrólogo estuda os movimentos e o governo das estrelas. Do mesmo modo, o

f. 6r e s., e o *Sefer Mekor Hayim* (O Livro da Fonte da Vida) do Rabi Samuel ibn Zarza, Mântua 1559, f. 6a. Convém esclarecer que a magia baseada no "causar o descenso" é também conhecida na literatura midráschica; ver L. Ginzburg, *The Legend of the Jews*, v. 5, p. 152, nota 56. O *Midrasch* diz respeito ao descenso do sol e da lua, ao passo que na magia hermética se fala no descenso das emanações celestiais. No *Takhlit heHakham*, o descenso das forças espirituais é uma espécie de revelação: "Pois todo homem sábio possui o poder para trazer para si parte do espírito, de modo a despertá-lo e a desvelar o que estava oculto, e esse poder foi descrito como a natureza perfeita", Sobre a natureza perfeita, ver Scholem, *Elementos*, p. 361-364. Sobre a "indução das forças espirituais das estrelas", ver também o *Comentário sobre a Torá*, Deut. 18,11, do Rabi Bakhya ben Ascher, onde ele cita um material muito semelhante ao encontrado no *Sefer Takhlit heHakham* a partir de *A Epístola de Galeno*. Comparar com os dizeres do Rabi Moisés Cordovero, *Sefer Pardes Rimonim* (Pomar de Romãs), seção 30, capítulo 3.

69 *Bekhinat haDat*, Viena 1833, p. 68-69; David Geffen não identificou a pessoa à qual Del Medigo dirigiu sua crítica em *Faith and Reason in Elijah Del Medigo's Bekhinat ha-Dat and the Philosophical Background of the Work*, Dissertação de Doutoramento, Universidade de Colúmbia, 1970, p. 454-457. Ver também Idel, Curso de Estudos, p. 328-329.

cabalista sabe prever o futuro das pessoas referindo-se à influência e à emanação das *sefirot*, segundo as ações e os movimentos daqueles que cumprem os preceitos e realizam o serviço divino. Esse método é superior ao do astrólogo[70].

Por conseguinte, o estudo cabalístico da *Torá* não se ocupa mais dos processos ocultos da Divindade. O cabalista transformou-se num "superastrólogo", que utiliza seus conhecimentos para prever o futuro.

Encontramos um enfoque similar nas *Teses* de Pico: "*Sicut vera Astrologia docet nos legere in libro Dei, ita Cabala docet nos legere in libro legis*"[71] (Assim como a verdadeira astrologia nos ensina a ler os livros de Deus, a Cabala nos ensina a ler os livros da Lei.) Essa afirmação parece-me análoga à de Alemanno, acima mencionada: o lado prático da astrologia pode ser identificado com *magia naturalis*, pois ela nos ensina o modo de receber o influxo dos poderes superiores, enquanto a Cabala é uma forma de magia mais elevada, porque o seu fundamento teórico é superior ao da astrologia, segundo os argumentos de Pico.




No *Schir haMaalot*, Alemanno coloca a Cabala prática acima da astrologia, mas descarta a magia astrológica baseada na ciência das estrelas:

Os cabalistas dizem que cada um dos membros do corpo humano possui um poder espiritual correspondente na *sefirá* de *Malkhut* [...] quando o homem cumpre um dos preceitos por meio de um dos membros do seu corpo, aquele membro fica preparado para ser trono e casa para o poder superno que representa [...] e o primeiro a descobrir essa ciência maravilhosa foi nosso patriarca Abraão [...] conforme comprovado pelo seu *Sefer Ietzirá*, composto de acordo com esse princípio. Ele demonstra como a similitude de cada membro do corpo pode ser encontrada nas esferas celestiais e nas estrelas e como as coisas se postam no mundo espiritual que ele denomina de o mundo das

70 MS Oxford 2234, f. 2v. Comparar com o *Comentário sobre a Torá*, Deut 32,40, de Nakhmânides. É importante mencionar que esses dizeres de Alemanno em sua *Collectanaea* foram escritos numa data muito anterior, possivelmente antes de 1478 ou mesmo em 1470, mas não é aqui o lugar de tratar disso. Essa datação é importante por causa da semelhança entre a afirmação de Alemanno e as teses de Pico. A relação problemática entre a Cabala e a astrologia foi discutida na Itália antes de Alemanno. Na opinião do Rabi Isaac Dieulosal, os sistemas da Cabala e da astrologia são compatíveis. Ver J. Hacker, The Connections of Spanish Jewry with Eretz Israel between 1391 and 1492, *Shalem* I, 1974, p. 145, nota 64 e p. 147.

71 *Opera Omnia*, p. 113. Sobre a relação entre Cabala e astrologia na Cabala cristã, ver F. Secret, L'Astrolologie et les Kabbalistes Chrétiens à la Renaissance, *Le Tour Saint-Jacque* 5, 1956, p. 45-49.

letras[72] [...] e observe como essa ciência antiga assemelha-se à antiga ciência da astrologia, segundo a qual cada membro e forma e corpo que existe no mundo da *temurá* possui um símile no mundo do movimento celestial[73][,] nas estrelas e suas formas. Os astrólogos prepararam cada elemento para receber o seu efluxo apropriado, mas essa é uma arte material proibida, falha e impura. A sabedoria de Abraão, contudo, é uma arte espiritual perfeita e pura e permitida, e seus filhos[74], Isaac e Jacó, seguiram o seu caminho[75].

Essas palavras de Alemanno indicam a natureza da nova interpretação da *Torá*: segundo ele, os cabalistas aprendem sobre acontecimentos futuros a partir da *Torá* e esse método é superior ao dos astrólogos, que aprendem das estrelas. A Cabala prática, como vimos, ensina o homem como fazer contato com as forças mágicas e, assim, a Cabala transformou-se de uma investigação teórica dos mistérios da Divindade como um propósito por si só, em um meio mais sofisticado de exercer a influência humana, superior à astrologia ou à magia.

Tal mudança na essência da Cabala manifestou-se tanto nos escritos do mestre quanto nos do seu discípulo Pico, mas acredito que Alemanno tenha sido sua fonte. Essa hipótese é corroborada não só pelos dados cronológicos supramencionados, mas inclusive pelo fato de que a visão de Alemanno da Cabala enquanto magia pertence à sua abordagem mais abrangente, enquanto em Pico o tema foi tratado de forma restrita, em poucas frases.

Como mencionado, para Alemanno a *Torá* possuía atributos únicos e a Cabala instruiria sobre a sua aplicação. Moisés era um mago que sabia fazer uso dos princípios cabalísticos:

72 Esse termo aparece nos escritos da escola cabalística de Gerona e nos textos do círculo do *iyun*. Ver, por exemplo, o *Sefer Meshiv Devarim Nekhonim* (Livro do Revelador das Palavras Corretas) do Rabi Jacó ben Scheschet, ed. G. Vajda, Jerusalém, 1969, p. 150 e também o texto publicado por G. Scholem em seu artigo O Desenvolvimento da Doutrina dos Mundos nos Primórdios da Cabala [em hebraico], *Tarbitz* 2, 1931, p. 430. Ao que parece, esse termo é uma tradução do árabe *alam alhuruf*, que figura nos escritos dos ismailis. Ver S. Pines, Notes sur l'smalijja, *Hermes*, 3, 1939, p. 58.

73 O mundo da *temurá* [permutação] é o mundo inferior, assim chamado porque troca suas formas. O mundo do movimento, por sua vez, é o mundo intermediário, porque está em constante movimento. Alemanno usa muito esses termos em seus livros.

74 Aparentemente aqui há uma alusão aos dizeres do TB, *Sanhedrin* 91a. Comparar com a descrição de Alemanno acerca dos antigos judeus no livro *Hai haOlamim* (A Vida Eterna), MS Mântua 21, f. 216v.

75 MS Oxford 1535, f. 104v-105r. A citação encontrada na versão impressa do *Schaar haHeschek*, f. 33b-34a está bastante corrompida.

> Os cabalistas acreditam que Moisés, que descanse em paz, tinha conhecimento preciso do mundo espiritual, denominado mundo das *sefirot*, mundo dos nomes divinos ou mundo das letras. Moisés sabia como direcionar seus pensamentos e suas orações de modo a aperfeiçoar o efluxo divino, que os cabalistas chamam de canais[76]. A ação de Moisés fez com que os canais emanassem sobre o mundo inferior segundo sua vontade. Por intermédio desse efluxo ele criava tudo o que desejasse, assim como Deus criou o mundo por meio de várias emanações. Sempre que quisesse realizar portentos e maravilhas, Moisés rezaria e pronunciaria nomes divinos, palavras e meditaria, até intensificar essas emanações. Elas então descendiam ao mundo e criavam novas coisas sobrenaturais. Foi assim que Moisés dividiu o mar, abriu a terra e fez outras coisas similares[77].

A concepção de Moisés enquanto mago é bastante antiga e pode ser encontrada em muitas fontes não judaicas[78]. O poder mágico da palavra é descrito num contexto cabalístico e aqui Moisés se transforma num mago cabalístico.

Alemanno também utilizou essa mesma abordagem ao avaliar a profecia em geral.

> Um profeta tem o poder de fazer com que a emanação do efluxo divino do *Ein Sof* descenda sobre a *hylé* (matéria), pela intermediação da *sefirá* de *Malkhut*. Desse modo o profeta realiza feitos maravilhosos, impossíveis na natureza[79].

O Tabernáculo e o Templo também desempenhavam uma função claramente mágica. Ambos são descritos por Alemanno como uma espécie de grande talismã, que possibilitava ao povo de Israel receber as emanações divinas das *sefirot*. Em sua *Collectanaea* Alemanno apresenta quatro

**76** Esse termo merece atenção. Moisés não repara a Divindade e sim os vasos que transmitem as emanações divinas. Cf. a afirmação de Alemanno na composição *Einei haEdá* (Os Olhos da Congregação) – MS Jerusalém 598, f. 51r-v, sobre o status do homem: "Se não fosse por Ele que confere perfeição ao mundo inferior como Ele é perfeito, o mundo seria vazio, pois nada é denominado Divino exceto Ele. Ele repara todos os canais e as emanações dos mundos supernos e intermediários, pois ninguém recebe aquele bem na sua inteireza, a não ser Ele. Quando Ele o recebe, todas as emanações que descendem à terra estão em equilíbrio e operam na perfeição".

**77** MS Oxford 2234, f. 8v.

**78** Ver J. G. Gager, *Moses in Graeco Roman Paganism*, Nashville, Nova York, 1972, p. 134-160.

**79** *Sefer Heschek Schelomó*, MS Moscou 140, f. 287r.

explicações acerca da natureza do Tabernáculo e seus vasos, das quais a terceira e a quarta são relevantes[80].

Pois o povo foi educado para crer na possibilidade de causar o descenso das forças espirituais e das emanações provenientes das alturas por meio de preparativos feitos pelo homem para tal propósito, como talismãs, vestimentas, alimentos e objetos especiais, exatamente como quando nosso mestre Moisés, que descanse em paz[81], preparou o bezerro de ouro. A intenção não era apenas causar o descenso das forças espirituais por meio de um corpo físico. Segundo Ibn Ezra[82] eles fizeram uma figura de Aquário no meio do céu com ascensão de Touro, pois isso tinha o poder necessário para aliviar o seu caminho na vastidão desolada. Na opinião de Nakhmânides[83] eles direcionaram suas meditações para a figura de um touro do lado esquerdo da *Merkavá* a fim de se protegerem do julgamento severo. Portanto, tinham que fazer uma arca e vasos capazes de receber aquelas emanações. O quarto motivo era intensificar ações como as oferendas de sacrifícios, que conferem proteção, causam o descenso das boas emanações e evitam as emanações ruins que descendem das estrelas e dos seus cursos celestiais[84]. A finalidade da maioria dos preceitos é salvaguardar o efluxo profético oriundo das Alturas que descende sobre o intelecto humano. Por conseguinte, eram necessários vários e pesados vasos e um Tabernáculo que os contivesse[85].

**80** MS Oxford 2234, f. 22v.

**81** Essa atribuição sobre a feitura do Bezerro de Ouro a Moisés é muito estranha e não encontrei paralelo na literatura hebraica. Cf. L. Smolar; M. Aberbach, *The Golden Calf Episode in Post-Biblical Literature*, *HUCA*, 39, 1968, p. 91-116. Contudo, Giordano Bruno relata, em nome de "cabalistas", que Moisés fez o Bezerro e a Serpente de Bronze para propósitos mágicos: *De Imaginum, Signorum et Idearum Compositione Opera Latine Conscripta*, v. II, *pars* III, Stuttgart, 1962 p. 102: "Cabalistarum doctrina confirmat et exemplum Mosis, qui interdum atque Jovis favorem comparandum vitulum aurem erexit ad Martis item temperadum simul atque Saturni violentem aenerum serpentem adorandum oficit". Sobre a concepção acerca da feitura do Bezerro de Ouro como uma técnica para causar o descenso das forças espirituais, ver também *Schaar haHeschek*, p.17b e o comentário do Rabi Salomão Franco sobre Ibn Ezra, MS Munique 15, f. 268r-v.

**82** Ver a observação prefacial do Rabi Abraão ibn Ezra no *Comentário sobre a Torá*, Ex 32,1.

**83** Idem.

**84** Esse é um dos fundamentos lógicos mais importantes dos sacrifícios encontrados nos escritos de Ibn Ezra e seus intérpretes. Ver, por exemplo, o comentário do Rabi Samuel ibn Zarza no *Mekor Hayim*, f. 9a, e os dizeres do Rabi Samuel ibn Motot no *Meguilat Setarim* (O Rolo dos Segredos), Veneza, 1553, f. 10b e 11a.

**85** Comparar com a afirmação do Rabi Samuel ibn Motot citada por Alemanno na sua *Collectanaea*, MS Oxford 2234, f. 127r: "Quando Israel cumpre o serviço do Templo, o Espírito Santo paira sobre os homens nobres, pois o poder da alma humana é aumentada e eles profetizam".

O Tabernáculo é aqui descrito como um talismã complexo que "guarda" e "causa o descenso" das forças espirituais.

O termo "guarda" necessita esclarecimento. Pelo contexto fica claro que não se trata simplesmente de uma proteção contra "acontecimentos ruins". O termo é elucidado por referência à citação de uma das fontes literárias de Alemanno, o *Sefer Mekor Hayim*[86], do Rabi Samuel Ibn Zarza:

> Pois no *Livro das Religiões dos Profetas* está escrito que Enoque era um grande sábio e justo que levou as nações à adoração de Deus, Abençoado Seja. No início ele divulgou a ciência das estrelas[87] e deu a cada um dos habitantes dos sete climas uma religião que fosse adequada à natureza daquele clima[88]. Então lhes ordenou que observassem as festas e oferecessem sacrifícios em tempos determinados, de acordo com a posição das estrelas, e acompanhassem a estrela dominante no céu para que ela guardasse o efluxo daquele determinado clima e para alguns ordenou que não comessem certos alimentos que para outros permitiu.

Um pensamento similar acerca do propósito da *Torá* aparece em uma responsa de Profiat Duran ao Rabi Meir Crescas:





**86** Ver f. 9 a. Acerca da possível conexão entre esse trecho e as concepções herméticas, ver Georges Vajda, *Judah ben Nissim ibn Malka, Philosophe juif marocain*, Paris, 1954, p. 154, nota 1. Há uma possível ligação entre o *Livro das Religiões dos Profetas* e o *Ilot haRukhaniyot*, cujo conteúdo é similar à citação de Ibn Zarza. Ver E. Blochet, *Études sur le Gnosticism Musulman*, Roma, 1913, p. 96. Profiat Duran, contemporâneo mais jovem de Ibn Zarza, relatou em sua obra *Heschev haEfod* (As Reflexões do Efod ) cap. 15, que Hermes é o antigo Enoque, que registrou as várias escrituras. A observação de Duran sobre Enoque foi incluída no livro *Kol Yehudá* (A Voz de Judá), de Judá Moscato, sobre o *Kuzari* I, i. Ver infra, nota 88.

**87** Comparar também com o *Heschev haEfod*, cap. 15. Essa é uma ideia antiga. Ver A. J. Festugière, *La Revelation D'Hermes Trismegiste*, I, Paris, 1959, p. 334; Y. Marquet, Sabéens et Ihwan al Safa, *Studia Islamica*, 24, 1964, p. 58; Liber Hermetis Mercurii Triplicis de Rerum Principium, ed. Th. Silverstein, *AHLDMA*, 22, 1955, p. 247: "Hermes... astronomiam pruis elucidavit".

**88** Na opinião de Alemanno, "Enoque teve filhos e filhas e descendentes fortes e fracos e uma profusão de leis e religiões". *Sefer Einei haEdá*, MS Paris 270, f. 125r. Na continuidade de suas observações, Alemanno associa a magia astral aos descendentes de Enoque: "Matusalém estudou o céu e seu poder e as constelações. Lamec, no entanto, reinou sobre o mundo superior de modo a causar o descenso do seu espírito ao mundo inferior, a fim de conhecer o futuro e o espírito das estrelas".

É razoável pressupor que as funções atribuídas a Enoque no *Livro das Religiões dos Profetas*, de legislador, astrólogo e mágico, foram transferidas aos seus descendentes. Isso era congruente com a concepção de Alemanno, de que cada geração, de Adão a Abraão, ocupava-se do estudo de um ramo de conhecimento distinto. Sobre Enoque como legislador, ver também o *Sefer Heschek Schelomó*, MS Berlim 832, f. 249r.

> Todos concordam que a glória de Deus preenche o mundo inteiro e que o Seu poder se estende e emana sobre todas as criaturas em geral, ainda que elas difiram no tocante às suas capacidades receptivas; assim, os vegetais e os animais são mais receptivos ao efluxo divino do que os minerais. O ser humano tem a maior receptividade de todos. A extensão dos preparativos para a emanação divina e sua recepção explica a hierarquia dos seres. Também na espécie humana os homens possuem distintos graus de receptividade. A *Torá* determinou os preceitos a fim de desenvolver tal receptividade ao máximo[89].

No caso dos sacrifícios, Duran tem opinião semelhante à de Alemanno:

> O preceito determinou que os sacrifícios fossem sete em número para a primeira estação [...], pois o ofertante receberá um novo espírito de compreensão e estará pronto para receber a emanação profética. [...] Pois em virtude da oferenda queimada são revelados acontecimentos futuros na medida em que o ofertante intencione receber a emanação profética[90].

Uma concepção semelhante figura na *Collectanaea* de Alemanno. Ao descrever a atividade de Moisés, ele afirma:

> Eu disse, ascenderei ao Senhor para receber instrução detalhada acerca dos preceitos pertinentes a duas instituições – uma delas salvaguarda o poder receptivo e é isso que diz respeito ao Tabernáculo e aos seus vasos[91].

Daqui depreendemos que o serviço do Tabernáculo era considerado por Alemanno, como um preparo para a recepção da emanação divina. Na expressão "preservando o poder receptivo"[92] o termo "poder receptivo" se refere à capacidade inata de um determinado objeto de receber a emanação divina, enquanto "preservar o poder receptivo" é assegurar a contínua recepção daquele poder pelo objeto em questão. Essa é apenas uma definição geral do propósito do Tabernáculo. O *Schir haMaalot* contém outra

**89** Na edição impressa do *Massé Efod*, p. 183, incluída por Alemanno em sua *Collectanaea*, MS Oxford 2234, f. 105v, com pequenas variações.
**90** *Sefer Massé Efod*, p. 182. Comparar com o prefácio, p. 1.
**91** MS Oxford 2234, f. 201b.
**92** Essa expressão já aparece no *Comentário* sobre Deut. 31,16, de Ibn Ezra.

descrição do Tabernáculo, que enfatiza o caráter mágico da instituição do Templo:

> Astrólogos, necromantes, quiromantes e os mestres das artes pagãs têm rituais, leis, locais especiais, incenso, vestimentas e tempos e preparativos para receber aquelas forças espirituais impuras. Elas descendem sobre aqueles que as manipulam por meio da relação entre aqueles objetos e aquelas forças, como tais artífices sabem. Do mesmo modo há atividades, alimentos, vestimentas, preparativos e sacrifícios, incenso e locais e tempos propícios para receber as forças espirituais que descendem do mundo das *sefirot* e a elas aderir. Essas ações concernem ao conhecimento esotérico da *Torá* e às particularidades dos preceitos, que causam a adesão das almas hebreias à *Malkhut*. *Malkhut* é a fonte da Lei Oral que explica todos os segredos da *Torá* e os detalhes de seus preceitos[93].



A magia e a Cabala compartilham uma técnica para causar o descenso das forças espirituais à terra[94]. Elas diferem, contudo, no seu propósito. O mago direciona seus esforços às estrelas, das quais espera receber uma emanação benéfica. Os judeus buscam receber e aderir às emanações das *sefirot*. No *Sefer Heschek Schelomó* Alemanno declarou que o descenso das forças espirituais era o principal objetivo dos empenhos do rei Salomão[95]:

> As ações de Salomão, tanto as boas quanto as impróprias, indicam que o propósito de toda a sua vida foi causar o descenso das forças espirituais à terra. Ele o fez

**93** *Schaar haHeschek*, p. 41b. Sobre templos mágicos e Alemanno, ver minha observação em Magic Temples and Cities in the Middle Ages and the Renaissance, *Jerusalem Studies in Islam and Arabic* 3, 1982. Acerca da distinção feita por Alemanno entre a emanação sagrada cuja origem é o mundo das *sefirot* e a emanação impura que flui do mundo do movimento – ou seja, do mundo das esferas celestiais, ver suas observações no *Sefer Heschek Schelomó*, MS Moscou 140, f. 100r, onde ele cita o *Sefer haTamar* (O Livro da Palmeira) como suporte para o seu ponto de vista. A referência de Alemanno foi aparentemente tirada da p. 13 da obra de Abufalakh de Siracusa.

**94** Cf. o comentário de Alemanno em sua *Collectanaea*, MS Oxford 2234, f. 95v: "O segredo do mundo das letras reside no fato de elas serem formas e sinais que recebem as emanações espirituais superiores, assim como são os sinais que recebem as emanações astrais". Esse texto refere-se, indubitavelmente, à magia talismânica: "Os sinais que recebem as emanações astrais" são um paradigma dos sinais cabalísticos, que funcionam da mesma maneira. O comentário acima figura no fim da citação de Ptolomeu no *Centiloquium*, livro 5, cap. 9, onde o tema dos talismãs é abordado. Comparar com o MS Paris 849, f. 77v: "Como se faz uma imagem para o espírito das *sefirot*? Ele descreveu o movimento das letras com as marcas da vocalização". Aqui, as marcas da vocalização constituem uma expressão da espiritualidade das *sefirot*, que é o efluxo das *sefirot* enquanto os pontos de vocalização são os sinais das próprias *sefirot*.

**95** MS Oxford 1535, f. 15r.

oferecendo milhares e dezenas de milhares de sacrifícios para que o Espírito Santo sobre ele descendesse[96] [...] e construiu uma grande morada para o Senhor, seu Deus, a fim de trazer a *Schekhiná* (presença Divina) para a terra[97].

As palavras de Alemanno não caíram em ouvidos moucos e suas ideias reverberaram em outros escritos. O Rabi Isaac ben Yekhhiel de Pisa[98], por exemplo, que Alemanno menciona no prefácio do *Schir haMaalot*[99], expressou numa epístola uma visão bastante similar acerca do propósito do Templo:

> A fim de causar o descenso de um poder superno e sua realização de uma determinada ação, é necessário cuidar desse poder por meio de rituais apropriados. Esses rituais preparam-no [o poder] para executar a ação desejada [...] A maior Providência diz respeito à perfeição da alma que se torna divina. O serviço mais nobre possível é o instruído pela *Torá*. Pois após ter dado a ordem pertinente ao Tabernáculo, Deus disse: "E habitarei no meio dos filhos de Israel" [Ex 29,45]. Ou seja, é necessário salvaguardar o poder receptivo para que as forças superiores possam descender. Porque o poder receptivo salvaguarda a relação [entre os mundos supernos e ínferos] por meio de determinados sacrifícios, vestimentas, lugares e ações executadas em certos tempos. Quando um desses detalhes estiver ausente, o propósito desejado não será alcançado, além do que o dano substituirá o ganho esperado[100].

Essa citação ressurge, com pequenas mudanças, em duas outras versões adicionais da mesma epístola, e foi incluída tanto no *Comentário sobre*

**96** Acerca de causar o descenso do espírito sagrado, ver a citação da *Collectanaea*, f. 164v, supramencionada.

**97** Acerca da expansão da *Schekhiná* no mundo inferior, ver Y. Tishbi, *Mischnot haZohar* II, p. 267. Essa ocorrência, no entanto, não possui uma conotação mágica.

**98** MS Montefiore 316, f. 28v. As diferentes versões dessa epístola incluem o trecho aqui citado e foram publicadas no meu artigo em *Italia* 4, 1982. Analisei também a relação entre o autor dessa carta e o Rabi Yekhiel Nissim de Pisa no artigo de minha autoria Three Versions of the Letter of R. Isaac of Pisa (?), *Kovetz al Yad*, 1982.

**99** Publicado por J. Perles, Les Savants Juifs à Florence à l'époche de Laurent de Médici, *REJ* 12, 1886, p. 256.

**100** O perigo envolvido na prática de rituais de magia sem atenção minuciosa aos seus detalhes é mencionado em muitos livros de magia. É razoável pressupor que essa citação esteja baseada no *Sefer haAtzamim*, que determina (f.13): "Se a pessoa não for especialista e versada em causar o descenso das forças e na execução dos rituais e sacrifícios, eles o matarão". Ver também idem, f. 14-15. Essa seleção aparece também em Alemanno; ver *Schaar haHeschek*, p. 43a e as observações do *Sefer Takhlit heHakham*, supra p. 474. MS Munique 214, f. 51a.

*as Dez Sefirot*, do Rabi Yekhiel Nissim de Pisa, como no livro *Schaarei Hayim* (Portões de Vida), do cabalista Rabi Mordekhai Rafael Rossillo. Essa observação bibliográfica constitui uma evidência tangível da influência de concepção de Alemanno acerca da Cabala e da magia. O fato de ela ter sido repetida por mais três autores, todos italianos, atesta que suas opiniões caíram em ouvidos atentos.

Conforme demonstramos acima, a expressão "guardar o poder receptivo" deu origem à terminologia da magia. Nas fontes supracitadas dos escritos de Alemanno, essa expressão não possui uma conotação cabalística. Contudo, em outros estudos, Alemanno explicitamente conectou "a preservação do poder receptivo" à atividade das *sefirot*. Encontramos, portanto, a seguinte afirmação[101]:





> Pois nosso mestre Moisés, que descanse em paz, exigiu apenas que fosse salvaguardado o poder de receber a emanação da *sefirá* de *Tiferet*, que é o propósito das narrativas de toda a *Torá* e de seus preceitos. Pois ao nosso mestre Moisés, que descanse em paz, foi outorgada autoridade para tal, conforme o versículo "Ele acompanhou a destra de Moisés com seu braço glorioso" [Is 63,12] [em hebraico, *zeroa tifartó* – literalmente, o braço de Sua Beleza, daí a *sefirá* de *Tiferet*]. Ele [Moisés], no entanto, não inquiriu as mulheres estrangeiras que vagam em torno da *Tiferet* acerca do modo em que o poder de receptividade pode ser usado para fazer com que a luz dos Poderes habite abaixo. Salomão, por outro lado, foi induzido ao caminho errado pelas mulheres estrangeiras, pois ele quis saber como elas eram capazes de manter a força a elas aderida[102], mas ele [Salomão] não salvaguardou o poder da receptividade, pois não deveria ter seguido o caminho delas[103].

Salomão incorreu na mesma transgressão quando estava na companhia da rainha de Sabá, "porque não salvaguardou o poder da receptividade nem em pensamento e nem em feitos"[104]. Essa foi também a sina de Adão, que "não salvaguardou o poder de receptividade das *sefirot* do Amor, da Compaixão e da Vida"[105]. Aqui, o termo "Amor" refere-se à *sefirá*

**101** *Schaar haHeschek*, f. 16a. Comparar com *Heschek Schelomó*, MS Oxford 1535, f. 146v.
**102** Idem, f. 15r.
**103** Idem, f. 44r.
**104** Idem, ibidem.
**105** MS Paris 849, f.121v.

de *Hessed*[106]. De acordo com a citação seguinte, o homem tem o dever de transformar-se numa espécie de recipiente para a emanação da *sefirá de Malkhut*:

> A Casa do Rei: Isso se refere à preparação que o homem deve fazer para que cada um dos seus membros seja digno de receber a emanação, para que cada [membro] possa ser um receptáculo e conter o efluxo apropriado a ele regularmente, do mesmo modo em que o homem habita em sua casa permanente e não temporariamente. Assim, ele deverá preparar todas as residências da habitação humana – os aposentos, os andares superiores e os quartos para receber o efluxo que desce constantemente sobre nós. E assim deve preparar seu intelecto, sua alma e a *Torá*[107] de modo a receber dela sabedoria, conhecimento e esclarecimento[108].

Qual é, em essência, a preparação necessária para receber um constante influxo de emanação? A resposta de Alemanno baseia-se na opinião dos "sábios da *sefirá*": a finalidade de todos os preceitos é fazer um lugar embaixo para as forças do Amor e da Compaixão, para despertá-las e fazê-las descender às esferas inferiores, até mesmo "às profundezas do abismo, removendo a força da impureza e do julgamento severo da terra"[109].

Nos escritos de Alemanno há outras expressões dessa ideia básica de que os preceitos da *Torá* possibilitam ao homem receber a emanação das *sefirot*. Ater-me-ei à sua explicação sobre a oração:

> A oração daqueles que são versados na sabedoria esotérica é superior àquela do primeiro grupo, pois o conhecimento dos últimos acerca dos caminhos da emanação excede o dos primeiros. Por conseguinte, eles sabem qual oração é apropriada para cada emanação particular. Por causa da superioridade do seu

**106** No século XVI formulações similares às de Alemanno recorrem em outros textos além da carta do Rabi Isaac de Pisa e no livro *Schaarei Hayim*. Ver, por exemplo, a declaração do Rabi Yekhiel de Nissim de Pisa, sobrinho do Rabi Isaac que, *no Sefer Minkhat Kenaot*, Berlim: [s.n.], 1898, p. 49 e s., diz: "Todas essas práticas são derivadas do lado das forças da impureza. Por conseguinte, os gentios fizeram uso delas, mas os judeus estão proibidos de praticá-las porque são uma nação sagrada aos olhos de Deus. Essas práticas foram particularmente proibidas na Terra Santa, pois ali o poder do sagrado céu é revelado mais do que em outras terras, pois ela está preparada para receber a luz e a centelha Divinas". Ver também *Maarekhet haElohut*, f. 6v, e *Avodat haKodesch* (O Serviço Sagrado) I, 12.

**107** Sobre a *Torá* como um instrumento de recepção do efluxo, ver o trecho extraído da *Collectanaea* de Alemanno, f.164r.

**108** *Schaar haHeschek*, f. 33b.

**109** MS Paris 849, f. 137v.

conhecimento sobre a natureza das emanações e do modo de preparar-se para elas de forma direta, eles sabem como preparar todas aquelas coisas assim como as almas humanas que podem receber aquelas emanações de acordo com seus feitos e sua relação com o inteligível[110].

Uma descrição mais geral aparece no *Shir haMaalot*: "Quando o homem cumpre um dos preceitos por meio de um dos membros do seu corpo, aquele membro está pronto para ser trono e casa para a força espiritual superna"[111]. Essa afirmação assemelha-se à do Rabi José Gikatilla, na introdução à sua obra *Shaarei Ora* (Portões de Luz)[112]; a formulação de Alemanno difere da de Gikatilla pela substituição do termo "casa" pelo termo "*merkavá*" (carruagem) em Gikatilla, substituição esta que provavelmente tinha a intenção de enfatizar o fato de que o homem pode ser preenchido pelas forças supernas. Alemanno segue explicando que "todas as leis da *Torá* Oral" provêm da *sefirá* de *Malkhut*, são "moldadas segundo suas forças espirituais preparando o homem para receber dela a sabedoria". O rei Salomão aprendeu



> a preparar a si mesmo e a sua casa real, e a [ordenar] sua sabedoria e todas as suas ações de modo a tornar-se uma morada para a recepção da glória da *Malkhut* [majestade] por seu intermédio [*Malkhut*]. Ele estabeleceu limites nos seus pátios e essa é uma das leis da *Torá* Oral [...] Graças aos seus preparativos na construção da Casa do Rei ele recebeu bênção e completude de todos os benefícios, [ambos] materiais [e] espirituais, [bem como de] todas as ciências[113].

**110** MS Oxford 2234, f. 3v.

**111** Edição de Joseph Ben-Shelomó, Jerusalém: [s.n.], 1971, p. 49 e s.

**112** *Schaar haHeschek*, p. 33 b – 34a. O termo "leis da *Torá* oral" corresponde aqui ao termo "as leis" que é encontrado na citação do MS Paris 849, juntamente com uma discussão acerca da profecia, da língua e do Templo. A prova da identidade dos termos "as leis" e "a *Torá* Oral" encontra-se na declaração de Alemanno copiada no livro *Hai Olamim* a partir do *Sefer Halukat haHokhmot* (O Livro da Divisão das Ciências) de Alfarabi: "A ciência da Lei é aquela pela qual o homem poderá aprender um juízo sobre uma questão que um estatuto das Escrituras não explica, ou quando um estatuto das Escrituras se restringe a certas questões". (MS Mântua 21, f. 195v).

**113** Idem. Comparar com os dizeres de Alemanno em f. 26r-v no mesmo texto. Ali ele fala sobre um templo chinês construído conforme a estrutura do mundo intermediário para o propósito de aprender acerca das emanações do mundo intermediário sobre o nosso mundo. Uma abordagem semelhante aparece também no *Picatrix*; ver Yates, op. cit., p. 54-56 e 367-371. Sobre a fonte de Alemanno acerca do trecho sobre o templo chinês, ver M. Idel, Magic Temples and Cities in the Middle Age and the Renaissance. A passage of Masudi as a Possible Source for Yohanan Alemanno, *Jerusalem Studies in Arabic and Islam*, III, 1981-1982, P. 185-189.

Segundo Alemanno, a Lei Oral também intenciona causar o descenso do efluxo e sua recepção por homens que estejam preparados para ele. A afeição particular de Alemanno pela *Torá* Oral é também evidente no seu *Shir Hamaalot*:

> Coisas espirituais não descenderão onde houver acréscimo ou redução. A questão se assemelha à antiga veneração dos espíritos que visitavam apenas os que seguiam os rituais com precisão. Se tal veneração é limitada por restrições, muito mais deve o serviço divino ser limitado por restrições, para que os veneradores nada a ele acrescentem nem tampouco deduzam. Como é dito: "Nada acrescentareis e nada tirareis também"[114][Deut 4:2]

Temos aqui uma interpretação mágica da essência da Lei Oral análoga à interpretação mágica atribuída á *Torá* escrita, ao fenômeno da profecia e à instituição do Templo.

Essa interpretação mágica das práticas fundamentais do judaísmo subjaz as observações de Alemanno sobre a *sefirá* de *Biná* na sua composição sem título no MS Paris:

> A esfera de Saturno é a primeiro abaixo das constelações [...] E dizem que ele é o verdadeiro juiz e mestre de Moisés, que descanse em paz. O anjo de Saturno é Micael, o grande príncipe, assim denominado por causa do seu grande poder no que concerne a questões divinas. Ele é o anjo ministrante de Israel[115], como é dito: "Porém apenas Micael é vosso Príncipe" [Dan 10,21]. Por causa de sua grandeza excepcional e de sua espiritualidade ele foi chamado de Mi Ca-el [Quem é como Deus] [...] E os astrólogos que descrevem Saturno dizem que ele concede ao homem o dom do pensamento profundo da Lei, das ciências espirituais, da profecia, da feitiçaria e da adivinhação, e dita *schmitot* [anos sabáticos] e *yovlot* [anos jubileus]. O povo judeu, a língua sagrada e o Templo estão sob a sua jurisdição. A maior conjunção de Saturno é com Libra em Peixes e isso acontece para ajudar a nação da *Torá* e seus profetas[116]. Esse planeta concede ao povo o dom da perfeição

114 *Schaar haHeschek*, f. 43b.

115 Cf. G. Vajda, Recherches sur La synthèse philosophico-kabbalistique de Samuel ibn Motot, *AHDLMA* 27, 1960, p. 59, nota 112.

116 Sobre a origem das religiões se sua ligação à grande conjunção de Saturno e Júpiter, ver G. Vajda, *Recherches sur La Philosophie et La Kabbale dans la Pensée Juive du Moyen Âge*, Paris, 1962, p. 264, nota 3.

nas ciências e em questões divinas como a *Torá* de Deus e seus preceitos. Isso acontece em virtude de sua enorme exaltação, pois ele é espiritual e ama o que é espiritual, mas odeia as coisas materiais. Ele se preocupa apenas com o pensamento, a compreensão e o desígnio, o conhecimento esotérico e o serviço de Deus e Sua *Torá*. O dia do *schabat* está sob o seu domínio, pois Saturno faz cessar a existência material[117].

Este parágrafo pode ser entendido melhor se o compararmos com uma declaração do Rabi Samuel ibn Zarza em sua obra *Mekor Hayim*:





Saiba que os astrólogos dizem que Júpiter, que guarda o sétimo dia, possui o poder para renovar o vigor natural dos corpos. Na verdade, o dia do *schabat* é de grande excelência. A ele pertencem os poderes do pensamento, da compreensão e da manutenção das coisas. [A ele também pertencem] o desígnio, o conhecimento dos segredos e o serviço de Deus, Abençoado Seja. Ele é a estrela de Israel e todos os astrólogos e o Rabi José ibn Wakar, de abençoada memória, disseram que Saturno Governa a alma racional, o pensamento e a compreensão e a existência das coisas. As nações etíopes, *sandiim* [?], *tabiim* [?] e os berberes e os judeus estão sob a sua influência. De todas as partes e profundezas da terra o Templo pertence a Saturno, bem como a língua hebraica, as Escrituras e a *Torá* de Israel[118].

Alemanno indubitavemente conhecia o livro *Mekor Hayim*[119], e é possível que ele também tenha visto a composição de Ibn Wakar, que trata do tema da astrologia e das forças espirituais. No entanto, Alemanno aparentemente não copiou suas fontes literalmente. No relato de Ibn Wakar a influência de Saturno se restringe aos judeus e ele omite a menção a

**117** MS Paris 849, f. 94v. Versões paralelas de várias partes dessa citação podem ser encontradas no material copiado por Alemanno em sua *Collectanaea*, tirado dos comentários sobre Ibn Ezra. Ver MS Oxford 2234, f. 125b e f.128b. Isso é suplementado pela afirmação de Ibn Zarza que será citada adiante. Encontramos a analogia de *Biná* com o planeta Saturno em Ibn Wakar e posteriormente nos escritos do Rabi Moisés Narboni e de Ibn Motot.

**118** Fólio 6, col. 3-4 em comparação ao MS Leiden Or. 2065. E. Zafran, Saturn and the Jews, *JWCI* 42, 1979, p. 16-27, explora as fontes cristãs.

**119** Ver o MS Oxford 1535, f. 43r, 163v e outros. É possível que Pico della Mirandola tivesse o livro *Mekor Hayim* na sua biblioteca. Comparar com Kibre, *The Library of Pico della Mirandola*, Nova York, [s.n.], 1936, p. 160: Samuel Zarza, *De Secretis Legis*. A página 149, nota 210, lista um comentário sobre o *Pentateuco*. O *Sefer Mekor Hayim* é uma interpretação muito grande acerca do *Comentário sobre a Torá*, do Rabi Abraão ibn Ezra.

outros povos. Mais importante é o acréscimo às ideias de seus antecessores, uma modificação para conformá-la às suas próprias ideias pessoais. Para Alemanno, Saturno é responsável não apenas pela *Torá* de Israel, pelo Templo em Jerusalém e pela língua hebraica, mas também pelas "ciências espirituais"[120], – ou seja, as ciências da magia[121], da feitiçaria e da adivinhação. Essas adições à relação dos temas de Saturno conformam-se à concepção de Alemanno no que diz respeito à natureza mágica da *Torá*, da Lei Oral e do Templo.

Como demonstramos, Alemanno baseou suas discussões sobre a magia e sua relação com a tradição judaica em autores como Ibn Wakar, Salomão Alconstantini, Ibn Motot e Samuel Zarza. Esses autores compartilham certas pressuposições e essa identidade de pontos de vista é resultado de influência mútua e não casual. As ideias de Ibn Wakar influenciaram tanto Ibn Motot[122] como Ibn Zarza[123], e este último conhecia a obra de Alconstantini[124]. No entanto, a relação intelectual entre Ibn Motot e Ibn Zarza[125] ainda requer um estudo mais preciso.

É proveitoso caracterizar sucintamente as ideias desse grupo de autores. Em primeiro lugar, todos eles tentam combinar conceitos filosóficos e cabalísticos num sistema de pensamento mais amplo. Em segundo lugar, em todas essas tentativas de síntese é possível discernir a influência das correntes neoplatônicas em diferentes graus. Refiro-me, em especial, ao renovado interesse dos autores mencionados e à sua crença no pensamento do Rabi Abraão ibn Ezra e de Avicena. Em terceiro, estes autores fazem menção a vários princípios presentes nas concepções neoplatônicas de Ibn Ezra e de Avicena, que tratam da possibilidade de operar milagres, cuja aceitação preparou terreno para absorção de livros de magia de sua autoria,

**120** Ver Idel, Curso de Estudos, p. 311, nota 69.

**121** A magia, segundo Alemanno, deve ser distinguida da ciência espiritual, pois pertence à adoração pagã. Em *Schaar haHeschek* , f. 44a, ele diz: "Como Saturno é a causa da magia e da adoração pagã [...] nosso mestre Moisés, de abençoada memória, viu-se obrigado a suportar o impacto e proteger Israel no que concerne à *Torá* e aos preceitos que vêm da *sefirá* de *Tiferet*, e de todas as espécies de adoração pagã. Todos os tipos de magia provêm de Saturno".

**122** Ver Vajda, Samuel ibn Motot, p. 31, 35.

**123** Ver *Sefer Mekor Hayim*, f. 6b-c.

**124** Alconstantini é mencionado na obra *Mikhlol Yofi* (A Totalidade da Beleza), de Ibn Zarza. Ver C. Sirat, *Hanokh b. Salomon al-Qostantini*, Jerusalém, 1976, parte em hebraico, p. 5.

**125** Há uma grande similaridade entre alguns trechos do *Mekor Hayim* de Ibn Zarza e a obra *Meguilat Setarim*, de Ibn Motot. Comparar, por exemplo, *Mekor Hayim* f. 129, col. 3, com *Meguilat Setarim*, f. 52, col.3.

o mais importante dos quais é o *Sefer haHatzamim*[126]. Finalmente, os escritos desses autores contêm muitos debates sobre a importância da astrologia[127] e mesmo sobre a relação entre ela e a magia[128].

Os autores supramencionados não exerceram uma influência marcante sobre o pensamento judaico. A preeminência de Hasdai Crescas e de José Albo no campo da teologia e o predomínio da Cabala na segunda metade do séc. XV eclipsaram as teorias da maior parte dos autores citados. O uso extensivo que Alemanno fazia desses escritos, especialmente os de Ibn Wakar e Ibn Motot, constitui uma exceção na tendência geral de pensamento entre os judeus italianos de sua geração. O interesse particular de Alemanno pelas obras do século XIV estava enraizado na sua busca pelas discussões sobre magia nas fontes judaicas. Como tentei comprovar em meu artigo sobre o seu curso de estudos, Alemanno recomendava leituras sobre o tema da magia que estavam relacionadas, de uma forma ou de outra, com o rei Salomão ou com os judeus em geral. Ele utilizou essas fontes sobre a magia a fim de construir um sistema de pensamento abrangente que substanciaria a perfeição do judaísmo em termos teóricos e práticos. Para Alemanno a práxis concerne à capacidade do homem de receber e comandar os poderes que são emanados da Divindade.

O sistema de pensamento de Alemanno não se baseia em uma valorização excessiva e simplista da magia em relação a outras áreas do pensamento e da ação. Embora para ele a Cabala em si fosse a ciência teórica suprema, ele ressaltava nela elementos que eram de importância secundária no desenvolvimento da doutrina como um todo. Essa interpretação da Cabala propiciou à magia uma posição preferencial. O curioso é Alemanno ter selecionado partes da doutrina cabalística em que o elemento da magia não tinha nenhuma função; seu desenvolvimento do conceito de "salvaguardar o poder da receptividade" exemplifica essa tendência.

Por outro lado, Alemanno adotou sem receio determinadas concepções que foram alvo de uma oposição muito forte por parte dos mais importantes filósofos judeus do passado. Judá Halevi declarou que:

**126** Ver Vajda, *Recherches*, p. 152, nota 2 e *Mekor Hayim* , f. 117, col. 3.
**127** Idem, p. 249-253. As concepções astrológicas de Alconstantini e de Ibn Zarza ainda não foram objeto de nenhum estudo erudito. Sobre a astrologia em *Megalé Amukot*, ver MS Vaticano 59, f. 5r-6v, 9r, 10r e outros.
**128** Ver o trecho do *Meschovev Netivot* (O Restaurador da Ordem), do Rabi Samuel ibn Motot, traduzido por G. Vajda, *Judah ben Nissim*, p. 120 e s.

Quem procura receber instrução acerca de questões divinas [teologia] pela investigação teórica, pelo raciocínio e por silogismos baseados no procedimento de causar o descenso dos espíritos e a confecção de imagens e talismãs, é um herege[129].

A caracterização feita por Alemanno da principal atividade de Salomão como "a indução do descenso das forças espirituais" é uma contradição explícita à visão de Halevi. A recusa em aceitar a eficácia da magia talismânica era certamente conhecida por Alemanno a partir de duas fontes com as quais estava familiarizado: a citação feita por Moisés de Narbonne acerca da atitude negativa de Averróis a esse tipo de magia (em seu *Comentário sobre o Guia dos Perplexos*, I, 63) e os ataques do Rabi Nissim de Marselha sobre a magia talismânica em *Maassé Nissim* (A Obra de Nissim). Alemanno até mesmo transcreveu este último trecho em sua *Collectanaea*[130]. Em Florença, "a indução do descenso das forças espirituais" recebeu também uma crítica contundente do Rabi Moisés ben Yoav, que considerava essa prática uma idolatria em todos os aspectos[131]. Ao mesmo tempo, o Rabi Elias del Medigo descartou completamente qualquer interpretação mágica da *Torá*[132].

A reavaliação de Alemanno do elemento da magia não parece ser apenas resultado de um desenvolvimento interno da tradição judaica, mas igualmente o produto de uma influência externa que o induziu a enfatizar a atitude positiva com relação à magia em fontes judaicas. Essa influência foi, em minha opinião, o círculo neoplatônico de Florença[133]. Os poucos dados que possuímos sobre a vida de Alemanno não permitem que se faça um estudo significativo das ligações de Alemanno com esse círculo de eruditos. É evidente que ele conhecia Pico della Mirandola e possivelmente também Lorenzo de Médici; ele os menciona no *Schir haMaalot*, escrito a partir de 1488, mas pode tê-los conhecido anteriormente ou, no



**129** *Kuzari* I, 79; III, 23. Convém lembrar que na época de Alemanno, o *Kuzari* do Rabi Judá Halevi foi amplamente difundido na Itália. Ver Roberto Bonfil, *O Rabinato na Itália Renascentista* [em hebraico], Jerusalém: [s.n.], 1979, p. 186 e 200.

**130** Ver MS Paris 720, f. 32v. Rabi Nissim está dentre os primeiros, e talvez tenha sido o primeiro, a mencionar o *Maassé Nissim*. Ver MS Oxford 2234, f. 123r.

**131** Ver suas homilias no MS Montefiore 17, f. 12r, 58r e s. Para mais detalhes acerca desse autor, ver Cassuto, *Os Judeus na Florença Renascentista* [em hebraico], Jerusalém, [s.n.], 1966, p. 194-200.

**132** Ver supra a discussão sobre o tema da interpretação mágica da *Torá*.

**133** Ver Yates, op. cit., p. 80-82, no tocante ao respeito especial do qual a magia gozava nos círculos intelectuais de Florença.

mínimo, ter tido contato com suas teorias. De qualquer modo, a magia não ocupa um espaço muito expressivo na primeira versão da obra *Hai haOlamim*, então intitulada *Pekakh Koakh*[134]. A introdução e a crescente prevalência de elementos neoplatônicos no pensamento de Alemanno podem ser rastreadas à inspiração que ele teria recebido desse círculo de Florença. Já mencionei que Alemanno procurava praticantes de magia e da *quasi* magia, não restringindo sua busca à informação recebida de fontes hebraicas. Ele aparentemente também consultou composições cristãs sobre magia que não haviam sido traduzidas para o hebraico e, ao que tudo indica, conhecia o *Sefer Pil'ot Olam* de Alberto Magnus. Alemanno tinha um interesse digno de nota pelas várias manifestações do paganismo. Isso é corroborado por uma citação extraída de sua *Collectanaea*:

> Os livros dos antigos *gentili* [...] descrevem suas diversas práticas idólatras e possam os deuses confirmar tudo o que disseram nossos sábios, de abençoada memória, sobre os demônios dos vários tipos de adoração pagã [...] Todas as religiões idólatras reunir-se-ão em Roma e adorarão a todos até a vinda do redentor cristão[135].

Uma possível explicação acerca da identidade dos *gentili* e da natureza das "diversas práticas idólatras" pode ser encontrada num longo comentário na *Collectanaea*:

> Os caldeus e os babilônios instituíram a ciência das formas celestiais[136] e a adoração das estrelas e a astrologia. Nimrod foi o principal deles na "torre que fizeram". Sobre essa torre ele modelou uma forma de Marte para servir como um ídolo como havia sido explicado. Depois dele restaram Bel e Nebo acerca dos quais Ibn Ezra disse que Nebo é a forma de uma estrela. A profecia teve início com Abraão, que discutiu com eles e desencorajou as suas ideias. Isaías completou esse trabalho na sua época dizendo, "Apresentem-se, pois, e te salvem aqueles que praticam a astrologia, que observam as estrelas, que te dão a conhecer

**134** Dedicarei um espaço maior sobre essa composição e sua relação com o *Sefer Hai Olamim* em outro artigo.

**135** MS Oxford 2234 f. 125r.

**136** O termo hebraico *tzurot* (formas) possui um significado mágico . Neste caso, refere-se aparentemente a talismãs. Ver M. Steinschneider, *Die hebräischen Übersetzungen des Mittelalters*, Gratz, 1956, p. 846, nota 8.

de mês em mês o que há de sobrevir-te" [47,13]. Esta última referência [de Isaías] é ao Egito e aos seus sábios, que estavam inteiramente preocupados com as atividades dos espíritos entre o céu e a terra[137] que têm um efeito estranho sobre a natureza. A profecia Divina discordava deles e nosso mestre Moisés, que descanse em paz, os lançou por terra[138] e comprovou a sua mentira. Isaías também disse: "Como vos atreveis a dizer ao faraó: Sou filho de sábios, filho de reis antigos?" [19,11] e toda aquela narrativa[139].

Nessa afirmação de Alemanno não há uma referência clara quanto aos livros sobre paganismo que ele poderia ter lido[140]. Em minha opinião, uma afirmação que aparece no MS Paris 849, em uma composição sem título de Alemanno, menciona a literatura hermética que influiu muito na magia da Renascença[141].

A antiga sabedoria[142] era tão vasta que eles a ostentavam em seus livros atribuídos a Enoque, "a quem Deus arrebatou" [Gen 5,24], e a Salomão, que era o mais sábio de todos os homens e a muitos homens íntegros que executavam operações combinando várias coisas e comparando qualidades a fim de criar novas formas em ouro, em prata, em vegetal e em animal [matéria] que jamais existiram antes e a fim de criar formas divinas que preveem o futuro, as leis e os *nomoi*, bem como [a fim de criar] espíritos de anjos, estrelas e demônios[143].

Parece-me que temos aqui uma descrição da técnica hermética da alquimia e de imagens e ídolos feitos de metais preciosos e de outros componentes

**137** Ver infra o argumento de Isaac Abravanel.
**138** Em *Einei haEdá*, Alemanno diz que os demônios foram derrotados e subjugados pela religião egípcia. Ver MS Jerusalém, 8' 598, f. 122. No que diz respeito à relação entre o Egito e a magia demoníaca em Reuchlin, ver H. Zika, Reuchlin's *De Verbo Mirifico* and the Magic Debate of the Late Fifteenth Century *JWCI* 39, 1976, p. 112, nota 25 e p. 123.
**139** MS Oxford, f. 129r.
**140** Essa é uma possível evidência da influência dos Irmãos da Pureza, que relatam a transmissão da ciência dos talismãs dos sírios para os egípcios e dos egípcios para os gregos. Ver Marquet, Sabéens et Iwhan al Safa, op. cit., p. 36 e 53.
**141** MS Paris 849, f. 25r – v. Cf. Maimônides, *Guia dos Perplexos* III, cap. 29.
**142** Sobre a concepção da antiga sabedoria, ver infra, nota 191.
**143** Comparar com o capítulo 13 de Asclépio. Ver *Corpus Hermeticum*, A. D. Nock e A. J. Festugière (ed.), Paris, 1945, p.347-349; I. Scott (ed.), Oxford: [s.n.], 1926, p. 358. Tais palavras de Asclépio eram bastante conhecidas na Renascença e influíram de forma decisiva no pensamento de Marsilio Ficino. Ver Walker, op. cit., p. 40-42.

do mundo vegetal e animal que capturam os espíritos dos deuses[144]. A declaração de Alemanno acerca das formas divinas que falam de leis e *nomoi* tem um equivalente numa fonte árabe. Nos seus escritos, Jabir ibn Hayan descreve a preparação de um homem artificial chamado de "ashab al-nawamis", isto é, o legislador[145].

As ideias de Alemanno sobre a magia não permaneceram uma opinião individual isolada, mas podem ser rastreadas em composições de outros autores. A concepção de Alemanno sobre o Templo e os sacrifícios foi repetida em três outras obras[146]. Vestígios do pensamento de Alemanno também são encontrados nas composições do Rabi Isaac Abravanel[147]. Em seu comentário ao livro *Êxodo* 7,8, ele descreve a forma mais inferior de vida espiritual como demônios, "que habitam abaixo da esfera lunar". O uso desses demônios caracteriza os magos do Egito. A técnica mágica ali retratada é digna de nota: "Aqueles que lidam com feitiçaria preparam os corpos inferiores para receber as emanações dos demônios"[148]. O comentário de Abravanel sobre o *Êxodo* foi escrito em 1506, quando Alemanno já havia completado todas as suas composições. No entanto, ideias similares às de Alemanno aparecem também no *Comentário sobre Reis*, que Abravanel escreveu em 1493, em Nápoles; o Templo é descrito em termos que lembram Alemanno e a carta do Rabi Isaac de Pisa. Abravanel afirma que Salomão conhecia a ciência dos talismãs, desconhecida pelos filósofos, e essa teria sido a garantia do seu sucesso:





> Os filósofos concordam que esse mundo inferior de geração e corrupção é conduzido pelas forças que emanam das esferas celestiais. Como nossos sábios, de abençoada memória, disseram: "Não há nenhuma folha abaixo que não tenha

**144** Ver Asclépio, cap. 3, em *Corpus Hermeticum,* p. 338. Sobre a influência da concepção hermética da criação de imagens em Jabir ibn Hayan, ver os comentários importantes de P. Krauss em Jabir ibn Hayyan et la Science greque, *Memoires presentés a l'Institut d'Egypte*, 45, 1942, p. 126-134. Na p. 133, nota 11, Krauss menciona que Proclo, no seu comentário acerca do Timeu, também considerava que as estátuas dos deuses possuíam um caráter profético. Contudo, a afirmação de Alemanno aproxima-se mais da concepção de Jabar e é possível que Alemanno tenha conservado aqui uma tradição hermética que influenciou o autor árabe.

**145** Krauss, idem, p. 104, 106, 133.

**146** Ver a discussão supra no que concerne ao trecho da carta do Rabi Isaac de Pisa.

**147** Sobre a possível influência de outras concepções de Alemanno acerca do *Comentário sobre o Êxodo*, de Abravanel, ver M. Steinschneider, *Die Handschriftenverzeichnisse des Königlichen Bibliothek zu Berlin*, Berlim, II, [s.n.], 1897, p. 6. Ver também M. Idel, As Fontes das Imagens dos Círculos nos *Diálogos de Amor* [em hebraico], *Iyyun* 28, 1979, p. 160 e nota 17.

**148** Ver também B. Netanyahu, *Don Isaac Abravanel*, Philadelphia, 1953, p. 124-125.

um signo celestial acima que a atinja e lhe diga para crescer". Veja, os homens das especulações são incapazes de apreender os poderes das estrelas e os poderes de cada uma e o modo de sua atuação no mundo inferior e o modo em que sua emanação é atraída [...], pois os livros escritos pelos astrólogos sobre esse tema são destituídos de valor e são falsificação. Quando vem o tempo do cálculo, os autores desses livros se perdem. Os homens já se esforçaram para aprender como fazer talismãs, que são formas feitas em tempos determinados para causar o descenso do efluxo das estrelas sobre objetos específicos. No entanto, não foram bem sucedidos. E assim deveria ser, pois, como não apreendem a natureza e as propriedades dos corpos celestiais, é impossível que distingam o seu poder ou as ações que deles derivam. No entanto, como Salomão alcançou a verdade daquela ciência de modo maravilhoso e conhecia suas causas, ele apreendeu o que está acima e o que está baixo no tocante aos entes celestiais, seu número e disposição bem como a ordem do seu movimento. Assim, ele apreendeu seus verdadeiros poderes que conduzem os seres inferiores. Em questões de realeza prática, ele fez seu trono e foi bem sucedido, como disseram nossos sábios, de abençoada memória, nas obras que configurava no trono e nas formas que fazia de leões e leopardos e outras formas que ele moldava para realizar com êxito ações específicas[149].



Em outro lugar Abravanel relacionou o conhecimento da natureza das estrelas e das esferas celestiais e sua influência ao conhecimento de Salomão sobre a feitura de talismãs e também ao conhecimento dos "modos de conduzir cada uma das esferas e das estrelas, [e] a maneira do seu serviço e adoração, a fim de causar o descenso de sua emanação à terra"[150]. Em contrapartida os profetas sabiam como fazer com que "a emanação descendesse Dele, abençoado seja, sobre a nação por meio das *sefirot* sagradas e do conhecimento a elas adequado nas inteligências separadas"[151]. O rei Salomão era também considerado como alguém que sabia como causar o descenso da emanação dos anjos ministrantes por meio dos cânticos que ele compunha:

E na ciência das inteligências separadas Salomão compôs muitos cânticos conforme é dito[152] "e seus cânticos foram em número de mil e cinco". Isso

**149** Edição Jerusalém [s.n.], 1955, p. 474.
**150** Idem, p. 480.
**151** Idem, Ibidem.
**152** *Reis* 1, 5,12.

foi interpretado como cinco mil, porque era costume dos antigos falar sobre questões Divinas na forma de poesia[153]. Ao que parece ele compôs um grande número de cânticos para os anjos ministrantes supernos, para cada qual em separado, de acordo com sua incumbência e serviço singulares. Ele compôs o livro *Cântico dos Cânticos* unicamente para Deus, que concede Sua providência sobre Israel[154] e por essa razão disseram[155] "Todos os cânticos são sagrados, mas o *Cântico dos Cânticos* é o sagrado dos sagrados", porque os outros cânticos por ele compostos foram dedicados aos anjos sagrados e o *Cântico dos Cânticos* foi especificamente dedicado a Ele, Abençoado Seja, que é o Santo dos Santos. Como o saber de Salomão abrangia assuntos espirituais e sua forma de conduta, ele alcançou o conhecimento dos modos e meios e preparativos necessários para fazer com que as emanações descendessem para cada um dos seus anjos ministrantes, sobre suas nações e terras[156].

E em outro contexto ele diz:

Todos os demais cânticos que ele compôs dizem respeito à conduta das nações por seus anjos ministrantes supernos, mas eles não estão incluídos nas Escrituras nem tampouco podem ser encontrados hoje. Ao que parece, o rei Ezequias e os membros da sua geração os ocultaram[157], para que nenhum homem pecasse ao praticar o ato de idolatria[158].

O poder mágico da música e sua inserção em rituais de magia são um dos elementos que caracterizam os sistemas de Ficino e de Pico[159] e, de certa forma, também o do próprio Alemanno[160]. A descrição de Salomão,

153 Acerca desse tema ver D. P. Walker, *The Ancient Theology: Studies in Christian Platonism from the Fifteenth to the Eighteenth Century*, Ithaca, Nova York, 1972, p. 22-41 e H. Wirszubski, *Três Capítulos sobre a História da Cabala Cristã* [em Hebraico], Jerusalém: [s.n.], 1975, p. 11-27.
154 É razoável pressupor que, neste contexto, o termo refira-se à *sefirá* de *Malkhut*.
155 TB, *Yadayim* 86.
156 Edição Jerusalém [s.n.], 1955, p. 475. Ver também idem, p. 478.
157 TB *Pessakhim* f. 56 a. Cf. a declaração do Rabi Avraham Yaguel no livro *Beit Yaar haLevanon* (A Casa da Floresta do Líbano), publicado por Isaac Samuel Reggio em *Kerem Hemed*, 2, p. 51-52. Yaguel foi influenciado por Alemanno e pelo *Comentário sobre Reis*, de Abravanel.
158 *Comentário sobre Reis*, p. 476.
159 Ver o material que trouxemos na nota 154 supra e também os comenários de Walker, *Spiritual and Demonic Magic*, p, 3-24, 62-63.
160 Ver os textos de Alemanno publicados em I. Adler, *Hebrew Writings Concerning Music*, Munique, 1975, p. 41-45. Para um estudo mais detalhado sobre a música no pensamento de Alemanno e, particularmente, sobre o seu poder mágico, ver Moshe Idel, As Interpretações Mágica e Teúrgica da Música em Fontes Judaicas: do Renascimento ao Hassidismo [em hebraico], *Yuval*, 4, 1982.

como autor de cânticos destinados a causar o descenso de emanações coloca Abravanel diretamente no sistema de referência do pensamento que se cristalizou no círculo dos intelectuais de Florença.

## C.

Tentei demonstrar acima como Alemanno empregou elementos mágicos e astrológicos dispersos na tradição judaico-árabe, para dar à Cabala uma nova interpretação. Essa interpretação foi resultado das correntes intelectuais em Florença, uma atmosfera que gerou uma interpretação semelhante também nos escritos de Pico. Parece-me que a influência dos renascentistas italianos também induziu o interesse de Alemanno pela literatura neoplatônica e seu uso dela para um novo entendimento da Cabala.

Embora Alemanno não possa ser considerado um neoplatônico na acepção precisa desse termo, há uma predominância extraordinária do elemento neoplatônico em suas composições. Sua expressão mais clara é o grande número de referências a autores e composições neoplatônicas nos livros de Alemanno. Ele conhecia a maior parte da literatura neoplatônica judaica: as obras de Isaac Israeli[161], o *Mekor Hayim* (*Fons Vitae*) de Ibn Gabirol[162], o *Arugat haBossem* (O Canteiro da Fragrância), do Rabi Moisés ibn Ezra[163] e os escritos do Rabi Abraão ibn Ezra[164] e do Rabi Isaac ibn Latif[165]. Alemanno estava particularmente interessado na literatura

**161** Ver *Collectanaea*, MS Oxford 2234, f. 42v, 58r, e 88v.

**162** Ver *Einei Haedá*, MS Paris 270, f. 13r: "Dois Axiomas acerca da Natureza da Alma Extraídos do Livro *Mekor Hayim* do Rabi Salomão ibn Gabirol". Na sequência, Alemanno faz citações da obra *Likutei Mekor Hayim*, III, parágrafo 8 (que possui um paralelo no *Sefer Moré haMoré* [O Mestre do Mestre], p. 86), e 10. Convém mencionar que o *Mekor Hayim* era conhecido pelo Rabi David Messer Leon e Alemanno foi discípulo do pai deste último, Rabi Judá Messer Leon. Ver *Sefer Maguen David*, MS Montefiore 290, fol. 14a e *Sefer Tehilá leDavid* (Glória a David), Istambul, 1576, fol. 42r. O Rabi Isaac Abravanel e seu filho Judá familiarizaram-se com o *Mekor Hayim* quando estiveram na Itália. Portanto, a opinião de D. Kaufmann, de que "apenas a tradição oral viva dos judeus da Espanha" possibilitou a Abravanel conhecer o nome do autor do *Mekor Hayim* não é definitiva. Ver D. Kaufmann, *Pesquisas sobre a Literatura Hebraica da Idade Média*, [em hebraico], Jerusalém: [s.n.], 1965, p. 157-158.

**163** Ver infra, nota 176, acerca do *Theology of Aristotle*.

**164** No livro *Heschek Schelomó*, MS Oxford 1535, fol. 163v, está escrito: "E conforme os dizeres do sábio Ibn Ezra, que é digno de ser chamado de sábio".

**165** Ver Idel, Curso de Estudos, p. 309-310, nota 64.

neoplatônica que fora traduzida do árabe para o hebraico; suas obras contêm inúmeras referências ao *HaAgulot haRaayoniyot* (As Esferas Imaginárias), de Al-Batalyusi[166], que exerceu grande influência sobre o seu pensamento. O livro *Moznei haIyunim* (A Balança das Reflexões), uma elaboração de muitas das ideias que figuram no *HaAgulot haRaayoniyot*[167], é por ele mencionado com frequência. A composição de Al-Ghazali, *Mishkat Al-Anwar* (O Nicho das Luzes), com tendências neoplatônicas, é lembrada ocasionalmente nos escritos de Alemanno[168]. No entanto, Alemanno também conhecia obras mais especificamente neoplatônicas, tais como o *Sefer haAtzamim haHamischá* (O Livro dos Cinco Elementos), atribuído a Empédocles, e partes dela foram preservadas pelo fato de Alemanno tê-las copiado em seus próprios escritos[169]. Alemanno estava particularmente interessado no *Liber de Causis* (O Livro das Causas), estava familiarizado com várias traduções dessa obra, copiou um trecho dela no seu livro *Hai haOlamim*[170] e nas suas observações sobre o *Hai ben Yoktan*[171]. Essa mesma seção do *Líber de Causis* consta do *Heschek Schelomó*[172] de Alemanno. Um destaque especial deve ser dado ao fato de Pico também ter conhecido o *Liber de Causis* e citado uma parte do primeiro parágrafo sem mencionar a autoria[173]. Este mesmo parágrafo ressurge várias vezes nas composições de Alemanno, e tal paralelismo é uma possível indicação da influência de

**166** Sobre a influência de Al-Batalyusi em Alemanno ver D. Kaufmann. *Die Spuren al- Bataljussis in der jüdischen Religionsphilosophie*, Leipzig, 1880, p. 56-60. Ver também M. Idel, As Fontes das Imagens..., op. cit., p. 160 e s. Há mais referências extraídas da obra *haAgulot haRaayoniyot* nos escritos de Alemanno do que as observadas por Kaufmann.

**167** Ver, por exemplo, o *Sefer Hai haOlamim*, MS Mântua 21, fol. 14v, 215r e outros. Sobre as diferentes versões desse texto, ver A. Altmann, The Ladder of Ascension, *Studies in Mysticism Presented to Gershom Scholem*, Jerusalém: [s.n.], 1967, p. 8, nota 28 e p.10-11.

**168** Ver, por exemplo, *Collectanaea*, MS Oxford 2234, f. 186v-187v.

**169** Ver nota 162 supra. Ver D. Kaufmann, *Pesquisas sobre a Literatura Hebraica da Idade Média*, p. 78-125. O texto impresso nas páginas 106-112, do MS Paris 301, foi de fato retirado do livro sem título de Alemanno, que pode ser encontrado no MS Paris 849 (novo catálogo). Kaufmann desconhecia que fosse de autoria de Alemanno. O material em Kaufmann, *Pesquisas sobre a Literatura...*, p. 112-181, é extraído da *Collectanaea*. Convém mencionar que na cópia desse material há vários erros no texto, às vezes bastante significativos.

**170** MS Mântua, 21 f. 22v. Ver a primeira menção nesse texto.

**171** MS Munique 59, f. 87v. O trecho e seu contexto são análogos a uma discussão na obra *Hai ha-Olamim*; ver M. Steinschneider, *Al Farabi*, São Petersburgo, 1869, p. 249. Comparar com o MS Paris 849, fol. 124v e com a minha análise infra acerca da afirmação no manuscrito de Paris.

**172** Ver MS Oxford 1535, f. 145v – 146r.

**173** Sobre a similaridade entre o trecho no *Heptaplus* VI: 4 e o primeiro parágrafo do *Liber de Causis*, ver O. Bardenhewer, *Die pseudo-Aristotelischen Schrift über das reine Gute*, Freiburg, 1882, p. 301. Esse fato passou pelos editores das obras de Pico. Deve-se mencionar que a redação de Pico difere da tradução latina do *Liber de Causis*.

Alemanno sobre Pico, em virtude de este ter estudado com seu mestre o *Hai ben Yoktan*[174]. Outra seleção do *Liber de Causis* (parágrafo 6), que figura no *Imrei Shefer* (Palavras de Beleza) do Rabi Abraão Abuláfia, é repetida várias vezes nos escritos de Alemanno[175] e de lá deve ter sido copiada subsequentemente por diferentes autores. Alemanno se interessou também pelo material da *Teologia de Aristóteles*, que encontrou no *Sefer haMaalot* [O Livro dos Graus] do Rabi Schem Tov ibn Falaquera[176] e no *Arugat haBossem*, do Rabi Moisés ibn Ezra[177]. Os livros de Platão eram por ele conhecidos apenas pelo título, a partir de uma lista que Falaquera incluíra na sua obra *Reschit Hokhmá*[178], mas Alemanno também usava frequentemente *A República* de Platão com o comentário de Averróis[179].

As mais importantes obras platônicas e neoplatônicas estavam disponíveis para Alemanno a partir da tradição filosófica judaico-árabe, e ele excedeu todos os seus antecessores judeus no que concerne à utilização e absorção desse material. Entre os intelectuais judeus de sua geração, ele foi único no seu interesse pelo neoplatonismo. Seus contemporâneos, como o Judá Messer Leon, Elias del Medigo, Ovádia Sforno e David Messer Leon



174 Ver a evidência de Giovanni Francesco Pico della Mirandola, *Opera Omnia*, Basileia, 1573, p. 1371. O *Heptaplus* foi composto em 1488, no mesmo ano em que Alemanno relata ter mantido contato com Pico.

175 Ver *Collectanaea*, MS Oxford 2234, f. 21v; MS Paris 849, f. 91 r-v e 123r; *Sefer Heschek Shelomó*, MS Berlim 832, f. 832, f. 83r. Em Abuláfia e em várias citações de Alemanno o trecho é citado como *Sefer haAtzamim haEliyonim* (O Livro dos Elementos Superiores). Essa citação foi publicada por Steinschneider, *Al Farabi*, p 114 e s.

176 *Collectanaea*, MS Oxford 2234, f.71v. Ali, Alemanno copiou trechos do *Sefer haMaalot*, Berlim,1872, que foram atribuídos a Aristóteles. Um deles, encontrado na p. 22 e s. é paralelo à *Theology of Aristotle* I, 1-29 (*Ennead* IV, 8, 6,1). Alemanno fez igualmente uso dele na obra *Einei haEdá*, MS Jerusalém 598, f. 98r. Outro trecho se encontra no *Sefer haMaalot*, p. 26 e s., e é paralelo à *Theology*, VII, 41-50 (*Ennead* IV, 8, 8,1-23). Alemanno também integra esse material no texto do *Sefer Einei haEdá*, MS Jerusalém 598, f. 99v. Sobre a confusão feita por Alemanno entre o *Sefer haMaalot* e o *Reschit Hokhmá* (O Início da Sabedoria), ver M. Steinschneider, *Die hebräischen Übersetzungen*, p. 243, nota 973. Alemanno conhecia também a tradição do arrependimento de Aristóteles, que aparentemente estava relacionada à atribuição da *Theology* a Aristóteles. Essa tradição figura no comentário do Rabi José ibn Schem Tov sobre a *Ética*; ver MS Oxford 1267, f. 171v. Ela é citada na *Collectanaea* de Alemanno, f. 50r e numa nota ao *Sefer Heschek Schelomó*, MS Moscou, f. 105r. Acerca dessa tradição ver S. Munk, *Mélanges de Philosophie Juive et Arabe*, Paris, 1953, p. 249, nota 3.

177 Na *Collectanaea*, MS Oxford 2234, f. 72r, há uma nota com a atribuição "de um comentário sobre o *Kuzari*..." Essa observação diz respeito à ascensão da alma, numa redação muito semelhante à do Rabi Moisés ibn Ezra no *Arugat haBossem*, conforme publicado em *Zion* 2, 1842, p. 121. É paralela ao trecho citado no *Sefer haMaalot*, p. 22. Sobre o conteúdo e a história literária desse trecho, ver A. Altmann e S. M. Stern, *Isaac Israeli*, Oxford, 1958, p. 191-192.

178 Ver *Collectanaea*, MS Oxford 2234, f. 140r-140v, que é análogo ao *Sefer Reschit Hokhmá*, Berlim, 1902, p. 77.

179 Ver Idel, Curso de Estudos, p. 306, nota 32.

eram todos aristotélicos. Nesse sentido, Alemanno representa uma nova tendência na vida intelectual dos judeus da Itália, e trataremos adiante do subsequente desenvolvimento desse novo interesse.

Antes de abordarmos a tendência neoplatônica no pensamento de Alemanno, devemos mencionar que seus escritos contêm referências a composições neoplatônicas que não foram traduzidas para o hebraico. É razoável pressupor que ele as teria conhecido através de seus contatos com renascentistas em Florença. Na *Collectanaea* lemos[180]:

> Sênior Yrhw [!] disse-me tê-lo encontrado em nome de Porfírio, segundo o qual havia uma seita judaica que era sagrada e se alimentava no peso e na medida exatos, para que não tivesse necessidade de aliviar-se.





Outra evidência desse tipo de literatura neoplatônica aparece novamente na *Collectanaea*:

> A seita dos platônicos dizia que o céu possui unicamente uma alma racional, e não uma alma imaginativa ou vital [...] e a faculdade imaginativa leva o homem a amar o governo e o domínio, pois o homem imagina-se grande quando é honrado. Nesse aspecto, a mente humana é atraída para aquela obra e desviada do caminho da razão, para que os homens não apreendam as verdades racionais, caso contrário não servirão a eles [i.e., aos governantes]. Os governantes estabelecem práticas pagãs para matar pessoas ou praticar atos de imoralidade sexual ou outras práticas totalmente estranhas. E fazem isso para que os homens não percebam a verdade e continuem a servir aos governantes perpetuamente por meio dessas formas idólatras de adoração e não sirvam a Deus. Todo o mundo cometeu o mesmo erro exceto os judeus. Porfírio era um dos [idólatras] dessa seita e confessou sem pudor que certa vez quis se matar, e disse que desde que as nações pararam de venerar ídolos todo o bem havia cessado. Em uma ocasião ele disse ao seu mestre, chamado Plotino[181], que o acompanhasse para oferecer um sacrifício. Plotino respondeu-lhe que era mais apropriado que um deus viesse oferecer um sacrifício a ele e não que ele oferecesse

**180** MS Oxford 2234, f. 22 r.
**181** Na observação à margem, na parte inferior do f. 210r do *Sefer Heschek Schelomó*, MS Moscou 140, Plotino é descrito como discípulo de "Orieno", isto é, de Orígenes. Ao que parece, trata-se de uma corrupção da tradição autêntica segundo a qual ambos, Plotino e Orígenes, foram discípulos de Ammonius Saccas.

um sacrifício ao deus, porque Plotino menosprezava essa prática e Porfírio ficou muito espantado com isso[182].

Alemanno obviamente lera *A Vida de Plotino*, da autoria de Porfírio, cujo parágrafo 10, 34-35 é aqui resumido; mais interessante ainda é o fato de a mesma seleção da obra de Porfírio figurar, num contexto completamente diferente, no famoso *Discurso sobre a Dignidade do Homem*[183], de Pico della Mirandola. Não obstante Alemanno ter uma opinião negativa sobre Porfírio[184], a sua citação prova que ele tinha acesso a textos neoplatônicos que circulavam entre seus contemporâneos em Florença.

Dois dos contemporâneos de Alemanno comentaram acerca da similaridade entre a Cabala e o platonismo. Seu mestre Rabi Judá Messer Leon, escreveu sobre a Cabala[185]:

> Pode-se encontrar entre os primeiros expoentes daquela ciência, em pequena medida, uma aproximação em princípio de opiniões platônicas de uma espécie agradável tal como seria acessível a uma pessoa intelectualmente capaz.

Seu filho, Rabi David Messer Leon[186] acreditava que

> Platão é chamado de filósofo divino, pois quem estudar seus livros minuciosamente neles encontrará grandes e imensos segredos e todas as suas ideias são as ideias dos mestres da verdadeira Cabala.

Embora tivesse uma atitude hostil com relação à Cabala, o Rabi Elias del Medigo chegou às mesmas conclusões do Rabi Judá e do Rabi David Messer Leon. Del Medigo, que era um aristotélico, rejeitava tanto o platonismo como a Cabala que seguiu esse caminho. A discussão mais conhecida

**182** MS Oxford, f. 125r.
**183** Ver Pico, op. cit., Basileia, 1557, p. 328.
**184** Comparar também com a observação de Alemanno à margem da página no *Sefer Heschek Schelomó*, MS Moscou 140, f. 105r. Ali ele declara que Mani e Porfírio queriam obliterar a *Torá*.
**185** Em sua carta aos ilustres de Florença, publicada por S. Assaf, *Sefer Minkhá leDavid* (Uma Oferenda a David), [em hebraico], Jerusalém, 1935, p. 227. Acerca do plano de fundo renascentista referente a esta citação e a seguinte, ver Scholem, *Anfänge der christlichen Kabbala*, p. 192 e s.
**186** *Maguen David* (O Escudo de David), MS Montefiore 290, f. 25, publicado por S. Shechter, Notes sur Messer David Leon, *REJ*, 24, 1892, p. 122.

sobre esse tema encontra-se no livro *Bekhinat haDat*[187], onde ele comenta acerca das afirmações dos cabalistas:

> A maioria concorda com os dizeres dos antigos filósofos, cujas opiniões insignificantes são bem compreendidas pelas pessoas cultas. Quem quer que tenha visto as afirmações dos platônicos e essas [cabalísticas] afirmações saberá que isso é verdade. Já mencionei isso em outro lugar e, portanto, não quero agora discutir essa questão[188].

Del Medigo, no entanto, estendeu-se sobre esse tema em seu comentário acerca da obra *De Substantia Orbis* (Exposição sobre a Substância do Orbe).



> Aqueles entes denominados *sefirot,* de acordo com seu grau de realidade, atuam em virtude da força da décima [*sefirá*] chamada por eles de *Ein Sof*[189] e em virtude da emanação Dele que chega às demais *sefirot.* Portanto, tudo existe graças ao poder do *Ein Sof,* pois as *sefirot* Dele emanam e Dele dependem. Por conseguinte, na opinião deles, a ordem do mundo deriva-se delas. Tais opiniões foram tomadas das proposições dos antigos filósofos, principalmente de Platão. Nos seus livros essas questões são discutidas longamente. Eles constroem provas para tais ideias de acordo com o seu próprio método. Dizem que não se pode atribuir qualquer nome ao *Ein Sof,* mas que o Infinito pode ser apreendido pelo intelecto, como mencionado por Averróis em *A Incoerência da Incoerência.* Isso é do conhecimento de quem quer que tenha visto os livros desses platônicos e as proposições dos antigos filósofos. Nessas obras são encontradas afirmações no que concerne às *schemitot* [anos sabáticos cósmicos], a destruição do mundo e sua reconstrução, bem como a transmigração das almas,

**187** Ed. I. D. Reggio, Viena, 1833, p. 48.

**188** Não foi feita nenhuma tentativa séria para descobrir qual obra Del Medigo tinha em mente. Ver as observações de Reggio ad loc; Ruderman, op. cit., p. 75 e também Geffen, op. cit., p. 435 e s.(que não analisou a questão, se bem que tivesse visto a discussão da Cabala no comentário sobre o *Etzem haGalgal* (Substância do Orbe).

**189** Esse trecho diz respeito a uma concepção cabalística segundo a qual o *Ein Sof* é idêntico à Coroa Suprema (*Keter*, a primeira *sefirá*). O principal representante dessa ideia na Cabala espanhola foi o Rabi José Gikatilla. Convém mencionar que dois cabalistas contemporâneos de Del Medigo também mantinham esse ponto de vista: o Rabi Elias ben Benjamim de Genazzano, autor de *Igueret Hamudot* (La Lettera Preziosa), e o cabalista espanhol Rabi Isaac ben Samuel Mar Hayim, que viveu em Nápoles na época em que Del Medigo escrevia *Bekhinat haDat.* Nessa composição, Del Medigo demonstra familiaridade acerca da controvérsia sobre a questão da identidade do *Ein Sof* com a Coroa Suprema.

e quase não encontramos diferença entre aqueles filósofos e esses cabalistas no que diz respeito a termos e alusões [...] Em suma, eles são quase idênticos nos princípios e nos tópicos e na questão dos sacrifícios. Tais declarações distam muito das palavras dos peripatéticos e de seus princípios[190].

Os dizeres dos autores lembrados acima são bastante gerais; neles não há nenhuma comparação textual precisa entre a Cabala, o platonismo e o neoplatonismo. Mesmo assim, essa caracterização geral é importante para compreender como a Cabala conseguiu penetrar na cultura intelectual renascentista. A concordância da Cabala com certos aspectos da filosofia antiga conferiu-lhe uma aura de teologia antiga, cujos vestígios atraíram os pensadores renascentistas[191]. A proximidade conceitual da Cabala com o pensamento de Pico em particular permitiu que ela se tornasse parte do florescimento do platonismo renascentista. A relação entre o platonismo e a Cabala não tinha nenhum significado teórico para os filósofos judeus de tendências aristotélicas[192]. Alemanno, que estava interessado tanto pela Cabala quanto pelo platonismo, procurou neles encontrar pontos em comum. Evidentemente, essa busca por concordância não se deu de forma crítica; em alguns casos, não havia uma conexão real entre as abordagens cabalísticas e as platônicas. Ademais, havia uma nítida tendência de sobrepor formulações platônicas ou neoplatônicas à Cabala. No processo de interpretação da Cabala, Alemanno ignorou uma de suas características mais essenciais: a doutrina das *sefirot* inclui uma concepção acerca do dinamismo interior da Divindade, juntamente com as tensões e crises internas que esse dinamismo envolve e

**190** MS Paris 968, f. 41r-v. Comparar com Bohdan Kieszkowski, Les Rapports entre Elie Del Medigo et Pic de La Mirandole, *Rinascimento* 4, 1964, p. 58-61; F. Secret, *Les kabbalistes chrétiens de la Renaissance*, Paris, 1964, p. 30-31 e 42, nota 24.

**191** Sobre a antiga teologia, ver as pesquisas de D. P. Walker, *Studies in Christian Platonism from the Fifteenth to the Eighteenth Century*, Duckworth, 1972, p. 1-131 e Ch. B. Schmitt, Perennial Philosophy: From Agostino Steuco to Leibniz, *Journal of the History of the Ideas*, 27, 1966, p. 505-531. Alemanno faz muito uso desse termo e seu lugar nos escritos de Alemanno merece um estudo especial.

**192** Isso é também verdadeiro no tocante ao Rabi David Messer Leon, cujos conhecimentos cabalísticos eram bastante limitados. Ele tentou ao máximo conciliar Cabala e razão. Ver o artigo de Schechter, Notes sur Messer David Leon, op. cit., p. 125 e s. Uma parte do material cabalístico encontrado no livro *Maguen David* foi copiada do Rabi Isaac Mar Hayim, conforme comprovou Gottlieb, op. cit., 404-422.

o papel que o homem desempenha no aperfeiçoamento e na restauração do sistema sefirótico.

A tentativa de Alemanno de conciliar Cabala e platonismo foi precedida pelos empenhos do Rabi José ibn Wakar e do Rabi Samuel ibn Motot de combinar a Cabala com a filosofia aristotélica. Em ambos os autores o sistema das *sefirot* era identificado com as inteligências separadas do aristotelismo árabe e judaico[193], o que muito influenciou Alemanno.

A fim de exemplificar a tentativa de Alemanno de equiparar Cabala e platonismo, apresentarei uma resenha da comparação por ele feita entre conceitos cabalísticos e ideias que ele encontrou nos escritos de Proclo, um dos mais importantes filósofos neoplatônicos. Pico, discípulo e colega de Alemanno, conferiu a Proclo um lugar de destaque em suas *Teses*. Cinquenta e cinco delas, o *Secundum Proclum*, baseavam-se no sistema de Proclo, e excediam em número todas as teses extraídas dos outros filósofos neoplatônicos. Além disso, Pico também formulou dez teses baseadas em Abucatem Avenam que, segundo ele, era o autor do *Liber de Causis*[194]. De fato, Proclo figura nas *Teses* de Pico sob outra guisa. E. Wind apontou para a ligação entre o *Discurso sobre a Dignidade do Homem* e o pensamento de Proclo[195]. H. Wirszubski, por outro lado, enfatizou a influência de Proclo sobre teses cabalísticas[196]. Isso é apoiado pela comparação feita por Alemanno de certos conceitos cabalísticos com ideias que tiveram origem em Proclo. Em sua composição sem título que se encontra no MS Paris 849, Alemanno copiou um trecho da segunda introdução ao *Sefer Tikunei Zohar* e uma discussão encontrada no *Minkhat Yehudá* (A Oferenda de Judá), do Rabi Judá Hayat[197], que diz respeito à nossa inabilidade em descrever a Causa das Causas. Cito apenas algumas frases desse texto:



**193** Ver Vajda, Samuel ibn Motot, p. 35.

**194** Nem Bardenhewer, em sua edição do *Liber de Causis* e nem Dodds, em sua edição dos *Elementos de Teologia* de Proclo, comentam a história literária dessa outra versão de Proclo que chegou a Pico. Não conheço outra fonte que atribua o *Liber de Causis* a Abucatem Avenam. É possível que essa seja uma corruptela do nome Abu Nasir Alfarabi, que se acreditava fosse o autor da obra. Ver as observações de Bardenhewer em sua edição do *Liber de Causis*, p. 309 e s. Convém mencionar que a terceira tese baseada no *Liber de Causis* é paralela à citada no *Heptaplus* em conteúdo, mas não na linguagem. Ver supra.

**195** E. Wind, *Pagan Mysteries in the Renaissance*, Penguin Books, 1967, p. 134, 174.

**196** H. Wirszubski, *Cabalista Cristão*, p. 16-18. O trecho discutido por Wind é bem interpretado pela tese que Wirszubski analisou. No entanto, os dois autores não perceberam a ligação entre essas duas discussões por Pico e espero desenvolver esse tema num outro artigo.

**197** *Sefer Minkhat Yehudá*, no *Sefer Maarechet haElohut*, Mântua, 1558, f. 41b – 42a. Esse trecho é citado sem mencionar o autor da obra. Assim figura na *Collectanaea* de Alemanno, MS Oxford 2234,

A Coroa Suprema (a *sefirá* de *Keter*) tem o atributo da unicidade porque é a raiz de todas as *sefirot*, que nela estão *in potentia* e a *sefirá* de *Keter* está nelas *in actu*. Não é uma de seu número em virtude de sua superioridade em comparação a elas, de modo que o efeito não se assemelha à causa. Por conseguinte, ela não é mencionada no *Livro de Gênesis*, no capítulo dos dez ditos por meio dos quais o mundo foi criado[198], que são as *sefirot*. No entanto, a palavra *beReschit* [Gen 1,1] contém uma alusão à Coroa Suprema. O início – *beReschit* – dos números é *Hokhmá* – Sabedoria. Contudo, nada foi dito acerca do Mestre dos Universos e de Sua essência; nem um único nome. Porque Ele faz parte de cada número, Ele está dentro de cada número *in actu*. Neste aspecto Ele está dentro do número e é contido no número de uma forma geral. Por causa disso, é dito no *Sefer Ietzirá*: "E antes do um o que é que se conta"[199]. Pois não há número nenhum, nem mesmo o nome Um, que se aplique ao que está antes da Coroa Suprema, que é o Mestre dos Universos. No livro de Platão, o *Sefer haAtzamim haEliyonim*, é dito: "A primeira causa excede o número". Qualquer língua é insuficiente para contá-La, por causa da Sua unicidade, mas as causas cuja luz deriva-se da luz da Primeira Causa podem ser contadas[200].

Alemanno aborda o tema da inefabilidade do *Ein Sof* em várias páginas que precedem a citação supramencionada. Ele menciona primeiro o parágrafo do *Liber de Causis*, cujo início apresentamos, concluindo posteriormente:

Muitos dos descendentes de Sem e de Héber tiveram uma visão e muitos contemplaram a *Merkavá* e olharam toda a *Torá* e não encontraram nenhum nome, ou palavra, ou letra que indicasse a Fonte de tudo o que existe, mas encontraram apenas uma referência ao Efeito Primordial e ao Mais Simples dos Entes[201].

Isso alude a uma observação no *Sefer Maarekhet haElohut*, que determina que[202]

f. 158r. Sobre Alemanno e Rabi Judá Hayat ver o apêndice ao meu artigo Curso de Estudos, p. 330-331.

**198** TB *Rosch haSchaná*, f. 32a.

**199** *Sefer Ietzirá*, 1, 5.

**200** MS Paris 849, f. 123ª. Sobre o *Sefer Atsamim haEliyonim*, que não é senão outro título do *Liber de Causis*, ver nota 175 supra.

**201** MS Paris 849, f. 91v.

**202** *Sefer haMaarekhet*, f. 82b. Comparar o que é dito no MS Paris 859, f. 29b com o MS Vaticano 428, f. 55r ("Nem uma única alusão à Primeira Causa é encontrada na *Torá*") e com os dizeres num comentário acerca das dez *sefirot*, MS Vaticano 224, f. 121r.

não há alusão ao *Ein Sof* na *Torá*, nos *Profetas* e nos *Escritos*, nem tampouco nos dizeres de nossos sábios, de abençoada memória, se bem que os "mestres da adoração divina" tivessem recebido um indício.

Aqui Alemanno deu um exemplo específico da correspondência entre uma teologia cabalística negativa no que concerne ao *Ein Sof* e a teologia negativa do *Liber de Causis*, similaridade que Elias del Medigo já percebera[203].

Outra referência ao *Liber de Causis* aparece na reiteração e elaboração feitas por Alemanno de um argumento encontrado no livro *Minkhat Yehudá*[204]. Neste caso, trata-se da relação entre *Ein Sof* e *Keter*, a primeira sefirá, a Coroa Suprema. Em oposição ao Rabi José Gikatilla e ao Rabi Elias de Genazzano[205], Judá Hayat alegava que o *Ein Sof* não é idêntico à Coroa Suprema, mas se encontra acima dela. Alemanno estava interessado no raciocínio de Hayat, porém não na sua conclusão. Ele utilizou os argumentos para comprovar que a relação entre as *sefirot* de *Keter* e de *Hokhmá* é idêntica à relação entre o *Ein Sof* e a Coroa Suprema. O *Ein Sof*, contudo, é a fonte do efluxo que sustenta o sistema das *sefirot*:

> A Coroa Suprema emanou Sabedoria e sobre ela cintila, do mesmo modo que o *Ein Sof* irradia sobre a Coroa Suprema. De acordo com o princípio de que tudo o que existe no interior da causa existe no interior do efeito, a Coroa Suprema em relação à *Hokhmá* tem o mesmo valor que o *Ein Sof* em relação à Coroa Suprema: como dissemos, "contingente, porém não contingente". O *Ein Sof* é a causa da conexão das *sefirot* uma com a outra, pois todas se unem pelo efluxo que emana do *Ein Sof* sobre elas, que as unifica e dá existência a tudo, como disseram os filósofos no *Liber de Causis*, que qualquer coisa que é causa da



**203** A redação do comentário sobre o *Etsem haGalgal* foi concluída já em 1485, e é possível que fosse conhecida por Alemanno; ver M. Steinschneider, Elia Del Medigo, *H. B.* 21, 1881-1882, p. 68. Convém mencionar que o livro *Beit Yaar haLevanon*, do Rabi Abraão Yaguel, contém um estudo mais abrangente sobre a teologia negativa do que a encontrada em Alemanno. Yaguel compara o conceito cabalístico do *Ein Sof* com o trecho do *Liber de Causis* citado por Alemanno a partir da obra de Abuláfia, por um lado, e com a concepção hermética, por outro lado. A comparação feita por Alemanno entre o *Ein Sof* e a Primeira Causa do *Liber de Causis* serviu de inspiração para a discussão de Yaguel. Acerca da teologia negativa e sua relação com o conceito do *Ein Sof*, ver também o *Portão do Céu*, do Rabi Abraão Herrera, parte IV, cap. 4.

**204** *Sefer Maarekhhet haElohut*, p. 44.

**205** No tocante à identidade da pessoa por ele chamada de "*baal haKuntres*" ("o autor do Tratado"), f.41r e 42v, ver Gottlieb, op. cit., p. 430, nota 25, que sugere tratar-se do Rabi Elias de Genazzano.

existência de algo mais de tal modo que a outra coisa não tem existência a não ser a que provém de sua causa – se aquele efeito é a causa de algo mais fora de si mesmo assim como no que concerne à primeira causa, então a primeira causa é uma causa mais verdadeira, mais singular e mais importante para a existência do segundo efeito do que o é a segunda causa ao causar o segundo efeito[206].

Parece-me que essa afirmação atesta claramente a contribuição significativa do *Liber de Causis* e da Cabala para o pensamento de Alemanno. Como mencionamos, esse trecho repetiu-se em outras partes dos escritos de Alemanno compostos anteriormente. O livro *Minkhat Yehudá* foi escrito entre os anos de 1495 e 1497. Alemanno não compreendeu os dizeres de Hayat de acordo com o seu significado original. Ele os interpretou segundo a fórmula do *Liber de Causis*, que conhecia muito bem. No entanto, não temos aqui uma deturpação integral de uma doutrina cabalística, mas um redirecionamento de determinadas concepções para um rumo não intencionado pelo autor original. Alemanno simplesmente reformulou as observações de Hayat de um modo filosófico que removeu o elemento mítico[207]. Isso é duplamente irônico. Em sua introdução ao *Maarekhet ha-Elohut*, Hayat alertou contra uma interpretação filosófica da Cabala, como o fizera o Rabi Reuven Tzarfati em seu comentário sobre essa obra[208]. Já sugeri que o mencionado na "introdução" de Hayat referia-se a uma tendência de pensamento semelhante à de Alemanno, que se interessava justamente pelos livros criticados por Hayat[209]. E eis que Alemanno adapta os dizeres de Hayat de modo a adequarem-se às suas próprias concepções filosóficas. Ele encontrou a citação do *Sefer haAtzamim haElyonim* na obra *Imrei Schefer*, de Abraão Abuláfia[210], um cabalista criticado por Hayat com palavras muito duras[211]. Inconscientemente, Alemanno conciliou o discurso de Hayat com material encontrado numa composição de Abuláfia.

**206** MS Paris 849, fol. 124v.
**207** Alemanno tende a remover dos escritos de Hayat citações do *Zohar*, e também a substituir expressões míticas por formulações filosóficas. Assim, por exemplo, Hayat escreve: "Todas as *sefirot* ascendem a ela (*Keter*) para receber uma recompensa". A versão de Alemanno lê "que todas elas ascendem à Coroa Suprema e a Coroa Suprema recebe efluxo e existência do *Ein Sof*". A substituição da expressão "para receber uma recompensa" por "receber efluxo e existência" evidencia a tendência do pensamento de Alemanno.
**208** *Sefer Maarekhet haElohut*, f. 114r.
**209** Ver Idel, Curso de Estudos, Apêndice, p. 330-331
**210** Ver MS Munique 285, f. 3a-b.
**211** *Sefer Maarekhet haElohut*, f. 3b.

Consideraremos agora o uso feito por Alemanno daquela citação do *Liber de Causis* que ele encontrou em Abuláfia. No *Sefer Heschek Schelomó,* Alemanno trata de provar a existência das dez *sefirot,* e depois de citar os versículos bíblicos apropriados e mencionar os nomes do Rabi Nekhunya ben haKané e do Rabi Simão bar Yokhai como pessoas que acreditavam na existência das *sefirot*, Alemanno escreve[212]:

> Mas os filósofos do nosso povo não acreditavam nelas e, se as mencionavam, era para dizer que movimentam os céus[213] [...] E também entre os sábios gentios havia quem acreditasse na sua existência, enquanto outros a negavam [...] Depreende-se, pois, que os antigos acreditavam na existência de dez números espirituais[214], porém os eruditos dos últimos dias a negam, porque não há prova disso. Ao que parece, Platão pensava que houvesse dez números espirituais acerca dos quais se podia falar, mas não da primeira causa, devido à sua grande ocultação. No entanto eles [os números] aproximam-se da existência dela a tal ponto que esses efeitos podem ser chamados por um nome que não pode ser atribuído àqueles que movem corpos tangíveis. Contudo, na opinião dos cabalistas, pode-se falar assim a respeito das *sefirot*, como será explicado neste nosso discurso. Foi isso que Platão escreveu no *Sefer haAtzamim haEliyonim* como citado por Zacarias no *Sefer Imrei Schefer*[215]. Por conseguinte, na visão de Platão, os primeiros efeitos são chamados *sefirot* porque podem ser contados, em contraposição à primeira causa e, por essa razão, ele não os chamou de movimentadores.

Aqui, a teoria platônica dos dez números ideais, conforme representada em Aristóteles, foi combinada com a opinião de Proclo no *Liber de Causis*,




**212** MS Berlim 832, f. 83a-b.

**213** Ver a opinião do Rabi Moisés Narboni sobre esse tema em A. Altmann, Moses Narboni's Epistole on Shiur Qoma, *Jewish Medieval and Renaissance Studies*, A. Altmann (ed.), Cambridge, Mass., 1967, p. 243-245. O Rabi Abraão ben Eliezer Halevi, contemporâneo de Alemanno, afirma que "Na opinião de vários dos sábios espanhóis da nossa geração que buscam estudos filosóficos, há dez graus espirituais chamados anjos [...] eles dizem que esses graus são as dez *sefirot*". *Sefer Massoret haHokhmá* (O Livro da Tradição da Sabedoria), publicado por G. Scholem, *Kiriyat Sefer* 2, 1925, p. 126.

**214** Na seção omitida, Alemanno cita Aristóteles, *Metafísica* M (13) 1084, que trata dos números e das ideias. Alemanno se refere ao conceito platônico de que essas são ideias correspondentes apenas para os números 1-10, que Aristóteles mencionou a fim de refutá-lo. Acerca dos pontos de vista de Platão e de Aristóteles sobre os números ideais, ver L. Robin, *La Théorie Platonicienne des idées et des nombres d'après Aristote,* Hildesheim, 1963, p. 267 e s. Sobre a comparação entre os números pitagóricos e as *sefirot,* ver também Simone Luzzato, apud F. Secret, Un texte malconnu de Simone Luzzato..., op. cit.

**215** Ver nota 210 supra.

de modo a criar a impressão de que Platão pensasse que havia dez números, separados da matéria, que podem ser descritos em contraposição à primeira causa. Tais números têm entre si uma relação de causa e efeito. Essa integração de conceitos substanciou a alegação de Alemanno de que os antigos, referindo-se principalmente a Platão, tinham uma perspectiva similar acerca da concepção cabalística das *sefirot*, em oposição à ideia dos profetas[216].

Provei que Alemanno leu os dizeres de Proclo apresentados nas várias redações do *Liber de Causis*, e compreendeu que eles se referiam à concepção do *Ein Sof* e sua relação com as *sefirot* e seu número. Essa assertiva foi aplicada a uma discussão sobre os mundos. Uma associação dessa espécie é encontrada no livro *Schir haMaalot,* onde se afirma que tudo o que existe no mundo da permutação pode ser encontrado, de alguma forma, em todos os mundos, no mundo do movimento e nas *sefirot*[217]:

> Tudo o que se encontra no mundo da permutação possui uma analogia no mundo do movimento, e tudo o que se encontra no mundo do movimento está no mundo das *sefirot* [...], assim como os entes transitórios no mundo da *temurá* são imagem e semelhança das formas espirituais no mundo do movimento. Foi como Alfarabi[218] escreveu sobre todas as formas que os hindús dizem que nada mais são que formas espirituais conhecidas por meio do conhecimento dos fenômenos naturais que ocorrem aos homens que recebem dessas formas. As formas encontradas no mundo do movimento, como as quarenta e oito formas e as vinte e oito moradas da lua, apontam para as formas espirituais existentes no mundo da *sefirá* – por exemplo, as vinte e oito moradas da *Schekhiná*.

**216** Sobre a similaridade entre Platão e os Profetas, ver o *Sefer Heschek Schelomó*, MS Oxford 1535, f. 162v em diante; ver Idel, Curso de Estudos, p. 325, 331-332, notas 55-56.

**217** Ver *Schir haMaalot*, MS Oxford 1535, f. 63v-r. Em outra parte do *Heschek Schelomó*, MS Moscou 140, f. 23r, Alemanno fala sobre "as formas que ascendem de forma a forma em ordem até chegar à Primeira Forma que é a Forma de todas as Formas, pois Ela é a Forma do Mundo em sua inteireza, uma vez que todas elas (as formas) são feitas para o Seu propósito, pois não têm outro objetivo a não ser imitar aquelas formas permanentes que estão todas Nele em conjunto, no modo mais simples e mais excelente e mais abrangente e mais eterno possível". Sobre as formas em Deus, ver Simon Van den Bergh, *Averroes: Tahafut al Tahafut* (A Incoerência da Incoerência), Oxford, 1954, ii, p. 88-89. Sobre a forma dos membros do corpo e sua conexão com as estrelas, ver F. Cumont, Astrologia, *Révue archéologique*, 3, 1916, p. 7-10; A. Sharf, *The Universe of Shabbetai Donnolo*, Warminster: [s.n.], 1976, p. 52 e s.

**218** Não conheço essa noção em Alfarabi. Contudo, no *Sefer Takhlit heHakham*, MS Munique 214, f. 46r-47v, as vinte e oito moradas da lua são mencionadas e o autor observa que essa é a opinião dos hindus. Acerca dos hindus e dos registros das vinte e oito moradas, e sua história literária, ver M. Plessner, Hermes Trismegistus and Arab Science, *Studia Islamica*, 2, 1954, p. 57 e s.; Cornélio Agrippa, *De Occulta Philosophia* II, cap. 33.

Parece-me que o esquema de Alemanno de vários mundos baseia-se num princípio formulado por Proclo recorrente sob diferentes formas também no *Liber de Causis*. Ali foi dito que todas as coisas podem ser encontradas em cada mundo, em conformidade à essência daquele mundo[219].

O cabalista que mais seguiu as novas direções indicadas por Alemanno foi o Rabi Abraão Yaguel, que apresentou um estudo ainda mais detalhado. Em sua composição *Beit Yaar haLevanon* ele tomou uma concepção neoplatônica encontrada no livro *De Occulta Philosophia* como base para a sua abordagem no tocante aos distintos estados dos quatro elementos primários de acordo com a essência dos mundos. Para destacar a dependência de Yaguel com relação a Agrippa, farei uma comparação das observações do primeiro com um texto paralelo no *De Occulta Philosophia:*



| *MS Oxford 1304 (Reggio 9) fol. 6r-6v* | *De Occulta Philosophia I, cap. VIII (Hildesheim e Nova York, 1970, p. 18.)* |
|---|---|
| Essa foi a exposição do filósofo Platão[220]. Exatamente como no arquétipo do mundo tudo está em tudo, assim neste mundo físico tudo está em tudo, se bem que de maneira distinta, por causa da natureza das coisas separáveis. Portanto, os quatro elementos[221] não são encontrados de forma isolada nesse mundo inferior, mas existem igualmente nos corpos celestes e nas estrelas, nos anjos e nas inteligências separadas e no que está | *Est Platonicorum omnium unanimis sententia quemadmodum in archetypo mundo, omnia sunt in omnibus ita etiam in hoc corporeo mundo, omnia in omnibus esse modis tamen diversis pro natura videlicet suscipientium. Sic et elementa nonsolum sunt in istis inferioribus sed in coelis in stellis in daemonibus in angelis in ipso demique; omnium opifice et* |

**221** Ver o parágrafo 5 sobre o *Liber de Causis*, citado por Alemanno do *Imrei Schefer*: "Pois o que é há no efeito há também na causa, porém na causa é de um modo mais magnífico, digno e superior"; MS Paris 849, f. 91v. Ver também os parágrafos 7 e 11 do *Liber de Causis* e a primeira tese de Pico no *Secundum Proclum*.

**222** Yaguel mudou as palavras de Agrippa, que alegava ser essa a opinião de todos os platônicos. Entre os pensadores neoplatônicos, ao que parece, a afirmação de Agrippa que é a mais acuradamente se assemelha à concepção de Proclo. A idéia de que no mundo dos arquétipos "tudo está em tudo" tem paralelos nos *Elementos de Teologia* de Proclo, proposições 170, 173 e 176.

**223** Cf. a opinião de Pico sobre os elementos, expressa nas *Teses* e no *Heptaplus*, a descrição desse trecho feita por Wirszubski em *Cabalista Cristão*, p. 35-36 e também F. H. Gombrich, Icones Symbolicae: The Visual Image in Neoplatonic Thought, *JWCI* II, 1948, p. 167-168. As observações de ambos os autores supramencionados são suplementadas pela nota de Pico no seu comentário sobre a *Canzone de Amore*, de G. Benivieni, cap. 12. Ver também M. Idel, Prometeu em Roupagem Judaica [em hebraico], *Eshkolot*, n. s., 5-6, 1980-1981, p. 124-125.

Azaria de Rossi[232] também assinalou a similaridade entre os termos "*sefirá*" e "Ideia". É razoável pressupor que tais autores tenham encontrado e utilizado um conceito corrente nos escritos de Marsílio Ficino e de Pico della Mirandola, segundo os quais as Ideias se encontram no próprio Deus[233] e não apenas no Intelecto geral de Plotino ou no logos de Filo. A partir desse ponto de vista, Abravanel, autor do *Schaarei Hayim*, e Abraão Yaguel continuaram a desenvolver esses tópicos ao longo das linhas estabelecidas durante a Renascença, que encontraram expressão nos escritos de Ficino, Pico e Agrippa.

Um exame detalhado da definição neoplatônica das *sefirot* pelos cabalistas da Itália tem grande significância para a compreensão de desenvolvimentos importantes na Cabala do século XVI. A Cabala do Rabi Isaac Luria (o ARI) chegou à Itália na versão do Rabi Israel Sarug, e as interpretações neoplatônicas deste último podem ser encontradas nos escritos de Abraão Herrera e de José Salomão del Medigo, conhecido como o Yaschar de Candia[234]. A tendência principal desses cabalistas era desvestir a Cabala luriânica de sua roupagem mítica e atribuir-lhe uma nova interpretação. No que concerne a método e conteúdo, seus empenhos assemelham-se ao texto de Abrão Yaguel supramencionado. A nova abordagem não era uma síntese de Cabala e filosofia, mas representava uma exegese do texto cabalístico que deslocava suas proposições e descrições numa direção não prevista pelo autor original.

Essa tendência de forçar a Cabala em um molde neoplatônico consistia, em grande parte, na sobreposição de certas inovações intelectuais e conceituais da Renascença a ideias de origem judaica. Esse desenvolvimento teve início de forma tímida, com os escritos de Alemanno. Minha análise de certos trechos indica que ele enfatizava sobremaneira a similaridade entre a Cabala e o pensamento platônico[235]. Com o auxílio das versões dos ensinamentos de Proclo, Alemanno foi além de uma ênfase

**232** Ver *Sefer Meor Einayim* (Luz dos Olhos), *Imrei Biná*, cap. 4. Ver também as afirmações de Simone Luzzato em seu *Discurso sobre os Judeus de Veneza* [em hebraico], Jerusalém, 1950, p. 144-145; acerca do original italiano, ver nota 51 supra.

**233** Sobre a opinião de Ficino, ver E. F. Rice, *The Renaissance Idea of Wisdom*, Cambridge Mass., 1958, p. 61 e s. Sobre o ponto de vista de Pico, ver *Commento sopra Canzone de Amore Composta da Girolamo Benivieni*, cap. 12.

**234** Ver G. Scholem, Foi Israel Sarug Discípulo do Ari? [em hebraico], *Zion* 5, 1930, p. 214-243. Ver também o ensaio de Scholem *Abraão Cohen Herrera, Autor do Schaar haSchamayim: Vida, Obra e Influência* [em hebraico], Jerusalém, 1978, p. 34-46.

**235** Conforme a opinião de G. Scholem em seu ensaio *Abraão Cohen Herrera*, p. 35 e s.

acima deles no arquétipo do mundo, a Causa de todas as Causas e o Princípio de todos os Princípios… Contudo, neste mundo são encontrados como dejetos e matéria.

No céu [eles são] como os poderes que dissemos[222] e nos anjos [eles são] poderes mais perfeitos e superiores que no céu.

*archetypo. Sed in istis inferioribus elementa sunt crassae quaedam formae im mensae materiae et materialia elementa. In coelis autem suntt elemnta per eorum naturas et vires: modo videlicet coelesti et multo excellentiori quam infra lunam.*

Acima deles [anjos] há poderes mais perfeitos e superiores aos poderes nos anjos. O mundo acima dos anjos é chamado, na linguagem dos cabalistas, de Trono da Glória, que é o mundo da *Beriá* – criação. O mundo da *Beriá* é a sombra de, e o assento para, as *sefirot* supernas que eles [os cabalistas] chamam de *Olam haAtzilut*, o Mundo da Emanação. No Mundo da *Beriá* esses quatro poderes existem de forma mais sutil e oculta, mais ainda no mundo superno da *Atzilut* – emanação, onde os poderes são os mais sutis. Ali elas [as *sefirot*] são a raiz e o princípio para todos eles. Deles todos extraem seu sustento. Naquele mundo esses quatro poderes são denominados *Guedulá* – Grandeza, que é o elemento da água; *Guevurá* – Bravura, que é o elemento do fogo; *Tiferet* – Beleza, que é o elemento do ar; e *Malkhut* – Realeza, que é o elemento da terra. E o autor do *Maarekhet haElohut* assim registra no capítulo *Schaar haOlam*[223]:

Afirmei no início do livro[224] que há elementos na terra inferior que são três em geral e quatro em particular, porque aqueles elementos têm uma raiz grande e magnífica. Pois é sabido que tudo na existência possui uma origem até o início de cada coisa que é a causa de cada efeito. O último efeito é causado por aquele que o precede e aquele aspecto é causado pelo aspecto que esse encontra mais além dele até o aspecto da Primeira Causa, Abençoado Seja, que é a causa de tudo.

É evidente que Yaguel interpretou o texto de Agrippa de modo a referir-se aos quatro mundos da emanação, da criação, da formação e do fazer, mencionando os dois primeiros. Ao comparar a concepção cabalística com a neoplatônica, foi efetuada uma mudança no tocante à definição da essência das *sefirot*: elas são compreendidas como ideias neoplatônicas que descendem e se materializam:

**224** Numa seção encontrada antes dessa discussão.
**225** F. 164a.
**226** F. 89b.

Pois tudo flui do Deus dos Exércitos. Ele diz e a coisa acontece, Ele ordena e ela se afirma (*Salmos* 33,9), mas as criaturas e as formações acima e abaixo existem pelo espírito da Sua boca [...] E a força que se encontra nos entes inferiores encontra-se nos mundos supernos de maneira mais sutil, exaltada e sublime. Pode [igualmente] ser encontrada, em maior pureza e limpidez, nas *sefirot* sagradas e puras, que são na verdade as *Ideii* para todas as coisas. São o início dos caminhos de Deus e todos os Seus atos passam através dos quatro graus que constituem o mistério dos quatro mundos da emanação, da criação, da formação e do fazer[225].

É dito que essas Sefirot – Ideias existem na mente divina:

O significado do mundo *Ideii:* ou seja, uma forma simples, superior aos corpos, às almas e às inteligências[226]. É absolutamente simples, invisível, indivisível e imaterial; tampouco está potencialmente no interior de um corpo. É eterno e habita na mente do Criador e Gerador de tudo, Abençoado Seja. Antes de fazer qualquer coisa, o homem traça em sua mente a forma daquela coisa em qualidade. Assim, também a forma, a qualidade e a quantidade do céu e da terra e de suas gerações foram delineadas na mente do Mais Excelso antes que Ele as criasse [...] E na terminologia dos platônicos aquela primeira configuração é denominada *Ideii*, porém eles não pretendem atribuir multiplicidade a uma substância simples, Deus o livre, de qualquer maneira, nem tampouco fazer supor qualquer mudança de vontade[227].

**225** MS Oxford 1304, f. 10v. Na sequência, Yaguel chega a certas conclusões acerca da possibilidade de práticas mágicas baseadas nas correspondências entre os diferentes níveis de realidade.

**226** A elevação das ideias platônicas a um nível superior ao das inteligências separadas aparece também nos escritos do Rabi Judá Moscato, contemporâneo de Yaguel, em *Nefutzot Yehudá* (As Dispersões de Judá), homilia 8, Lwow, 1859, f. 33b – 34a. Moscato segue Pico e dá ao mundo das ideias o nome de *Nivrá Rischon* (A Primeira Criatura). No entanto, não encontramos nele a identificação das *sefirot* com as ideias. Acerca dessa homilia, ver J. Dan, Literatura Homilética Hebraica na Itália Renascentista [em hebraico], *Proceedings of the Sixth Word Congress os Jewish Studies*, Jerusalém, 1977, p. 107 e s. O termo “primeira criatura” é frequente em Rabi Isaac ibn Latif, cujos escritos eram conhecidos tanto por Pico quanto por Moscato. Yaguel conhecia Moscato; ver *Bait Yaar haLevanon*, MS Oxford 1306, f. 23r.

**227** MS Oxford 1304, f. 10r. Uma vez mais, a origem da afirmação de Yaguel está no livro de Agrippa, *De occulta philosophia* I, cap. 11: “Platonici omnia inferiora ferunt esse ideata a superioribus ideis: ideam autem definiunt esse formam supra corpora animas mentes, unam simplicem, puram, immutabilem incorpoream et aeternam; atque eandem idearum omnium esse naturam, ponunt autem ideas primo in ipso quidem bono, hoc est Deo, per causae modum solum”. Comparar também com *De occulta philosophia* III, cap. 10.

Na verdade, Yaguel ignorou o caráter gnóstico e dinâmico das *sefirot*, que constitui uma das principais características da Cabala, retomando uma abordagem totalmente filosófica, similar à formulação de Filo[228]. É importante assinalar que essa mudança teórica não se restringiu a Yaguel, e pode ser encontrada em outros textos escritos na Itália no período entre Alemanno e Yaguel. Essa evidência figura na responsa do Rabi Isaac Abravanel para Saul haCohen, e o autor escreveu:

> Pois por necessidade as coisas existem enquanto configuração na mente do agente ativo, antes que aquela coisa passe a existir. Essa imagem é, indubitavelmente, o mundo das *sefirot* mencionado pelos cabalistas, os sábios da verdadeira sabedoria [que disseram] que as *sefirot* são as imagens divinas com as quais o mundo foi criado. Portanto, eles disseram que as *sefirot* não são criadas, elas são emanadas, e todas elas se unem Nele, Abençoado Seja, pois são a configuração da Sua bondade e do que Ele criou segundo a Sua vontade. Na verdade, Platão registrou o conhecimento das formas gerais separadas[229].

Uma opinião semelhante aparece no livro *Schaarei Hayim*, do Rabi Yekhiel Nissim de Pisa, escrito no ano de 1540[230]:

> As criaturas superiores servem de modelo para as criaturas inferiores. Porque cada coisa inferior tem um poder superior a partir do qual passou a existir. Isso se assemelha à relação entre a sombra e o objeto que a projeta. Pois aquele que projeta a sombra é a sua causa. Mesmo os filósofos antigos, como Pitágoras e Platão, ensinavam e faziam afirmações a esse respeito[231]. No entanto, a questão não lhes foi revelada tão claramente como para os profetas, de abençoada memória. Pois o princípio exposto por Platão a isso se assemelha, uma vez que são formas incorpóreas no interior da mente divina e isso é a causa da existência dos entes distintos.

**228** Ver H. A. Wolfson, Extradeical and Intradeical Interpretations of Platonic Ideas, *Religious Philosophy*, Cambridge, Mass., 1965, p. 37.

**229** Veneza, 1573, f. 12d.

**230** Florença, Laurenziana, Plut. II, 38, f. 91v. O trecho também aparece numa versão mais tardia dessa composição, MS Munique 49, f. 38v.

**231** Compare com os dizeres do Rabi Yekhiel Nissim de Pisa no livro *Minkhat Kenaot* (A Oferenda do Ciúme), Berlim, 1898, p. 49: "Tudo possui um poder adequado para si que é a causa de sua existência e ser. Por esse motivo Platão tendia para esse ponto de vista ao propor seus princípios gerais chamados formas". Ver também idem, p. 53 e 84. Analisarei a ligação entre o Rabi Yekhiel Nissim e o Rabi Mordekhai Eossillo em outro artigo.

sobre a proximidade intelectual desses sistemas e introduziu uma interpretação neoplatônica da Cabala, atividade esta continuada por Abraão Yaguel. A diferença essencial entre Alemanno e intérpretes neoplatônicos posteriores da Cabala, tais como Herrera e o Yaschar de Candia, deriva-se do fato de os últimos terem à sua disposição uma quantidade de literatura neoplatônica maior, na qual eram mais versados e que utilizavam a fim de explicar a nova corrente cabalística de Israel Sarug. Não obstante tais diferenças, a postura de todos os cabalistas mencionados com relação às suas fontes era a mesma, pois compartilhavam a mesma fenomenologia cultural. Conscientemente ou não, eles ignoraram o significado literal de suas fontes cabalísticas, vestindo-as com uma roupagem que modificou completamente o significado original dos textos.

Concluirei minha discussão neste ponto apresentando um exemplo muito concreto dessa mudança na interpretação. Refiro-me à homilia do Rabi Judá Moscato, intitulada *haMekhugá haElohit* (O Círculo Divino). Não há espaço aqui para analisar detalhadamente a forma como Moscato compreendia as fontes judaicas citadas nesta homilia. Por ora, é suficiente dizer que sua leitura das fontes foi ditada por uma concepção renascentista corriqueira que ele menciona na sua homilia[236]:

> Nos escritos de Mercúrio Trimesto está escrito: o Criador, Abençoado Seja, é um círculo perfeito cujo centro se encontra em cada ponto e cuja circunferência não está em lugar nenhum.

Moscato interpretou as opiniões de Ibn Ezra e dos cabalistas de modo a demonstrar a proposição de Hermes Trimegisto de que Deus é um Ponto Divino, ou um Círculo Divino[237]. Apresento em seguida umas poucas observações de Moscato:

**236** Ver *Sefer Nefutzot Yehudá*, homilia 31, Varsóvia 1871, p. 80a. A definição apresentada por Moscato tem como fonte uma obra do século XII, *Liber XXIV Philosophorum*; ver C. Baeumkehr, *Das Pseudo-hermetische Buch der XXIV Meister*, Münster, 1937, p. 208. Acerca da disseminação desse conceito, ver D. Mahnke, *Unendliche Sphäere und Allmittelpunkt*, Halle, 1937. Isso pode ser complementado por Yates, op. cit., p. 247; H. Wirszubski, Francesco Giorgio's Commentary on Giovanni Pico's Kabbalistic Theses, *JWCI*, 27, 1974, p. 154; e G. Poulet, *The Metamorphoses of the Circle*, Baltimore, 1966, p. 1-14.

**237** O termo "o círculo divino" já aparece no livro *Bekhinat Olam* (Exame do Mundo), do Rabi Jedaia haPenini, como já observado por Kaufmann, Die Spuren al- Bataljussis in der jüdischen Religions philosophie, *Jahresbericht der landes-Rabbinerschule in Budapest* 3, 1880, p. 64. No entanto, Moscato difere completamente de Al-Batalyusi. A concepção do círculo intelectual figura nos escritos de

Os cabalistas revelaram-nos uma grande medida de verdadeira sabedoria no tocante ao círculo. Às vezes eles o retratam como uma coroa que circunda e abrange as demais *sefirot* por fora. Outras vezes descrevem-no como um ponto dentro de um círculo, e encontrei isso escrito no livro *Schaarei Tzedek*[238]. A Coroa circunda todas as *sefirot* e é denominada *sokheret*, termo derivado da expressão *sekhor sekhor* (ao redor).





Aqui o homiliasta combinou duas concepções cabalísticas completamente distintas a fim de construir a mesma proposição do pseudo-Hermes. Há algo de singular no método de Moscato. Ele não se expressou num estilo filosófico à semelhança de Alemanno ou de Yaguel, mas expôs seus pontos de vista numa homilia. Aqui, uma concepção extraída de fontes externas foi absorvida num gênero literário judaico tradicional enquanto Moscato esvaziava as fontes judaicas do seu significado original para acomodar as ideias por ele encontradas na teologia renascentista. Conforme comprovei acima, os pensadores judeus haviam desenvolvido seus sistemas sob a influência direta das idéias da Renascença. Ao que tudo indica, essa característica particular foi o motivo da sua falta de influência duradoura. Duas causas principais contribuíram para o enfraquecimento da influência desses autores: a publicação da literatura cabalística clássica, como o *Zohar*[239] e o *Maarekhet haElohut*, e o crescente impacto da Cabala de Safed. Em ambos os casos há uma ênfase na Cabala genuína antes de sua mescla com a filosofia. Contudo, parece-me que a influência de Alemanno, direta ou indiretamente, pode ser sentida tanto em autores safedianos como asquenazitas, mas esse é um tema para pesquisa futura.

autores renascentistas, conforme demonstrei no meu artigo As Fontes das Imagens dos Círculos..., op. cit. Ver também I. E. Barzilay, *Between Reason and Faith*, Haia e Paris, 1967, p. 175.

**238** No *Sefer Schaarei Tzedek* (Portões de Justiça), do Rabi José Gikatilla, não encontrei a mesma redação que em Moscato, se bem que a ideia pode ser encontrada nos escritos de Gikatilla. Ver Gottlieb, op. cit., p. 152 e nota 158. Desconheço qualquer uso do termo "*sokheret*" para *Keter*.

**239** Fato muito significativo é a existência de posições antifilosóficas que eram mantidas pelos adeptos da publicação do *Zohar*. Ver Y. Tishbi, A Polêmica sobre o *Livro do Zohar* no Século XVI na Itália [em hebraico], *Perakim, Yearbook of the Schocken Institute*, 1966-1967, p. 180-181.

Este livro foi impresso em Cotia,
nas oficinas da Meta Brasil,
para a Editora Perspectiva.